GOLTZ

Die Sprache der Finkenwerder Fischer

Herausgeber:
Altonaer Museum in Hamburg

Reinhard Goltz

Die Sprache der Finkenwerder Fischer

Die Finkenwerder Hochseefischerei
Studien
zur Entwicklung eines Fachwortschatzes

KOEHLERS VERLAGSGESELLSCHAFT MBH · HERFORD

CIP-Kurztitelaufnahme der Deutschen Bibliothek

Goltz, Reinhard:
Die Sprache der Finkenwerder Fischer : d. Finkenwerder Hochseefischerei ; Studien zur Entwicklung e. Fachwortschatzes / Reinhard Goltz. [Hrsg.: Altonaer Museum in Hamburg]. — Herford : Koehler, 1984.

ISBN 3-7822-0342-9

ISBN 3 7822 0342 9; Warengruppe Nr. 53

Schutzumschlaggestaltung: Ernst A. Eberhard, Bad Salzuflen
unter Verwendung einer Zeichnung von W. Botha
aus dem Altonaer Museum in Hamburg
Produktion: Jörn Heese
Gesamtherstellung: Hans Kock Buch- und Offsetdruck GmbH, Bielefeld
Printed in Germany

Inhaltsverzeichnis

Vorbemerkung

Die folgende Untersuchung wurde im Jahre 1981 vom Fachbereich Sprachwissenschaften der Universität Hamburg als Dissertation angenommen. Für den Druck wurden die Kapitel eins bis vier und sechs nur unwesentlich überarbeitet und ergänzt; das fünfte Kapitel wurde neu konzipiert.

Zu Beginn dieser Studie ist zu betonen, daß das aufgeführte Material nur durch die Mitarbeit einer ganzen Reihe von Fachleuten zusammengetragen werden konnte. Mein ganz besonderer Dank gilt dabei Peter Loop, der mit umfangreichem Fachwissen und mit großem Interesse über mehrere Jahre auf die von mir angesprochenen Fragenkomplexe einging. Für Gespräche, die auf Tonband aufgezeichnet wurden, stellten sich die Fischer Hans Mewes sowie die Brüder Heinrich und Peter Loop zur Verfügung. Mit einer Veröffentlichung des aufgezeichneten Seefunkgespräches erklärten sich Heinrich Loop, Hinrich Gensch und Dietmar Froböse einverstanden.

Neben den hier nicht namentlich genannten Gewährsleuten möchte ich mich besonders bei Ferdinand Gaczengis bedanken, der mir im Herbst 1976 die Möglichkeit gab, an einer Fangreise auf dem Hochseekutter **Hornsriff, HF 525,** teilzunehmen und den Alltag an Bord kennenzulernen.

Jochim Fock, ehemaliger Vorsitzender verschiedener Organisationen der Finkenwerder Hochseefischer, gewährte mir einen Einblick in die betriebswirtschaftliche Struktur der modernen Kutterfischerei. Auch seinem Nachfolger Dietmar Froböse verdanke ich zahlreiche Einzelinformationen.

Auf einen Fragebogen an die aktiven Fischer erhielt ich Antwort von: Hans Mewes, Henri Kehde, Werner Engel, Alfred Schart, Ernst Romahn, Klaus Marwitz, Rudolf Lübben, Heinz Osterkamp und Harald Kröger. Klaus Meier, Hans Heinrich Mohr und Heinrich Riepenhusen gaben mir die Erlaubnis, auf ihren Schiffen zu fotografieren (»Du kannst ook in de Mast krabbeln, ober wenn du rünnerfallst, hest sülbst Schuld«).

Dank schulde ich Frau Käte Bargheer, die mir eine umfangreiche Materialsammlung und eine Fülle von Fotos aus den zwanziger Jahren von Finkenwerder und der hier betriebenen Fischerei aus dem Nachlaß ihres Ehemannes, Ernst Bargheer, zur Verfügung stellte. Für die Bereitstellung von Fotos aus den siebziger Jahren danke ich Hans-Erich Jessen und Erwin Hacker. Bei der Auswahl der Fotos war mir Claus Peters behilflich. Zeichnungen lieferten Hans Oesmann und meine Frau Sabine.

Die erste Anregung zur Erstellung dieser Studie erhielt ich im Jahre 1975 durch Herrn Prof. Dr. Dieter Möhn, der von dieser Zeit an die Arbeit intensiv betreute. Als vorteilhaft erwies sich darüber hinaus die Tatsache, daß mir von Herrn Prof. Dr. Jürgen Meier der Zugang zum Hamburger Wörterbuch-Archiv jederzeit er-

möglicht wurde. Im Hinblick auf verschiedene Fragestellungen erhielt ich von Ulrich Tolksdorf, Wolfram Claviez, Ulf-Thomas Lesle und Peter Loebell eine Reihe interessanter Anregungen.
Bei der Bearbeitung des Manuskripts halfen Jutta und Manfred Kaufmann, Cornelia Hoffmann, Brigitte Hoffmann-Schöneich, Michael Schöneich, Kristiane Lenz, Carl Lenz sowie meine Frau Sabine.
Während der gesamten Arbeit stand mir außerdem Ewald Goltz mit fachkundigem Rat zur Seite, dem es leider nicht vergönnt war, die Veröffentlichung zu erleben. Ohne ihn und ohne die anderen Gewährsleute und Helfer hätte das in dieser Studie aufgeführte Material nicht zusammengetragen werden können. Ihnen allen gilt mein herzlicher Dank.
Für mich liegt der bleibende Wert dieser Arbeit darin, daß ich mir während der Beschäftigung mit dem Thema eine mir bis dahin unbekannte Welt erschließen konnte. Es entwickelten sich dabei zahlreiche persönliche Beziehungen zu Menschen, die ich in meinem Freundes- und Bekanntenkreis nicht mehr missen möchte.
Mein besonderer Dank gilt schließlich Herrn Dr. Meyer-Friese, der durch seinen nachhaltigen Einsatz zur Übernahme der Herausgeberschaft durch das Altonaer Museum beitrug und damit eine großzügige Förderung der Publikation ermöglichte.
Das Manuskript wurde 1981 abgeschlossen. Auf 1982 und 1983 erschienene Arbeiten, Aufsätze und Artikel konnte lediglich punktuell — zumeist in Form von Anmerkungen — Bezug genommen werden.
Die letzten Überarbeitungen erfolgten im Dezember 1983.

Reinhard Goltz

Einleitung

I. Motivation

Es sind im wesentlichen zwei Gesichtspunkte, die als Motivation für die Erstellung dieser Arbeit dienen. Zum einen ist es der Mangel an einer umfassenden Beschreibung der Finkenwerder Hochseefischerei. Zwar wurden verschiedentlich Teilaspekte in Aufsätzen beschrieben, doch handelt es sich dabei zumeist um Beschreibungen des Fachgebietes unter Aussparung des tatsächlich verwendeten Fachvokabulars. Dieser Aspekt wurde in kaum einem der Artikel gebührend berücksichtigt; hier dagegen soll er in den Vordergrund der Betrachtung gestellt werden.

Darüber hinaus unterliegt die Finkenwerder Hochseefischerei in fachlicher Hinsicht seit der Einführung von Motoren sowie technischer und elektronischer Hilfsmittel einem umfassenden Wandel. Dabei ist festzustellen, daß es heute nur noch wenige Fachleute gibt, die 40 oder 50 Jahre zurückliegende Entwicklungsstufen wiederzugeben imstande sind. Gerade aus diesem Grund ist eine Rekonstruktion der fachlichen Situation wesentlich einfacher als dies bezüglich des sprachlichen Inventars möglich ist. Nur noch wenige alte Fischer verfügen heute in ihrem Wortschatz über Benennungen, die seit über 40 Jahren aufgrund fachlicher Veränderung nicht mehr verwendet werden. Mit fortschreitender Zeit nimmt für den Linguisten und für den Volkskundler die Möglichkeit immer stärker ab, diese Benennungen zu registrieren und in ihren sachlichen Zusammenhang einzuordnen. Die Anzahl der Gewährsleute ist rückläufig, und es muß davon ausgegangen werden, daß bereits in wenigen Jahren eine umfassende Rekonstruktion des vor der Technisierung der Fischereiflotte verwendeten Fachwortschatzes kaum mehr möglich sein wird.

Als Folge dieser Überlegungen ergibt sich, daß in dieser Arbeit immer wieder der Bereich der Volkskunde betreten werden wird. Dies erscheint auch in einer sprachwissenschaftlich orientierten Arbeit nicht als Nachteil, bleibt doch auf diese Weise die enge Verknüpfung zwischen Lebens- und Arbeitsformen einer Gemeinschaft einerseits sowie den daraus resultierenden sprachlichen Phänomenen andererseits jederzeit transparent.

Der zweite Motivationsansatz ist vor dem Hintergrund der aktuellen Entwicklung in der Fachsprachenforschung zu sehen. Mit dieser Studie soll versucht werden, ein praktisches Beispiel für die Untersuchung einer Fachsprache bzw. Fachmundart zu liefern. In der Forschung gibt es eine Reihe unterschiedlichster theoretischer Ansätze; es fehlt jedoch an einer größeren Zahl von praktischen Fachsprachenbetrachtungen, die das vorhandene sprachliche Material auf der Grundlage neuerer linguistischer Erkenntnisse untersuchen. Die Erstellung solcher Untersuchungen, aufgrund deren Ergebnisse die Theoriebildung in einem weiteren Schritt fortgeführt werden kann, erscheint daher dringend erforderlich. Diese Arbeit soll hierzu einen Beitrag leisten. Darüber hinaus dürfte diese Studie einer weiteren Differenzierung des Dialektbegriffes den Weg bereiten.

II. Ziel und Methodik

Ziel dieser Studie ist es, den fachlich bedingten Wandel in der Finkenwerder Hochseefischerei aufzuzeigen und nachzuprüfen, ob dieser fachliche Wandel auch im sprachlichen Bereich — hier im wesentlichen eingeschränkt auf die lexikalische Ebene — seine Spuren hinterlassen hat. Unsere Grundthese geht von der Annahme aus, daß sich mit der fachlichen Veränderung auch ein Wandel auf sprachlicher Ebene vollzogen hat. Unter diesem Aspekt erscheint es sinnvoll, den Zeitpunkt des Umbruchs bei dem Einbau von Motoren in die Hochseefischereifahrzeuge anzusetzen. Mit diesem einschneidenden Innovationsschub hielt die Technik Einzug in den handwerklich-traditionellen Beruf des Hochseefischers; eine Fülle von neuen Begriffen mußte sprachlich bewältigt werden. Es wird die Aufgabe sein, herauszuarbeiten, auf welche Weise die Struktur der altüberlieferten Fachmundart hiervon berührt wurde.
Das Thema ist auf die Sprache in der Finkenwerder Hochseefischerei festgelegt. Damit liegt eine räumliche wie auch eine berufliche Einschränkung vor. Wir beschränken uns geographisch gänzlich auf das Gebiet der ehemaligen Elbinsel Finkenwerder. Im fachlichen Bereich sind die Grenzen zu den Nachbardisziplinen dagegen fließender, so daß geringe Einflüsse von außerhalb der Kleinen Hochseefischerei notgedrungen in dieser Untersuchung zum Tragen kommen werden. Berührungspunkte und Überschneidungen mit der Fachsprache der Elbfischer oder der Schiffszimmerleute sind aufgrund fachbedingter Kontakte von vornherein gegeben. Trotzdem soll versucht werden, so weit wie möglich das Gewicht auf die Hochseefischerei zu legen und nur in solchen Fällen in den Bereich von Nachbardisziplinen einzugreifen, in denen davon ausgegangen werden kann, daß das jeweilige fachsprachliche Inventar auch dem Hochseefischer verfügbar war oder immer noch ist.
Die in dieser Studie berücksichtigte Sprechergruppe wird weitgehend auf die Schiffsführer eingeschränkt. Die Sprachkompetenz — in erster Linie bezogen auf das Nd. — der anderen Besatzungsmitglieder ist besonders in der gegenwärtigen Zeit derart unterschiedlich, daß kaum von einer homogenen Sprechergruppe die Rede sein kann. Die Schiffsführer beherrschen dagegen fast alle noch die Mundart, nur sie können heute als Träger einer relativ einheitlichen Fachsprache in der Finkenwerder Hochseefischerei bezeichnet werden. Trotzdem werden in bezug auf die Kommunikation an Bord selbstverständlich auch die anderen Besatzungsmitglieder einbezogen. Die erwähnte Einschränkung ist zum einen aufgrund der

Einheitlichkeit der Sprechergruppe, zum anderen aus methodischen Gründen bezüglich der Erhebung vorgenommen worden.
Im ersten Teil soll der geschichtliche Hintergrund für die im Fach eingetretene Entwicklung veranschaulicht werden. Der Ort Finkenwerder steht seit alters her auf engste Weise mit der Fischerei in Verbindung, und nur vor dem historischen Hintergrund ist der besondere Charakter und die Entwicklung der hier beheimateten Fischerei zu verstehen. Wir betrachten den historischen Rahmen daher als notwendige Voraussetzung für das Erfassen der Fischer als soziale Gruppe und für die in ihrem Fach eingetretenen Entwicklungen. Für die Nachkriegszeit und insbesondere die jüngste Geschichte wird dabei mangels zusammenfassender Darstellungen in erster Linie auf Artikel der regionalen und überregionalen Presse zurückgegriffen. Auswahl und Einordnung dieser Publikationen können und wollen nicht mehr als die subjektive Einstellung des Verfassers zu seiner Heimat und den an ihr vorgenommenen Veränderungen wiedergeben. Darüber hinaus soll die Rolle der Fischerei für die Bevölkerung Finkenwerders im Laufe der Zeit beschrieben werden. Dabei wird insbesondere auf sprachliche Konsequenzen, die aus dieser Rolle innerhalb der Ortsgemeinschaft resultieren, geachtet werden.
Im zweiten Schritt sollen die sprachtheoretischen Grundlagen für diese Arbeit dargelegt werden. Die Entwicklung in der Fachsprachenforschung wird kurz skizziert, nicht zuletzt deshalb, weil sich diese Studie selbst als Baustein zur weiteren Erforschung von Fachsprachen versteht.
Aus der Themenstellung wird deutlich, daß hier Fachsprache als vom Fach her definiert verstanden wird. Parallel dazu sehen wir jedoch die »Fachsprache in der Finkenwerder Hochseefischerei« als von ihren Sprechern her definiert an. Im Text wird daher auch von der »Sprache der Finkenwerder Hochseefischer« die Rede sein. Beide Ansätze schließen einander nicht aus, sie richten sich vielmehr auf unterschiedliche Bezugsgrößen, die auf bestimmte Weise parallel auf die untersuchte Fachmundart einwirken.
In dieser Studie können nicht alle Aspekte, die bei der Betrachtung einer Fachsprache untersucht werden müßten, Berücksichtigung finden. Wir beschränken uns fast ausschließlich auf den Bereich des Fachwortschatzes, betonen aber, daß damit bewußt nur ein Teilbereich des Komplexes »Fachsprache« abgedeckt wird. Den umfangreichsten Teil nimmt die Darstellung des Wortschatzes in seinem sachlichen Zusammenhang ein. Ausgangspunkt des hier vertretenen onomasiologischen Ansatzes ist der jeweils zur Diskussion stehende Begriff, für den in einem Benennungsprozeß ein ganz bestimmter Lautkörper bereitgestellt wird: »Die Onomasiologie . . . geht von den Inhalten aus und richtet ihr Augenmerk auf die verschiedenen Lautformen (. . .), welche den betreffenden Inhalt bezeichnen können (diachron betrachtet = Bezeichnungswandel).«[1] Wir halten die Ausführlichkeit, in der der Fachwortschatz vorgestellt wird, aus mehreren Gründen für gerechtfertigt. Zum einen wird für die im vierten Teil vorgenommene Auswertung des Fachvokabulars eine möglichst große Anzahl von Benennungen benötigt. Bei einer Einschränkung auf einen der Teilbereiche des Faches wäre die An-

zahl der Wörter zu gering, um für die Auswertung Schlüsse und Interpretationsmöglichkeiten zuzulassen. Andererseits wird unserer Meinung nach die Aufstellung bloßer Wortlisten der Fachsprache schon aus dem Grunde nicht gerecht, weil diese nicht allein durch ihren besonderen Wortschatz gekennzeichnet ist. Jede fachsprachliche Äußerung ist stets an einen situativen Kontext gebunden, der wiederum stark vom fachlichen Zusammenhang geprägt ist. Zudem soll auch die Wertigkeit, die den Sachbereichen von seiten der Fischer entgegengebracht wird, zumindest ansatzweise eingefangen werden.
Ein zusätzlicher Aspekt ergibt sich aus der Existenzbedrohung, der sich die Kleine Hochseefischerei seit mehreren Jahren verstärkt ausgesetzt sieht. Die Zukunft der Kutterfischerei ist aus verschiedenen Gründen, auf die noch näher einzugehen sein wird, äußerst ungewiß. Nach dem Aussterben dieses Berufsfeldes wäre eine Rekonstruktion des Fachwortschatzes nur unter großen Schwierigkeiten möglich. Aus diesen Gründen erscheint die Notwendigkeit einer weitestgehend umfassenden Darstellung des Fachwortschatzes im sachlichen Zusammenhang gegeben.
Trotz einer Eingrenzung des Themas nach räumlichen, betriebsorganisatorischen und sozialen Faktoren ist der Großteil der aufgeführten Benennungen nicht auf die Finkenwerder Hochseefischerei beschränkt. Aus diesem Grund werden die Fachwörter und ihre Bedeutungen im fachlichen Verwendungszusammenhang mit Einträgen verschiedener Wörterbücher verglichen. Bei Differenzen werden diese erläutert und gegebenenfalls wird nach Erklärungsmöglichkeiten gesucht. Es wurden in erster Linie die Wörterbücher von Mensing[2] (für den Wortschatz einer räumlich benachbarten nd. Gemeinsprache), Kluge[3] (für den älteren Wortschatz der Seemannssprache), Claviez[4] und Scharnow[5] (für den aktuellen Wortschatz der allgemeinen Seemannssprache) für diesen Vergleich herangezogen; dem gleichen Zweck dienen volkskundlich oder philologisch orientierte Quellen.[6]
Nicht gefragt wird dagegen nach der quantitativen Verwendung der aufgeführten Benennungen. Hierfür wäre eine umfangreiche Grundlage authentischer Fachtexte — insbesondere auch in Form gesprochener Sprache — erforderlich. Die fachsprachlichen Benennungen werden im laufenden Text durch kursive Schrift hervorgehoben und im Fachwortverzeichnis in den entsprechenden Grundformen ausgeworfen.
Im Anschluß an die Wortschatzdarstellung soll die Auswertung nach sprachwissenschaftlichen Gesichtspunkten erfolgen. Es wird wieder die These von einer Entwicklung in der Sprache aufgenommen und an Hand von Untersuchungen zur morphologischen und semantischen Struktur geprüft. Hier soll festgestellt werden, ob die Struktur des Wortschatzes der Finkenwerder Hochseefischerei durch die Motorisierung der Fahrzeuge tatsächlich einem Wandlungsprozeß unterlegen ist und auf welchen Ebenen etwaige Tendenzen festzustellen sind.
In dem abschließenden Abschnitt sollen dann anhand eines Textbeispiels Charakteristika der fachlich determinierten Textsorte »Fischmarktgespräch« beleuchtet werden. Durch dieses Beispiel soll verdeutlicht werden, daß strukturali-

stisch ausgerichtete Wortschatzanalysen allein nicht ausreichen, um eine Fachsprache zu beschreiben. An einem konkreten Text wird exemplarisch der derzeitige Sprachgebrauch dargestellt und unter verschiedenen Aspekten analysiert. Nur so dürfte letztendlich ein umfassender Zugang zu der untersuchten Fachsprache mit ihrem Fachwortschatz möglich sein. Im Rahmen dieser Studie kann dem Textbeispiel allerdings nur eine exemplarische Funktion zugewiesen werden.
Zur Veranschaulichung wird eine ganze Reihe von Abbildungen in den Text eingefügt, die das fachliche Verständnis sichern sollen. Die Fotos von Ernst Bargheer entstanden in den zwanziger Jahren, diejenigen von Erwin Hacker 1976, die von Hans-Erich Jessen 1979 und die vom Verfasser in den Jahren zwischen 1976 und 1984.
Ein Anknüpfen an Arbeiten, in denen Finkenwerder und seine Fischer als Musterbeispiel für Bodenständigkeit und (Nieder-)Deutschtum dargestellt werden, soll bewußt vermieden werden. Nur zu lange diente Finkenwerder als Paradigma für eine einseitig ausgerichtete Weltsicht. Auch wenn gegenwärtig im Rahmen der Nostalgiewelle wieder versucht wird, Finkenwerder mit derartigen Werten in Verbindung zu bringen, möchte sich diese Arbeit nicht in die Reihe der Förderer solchen Gedankengutes gestellt sehen. Die auf Finkenwerder beheimateten Schriftsteller Hinrich Wriede, Jakob Kinau, Rudolf Kinau und Johann Kinau (besser bekannt unter dem Pseudonym »Gorch Fock«) haben einen nicht unerheblichen Anteil an der Mythenbildung um Finkenwerder und seine Fischer. In der heutigen Zeit wird das Bild des Fischers als unabhängiger, kräftiger Abenteurer und Herausforderer von Wind und Wellen, bei dem Glück und Unglück schicksalshaft miteinander verknüpft sind, in erster Linie durch die Folkloregruppen »Finkwarder Speeldeel« und »Danzkrink Lünborger Siet« (für den bäuerlichen Teil Finkenwerders), weiter propagiert. Mit der Realität hat all dieses recht wenig gemein. Von dieser Arbeit darf eine Glorifizierung der Fischer und ihrer Welt nicht erwartet werden; die Darstellung poetisch nicht überhöhter Handlungsweisen und Tätigkeiten aus dem Berufsalltag steht im Mittelpunkt der Ausführungen. Erst in einem weiteren Schritt könnte die Umsetzung dieser Wirklichkeit in den Werken der Finkenwerder Schriftsteller thematisiert werden. Diese ohne Zweifel lohnende Aufgabe kann allerdings in dieser Arbeit keine Berücksichtigung finden.

III. Materialgrundlage

Im folgenden sollen kurz die für diese Studie herangezogenen Quellen beschrieben werden:

a) Auf einer Fangreise im Herbst 1976 hatte der Verfasser Gelegenheit, sich fachliche und fachsprachliche Grundkenntnisse über die Kutterfischerei anzueignen. Aus technischen Gründen mußte auf die Erstellung von Tonträgeraufnahmen bei der Arbeit an Deck verzichtet werden. Während dieser Fangreise angefertigte Gedächtnisprotokolle über die bei der Arbeit verwendete Sprache bilden aber trotzdem eine wichtige Grundlage dieser Studie.
Auf der Fangreise wurde der Verfasser in den Arbeitsablauf an Bord eingegliedert. Vorteil einer solchen Vorgehensweise war, daß die Distanz zwischen dem Beobachter und den fachlichen Vorgängen und Tätigkeiten sowie den in den Arbeitsprozeß eingebundenen Fachleuten auf ein Minimum reduziert wurde. Als Nachteil ist dagegen anzusehen, daß aufgrund des Mitarbeitens der Überblick über Vorgänge und Zusammenhänge erschwert wurde. Es scheint sich jedoch gerade bei der gewählten Art der Untersuchungsmethode zu bestätigen, daß bei Gleichstellung von Explorator und Informant die Möglichkeit, erfolgversprechende Ergebnisse zu erzielen, recht groß ist. Auf der Basis gemeinsamen Arbeitens kann der Explorator ungezwungen und gezielt an die gewünschten Informationen gelangen.
Es handelt sich somit nicht um eine durch den Interviewer gestellte Situation, in der der Befragte sich womöglich über seinen eigenen Sprachgebrauch bewußt werden muß, sondern um eine tatsächliche Arbeitssituation, in der der Untersuchende all das Material sammeln kann, das sich ihm in gestellten Situationen sowie in direkten oder indirekten Befragungen nur schwer offenbart.
Diese Quelle ist durch die Merkmale »mündlich«, »bei der Arbeit«, »mit dem Fachmann« (Fischer), »niederdeutsch«, »nicht öffentlich« charakterisiert.

b) Als äußerst ergiebige Quelle erwiesen sich Gespräche, die der Verfasser mit ehemaligen und mit aktiven Hochseefischern führte. Es handelte sich dabei um Befragungen, bei denen der Kommunikationsort nicht dem Arbeitsplatz entsprach. Da es jedoch bei den Befragungen in erster Linie um die Klärung bestimmter Vorgänge und Begriffe ging, erwies sich diese Form als sehr sinnvoll. Von ausgewählten Fischern wurde eine ganze Fülle von Begriffen sowie die Verwendungsweise bestimmter Benennungen in direkter und indirekter Befragung ermittelt. Für diese Gespräche erwies sich noch mehr als an Bord das Herstellen eines persönlichen Verhältnisses zwischen dem Explorator und den Informanten als notwendige Voraussetzung. Zu diesem Problemkreis, der im Laufe der Erhebung offenkundig wurde, schrieb schon 1927 Wriede über die Finkenwerder: »Gelehrten oder Regierungsbeamten trauen sie für ihre Angelegenheiten kein oder nur sehr geringes Verständnis zu. Von vornherein nehmen sie an, daß alles, was so ein Mann vornimmt, Unsinn sei: › Wenn ick hüür, wat son Mann Professer is ‹, sagte mir einmal ein alter Fischer, › denn nehm ick em all ne mihr for ernst. Denn kann he gewöhnlich keen Schull un Schillfisch utenanner kinnen. ‹«[7]

Deutlich wird hier vor allen Dingen die Schwierigkeit, Kontakte zunächst überhaupt erst zu knüpfen. Es soll allerdings auch nicht verschwiegen werden, daß sich im Laufe der letzten fünfzig Jahre die Einstellung einiger Fischer geändert hat und daß die von Wriede getroffene Aussage auch zu ihrer Zeit nicht absolut zu setzen war, so daß sich für diese Untersuchung in mehreren Fällen durchaus die Möglichkeit zu intensiven Gesprächen ergab. Als große Hilfe erwies sich die Tatsache, daß der Verfasser auf Finkenwerder geboren wurde, am Ort aufwuchs und verschiedene Fischer bereits seit frühester Jugend kennt. Auch der Familienname Goltz mag so manchen Stein von vornherein aus dem Weg geräumt haben.

Von einigen möglichst frei angelegten Gesprächen liegen dem Verfasser Tonbandmitschnitte vor, die allerdings nur in Auszügen — zumeist in Form eingearbeiteter Zitate — in verschriftlichter Fassung in diese Arbeit aufgenommen wurden. Dabei ist häufig der Grenzbereich zur Textsorte »Kurzerzählung« erreicht.

Diese Quelle ist durch die Merkmale »mündlich«, »vertrauter, aber nicht fachlich geprägter Ort«, »mit dem Fachmann (Fischer)«, »niederdeutsch«, »nicht öffentlich« gekennzeichnet.

c) In schriftlicher Form liegen nur wenige nd. Texte von Finkenwerder Fischern vor. Handschriftliche Aufzeichnungen standen von zwei alten Fischern zur Verfügung. Nachforschungen im Staatsarchiv der Freien und Hansestadt Hamburg blieben weitestgehend erfolglos.

Eine Fragebogenaktion, die vom Verfasser im Jahre 1977 mit dem Ziel durchgeführt wurde, statistisch auswertbare Angaben zu den Schiffern, zur Besatzung und zu bestimmten Ausschnitten des Sprachgebrauchs an Bord zu ermitteln, blieb in ihren Ergebnissen hinter den Erwartungen zurück. Lediglich neun der angeschriebenen 39 Schiffseigner antworteten überhaupt.[8] Für diesen Mißerfolg lassen sich verschiedene Ursachen anführen. Zum einen fehlte der oben angesprochene persönliche Kontakt zu den Befragten. Darüber hinaus zeigte sich bei den später durchgeführten Befragungen, daß der aus der fachlichen Situation losgelöste Fachmann häufig nicht in der Lage ist, auf eine konkrete Frage zu einem Begriff eine befriedigende Auskunft zu geben. In solchen Fällen muß der situative Kontext vom Fragenden vorgegeben werden, bzw. es muß dem Fachmann die Möglichkeit gegeben werden, im Gespräch den situativen Kontext, in der eine Benennung benutzt wird, selbst zu entwickeln. Besonders an dieser Stelle wird deutlich, daß es sich bei der Sprache der Finkenwerder Fischer um eine gesprochene Sprache handelt. Aus den eingegangenen Fragebögen ergab sich allerdings eine ganze Reihe von Problembereichen und Fragekomplexen, die dann im persönlichen Gespräch aufge-

griffen werden konnten. Insofern ist die Fragebogenaktion als wichtiger Schritt auf dem Weg zur Erstellung dieser Studie anzusehen.
Diese Quelle weist folgende Merkmale auf: »schriftlich«, »nicht an fachlich geprägte Situation gebunden«, »vom Fachmann (Fischer)«, »niederdeutsch«, »nicht öffentlich«.

d) Eine ganze Anzahl nd. Texte zur Fischerei liegt in veröffentlichter Form vor. Darunter finden sich allerdings keine reinen Fachtexte. Besonders die Brüder Kinau und Hinrich Wriede beschrieben in ihren Romanen und Erzählungen die Fischerei und bedienten sich dabei der auf Finkenwerder üblichen fachsprachlichen Benennungen, mit denen sie vertraut waren. Bei diesen von Schriftstellern produzierten Texten ist allerdings die Frage nach der fachlichen Authentizität besonders zu gewichten. Im Hinblick auf die Zielsetzung der hier durchgeführten Untersuchung ist immer die Gefahr gegeben, daß ein Thema von einem Schriftsteller aufgrund gestalterischer Überlegungen in bestimmter Weise überhöht dargestellt ist. Benennungen aus solchen Texten wurden daher in Gesprächen Fachleuten vorgelegt, und nur solche, deren Gebrauch bestätigt wurde, gelangten schließlich in die vorliegende Wortsammlung.
Diese Quellen haben als gemeinsame Merkmale: »schriftlich«, »vom Schriftsteller, der sich als Fachmann ausweist«, »nicht-fachlich geprägter Kontext«, »niederdeutsch«, »öffentlich«.

e) Hd. Texte von Fachleuten liegen in verschiedener Form vor. Grundsätzlich kann gesagt werden, daß die schriftliche Fixierung durch den Fischer bereits ein nicht unerhebliches Verfremdungsmoment darstellt.[9] Unbefangen setzen die Fischer nur ihre gesprochene fachliche Umgangssprache ein — von wenigen Ausnahmen abgesehen. Daher spiegeln diese hd. Texte auch nicht die tatsächlich verwendete Sprache wider. Sie können lediglich zur Klärung sachlicher Fragen herangezogen werden.
Andere Texte liegen den Fachleuten vor, die nicht in der Finkenwerder Hochseefischerei tätig sind oder waren. Bei älteren Texten, die bis in die zwanziger Jahre hinein von solchen außenstehenden Fachleuten geschrieben wurden, die sich direkt mit der Finkenwerder Hochseefischerei befaßten, zeigt sich ein starker Trend zur Übernahme von nd. Benennungen ins Hd. Bei einer ganzen Anzahl von Rückübersetzungen, die probeweise vom Verfasser vorgenommen wurden, war erkennbar, daß der Ursprung der im Text hd. verwendeten Benennungen in der ursprünglich nd. Fachsprache zu finden ist. Auch solche Benennungen fanden nur Eingang in die Wortsammlung, wenn ihr Gebrauch durch einen Fachmann verifiziert werden konnte.
Für diese Quellen können folgende Merkmale angeführt werden: »schriftlich«, »Vom Fachmann (Fischer oder Außenstehender)«, »als Beschreibung fachlicher Zusammenhänge«, »hochdeutsch, mit enger Anlehnung an die niederdeutsche Fachsprache«, »öffentlich«.

f) Die meisten hd. Fachtexte zur Fischerei sind nicht speziell auf die Finkenwerder Hochseefischerei ausgerichtet. Solche Texte wurden für diese Arbeit vornehmlich zur fachlichen Information herangezogen. Die Merkmale für diese Quellen lauten: »schriftlich«, »vom (außenstehenden) Fachmann«, »als Beschreibung fachlicher Zusammenhänge«, »hochdeutsch mit geringer Anlehnung an die niederdeutsche Fachsprache«, »öffentlich«.
g) Darüber hinaus wurden zur Information Zeitungsartikel aus der regionalen und überregionalen Presse herangezogen. Das in diesen Veröffentlichungen verwendete Fachvokabular dient dabei nicht dem Informationsaustausch unter Fachleuten. Hier soll das Fachwort vielmehr den Autor als Fachmann ausweisen. Trotzdem müssen solche Texte auch dem Laien verständlich sein. Für die Betrachtung des Fachwortschatzes ergaben sich aus diesen Artikeln keine Erkenntnisse.
   Die Merkmale dieser Quellen können wie folgt beschrieben werden: »schriftlich«, »vom Laien«, »in einem nicht-fachlichen Kontext«, »hochdeutsch«, »öffentlich«.

Es sei darauf hingewiesen, daß die aus den hier verzeichneten Quellentypen entnommenen Fachwörter in unterschiedlicher Gewichtung Eingang in diese Studie gefunden haben. Als Basis wurde grundsätzlich die fachliche Umgangssprache der Fischer angesehen. Aus den anderen Texttypen ergaben sich in erster Linie Fragestellungen zu bestimmten Begriffen; sie dienten darüber hinaus als Mittel zur Herausbildung einer notwendigen Fachkompetenz beim Verfasser.

IV. Ortsmundart und Verschriftlichungsprinzipien

Die Übertragung von akustischen Zeichen in eine schriftliche Form wird in dieser Arbeit aufgrund des morphologisch-semantischen Schwerpunkts (Entwicklung eines Fachwortschatzes) allein mit Hilfe der dem Leser vertrauten lateinischen Schriftzeichen vorgenommen. Dabei müssen notgedrungen die phonetisch/phonologischen Qualitäten der Finkenwerder Mundart in den Hintergrund treten. Differenzierte Angaben zur Entwicklung und systematischen Einordnung einzelner Laute finden sich bei Kloeke.[10]
Die im Textteil verwendete, der hd. Schreibung weitgehend angenäherte literarische Umschrift erfüllt zwei Funktionen. Zunächst wird eine lesbare Form angestrebt, so daß ausschließlich auf den im Hd. gebräuchlichen Schriftzeichenvorrat zurückgegriffen wird.[11] Daneben soll mit möglichst großer Genauigkeit die ortstypische Aussprache mit ihren charakteristischen Merkmalen abgebildet werden. Soweit es unter dieser Zielsetzung vertretbar erscheint, dient die hd. Schreibweise als Vorbild. Dieser Punkt erhält etwa in bezug auf das Dehnungs-h Bedeutung, welches nur in solchen Fällen gesetzt wird, in denen es auch in der hd. Form an entsprechender Stelle steht (z.B. *Kohn* — hd. Kahn; aber: *Boot* — hd. Boot). In

der Regel werden lange Vokale in geschlossenen Silben verdoppelt (für das lange »i« steht »ie«); das gilt auch für kurze, wenig betonte Wörter, da ein einzelner Vokal der Längenqualität dieser Vokale, die teilweise diphthongiert sind, nicht gerecht werden würde (z.B. *ook*; aber auch: *vöör, dool, -boor*). Bei diesem Verfahren kann allerdings nicht zwischen ein-und mehrlautigem »e« (monophthongisch [e:], z.B. *Deel* › Diele ‹ — diphthongisch [ɛe̯], z.B. *See*) und »o« (monophthongisch [o:], z.B. *dool* — diphthongisch [ɛʊ̯], z.B. *groot*) differenziert werden. Abweichend von Saß werden diphthongische Vokale generell — wenn nicht die hd. Rechtschreibung dem entgegensteht — durch Buchstabenverdoppelung signalisiert (z.B. *hee, too*). Die bei Saß vorgenommene Wiedergabe des monophthongischen und des diphthongischen »ö« wird entsprechend der regionalen Lautung durch »ö« bzw. »öö« für [ø] (z.B. *Schökel, döör*) und »eu« für [oʏ̯] (z.B. *Keuhlens* › Wind ‹, › Kühle ‹) erreicht.
Verschleifungsformen der gesprochenen Sprache werden — zumindest in den Grundformen der einzelnen Wörter — ausgeschrieben (z.B. *Hoken, molen*; aber: *'n nee'n Hoken*). Durch Lenisierung in der gesprochenen Sprache ganz ausgefallene Konsonanten werden dagegen nicht berücksichtigt (z.B. *Kee*; die Pluralform *Keden* und die Zusammensetzung *Kedenpiep* weisen im Gegensatz dazu in der gesprochenen Sprache einen d-Laut auf, der entsprechend verschriftlicht wird).
Insbesondere aufgrund hd. Einflüsse können in verschiedenen Fällen lautliche Varianten festgestellt werden; als Beispiele seien genannt:
— [ɪ] > [ɛ] (Senkung), z.B.: *Schillfisch / Schellfisch,*
— [ʏm] > [ʊm] (Entrundung), z.B.: *Ümformer / Umformer.*
Die Vokalisierung des nachvokalischen »r« führt insbesondere in Verbindung mit dem langen »i« zu einer ganzen Reihe unterschiedlicher, nebeneinander existierender Realisationsformen, etwa in *Schierbrett*: [iə̯], [ia̯:], [ea̯:], [a:] und [eə̯].
Daneben findet sich beispielsweise auch das Nebeneinander von Formen, die einen Liquidaustausch aufweisen[12] (z.B. *Dirk / Dilk; starr Woter / stall Woter*). In allen Fällen, in denen mehrere lautliche Realisationsformen zu verzeichnen waren, wurde für die Verschriftlichung die häufigste Variante ausgewiesen. Der Ausfall des intervokalischen »d« wurde in die Verschriftlichung übernommen (z.B. *Ruur* für › Ruder ‹). Es sei abschließend darauf hingewiesen, daß sich der Wechsel des intervokalischen mnd. »v« zu »b« in der Ortsmundart vollständig vollzogen hat[13] und entsprechend im Schriftbild wiedergegeben wird (z.B. *Klüber, reben*).

Anmerkungen

1 Kronasser, Handbuch, S. 69.
2 Vgl.: Mensing.
3 Vgl.: Kluge, Seemannssprache.
4 Vgl.: Claviez.
5 Vgl.: Scharnow.
6 Als Beispiele seien genannt: Wossidlo, Reise; und: Koppmann, Seebuch.
7 Wriede, Volkstum, S. 61.
8 Von ähnlichen negativen Erfahrungen mit »ausführlichen Fragelisten« berichtet Margarethe Rassow in: Fischersprache, S. 6.
9 Vgl. als Extrembeispiel: Wegener, Winterreise.
10 Vgl.: Kloeke, Vokalismus, S. 31-73.
11 Als Orientierungsrahmen gilt: Saß, Wörterbuch, S. 5-6: Regeln für die plattdeutsche Rechtschreibung.
12 Mitzka schreibt zu dieser Erscheinung: »Die Liquidenvariable l/r in der Stellung nach Vokal und zugleich Kombination mit Guttural oder Labial ist ein Merkmal des nordniedersächsischen Kerngebiets.« Mitzka, Liquidenvariable, S. 194.
13 Vgl. hierzu auch: Lasch, Beiträge, S. 28.

1. *Finkenwerder und seine Fischer*

Das gewählte Untersuchungsobjekt, die Sprache der Finkenwerder Hochseefischer, kann nicht getrennt werden von ihren Sprechern, die wiederum innerhalb eines historischen Rahmens in soziale, wirtschaftliche und kulturelle Zusammenhänge eingebunden sind. Bedingungen innerhalb der Sprechergemeinschaft bzw. der Ortsgemeinschaft stehen in einer Wechselbeziehung zu den sprachlichen Produkten der Gruppe. In dem folgenden Kapitel sollen diese außersprachlichen Aspekte beleuchtet werden; dabei steht im ersten Abschnitt die Ortsgeschichte im Mittelpunkt, während im zweiten Abschnitt eine Konzentration auf die Gruppe der Fischer unter soziologischen und kulturellen Gesichtspunkten erfolgt. Ziel ist es, Interdependenzen zwischen sprachlichen und außersprachlichen Phänomenen aufzuzeigen.

1.1. Finkenwerder und seine Fischer im Laufe der Geschichte

Die Geschichte Finkenwerders ist von Beginn an auf engste Weise mit der Fischerei verbunden. Die Elbe, deren Reinheit bereits bei Plinius dem Älteren Erwähnung fand[1], bot eine früher unerschöpflich scheinende Nahrungsquelle, so daß mit ziemlicher Sicherheit davon ausgegangen werden kann, daß schon die ersten Siedler des ehemals zu Gorieswerder gehörigen Eilands den Fischfang ausübten. Über die ersten Ansiedlungen liegen keine Urkundenzeugnisse vor.[2] Es ist jedoch anzunehmen, daß Finkenwerder zwischen dem 10. und 13. Jahrhundert besiedelt war, daß es allerdings immer wieder von verheerenden Sturmfluten heimgesucht wurde, die oftmals alles menschliche Leben von der Insel verdrängten. Vereinzelte Hinweise deuten darauf hin, daß die ersten Siedler aus dem Alten Land in diesen Teil der Elbmarschen vorgedrungen sind (siehe auch 1.2.). Nachweisbare Angaben über die Herkunft der ersten Siedler liegen jedoch nicht vor: »Wir wissen nicht, wann und durch wen Gorieswerder und Finkenwerder kolonisiert sind. Es spricht jedoch vieles dafür, daß mindestens für den Südteil der Insel der Bremer Erzbischof die Inangriffnahme der Arbeiten durch holländische Kolonisten veranlaßt hat. Im Norden hingegen erscheint eine Beteiligung der Grafen von Holstein nicht ausgeschlossen.«[3]

In der Zeit zwischen 1150 und 1235 erfolgte die Abtrennung Finkenwerders von Gorieswerder durch die Dradenau, einen Elbarm, der sich durch eine der zahlreichen Sturmfluten herausgebildet hatte. Ein Urkundenzeugnis beweist, daß diese Zweiteilung im Jahre 1236 bereits vollzogen war, dort ist die Rede von »duas insulas scilicet Gorieswerder et Vinkenwerder«.[4] Der südliche Teil der Insel, von

dem der Name später auf die gesamte Insel übertragen wurde, war von der Nordhälfte, die unter dem Namen »Sybrandsverdere« in die Urkunden einging, durch einen Priel, die »Landscheide«, getrennt.[5] Gorieswerder gehörte ursprünglich zum Besitz der Grafen von Holstein. Über die Landesherrschaft in Finkenwerder heißt es: »Mit der Grafschaft Stade gelangte der südliche Teil der Insel 1227, vermutlich als Belohnung für die in der Schlacht bei Bornhöved geleistete Hilfe an den Erzbischof Gerhard II. von Bremen, der 1236 Otto das Kind von Braunschweig-Lüneburg . . . neben Gorieswerder damit belehnte.«[6]
Deichbaumaßnahmen wurden zuerst auf der stärker verschlickten Südhälfte Finkenwerders ergriffen, doch hatte die gesamte Insel schwer unter den Sturmfluten von 1380, 1393 und 1396 zu leiden. Die mühsam errichteten Deiche waren zerstört worden, und weil sich die Herzöge Bernhard und Heinrich von Braunschweig-Lüneburg zu einer Finanzierung des Wiederaufbaus nicht imstande sahen, verkauften sie neben anderen Elbinseln auch ihren Teil Finkenwerders unter Vorbehalt des Wiederkaufsrechtes am 10. Dezember 1396[7] an einen Vertreter des Rates der Stadt Hamburg: »Er (Ritzebüttel, R.G.) erwarb durch Kauf das an der Süderelbe gelegene Gebiet bei der von Hamburg erbauten Moorburg (1375) und später mehrere Elbinseln, darunter Moorwerder und die Hälfte von Finkenwerder.«[8] Doch zum Leidwesen des Hamburger Rates wurde der Südteil Finkenwerders zu einer heute nicht mehr genau bestimmbaren Zeit wieder eingelöst und damit den Hamburgern die Kontrolle über die Süderelbe erheblich erschwert. Hamburg hatte bereits damals die vorzügliche strategische Lage der Insel erkannt, von der aus der gesamte Schiffsverkehr auf der Norder- und der Süderelbe kontrolliert werden konnte. Neben solchen Vorteilen lagen die Nachteile des Besitzes dieser Insel, die als erste von den die Elbe heraufkommenden Sturmfluten getroffen wurde, auf der Hand. So sah sich schließlich Graf Otto II. von Holstein außerstande, seinen Nordteil der Insel, der durch die Sturmfluten von 1420, 1421 und 1426 wiederholt zerstört worden war, mit eigenen Mitteln neu aufzubauen. Er verpfändete im Jahre 1427 »für 1200 Rheinische Gulden . . . seine Inselhälfte neben anderen Gerechtsamen am rechten Elbufer an den reichen Hamburger Ratmann Erich von Tzeven«[9], der im Jahre 1445 diesen Teil wiederum an den Hamburger Rat abtrat.[10] Von Tzeven sorgte dafür, daß die Insel neu eingedeicht wurde, so daß die Fluten von 1436 und 1445 hier nicht viel Unheil anrichten konnten. Für Hamburg war dieser Besitz von großer wirtschaftlicher Bedeutung[11], da nun ein Umfahren des Handelsplatzes Hamburg von der Unterelbe über die Dradenau nach der Süderelbe verhindert werden konnte. Auch sicherten die Hamburger sich die reichen Fischgründe bei Finkenwerder[12], um die es später immer wieder zu Streitigkeiten zwischen den Einwohnern Finkenwerders und den vom Rat der Stadt Hamburg eingesetzten Amtsfischern kam. Bis in das 19. Jahrhundert hinein sollte Finkenwerder allerdings eine »Plage für die Stadt« bleiben. Im Laufe des 15. Jahrhunderts verringerten sich die Einkünfte, die die Stadt aus dem Besitz der Insel ziehen konnte, ständig. Ein Sinken des allgemeinen Lebensstandards in Hamburg, verbunden mit geringeren Steuereinnahmen, hatte zur Folge,

daß nur unzureichende Mittel für die Deichbefestigung auf Finkenwerder bereitgestellt wurden. Die daraus resultierenden schlechten Deichverhältnisse mußten sich zwangsläufig negativ für die Bewohner der Elbinsel auswirken: in den Sturmfluten der Jahre 1508 bis 1511 wurde die nördliche Inselhälfte fast vollständig verwüstet[13], das Grabennetz wurde eingeebnet, ganze Grundstücksflächen versandeten. Somit war die Nordhälfte Finkenwerders zu einem ungeschützten Gebiet geworden, das dem Spiel von Ebbe und Flut vollkommen ausgesetzt war. Die Stadt Hamburg zeigte sich in der Folgezeit nicht in der Lage, ihren Teil der Insel durch einen neuen Deichverband zu schützen. So unterscheidet noch Lorichs Elbkarte von 1568 »Hamborger unbediecket Vinckenwarder« und das eingedeichte »Vinckenwarder Lüneborgisch«.[14] Auf beiden Inselhälften lassen sich Häuser erkennen, die zum Schutz vor Überflutungen auf Wurten gebaut waren. Noch heute stehen alte Bauernhöfe in Finkenwerder auf Wurten. Und auch in unserer Zeit werden noch Wurten angelegt, allerdings mehr aus Gründen der Nostalgie als aus Gründen des Hochwasserschutzes.

Es liegt auf der Hand, daß es bei dem nicht festgelegten Grenzverlauf zwischen dem hamburgischen und dem braunschweigisch-lüneburgischen Teil der Insel immer wieder zu Streitigkeiten über die tatsächliche Grenzführung kam. Nach Ver-

Abb.1: Ausschnitt aus Couwenberchs Elbkarte aus dem Jahre 1622, die im Auftrag der braunschweigisch-lüneburgischen Landesherrschaft angefertigt wurde (daher rührt etwa die unproportionale Breite der Süderelbe). Man erkennt »Dat bedikede Vinkenwerder« und »Dat unbedikede Vinkenwerder«

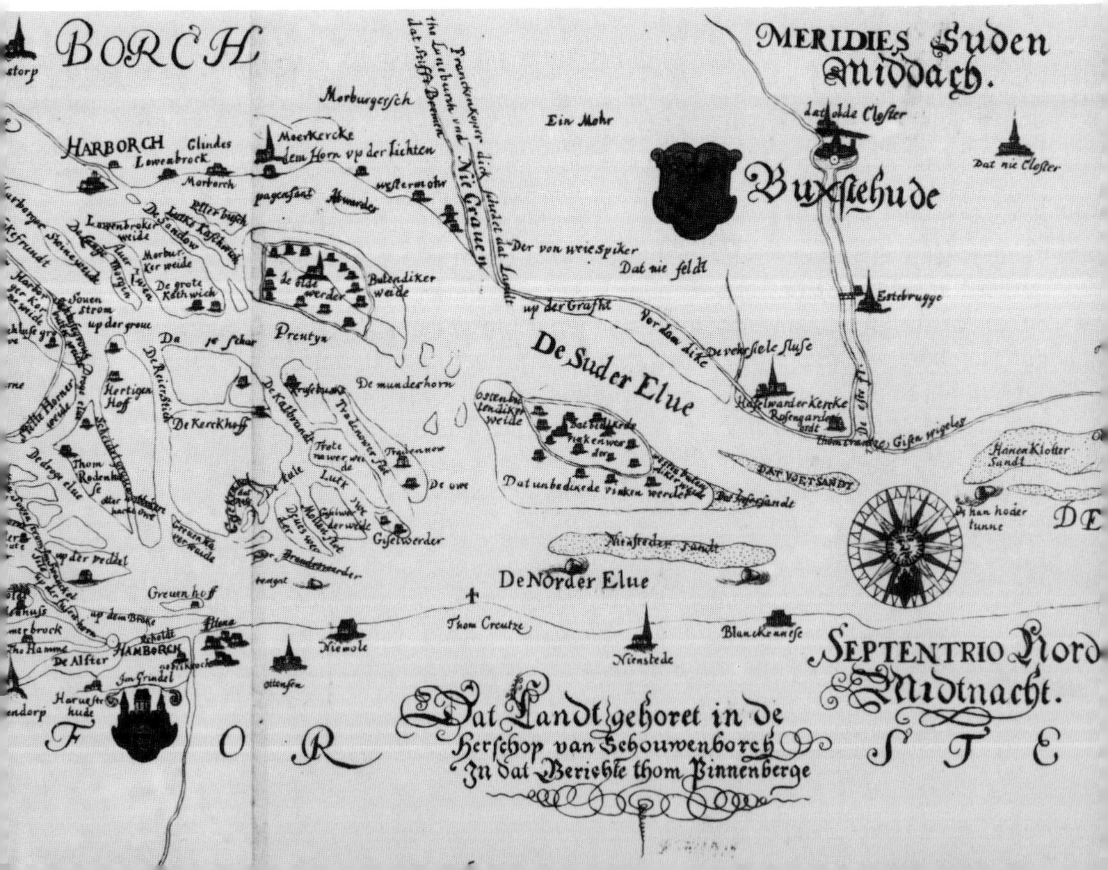

handlungen, die sich über drei Jahre hinzogen, kam 1568 ein Vertrag zustande, der eine endgültige Grenzregelung brachte.[15] Die Landscheide, ein 6 Fuß breiter, schon 1420 erwähnter Elbarm, bildete von nun an über Jahrhunderte die Grenze zwischen den beiden Teilen Finkenwerders. Erst im Jahre 1937, als die Lüneburger Seite dem Verwaltungsgebiet Groß-Hamburg angegliedert wurde[16], verlor die Landscheide, deren Verlauf sich heute noch am Landscheideweg zeigt, ihre Bedeutung als Landesgrenze. Es ist anzunehmen, daß ein gemeinsamer Deichverband für die beiden Inselhälften erst zwischen 1603 und 1612 erbaut wurde. Einen wesentlichen Antrieb für diese Maßnahme bildete die Hoffnung, auf Finkenwerder von nun an auch Weizen anbauen zu können und somit die Insel einer intensiveren wirtschaftlichen Nutzung zuzuführen. Entsprechend ihren binnendeichs gelegenen Ländereien bekamen die Hausleute eine Deichstrecke zugeteilt, für deren Erhaltung sie verantwortlich waren. Häufig wurden derartige Deichabschnitte zusammen mit einem Stück Land an Kätner weiterverpachtet, die dann ihrerseits für die Deichpflege sorgen mußten. Doch auch mit den so geschaffenen Verantwortlichkeiten war die Insel noch bei weitem nicht vor Überschwemmungen sicher. Immer wieder brachen die Deiche, besonders auf der Hamburger Seite; der schlechte Zustand der Deiche gab allgemein Anlaß zur Klage. So be-

Abb. 2: Ausschnitt aus Christian Mollers Karte von Hamburg und Umgebung aus dem Jahre 1670. Die Eindeichungsmaßnahmen auf der Elbinselwelt sind weiter vorangeschritten.

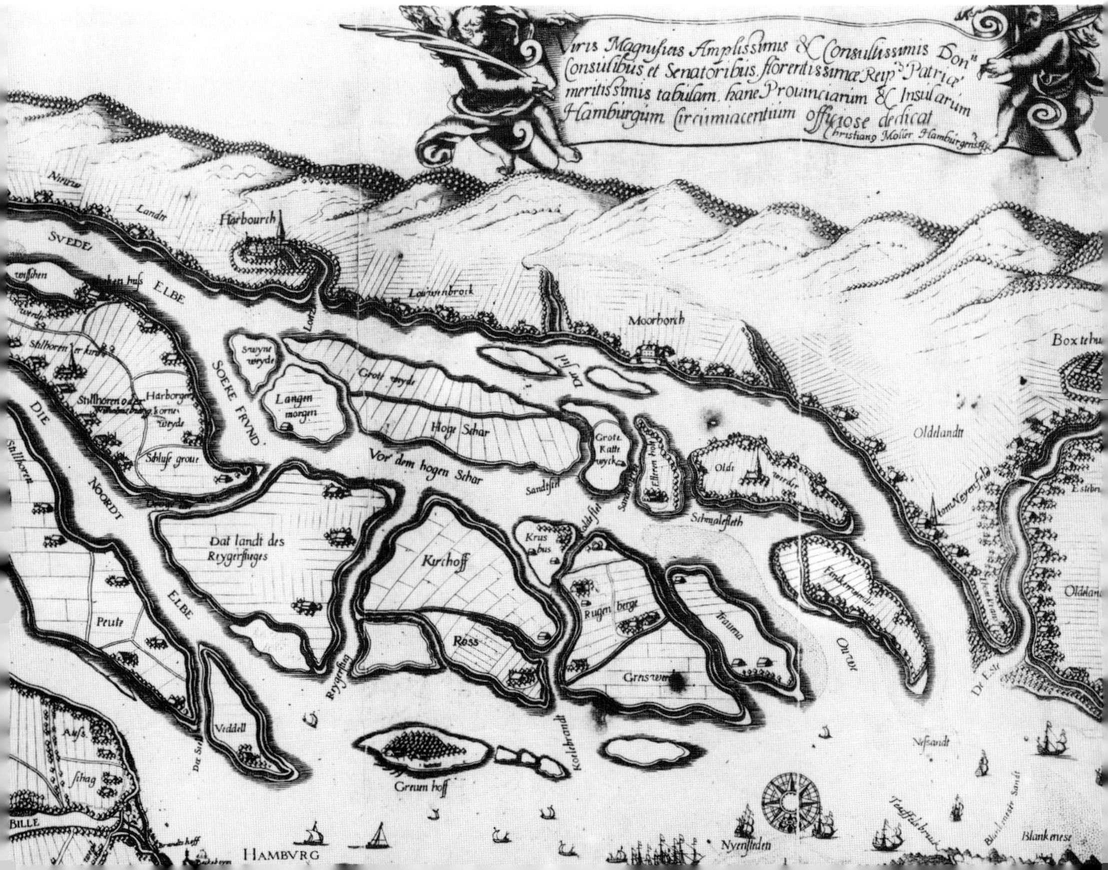

schwerten sich die Bewohner des Lüneburger Teils 1628: »Wegen der schwachen, zerfallenen und versunkenen Hamburgischen Teiche wird unser Osterfeld gar oft übergangen und beides, Sommer- und Wintersaat, ganz bedrohet, daß wir anstatt des erhofften Korns lediglich Stroh einbringen und dreschen müssen.«[17] Die Nachlässigkeit im Bereich der doch so lebensnotwendigen Deichbefestigung scheint aus heutiger Sicht verwunderlich, aber auch schon im 17. Jahrhundert gab es Stimmen, die sich nicht von vornherein den Naturkräften ergeben wollten: »So ist uns doch in keinem ordt solche nachlässigkeit und Ungehorsamb alß eben von ermelten unsern Unterthanen in unserm Finckenwerder fürkommen.«[18]
Im Verlauf der anschließenden 200 Jahre kam es immer wieder zu Auseinandersetzungen und Streitigkeiten zwischen den Bewohnern der beiden Hälften Finkenwerders. Die ersten Chronisten des Ortes, die Pastoren Evers[19] und Bodemann[20], wissen eine ganze Anzahl solcher Vorfälle zu berichten. Die Kirche stand des öfteren im Mittelpunkt derartiger Zerwürfnisse. Nachdem ein Streit über die Kostenbeteiligung für den Bau eines Schulgebäudes ausgebrochen war, schloß sich der Hamburger Gemeindeteil im Jahre 1660 der Nienstedtener Kirche an. Die Trennung dauerte bis 1672.[21] Eine zweite Trennung verzeichnet der Chronist im Pestjahr 1713/14, als die lüneburgische Obrigkeit den hamburgischen Einwohnern jeglichen Kontakt mit Hamburg und Altona verbieten wollte. Als die Bewohner des zu Hamburg gehörigen Finkenwerders sich aus wirtschaft lichen Gründen weigerten, dieser Forderung nachzukommen, wurde ihnen das Betreten der Kirche und des lüneburgischen Inselteils verwehrt. Die Hamburger schienen jedoch nicht gewillt, sich an diese Befehle zu halten. »Dies hatte die Folge, daß auf Lünebg. Grund und Boden zwoen Galgen, der eine beim Kirchenschütte, der andere mithen im Lande errichtet wurde, um die Hambg. abzuhalten.«[22] Derartig drastische Vorfälle blieben zwar die Ausnahme, aber sie sind doch ein deutlicher Hinweis darauf, daß die Bewohner der unterschiedlichen Landesherren unterstellten Inselteile je nach Situation ihren eigenen Vorteil suchten und auf diese Weise ein gemeinsames Handeln nicht selten vereitelt wurde.
Die Entwicklung Finkenwerders ist immer vor dem Hintergrund zweier sich gegenseitig beeinflussender Aspekte zu sehen: einerseits bestand eine Trennung aufgrund der Landesherrschaft, eine Trennung, die Auswirkungen auch auf die Tätigkeitsbereiche der Einwohner zeigte. Wie oben ausgeführt, konnte sich im lüneburgischen Teil die Landwirtschaft schon frühzeitig ausbreiten, während sich am Deich entlang der Norderelbe das Fischergewerbe stärker durchsetzte, da das ungenügend geschützte Land häufig von schweren Sturmfluten verwüstet wurde.
Auf der anderen Seite konnte letztendlich nur gemeinsames Vorgehen für einen hinreichenden Deichschutz sorgen. »64 Deichbrüche und Kappstürze sind von 1625 bis 1825 in Finkenwerder nachzuweisen. Jede Hochflut schuf neue Besitzverhältnisse. Manche Höfe wurden in 3, 4, 5 Teile › zerrissen ‹. Wie Zeitberichten zu entnehmen ist, gaben die Deiche, die bei den obwaltenden Stromverhältnissen zu niedrig und in ihrem Fuße zu schwach waren, innerhalb eines Jahrzehnts mehrfach nach, brachen ein und verwandelten das Kulturland in eine Wasserwü-

ste. Die Wiederherstellung des Deiches ging oft genug über die wirtschaftliche Leistungsfähigkeit des einzelnen, mancher hat sich arm gedeicht, ist an der Verteidigung seines Besitzes an den Bettelstab gekommen.«[23] Das Problem der Eindeichung blieb bis in das 19. Jahrhundert hinein im Zentrum der Aktivitäten auf Finkenwerder, lähmte über lange Zeit einen kontinuierlichen wirtschaftlichen Aufstieg.

In der Mitte des 18. Jahrhunderts war die wirtschaftliche Not auf der Insel derart angewachsen, daß es eine beträchtliche Anzahl der Bewohner vorzog, nach Hamburg oder in das aufstrebende Altona umzusiedeln.[24] Die meisten Einwohner harrten jedoch trotz der äußerst widrigen Verhältnisse auf Finkenwerder aus. Erst ab 1800 besserte sich der Zustand der Deiche.[25] In diesem Jahr wurde Wilhelm Amsinck Landesherr und damit verantwortlicher Senator für Finkenwerder.[26] Sein entschiedenes Eintreten für die Deichpflege sorgte rasch für die Bereitstellung der notwendigen finanziellen Mittel. Die Deichverbände wurden verstärkt und erhöht, so daß in den folgenden Jahren keine Flut über die Insel hereinzubrechen vermochte. Im Jahre 1806 waren die Deichverbesserungsarbeiten abgeschlossen.[27]

Während v. Heß in seiner Topographie 1789 lediglich von einem »gemeinschaftlichen Deich«[28] gesprochen hatte, führte er in der 22 Jahre später erschienenen zweiten Auflage Einzelheiten zu den Abmessungen der Deiche und zu den aus Deichunterhaltsarbeiten entstehenden Kosten aus. Auch er weiß von der Verstär-

Abb. 3: Ausschnitt aus Jacob Kocks Elbkarte aus dem Jahre 1803. Der Deich hat in Finkenwerder seine endgültige Lage erreicht. Deutlich ist die über Finkenwerder verlaufende »Fischerey-Gränze« zu erkennen.

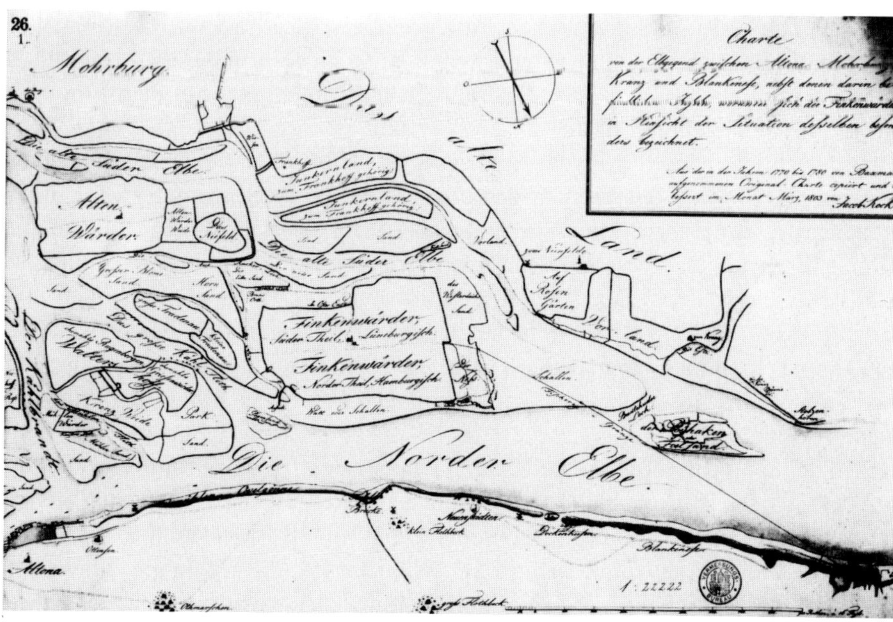

kung der Hochwasserschutzeinrichtungen zu berichten: »Die Bewohner der Insel haben einen sehr kostspilligen und gefahrvollen Deich-Bau zu unterhalten . . . Während der letztern 10 Jahre sind die Deiche von Finkenwärder sehr verbessert worden, auch hat das Land eine zweckmäßigere und bessere Deich-Einrichtung erhalten, die von dem dortigen Landvogt, dem Deichrichter und zwei Deichgeschwornen administrirt wird.«[29]

Es war sicherlich nicht allein die Liebe zu Finkenwerder, die den Hamburger Rat dazu bewog, sich verstärkt für den Erhalt seiner Inselhälfte einzusetzen. Machtpolitische Gründe sprachen dafür, die einzigartige Position zur Kontrolle von Norder-und Süderelbe nicht aufzugeben.

Zudem wäre die Gerechtsame der Amtsfischer in den Elbgewässern um Finkenwerder verlorengegangen — umfaßte doch dieser Elbbereich mit seinen zahlreichen Fleeten und Gräben äußerst fischreiche Fangplätze. Schon seit frühester Zeit wurden die Fischereirechte von sogenannten »Amtsfischern« wahrgenommen.[30] Daneben nutzten auch die Finkenwerder die enormen Fischaufkommen zur Deckung des eigenen Lebensmittelbedarfs. Des öfteren kam es dabei zu Auseinandersetzungen »dadurch, daß die Hamburger Amtsfischer sich grundsätzlich im ganzen Gebiet des holsteinischen Finkenwerder und Gorieswerder als alleinberechtigt zum Fischfang betrachteten«.[31] Schon für 1442 ist ein Eingreifen des Hamburger Rates urkundlich belegt[32], und im Jahre 1661 wurde vom Rat festgelegt, »daß das hiesige Fischeramt bey seiner Gerechtigkeit beym Finckenwärder her zu fischen, wie sie von Alters gethan, verbleiben und darinnen von den Finckenwärdern nicht verhindert werden sollen.«[33] Doch auch nach diesem Spruch des Rates gab es immer wieder Zwistigkeiten entweder zwischen Finkenwerdern und den Bewohnern der Nachbarinseln, mit Amtsfischern oder zwischen hamburgischen und lüneburgischen Landeskindern. Solche Streitigkeiten konnten durchaus handfesten Charakter annehmen; so ist etwa in diesem Zusammenhang die Rede davon, daß sich »Hamburger und Lüneburger auf dem Elbstrom ein Scharmützel geliefert hätten.«[34]

Für ein richtiges Einschätzen der Bedeutung der Elbfischerei in den vergangenen Jahrhunderten ist es unerläßlich, den ungeheuren Fischreichtum der Elbe, ihrer Nebenarme, der Fleete und Gräben in Betracht zu ziehen. »Die Niederelbe nimmt, fischereilich betrachtet, eine Sonderstellung ein. Nicht umsonst gilt sie als der fischreichste Strom Deutschlands, ja Europas.. . . Die Mannigfaltigkeit der Fangobjekte, die Rücksicht auf die Tidebewegung und auf den gewaltigen Schiffsverkehr haben eine solche Vielseitigkeit in den Fangmethoden, Geräten und Fahrzeugen herausgebildet, wie sie auf gleich großem Raum wohl nirgend mehr vorkommt.«[35]

Neben den hauptberuflich in der Fischerei Tätigen gab es wohl kaum einen Inselbewohner, der nicht sein eigenes Netz oder seine Reusen hatte, mit denen er sich schnell eine Mahlzeit aus dem Fluß holen konnte. Es lag wohl an der »Mühelosigkeit des Fischfangs zu Zeiten älteren Überflusses, die jedem Bewohner der Niederelbe das Fischen oder seine Vorbereitung als selbstverständliche, neben

Gewerbe und Beruf ausgeübte Tätigkeit der Nahrungsbeschaffung nahelegte.«[36]
Über die Berechtigung der Einwohner Finkenwerders an der Fischerei in der Süderelbe im Mittelalter liegen keine Urkundenzeugnisse vor. Es ist lediglich nachgewiesen, daß von hier aus Fischerei betrieben wurde.[37] Die Tatsache, daß die wirtschaftliche Lage dieser Berufsfischer bis ins 19. Jahrhundert hinein stets äußerst gespannt war, geht aus unterschiedlichen Zeugnissen hervor. Die Finkenwerder Elbfischer, »die aber meistens Kleinköthner und arme Leute sind, die soeben ihr Auskommen haben,« mußten für die Fischereiausübung »die geringe Pachthilfe von jährlich 9 Thaler . . . an die fünf Hauptpächter (zahlen), und würde man ihnen die Fischerei nehmen, oder zu einem höheren Pachtzins zwingen so würde man einer Masse Menschen ihre Existenz gefährden und ihr Brod rauben.«[38] Pastor Evers berichtete 1762, daß »auf beyden Finckenwaerdern über 100 Fischer-Familien sich ernähren, von welchen etwa 80 sich auf der Hambg. Seite befinden.«[39] Es handelt sich bei diesen Angaben ausschließlich um Elbfischer, obwohl festgestellt werden kann, daß im Totenregister der Finkenwerder Pfarrgemeinde schon im 17. Jahrhundert Belege zu finden sind, aus denen hervorgeht, daß Fischer aus Finkenwerder zu der Zeit auf See ertrunken sind.[40]
Schon vor 1800 verzeichnen die Geburts- und Trauerregister Ehen unter Seefischerfamilien. Der Übergang von der reinen Elbfischerei zur Hochseefischerei ist etwa in der zweiten Hälfte des 18. Jahrhunderts anzusetzen.[41] Trotzdem sind für das Jahr 1800 erst zwei Ewer angegeben, die ausschließlich — oder zumindest vornehmlich — in der Hochseefischerei eingesetzt wurden. »Hochseefischerei« ist hier zu verstehen als Fischfang in unmittelbarer Küstennähe, also bei den Nord-, Ost- und Westfriesischen Inseln.

Bis in die Mitte des 19. Jahrhunderts hinein stand die Finkenwerder Fischerei eindeutig im Schatten der Blankeneser Ewerflotte. Dieses ist als Hauptgrund für die Tatsache anzusehen, daß kaum Urkunden von der Zeit vor 1800 über die Finkenwerder Fischerei vorliegen.[42] Es ist allerdings anzunehmen, daß Ausrüstung, Fahrzeuge und Fangmethoden aufgrund der geographisch gegebenen Nachbarschaft der schon voll entwickelten Blankeneser Fischerei ähnlich waren.[43] Außerdem kann davon ausgegangen werden, daß verschiedene Bewohner Finkenwerders auf Blankeneser Fischereifahrzeugen tätig gewesen waren, bevor sie selbst in der Lage waren, sich ein entsprechendes Schiff zu kaufen.

Der Übergang von der Fluß- zur Seefischerei verlangte in erster Linie eine größere Stabilität der Fahrzeuge. Die Pfahlewer des 18. Jahrhunderts hatten eine Länge über alles von 13,2 m. Sie waren mit einem Rahsegel ausgerüstet; dazu konnte ein Stagfocksegel aufgezogen werden.[44] Ein wichtiges Bauelement des in der Fischerei verwendeten Ewers war die Bünn, ein im Schiff eingebauter Behälter, in dem die Fische lebend im Frischwasser gehalten wurden. In der Seefischerei benutzten die Blankeneser das dreiwandige Garn, ein Treibnetz mit einer Länge von insgesamt 880 bis 1100 m. Die bereits zu der Zeit von niederländischen Fischern eingesetzte Baumkurre fand bei ihnen noch keine Verwendung.

Es werden verschiedene Gründe angeführt für die Tatsache, daß die Finkenwerder sich nach 1800 verstärkt in die offene See zum Fischfang hinauswagten. August Bargheer meint hierzu: »Die Finkenwerder scheinen mit der Seefischerei erst dann begonnen zu haben, als sich der Hering wieder in größeren Zügen vor der Elbe zeigte; es geschah dies hauptsächlich seit dem Jahre 1800 (. . .). Genaueres über die fischereitreibende Bevölkerung von Finkenwärder findet sich erst in der Hamburger › Acta wegen der Heringsfischerei und im Allgemeinen der Fischerei auf der Ober- und Niederelbe ‹ von 1819.«[45] Man muß allerdings parallel zum Aufstieg der Finkenwerder Fischereiflotte den Niedergang der Blankeneser Fischerei betrachten. Wegen der Zugehörigkeit Blankeneses zum Königreich Dänemark wurde den Fahrzeugen in der napoleonischen Ära der Zugang zu den westlichen Fangplätzen von englischen Seeschiffen erschwert oder gänzlich verwehrt.[46] Die so entstandene Lücke nutzten die Finkenwerder Fischer zur Erweiterung des eigenen Tätigkeitsfeldes aus. Unter der Flagge des unabhängigen Hamburg drohten ihnen von keiner Seite Sanktionen, und so stieg die Zahl der ortsansässigen Hochseefischereifahrzeuge rasch auf 15 im Jahre 1819[47] und auf 42 im Jahre 1849. Von holländischen Hochseefischern übernahmen die Finkenwerder bereits um 1820 die Baumkurre, die sich bis 1850 ganz gegen die Treibnetze aus der Blankeneser Tradition durchgesetzt hatte. Es wurden hauptsächlich Schollen,

Abb. 4: Ausschnitt aus der Elbkarte von Hübbe und Blohm aus dem Jahre 1849. Anfänge der Hafenausdehnung auf das südliche Elbufer sind bei Steinwerder erkennbar.

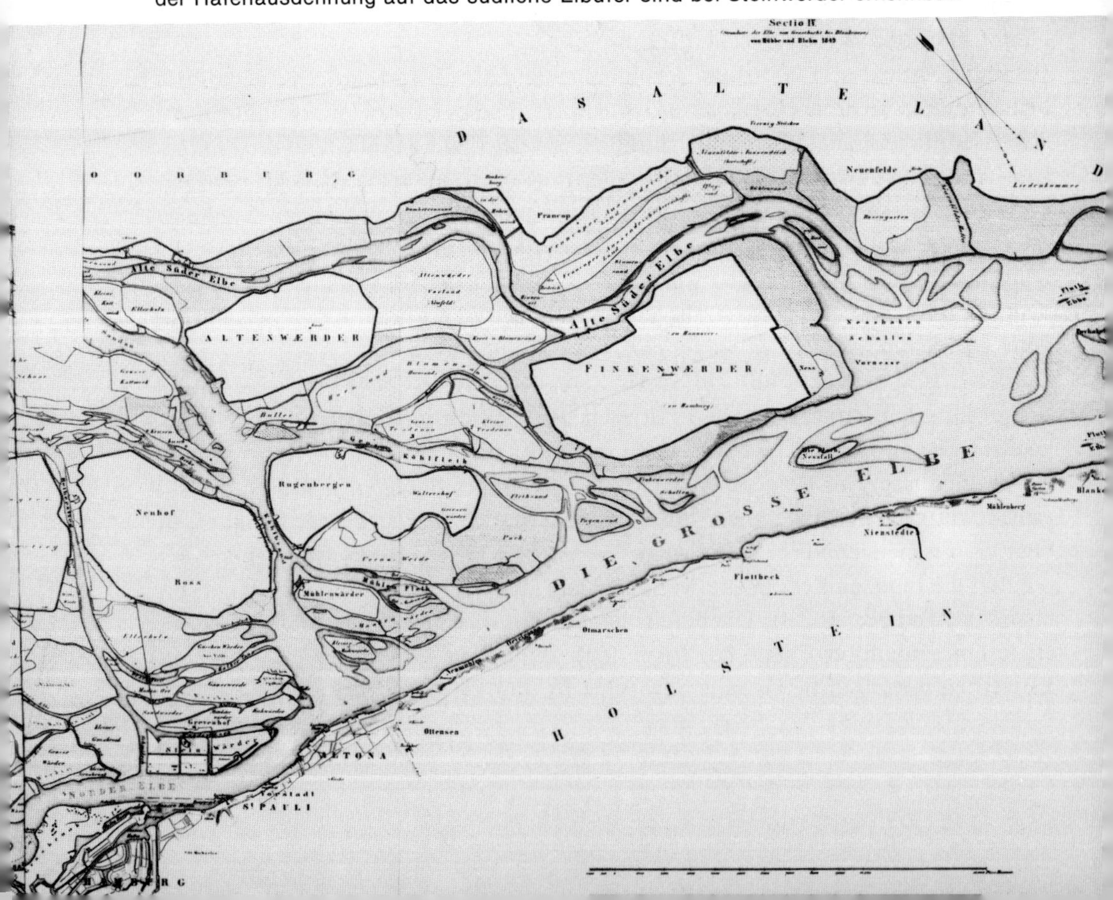

Seezungen, Steinbutt, Schellfisch und Stör, im Winter in der Elbmündung Sprotten und Heringe gefangen.

Die Fischer erkannten im Laufe der ersten Hälfte des 19. Jahrhunderts, daß ihre Fahrzeuge seetüchtiger werden mußten und daß bauliche Maßnahmen notwendig waren, um den bis dahin verwendeten Rahewer sicherer zu machen. So wurde zuerst die Bünn abgedeckt, und später, etwa ab 1840, ging man dazu über, den zweimastigen Besanwer zu bauen, nachdem vorher schon der Mast des Bootes zum Setzen eines zweiten Segels gedient hatte.

Im Jahre 1835 wurde die »Finkenwärder Fischer-Kasse« gegründet. Sie sollte den von einem Unglücksfall Betroffenen wirtschaftliche Unterstützung zuteil werden lassen: »Da bei unserem gefährlichen Gewerbszweige es leider! an häufigen Beispielen von Unglücksfällen nicht fehlt, und dadurch mancher redliche Mann, trotz der größten Geschicklichkeit und Gewissenhaftigkeit, dennoch sich und seine Familie vor Elend und Noth nicht schützen und durch einen Schlag sein ganzes Haab und Gut, und die Mittel zu seiner Erhaltung verlieren kann; da wir auch zugleich erkennen, daß einem Jeden unter uns ein gleiches Schicksal zu jeder Zeit zu treffen im Stande ist: so halten wir uns unter einander verbunden, durch gegenseitige Unterstützung dem jedesmalig vom Unglück Getroffenen vor dem gänzlichen Untergang zu bewahren, . . .«[48]

In der Folgezeit wurden Fangmethoden und Fahrzeuge kontinuierlich weiterentwickelt. Um 1875 wurde der Kutterewer konstruiert, der wie der ältere Ewer mit Knickspant versehen war und sich nur durch eine andere Bug- und Heckform von seinem Vorgänger unterschied. Ab 1883 baute man den scharfen Kutter, dessen Rumpf eine abgerundete Form zeigt, bei dem also der Knickspant nicht mehr vorhanden war.[49]

Während des 19. Jahrhunderts erhöhte sich die Anzahl der Finkenwerder Hochseefischereifahrzeuge ständig; daher ist es um so verwunderlicher, wenn es in einem zeitgenössischen Bericht heißt: »Über den von der Elbmündung und namentlich von Blankenese aus betriebenen Seefischfang liegen uns aus neuerer Zeit keine genauen Daten vor.«[50] Hier werden die Finkenwerder noch nicht einmal erwähnt.

Bis in die achtziger Jahre des 19. Jahrhunderts sollte der Aufschwung in der Finkenwerder Hochseefischerei anhalten. Während Bodemann 1860 noch geschrieben hatte: »Die Seefischer (jetzt 68) holen ihren Fang aus der See, als: Schollen, Zungen, Thal- und Steinbütten, Störe (. . .), Schellfische, Austern, Kabeliau, Hummer . . .«[51], war die Zahl der Hochseewer und -kutter bereits bis zum Jahre 1888 sprunghaft auf 186 gestiegen. Damit war allerdings der Höhepunkt erreicht, und von nun an sank die Zahl der aus Finkenwerder stammenden Hochseefischereifahrzeuge rapide. Neben schlechten Fangergebnissen ist hierfür vor allen Dingen der zunehmende Konkurrenzkampf mit den nach 1885 aufkommenden deutschen Fischdampfern verantwortlich zu machen.[52] Diese Fahrzeuge waren schneller, konnten auch bei Flaute fischen und waren unabhängig von den jeweiligen Windverhältnissen in der Lage, ihren Fang stets an den Markt zu bringen. Die

Überlegenheit dieser Schiffe drückte sich jedoch nicht allein in ihren Fähigkeiten, sondern bald auch zahlenmäßig aus. Im Jahre 1884/85 ließ F. Busse aus Geestemünde an der Weser den ersten deutschen Fischdampfer, die **Sagitta**, bauen. Von nun an stieg die Zahl der auf Finkenwerder verächtlich als »Smeukewer« bezeichneten Dampfer ständig. 1897 gab es 103, 1907 schon 199, und bis 1914 war die Zahl der deutschen Grundschleppnetz-Fischdampfer auf 250 angestiegen.[53] Ihr starker Zuwachs ist nicht zuletzt auf die erkennbar werdenden Seeherrschaftsansprüche und Autarkiebestrebungen des Deutschen Reiches in den drei Jahrzehnten um die Jahrhundertwende zurückzuführen. Hinzu kamen über 2000 englische und niederländische Fischdampfer, die zusammen mit den Dänen eine erhebliche Konkurrenz für die Finkenwerder darstellten. »Von Schlägereien und Kämpfen mit Engländern auf hoher See, bei denen große Kohlenstücke als Geschosse verwendet wurden, erzählt mancher alte Fischer . . .«[54]

Neben dem Streit um die Fischgründe war aber auch ein Kampf um die Fischmärkte ausgebrochen, der sich negativ auf das Preisniveau auswirkte. Darüber hinaus zeigte sich, daß die küstennahen Fanggebiete gemeinsam von den niederländischen, dänischen, englischen und deutschen Fischereiflotten annähernd leergefischt worden waren. Hieraus ergab sich auch für die kleineren Fahrzeuge der Zwang, von den Küsten weiter entfernt gelegene Fanggebiete aufzusuchen, wodurch sich die Gefahr für Schiff und Besatzung bei schlechtem Wetter wesentlich erhöhte, während zusätzlich längere An- und Abfahrtswege in Kauf genommen werden mußten.

All diese Faktoren mußten die Kleine Hochseefischerei hart treffen. Zwar werden nicht selten die achtziger Jahre als »Blütezeit« der Finkenwerder Fischerei bezeichnet, doch richtet sich der Blick dabei allein auf die absoluten Zahlen der Fischereifahrzeuge. An der teilweise prekären wirtschaftlichen Lage zahlreicher Mitglieder dieses Berufszweiges hatte sich nichts geändert. So ist es wenig verwunderlich, wenn es heißt: »Nach dem Berichte der Handelskammer zu Geestemünde für 1877 und 1878 fischte über die Hälfte der Finkenwärder Seefischer-Ewer für Rechnung der verschiedenen Fischhandlungen in Geestemünde.«[55]

Im traditionellen Jahresablauf mit Fischerei- und Aufliegezeit vollzog sich nun aufgrund des zunehmenden wirtschaftlichen Drucks ein einschneidener Wandel. Bis 1885 hatte sich folgendes Bild gezeigt: »Von Michaelis bis zum Eintritt des Frühlings wurde aufgelegt. Im Winter beschäftigte man sich damit, neue Netze zu stricken und alte auszubessern (› boiten ‹). Den dazu nöthigen Hanf hatten die Frauen der Fischer während des Sommers gesponnen und gezwirnt. Letztere sponnen und nähten auch die Segel. Nur das Zuschneiden besorgte der Segelmacher.«[56] Unter dem starken wirtschaftlichen Druck ging man nun dazu über, die Fischerei auf Zungen und Steinbutt bis in den November hinein auszudehnen. Viele Fischer verzichteten ganz auf die Aufliegezeit und fischten von etwa Anfang November bis Ende März auf den Bänken 90 sm WNW vor Helgoland nach Austern. Für die Winterstürme auf der Nordsee waren ihre kleinen Schiffe jedoch nicht stark genug gebaut. In der Folgezeit erreichten zahlreiche Finkenwerder Ewer und Kutter nicht rechtzeitig den schützenden Hafen.[57] Während zwischen 1843 und 1881 der Verlust von 13 Ewern und 28 Menschenleben zu beklagen gewesen war, stieg die Zahl der Todesfälle im Zeitraum von 1882 bis 1895 auf 125; 1896 bis 1899 wurden 51 Todesfälle registriert. Hinzu kommt noch eine nicht genau zu ermittelnde Dunkelziffer: »Die Totalverluste der Fahrzeuge sind bekannt und so war das Erwünschte über die Mannschaft zumeist zu erfragen; die Einzelfälle sind aber nur zuverlässig, soweit es sich um verheiratete Männer und vielleicht um eingeborene Finkenwärder handelt. Die Fremden aber sich vielfach nur mit ihrem Vornamen bekannt geworden; einige von ihnen haben Finkenwärder wohl kaum gesehen, sondern sind bei ihren ersten seemännischen Versuchen umgekommen; von diesen dürften einige im Verzeichnis fehlen, wie auch ihre Namen bei den Totalverlusten nicht zu ermitteln sind.«[58] Die meisten Fischer gingen zusammen mit ihrem Schiff unter, seltener waren Einzelunfälle.[59] Schon um die Jahrhundertwende wurden die stark rückläufigen Zahlen der Fischereiflotte interpretiert. Zu den Faktoren »Konkurrenz, gesteigerte Lebenshaltung und Rückgang des Fischbestandes in der Nordsee«[60] kommt als gewichtiger Punkt hinzu, daß durch die allgemeine Industrialisierung und den Ausbau des Hamburger Hafens »die Arbeitsgelegenheit . . . gegen früher erheblich zugenommen« hatte.[61]

Die Reduzierung der Fischereiflotte verlief auf zwei Ebenen. Zum einen »blieben« innerhalb von 25 Jahren fast 80 Fahrzeuge[62], eine übermäßig hohe Zahl, wenn man als Vergleichsgröße die Gesamtzahl der Ewer und Kutter in dieser Zeit heranzieht. Schon im Jahre 1900 lebten auf Finkenwerder »122 Wittwen von Fischern, 61 haben ihre Männer bei Ausübung ihres Berufes verloren«.[63] Dieses Leid sollte in den folgenden Jahren anhalten. In einem einzigen Sturm am 3./5. Dezember 1909 »blieben« nicht weniger als acht Finkenwerder Kutter und Ewer mit einer Besatzung von 29 Mann.[64]

Der außerordentlich starke wirtschaftliche Druck und die durch ihn heraufbeschworenen Gefahren, denen sich die Fischer aussetzen mußten, führten andererseits jedoch auch zum freiwilligen Ausscheiden vieler Hochseefischer aus ihrem Beruf. Grundlage hierfür waren »die vorhandene Möglichkeit, auf den Fischdampfern lohnendere Beschäftigung zu finden« und die Tatsache, daß »leichterer Verdienst . . . durch sonst vermehrte Arbeitsgelegenheit an den Küsten«[65] in Aussicht stand. Bei den meisten Fischern kam jedoch keine Resignation auf; und nur wenige ließen sich durch die zahlreichen Unglücksfälle davon abhalten, weiterhin zur See zu fahren. So berichtet eine Finkenwerderin: »Trotzdem mein Vater auf See geblieben war, wurden noch fünf meiner Brüder wieder Hochseefischer.«[66] Tradierte Strukturen wurden auch in Zeiten der größten Not aufrechterhalten: »Noch im Jahre 1903 waren von den 173 selbständigen Seefischern 108 gebürtige Finkenwärder, 81 von ihnen Fischersöhne.«[67]

Um eine Verbesserung der Gesamtlage herbeizuführen, wurden in dieser Zeit verstärkt Anstrengungen unternommen, die Konkurrenzfähigkeit der Finkenwerder Flotte zu erhöhen und gleichzeitig das Gefahrenpotential zu reduzieren.

Die Förderung der Segelfischerei sollte sich dabei auf vier Ebenen vollziehen:

1. Direkte Vorbeuge- und Hilfsmaßnahmen für die Fischer und ihre Familien (Unterstützung von Hinterbliebenen, Unfallversicherung, Fischerschulen, Sanitätskurse, Einbau von Barometern zur Sturmwarnung);
2. Weiterentwicklung von Fahrzeugen und Fanggeräten (Einführung von Motoren, Erprobung neuer Fangmethoden — etwa der Schernetze —, Einsatz verschiedenartiger Netze);
3. Vermehrung der Fangobjekte;
4. bessere Verwertung des Fanges.[68]

Die ersten Auswirkungen dieser vor allem durch den Fischereidirektor Lübbert vorangetriebenen Maßnahmen zeigten sich im Jahre 1904, als die gesamte Finkenwerder Flotte innerhalb von zwei Monaten die Umstellung von der bis dahin üblichen Baumkurre auf das Schernetz vornahm. Im Herbst des Jahres 1903 hatten drei eigens für diese Versuchsreihe mit Testmotoren ausgestattete Fahrzeuge mit dem neuen Fanggerät »große Fänge an Schellfisch und Kabeljau«[69] erzielt.[70] Es erscheint erstaunlich, in welch kurzer Zeit die oftmals klischeehaft als »konservativ«[71] oder »noch konservativer als Bauern«[72] beschriebenen Fischer eine derart einschneidende Neuerung annahmen. Die vielbeschworene Abneigung der Fischer gegen Neuerungen[73] kann demnach nicht generell unterstellt werden. In diesem Sinne stellt Dittmer fest: »Wenn jedes Jahr neue Verbesserungen an Fahrzeugen, Booten und Motoren auftauchen, so geht das in erster Linie von den Fischern aus; sie wollen vorwärts und nötigen die Technik zum Fortschritt; . . . sie müssen die Träger der Neuerungen sein.«[74]

Häufig fehlte allerdings die finanzielle Grundlage, um notwendige Änderungen am Schiff zu ermöglichen. So konnten Konstruktionsmängel an den Fahrzeugen in den Jahren 1905 bis 1908 nur mit Unterstützung des Deutschen Seefischervereins behoben werden.[75] Allerdings ist anzumerken, daß derartige Subventionen von staatlicher Seite nicht etwa aus uneigennützigen Motiven vergeben wurden. Taxierte man doch sehr genau »den Wert einer tüchtigen Seefischereibevölkerung, namentlich für die Bemannung unserer Kriegsflotte . . .«[76]

Konträrer als die Einführung des Schernetzes wurde der Einbau von Motoren diskutiert. Befürworter und Gegner standen in einem regen Austausch der Argumente. Der entscheidende Faktor für eine zögernde Haltung der meisten Fischer lag in ihrer eigenen wirtschaftlichen Situation begründet. Der Motoreneinbau war für den Fischer mit weitaus höheren Kosten als die bloße Umstellung auf eine neue Fangmethode verbunden. Zusätzlich wurden bauliche Maßnahmen erforderlich, da für einen Motor kein Platz auf den Kuttern und Ewern vorgesehen war. Hinzu kam, daß bei dem noch unausgereiften Entwicklungsstand der Motorentechnik die Gefahr eines Feuers oder einer Explosion stets gegenwärtig war. Der Schiffbauer Wriede schrieb über die Probleme in dieser Zeit: »Die mancherlei sich in der Praxis als notwendig ergebenden Aenderungen und Verstärkungen an den Deckseinrichtungen, Reparaturen kosteten viel Geld und Zeit. Auch erwiesen sich die Motoren zum Schleppen der Kurre als nicht stark genug.«[77]

Eine erste kleine Motorisierungswelle kam schon vor dem Beginn des Ersten Weltkrieges zum Stoppen. Nach dem Kriege hatte sich die neue Antriebsweise für die Fischereifahrzeuge jedoch endgültig durchgesetzt, und man kann davon ausgehen, daß die Motorisierung mit dem Jahre 1925 abgeschlossen war.[78] Der Motor, zunächst nur zur Betätigung der Winden vorgesehen, hatte seinen festen Platz auf den Kuttern und Ewern der Finkenwerder Hochseefischerei. Allerdings garantierte der Motor dem Fischer keine höheren Erträge. Auch wenn Skeptiker trotz Einbaus von Motoren nicht an ein Weiterexistieren der Kleinen Hochseefischerei glaubten[79], so überwogen insgesamt doch die positiven Kommentare, etwa in der Hinsicht, »daß außer den guten Eigenschaften des Motors bei erwiesener Wirtschaftlichkeit des Motorbetriebes die Person des Fischers letzten Endes Ausschlag für den Erfolg gibt. Nicht nur, daß der Mann seinen Motor richtig zu handhaben versteht, soll er schließlich, was bei Vergleichungen niemals außer Acht gelassen werden darf, auch an sich ein in jeder Beziehung tüchtiger Fischer sein.«[80]

Die Motorisierung ist als entscheidender Schritt zur Erhaltung der Finkenwerder Fischerei in den zwanziger Jahren zu verstehen. Der eingetretene Wandel vollzog sich dabei nicht nur auf der Ebene des Fahrzeugantriebs, sondern auch auf dem Gebiet der Betriebsstruktur. Auf seinem Schiff war der Fischer unabhängig und sein Handeln in erster Linie von natürlichen Bedingungen, wie den Witterungsverhältnissen oder der Tide, und seinem eigenen Streben abhängig gewesen. Jetzt ergab sich die Notwendigkeit des Ankaufs von Treibstoff sowie des Ausführens unumgänglicher Wartungs- und Reparaturarbeiten.[81] Die Unabhängigkeit des Fischers war somit durch den Motoreneinsatz zu einem nicht unerheblichen Teil eingeschränkt worden. Vor- und Nachteile wurden gegeneinander abgewogen: »Und sicher ist, daß die Gefahren für Leben und Eigentum des Fischers sich bedeutend vermindert haben. Dem größeren Verdienst der Fischer sind aber die auf das Doppelte der Vorkriegszeit gestiegenen Betriebskosten entgegenzustellen.«[82] Obwohl in der Fischerei während der Kriegsjahre 1914 bis 1918, als die Mehrzahl der Finkenwerder Fischer durch Bemühungen der Hamburger Fischereidirektion, vom Militärdienst befreit worden war[83], gute Gewinne erzielt werden konnten[84], blieb die Anzahl der in der Fischerei verwendeten Fahrzeuge rückläufig. Zur Verringerung der Anzahl der Fischereibetriebe trug nach dem Krieg noch ein weiterer Faktor bei: Finkenwerder war schon seit Anfang des Jahrhunderts für die Erweiterung des Hafengebietes vorgesehen, und es gab ernsthafte Bestrebungen, die Fischereibevölkerung nach Cuxhaven und Schulau umzusiedeln.[85] In einem Brief an »die verehrlichen Mitglieder der Bürgerschaft in Hamburg« setzt sich die Gemeindeversammlung zu Finkenwerder schon im Jahre 1904 mit den Umsiedlungsplänen auseinander.[86] Schließlich zogen jedoch nur zwei Fischer nach Cuxhaven; vierzehn siedelten sich am gegenüberliegenden Elbufer bei Schulau an.

Ein anderer Teil der ehemaligen Fischer suchte sich eine neue Erwerbsgrundlage. Dieses geschah besonders in solchen Fällen, in denen die Fahrzeuge zu alt waren, so daß eine Motorisierung nicht mehr rentabel erschien. Die Entwicklung auf Finkenwerder begünstigte ein derartiges »Umsteigen«. Im Jahre 1909 war damit begonnen worden, die Fläche vor dem Norderdeich für Industrieansiedlungen aufzuspülen. Konnten die Fischer ihre Fahrzeuge vor dieser Zeit an den Deich heranfahren, also fast bis vor die eigene Haustür, so war jetzt höchstens noch ein Befahren der künstlich angelegten Kanäle möglich. Der allgemeine Fischereihafen wurde am Stack errichtet. Neben den Flächen an der Norderelbeseite der Insal wurde auch innerhalb des Deichverbandes ein größeres Areal für die Ansiedlung von Industrieunternehmen aufgespült, das nach dem Ersten Weltkrieg für den Wohnungsbau genutzt wurde.[87] Auf der Spülfläche vor dem Norderdeich entstand die Deutsche Werft mit den dazugehörigen Werkssiedlungen. Durch den Köhlbrandtvertrag von 1909 hatte sich die Stadt die Möglichkeit geschaffen, »in Waltershof und Finkenwerder gewaltige Seehäfen anzulegen.«[88] Der Ausbruch des Krieges verhinderte eine umfassende Durchführung der Hafenerweiterungspläne, so daß schließlich nur das Projekt einer Großwerft in Angriff genommen wurde.[89]

Schon 1916 hatte die AEG einen Teil des aufgespülten Vorlandes gepachtet, und noch vor Beendigung des Krieges entstand eine Werft für Unterseeboote, deren Aufgabe es sein sollte, »monatlich zwei U-Flottillen instand zu setzen«.[90] Rasch wurde nach dem Krieg die Produktion erhöht. »Mit 300 Mann hatte man bei Kriegsende begonnen, aber noch im gleichen Jahr hatte sich die Belegschaft auf 1000 erhöht. Sie wuchs nun ständig und betrug 1921 bereits 6000.«[91] Wohnraum für die Belegschaft wurde zu beiden Seiten der Elbe erstellt.

»1922 verfügte die DW über 193 werkseigene Wohnungen, in Finkenwerder und Othmarschen wurden die ersten Siedlungen gebaut. Nach Finkenwerder zog es nicht viele, da die Lage verkehrstechnisch nicht günstig war. . . . Ab 1936 wurden in Finkenwerder ständig neue Wohnungen für Angehörige der DW gebaut, am Norderdeich, am Külpersweg, am Kap-Horn-Weg und schließlich am Finksweg.«[92]

Mit der Werft war in die traditionellen Strukturen des Bauerntums und der Fischerei mit all ihren Zulieferbetrieben von außen ein völlig neuer Gewerbezweig auf die Insel gelangt. Die Fischerei galt mittlerweile längst nicht mehr als die einzig erstrebenswerte Erwerbsquelle. 1927 schrieb Wriede hierzu: »Unsere Fischer drängen sich nach Berufen, die bequemer, müheloser und vor allen Dingen weniger gefahrvoll sind. Sie fahren als Decks- und Steuerleute und Kapitäne auf Flußdampfern, auf Baggern, Schuten, Frachtschiffen, Fischdampfern; sie sind angestellt als Wachtsleute im Hafenbetriebe, als Angestellte in Fischhandlungen, sie betrieben selbst Fischgeschäfte vom kleinsten Ladengeschäft bis zum ausgedehntesten Großhandelsgeschäft. Sie sind Reeder, Leiter, Aufseher oder Angestellter bei Fischdampferreedereien. Viele gründen auf Finkenwärder irgend ein Handelsgeschäft. Ein großer Teil unserer Geschäftsleute sind frühere Fischer. Und in neuester Zeit sind eine ganze Zahl, besonders aus den Reihen der Elbfischer, als Arbeiter auf der › Deutschen Werft ‹ untergeschlüpft.«[93]

Mit der Besiedlung der neuen Wohnanlagen stieg die Einwohnerzahl auf der Hamburger Seite von 3852 im Jahre 1919 auf 4871 im Jahre 1927. In der Bedeutungsskala bezüglich des Gewerbelebens auf Finkenwerder war die Führungsposition der Fischerei an die Werftindustrie abgetreten worden. Mitglieder dieser neuen Bevölkerungsschicht von Werftarbeitern kamen andererseits von nun an als potentielle Bedienstete in der Fischerei in Frage. Während es vor dem Ersten Weltkrieg nur relativ selten geschehen war, daß ein »Butenlander« auf einem Fischereifahrzeug anmusterte, so war nun eine größere Öffnung der Gruppe der Fischer nach außen hin spürbar. Die wenigen, die zuvor als Auswärtige in der Fischerei tätig gewesen waren, hatten sich in vielerlei Hinsicht anpassen müssen; sie waren deutlich in der Minderzahl gewesen, und es hatte außer Zweifel gestanden, daß sie die Finkenwerder Sitten und Gebräuche annehmen mußten, um in der Sozialhierarchie auch nur leidlich Anerkennung zu finden. Nun verschob sich dieses Bild: Die vielen »Quittjes« lebten ein von der Finkenwerder Traditionen weitgehend losgelöstes Leben. Der ehemalige Gegensatz zwischen den Bauern der Lüneburger Seite und den Fischern der Hamburger Seite wandelte sich zunehmend in den Gegensatz zwischen angestammten Finkenwerdern und zugereisten »Butenlandern«.

Als beispielshaft für die beschriebene Öffnung der Ortsgemeinschaft sei hier die 1913 erfolgte Gründung der Finkenwerder Seemannsschule erwähnt. Die in dieser Anstalt ausgebildeten jungen Männer zeichneten sich gerade dadurch aus, daß sie nicht über längere Zeit am Ort seßhaft waren. Konflikte mit der einheimischen Jugend waren nur zu oft die Folge; ein Betroffener schreibt über die Zeit um 1913: »Wir hatten dort bei dem Finkenwerder Junggemüse eine gute Nummer . . . Aber die Finkenwerder Fischerjungen lebten mit uns in Blutrache. Wenn in den Wirtschaften bei Quetschkastenmusik getanzt wurde, bekamen wir manche Abreibung.«[94]

Das Gesicht der Elbinsel erfuhr in den ersten drei Dekaden dieses Jahrhunderts einen entscheidenden Wandel. Als wesentlicher Schritt ist dabei die im Jahre 1919 vollzogene Eingemeindung des Ortes in das Stadtgebiet Hamburgs anzusehen.[95] Die Landgemeinde Finkenwerder mit eigenen Entscheidungsgewalten wurde dabei umgewandelt in einen Stadtteil, der mit der Stadt Hamburg einen Gemeindebezirk bildete. Durch diesen Verwaltungsakt waren die Einflußmöglichkeiten der Finkenwerder auf die Zukunft ihrer Insel wesentlich beschnitten worden. Der großstädtische Einfluß griff schon bald nachhaltig auf Finkenwerder über. Im Jahre 1927 beschrieb Wriede das »heutige(n) Finkenwärder(s), das schnell seine Eigenart und bodenständige Kultur aufgibt, um immer hastiger nach all dem Plunder und den Äußerlichkeiten zu greifen, die die Großstadt erzeugt und ihre Kultur schon fast zugrunde gerichtet haben . . .«[96] In diesem Ausspruch werden die Gegensätze zwischen der Großstadt und dem Dorf stark wertend betrachtet. Das zuerst um die Jahrhundertwende etablierte und vor allem von künstlerischen Kreisen getragene Bild Finkenwerders als Oase der Bodenständigkeit in unmittelbarer Nähe der Großstadt Hamburg und der Bewahrung

von über Jahrhunderte tradierten Werten findet in derartigen Äußerungen ihre ungebrochene und nun auch verstärkt politisch bewertete Fortsetzung.
Besonders in den dreißiger Jahren wurde die daraus resultierende Stilisierung Finkenwerders zu einem Musterbeispiel für herausragendes rassisches Erbgut aus politischen Gründen weiter vorangetrieben. Als Beispiel mögen in diesem Zusammenhang die Aktivitäten und Publikationen zur 700-Jahr-Feier Finkenwerders im Jahre 1936 dienen.[97] Außerdem sollte nicht außer acht gelassen werden, daß die Einwohner Finkenwerders in den Ausführungen des Rassekundlers Scheidt eine dominierende Rolle spielten.[98] Besonders volkskundlich ausgerichtete Arbeiten zu bodenständigen Berufsfeldern reihten sich nahtlos in den Kanon einer solchen Betrachtungsweise ein. Schlüsselwörter wie »Stammeszugehörigkeit« und »Wesensart« bestimmen die Beschreibung des Fischerlebens. So heißt es etwa: »So entsteht ein hartes Geschlecht, das sich als Glieder eines sozialen Stammes fühlt, noch verstärkt durch verwandtschaftliche und freundschaftliche Bande, durch Gleichheit in Gefahr und Arbeit auf dem Fahrzeug. Danach bilden sich gleichsam Schifferdynastien aus, wie sie in den Elborten anzutreffen und › strombekannt ‹ sind.«[99] Über den »niederdeutschen Menschen«, als dessen Prototyp der Finkenwerder häufig angesehen wird, heißt es: »Bei seiner Arbeit. Da ist er am echtesten. Ob er gebückt hinter der Egge geht . . ., ob er als Fischer auf dem Fluß . . . oder auf hoher See dem Wasser seinen Ertrag abringt . . ., es ist derselbe niederdeutsche Mensch, den wir treffen, den Landschaft und Arbeit geformt und gebildet haben . . .«[100] An anderer Stelle heißt es in programmatischer Terminologie über den See- und Küstenfischer: »Die an Leib und Seele gesunden und unverdorbenen, unverfälschten Volkskräfte, die in diesem Berufsstand ihre tiefen Wurzeln haben, sind ebenso wie das deutsche Bauerntum, ein starker unvergänglicher Blutsquell für unser Volk.«[101]
Im krassen Gegensatz zu solchen Idealisierungsversuchen stand die Realität. Die allgemeine Tendenz in der Fischerei war auf Finkenwerder stark rückläufig. Bereits im Jahre 1909 hatte auf der Lüneburger Seite die Hochseefischerei aufgehört zu existieren[102], und auch auf der Nordhälfte verringerte sich die Zahl der Fischereibetriebe.
Machte sich in der Hochseefischerei die Alternative zwischen Modernisierung und Berufswechsel bemerkbar, so war es bei den Elbfischern insbesondere die zunehmende Elbverschmutzung durch Abwässer und die sich auf die Fischerei negativ auswirkende Regulierung des Elbverlaufs, die zu einer Abnahme der Anzahl der aktiven Fischer führte. Schon 1911 richteten sich die Berufsfischer der Unterelbe in einer Eingabe an die zuständigen Stellen, damit der »jetzigen Methode, die Flüsse einfach als Abwasserrinnen für die Kloaken der Stadt und die Abwässer der Industrien anzusehen«[103] Einhalt geboten werde. In den vorausgegangenen Jahren war nach Beobachtungen der Fischbestand der Elbe stark rückläufig gewesen[104]; Lachse und Störe hatten sich fast ganz aus der Elbe zurückgezogen[105], und in bestimmten Perioden hatte man sogar ein allgemeines Fischsterben beobachten können. Die Fischer sahen sich kaum noch in der Lage,

den Fang in der Bünn am Leben zu halten. Die Einträglichkeit des Elbfischerberufs war durch derartige Entwicklungen vermindert worden, und eine ganze Reihe von Fischern zog es vor, ihren Lebensunterhalt an Land zu verdienen.[106]
Es dauerte bis zum Ende der zwanziger Jahre, bevor der Neubau von Hochseefischereifahrzeugen auf Finkenwerder wieder aufgenommen wurde. Der Motor war inzwischen zum fest integrierten Bestandteil der Schiffsausstattung geworden. Nach 1933 erlebte die Fischerei durch umfangreiche Subventionen von seiten des nationalsozialistischen Staates einen neuen Aufschwung.[107] Die Kutter waren inzwischen stärker und seetüchtiger geworden; die Motoren hatten eine Stärke von 90 bis 150 PS erreicht.[108] Verbesserungen am Schiffstyp wurden vorgenommen, neue Fangmethoden und Fangplätze wurden ausprobiert.[109] Auch ging man dazu über, die Bünn vollständig durch einen Fischraum, in dem die geschlachteten Fische durch Eis konserviert wurde, zu ersetzen. Auf diese Weise wurde es möglich, eine größere Warenmenge über einen längeren Zeitraum frischzuhalten. 1937 gab es nur zwei Finkenwerder Seefischer, die in ihren Fahrzeugen noch eine Bünn eingebaut hatten. Durch die stärkeren Motoren und nicht zuletzt durch technische Navigationseinrichtungen und Kommunikationsmittel konnten nun auch weiter entfernte Fanggebiete für die Kleine Hochseefischerei erschlossen werden. Die kontinuierlich vorgenommenen Umbauten bewirkten schließlich eine Erhöhung der Konkurrenzfähigkeit der Finkenwerder Kutter.
Dieser Aufschwung in der Fischerei ist im Zusammenhang mit Planungen zu sehen, die in der Mitte der dreißiger Jahre propagiert wurden und die vorsahen, Finkenwerder zum Fischereizentrum Deutschlands auszubauen.[110] Neben einer großen Hafenanlage[111] war an die Ansiedlung von fischverarbeitender Industrie gedacht. 1939 hieß es dazu: »Auf Finkenwerder wird der neue Hamburger Fischereihafen entstehen .... Alles was mit der Hochseefischerei zusammengehört, wird nach Finkenwerder verlegt. An 20.000 Menschen, die mit der Hochseefischerei im Zusammenhang stehen, sollen hier einst eine Heimat finden.«[112] Doch diese Planungen wurden genausowenig ausgeführt, wie etwa das bereits in Angriff genommene Projekt eines Seeflughafens bei Hamburg.[113] Allerdings wurde eine Flugzeugwerft im Westen der Insel angesiedelt. Der Neßbauer hatte der Luftfahrtindustrie weichen müssen, und 1936 begannen die Bagger- und Aufspülungsarbeiten. Neben den Werkshallen der Flugzeugwerft war ein Landflughafen auf dem noch aufzuspülenden Neßhaken und ein Seeflughafen zwischen Neßhaken und Schweinesand geplant.[114] Diesen Planungen entsprechende Überlegungen zur Veränderung der Infrastruktur lagen bereits vollständig ausgearbeitet vor. Ein Autobahnzubringer nördlich der Süderelbe war vor dem Zweiten Weltkrieg — genau wie übrigens vierzig Jahre später — im Gespräch[115], und nur durch den Ausbruch des Krieges wurden die ehrgeizigen Pläne der Ausdehnung des Flugzeugbaugeländes gestoppt.
Noch vor dem Krieg wurde auf Finkenwerder ein weiteres Wohngebiet erschlossen. Zu beiden Seiten der Nordmeerstraße wurden Wohnblocks errichtet, die für die Arbeiter der Flugzeugwerft vorgesehen waren.[116] 1939 hat Finkenwerder eine

Einwohnerzahl von 6318 erreicht. Später schreibt Albershardt über diese Zeit: »Auch das Auegebiet erfährt seit 1938 starke Veränderungen. Ein Teil der Dradenau wird ausgebaut und das Außengelände der Aue aufgehöht. Eine weitere Entwicklung Finkenwärders ist nicht abzusehen.«[117]
Durch das Groß-Hamburg-Gesetz kam 1937 auch die Lüneburger Seite zu Hamburg. Die traditionelle Trennung von Nord- und Südhälfte war damit zwar offiziell aufgehoben, sie blieb jedoch noch über Jahre im Bewußtsein der Alteingesessenen bestehen.
Eine andere bürokratische Maßnahme aus der gleichen Zeit bewirkte, daß außer den Finkenwerder Fischereifahrzeugen nun auch die in Altenwerder beheimateten Schiffe anstelle ihres »ALT« das »HF« am Steven führten. Aus diesem Grunde werden ab dieser Zeit die Zahlenangaben für die Finkenwerder Fischereifahrzeuge ungenau. Meistens werden alle unter »HF« geführten Fahrzeuge gezählt, und es ist im nachhinein äußerst schwierig, die genaue Zahl derjenigen Fischer zu bestimmen, die nicht auf Finkenwerder seßhaft waren oder aus Finkenwerder stammten, wenn man auch noch die schon früher nach Schulau umgesiedelten Fischer mitberücksichtigt.
Die Kriegsverluste an Fischereifahrzeugen, die zum großen Teil zum Dienst in der Marine eingezogen worden waren, trafen die Flotte empfindlich. Dessen ungeachtet wurde der Betrieb nach 1945 wieder aufgenommen. Eine ganze Anzahl von KFK (zu Fischereifahrzeugen umgerüstete Militärschiffe = Kriegsfischkutter) wurde nach Finkenwerder abgegeben. Die Kutterfischerei besaß gegenüber den weitgehend zerschlagenen Dampferreedereien den Vorteil, nach Beendigung des Krieges relativ schnell wieder die alte Produktionskraft zu erlangen.[118] Während die traditionellen Fangplätze der Finkenwerder Flotte in der Nordsee liegen, ging man im Sinne einer Neuorientierung nach dem Eiswinter 1947 verstärkt dazu über, auch »das unwirtschaftlich gewordene Fanggebiet der Nordsee zu verlassen und das durch einen reichen Dorschfang lohnend gewordene der Ostsee hinter Bornholm regelmäßig zu befischen.«[119] Erste Ansätze zu einer solchen Ausdehnung hatte es bereits zuvor gegeben; so wird etwa berichtet, »daß in den Jahren vor dem Krieg auch die im Kattegatt fischenden Finkenwärder Fischer ihre Fänge in Kiel löschten.«[120] Das Beispiel der Erweiterung der Fanggebiete zeigt erneut, daß die meisten Fischer Neuerungen und Veränderungen in ihrem Berufsfeld durchaus positiv gegenüberstehen; dies gilt allerdings in erster Linie für solche Fälle, in denen konkrete Auswirkungen, wie etwa Arbeitserleichterungen oder höhere Erträge, zu erwarten sind.
Bis 1949 war die Flotte wieder auf 90 Fahrzeuge angewachsen, und die Kutter wurden von nun an laufend modernisiert. Echolot, elektrisches Licht und Telefoniesender gehörten schon bald nach dem Krieg zur Normalausstattung eines Hochseekutters. Von der Kompositbauweise (stählerne Spanten, hölzerne Planken) ist man inzwischen dazu übergegangen, die Kutter ganz aus Stahl zu bauen. Das alte Ruderhaus ist zu einem geräumigen Aufbau geworden, in dem die neuen elektronischen Geräte ihren Platz finden. Der Kapitän wohnt seit der Generation

der KFK nicht mehr gemeinsam mit der Besatzung vorn im Logis, sondern er hat seinen eigenen Raum hinter dem Ruderhaus. Diese Trennung der gemeinsamen Wohnstätte ist als wichtiger Einschnitt für das Leben an Bord anzusehen. Die starke Bindung, die zwischen dem Schiffer und der Mannschaft ursprünglich bestanden hatte, erfuhr durch die räumliche Trennung einen ersten Bruch. Hinzu kommt, daß die Besatzungen der Fischkutter sich nach dem Zweiten Weltkrieg kaum noch aus in Finkenwerder beheimateten Männern rekrutiert. Dieser Wandel spiegelt sich deutlich in der Bevölkerungsstruktur Finkenwerders wider. Die Einwohnerzahl stieg von 6.318 im Jahre 1939 auf 15.293 im Jahre 1950. Auf dem Gelände zwischen Rüschkanal und Neßkanal war ein Flüchtlingslager errichtet worden; die Rüschsiedlung und die Uhlenhoffsiedlung nahmen darüberhinaus in Notunterkünften Menschen auf, die ihre Heimat oder ihre Wohnstätte im Krieg verloren hatten. Durch Bomben zerstörte Gebäude wurden wieder aufgebaut und die Neubebauung rasch vorangetrieben. Ergebnis dieser Entwicklung war, daß die Proportion von Einheimischen zu »Butenlandern« sich schlagartig zugunsten der Zugezogenen änderte. Seit dem Zweiten Weltkrieg ist Finkenwerder nicht mehr als Fischerdorf anzusehen, der städtische Charakter hat sich auch hier durchgesetzt.
Die Deutsche Werft entwickelte sich in den fünfziger Jahren zu einem der größten Schiffsbaubetriebe der Welt. Hier fanden in Spitzenzeiten fast 10.000 Männer und Frauen Arbeit. Die Werft, die nach dem Zweiten Weltkrieg nur noch das Gebiet zwischen Steendiekkanal und Rüschkanal beanspruchte, fand ihr Ende wenige Jahre nach der Fusion mit den Kieler Howaldtswerken. 1973 schloß die HDW das Werk Finkenwerder. Arbeiter und Angestellte mußten sich Umschulungskursen unterziehen oder wurden auf die Werke Ross oder Reiherstieg versetzt. Das vor siebzig Jahren für die Hafenerweiterung aufgespülte Gelände liegt damit heute zum größten Teil brach. Mittelständische Betriebe sind hier nur schwer anzusiedeln, auch wenn festgestellt werden kann, daß sich am Steendiekkanal mittlerweile mehrere Firmen niedergelassen haben.
Der im Westen der Insel gelegene Hamburger Flugzeugbau dehnte seine Produktion nach dem Zweiten Weltkrieg langsam aus. Nach mehreren Rückschlägen florierte zu Beginn der achtziger Jahre das Airbusgeschäft, so daß die Zahl der Belegschaftsmitglieder von 2.627 Ende 1971 über 5.225 im Dezember 1975 auf 6.254 im Juni 1979 gesteigert werden konnte.[121] Eigens für die Angehörigen dieses Werkes, das heute zum Konzern Messerschmidt-Bölkow-Blohm gehört, war schon vor dem Krieg die Wohnanlage Nordmeerstraße/Wikingstraße gebaut worden; Anfang der sechziger Jahre kam die Siedlung am Pamirweg hinzu. Bereits um 1955 war die Bautätigkeit auf der mit Bombenschutt aus Hamburg aufgeschütteten Aue-Insel aufgenommen worden. Hier entstand eine Wohnblocksiedlung.
Die Auswirkungen der großen Sturmflut von 1962 zogen eine ganze Reihe von baulichen Maßnahmen nach sich. Durch die Abriegelung der Süderelbe verlor Finkenwerder seinen Status als Insel. Entlang eines neuen Deiches führt nun die

1968 eingeweihte Straße ins Alte Land, durch die Finkenwerder seinen Anschluß an das Festland erhielt.[122] Ebenfalls im Rahmen der Flutsicherung wurde 1967 die Aue-Insel fest mit Finkenwerder verbunden. Die Aue, die als Nebenarm des Köhlfleets drei Werften eine günstige Lage geboten hatte, wurde zugeschüttet.[123] Im Jahre 1977 entstand auf diesem Gebiet eine Neubausiedlung. Heute erinnert nur noch der Straßenname »Alte Aue« daran, daß an dieser Stelle früher einmal ein Wasserlauf zu finden war. Auch andere Flächen wurden nach 1977 zur Bebauung freigegeben. Im Bereich Bausenhof/Wikingstraße wurde 1979 eine weitere Wohnanlage errichtet. Nachdem die Einwohnerzahl von 1960 mit 17.990 auf 10.992 im Jahre 1977 zurückgegangen war, soll sie »im Laufe der nächsten Jahre auf 20.000 gebracht werden.«[124]

Bei der Integration neu hinzugezogener Bürger kommt es allerdings offensichtlich auch heute noch zu erheblichen Schwierigkeiten. Besonders ehemalige Bewohner des Nachbarortes Altenwerder, das Ende der siebziger Jahre für die Hafenerweiterung geräumt werden mußte[125], wurden nicht immer freundlich von den Finkenwerdern aufgenommen.[126] Alte Vorurteile blieben bestehen; auch heute wird noch unterschwellig eine Abgrenzung vorgenommen gegen alle, die nicht aus Finkenwerder stammen.[127]

Die Beispiele zeigen, daß sich das Bild Finkenwerders in mehrfacher Hinsicht seit Ende des Zweiten Weltkrieges radikal geändert hat. Zahlreiche Eigenheiten der Insel wurden überlagert oder gänzlich verschüttet. Demjenigen, der sich nicht mit den Finkenwerder Verhältnissen auskennt, zeigt sich dagegen häufig ein anderes Bild. Gern wird in alten und neuen Texten auf traditionelle, zum Klischee erstarrte Werte Bezug genommen. Veränderungen werden ohne große Anteilnahme hingenommen, um dann schnell wieder verdrängt zu werden.[128] So schreibt Finder 1940: »Indes: die Gegenwart fordert gebieterisch ihr Recht.«[129] Der Großstädter, der sich nach dem Bild einer festen, traditionell gewachsenen Ortsgemeinschaft mit den entsprechenden sozialen Bindungen sehnt, wird freudig das Angebot wahrnehmen und Finkenwerder mit einer ungebrochen »schönen heilen Welt« gleichsetzen. Die Bedürfnisse der Bevölkerung und die wahren Lebensbedingungen werden dabei nur zu leicht außer acht gelassen. Die Presse und nicht zuletzt die renommierte *Finkwarder Speeldeel* sorgen durch folkloristische Übertakelung dafür, daß das Image Finkenwerders in der Öffentlichkeit auch noch in den achtziger Jahren durch Attribute wie »kuschelige Häuser, mit Reet gedeckt, hinter dem Deich« und zum Trocknen aufgehängten Netzen geprägt ist. »Finkenwerder — das ist Seefahrt, Dichtung, Gesang, Tanz . . .«, heißt es da, und es ist die Rede von »Finkenwerder, wo an jedem Haus, an jedem Restaurant, an jedem Fahrzeug das Schild hängen könnte: › Wi snackt platt ‹.«[130] Dabei weicht die erfolgreiche *Finkwarder Speeldeel* in einzelnen Merkmalen durchaus von der herkömmlichen Finkenwerder Ortsmundart ab. Die plattdeutsche Sprache ist hier ihrer usprünglichen Funktion als Kommunikationsmittel im alltäglichen Sprachgebrauch völlig beraubt worden; sie hat sich zu einem marktwirtschaftlichen Faktor entwickelt. Die Mehrzahl der Gruppenmitglieder benutzt das Nd. ausschließlich in den Liedertexten der Gesangsgruppe. Auch die Inhalte der Texte haben mit dem Ort, den sie schon äußerlich durch das Tragen traditioneller Trachten zu verkörpern vorgeben, kaum noch eine Beziehung.[131] Ein Text wie der des Liedes »Bi uns in Finkwarder« geht weit an der Wirklichkeit vorbei, und das Vokabular von »Bi Vadder an Bord« hat mit der Sprache der Fischer nur wenig gemein.[132] Solche Texte, mit denen Finkenwerder in der ganzen Welt repräsentiert wird, sind künstlicher, abgehobener Natur, sie orientieren sich nicht an dem Ort, seinen Traditionen, seinen Problemen und Sorgen; ihre Intentionen liegen auf einer anderen Ebene.[133]

Insbesondere der Nordteil der Insel ist heute von Wohnblocks und dem äußerst starken Durchgangsverkehr in Richtung Altes Land gekennzeichnet. Auf der durch Obstbauerntum geprägten Südhälfte Finkenwerders ist die Entwicklung dagegen nicht so forsch vorangeschritten. Doch auch auf der Lüneburger Seite wird sich die Bevölkerung dem »fortschrittlichen Denken«[134] anpassen müssen. Zu Beginn der siebziger Jahre entstand südlich der Alten Süderelbe ein Spülfeld, das für Hafenerweiterungsmaßnahmen vorgesehen war. Das Gebiet um den Süderdeich, dazu eine Fläche, die den Westteil der Wiet und einen Teil des Westerdeiches einschließt, waren im Hafenerweiterungsplan für spätere Industrieansiedlungen vorgesehen.[135] Von offizieller Seite heißt es: »Im weiteren Ausbaustadium wird auch im Süden und Westen Hafen und Industrie Finkenwerder umschließen.«[136]

Finkenwerder hat wesentliche Züge seiner Eigentümlichkeit verloren, ein über Jahrhunderte tradiertes Volkstum ist großenteils schon heute ausgestorben. So gibt es nur wenige Bereiche, in denen noch traditionelle Lebens- und Arbeitsformen praktiziert werden. Herkömmliche Handwerksbetriebe sind auf Finkenwerder selten geworden, auch wenn der Schmied und der Segelmacher noch immer ihre Werkstätten hier haben. Seit 1965 sind östlich von Finkenwerder moderne Großbetriebe angesiedelt worden. Wir finden dort ein Rußwerk, ein Stahlwerk und ein Aluminiumwerk. Die Hafenerweiterung mit verstärkter Industrieansiedlung in der Süderelberegion ist mittlerweile durch die zuständigen politischen Gremien beschlossen worden. Im sich weiter ausdehnenden Hafengebiet soll der Kernbereich Finkenwerder als »Wohnenklave«[137] bestehen bleiben. Die Gestaltung dieses Areals hat inzwischen verschiedene Planungsstufen durchlaufen, ohne daß die Mehrzahl der Vorstellungen hätte realisiert werden können.[138]

Über die Bewertung dieser Zukunftsperspektiven liegen stark divergierende Meinungen vor. Sie reichen von der rein wirtschaftlich orientierten Einschätzung der Zukunft — »Wir müssen ganz dringend die Hafenerweiterungsflächen in Angriff nehmen«[139] — über eine romantisierende Betrachtungsweise — »Nee — Finkwarder is nich mihr de stille Fischerinsel. Un doch is dat noch scheun in Finkwarder«[140] — bis hin zu pessimistischen Darstellungen — »Finkenwerder wird als Schlafstadt inmitten des Industriegebietes erhalten bleiben: eine Betoninsel mitten im Dreck.«[141] All diese Einschätzungen gehen von der Tatsache aus, daß sich das Bild Finkenwerders in der jüngsten Vergangenheit entscheidend geändert hat

und weitere Maßnahmen mit der gleichen Zielrichtung auch in Zukunft zu erwarten sind.
Es scheint allerdings bezeichnend, daß der Heimatdichter Gorch Fock bereits vor dem Ersten Weltkrieg vom »Untergang von Finkenwärder«[142] schrieb und für die massiv einsetzende Strukturveränderung seiner unmittelbaren Umgebung folgende dramatischen Worte fand: »Da liegt ein schwarzes Ungetüm vor unserm Hause am Finkenwärder Deich, und dieses Ungeheuer hat seine langen Arme auf meinem Deich liegen, hält meine Welt umkrallt. Und diesen Augenblick erwacht es und reißt seine glühenden Augen auf und faucht und stöhnt und bläst einen schweren Strom von Sand und Schlick auf Deich und Elbe, verschüttet und verwüstet meinen Rasen, begräbt meine Spielplätze.«[143]
Doch dies sollte erst der Anfang gewesen sein. Und nicht einmal sechzig Jahre später existiert Finkenwerder als Wohngebiet in der Zukunftsvision eines führenden Hamburger Wirtschaftsmanagers und Politikers gar nicht mehr: »Beim Anflug auf den Flughafen können wir noch einen Blick auf den Hamburger Hafen werfen . . . Nicht zu übersehen ist die erhebliche Ausdehnung des Hafenindustriegebietes Hamburg-Süderelbe, das sich vom Köhlbrand als Grenze des › alten ‹ Hafens weit nach Westen erstreckt . . . Bahnbrechend (für das Hinzukommen neuer Produktionszweige) waren damals die Mineralölindustrie, ein Stahlwerk, eine Aluminiumhütte und ein pharmazeutisches Großunternehmen.«[144]
Die hier angedeuteten und teilweise bereits realisierten Strukturveränderungen werden in und um Finkenwerder immer deutlicher spürbar. Nachdem bereits Ende der sechziger Jahre mehrere Werke der Grundstoffindustrie östlich von Finkenwerder angesiedelt worden waren[145], errichtete man in dem darauffolgenden Jahrzehnt südlich der Alten Süderelbe auf einer zum Hafenerweiterungsgebiet erklärten Fläche Spülfelder, auf denen das bei den routinemäßigen Unterhaltsbaggerungen zum Erhalt der Fahrwassertiefe der Elbe anfallende Baggergut aufgespült wird.[146] Zu Beginn der achtziger Jahre war das Hauptaugenmerk auf den Westteil Finkenwerders gelegt. Das dort ansässige Flugzeugwerk des MBB-Konzerns plante eine Ausweitung seines Werksgeländes[147], die jedoch wegen erheblicher Fehlkalkulationen und letztlich auch aufgrund eines massiven Widerstandes aus der Bevölkerung nicht realisiert wurde. Ein Ende der Industrialisierungsvorhaben in diesem Bereich ist allerdings nicht absehbar.[148] Dabei nehmen auch von kompetenter Seite die Bedenken gegen eine fortschreitende Industrieansiedlungspolitik ständig zu. Das von den Landschaftsarchitekten Schulze und von Winterfeld erstellte »Süderelbegutachten«[149] mag hier als Beispiel dienen.
Nicht ohne Grund werden verstärkt Stimmen gegen die Ansiedlung weiterer Industrieunternehmen im Unterelberaum laut. Für zahlreiche Bewohner hat die Umweltbelastung in diesem Raum bereits das Maß des Erträglichen überschritten. Wiederholt berichtete die Presse über Finkenwerder Bürger, die sich durch Staubwolken belästigt sahen; sogar Verätzungen im Autolack konnten festgestellt werden.[150]
Ein weiteres Problem betrifft das Anwachsen des Verkehrsaufkommens in Finken-

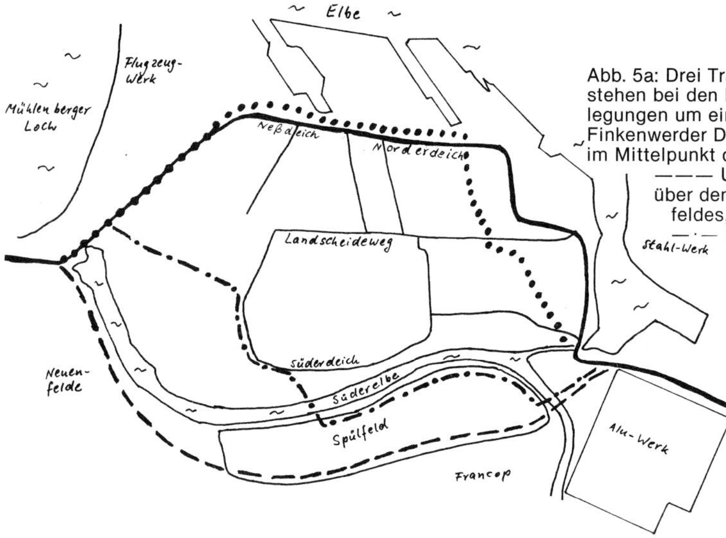

Abb. 5a: Drei Trassenführungen stehen bei den langjährigen Überlegungen um eine Entlastung des Finkenwerder Durchgangsverkehrs im Mittelpunkt der Diskussion:
——— Umgehungsstraße über den Südrand des Spülfeldes,
—·— Umgehungsstraße über den Nordrand des Spülfeldes und die Finkenwerder Westerweiden,
···· innerörtliche Umgehung.
Die derzeitige Hauptverkehrsader Ostfrieslandstraße — Norderdeich — Neßdeich ist durch ——— gekennzeichnet.

werder.[151] In nur wenigen Jahren ist eine abseits gelegene Insel zu einem Ort mit starkem Durchgangsverkehr gewandelt worden. Somit kommt zusätzlich zu der Luftbelastung der ständige Verkehrslärm hinzu. Nicht alle Betroffenen können und wollen sich mit einer solchen Entwicklung abfinden. Auswirkungen auf die Bevölkerungsstruktur Finkenwerders waren bereits im Jahre 1975 zu beobachten.[152]

Auch an der Fischerei ist die fortschreitende Entwicklung nicht spurlos vorübergegangen. Anders als in Altenwerder starb in Finkenwerder die hauptberuflich ausgeführte Elbfischerei schon bald nach dem Zweiten Weltkrieg fast gänzlich aus. Der Fischbestand der Elbe war derartig gering geworden, daß der Beruf des Elbfischers nicht mehr einträglich genug erschien.[153] Die Hochseefischerei wird dagegen auch heute noch von Finkenwerder aus betrieben. Doch auch in diesem Zweig ist die Zahl der Betriebe rückläufig. Die zur Konkurrenzfähigkeit erforderlichen Investitionen zwangen — besonders in den sechziger Jahren — eine ganze Reihe von Eignern zum Verkauf ihrer mittlerweile unrentabel gewordenen Kutter. Zahlreiche Fahrzeuge waren zu alt, so daß auch der Einbau von technischen Neuerungen als nicht empfehlenswert angesehen werden mußte. Gleichzeitig wurden mehrere in den Niederlanden gebaute Fahrzeuge in die Flotte aufgenommen.[154] Brachten die Motoren bis 1965 eine Leistung von durchschnittlich 90 bis 130 kW (120 bis 180 PS), so wurden danach Motoren mit bis zu 370 kW (500 PS) in die Kutter eingebaut. Zu den bereits vorhandenen technischen und elektronischen Einrichtungen wie Telefonie, Echograph und Fischlupe traten Radar und Decca-Ortungsanlage (etwa 1965 bis 1970) sowie UKW-Sendeanlage (ab 1973) und die Netztrommel (ab 1975) hinzu. Auf den modern ausgerüsteten Kuttern sind Einrichtungen wie die Tiefkühltruhe oder die Dusche durchaus üblich und gelten nahezu als Standart. In diesem Sinne ist es als verklärende Stilisierung anzusehen, wenn es in einem Zeitungsbericht heißt: »Wenn es heute überhaupt noch möglich ist, irgendwo einen Zipfel jener von der modernen Technik überrollten Seefahrerromantik zu erwischen, dann bestimmt auf einem Hochseekut-

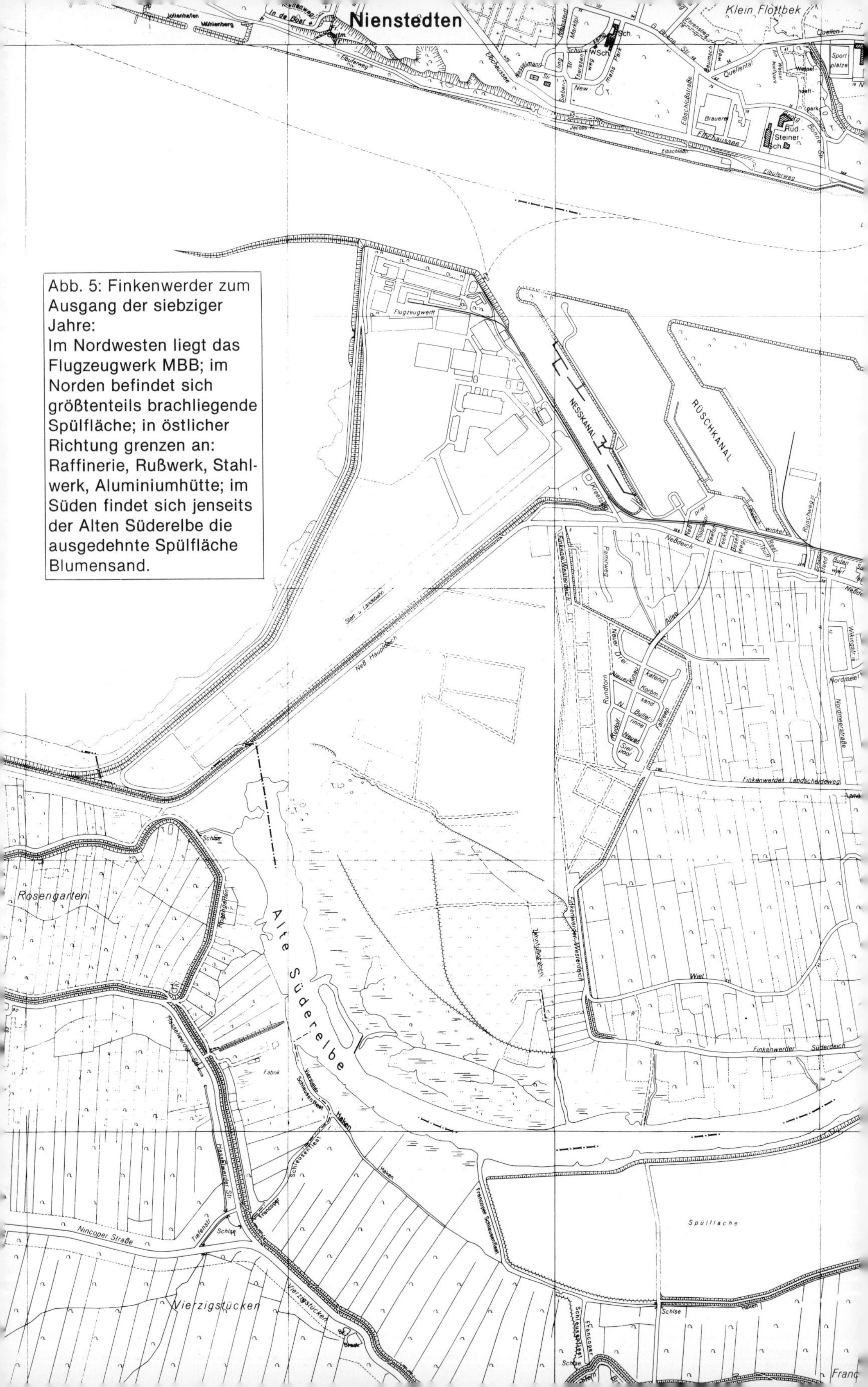

Abb. 5: Finkenwerder zum Ausgang der siebziger Jahre:
Im Nordwesten liegt das Flugzeugwerk MBB; im Norden befindet sich größtenteils brachliegende Spülfläche; in östlicher Richtung grenzen an: Raffinerie, Rußwerk, Stahlwerk, Aluminiumhütte; im Süden findet sich jenseits der Alten Süderelbe die ausgedehnte Spülfläche Blumensand.

Othmarschen
Jenisch-
park
Teufelsbrück
Elbchaussee
Elbuferweg
Övelgönne
ELBE
Seemanns
hoft
Lotsen-
haus
KÖHLFLEET-
HAFEN
STEENDIEKKANAL
Gorch-Fock-
Park
PETROLEUMHAFEN
PARKHAFEN
Athabaskahoft
Zoll
Parkhoft
Waltershofer
Hoft
Burchardkai
KÖHLFLEET
Finkenwerder
Finkenw.
Kutterhafen
Aue-
schule
Norderdeich
Landscheide
Köterdamm
Osterfelddeich
Raffinerie
Klär
anlage
Griesenwerder
Hoft
FINKENWERDER
VORHAFEN
Aue-Hauptdeich
Brugger Ufer
Köhlfleetdamm
Amsterdamer Kai
DRADENAUHAFEN
Groninger Kai
Genter Ufer
Dradenaustraße
Süderelbe
Blumensand
Spülfläche
Finkenwerder Straße
Dradenauer Hauptdeich
Fabrik
Hohenwischer Straße
Alte Süderelbe
Teiche
Guts-
brack

ter.«[155] Hier greift das Wunschdenken stärker als das Wirklichkeitsempfinden, in dem wesentlich unromantischere Aspekte das Bild bestimmen. So kann sich so mancher Schiffseigner nicht dafür entscheiden, bei der seit Jahren herrschenden wirtschaftlich angespannten Lage zwei bis drei Millionen DM in einen neuen Kutter zu investieren.

Die Finkenwerder Flotte besteht Mitte 1982 aus 34 Hochseefischereifahrzeugen (zuzüglich eines Kutters mit Cuxhavener Nummer und sechs Altenwerder Elbfischkutter), die alle modern ausgerüstet sind. Neben einer erheblichen Steigerung der Fangerträge bei gleichzeitiger Verminderung der an Bord zu verrichtenden körperlichen Arbeit brachten die vielen Neuerungen zudem eine wesentlich erhöhte Sicherheit für Schiff und Besatzung mit sich. Hochseefischkutter sind heute derart stabil, daß sie orkanartige Stürme unbeschadet überstehen können. Allerdings ist auch ein hochmodernes Schiff nicht absolut vor Unglücksfällen geschützt. Als bisher letzter Kutter blieb im Januar 1968 **HF 418 Ellen** mit Adalbert Karnehl und drei Besatzungsmitgliedern auf See.[156] Im gleichen Sturm verließ die Besatzung von **HF 326 Adonis** ihr Schiff. Die Männer hatten großes Glück, daß sie bei einer Suchaktion von einem Hubschrauber auf der hochgehenden See entdeckt und gerettet wurden.[157] Derartige Unwetter sind jedoch nicht die Regel, so daß man heute im allgemeinen davon ausgehen kann, daß die Gefahren für die Besatzung eines modernen Hochseekutters auf ein Minimum reduziert sind. Auch Unfälle wie derjenige, der im Januar 1981 zum Tod des Schiffers Rudolf Lieb führte, oder derjenige, bei dem der Kutter **HF 556 Birgit** bei einer Kollision im dichten Nebel in der Elbmündung Totalschaden erlitt, müssen als Ausnahme betrachtet werden.

Damit wäre eigentlich auch für die achtziger Jahre die Grundlage für eine erfolgreiche Kleine Hochseefischerei gegeben. Es bestehen jedoch seit mehreren Jahren erhebliche Probleme auf unterschiedlichen Ebenen, die eher zu pessimistischen Zukunftsprognosen Anlaß geben. So liegen Schiffe oft tagelang am Stack in Finkenwerder, weil der Schiffer keine vollzählige Besatzung zusammenbekommt. Die Fischer sehen sich mit einem akuten Nachwuchsproblem konfrontiert. Zwar legten die Kuttenführer im Jahre 1978 eine Lehrmeisterprüfung ab, so daß sie nunmehr nach dem Berufsausbildungsgesetz von 1972 zur Anstellung von Auszubildenden berechtigt sind, doch hat auch diese Maßnahme das Nachwuchsproblem bislang nicht zu lösen vermocht.[158]

Besonders in den letzten Jahren ist ein weiteres Problem immer stärker in den Vordergrund getreten: die zunehmende Verschmutzung der Nordsee. Zwar liegen die Fanggebiete der meisten Fischer in der offenen See zwischen Jütland und Schottland, jedoch werden aufgrund von Treibstoffverteuerungen gerade die in der Nähe der Deutschen Bucht gelegenen Fanggebiete wieder attraktiv. Es sind allerdings in erster Linie die in Altenwerder beheimateten Elb- und Küstenfischer, die die Auswirkungen der Wasserverschmutzung zu spüren bekommen und Maßnahmen gegen diese Entwicklung ergreifen.[159] Mittlerweile sind allerdings nicht nur die Küstenregionen durch die enormen Abwasserfrachten gefähr-

det, und so kommt der Rat von Sachverständigen für Umweltfragen zu folgendem Schluß: »Schadstoffe anthropogener Herkunft haben zwar gegenwärtig keine nachweisbare Einwirkung auf die Bestandsdichte der Fische und Schalentiere; in Fischen, Muscheln und anderen Meerestieren wurden aber Schwermetalle, Chlorkohlenwasserstoffe und PCBs nachgewiesen, die durch Bioakkumulation (Aufnahme aus dem umgebenden Medium und Anreicherung im Körper) sowie durch Biomagnifikation (Nahrungskettenanreicherung) in den Organismen konzentriert worden sind.... Diese Schadstoffe stellen ein erhebliches, in den ökologischen Konsequenzen nicht absehbares Gefährdungspotential dar. Es gibt Hinweise darauf, daß zwischen dem Vorhandensein von Schadstoffen und dem Auftreten von Fischkrankheiten Zusammenhänge bestehen (...).«[160]
Stärkere unmittelbare Auswirkungen auf die Kleine Hochseefischerei bringt jedoch ein anderes Problem mit sich, das sich aus dem gesteigerten Eigeninteresse der Anliegerstaaten — besonders in der stark befischten Ostsee — herleitet. So wurden in der ersten Hälfte des Jahres 1978 drei Finkenwerder Kutter von schwedischen Wachbooten aufgebracht.[161] Der für den Schiffseigner bei einem derartigen Zwischenfall entstehende Verlust ist nicht unbeträchtlich, stellt man Verdienstausfall, Beschlagnahme des Netzes und des Fanges sowie eine Kautionssumme in Anrechnung. Der für internationale Fischerei in der Ostsee zur Verfügung stehende Raum bietet nur wenigen Finkenwerder Fischern eine ausreichende Existenzgrundlage; zudem sind weitere Einschränkungen zu erwarten.[162]
Die Mehrzahl der Fischer kann sich nur schwer an diese Art der Konfrontation mit Verordnungen und Gesetzen gewöhnen. Traditionsgemäß galt es als typisch für ihren Stand, daß die Fischer bei der Suche nach ihrem Glück ungebunden waren. Der Schiffer war der Herr, der den Kurs seines Kutters bestimmte, und dieses Selbstverständnis trug mit dazu bei, ihn als »echten« Finkenwerder Fischer auszuweisen. Heute dagegen ist er gezwungen, sich nach genau festgelegten Grenzen nationaler Fanggebiete zu richten.
Darüber hinaus muß von offizieller Seite sichergestellt werden, daß die der Finkenwerder Flotte durch EG-Vereinbarung zugeteilten Quoten nicht überschritten werden. Diese Quoten sind nach den 1977 erzielten Fangergebnissen berechnet, sie richten sich demnach nicht an der jeweils vorhandenen Fischmenge aus. Übermäßig starkes Fischaufkommen bedeutet also heute nicht mehr allein einen guten Verdienst für die Fischer, sondern es meint ebenso, daß in dem entsprechenden Gebiet die zugewiesenen Quoten schon frühzeitig erreicht sind und der Fangplatz nicht mehr aufgesucht werden darf. So wurde die der Finkenwerder Flotte für 1979 im Kattegatt zugeteilte Menge an Dorsch zu Beginn des Jahres von zwei Kuttern abgefischt. Eigentlich hätten fünf Kutter hier das ganze Jahr hindurch Fischfang betreiben sollen.[163]
Das frühzeitige Erfüllen von Fangquoten hat zur Folge, daß die Kutter schon vor Ablauf des Jahres im Hafen von Finkenwerder auflegen müssen. Zu dem entstehenden Verdientsausfall kommt die Tatsache, daß sich die Besatzungsmitglieder arbeitslos melden müssen und ihnen daraufhin möglicherweise eine andere Ar-

beit zugewiesen wird. Der Fischerei gehen auf diese Art und Weise bei der ohnehin ungünstigen Arbeitsmarktsituation weitere Arbeitskräfte verloren.[164]
Seit Jahren bemühen sich die Vertreter des Fischereivereins um eine Verbesserung der Lage in der Kutterfischerei. Mit Prämien aus EG-Mitteln für Stillegungen von Fischereifahrzeugen ist auf Finkenwerder allerdings niemandem gedient. Die heute eingesetzten Kutter sind alle modernisiert, sie können auch in Zukunft als einträgliche Betriebe weiterbestehen. Grundlage hierfür wäre jedoch ein entschiedenes Eintreten der Bundesregierung und des Landwirtschaftsministeriums für die Interessen der Kleinen Hochseefischerei. Durch eingeschränkte Fanggebiete und Grenzzonen auf der Ostsee, niedrig angesetzte Fangquoten und gestiegene Energiekosten bleiben die Zukunftsaussichten für die Finkenwerder Hochseefischerei äußerst ungewiß.[165]
Diese Tatsache ist größtenteils auf den im Vergleich mit den laufenden Kosten, die durch das Ausrüsten eines Kutters mit Treibstoff entstehen, nur unterproportional gestiegenen Jahresdurchschnittserlös zurückzuführen. Ein Pfund Fisch brachte dem Fischer um 1965 einen Bruttobetrag von 60 bis 65 Pfennig. 1979 war dieser Betrag auf 90 bis 98 Pfennig gestiegen. Im gleichen Zeitraum erhöhten sich die Kosten für die Treibstoffmenge, die für eine durchschnittliche Reise benötigt wird, von 2.600 DM auf 18.000 DM. Aus diesen Angaben wird deutlich, daß die Kutterfischerei derzeit auf staatliche Subventionen angewiesen ist.[166] Immer lauter wird der Ruf nach Unterstützung: »Es wird höchste Zeit, daß etwas für die Finkenwerder Kutterfischerei getan wird, sonst werden wir die HF-Kutter bald in den Museen wiederfinden und mehr Fleisch essen müssen.«[167]
Interessant erscheint in diesem Zusammenhang die Diskrepanz zwischen den vielfältigen Sorgen der Finkenwerder Fischer und dem Niederschlag, den diese Probleme in der regionalen und überregionalen Presse finden. In der Mehrzahl der Zeitungsartikel klingt die Bedrohung der Fischerei zwar an, aber die meisten dieser Veröffentlichungen stellen immer wieder den harten, eigenwilligen Fischermann in den Mittelpunkt ihrer Betrachtungen.[168] Es wird hier auf einer in Anbetracht der äußerst schwierigen Lage unangemessenen Ebene mit den Emotionen der Leser gespielt; so etwa, wenn die Rede ist von einer »typischen Gorch-Fock-Familie hinterm Deich von Finkenwerder«.[169] Die Möglichkeit eines unmittelbaren Zusammenhangs zwischen der realen Krisensituation und der publizistischen Idealisierung soll an dieser Stelle nur angedeutet werden; Funktion und Intention solcher Texte können hier nicht näher beleuchtet werden, sie wären jedoch eine eingehende Analyse wert.
Das wiedererwachte Interesse an Finkenwerder und seiner Kutterfischerei blieb nicht allein auf den Bereich der Presse beschränkt. In den vergangenen Jahren strahlten die Fernsehanstalten verschiedene Filme und Berichte über die Region aus. In den Jahren 1979 bis 1981 wurde Finkenwerder in fünf Fotoausstellungen, einer Gemäldeausstellung und einem Kindermalwettbewerb thematisiert. Als erste Buchveröffentlichung nach mehr als 25 Jahren erschien ein — allerdings heftig umstrittener — Bildband mit historischen Aufnahmen.[170] Ob mit solchen kli-

scheeträchtigen, zumeist nostalgisch ausgerichteten Aktivitäten die aktuelle Lage der Bevölkerung, die Lebensqualität auf der ehemaligen Elbinsel und insbesondere die Situation in der Kleinen Hochseefischerei positiv beeinflußt werden kann, bleibt dahingestellt. Denn noch bestimmen Aussagen das Bild, in denen die Wirklichkeit zugunsten von Wunschvorstellungen ausgeblendet wird, wie etwa in: »Die Stadt *Hamburg* hat — nicht nur in ihrem Weichbild — dörfliche Züge; *Finkenwerder*, Geburtsort von Gorch *Fock* (»Seefahrt'ist not«), ist fischerdörflich geblieben . . .«[171]
Die Zukunft Finkenwerders ist ebenso unsicher wie die der hier beheimateten Hochseefischer. Doch auch bei einem Fortbestehen von Ort und Fischerberuf wird Finkenwerder ein neues Gesicht annehmen, das mit der beschaulichen Elbinsel und seinen traditionsreichen HF-Schiffen nur noch wenig gemein hat. Ein großer Teil traditioneller Lebens- und Arbeitsformen hat sich bereits aufgelöst; eine neue, technisierte Welt zeigt den Kurs in eine andere, in eine ungewisse Zukunft.

1.2. Die Rolle von Fischergemeinschaften und Fischersprache auf Finkenwerder

In diesem Abschnitt soll die Bedeutung der Gruppe der Hochseefischer innerhalb des Sozialwesens Finkenwerders näher beleuchtet werden. Der hier gewählte Ansatz versucht, den Nachweis zu erbringen, daß »von der Arbeit her nicht nur die Stellung der Gruppe im Wirtschafts- und Gesellschaftsgefüge bestimmt wird, sondern . . . von Arbeitserfahrungen und Arbeitserlebnissen her auch die kulturellen Schöpfungen der Gruppe geprägt oder zum wenigsten getönt werden.«[172] Ziel ist es, Strukturen dieser maritimen Sonderkultur[173] an ausgewählten Gegenstandsbereichen aufzuzeigen. Abgrenzungsmöglichkeiten sind dabei in mehrfacher Hinsicht sowohl gegenüber den Nachbarregionen[174] als auch innerhalb des Ortes gegeben. Ortsneckereien[175] sind in diesem Zusammenhang als Indiz für ein verfestigtes Ortsbewußtsein zu werten, während es in den Grenzen der Siedlungsgemeinschaft vornehmlich berufsspezifische Eigenheiten sind, die als differenzierende Merkmale wirken. So bildet ein starkes Berufsbewußtsein einen Zentralpunkt bei der Charakterisierung der Hochseefischer als isolierbare und klassifizierbare soziale Gruppe.[176] Interne gruppenbildende Teilbereiche sind daneben etwa auch ein feingegliedertes Rollen- und Normensystem sowie ein Apparat an Übernamen. Nach außen dokumentiert sich die Gruppenkonsistenz beispielsweise durch das Tragen berufsspezifischer Kleidung, durch die Wahl des Wohnplatzes oder durch Mitgliedschaft in berufsgebundenen Organisationen, wobei die Abgeschlossenheit der Gruppe durch eigene festliche Aktivitäten noch untermauert wird.[177] Im Mittelpunkt dieser Betrachtung sollen sprachliche Erscheinungen stehen; es erscheint jedoch unerläßlich, die wichtigsten gruppenstiftenden Merk-

male zu benennen, da die sprachlichen Produkte der Gruppe unmittelbar mit dem sozialen und kulturellen Rahmen verknüpft sind.
Nach einer Beschreibung der Finkenwerder Sprachgemeinschaft und der Faktoren, die bis zum Zweiten Weltkrieg auf die örtliche Umgangssprache einwirkten, erfolgt eine nähere Bestimmung der Gruppe der Hochseefischer, die einen dominierenden Ausschnitt aus dieser Ortsgemeinschaft bildeten. Im Anschluß wird die Rolle der Fischer im gegenwärtigen Finkenwerder betrachtet; im Mittelpunkt steht dabei der Aspekt der sich aus den zuvor beschriebenen Entwicklungen ergebenden sprachlichen Konsequenzen.
Es ist von verschiedener Seite darauf hingewiesen worden, daß die Einwohner Finkenwerders bis kurz nach 1900 eine in sich geschlossene Einheit bildeten.[178] Aus diesem Grund ist auch eine relativ hohe Eigenständigkeit im Bereich der von den Bewohnern benutzten Sprache anzunehmen. Erst nach der Jahrhundertwende verstärkten sich die zuvor spärlichen Kontakte zur Stadt Hamburg.[179] Auf diesem Wege kam es auch zur Übernahme von sprachlichen Merkmalen aus dem Hamburger Platt und aus dem Hd., Interferenzerscheinungen zeigten sich sowohl auf phonetischer als auch auf lexikalischer und syntaktischer Ebene.
Auch Hinrich Wriede, Finkenwerder Schriftsteller und Chronist, erkannte den Wandel, der sich nach dem Ersten Weltkrieg intensiv vollzog. Noch im Jahre 1909 hatte er geschrieben: »Gerade in Finkenwärder haben so manches Wort, so manche Redewendung ihre Wurzel im Boden erhalten, weil nicht der große hochdeutsche Sprachstrom hier hinübergeflossen ist und die Wurzel losgewaschen hat. Denn abgeschlossen vom festen Wall hat der Bauer auf seinem Hof und der Fischer auf seinem Fahrzeug seine alten schönen Worte bewahrt und erhalten.«[180] Nur 18 Jahre später stellte dagegen derselbe Autor fest: »Ganz anders jetzt. Zwar wird Hochdeutsch kaum gesprochen, aber ein gewisses Durchschnittsplatt, größtenteils einfach plattdeutsch ausgesprochenes Hochdeutsch, hat sich weit verbreitet. . . . Fast alle Handwerker, Geschäftsleute und Arbeiter sprechen kein reines Finkenwärder Platt mehr; dagegen halten die Fischer, Bauern und durchweg auch die Frauen fest an ihrer alten Sprache.«[181]
Die auf Finkenwerder gesprochene Sprache kann also bis kurz nach der Jahrhundertwende als relativ einheitliche nd. Mundart verstanden werden.[182] Dabei ist verwunderlich, daß Finkenwerder mit dem benachbarten Altenwerder sprachlich wesentlich weniger verbindet als mit dem Alten Land.[183] Bis in das 12. Jahrhundert hinein hatten die späteren Elbinseln immerhin gemeinsam die geographische Einheit Gorieswerder gebildet.[184] Da jedoch das Finkenwerder Platt dem Altländer Dialekt sehr viel nähersteht, ist anzunehmen, daß die ersten Siedler, die an der speziellen Prägung der Finkenwerder Mundart beteiligt waren, aus dem Alten Land nach Finkenwerder vorgedrungen waren. Es liegt der Schluß nahe, daß diese Besiedlung erst im Anschluß an die Trennung Finkenwerders von Gorieswerder erfolgte. Der genaue Ursprung dieser Siedler ist nicht zweifelsfrei festzustellen, dennoch weisen verschiedene Indizien darauf hin, daß niederländische Kolonialisten, die sich im 12. und 13. Jahrhundert in den Marschgebieten der unteren

Weser niedergelassen hatten, unter den ersten seßhaften Siedlern zu finden waren,[185] auch wenn aufgrund des »im wesentlichen rein sächsischen Dialekt(es)« im Alten Land davon auszugehen ist, »daß die sächsischen Ureinwohner die niederländischen Kolonialisten . . . an Anzahl weitaus übertroffen haben.«[186]
Wichtig erscheint in diesem Zusammenhang, daß zu Zeiten einer relativ einheitlichen Sprachgemeinschaft auf Finkenwerder[187], die Aussprache bei den Bewohnern der Lüneburger Seite und der Hamburger Seite verschiedene Differenzierungsmerkmale aufwies. Im Jahre 1913 ist Kloeke allerdings schon nicht mehr in der Lage, diesen Unterschied, der sich besonders in der Rundungsqualität des kurzen vorderen Hochzungenvokals, etwa in *Killer/Küller* › Keller ‹, bemerkbar macht, festzustellen.[188] Dagegen gelang es Einheimischen auch noch in den zwanziger und dreißiger Jahren, den genauen Wohnort eines Sprechers innerhalb Finkenwerders aufgrund charakteristischer lautlicher Merkmale zu bestimmen. So heißt es: »Wir erkannten auch den Sprecher, ob er vom Neß, von der Aue oder von der Lüneburger Seite stammte. Je nach dem, wie er das »N« in der Sprechweise nasalierte oder ob er die Vokale besonders lang aussprach.«[189] Neben der oben erwähnten Artikulation des i-Lautes sind hier weitere distinktive Merkmale angesprochen, die eine geographische Differenzierung innerhalb der Sprachgemeinschaft des Ortes ermöglichten.
Die sprachlichen Unterschiede zwischen den beiden geographischen und auch verwaltungsmäßigen Einheiten Finkenwerders beschränken sich jedoch nicht allein auf lautliche Merkmale. Wie schon erwähnt, war der Nordteil der Insel primär durch das Fischereigewerbe, der Südteil dagegen durch das Bauerntum geprägt. Durch die voneinander abweichenden Berufs- und Lebensformen ergeben sich Unterschiede, die sich auf sprachlicher Ebene insbesondere im lexikalischen Bereich niederschlagen. Zum einen werden diese Unterschiede im Sinne anderer dominanter Wirklichkeitsbereiche in dem jeweils verwendeten Fachwortschatz der betreffenden Berufsgruppe greifbar. Wenn wir, an diesen Gedanken anknüpfend, von einer sozialen, beruflichen und sprachlichen Differenzierung zwischen den beiden Inselhälften ausgehen, so ergibt sich als Konsequenz, daß auch die entsprechende Umgangssprache wesentlich stärker vom Fachwortschatz der jeweils vorherrschenden Berufsgruppe durchdrungen war.[190] In diesem Zusammenhang ist nach v. Polenz der starke Einfluß des Fachwortschatzes auch die Gemeinsprache nicht nur von den Notwendigkeiten der sprachlichen Umwelterschließung im Zeitalter der beruflichen Spezialisierung hervorgerufen. Er schreibt: »Die Gemeinsprache verhält sich nicht nur passiv wie eine Registratur, man holt sich auch ohne sachlichen Anlaß vieles, was man zur Ausdrucksverstärkung braucht, aus dem Fach- und Gruppenwortschatz.«[191] Auf die hier angesprochene metaphorische Verwendung ursprünglich fachsprachlicher Einheiten wird noch näher einzugehen sein.
Zum anderen zeigt sich der Unterschied deutlich in den berufsgruppenspezifischen Redewendungen und Aussprüchen. Der Fischer bildet Redensarten nach seinem Erfahrungsbereich, in dem das Schiff und seine Ausrüstungsgegenstände,

das Segeln und Tätigkeiten an Bord eine Rolle spielen. Die Aussprüche des Bauern lassen sich dagegen herleiten aus Bereichen wie Viehzucht, Milchverarbeitung, Feldbestellung oder Ernte. Wriede unterscheidet in diesem Zusammenhang zwischen »Bauernart« und »Fischerart«.[192] Er gibt eine Reihe von Beispielen, die eine deutliche Orientierung nach dem jeweiligen Berufs- und Lebensbereich erkennen lassen: »Sagt der Bauer: › Grote Stülten blivt in Slick bisteeken, ‹ dann erwidert der Fischermann: › To hoge Seils smiet licht üm. ‹ Klagt der Bauer, wenn ihm einer die Sache verdirbt: › de mokt mi bannigen Huar in de Bodder, ‹ dann jammert der Fischer: › De nimmt mi den ganzen Wind weg. ‹ Kommt ein Großsprecher, der von etwas prahlt, was er nachher nicht kann, dann heißt es ironisch: › Vadder kann seiln, bloß ne krüzen. ‹ . . . Gibt ein Bauer einem Fischer einen › ant Mulwark, ‹ dann › fackelt de Fischer ne lang un pult em en an de Keben. ‹ Ein Bauer › dokst mol en af, ‹ der Fischer › tokelt em af. ‹ Wenn der Bauer seinen Widersacher › mol eullig upn Draf bringt, ‹ dann › segg de Fischer em deftig de Wacht an. ‹«[193] Die starke Einbeziehung der Berufswelt in den Redensarten- und Sprichwortschatz ist aus der Tatsache herzuleiten, daß eine unmittelbare Verbindung zwischen den Bereichen Arbeit und Leben bestand.[194] Diese Verflechtung wird in einem späteren Schritt noch genauer zu beschreiben sein.

Zwar ist eine Differenzierung zwischen »Fischerart« und »Bauernart« möglich, doch sollten die engen Beziehungen zwischen den beiden Gruppen nicht unerwähnt bleiben. Durch die auf Finkenwerder gegebene räumliche Begrenztheit war die jeweils andere Berufsgruppe immer gegenwärtig, und schon die Kinder wurden mit beiden Bereichen konfrontiert. Das Verhältnis zwischen Bauern und Fischern ist dabei weniger als ein Nebeneinander, sondern vielmehr als ein Miteinander zu bezeichnen. »Denn die Wege der Angehörigen beider Berufe kreuzen, verflechten und schneiden sich vielfältig. Bauernsöhne gehen zur Seefahrt, Fischer freien Bauerntöchter, Fahrensleute werden im Alter wieder Bauern.«[195] Der Austausch unter den Gruppen geschieht demnach durch familiäre Beziehungen (Heirat) wie auch durch Berufswechsel. Zwar entwickelte jede der beiden Gruppen ein berufsgruppenspezifisches Selbstbewußtsein, doch ließen schon die engen verwandtschaftlichen Beziehungen eine strenge Abgrenzung kaum aufkommen. Andererseits erscheint die Behauptung, daß es »zwischen Bauern und Fischern, Landleuten und Fahrensleuten . . . keinen Standesunterschied«[196] gegeben hätte, ein wenig übersteigert. Auch wenn man dem anderen Berufsstand eine gewisse Achtung entgegenbrachte, so wurde die unterschiedliche Lebensführung und die gegenseitige Einschätzung oft genug durch Beleidigungen und körperliche Auseinandersetzungen deutlich gemacht. Prügeleien auf dem Tanzboden zwischen Bauern und Fischern waren keine Seltenheit. Dieses bewußte Absetzen zeigt sich auch in dem Fischerwort »› Ick will leber See as Land pleun ‹ oder den Bauernaussprüchen › Doler up See, Schilln upt Land, — ick griep no'n Schilln, ‹ oder › ick bün leber mit'n oln Wogen an Land as mit'n nee Schip up See ‹.«[197] Die hier aufgeführten Beispiele weisen bereits auf einen reichen Schatz an Redewendungen hin, die aus der Erfahrungs- und Erlebniswelt der Hochseefischer stammen und Eingang in die Umgangssprache des Ortes gefunden haben. Ein ständiger Austausch zwischen der Fischerei und dem privaten sowie öffentlichen Leben einerseits und benachbarten Berufsfeldern andererseits bewirkte insbesondere im hamburgischen Teil Finkenwerders eine Übernahme von Elementen der Schiffersprache in Redewendungen, deren semantischer Gehalt der gesamten Bewohnerschaft vertraut war. In der Fischerei gebräuchliche Ausdrücke wurden dabei häufig in übertragener Bedeutung als Methaphern für außerfachliche Begebenheiten verwendet. Die vielfältige Verwendung solcher Formen ist sowohl als Ausdruck eines starken Berufsbewußtseins als auch als Indiz für ein hohes Berufsprestige zu werten. Im folgenden soll das Prinzip der Übernahme ursprünglich fachbezogener Ausdrücke in die örtliche Umgangssprache an ausgewählten Beispielen verdeutlicht werden.[198]

Als *deeploden Schip* wird eine Frau bezeichnet, die über ihre Verhältnisse lebt. Ähnlich verhält es sich mit dem *Vullrigger,* auch *Vullripper.* Das Bild des voll aufgetakelten Schiffes wird dabei auf eine herausgeputzte Frau übertragen. Das gängige Rollenverhältnis zwischen Mann und Frau wird mit Ewer und Beiboot verglichen. Man spricht von der Frau als *Boot achtertoo.* Entsprechend der Rollenzuteilung zwischen den Geschlechtern hatte die Frau insbesondere bei festlichen Anlässen hinter ihrem Mann zu gehen.

Die Verwendung des Schiffes in übertragener Bedeutung für »Frau« ist ein häufig anzutreffendes Bild. Allerdings wird das Schiff und sein Verhalten auch auf andere, nicht allein dem weiblichen Geschlecht zugeordnete Eigenschaften und Verhaltensweisen übertragen. So ist etwa die Bedeutung von *Dwassdrieber,* Quertreiber, zu verstehen. Die starke seitliche Abdrift eines Schiffes beim Segeln erweist sich als negative Eigenschaft, und so ist der *Dwassdrieber* nicht etwa mit dem Querulanten zu verwechseln, sondern es handelt sich um einen Menschen, der die an ihn gestellten Forderungen nicht erfüllen kann.

Über eigensinnige Menschen wird gesagt: *»Hee lett sick ne stüren«* oder *»Hee hüürt no keen Ruur.«* Wenn jemand allerdings *oberstüür seilt,* dann geht es ihm zweifelsohne schlecht; er kommt ebensowenig voran wie ein rückwärtsfahrendes Schiff.

Die Wendung *achteruutseilen* dient zur Veranschaulichung der Situation, in der ein Seemann sich befindet, der sein Schiff verpaßt hat und lediglich seinen Seesack auf dem Kai oder Ponton vorfindet. Über ihn würde gesagt werden: *Hee is achteruutseilt.* Im übertragenen Sinn wurde diese Wendung auch für jede andere Situation, in der jemand den Anschluß oder eine gute Gelegenheit versäumt hat, verwendet.[199]

Gesundheitliches Leiden wird ebenfalls durch eine Wendung aus dem Bereich des Segelns verbildlicht: *Hee is an de leege Wall.* Ein Schiff, das sich in Leegerwall befindet, kann leicht Schiffbruch erleiden, indem es vom Wind auf die Küste zugetrieben wird. Es ist äußerst schwierig, sich mit eigenen Mitteln aus einer solchen Notlage zu befreien.

Beim Fahren gegen den Wind gehört das Kreuzen zu den Grundfähigkeiten des Seglers. Auch wenn die Tätigkeit sachlich nicht in jedem Falle unsinnig ist, so erhält der Ausdruck *vöör de Wind krüzen* in seiner bildlichen Bedeutung die Aussage eines Widerspruches in sich. Im übertragenen Sinne wird ein Mensch bezeichnet, der alles verkehrt macht.
Beim Kreuzen wird die Stellung des Segels so verändert, daß der Bug nach Ausführung des Manövers in eine um etwa 90° geänderte Richtung zeigt. Man hat dabei nicht den Kurs, sondern nur die augenblickliche Richtung geändert. Eben dieser Inhalt ist in dem Bild *hee smitt't up't annern Boog* oder *hee kriggt em up'n annern Boog* enthalten. Diese Wendung wird an Land gebraucht, wenn ausgedrückt werden soll, daß ein Ziel mit geänderter Strategie erreicht werden soll.
Bilder, die aus dem Bereich des Segelns stammen, dienen nicht selten zur Veranschaulichung menschlicher Eigenschaften. Dabei wird das Segelverhalten eines Schiffes, seine Fahrtrichtung oder auch die Situation, in der es sich befindet, auf den menschlichen Bereich übertragen. In den meisten Fällen werden Eigenschaften beschrieben, auch wenn die Wendung im fachlichen Sprachgebrauch — der hier als primär anzusehen ist — eine Tätigkeit signalisiert, wie etwa in dem Beispiel *vöör de Wind krüüzen.*
Das gleiche Muster ist auf Ausdrücke anzuwenden, in denen Schiffszubehör oder Schiffsteile eine Rolle spielen. *Hee geiht door stebens up dool* beschreibt durch eine Tätigkeit die Eigenschaft, sich durch ein entschlossenes Auftreten auszuzeichnen. Wenn von Personen gesagt wird: *Bi dee geiht dat hill uut de Kapp*«, so hält man sie für verschwenderisch. *Kapp* bezeichnet den Eingang zum Logis, also zu dem Teil des Schiffes, der für den privaten Lebensbereich an Bord zur Verfügung steht. Diese Wendung kann somit als Parallele zu »sie werfen das Geld zum Fenster hinaus« betrachtet werden. Insbesondere für die Beschreibung des Gesundheitszustandes wird gern ein Vergleich aus dem Bereich der Schiffe herangezogen. Wenn jemand von sich sagt: »*Ick hebb Rootorm*«, dann leidet er unter Rheumatismus. Es ist möglich, daß dieses Wort (*Rootorm*) aufgrund einer lautlichen Ähnlichkeit mit dem hd. Ausgangswort gewählt wurde. Der Rotwurm ist das Kennzeichen für eine kaum heilbare Eichenholzkrankheit, durch die in früheren Zeiten häufig die Schiffsrümpfe angegriffen wurden.
Der Anker ist für den Schiffer ein lebenswichtiger Gegenstand. Situationen, in denen der Anker eingesetzt wird, eignen sich aus diesem Grund besonders gut, um in übertragener Bedeutung bestimmte Lebenslagen zu charakterisieren. *Hee het sien'n best Anker uut* bedeutet, daß das allerletzte Mittel zur Rettung des Schiffes bereits angewandt ist, daß der Schiffer auf eine Besserung seiner Lage keinen Einfluß mehr hat. Übertragen auf den gesundheitlichen Bereich ist die Erklärung › mit dem Tode ringen ‹ einleuchtend. Hat jemand dagegen *een good Anker achter 'n Hierd*, so hat er es schon zu etwas gebracht, und er ist nicht gezwungen, bei jedem Wind und Wetter weiterfischen zu müssen. Derjenige, der es sich leisten kann, einen guten Anker zu Hause zu lassen, dem kann es wirtschaftlich nicht schlechtgehen.

Andere Wendungen, in denen Schiffsteile oder Schiffszubehör erwähnt werden, verbildlichen demgegenüber Tätigkeiten. Sagt jemand: »*Ick much reine Klüüs moken*«, so will er seine Schulden bezahlen, will sich von einem Makel befreien. Verschiedene Beispiele zeigten bereits, daß das Schiff im übertragenen Sinne für einen Menschen stehen kann. Neben einem Ruder, auf das er reagiert oder nicht, werden auch Wanten bildlich eingesetzt. *Ick will em mool in de Wanten stiegen* ist dabei als zurechtweisen, › die Meinung sagen ‹, zu verstehen. In gleicher Weise bekommt eine im fachlichen Bereich eher harmlose Tätigkeit in übertragener Bedeutung einen drohenden Sinngehalt: *Ick will em mool de Wach anseggen.*
Für ein Segelfahrzeug ist der Wind — und zwar besonders seine Richtung — für die Fortbewegung von entscheidender Wichtigkeit. Gibt man jemandem *de Wind vun vörn*, so bereitet man ihm einen schweren Stand und weist ihn zurecht. *Kriggt de goode Floog wedder de Winns*, so wendet sich die Lage zum Besseren, es herrscht wieder guter, die Fahrt unterstützender Wind. Hat ein Mensch *jümmer wiesen Wind*, so will er immer Recht haben, will sich in den Mittelpunkt stellen und seine Meinung durchsetzen. Sagt jemand: »*Hee nimmt mi den Wind weg*«, so wird die eigene Vorwärtsbewegung behindert, eine Absicht, ein Plan wird verdorben. Auch das Hd. kennt den Ausdruck »er nimmt ihm den Wind aus den Segeln«, der in vergleichbarer Weise verwendet wird. In diesen Wendungen ist der Mensch mit dem Schiff gleichgesetzt, welches wiederum dem Wind ausgesetzt ist. Der Wind bestimmt Geschwindigkeit und Richtung des Segelschiffes und steht in diesem Sinne für Einflüsse, die auf den Menschen in seinem Zusammenleben mit anderen einwirken.
Besonders auf stärker befahrenen Flüssen ist Schiffsverkehr ohne Zeichen als Mittel der gegenseitigen Verständigung nicht denkbar. In den meisten Fällen handelt es sich dabei um Sichtzeichen. Die Anwendung von Lautzeichen ist fast ausschließlich auf Gefahrensituationen beschränkt. Wenn trotzdem von einem Menschen gesagt wird: »*Hee hüürt ne up Tuten un Blosen*«, so ist gemeint, daß er stur und eigensinnig seinen eingeschlagenen Weg verfolgt, ohne auf Warnzeichen zu hören und ohne auf andere zu achten.
Nicht nur das Schiff und der Wind bestimmen die Fischerei, sondern auch der Fang an sich. Der Vergleich zwischen Fisch und Mensch wird in der Wendung *hee is glatt as'n Ool* deutlich. Die Eigenschaft des Aales, mit den Händen nicht greifbar zu sein, sich überall hinauswinden zu können, wird in diesem Vergleich auf Personen übertragen, die die Fähigkeit besitzen, sich aus jeder schwierigen Lage zu befreien.
Ebenfalls aus einem Vergleich besteht die Wendung *hee kummt vöörwärts as de Luus up'n Teerquast*. Das Teeren bildete eine der wichtigsten Instandhaltungsarbeiten an Bord eines Schiffes und konnte aufgrund dieser Stellung Eingang in den Bereich der bildlichen Redensarten finden.
Solange der Fang in der Bünn aufbewahrt wurde, konnte es vorkommen, daß der Schiffer seine Fische nicht rechtzeitig an den Markt zu bringen vermochte, so daß diese verdarben. *De Butt is gallt* sagt jemand, der eine Angelegenheit oder auch

seine Beziehung zu einem anderen vollständig verdorben hat. Verdorbener Fisch ist nicht mehr zu verwenden. Der Zustand des Fisches wird hier auf eine Situation aus dem menschlichen Bereich übertragen.
Bei den hier erwähnten Redewendungen wird einer formal fachsprachlichen Äußerung eine außerfachliche Bedeutung beigegeben, die besonders menschliche Eigenschaften, aber auch Tätigkeiten und Situationen veranschaulichen soll. Daß es sich bei der Betrachtungsweise in erster Linie um die eines Seemanns handelt, zeigt sich an dem Ausdruck *hee het scheun wat up de hooge Kant*. Das Festland kann nur aus seiner Perspektive als *hooge Kant* bezeichnet werden.
Auch in sprachlicher Hinsicht darf (und durfte) Finkenwerder nicht als einheitliche Größe verstanden werden; so kann (und konnte) innerhalb des Ortes eine unterschiedlich starke Frequenz bei der Verwendung berufsorientierter Redewendungen verzeichnet werden. Auf der durch das Fischereigewerbe geprägten hamburgischen Hälfte Finkenwerders war der überwiegende Teil der Bewohner von Kindheit an mit dem nassen Element vertraut. Es gehörte zum üblichen Ablauf des Jahres, daß die Jungen in den Sommerferien mit zur See fuhren.[200] Ein nicht unerheblicher Prestigegewinn gegenüber anderen, die nicht mitdurften, war mit solch einer Reise verbunden. Der Fischerberuf und damit auch die von den Fischern verwendete Sprache mit all ihren Fachwörtern galt als äußerst erstrebenswert. Verständlicherweise wurde nicht jeder Junge auf Finkenwerder Fischer, aber auch fast jede andere handwerkliche Berufssparte wurde maßgeblich durch die Fischerei bestimmt. Insbesondere trifft diese Feststellung auf den Bootsbauer, den Segelmacher, den Schmied und den Reepschläger zu; aber auch das Können des Schusters wurde daran gemessen, wie gut er Seestiefel anzufertigen wußte. Aus der Branche des Maschinenbaus heißt es hierzu für die Zeit um 1925: »Mit den Eltern und den Kunden sprachen wir in unserer Werktags- und Werkstatt-Sprache natürlich Plattdeutsch. Die Finkenwerder Kunden brachten als Fischer und Bauern eine durch ihren Beruf festgefügte plattdeutsche Sprache mit in die Werkstatt und an den Arbeitsplatz. Ihre Ausdrücke und Begriffe waren durch eine jahrhundertealte Umgangssprache festgelegt. Die Handhabung der Segel, die Ortsbezeichnungen auf dem Schiff und die Festlegung der Schiffstypen war plattdeutsch bestimmt. Ihre Werkzeuge und ihre Handhabungen für den Schiffsbetrieb waren durch manche heute fast unbekannte Vokabel uns so geläufig, daß auch wir Landratten mit ihr umgehen konnten.«[201] Die Fischer bildeten den Hauptkundenkreis für viele Handwerksbetriebe, so daß die von ihnen verwendete Fachsprache Niederschlag in anderen Berufssprachen fand.
Durch die enge Verzahnung von Fischersprache und der auf Finkenwerder üblichen Umgangssprache ist eine Trennung in die Einheiten »Sprache am Arbeitsplatz« und »Sprache außerhalb der Arbeitsstätte« nur schwer durchzuführen. Lebens- und Arbeitsraum waren in weitaus stärkerem Maße als heute miteinander verbunden. Trotzdem soll davon ausgegangen werden, daß Differenzen zwischen der Ortsmundart und dem Fachdialekt zu verzeichnen waren und immer noch sind.[202] Für das Leben an Bord kann eine besonders enge Verschränkung

zwischen fachlich geprägten Situationen und außerfachlichen Situationen konstatiert werden. So gab es bis in die dreißiger Jahre hinein auf Finkenwerder Fischereifahrzeugen nur einen Wohnraum, in dem verständlicherweise nicht selten fachbezogene Themen angesprochen wurden. Arbeit und Privatleben (sofern es als eigenständige Größe überhaupt bestand) waren fast immer unmittelbar aufeinander bezogen.
Auf See war aufgrund der großen physischen Belastung in der Regel jede Tätigkeit, die an Bord ausgeführt wurde, auf die Fischerei ausgerichtet.
Auch an Land läßt sich eine derartige Überschneidung von Arbeits- und Privatsphäre feststellen. Zwischen zwei Fangreisen, besonders aber während der bis 1883 üblichen und bis zum Ersten Weltkrieg noch teilweise in Anspruch genommenen Aufliegezeit im Winter, waren Arbeits-, Privat- und öffentliches Leben untrennbar miteinander verknüpft. Dieses gilt sowohl für die Gesamtgruppe aller Finkenwerder Hochseefischer als auch für die Besatzung eines Fahrzeugs. Die Mannschaft wurde als Teil der Familie angesehen; es war selbstverständlich, daß die Männer im Hause des Schiffers beköstigt wurden. In der Küche eines Fischerhauses wurden dann häufig in lebhafter Diskussion fachliche und außerfachliche Fragen und Probleme erörtert. Aus solchen und zahlreichen anderen Berührungsflächen erklärt sich der hohe Grad an Überschneidung zwischen Fachdialekt und Ortsmundart.
Es kann wohl davon ausgegangen werden, daß noch bis zum Zweiten Weltkrieg eine ganze Anzahl von Wörtern und Wendungen aus der Fischersprache bei den Einwohnern Hamburg-Finkenwerders durchgehend bekannt war. Zum sprachlichen Gemeingut sind dabei zu zählen: die unterschiedlichen Fahrzeugtypen sowie alle Einzelteile und Gegenstände auf einem Fischereifahrzeug, die von Land auch aus einiger Entfernung gesehen werden können, wie etwa Segel, Masten oder Aufbauten. Hinzu kommen Tätigkeiten an Bord, die von Land aus beobachtet werden können, so wie Segelmanöver, und nicht zuletzt Tätigkeiten, die an Land ausgeführt werden. In diese Kategorie fallen hauptsächlich Wartungs- und Reparaturarbeiten. Für die Zeit bis zum Ende des Ersten Weltkriegs kann außerdem bei den meisten Einwohnern Finkenwerders die Fähigkeit vorausgesetzt werden, zu jedem Fischereifahrzeug der einheimischen Flotte Nummer, Besitzer und Namen nennen zu können. Allein hierdurch wird die große Bedeutung der Fischerei für Finkenwerder dokumentiert. Für die Kinder bedeutete das Erkennen eines aufkommenden Fahrzeuges nicht nur Prestige, sondern auch eine gute Verdienstquelle. Das *Anseggen* wurde von den Fischerfrauen meistens gut belohnt. »Wehe der Fischerfrau, die mit dem Botenlohn knauserte, wenn sie die frohe Botschaft bringen: › Jannis kommt up. ‹ Ihr würde nie wieder › angesagt ‹.«[203]
Wichtig erscheint, daß die drei Einheiten Nummer, Schiffsname, Besitzername im Sprachgebrauch in bestimmten Funktionszusammenhängen synonym verwendet werden können. So war es möglich, entweder von **de Dreehundertfiefunsüßtig**, von **de Martha** oder von **Peter Loop** zu sprechen, wenn der Kutter **HF 365** bezeichnet werden sollte. Heute ist die dargestellte Art des synonymen Ge-

brauches der drei angegebenen Einheiten lediglich noch innerhalb des kleinen Personenkreises üblich, der einen unmittelbaren Bezug zur Fischerei hat. Nur mit der Finkenwerder Fischerei vertraute Sprecher benutzen beispielsweise auch gegenwärtig Schiffsnamen zur näheren Bezeichnung von Finkenwerder Lokalitäten. »*Ach jo, dat is doch glieks bi Nixe*« — mit **Nixe** ist in dieser Äußerung das Haus des Schiffers Hans Mewes, Besitzer von **HF 551 Nixe**, gemeint.

Die Nummern der Schiffe dienten außerdem während der Zeit, als es besonders viele Kutter und Ewer mit dem HF-Zeichen gab, als Unterscheidung zwischen Fischern mit gleichen Namen. »Wurde beispielsweise von Külper 58 oder von Loop 22 geredet dann wußte jeder Eingeweihte, wer gemeint war.«[204] Der nachhaltige Einfluß der Fischerfachsprache auf die Ortsmundart ist ein deutliches Zeichen für den hohen Stellenwert des Fischerberufes in der Ortsgemeinschaft. Anders als etwa bei den Bauern war das Sozialgefüge der Gruppe der Hochseefischer traditionsgemäß in erster Linie durch Leistung und Erfolg bestimmt. Hieraus resultiert eine relativ hohe Durchlässigkeit zwischen den einzelnen Schichtungen innerhalb der Fischergemeinschaft. Auch mit geringem Anfangskapital war es jedem ehrgeizigen jungen Fischer möglich, zunächst gemeinsam mit einem Partner und später allein, ein eigenes Schiff zu führen. »Fast immer wurde von Fremden und Gewerbetreibenden geholfen, insonderheit pflegen die Schiffbauer, der Schmied, der Segelmacher und der Reepschläger ihre Forderungen zu kreditieren, mit der Bedingung einer Abzahlung, wenn die Einnahmen von den Fangerträgnissen es erlaubten.«[205] Doch nur derjenige, der erfolgreich war, erlangte letztendlich Ansehen.

Als Ausdruck eines ausgeprägten Berufsbewußtseins ist das durchgängig hohe Selbstwertgefühl der Finkenwerder Hochseefischer zu werten. Spott gegen andere Berufsgruppen sowie gegen Fischer anderer Regionen oder Staaten ist die Folge einer bewußten Abgrenzung der Gruppe nach außen.[206] Im Rollenbild des Hochseefischers ist ein hohes Maß an Selbstbewußtsein angelegt, das Verhalten entspricht somit durchaus den gruppeninternen Normen. Von verschiedenen Fischern wird berichtet, daß sie sich auf See wie Tyrannen gebärdeten, daß sie sich der Mannschaft gegenüber äußerst mißgelaunt zeigten und generell keine Widerrede zuließen. Zeigte sich aber, daß ein solcher Mann sein Fach beherrschte und gute Fangergebnisse erzielte, so erreichte er schnell ein hohes Ansehen, und das nicht zuletzt bei der eigenen Besatzung. Grundsätzlich muß in diesem Zusammenhang darauf hingewiesen werden, daß das Leben auf See im Gegensatz zum Leben an Land unter völlig unterschiedlichen Bedingungen abläuft, unter nicht miteinander vergleichbaren Zwängen steht. Auf See muß sich der einzelne in jeder schwierigen Situation beweisen, ständig ist seine Existenz bedroht, und er muß sich mit eigener Kraft gegen die auf ihn einwirkenden Naturgewalten behaupten. Ein entsprechender Wille zum Beherrschen der Besatzung wird vielen Schiffsführern nachgesagt. Es werden klare Fronten geschaffen; in einer festgefügten Hierarchie weiß jeder, wer bestimmt und wer die Befehle auszuführen hat. Dieses Verhältnis steht einer möglichen Solidarität allerdings nicht im Wege. Von einem Informanten, der zu Beginn der dreißiger Jahre eine Fangreise miterlebte, wurde berichtet, daß er während der ersten Nacht auf See aufwachte, weil der Schiffer ununterbrochen mit seinen Leuten schimpfte und pöbelte, während diese ganz ruhig ihrer Arbeit nachkamen und das Netz für das Aussetzen herrichteten. Ein derartiges Verhältnis zwischen Schiffer und Besatzung ist heute wohl nur noch in den seltensten Fällen anzutreffen.

Zum einen sind die Schiffseigner aufgrund der Arbeitsmarktlage auf ihre Besatzungen in stärkerem Maße angewiesen als früher. Wenn es einem Besatzungsmitglied bei einem Schiffer nicht mehr gefällt, sucht er sich ein anderes Fahrzeug oder nimmt sich Arbeit an Land. Somit kann auch heute nicht von einem ausgeglichenen Abhängigkeitsverhältnis gesprochen werden.

Zum zweiten ist die körperliche Belastung für die Männer im Laufe der Zeit geringer geworden. Es brauchen seit den zwanziger Jahren keine Segelmanöver mehr ausgeführt zu werden, und auch die Arbeit mit dem Netz hat durch die Weiterentwicklung der Winden eine wesentliche Erleichterung erfahren. Schließlich ist auch der psychische Druck an Bord eines Schiffes allein durch die Tatsache vermindert worden, daß die ständige Bedrohung des Lebens durch stabilere Bauweise und bessere Ausstattung der Schiffe sowie den Einsatz von immer stärkeren Motoren auf ein Minimum reduziert wurde. Allerdings bleibt durch das Zusammenleben von drei oder vier Männern auf engstem Raum auch auf modernen Hochseefischkuttern das Spannungspotential groß.[207] Erst in Konfliktsituationen zeigt sich, wie wichtig es ist, daß der Schiffer Autorität auf seinem Kutter besitzt und diese auch anerkannt wird.

Auf der Ebene gruppenintern wirkender Normen ist auch das hohe Maß an Selbstdisziplin zu erwähnen, das sich die Finkenwerder auf See auferlegen. Demnach wird Alkohol auf einem Fischereifahrzeug grundsätzlich verschmäht. Heute mag diese Sitte nicht mehr ganz so rigide befolgt werden, doch wie in der Vergangenheit betonen auch die derzeitig aktiven Fischer die Alkoholabstinenz in der Finkenwerder Flotte. Ein Sprichwort sagt: »En Butenlanner hett mihr Sprit an Burd as bi uns de ganße Flott tohop.«[208]

Eine Vielzahl gruppeninterner Normen verfestigte sich im Volksglauben und erhielt auf diese Weise mythischen Charakter.[209] Aus der ständigen existenziellen Bedrohung der Hochseefischer ist erklärlich, daß im Mittelpunkt solche Anzeichen stehen, die Glück bzw. Unglück verheißen. Zwar kann bei einzelnen Fischern eine unterschiedlich starke Befolgung abergläubischer Regeln festgestellt werden, doch ist grundsätzlich die Kenntnis der verschiedenen Formen und Varianten bei allen Mitgliedern der Gemeinschaft vorauszusetzen, so daß auch in dieser Hinsicht ein gruppenkonstituierendes Element vorliegt.

Zu den gebräuchlichsten Formen zählt die Forderung, eine Fangreise nicht an einem Freitag zu beginnen.[210]

Aus der Zeit der Segelschiffahrt stammt der Glaube, daß es Glück bringe, wenn ein Fischer eine rote Tonne ansegelt, daß es andererseits als Unglückszeichen zu werten sei, wenn er eine schwarze Tonne ansegelt.

Auch an den Schiffen selbst wurden (und werden) Maßnahmen getroffen, die übernatürliche Kräfte abwehren sollen. Für günstigen Wind sorgte in diesem Sinne ein Goldstück, das unter dem Fuß des Großmastes angebracht worden war.[211] Besonders interessant erscheint in diesem Zusammenhang der Brauch, aufgefischte Totenschädel im Vorderteil des Schiffes oder in einer besonders dafür eingerichteten *Dodenkammer* direkt hinter dem Steven aufzustellen.[212] Die umfassendste Erklärung zum Sinn und zur Bedeutung dieses Brauches gibt Bargheer: »Der Tote bringt dem Schiff Glück, der Tote bewirkt einen reichen Fischfang; der Tote zeigt dem Schiff den rechten Weg, vor allem im Nebel; der Tote bewahrt das Schiff vor Untiefen; der Tote hilft dem Schiff im Sturm.«[213] Zur Abwehr von bösen Geistern wurde später auch auf einigen Schiffen an der Steveninnenseite eine geöffnete Schere angebracht. Beim Stapellauf durften die Schiffe nach einem alten Aberglauben nur mit dem Steven nach vorn zu Wasser gelassen werden. Die Kränze, die zum Stapellauf in den Toppen des Schiffes angebracht worden waren, sollten auf See vom Wind aus den Masten gerissen werden.
Auf die Übertragbarkeit guter Fangergebnisse in der Vorstellung der Fischer hebt eine Geschichte ab, die heute noch auf Finkenwerder erzählt wird: Jan Gröhn war ein sehr erfolgreicher Fischer. Andere konnten seinen Erfolg bei eigenem Mißerfolg nicht begreifen. Um die Fische zu überlisten und in das eigene Netz zu dirigieren, sollte man daher durch die Ankerklüsen rufen: »Hier ist Jan Gröhn!«, dann würden die Fische schon kommen.[214] Generell wurde von wagemutigen Fischern behauptet, sie würden Wind und Fische anziehen. Obwohl mythische Vorstellungen und feste Verhaltensregeln über Generationen tradiert wurden, entwickelten sich auf Finkenwerder doch keine eigenständigen Erzählstoffe und Lieder.[215] Der Grund mag in der Art der Bewältigung der arbeitsreichen Fischereizeit auf der stets abgeschlossenen Einheit des kleinen Fahrzeugs gesehen werden; dann nahm die schwere körperliche Arbeit die Männer voll in Anspruch. Andererseits bot aber die lange Aufliegezeit im Winter ausreichend Gelegenheit, die Geselligkeit in der Gemeinschaft zu pflegen.[216] Es ist daher durchaus anzunehmen, daß bis zum Ausgang des 19. Jahrhunderts eine Erzähltradition bestand, die allerdings aufgrund ihrer funktionellen Einbindung an die mündliche Vermittlung gebunden war, so daß heute keine entsprechenden Zeugnisse aus dieser Zeit vorliegen. Die einschneidenden Eingriffe in den Jahresablauf der Fischerei vor der Jahrhundertwende bewirkten schließlich eine Auflösung der mündlichen Überlieferung von Erzählstoffen. Die literarischen Texte der Brüder Gorch Fock, Jakob Kinau und Rudolf Kinau sind nicht unmittelbar in diese Tradition einzuordnen.
Aus der Struktur der fischereilichen Arbeitswelt erklärt sich, daß die Mitglieder dieser Berufsgruppe stärker zu individuellen Formen schöpferischer Tätigkeiten neigen. Die Schnitz- und Bastelarbeiten zahlreicher ehemaliger Hochseefischer können hierfür als Beispiel dienen.[217]
Nicht selten blieb bei der Betrachtung der Hochseefischerei die Rolle der Frau unberücksichtigt. Es ist jedoch darauf hinzuweisen, daß der besonderen Struktur

der Seefischerfamilien mit ihrer berufsspezifischen Rollenzuteilung eine gruppenkonstituierende Funktion zukommt. Die häufige Abwesenheit des Mannes und die stete Existenzgefährdung färben die Intimwerte der Seefischerfamilie in besonderem Maße.

An Bord eines Fischereifahrzeuges ist nach herkömmlicher Vorstellung für Frauen kein Platz. Die Redensarten »*Wind und Wief, Van'n Eber blief*«[218] und »*Froonslüd an Burd giff Dotslag un Murd*«[219] weisen das Schiff deutlich dem Wirkungsbereich der Männerwelt zu.[220] Darüber hinaus wurde es bereits als Unglückszeichen gewertet, wenn die Fischerfrau dem ausfahrenden Schiff nachschaute. »*Goode Reis*« durfte (und darf) grundsätzlich von keiner Person gewünscht werden. Befand sich eine Frau allerdings einmal für eine Reise an Bord, so hatte sie sich strikt in die bestehende Hierarchie einzuordnen; nur solange beim Vorüberfahren die Doppeltürme von Altenbruch aufeinanderstanden, hatte sie nach alter Vorstellung das Sagen.

Neben der Führung und Verwaltung des Hausstandes und der Geldangelegenheiten sowie der Erziehung der Kinder[221] hatte die Frau eines Fischers bis zum Ende des 19. Jahrhunderts außerdem Zulieferdienste für die Fischerei zu leisten. So gehörte es bis etwa zur Mitte des Jahrhunderts zu den Aufgaben der Fischerfrau, den Flachs für die Segel zu spinnen, die Segel zu spannen und zu nähen. In einem Bericht heißt es: »Der Flachs wurde von den Fischerfrauen gesponnen und dann vom Weber zu Leinen gewebt. Wenn nun ein neues Segel gemacht werden sollte, ließ der Fischer das Leinen vom Segelmacher zuschneiden. Das Nähen der Segel wurde wieder von den Frauen besorgt. Wenn nun alles zusammengenäht war, wurde es wieder zum Segelmacher geschickt, der das Einliecken besorgte, weil dies die Frauen nicht machen konnten. Weil aber die meiste Arbeit von den Frauen besorgt wurde, konnten die Segel für wenig Geld hergestellt werden.«[222] Im Sommer wurde von den Frauen Hanf gesponnen und gezwirnt, so daß während der Aufliegezeit im Winter neue Netze gestrickt und alte ausgebessert werden konnten.

Bedingt durch Veränderungen im Berufsfeld löste sich bereits im 19. Jahrhundert die intensive Einbindung der Frau in die Arbeit des Seefischers. Als Folge stieg das Ansehen derjenigen Frauen, die »es nicht nötig hatten«, den Mann bei der Ausübung seines Berufes zu unterstützen. Eine Umschichtung der Wertigkeit innerhalb der (Sub-) Gruppe der Fischerfrauen war nun festzustellen. Es ist wohl mehr als eine bloße Anekdote, daß sich eine Fischerfrau, nachdem sie bei einer Nachbarin zwei Teppiche übereinander in der guten Stube gesehen hatte, drei Teppiche übereinander ins Wohnzimmer legen ließ. Äußerlichkeiten und materielle Dinge sind häufig die Werte, an denen sich die Fischerfrauen orientieren und an denen sie sich gegenseitig messen. Neid und Mißgunst sind keine Seltenheit. Da die Frau als Indikator für die Tüchtigkeit ihres Mannes auf See angesehen wird[223], versteht es sich auch, daß »in Finkenwärder meist nur Witwen oder Ehefrauen, die in dürftigen Verhältnissen lebten, Fischhändlerinnen wurden, oder wie es in Finkenwärder heißt › zur Hökerkiepe griffen ‹.«[224] Cölln berichtet über einen allmählichen Wandel etwa um die Jahrhundertwende. Doch schon vor dieser Zeit wurde, genau wie heute noch, der Fang normalerweise an den Markt gebracht und dort zuerst von Reisekäufern, in späteren Jahren von der Fischmarktgesellschaft, aufgekauft. Der Fischverkauf gehörte nicht zum Aufgabenbereich der Finkenwerder Fischerfrau. Seit mehreren Jahren versuchen einige Fischer, durch den Verkauf von Fischen an Privatkunden einen günstigeren Fangerlös zu erzielen. In diesen Fällen ist es üblich, daß die Frau beim Verkauf hilft.

Die Ausübung eines eigenständigen Berufes läßt sich auch derzeit noch kaum mit dem Status einer Hochseefischerfrau vereinbaren. Ein Abweichen von dieser gruppeninternen Norm ist traditionsgemäß nur in Notsituationen möglich. Die Notwendigkeit zu derartigen Maßnahmen ist heute ausgesprochen selten gegeben, auch wenn man die derzeit schlechte Wirtschaftslage der Hochseefischerei berücksichtigt. In der für die Fischerei schweren Zeit um 1900 war die Not dagegen offenkundig. Innerhalb von 14 Jahren waren 41 Fischerfrauen zu Witwen, 73 Kinder zu Waisen geworden.[225] Im Jahre 1900 zählte man 122 Witwen von Fischern, wobei 61 dieser Männer bei der Ausübung ihres Berufes den Tod gefunden hatten.[226] Zur Unterstützung der meist noch jungen Frauen wurden schon vor der Jahrhundertwende zwei Witwenkassen gegründet. Da es aufgrund bestehender Normen unüblich war, daß eine Fischerwitwe zum zweitenmal eine Ehe einging, mußte sie nach dem Tod ihres Mannes selbst für ihren Lebensunterhalt sorgen.

In einem zeitgenössischen Bericht heißt es: »Viele betreiben hierorts kleine Ladengeschäfte, gehen mit Brod und dergleichen oder beschäftigen sich mit dem Stricken von Netzen. Viele fahren jeden Tag nach Hamburg oder Altona und verkaufen Fische oder Grünwaren in den Straßen.«[227]

Obwohl den unverheirateten jungen Frauen immer das Schicksal einer Witwe vor Augen stehen mußte, war auf Finkenwerder bis weit in dieses Jahrhundert hinein der Seefischer der bei weitem begehrteste Bräutigam. Lübbert schrieb 1912 hierzu: »Da der Seefischerberuf in Finkenwerder unbestritten der erste ist, ist es das Sehnen jedes Mädchens, einen Seefischer zu heiraten. Die Seefischer ihrerseits, auch wenn sie nicht vom Orte gebürtig sind — . . . —, heiraten fast immer eingeborene Finkenwärderinnen; waren doch 1904 von 156 Seefischern 150 mit Finkenwärderinnen verheiratet.«[228] Nur über eine solche Heirat war es vielen zugereisten Hochseefischern möglich, volle Anerkennung auf Finkenwerder zu finden. Schwer hatten es dagegen die wenigen Fischerfrauen, die nicht von Finkenwerder stammten. In früheren Zeiten sagte man häufig, daß eine nicht auf Finkenwerder geborene Fischerfrau erst dann als richtige Finkenwerderin anerkannt wurde, wenn ihr Mann auf See geblieben war.

Als weiteres differenzierendes Merkmal der sozialen Gruppe der Finkenwerder Hochseefischer ist die Verwendung von Übernamen anzusehen.[229] Diese *Ökelnamen* wirken stabilisierend nach innen und deutlich abgrenzend gegenüber Personen, die außerhalb der Gruppe stehen. Die Notwendigkeit der Verwendung zusätzlicher Namenformen leitet sich ursprünglich aus dem begrenzten Vorrat an Vor- und Familiennamen her. Zur Unterscheidung der vielen Fock, Mewes, Fick, Loop oder Camper wird häufig eine charakteristische Eigenschaft oder eine Besonderheit herangezogen, um als Motiv für die Namengebung zu dienen. Dabei verfährt man innerhalb der Gruppe nicht immer rücksichtsvoll bei der Zuteilung eines Übernamens. Generell kann festgestellt werden, daß der Fischer seinen Spottnamen kennt, ihn aber nur ungern verrät und die spöttische Anrede sehr übelnimmt. Dementsprechend findet die Anwendung des Übernamens zumeist in Abwesenheit des Bezeichneten statt. In diesem Zusammenhang sind zwei wichtige Faktoren der Namensgebung zu berücksichtigen:

1. Die Übernamen werden nur von Mitgliedern der sozialen Gruppe der Hochseefischer — und einigen benachbarten Gruppen — verwendet und verstanden. Da es sich hierbei keinesfalls um eine homogene Gruppe handelt, kann ein Fischer durchaus mehrere Übernamen besitzen, die in einzelnen Untergruppen nebeneinander bestehen. Gerade bei solchen Fischern, die durch mehrere Namen gekennzeichnet sind, ist außerdem die Situation für die Auswahl des jeweils benutzten Namens ausschlaggebend.
2. Obwohl viele Fischer sicherlich nicht mit ihrem Übernamen einverstanden sind, werden sie sich vergeblich um eine Änderung bemühen; dennoch ist die Übernamensgebung kein einmaliger, unwiderruflicher Prozeß. Der Übername ist grundsätzlich austauschbar. Er wird dann ausgetauscht, wenn die bezeichnete Person durch ein anderes Merkmal offenbar treffender charakterisiert werden kann. Hieraus ergibt sich, daß bei den untersuchten Übernamen ein direkter Bezug zwischen dem Namen und dem Namensträger stets gegeben ist.

Die Motive, die zur Herausbildung einzelner Übernamen führten, sind vielfältiger Art. Eine Übergangsform zwischen Personennamen und Übernamen bilden die Kosenamen (z.B. *Mandje* für Amandus) und die abgewandelten Familiennamen (z.B. *Eiermann* für Eylmann; *Cassen Wupp* für Carsten Wübbe; *Keiner* für Niemann).[230] Häufig wird bei der Namensgebung ein Bezug zwischen dem Bezeichneten und seinen besonderen körperlichen Eigenschaften hergestellt (z.B. *Peter Langbeen; Bügel; Kruuskupp; Swatt Peter*). Auch das Auftreten kann als Kriterium für die Namensgebung herangezogen werden (z.B. *de Scheune; Doktor; Cassius Clay*). Typische Eßgewohnheiten und der Umgang mit alkoholischen Getränken können ebenfalls als charakterisierendes Element gesehen werden (z.B. *Hans-Gewürz; Gulasch; Suupski; Cassen Gleunig*). Produktiv ist außerdem das Bildungsmotiv, bei dem der Übername eine häufig von oder über den Betroffenen gemachte Äußerung wiedergibt (z.B. *Oh-bei; Schalli-Brause; Salmi; Mein Mann*). Seltener wird dagegen zur Namensgebung ein typisches Interessengebiet der betreffenden Person herangezogen(z.B. *Jakkob mit de Ehl*[231]; *Ies-Jokkob*[232]; *de Seilmoker*). Zur Differenzierung dient daneben auch eine Ergänzung des Personennamens durch den Schiffsnamen oder ein Name, der in direktem Bezug zum Schiffsnamen oder Schiffsäußeren steht (z.B. *Hein Melle* und *Hein Wilma* für zwei Schiffer mit dem Personennamen Heinrich Loop; *Hans Nixe; Amor Si-*

monsen; de Gärtner für den Schiffer auf dem Kutter mit dem Namen »Rosengarten«; *de blaue Blitz* für den Schiffseigner, der als erster seinen Kutter blau anstrich). Andere Motive erscheinen nur in Einzelbelegen und sollen hier nicht weiter systematisiert werden (z.B. *Jan Mille; Schweine-Meier; Thyborön-Peter; Russen-Peter*).

Ebenso wie bei der Motivation können in Hinblick auf den morphologischen Aspekt der untersuchten Ökelnamen verschiedene Muster für eine Analyse herangezogen werden:

a) Substantiv (*Doktor*);
b) Artikel + Substantiv (*de Seilmoker*);
c) Artikel + substantiviertes Adjektiv (*de Klooge*);
d) Vorname (*Filax*);
e) Vorname + Nachname (*Cassius Clay*);
f) Vorname + Substantiv (*Peter Langbeen*);
g) Vorname + Adjektiv (*Jan Dick*);
h) Vorname + präpositionale Fügung (*Jakkob mit de Ehl*);
i) Substantiv + Vorname (*Ies-Jokkob*);
   auch als Name + Vorname (*Tyborön-Peter*);
j) Substantiv + Nachname (*Schweine-Meier*);
k) werden Äußerungen zur Bildung von Übernamen herangezogen, so können recht unterschiedliche Formen auftreten, z.B.:
   Pronomen + Substantiv (*Mein Mann*);
   Interjektion + Präposition (*Oh-bei*);
l) andere (*Pipifax*).

Eine Entwicklung in der Übernamengebung konnte in dieser Arbeit nicht näher untersucht werden. Es ist allerdings auch in diesem Bereich mit zeitbedingten Einflüssen auf die Motivation wie auch auf morphologische Besonderheiten zu rechnen.

Die Vergabe von *Ökelnamen* bleibt nicht allein auf Personen beschränkt, auch Schiffe können mit Übernamen ausgestattet werden.[233] Aus früheren Zeiten sind insbesondere Übernamen aus dem Bereich der bäuerlichen Tierwelt bekannt. Oft war dabei die Form des Schiffes für die Namensgebung ausschlaggebend. So finden wir: *de Oss, de Buck, de Koh, de Zeeg, dat Schoop.* Aus anderen Herkunftsbereichen abgeleitet sind: *de Wandluus, de Pannkoken, de Igel* und *de Peerdknieper.*[234] Außerdem sind bekannt *de Pudel* und *de Blickbaal.* In neuerer Zeit hat die Notwendigkeit zur Differenzierung der Fahrzeuge stark abgenommen. Moderne Kutter werden nur noch vereinzelt und in bestimmten Situationen mit Übernamen belegt; bekannt sind *Peerd un Wogen* und der *Sanella-Kutter.* Die Übernamen enthalten teilweise deutliche Hinweise auf die Position des jeweiligen Fischers in der Gemeinschaft. Auch derzeit besteht eine »geheime Rangordnung« unter den Hochseefischern. Die nie offen gegeneinander abgewogenen Abstufungen werden nach unterschiedlichsten Aspekten vorgenommen; sie sind für einen Außenstehenden kaum nachvollziehbar.

Als Indiz für die Position des einzelnen innerhalb der sozialen Gruppen kann auch sein gegen andere aufgebrachtes Selbstbewußtsein gelten. So wird von einem Fischer berichtet, der unter keinen Umständen von sich aus Kontakt zu anderen Schiffern auf See herstellte. Er sagte höchstens zu seinem Bestmann: »'n beten langsomer, dee will snacken.« Es war demnach nicht er selbst, der die anderen benötigte, sondern es waren immer die anderen Schiffer, die den Kontakt aufnehmen mußten.

Nicht nur das schnellste Schiff oder der größte Fang waren seit der Motorisierung und Ausrüstung der Fischereifahrzeuge mit technischem und elektronischem Gerät für die Rolle innerhalb der Fischergemeinschaft ausschlaggebend, sondern auch die besondere Fähigkeit, diese Neuerungen zu beherrschen und gegebenenfalls zu reparieren. So mancher Fischer mußte sich schon über Telefonie Rat holen, weil irgendein technisches Hilfsmittel ausgefallen war und er sich außerstande sah, die Reparatur selbst vorzunehmen. In solchen Fällen weiß der Schiffsführer genau, welchen von den in der Nähe fischenden Finkenwerder Kuttern er anrufen muß, um erfolgversprechende Ratschläge zu bekommen. Auf der anderen Seite gibt es auch ausgesprochene Negativrollen. So wird etwa ein Fischer, der mit seiner Besatzung in einem Orkan den Kutter verließ, auch noch nach Jahren als Außenseiter betrachtet.

Die Rollen innerhalb der Fischergemeinschaft übertrugen sich bis in die erste Hälfte des zwanzigsten Jahrhunderts hinein in weitaus stärkerem Maße, als dieses heute der Fall ist, auf das Zusammenleben an Land. Die Wertmaßstäbe, die innerhalb der Gemeinschaft galten, waren aus dem Blickwinkel der Fischerei festgelegt: »Community values and seafaring values are similar in the small community, but diverge considerably in the larger forms of social organisation.«[235] Durch die Deutsche Werft und die mit ihr verbundene Ansiedlung von Auswärtigen büßte die Hochseefischerei ihre bis dahin gehaltene Führungsposition in bezug auf das Prestige der Lebens- und Arbeitswelt auf dem hamburgischen Finkenwerder ein. Die damit verbundene umfangreiche Werteverschiebung zeigt sich nachhaltig in der seit Jahren sehr geringen Attraktivität des Fischerberufes.

Neben dem Bündel von Merkmalen, mit dem sich Verhältnisse und Beziehungen innerhalb der Gruppe der Finkenwerder Hochseefischer beschreiben lassen, sind solche Faktoren zu erwähnen, die die Gruppenzusammengehörigkeit nach außen dokumentieren. Außer der Mitgliedschaft in berufsgebundenen Organisationen[236] und dem Tragen berufsspezifischer Kleidung[237] seien als Merkmale hier die typische Art der Grabsteinverzierung sowie die zahlreichen »Seefischer«-Einträge im örtlichen Fernsprechbuch genannt. Darüber hinaus ist insbesondere die Form des traditionellen Fischerhauses zu erwähnen[238], das immer schon berufsspezifischen Anforderungen genügen mußte.[239] Eine Zusammengehörigkeit der Hochseefischer zeigt sich dabei nicht allein im Baustil der Häuser, sondern insbesondere in dem Bestreben, durch Wahl eines bestimmten Wohnplatzes eine unmittelbare Nähe zu anderen Gruppenmitgliedern herzustellen. Bereits im Jahre 1918 stellte Wiese eine Konzentration der Seefischerwohnplätze fest.[240] Er grenzte dabei die Seefischer gegen die Küstenfischer ab, die zwar zahlenmäßig diesen zeitweise überlegen waren, in ihrem Ansehen jedoch immer hinter den Hochseefischern eingestuft wurden. Dieser Punkt ist um so verwunderlicher, als man feststellen kann, daß zu bestimmten Zeiten die Elb- und Küstenfischer in vergleichsweise besseren wirtschaftlichen Verhältnissen lebten. So waren 1918 29 Seefischer Hauseigner, 44 wohnten zur Miete. Bei den Küstenfischern besaßen dagegen 42 ein eigenes Haus und nur 32 sind als Mieter angezeigt.[241] Trotzdem war das Ansehen des Seefischers innerhalb des Ortes zu jeder Zeit größer. Er setzte bei der Ausübung seines Berufes sein Leben ein, er nahm den Kampf mit den Naturgewalten auf sich, er führte ein arbeits- und entbehrungsreiches Leben. Das Selbstwertgefühl mag wohl mit dazu beigetragen haben, daß die Seefischer auch bei der Wahl des Wohnortes auf Finkenwerder am liebsten die Nähe anderer Mitglieder derselben sozialen Gruppe suchten. Wiese schreibt zu diesem Phänomen: »See- und Küstenfischer zeigen nun in den Wohnplätzen der Fischer die merkwürdige Tatsache, daß erstere vorwiegend nach dem Osten, der Aue, letztere nach dem Westen, dem Neß hinneigten. Bis zum Kirchenweg, der Mitte der Insel, wohnen von 73 Seefischern 61 an diesem. Weiter dem Neß zu nur 12. Selbst im östlichen Teil zeigt sich eine Bevorzugung des äußeren Ostens. Von den 61 Seefischern der Osthälfte wohnen nur 25 an dem überlangen Schenkel des Norderelbdeiches und seiner Fortsetzung bis zum Wasserturm, dagegen 36 auf der kurzen Strecke von dort bis zur Landesgrenze im Osten.«[242] Auch für die Gegenwart läßt sich eine ähnliche Konzentration feststellen. Doch schon seit langem ist es nicht mehr der Bereich der Aue, also die Finkenwerder Altstadt, der das Zentrum der Ansiedlung der Fischer auf Finkenwerder bildet. Nachdem die Einzelhaussiedlung am nordwestlichen Ende des Fockswegs mit Hans-Hinnik-Weg und Cilli-Cohrs-Weg lange Zeit von einem großen Teil der aktiven Fischer — hinzu kamen verschiedene Frachtschiffer — bewohnt wurde, ist derzeit eine Verlagerung des Schwerpunktes auf die zu Beginn der siebziger Jahre entstandene »Fischersiedlung« am Reetputt zu verzeichnen. Hier wohnen zur Zeit neun der aktiven Finkenwerder Seefischer mit ihren Familien. Auch einige aus Altenwerder umgesiedelte Fischer haben hier ein neues Haus gefunden, so daß in den nächsten Jahren mit einer vollständigen Assimilation dieser Neubürger zu rechnen ist — nicht zuletzt aufgrund der Wahl des Wohnplatzes.

Nachdem zunächst die Sprachgemeinschaft auf Finkenwerder bis zum Ersten Weltkrieg unter verschiedenen Aspekten beleuchtet und anschließend die Gruppe der Hochseefischer als Träger einer maritimen Sonderkultur beschrieben wurde, sollen im folgenden die vielfältigen Veränderungen im 20. Jahrhundert[243] und die Rückwirkungen auf die Gemeinschaft der Fischer im allgemeinen und ihre fachliche Umgangssprache im besonderen betrachtet werden. Die Errichtung der Deutschen Werft und die Ansiedlung einer neuen, nicht von Finkenwerder stammenden Bevölkerungsschicht von Industriearbeitern in den zwanziger Jahren zog relativ rasch Veränderungen in der lokalen Umgangssprache nach sich. Besonderheiten der Finkenwerder Mundart wichen zugunsten überörtlicher Formen zurück. Hatten schon vor und direkt nach der Zeit des Ersten Weltkrieges zahlreiche ehemalige Fischer im Hafen Arbeit gefunden und waren auf diese Art mit dem Hd. oder dem Hamburger Platt in Kontakt gekommen, so vollzog sich nun dieser Wandel auf Finkenwerder selbst. Während vor der Ansiedlung der Werftarbeiter nur in der Schule und im Konfirmationsunterricht hd. gesprochen werden mußte — obgleich auch in der Schule von einigen Lehrern Nd. gesprochen wurde und die hd. Sprache auf das geschriebene Wort beschränkt blieb — so wurde der Anwendungsbereich des Hd. jetzt auch ausgedehnt auf den beruflichen und teilweise den privaten Bereich. In einem Bericht über diese Zeit heißt es: »In der Schule war dieser Einbruch besonders spürbar. Unter uns waren nun plötzlich Kinder, die ›von Natur aus Hochdeutsch‹ sprachen . . .«[244] Der stetig steigende Anteil von Hochdeutschsprechern wirkte sich rasch auf die in Finkenwerder gesprochene Umgangssprache aus. Beim Einkauf und im Geschäftsleben paßten sich die tradierte und die neu von außen eingebrachte Sprache einander an.[245] Wriede hob 1927 hervor, daß nur noch Bauern und Fischer an ihrer tradierten Sprache festhielten — er erwähnte außerdem in diesem Zusammenhang, daß das herkömmliche Sprachgut auch besonders von den Frauen erhalten werde.[246] Die Fischerei hatte jedoch inzwischen ihre Zentralposition auf der Insel verloren, und darauf ist zurückzuführen, daß ein großer Teil der oben aufgeführten Wendungen in der Umgangssprache des Ortes nicht mehr präsent war. Einige Zugezogene beherrschten das Nd. gar nicht, andere wurden wegen ihrer nicht ortsgemäßen Aussprache als »Geelsnacker« bezeichnet. Das sich langsam ausbreitende nicht ortsgebundene Platt »vermeidet in der Aussprache, im Satzbau und im Wortschatz alle Laute, Wendungen, Ausdrücke, die sich nur in Finkenwärder finden«, heißt es bei Wriede.[247] Mit den Zugezogenen kam gleichzeitig eine ganze Reihe von neuen Berufen und damit auch bis dahin unbekannten Seinsbereichen auf die Insel. Solche Dinge und Tätigkeiten mußten benannt werden, und bei der Fülle des sprachlich zu bewältigenden Materials bot sich in vielen Fällen eine Orientierung an dem bereits existierenden hd. Fachwort oder Fachausdruck an.

Ähnlich verhält es sich bei der in den gleichen Zeitraum fallenden sprachlichen Bewältigung des in der Fischerei völlig neuen Fachgebietes der Motoren. Für Teile, Arbeitsweisen, Störungen und Handhabungen gab es hd. Ausdrücke, die in den meisten Fällen als Fremd- oder Lehnwörter in das Plattdeutsche übernommen wurden; Lehnformungen, Lehnschöpfungen und Lehnbedeutungen wurden dagegen selten verwendet. In erster Linie ist dieser Trend zur Übernahme hd. Wörter und Ausdrücke in zumeist lautlich abgewandelter Form in die nd. Fachsprache auf die große Zahl der neu zu benennenden Gegenstands- und Tätigkeitsbereiche zurückzuführen.[248]

Wichtig für den Einfluß des Hd. auf die Fischersprache ist außerdem der Umstand, daß die Fischer selbst in immer stärkerem Maße mit der hd. Sprachform vertraut gemacht wurden. Seemannsschul- bzw. Kapitänsausbildung verlangten die Beherrschung und Anwendung der hd. Sprache, während die Fischer vormals nur plattdeutsch an Bord gesprochen hatten und jeder *Butenlander* sich hatte anpassen müssen. Es ist jedoch auf den meisten Kuttern bis heute die Ausnahme geblieben, daß ausschließlich Hd. für die Kommunikation an Bord verwendet wird. Der Fischer selbst weicht dadurch, daß er Hoch- und Plattdeutsch gleichermaßen beherrscht, häufig auf das Hd. aus, um die Verständigung mit einem Besatzungsmitglied, das nicht plattdeutsch spricht, zu gewährleisten.[249] Noch für die Zeit nach dem Zweiten Weltkrieg heißt es allerdings: »Die ersten Jahre meiner Fahrzeit wurde nur Platt an Bord gesprochen. Wer es nicht konnte, wurde gezwungen, es zu lernen, da die alten Fischer kein Hochdeutsch konnten.«[250] Auf den meisten Kuttern herrscht auch heute noch der Gebrauch der nd. Sprachform vor. Wenn jedoch nur der Schiffer die tradierte nd. Sprache beherrscht, so wird die Sprache auf diesem Schiff vornehmlich vom Hd. bestimmt, und Plattdeutsch findet allenfalls Verwendung bei traditionellen Arbeitsanweisungen — »Beim Hieven und Aussetzen«[251] —, beim Kontakt zu anderen Schiffern über Funk[252] oder »vom Kapitän im Anfall rasender Wut«.[253] Der emotionale Aspekt, der dem Nd. immer wieder zugeschrieben wird, zeigt sich hier, aber auch seine Ursachen werden deutlich: Er ist in Verbindung mit einer Funktionsreduzierung des Nd. in der Fachsprache zu sehen.

Der qualitative und quantitative Rückgang des nd. Anteils an der Fischersprache ist vornehmlich auf die ausschließlich hd. Kompetenz der meisten Besatzungsmitglieder zurückzuführen. Eine Grundfachsprache auf nd. Substrat bleibt jedoch auch hier erhalten. Auch in der hd. bestimmten Sprache an Bord finden sich zahlreiche nd. Benennungen.

An dieser Stelle wird deutlich, daß eine Differenzierung der Größe »Fischersprache« erforderlich ist. Wenn zuvor eine Durchdringung der Finkenwerder Umgangssprache mit Versatzstücken aus dem Berufsfeld der Hochseefischerei festgestellt wurde, so muß nun zunächst ergänzend darauf hingewiesen werden, daß vorzugsweise die Benennungen für solche Tätigkeiten und Gegenstände übernommen wurden, die von den Bewohnern am Deich oder auf der Elbe visuell wahrgenommen werden konnten. Bezeichnungen für Tätigkeiten und Manöver, die auf See ausgeführt werden, waren nur einem engeren Kreis vertraut. Die Gruppe der mit der Fischerei und ihrer Fachsprache Vertrauten ist dabei keinesfalls als abgeschlossen anzusehen. Übergänge sind besonders an den Stellen fließend, an denen wir solche Sprecher finden, die in einer der zahlreichen neben der Hochseefischerei existierenden Betriebsorganisationsformen der Fischerei tätig waren. Die Vielzahl der Fangmethoden, die nach unterschiedlichen Benennungen verlangten, verhinderte, daß sich eine einheitliche Fischersprache herausbilden konnte. Aus diesem Grunde stammen die meisten Wendungen aus der Fischersprache, die Eingang in die Finkenwerder Umgangssprache fanden, aus Bereichen, die allgemeiner Natur sind und somit alle Fahrensleute betreffen. Die Sprache innerhalb der einzelnen Gruppen — Lüttfischer, Wattfischer, Seefischer und andere — unterscheidet sich je nach Art der Fischerei in erster Linie durch den jeweils verwendeten Wortschatz von den Fachsprachen in den anderen Gruppen.

Fachliche Besonderheiten und Anforderungen führten zur Ausbildung eines fachspezifischen Exklusivwortschatzes.
Besonders für die Hochseefischerei scheint der Faktor der Bildung einer auf die Gruppe der an Bord eines Ewers oder Kutters befindlichen Personen beschränkten Sprachform von Bedeutung zu sein. Konkret heißt das, daß sich bei einer über einen längeren Zeitraum abgeschlossenen Sprechergruppe eine gruppenspezifische Ausdrucksweise entwickelt. Die fachliche Umgangssprache auf den einzelnen Schiffen kann entsprechend der Kompetenz der Besatzungsmitglieder recht unterschiedlich ausgebracht sein.
Bei der Entwicklung der Sprache in der Hochseefischerei ist andererseits ein nicht unerheblicher Einfluß durch den engen Kontakt zu den Bewohnern des gesamten Nordseeküstenraums von den Niederlanden bis Dänemark zu verzeichnen. Im vergangenen Jahrhundert wurde z.B. der Fang häufig in Enkhuyzen oder Geestemünde gelöscht. In der Gegenwart werden insbesondere dänische Häfen bevorzugt angelaufen, z.B. Esbjerg, Thyborön oder Hanstholm. Sogar englische Häfen wurden schon um 1850 aufgesucht[254], und so mancher im Ausland erhaltene Eindruck wurde von den Fischern aufgenommen und für den eigenen Bereich nutzbar gemacht.[255] An keiner Stelle werden in diesem Zusammenhang in den Quellen Schwierigkeiten sprachlicher Art erwähnt. Offensichtlich reichte das Finkenwerder Platt als Verständigungsgrundlage an den Küsten des gesamten südlichen und mittleren Nordseeraums aus. Andererseits zeigt sich hier, daß die Möglichkeiten zur Interferenz durch andere Sprachen und Mundarten auf die Seefischersprache wesentlich größer waren, als dies etwa für die Watt- und Elbfischer angenommen werden kann.
Im Leben auf Finkenwerder spielt die Fischerei gegenwärtig eine nur noch untergeordnete Rolle. Die Trennung von Arbeitsplatz und Wohnung über mehrere Tage oder gar Wochen ist heute auch in anderen Berufen keine Seltenheit mehr. In seiner Kleidung ist der Fischer kaum noch von den Vertretern anderer handwerklicher Berufsgruppen zu unterscheiden, und auch das Element des Wagemuts ist durch die Nutzbarmachung der Technik und die Stärke der Motoren auf ein Minimum reduziert worden. Der Fischerberuf wird in der Ortsgemeinschaft nur noch als eine Möglichkeit neben vielen, die zum Lebensunterhalt notwendigen Mittel aufzubringen, angesehen. Fricke schreibt über diese Art der Veränderung unter dem Aspekt der gestiegenen Anzahl der Möglichkeiten zur beruflichen Betätigung: »In a subsistence economy, fishing may be the only access to a reliable food resource for a family, community or society. In a highly developed industrial economy fishing becomes one of many ways in which a living can be earned.«[256] Somit fehlt besonders für junge Menschen ein Anreiz, den Fischerberuf zu ergreifen. Die mit der Kleinen Hochseefischerei verbundenen Mühen und Entbehrungen werden nicht mehr durch den Prestigefaktor aufgefangen. Neuere Untersuchungen versuchen, diese Erscheinung im Rahmen von sozialen Schichtungen[257] und der Berufssoziologie[258] zu beschreiben und zu analysieren. Catarinussi führt den Rückgang am Interesse für den Fischerberuf nicht allein

auf ökonomische Gründe zurück. Er schreibt über dieses in einem italienischen Fischerdorf auftretende Phänomen: »We can reasonybly suppose that the reasons for the decrease in fishermen are not only economic; they include social factors such as the need for social prestige, for leisure, for cultural developement, for living a life more relevant to modern social experience, or for sickness and disablement insurance.«[259] Die vorliegenden Untersuchungen zu den sozialen Bedingungen in der Kleinen Hochseefischerei sind teils veraltet[260], teils schließen sie die von der Bundesrepublik aus betriebene Hochseefischerei nicht mit ein.[261] Zur Erhellung gegenwärtiger Strukturen sind neue soziologische Analysen erforderlich, die ggf. auch zu wirksamen Gegenmaßnahmen, etwa in Form von Werbekampagnen, Anlaß geben könnten. Festgestellt werden kann heute lediglich, daß die Motivation, auf einem Kutter in der Kleinen Hochseefischerei tätig zu sein, einem rapiden Wandel unterlegen ist.

In einigen Fällen ist es wohl mehr eine Flucht vor dem Leben an Land und die Gewißheit, zwei Wochen lang kein Geld ausgeben zu können, als die Freude am Beruf, die viele Besatzungsmitglieder in der Fischerei hält. Es gibt fast keinen Nachwuchs, und die Besatzungen bestehen heute zum großen Teil aus Männern, die vielfach nach gescheiterten Versuchen an Land den Fischerberuf als letzten Ausweg zum Aufbau einer Existenz ansehen. Der Aufstieg vom Bestmann zum Schiffer wird aufgrund des hohen Kaufpreises für einen Kutter ohnehin kaum noch angestrebt. Die Trennung zwischen dem Führer eines Schiffes und der Besatzung ist damit festgeschrieben. Aus diesem Grunde erscheint es wenig verwunderlich, daß der Schiffer bei den heute gegebenen radiotechnischen Möglichkeiten stärker Kontakt zu »Seinesgleichen«, zu den anderen Kutterführern, sucht und weniger zu seinen Besatzungsmitgliedern. In diesem Sinne beantwortet einer der Fischer die Frage nach den Formen der Kommunikation an Bord: »Der Kapitän und der Steuermann haben sich während der Tageszeit 9-21 Uhr nur um die Fänge der Kutter zu kümmern (das heißt: wo sich die Kutter aufhalten und was sie fangen; über UKW und Grenzwellensender).«[262] In der Kommunikation zwischen einzelnen Kutterführern dient Nd. auch heute noch als Umgangssprache. Beim Funksprechverkehr auf See sind allein die normierten Anfangs- und Endformeln des Gespräches in hd. Sprache gehalten. Auch an Land wird von vielen Einwohnern Finkenwerders eine Umgangssprache mit nd. und hd. Elementen gesprochen. Entsprechend der Redekonstellation[263] wählt dabei der Sprecher die seiner Meinung nach adäquate sprachliche Form. Das Nd. ist bei diesem Prozeß in immer stärkerer Weise auf Funktionen im privaten Bereich zurückgedrängt worden, so daß heute hoch- und niederdeutsche Formen nebeneinander existieren, indem sie jeweils unterschiedliche Situationsbereiche abdecken, auch wenn eine generelle Zuordnung zu einem privaten und einem öffentlichen Kommunikationsbereich nicht beschrieben werden kann. In einer Arbeit zum Sprachaufkommen in Finkenwerder schreibt Matthies unter dieser Fragestellung: »Selbst wenn die Schüler des Niederdeutschen noch mächtig sind, kann man keine eindeutige Funktionstrennung des Hochdeutschen und des Niederdeutschen . . .

feststellen.«[264] An anderer Stelle heißt es, man könne nicht mehr sagen, daß die Mundart das Verständigungsmittel der Familie sei. Festgestellt werden könne lediglich, daß die nd. Sprachform dem Gespräch zwischen einem Kind und einigen wenigen Mitgliedern der Familie diene: »Plattdeutsch ist personengebunden«.[265] Diese Ergebnis deckt sich durchaus mit der Annahme einer vorrangigen Bedeutung der »Partnerhypothese«[266] insbesondere für den Bereich der mündlichen Kommunikation. Bei der von Matthies durchgeführten Untersuchung ergeben sich für das Sprachaufkommen in Finkenwerder folgende Werte[267]: nur 42% der befragten Schüler beherrschen nach eigenen Angaben überhaupt noch ein wenig die nd. Mundart, nur 7% sagen von sich, sie könnten platt »richtig« sprechen und verstehen.[268] Außerdem konstatiert sie einen prozentualen Rückgang bei den Sprechern der Mundart in der Generationsfolge von den Großeltern über die Eltern zu den Kindern.[269]

Noch für die sechziger Jahre ist dagegen belegt, daß der nd. Sprache auf Finkenwerder eine in wesentlichen Lebensbereichen dominierende Rolle zukam. So heißt es in einem Bericht über die Flutkatastrophe 1962 unter dem Stichwort › handvermittelte Telefongespräche ‹: »Die Vermittlungstätigkeit übernahmen Kräfte des Fernmeldeamtes 1, die jedoch mit den örtlichen Verhältnissen nicht vertraut sein konnten. Es gab Schwierigkeiten, weil sie bei Gesprächsanmeldungen das Finkenwerder Platt nicht verstanden und Anfragen nach dem Schicksal von Einwohnern und andere Erkundigungen (»Wie süt dat op'm Kasn-Fock-Weg ut?«) nicht beantworten konnten.«[270] Und auch annähernd zwanzig Jahre später heißt es in einer Beschreibung der Sprachlandschaft Finkenwerder: »Niederdeutsch spielt im Leben des › Dorfes ‹ Finkenwerder auch heute noch eine Rolle, so zum Beispiel beim Einkaufen, bei der Arbeit im Hafen und in der Familie . . .«[271]

Weitere Untersuchungen zum Verhältnis von Hd. und Nd. auf Finkenwerder scheinen erforderlich, besonders auch in Verbindung mit situativen, funktionalen und berufssoziologischen Gesichtspunkten. Es kann hier nur die — von Matthies ansatzweise bestätigte — Vermutung geäußert werden, daß sich in Zukunft die Anzahl der Nur-Hochdeutsch-Sprecher erhöhen und daß das Nd. von einer geringer werdenden Zahl von Sprechern in einer sich verringernden Zahl möglicher Situationen realisiert werden wird.[272]

Der Rückgang fischersprachlicher Einflüsse und die kontinuierliche Hinwendung zur hd. Varietät sind Ausdruck tiefgreifender Veränderungen auf Finkenwerder, von denen auch das Berufsfeld der Hochseefischer nicht unberührt blieb. Bezogen auf den Ort büßten die Fischer zwar ihre dominierende Rolle ein, nach innen wirkende Normen und Werte erwiesen sich jedoch im wesentlichen als resistent. Daneben ließ sich eine Anzahl von Merkmalen feststellen, die die Gruppenzusammengehörigkeit nach außen dokumentieren. Inwieweit die Eigenständigkeit der Gruppe in Zukunft bewahrt werden wird und in welchen Bereichen bereits überregionale und berufsübergreifende Einflüsse zu verzeichnen sind, kann an dieser Stelle nicht vertieft werden. Ziel dieses Abschnitts war es lediglich, den Nachweis dafür zu erbringen, daß sich die Finkenwerder Hochseefischer im gesamten Verlauf der historischen Entwicklung ihres Berufes als eigenständige soziale Gruppe und Träger einer deutlich ausgrenzbaren maritimen Sonderkultur ausweisen lassen. Die zahlreichen angeführten Aspekte konnten den besonderen Charakter der vornehmlich durch die Berufswelt bestimmten Fischergemeinschaft nachhaltig bestätigen.

Anmerkungen

1 Vgl.: Plinius secundus, Naturaliae historiae, S. 347.
2 Eine zu Beginn der siebziger Jahre nachgewiesene Dünenkette von Kirchdorf über Altenwerder nach Neuenfelde läßt zumindest für diese Linie schon frühe Siedlungen vermuten; vgl.: Ahrens, Entwicklung. Es ist durchaus möglich, daß eine im Jahre 844 vorgenommene Schenkung an das Kloster Corvey sich auf die Insel Finkenwerder bezieht; vgl.: Richter, Altenwerder, S. 30.
3 Kausche, Harburg, S. 362-363.
4 Sudendorf, Urkundenbuch. Zit. n. Finder, Elbinsel, S. 11.
5 Vgl.: Kausche, Gerechtsame, S. 82.
6 Finder, Elbinsel, S. 11; vgl. auch: Kausche, Harburg, S. 366.
7 Vgl.: Kausche, Harburg, S. 378.
8 v. Lehe, Hamburg, S. 58-59.
9 Finder, Elbinsel, S. 16.
10 Vgl.: Kausche, Gerechtsame, S. 92.
11 Vgl.: Kausche, Harburg, S. 380.
12 Vgl.: Kausche, Gerechtsame, S. 91.
13 Vgl.: Finder, Elbinsel, S. 18-19; und: Kausche, Harburg, S. 386: ». . . Finkenwerder, von dem es 1508 heißt, daß es seit drei Jahren infolge von Überschwemmungen unfruchtbar sei . . .«.
14 Vgl.: Die Elbkarte Lorichs.
15 Vgl.: Finder, Elbinsel. S. 21-22; und: Kausche, Harburg, S. 414.
16 Vgl.: Groß-Hamburg-Gesetz.
17 Cameralia VI, Teichsachen. Zit. n. Finder, Elbinsel, S. 28.
18 Dgl.
19 Evers, Nachricht.
20 Bodemann, Denkwürdigkeiten.
21 Vgl.: Evers, Nachricht, 1.8., S. 6.
22 Ebd., 1.8.
23 Finder, Elbinsel, S. 27.
24 Vgl.: ebd., S. 38.
25 Vgl.: Verfügungen; siehe auch: Anderson, Verordnungen.
26 Vgl. auch: Voigt, Aufzeichnungen, S. 1-5.
27 Ein schlichter Stein mit der Inschrift »W. Amsinck 1806«, der derzeit auf der Grünfläche vor dem Gebäude Finksweg 2-6 aufgestellt ist, kündet vom Ende dieser Deichverstärkungsarbeiten.
28 v. Heß, Hamburg, 2. T.,1. Aufl., S. 84.
29 v. Heß, Hamburg, 3. T.,2. Aufl., S. 114.
30 Vgl.: Schnakenbeck, Nordseefischerei, S. 38-42, bes. S. 41-42.
31 Kausche, Gerechtsame, S. 93.
32 Vgl.: ebd., S. 93.
33 Hauptbuch des löblichen Fischeramts, S. 48. Zit.n. Finder, Elbinsel, S. 157.
34 Harburger Amtsbuch, 22. April 1601. Zit.n. Finder, Elbinsel, S. 157, Anm. 67.
35 Sterner, Küstenfischerei, S. 70.
36 Bargheer, Hochseefischereigeltung, S. 127.
37 Vgl.: Kausche, Gerechtsame, S. 59.

38 Urkundenbeweis, S. 127.
39 Evers, Nachricht, S. 2, 1.1.c.
40 Vgl.: Finder, Elbinsel, S. 159-160.
41 Es ist davon auszugehen, daß eine nicht mehr zu bestimmende Zahl von Bewohnern Finkenwerders im 18. Jh. auf Blankeneser Hochseefischereifahrzeugen fuhr. Vgl. auch: Meyer-Waarden, Fischereitradition, bes. S. 101-102.
42 Vgl.: Szymanski, Ever, S. 317.
43 Vgl.: Lübbert, Hochsee-Segelfischerei, S. 47-48.
44 Vgl.: Timmermann, Pfahlewer, S. 11-15.
45 Bargheer, Seefischerkasse, S. 157.
46 Vgl.: Finder, S. 158-159.
47 Zahlenangaben zu den Fischereifahrzeugen finden sich zusammen mit den entsprechenden Quellenhinweisen im Anhang unter D.2.
48 Constitution, S. 3.
49 Vgl.: Dittmer/Buhl, Seefischereifahrzeuge, Zeichnungen S. 19, 22, 23, 24, 25; und: Führer.
50 Lindemann, Seefischereien, S. 33.
51 Bodemann, Denkwürdigkeiten, S. 108.
52 Vgl.: Hoever, Hochseefischerei. In diesem Sinne gesteht Hofmann den Finkenwerdern lediglich eine Vorläuferfunktion zu: »Die Bedeutung der Finkenwerder Hochseefischerei liegt vor allem darin, daß sie den Boden für den sehr schnellen Ausbau der deutschen Dampferfischerei . . . bereitet hat.« Hofmann, Fischereihafen, S. 24.
53 Zahlen nach: Lübbert, Fischereibetriebe, bes. S. 346-351. Etwas höhere Zahlen gibt an: Grotewold, Hochseefischerei, S. 74-76. Vgl. zur Expansion der Fischdampferflotte bis 1914: Rohdenburg, Hochseefischerei, S. 98-101.
54 Bargheer, Hochseefischereigeltung, S. 133. Vgl. auch: Wegener, Erinnerungen, bes. S. 534.
55 Lindemann, Seefischerei, S. 16.
56 Bargheer, Seefischerkasse, S. 157.
57 Rohdenburg berücksichtigt die wirtschaftliche Notlage der Fischer nicht stark genug, wenn er in diesem Zusammenhang schreibt: »Den Fischern der Elbe gelang es nicht, sich rechtzeitig auf andere Fischarten umzustellen, sie versuchten vielmehr, mit den Fischdampfern weiter hinauszusegeln, wodurch zahlreiche Schiffsverluste hervorgerufen wurden.« Rohdenburg, Hochseefischerei, S. 103.
58 Johns, Verluste, S. 183.
59 Vgl.: Talg, Totalverluste, S. 169.
60 Johns, Unfälle, S. 249.
61 Konferenz, S. 105.
62 Vgl.: Konferenz, S. 107.
63 Wriede, Fischer-Wittwen, S. 249.
64 Vgl.: Unsere Finkenwärder.
65 Konferenz, S. 107.
66 Finder, Elbinsel, S. 167 (im Text werden insgesamt sechs Brüder genannt).
67 Linde, Niederelbe, 3. Aufl., S. 164.
68 Zu den Punkten 2,3 und 4 vgl.: Konferenz, S. 143-150.
69 Wriede, Motoren, S. 199.
70 Vgl.: Lübbert, Motor.
71 Lübbert/Wiese, Fischerei, S. 35.
72 Janssen, Segen, S. 113.
73 Vgl.: v. Reitzenstein, Seefischerei, S. 11.
74 Konferenz, S. 113, Beitrag von Dittmer.
75 Vgl.: Lübbert, Hochsee-Segelfischerei, S. 49.
76 Ebd., S. 49.
77 Wriede, Motoren, S. 199.
78 Vgl.: Wiese, Stiftungsfest, S. 13.
79 Vgl.: Lücke, Hochseefischerei, S. 8.
80 Sterner, Motor, S. 145.
81 Vgl.: Dittmer/Buhl, Seefischereifahrzeuge, S. 179-184.
82 Wriede, Motoren, S. 200.

83 Vgl.: Lübbert, Walfänger, S. 34.
84 Vgl.: Wriede, Motoren, S. 200.
85 Vgl.: Finder, Elbinsel, S. 164-165; und: Lübbert, Hochsee-Segelfischerei, S. 85-86.
86 Vgl. die hsl. Vorlage zu der unter dem Titel »Betrifft: Bemerkungen der Gemeindeversammlung zu Finkenwärder zu dem Senatsantrage wegen Übersiedlung der Hochseefischer nach Cuxhaven« am 24. September 1904 gemachten Mitteilung an den Senat. Schnakenbeck notiert: »Das Finkenwärder stolzer, selbständiger Fischer wird einmal ganz verschwinden. Man hat bereits versucht, sie anderswo anzusiedeln, z.B. in Cuxhaven. Nur wenige sind dem Angebot gefolgt, einige haben sich in Schulau niedergelassen. Die Anderen halten zäh an ihrer Heimatinsel fest, auf der sie seit Jahrhunderten sitzen, wo ein Seefischer ein Aristokrat ist.« Hochseefischerei, S. 120.
87 Es handelt sich dabei um das noch heute als »Fläche B« bekannte Gebiet östlich der Ostfrieslandstraße.
88 Lahaine/Schmidt, Hamburg, S. 140.
89 Es sei allerdings erwähnt, daß die existenzbedrohenden Hafenerweiterungspläne auch nach dem Ersten Weltkrieg nicht gänzlich vergessen waren. In einem zeitgenössischen Bericht heißt es: »Infolge des Krieges und der schlechten Finanzlage des Staates ist die Aussicht, daß Finkenwärder für Hafenanlagen benutzt wird, in weite Ferne gerückt. So mag es wohl noch manches Jahr dauern, ehe die übrigen Bewohner gezwungen werden, ihre Wohnstätten zu räumen.« Bertram, Hamburg, S.122.
90 Claviez, Werft, S. 21.
91 Ebd., S. 29.
92 Ebd., S. 90.
93 Wriede, Volkstum, S. 33.
94 Gaukel, Seelehrlinge.
95 Vor- und Nachteile der Eingemeindung wurden wiederholt diskutiert; vgl.: 50 Jahre; und: Juppenlatz, Pensionäre.
96 Wriede, Volkstum, S. 64.
97 Vgl.: 700 Joahrfier.
98 Vgl.: Scheidt, Rasse; und: Klenck/Scheidt, Geestbauern; und: Scheidt, Bevölkerungsbiologie.
99 Rosenthal, Volkskunde, S. 53.
100 Teske, Mensch.
101 Bretthofer, Entwicklung, S. 556.
102 Vgl.: Finder, Elbinsel, S. 163.
103 Eingabe, S. 290.
104 Vgl.: Holst, Leben, S. 44-47.
105 Vgl.: Finder, Elbinsel, S. 170.
106 Vgl. auch: Fick, Schicksal.
107 Vgl.: Löschenkohl, Hamburg, S. 25 (unter dem Stichwort: »Der Vierjahresplan«).
108 Vgl.: Timmermann, Pfahlewer, S. 126.
109 Vgl.: Der Kutter; und: Brenning, Pionierfahrt.
110 Vgl.: Finder, Elbinsel, S. 64-65 (diese Angaben fehlen in der 2. Aufl. von 1951).
111 Von den ersten Baumaßnahmen ist die massive Kaimauer am Köhlfleet hinter der Aue-Insel noch heute erhalten.
112 Janssen, Segen, S. 139-140; Finder, Elbinsel, erwähnt in der 1. Aufl. von 1940 sogar »30.000 oder mehr Einwohner«, S. 65.
113 Vgl.: Pohlmann, Chronik, S. 34-49.
114 Vgl.: ebd., Karte S. 36.
115 Vgl.: ebd., Karte S. 40.
116 Vgl.: Mohr, Finkwarder, S. 27.
117 Finder, Elbinsel, S. 64, 2. Aufl. v. 1951 mit »einigen kleinen Berichtigungen«, die A. Albershardt »stillschweigend vorgenommen hat«.
118 Hass, Lage, S. 2.
119 Wiese, Strukturwandel, S. 5.
120 Bretthofer, Fischwirtschaft, S. 282.
121 Diese Zahlen stützen sich auf Angaben der Statistischen Abteilung des MBB. Vgl. auch: Keine Industrie.
122 Vgl.: Stark, Straße.

123 Vgl.: v. Wiese, Finkenwerder.
124 Willkommen, 2. Aufl., S. 17.
125 Vgl.: Ellerbrock/Hahne/Schafft, Altenwerder; vgl. auch: Richter, Altenwerder, S. 51 und S. 53 Anm. 121 mit den Hinweisen auf die gesetzlichen Grundlagen für die Umsiedlungsmaßnahmen.
126 Vgl.: Offener Brief; und: Heimatvereinigung.
127 Für den Bereich der Fischerei ist hier anzumerken, daß bislang nur die Hochseefischer Matthies und Riepenhusen näheren Kontakt zu den Finkenwerdern gesucht und auch gefunden haben.
128 Vgl. in diesem Zusammenhang: Förster, Finkenwerder.
129 Finder, Elbinsel, S. 331.
130 Deecke, Fisch.
131 Vgl.: Rüter, Minuten.
132 Die Lieder wurden veröffentlicht auf den Langspielplatten »Rund um den Michel« und »Ein Hafen voll Musik« von der »Finkwarder Speeldeel« (Texte: Rolf Zuckowski).
133 Vgl.: Goltz, Fest.
134 Stark, Altstadt.
135 Vgl.: Hafen Hamburg.
136 Willkommen, 2. Aufl., S. 19.
137 Willkommen, 2. Aufl., S. 17.
138 Vgl.: v. Gerkan/Marg, Bauen, lfd. Nr. 6.16: Finkenwerder — Altes Land.
139 Der ehemalige Hamburger Wirtschaftssenator und derzeitige Aufsichtsratsvorsitzende der Hamburger Hafen und Lagerhaus AG Helmut Kern während eines Rundfunkinterviews am 22.05.1979 auf NDR II (Umschau am Abend).
140 Mohr, Finkwarder, S. 27 (dieser Artikel erscheint in den nachfolgenden Aufl. nicht mehr!).
141 Die Katastrophe, S. 53.
142 Sieker, Mensch, S. 38 (10.01.1913).
143 Ebd., S. 31 (12.12.1912).
144 Kern, Unterelbe, S. 4.
145 Vgl.: Stahlwerk; und: Baubeginn.
146 Vgl. zum Problemkreis »Spülfelder«: 2. Grünbuch, S. 85-87; und: Unterbringung.
147 Vgl.: Flächennutzungsplanänderung; und: Hamburg; und: Luftfahrtzentrum.
148 Vgl. hierzu den bis in die achtziger Jahre hinein gültigen: Flächennutzungsplan; sowie den zugehörigen: Flächennutzungsplan — Erläuterungsbericht; und: Nach Kern. Von den zahlreichen Berichten zur Rolle Moorburgs im Hamburger »Hafenentwicklungsplan« seien hier exemplarisch (auch für den Widerstand im Ort) genannt: Schnitt, Instandbesitzer; und: Moorburg; und: Feier. In diesem Zusammenhang ist zu erwähnen, daß das Wahlbündnis »Die Grünen — Alternative Liste« das Thema »Moorburg« zum Kernthema ihres Wahlkampfes vor der Hamburger Bürgerschaftswahl 1982 erhob. Rein äußerlich kommt dieser Stellenwert dadurch zum Ausdruck, daß die Sprecherin der »Interessensgemeinschaft Moorburger und Francoper Bürger«, Thea Bock, den Listenplatz eins zugesprochen bekam.
149 Vgl.: Schulze/v. Winterfeld, Gutachten; und: Treutwein, Finkenwerder; und: Bork: Gutachter; und: Fachleute; und: Keine Industrie.
150 Vgl.: Wisser, Gefahr; und: Warum; und: Es rußt; und: Es staubt; und: Finkenwerder; und: Wichmann, Alarm; und: Bork, Bürgerforum; und: Schmidt, Wolke; und: Über Finkenwerder.
151 Vgl.: Bork, Verkehrslärm; und: Bork, Bürgerforum.
152 Vgl.: Entwicklungskonzept. In diesem Zusammenhang sei auf aktuelle Überlegungen von staatlicher Seite hingewiesen, die sich etwa wiederfinden in: Stadtteilentwicklungsplanung.
153 Vgl.: Ökologische Darstellung; und: Elbwasser; und: Oestmann, Betrachtungen.
154 Vgl.: Es blühe; und: Stark, Flotte.
155 Stark, Wasser.
156 Vgl.: Stark, Keine Spur.
157 Vgl.: Bordhund; zur Seeamtsverhandlung vgl.: Entscheidungen; und: Stark, »Adonis«-Kapitän; und: Kapitän.
158 Vgl. die fünfteilige Serie: Heyl, Fischkutter.
159 Vgl.: Gefahr; und: Wasser, Fischsterben; und: Wisser, Nordsee; und: Büchsenmann, Mann; und: Rettet; und: Wi wüllt keen Schiet; und: In Hamburg; und: Schluß; und: 60000 fordern. Verschiedene Aktionen fanden auch in der Presse ihren Niederschlag, etwa in: Bützfleth: Fischer-Protest; und: Fast 90 Prozent; und: Niedersachsen.

160 Umweltprobleme, S. 260-261.
161 Vgl.: Domitzlaff, Kutter; und: Finkenwerder Kutter; und: Hoffmann, Führerschein.
162 Vgl.: Seehase, Wäsch; und: Seehase, Fischerei-Rechte.
163 Zur Problematik sowie zur Errechnung und Verteilung der Quoten vgl.: Umweltprobleme, S. 279-295.
164 Vgl.: Heyl, Netz.
165 Vgl.: Lütcke, Fischerei-Krise.
166 Vgl.: Kommt Hilfe; und: Damm.
167 Was wird. Vgl. auch: Gute Zukunftsaussichten; und: Die Finkenwerder.
168 Vgl.: Sein Leben; und: Kunze, Seebär; und: Heyl, Fischkutter; und: Lütcke, Fischerei-Krise.
169 Lütcke, Fischerei-Krise.
170 Vgl.: Albershardt, Finkenwerder; und die darauf erschienene Rezension: Goltz, Stellungnahme.
171 Schentzow, Hamburg, S. 108.
172 Sieber, Lebenswelt, S. 237.
173 Vgl. zu diesem Begriff: Rudolph, Seefahrerdörfer. Einen ausführlichen Überblick über den Forschungsstand in diesem Bereich liefert: Rudolph, Volkskunde.
174 Vgl. etwa: Breckwoldt, Nachrichten; und: Laue/Meyer, Elbe.
175 Vgl.: Wriede, Volkstum, S. 44.
176 Vgl. hierzu Abschnitt 2.2.2. dieser Arbeit.
177 Rudolph führt zur Komplexität gruppenbildender Phänomene aus: »Der zeichenhafte Charakter bestimmt den Wert der Dinge und Erscheinungen, gleich ob es sich dabei um bestimmte Teile der Bekleidung handelt, um einen Körperschmuck wie die Tätowierung oder um das gruppenspezifische Seemannsenglisch der Fahrensleute.« Rudolph, Hafenstadt, S. 6.
178 Vgl.: Lübbert, Hochsee-Segelfischerei, bes. S. 85.
179 Dieses wird durch die Tatsache unterstrichen, daß im Jahre 1909 ein Fremdenführer für Finkenwerder veröffentlicht wurde: Biel, Führer.
180 Wriede, Sprache, S. 67.
181 Wriede, Volkstum, S. 38.
182 »Mundart« und »Dialekt« werden hier synonym verwendet. Auf grundsätzliche Definitionsprobleme kann in diesem Zusammenhang nicht eingegangen werden; vgl. hierzu: Löffler, Probleme, S. 1-10; Goossens, Dialektologie, S. 16-23; und: Stellmacher, Niederdeutsch, bes. S. 5-10. Wir verstehen unter »Dialekt« und »Mundart« im Rahmen dieser Untersuchung die Ausdrucksweise mit der stärksten regionalen Prägung und der geringsten kommunikativen Reichweite.
183 Vgl.: Kloeke, Vokalismus, S. 1-13.
184 Vgl.: Hübbe, Beiträge, S. 61-62.
185 Vgl.: Bodemann, Denkwürdigkeiten, S. 49; und: Kloeke, Vokalismus, S. 5-11.
186 Kloeke, Vokalismus, S. 6.
187 Vgl. auch den Ansatz zu einer Grammatik der Finkenwerder Mundart in: Junge, Verbalflexion.
188 Vgl.: Kloeke, Vokalismus, S. 2.
189 Goltz, Schiff, S. 113.
190 »Umgangssprache« meint hier die Varietät der Sprache, für die die im Text beschriebene Art der Sprachverwendung typisch erscheint. Dabei soll hier in erster Linie der areale Aspekt der Varietät (Finkenwerder Umgangssprache) betont werden. Allerdings sind areal fixierbare umgangssprachliche Erscheinungen immer schon bedingt durch die Träger der jeweiligen Umgangssprache, bzw. durch die jeweils dominante(n) Gruppe(n), und den situativen Kontext. Vgl.: Bichel, Problem, bes. S. 390-404; und: Bichel, Umgangssprache.
191 v. Polenz, Geschichte, S. 138.
192 Wriede, Sprache, S. 69.
193 Ebd., S. 70.
194 Vgl. auch die Ausführungen zum Einfluß von Redensarten und Benennungen aus dem Berufsfeld der Fischerei auf die überregionale Umgangssprache und auf die Standardsprache in: Mitzka, Fischervolkskunde, S. 117-118.
195 Wriede, Volkstum, S. 43.
196 Wriede, Sprache, S. 70.
197 Dgl.
198 Die nachfolgenden Beispiele sind entnommen aus: Wriede, Volkstum, S. 45; und: Wriede, Sprache, S. 72-73; und: Schneider, Finkenwerder, S. 75-76.

199 Schneider, Finkenwerder, interpretiert diese Wendung zu ungenau als »es geht bergab mit jemandem (wirtschaftlich)«. Wirtschaftliche Schwierigkeiten können allenfalls als Folge des *Achteruut-Seilens* begriffen werden.
200 Vgl.: Goltz, Schiff, S. 38-39.
201 Ebd., S. 114.
202 Vgl.: Bretz, Fachsprache, S. 140-148; sowie die Betrachtungen im Abschnitt 4.3. dieser Arbeit.
203 Linde, Niederelbe, 6. Aufl., S. 132. In Mecklenburg nennt man den Überbringer der Nachricht »Tidingsbringer«; diese oder eine ähnliche Benennung ist hier nicht belegt; vgl.: Wossidlo, Reise, S. 178-179.
204 Janssen, Segen, S. 136. Es sei hier angemerkt, daß kein Külper auf **HF 58** und kein Loop auf **HF 22** Schiffer war; im Prinzip ist die Kombination aus dem Namen und der Nummer jedoch in der beschriebenen Weise durchgeführt worden. Das Gesagte hat auch für die von Bertram erwähnten Formen »Meves 36« und »Fock 70« Gültigkeit; vgl.: Bertram, Hamburg, S. 125.
205 Wegener, Erinnerungen, S. 530.
206 Vgl. hierzu auch Abschnitt 3.1.6. dieser Arbeit; und: Rudolph, Seefahrerdörfer, S. 117.
207 Vgl.: Horbulewicz, Parameters.
208 Wriede, Sprache, S. 70.
209 Eine allgemeine Untersuchung zur Form von Fischerregeln liefert: Mitzka, Fischerregeln; vgl. auch: Redslob, Seemännisches.
210 Wossidlo stellt fest, daß Lübecker Schiffe montags nicht ausfuhren; »sonst galt vor allem Freitag als der böse Tag.« Wossidlo, Reise, S. 232.
211 Vgl.: Mitzka, Fischervolkskunde, S. 76; und: Rosenthal, Volkskunde, S. 81.
212 Wossidlo erwähnt einen »Mullwormschädel« als Glücksbringer im Bug; vgl.: Wossidlo, Reise, S. 231.
213 Bargheer, Bauopfer, S. 107. Die Interpretation in: Rosenthal, Volkskunde, erscheint zu pauschal: »Sie sollen böse Schiffsgeister abwehren«, S. 81.
214 Vgl.: Mitzka, Fischervolkskunde, S. 105; hier ist diese Anekdote jedoch leicht abgewandelt.
215 Vgl.: Finder, Elbinsel, S. 287, Anm. 5: »Sagen und Volkslieder sind in Finkenwerder nicht entstanden.«
216 Vgl. hierzu etwa: Kettmann, Elbschiffer I, S. 42-45.
217 Vgl. hierzu auch: Kunze, Seebär; und: Sein Leben.
218 Wriede, Volkstum, S. 45.
219 Ebd., S. 52.
220 Auch Wossidlo berichtet, daß »Frauen an Bord nicht gern gesehen« seien. In dem von ihm erwähnten sexuellen Neid liegt mit Sicherheit eine der Hauptursachen für diese Haltung, die in mystifizierter, sprichwortartig manifestierter Form einen naturgegebenen Anschein erhält. Vgl.: Wossidlo, Reise, S. 76-78.
221 Vgl.: Lübbert, Hochsee-Segelfischerei, S. 83-84.
222 Rübcke, Elbfischerei, S. 148; vgl. auch: Bargheer, Seefischerkasse, S. 157.
223 Vgl. hierzu die grundsätzlichen Ausführungen in: Horbulewicz, Parameters, S. 72-73.
224 Cölln, Fischfrauen, S. 47.
225 Vgl.: Johns, Verluste, S. 191.
226 Vgl.: Wriede, Fischer-Wittwen, S. 149.
227 Dgl.
228 Lübbert, Hochsee-Segelfischerei, S. 84.
229 Die Bildung von Übernamen in überschaubaren, beruflich determinierten sozialen Gruppen ist auch aus zahlreichen anderen Bereichen belegt. Beispiele werden etwa angeführt bei: Rosenthal, Volkskunde, S. 59-60; und: Mitzka, Fischervolkskunde, S. 97-98; und: Wossidlo, Reise, S. 72-74; und: Kettmann, Elbschiffer I, S. 41.
230 Dem Verfasser sind in allen aufgeführten Beispielen die Namen der Träger von Übernamen bekannt, ebenso wie die Motive für die Auswahl der Namen. Es soll jedoch aus verständlichen Gründen in diesem Rahmen nicht näher auf diese Zusammenhänge eingegangen werden.
231 Vgl.: Fick, Fischerei, S. 117.
232 Ebd., S. 121.
233 Vgl. auch: Mitzka, Fischervolkskunde, S. 95-96.
234 Alle bisher genannten Beispiele für Schiffs-Übernamen stammen aus: Wriede, Sprache, S. 67.
235 Fricke, Seafarer, S. 4.

236 Vgl. auch Abschnitt 3.1.2. dieser Arbeit.
237 Vgl. auch Abschnitt 3.1.4. dieser Arbeit.
238 Zu den Arbeits- und Wohnbedingungen im traditionellen Finkenwerder Fischerhaus vgl.: Bargheer, Fischerhaus.
239 Vgl. hierzu auch: Hasslöf, Siedlung.
240 Vgl.: Wiese, Schicksal.
241 Vgl.: Bargheer, Fischerhaus, Tabelle S. 187.
242 Wiese, Schicksal, S. 187.
243 Vgl. hierzu Abschnitt 1.1. dieser Arbeit.
244 Goltz, Schiff, S. 2.
245 Zum Phänomen der Interferenz vgl. Abschnitt 2.2. dieser Arbeit.
246 Vgl.: Wriede, Volkstum, S. 38.
247 Dgl.
248 Vgl. zur Analyse dieser Erscheinung die in den Nordbezirken der DDR durchgeführte Untersuchung, die dargestellt wird in: Herrmann-Winter, Produktionsweise, bes. unter 2.2.: Veränderung der mundartlichen Sprachsysteme, S. 173-181.
249 Bei diesem Prozeß kommt es zu einer Vermischung und zu einem Nebeneinander von nd. und hd. Formen. Auf dieses Phänomen weisen hin: Dahl, Interferenz, bes. S. 376-381; und: Herrmann-Winter, Produktionsweise, S. 181-188.
250 Fragebogen Ernst Romahn.
251 Fragebogen Rudolf Lübben.
252 Vgl.: ebd.
253 Fragebogen Henri Kehde.
254 Vgl.: Lübbert, Hochsee-Segelfischerei, S. 48; und: Szymanski, Ever, S. 317.
255 Vgl.: Szymanski, Ever, S. 234.
256 Fricke, Seafarer, S. 4.
257 Vgl.: Bottomore, Schichtung.
258 Vgl.: Daheim, Berufssoziologie, bes. S. 13-39.
259 Catarinussi, Study, S. 34.
260 Vgl.: Hauschild, Lage.
261 Vgl.: Conditions.
262 Fragebogen Hans Mewes.
263 Vgl. zu diesem Begriff: Steger, Redekonstellation.
264 Matthies, Schüler, S. 45.
265 Ebd., S. 46.
266 Vgl. hierzu: Hannappel/Melenk, Alltagssprache, bes. S. 17-18 und 55-58.
267 Die Untersuchung hätte bei repräsentativer Sprecherauswahl einen wahrscheinlich noch geringeren Anteil von Mundartsprechern erbracht. Immerhin wurde ein Wohnbezirk auf Finkenwerder ausgeklammert, weil in diesem Gebiet »die meisten Zugezogenen und Ausländer leben«, S. 19.
268 Vgl.: Matthies, Schüler, S. 45.
269 Vgl.: dgl.
270 Bütow, Flut, S. 44.
271 Bergen, Schreiben, S. 5.
272 Vgl. hierzu die Diskussion zum Begriff »Domäne«, etwa in: Fishman, Sociology; und die Ausführungen bei Mattheier, Pragmatik.

2. *Sprachtheoretische Grundlagen*

In diesem Abschnitt soll der hier verwendete Fachsprachenbegriff unter Berücksichtigung des derzeitigen Forschungsstandes beschrieben und somit die theoretische Grundlage für die durchgeführte Untersuchung gelegt werden. Im ersten Teil werden unterschiedliche Beschreibungsmodelle erläutert. Die Forschungsgeschichte wird anschließend im Hinblick auf bisher vertretene Ansätze beleuchtet. Von primärer Bedeutung für diese Arbeit ist das im Anschluß daran diskutierte Verhältnis zwischen den sprachlichen Subsystemen ›Fachsprache‹ und ›Gemeinsprache‹. Möhn betont in diesem Zusammenhang unter Hinweis auf Flucks Ausführungen[1], daß insbesondere am Beispiel der Fischerei deutlich werde, »daß es sich lohnt, die Differenzierung der Subsprachen Fachsprache und Gemeinsprache im jeweiligen Dialektraum zu untersuchen«.[2]
In einem zweiten Teil werden diese rein theoretischen Ausführungen bezüglich ihrer Anwendbarkeit auf eine mündlich tradierte, handwerkliche Fachsprache beleuchtet. Dabei werden zum einen bisher entwickelte Forschungsansätze zu nd. Fachsprachen und ihre Anwendung in durchgeführten Untersuchungen betrachtet, zum anderen wird direkt auf besondere Merkmale der in dieser Studie untersuchten Fachsprache hingewiesen. Es besteht dabei das vornehmliche Ziel, Faktoren zu beschreiben, die im Laufe der Geschichte einen mehr oder weniger stark ausgeprägten Einfluß auf die Sprache in der Finkenwerder Hochseefischerei ausgeübt haben. Anschließend wird anhand eines ausgewählten Beispiels auf die Vielfalt der Möglichkeiten der sprachlichen Realisierung bei der Kommunikation an Bord verwiesen und in diesem Zusammenhang die Vorgehensweise in der durchgeführten Untersuchung verdeutlicht.

2.1. Zum Begriff der Fachsprachen

In den letzten Jahren hat es nicht an Versuchen gefehlt, den Begriff »Fachsprachen« zu beschreiben und ansatzweise zu definieren.[3] Dabei standen zunächst Fragen der Gliederung und der Differenzierung im Mittelpunkt der Überlegungen. Ausgehend von einer funktionsspezifischen Anwendung des gesamten sprachlichen Potenzials innerhalb einer arbeitsteiligen Gesellschaft[4] wurde der Versuch unternommen, die unterschiedlichen Realisationsformen fachsprachlicher Kommunikation in einem in sich differenzierten System zu erfassen. Einer horizontalen Ebene wurden die verschiedenen Fächer zugeordnet[5], während auf einer vertikalen Ebene eine Binnendifferenzierung der jeweiligen Fächer vorge-

nommen wurde. Ischreyt teilte das sprachliche Aufkommen innerhalb eines Faches in drei Bereiche, die er als »Werkstattsprache«, »wissenschaftliche Fachsprache« und »Verkäufersprache« bezeichnete.[6] Umfassender ist eine von v. Hahn vorgenommene Weiterführung dieser Dreierdifferenzierung angelegt. Er sieht für die vertikale Gliederung von Fachsprachen eine Einteilung in die Kategorien »Theoriesprache« (auch »Wissenschaftssprache«), »Fachliche Umgangssprache«[7] und »Verteilersprache« vor.[8] Ein feiner differenziertes System schlägt Hoffmann mit folgenden Unterscheidungen vor: a) Sprache der theoretischen Grundlagenwissenschaften / b) Sprache der experimentellen Wissenschaft / c) Sprache der angewandten Wissenschaft und Technik / d) Sprache der materiellen Produktion / e) Sprache der Konsumption.[9]
Demgegenüber orientieren sich Möhns Bemühungen in stärkerem Maße an einer Einbeziehung der jeweiligen Kommunikationsteilhaber. Er setzt als Bezugsgröße die »Sprache im Fach«[10] und nimmt später eine Einteilung in »fachinterne«, »interfachliche« und »fachexterne« Kommunikation vor.[11] Entsprechend dem theoretischen Orientierungsrahmen, der einer Untersuchung zugrunde liegt, weisen Texte — in mündlicher und schriftlicher Form — auf den unterschiedlichen vertikalen Ebenen eine unterschiedliche Ausprägung von in der Gemeinsprache vorgegebenen sprachlichen Mitteln auf. Aus diesen Überlegungen ergibt sich für den Fachsprachenbegriff folgende vorläufige Definition: »Fachsprachen bilden innerhalb der Gesamtsprache auf einzelne Fachgebiete bezogene, in sich differenzierte Subsysteme, die durch eine charakteristische Auswahl, Verwendung und Frequenz sprachlicher Mittel definiert sind.«[12]
Im Verlauf der Entwicklung der Fachsprachenforschung ergaben sich aus verschiedenen Richtungen Ansatzpunkte für Untersuchungen.[13] Ausgegangen wurde dabei von Fachtexten[14], einem Sachgebiet[15] oder von einer Sprechergruppe.[16] In bezug auf die Hervorhebung sprachlicher Phänomene sind Versuche zu verzeichnen, die Besonderheiten oder eine typische Auswahl in der Lexik, Syntax oder Textstruktur aufzeigen. Insbesondere dem Aufzählen lexikalischer Besonderheiten blieb man lange Zeit verhaftet, ging man doch von dem Grundsatz aus: »Die Eigenart der Fachsprachen besteht vor allem in ihrem Wortschatz.«[17] Bei all diesen Ansätzen blieb allerdings weitgehend unberücksichtigt, daß für die angemessene Interpretation eines fachsprachlichen Textes der situative Kontext, in dem ein Text produziert wird und in den er eingebettet ist, und die Funktion in die Beschreibung und Deutung einbezogen werden müssen. Die ausschließliche Anhäufung von charakteristischen sprachlichen Mitteln konstituiert noch keinen fachsprachlichen Text[18], wenn man »Fachsprache« verstehen will als »die Gesamtheit aller sprachlichen Mittel, die in einem fachlich begrenzten Kommunikationsbereich verwendet werden, um die Verständigung zwischen den in diesem Bereich tätigen Menschen zu gewährleisten.«[19]
Die Mehrzahl der bisher entwickelten theoretischen Ansätze wie auch der exemplarisch durchgeführten Untersuchungen orientiert sich an schriftlich fixiertem fachsprachlichen Material. Der Bereich der gesprochenen Sprache in der innerbe-

trieblichen Kommunikation rückt erst langsam in das Blickfeld, obwohl schon in den sechziger Jahren darauf hingewiesen wurde, daß es derzeit an Untersuchungen fehle, »die feststellen, wie weit in der gesprochenen Sprache der Gebrauch der Termini von einer vollständigen Definitionsassoziation begleitet ist bzw. wie stark diese durch den Kontext verbaler und nichtverbaler Art ersetzt wird.«[20]
Ausgangspunkt für die Forderung nach einer solchen Schwerpunktsetzung ist die Hypothese, daß Unterschiede in der Sprachverwendung in Abhängigkeit von der jeweiligen Kommunikationssituation auftreten. »Situation« soll im folgenden verstanden werden als »eine soziale Situation mit wenigstens zwei Teilnehmern, in der in › zentrierter Interaktion ‹ explizite Verbalisierungen vorgenommen werden. › Zentrierte Interaktion ‹ meint mit Goffman die Ausrichtung der Aufmerksamkeit mehrerer auf den gleichen Gegenstand.«[21] Eine soziale Situation ist dabei gekennzeichnet durch eine Einzelperson oder mehrere Individuen, die »mehr oder weniger bewußt soziale Verhaltensweisen oder Handlungen vollziehen«.[22] Exogene Einflußfaktoren[23] werden hier als Teil der sozialen Situation verstanden. Somit wird »Situation« hier generell aufgefaßt »als die unmittelbar gegebene konkrete Wirklichkeit, in der sich der Mensch befindet, und in der sich Sozialhandeln — also auch Sprechen — ereignet«.[24]
Vor diesem Hintergrund einer situativen Einbettung wird deutlich, daß fachsprachliche Äußerungen — zumindest im Bereich der gesprochenen Sprache im Rahmen der fachinternen Kommunikation am Arbeitsplatz — wesentlich durch die an der Interaktion beteiligten Personen geprägt wird. Gänzlich unberücksichtigt bleibt dieser Bereich bei Hoffmann, wenn er feststellt: »Fachsprachen sind nur durch ihren Kommunikationsgehalt, nicht durch ihre Träger determiniert; . . . sie sind nur nach ihrer sachlichen Adäquatheit zu beurteilen.«[25]
Der in sprachlichen Äußerungen enthaltene Beziehungsaspekt, wie er sich in der Sprache am Arbeitsplatz etwa in Form von Festschreibungen von Herrschafts- und Abhängigkeitsstrukturen und Rangordnungen manifestiert, darf dagegen unserer Ansicht nach grundsätzlich auch für den Fachsprachenbegriff nicht ausgeklammert werden.[26]
Jede fachsprachliche Äußerung ist determiniert durch die Anforderungen, die an die jeweilige Situation gestellt werden. Somit läßt sich fachsprachlicher Stil verstehen als: an eine bestimmte Kommunikationssituation gebundene Auswahl sprachlicher Mittel.[27] Der fachspezifische Zusammenhang bildet allerdings einen ausgrenzenden Bezugsrahmen, innerhalb dessen nicht jede beliebige Äußerung akzeptabel ist.[28]
Wir stellen also fest, daß unterschiedliche Aspekte bei der theoretischen und praktischen Behandlung von Fachsprachen berücksichtigt werden müssen. Möhn registriert in diesem Zusammenhang für die siebziger Jahre unterschiedliche Definitionsansätze, die unter folgenden Gesichtspunkten systematisiert werden können:
»— Kognitive Leistung (Fachsprachen als Erkenntnisträger und -mittel)
— soziale Funktion (Fachsprachen als sozial-kollektive Größe)

— Teil des Sprachsystems
(Fachsprachen als ausgegrenzte Subsysteme der langue)
— Teil des Sprachverwendungsaufkommens (Fachsprachen als Funktionalstil)
— Teil von Kommunikationsakten (Fachsprachen als Mittel der kommunikativen Situationsbewältigung)«[29].

Bei der Beschreibung von Fachsprachen bilden die Übergangszonen zwischen der Fachsprache und der Gemeinsprache ein besonderes Problemfeld. Eine eindeutige Ausgrenzung ist nur schwer möglich, auch wenn bestimmte Eigengesetzlichkeiten für den Fachsprachengebrauch angenommen werden können. Insbesondere für das Inventar mündlich tradierter Fachsprachen kann eine enge Beziehung und gegenseitige Einflußnahme zwischen der Ortsmundart und der Fachmundart vorausgesetzt werden. Aus diesem Grunde kann von einer von der Gemeinsprache losgelösten Existenz der Fachsprachen keine Rede sein, sie bleiben bei »aller Differenzierung und Spezialisierung auf die Gemeinsprache angewiesen.«[30] Die im Abschnitt 1.2. ausgeführten Beispiele können zur Stützung dieser These herangezogen werden.[31] Es ist gerade in unseren Beispielen auf das Ansehen, das ein Fach und seine Vertreter innerhalb einer Gemeinschaft genießen, abgehoben worden. Möhn führt zu diesem Phänomen aus: »Wenn man einmal nachprüft, aus welchen der sachlich motivierten Bereiche die Gemeinsprache ergänzt wird, so ist unschwer zu erkennen, daß keiner völlig ausscheidet. . . . Die Stärke des Einflusses hängt von der wirtschaftlichen und sozialen Resonanz eines einzelnen Faches ab.«[32] Bedingt ist diese Wechselwirkung durch die »fachexterne Kommunikation als Übergangsstelle zur Gemeinsprache«.[33] Hieraus ergibt sich bereits, daß die Gemeinsprache nicht als einheitliche Erscheinung aufzufassen ist, sondern stets in Abhängigkeit von der jeweiligen Sprachgemeinschaft zu sehen ist, die sich wiederum nach den einander überlagernden Gesichtspunkten der Sozialschicht-, der Generations-, der Situations-, der Raum- und der Personengebundenheit differenzieren läßt.[34] Tendenzen, die sich in der Gemeinsprache zeigen, können demnach auch auf einzelne Fachsprachen ausstrahlen und zu sprachlichen Veränderungen auf den verschiedenen vertikalen Ebenen führen. Somit kann bei der Beschreibung der Beeinflussung und des Austausches zwischen der Gemeinsprache und den Fachsprachen von einem wechselseiten Prozeß gesprochen werden.

Aus der Erkenntnis, daß einzelne Fachsprachen an der Fortentwicklung der Gemeinsprache einen nicht unerheblichen Anteil haben und daß den Fachsprachen darüber hinaus eine ausgrenzende Funktion innerhalb einzelner Sprechergruppen einer Gesellschaft zukommt, läßt sich das Interesse ableiten, das besonders in jüngster Vergangenheit den Fachsprachen im muttersprachlichen wie auch im fremdsprachlichen Unterricht entgegengebracht wird.[35]

2.2. Die Sprache in der Finkenwerder Hochseefischerei als niederdeutsche Fachsprache

In den theoretischen Überlegungen zum Bereich »Fachsprachen« wurde die mundartlich geprägte und mündlich konstituierte Fachsprache häufig nur am Rande oder gar nicht berücksichtigt. Ein Grund hierfür mag darin liegen, daß sich das linguistische Interesse in erster Linie auf schriftlich fixierte Texte bezog, die darüber hinaus zumeist der Wissenschaft oder der Technik zuzuordnen sind. Aus dieser Forschungstradition erklärt sich, daß sprachwissenschaftliche Arbeiten sich zunächst an mnd. bzw. mhd. Quellen orientierten.[36] Daneben findet sich eine ganze Reihe volkskundlich orientierter Untersuchungen[37], die sich auf das Sammeln und Zusammenstellen des lexikalischen Sonderteils einer Fachsprache beschränken.[38] Damit wird eine unzulässige Eingrenzung des Fachsprachenbegriffs auf den Bereich der Fachterminologie vorgenommen, es fehlt der syntaktische, semantische und pragmatische Zusammenhang. Grundsätzlich kann bei dem heutigen Stand der Forschung die von v. Hahn gegebene Definition als bindend betrachtet werden, in der es heißt: »Die nd. Fachsprachen sind die Realisierungen der nd. Ma., die zu einer technischen (oder wissenschaftlichen, für das Mnd.) Handlung gehören oder sie selbst darstellen. Sie dienen dazu, technisches (oder wissenschaftliches) Handeln als solches zu interpretieren (im weitesten Sinne) und mitzuteilen.«[39] Wir verwenden für den hier definierten Begriff in Anlehnung an die Ausführungen zu »Mundart« und »Dialekt« den Terminus »Fachmundart«.[40]

In bezug auf eine vertikale Schichtung der Fachsprachen muß festgestellt werden, daß im Neuniederdeutschen die Mundart nicht alle der beschriebenen Ebenen abdeckt. Wir begegnen der Mundart zumeist im Rahmen der fachlichen Umgangssprache, in vereinzelten Fällen auch als Verteilersprache. In zahlreichen Fächern wurden Kenntnisse und Erfahrungen von Generation zu Generation mündlich weitervermittelt; von einer eigenen Theoriesprache (im eigentlichen Sinne) kann in nur sehr eingeschränktem Maße die Rede sein. An dieser Stelle bleibt generell zu fragen, inwieweit sich die vorgeschlagenen Schichtungsmodelle überhaupt auf eine traditionell gewachsene Fachsprache anwenden lassen. Die in der modernen arbeitsteiligen Gesellschaft feststellbaren vertikalen Ebenen erscheinen in einem traditionellen Handwerk als integrierte Faktoren einer umfassenden Einheit. Erst nachträglich wurden wissenschaftliche Erörterungen etwa zu dem sachlich motivierten Gebiet der Navigation den Benutzern aus dem Bereich des Handwerks zugänglich, so daß diese heutzutage deutlich registrierbare Ebene als in Form und Funktion früher für diesen Kreis nicht vorhanden beschrieben werden muß. Eine Ebene der »Theoriesprache« erscheint daher auf traditionelle Fachsprachen nicht in entsprechender Weise anwendbar. Es handelt sich vielmehr um eine mit der Weiterentwicklung innerhalb des Faches neu eingeführte Ebene.

Zu Recht fordert v. Hahn eine intensivere Ausrichtung der zukünftigen Fachsprachenforschung nach pragmatischen Gesichtspunkten. So seien folgende Fragen für die Zeit ab 1700 noch nicht erschöpfend bearbeitet: »Welcher Zusammenhang besteht zwischen Wirtschaftsumwälzungen und Sprachveränderungen bzw. solchen der Dokumentationsgewohnheiten? Welchen konkreten Einfluß auf die Fachsprachen hatte die Einführung von Maschinen zu verschiedenen Zeiten? Wo lassen sich der Einfluß der Arbeitsteilung und neue Informationsaufgaben der Fachsprache schon früh zeigen? Seit wann läßt sich in den verschiedenen Gebieten Fachsprache im öffentlichen Sprachgebrauch, etwa in Zeitungen nachweisen? Wie entwickelt sich der Umfang einer Terminologie?«[41] Besonders auch mundartlich geprägte Fachsprachen scheinen geeignet, die als »Forschungsdesiderat« bezeichnete Verknüpfung von Wirtschaftsgeschichte, Sozialgeschichte und Arbeitsgeschichte ansatzweise aufzuzeigen. Im Hinblick auf das Nd. wären in diesem Zusammenhang insbesondere die Konsequenzen für das Verhältnis zwischen hd. und nd. Formen und entsprechende Austauschmechanismen zu berücksichtigen.[42]

Erst etwa seit Beginn dieses Jahrhunderts werden die Vertreter der Kleinen Hochseefischerei mit Ausschnitten ihres Faches konfrontiert — als Beispiele seien die Methoden des Fischfangs und die Navigation genannt —, die auf Fachschulen, in obligatorischen Lehrwerken, in berufsspezifischen Zeitschriften, in Werbebroschüren und Bedienungsanleitungen in hd. Sprache abgefaßt sind. Es ist an dieser Stelle jedoch zu betonen, daß die Sprecher des Nd. durchaus in der Lage sind, in ihrer Mundart theoretische Fragestellungen zu ihrem Fach zu erörtern. Der Dialekt unterliegt als gesprochene Sprache einem ständigen Wandel; er ist in der Lage, hd. Lautkörper zu übernehmen, sie der eigenen Lautung anzupassen oder gegebenenfalls Neubildungen vorzunehmen.[43] Interferenzerscheinungen[44] auf den Ebenen der Phonetik/Phonologie, der Lexik, der Syntax und der Semantik weisen deutlich auf derartige Assimilationsprozesse hin. Nur Puristen werden diese Fortentwicklung der mundartlichen Ausprägung der gesprochenen Sprache als negative Erscheinung beurteilen.[45]

Für das in dieser Studie untersuchte Sachgebiete der Finkenwerder Hochseefischerei ist ergänzend anzumerken, daß seit Einführung der Fischauktionen und der daraus resultierenden Tatsache, daß die Fischer nur noch in seltenen Fällen den Verkauf ihrer Ware selbst vornehmen, auch die Ebene der Verteilersprache nicht mehr von den Fischern abgedeckt wird. Somit wird für die Fachmundart in der Finkenwerder Hochseefischerei eine funktionale Reduzierung des Nd. erkennbar. Zu verzeichnen ist heute lediglich die Ebene der fachlichen Umgangssprache, die als »direkte Kommunikation zwischen Sprechern in einem Fachzusammenhang mit aktuellen Bedingungen (z.B. bei der Arbeit)«[46] zu verstehen ist und sich dabei durch stärkste regionale Prägung und geringste kommunikative Reichweite — verglichen mit anderen Erscheinungsformen im Gesamtaufkommen der Nationalsprache — auszeichnet.

Es ist darauf hingewiesen worden, daß die Seefischerei in den bisher vorliegenden Untersuchungen umfassend nur von Seehase[47] und Rassow[48] behandelt worden sei.[49] Vor dem Hintergrund der räumlichen Abgrenzung und des Alters dieser Arbeiten zeigt sich, daß mit der Betrachtung der Sprache in der Finkenwerder Hochseefischerei eine Lücke geschlossen werden kann. In einem weiteren Schritt wären anschließend die vorliegenden Ergebnisse aus dem Sachgebiet Seefischerei unter räumlichen und betriebsorganisatorischen Gesichtspunkten zu vergleichen und zu interpretieren.

2.2.1. Merkmale der untersuchten Fachmundart

Es sind insbesondere zwei Merkmale, die auf die Sprache in der Finkenwerder Hochseefischerei wie auch auf andere Fachsprachen in handwerklich ausgerichteten Sachgebieten zutreffen: »Sie wird weitgehend mündlich konstituiert und ist dialektgebunden.«[50] Auf die in früherer Zeit enge Verknüpfung dieser Berufssprache mit der auf Finkenwerder verwendeten Umgangssprache ist bereits hingewiesen worden.[51] Für die gegenwärtig auf der ehemaligen Elbinsel bestehende Sprachgemeinschaft — wenn aufgrund der überaus heterogenen Zusammensetzung überhaupt von einer solchen gesprochen werden kann — können demgegenüber größere Differenzen zwischen der am Ort gesprochenen Umgangssprache und der Fachsprache der Hochseefischer angenommen werden. Untersuchungen zu diesem Thema stehen allerdings aus.[52]
Die Fachsprache der Finkenwerder Hochseefischer war in den vergangenen einhundert Jahren einer ganzen Reihe von Einflüssen ausgesetzt, die ihre Spuren in der heute verwendeten Sprache hinterlassen haben. Weiterentwicklung und fortschreitende Technisierung innerhalb des Faches forderten eine Bewältigung nicht zuletzt auf sprachlicher Ebene. In diesem Zusammenhang sind insbesondere die Bereiche Fangtechnik, Schiffsantrieb, Navigation und radiotechnische Kommunikationsmittel zu nennen. Auch die in Hd. gehaltene Theoriesprache hat über Fischereifachschulen und Lehrwerke Eingang in die an Bord gesprochene Sprache gefunden.
Bereits aus dem 19. Jahrhundert ist bekannt, daß nicht wenige Finkenwerder auf den Segelschiffen der großen Reedereien ihren Schiffahrtshorizont weit über den Bereich der Nordsee hinaus zu erweitern suchten. Es erscheint nicht unwahrscheinlich, daß durch diese engen Beziehungen — die bis zum Zweiten Weltkrieg übrigens auch zur »Kriegsmarine« bestanden — ein Teil der Benennungen aus der Handelsschiffahrt und der internationalen Seemannssprache, die in erster Linie durch das Engl. und das Nl. geprägt ist[53], in die Terminologie der Finkenwerder Hochseefischer übernommen wurde.
Daneben besteht ein Einfluß aus Betriebsorganisationsformen, die der Kleinen Hochseefischerei benachbart sind. Auf der einen Seite sind hier die auf Finkenwerder und bis in die jüngste Vergangenheit hinein besonders auf Altenwerder ansässigen Elbfischer zu nennen. Zeitlich neueren Datums und trotzdem nicht weniger traditionell sind andererseits die Verbindungen zur Fischdampferflotte.

In den Kapitänslisten waren in den Jahren vor dem Ersten Weltkrieg viele Namen von Fischern, die aus Finkenwerder stammten, zu finden. Bis in die Gegenwart hat sich dieser Kontakt erhalten, der als Grund dafür anzusehen ist, daß eine ganze Reihe von Benennungen, die auf Fischdampfern üblich waren, teils aus der Kutterfischerei stammten, teils in die Kutterfischerei übernommen wurde.
Anders als die Elbfischer hatten die Hochseefischer bereits in der Mitte des 19. Jahrhunderts Verbindungen — und zwar in erster Linie wirtschaftlicher Art — zu Sprechern anderer Mundarten und anderer Nationalsprachen. Ein Einfluß auf den eigenen Sprachgebrauch ist allein durch derartige Verbindungen möglich. Er kommt allerdings erst in dem Moment verstärkt zum Tragen, wenn der Schiffer selbst oder ein Besatzungsmitglied aus einer anderen Region stammt und die dort tradierten sprachlichen Muster in seiner fachlichen Umgangssprache beibehält. Beispiele für Schiffer, die von der Ostseeküste stammen — einige sind auch an der Nordseeküste beheimatet — und aktiv in der Finkenwerder Flotte fahren bzw. fuhren, liegen vor.
Die genannten Einflußfaktoren deuten darauf hin, daß ein sprachlicher Austausch in verschiedenartiger Qualität und unterschiedlicher Quantität stattgefunden hat. Die Sprache in der Finkenwerder Hochseefischerei sollte daher nicht losgelöst betrachtet werden, sondern mit Fischersprachen in anderen Regionen[54] und anderen Betriebsorganisationsformen verglichen werden. Die angesprochenen Differenzen können im Rahmen dieser Arbeit nur an einzelnen Beispielen aufgezeigt werden. Eine umfassende Untersuchung unter dieser Fragestellung kann hier nicht geleistet werden.
Zur Frage der Regionalität bzw. Überregionalität der Fischersprache gibt es eine Reihe älterer, teilweise voneinander abweichender Äußerungen. So stellt Kloeke 1913 fest: »Die Benennungen für das Fahrzeug nebst Zubehör, für die Schiffsmanöver usw. tragen allerdings meist keine lokale Färbung; sie gehören zum Sprachschatz der niederdeutschen Seemannssprache, die, wenn man die Grenzen weit ziehen will, › von Antwerpen bis nach Königsberg ‹ gesprochen wird.«[55] Rosenthal weist dagegen auf eine regionale Differenzierung im Fachwortschatz hin[56], während Mitzka eine Trennung vornimmt zwischen Seemannssprache und Fischersprache: »Im Unterschied zu der recht einheitlichen Seemannssprache kann in der Fischersprache derselbe Gegenstand im weiten deutschen Raume sehr verschieden benannt sein.«[57] Und konkret führt er an anderer Stelle aus: »In Rostock . . . kennen die Fischer andere fachsprachliche Ausdrücke als die Schiffsleute für dasselbe Gerät.«[58] Mitzka weist in diesem Zusammenhang auf zwei Phänomene hin und erläutert diese: Regionale Differenzen zeigten sich einerseits in der Semantik, so daß die Existenz von Homonymen festgestellt werden könne; auf der anderen Seite gäbe es Unterschiede im Bereich der Lexik, aus denen sich das Bestehen synonymer Formen erkläre.[59] Inwieweit sich innerhalb des untersuchten Fachwortschatzes die bestehenden Synonyme und Homonyme auf die genannten Faktoren zurückführen lassen, ist im Einzelfall teilweise nur recht schwer zu entscheiden. Trotzdem sollten die aufgezählten Einflußmöglichkeiten

gerade bei der Beschreibung und Interpretation dieser Phänomene Berücksichtigung finden.
Auch wenn ein hier nicht genau zu bestimmender Anteil des in der Finkenwerder Hochseefischerei verwendeten Fachwortschatzes in anderen Regionen und Betriebsorganisationsformen Verwendung findet, so erscheint eine Darstellung des Gesamtwortschatzes schon aus dem Grunde sinnvoll, daß es sich bei den Finkenwerdern um die einzige noch existierende traditionell gewachsene Hochseefischereiflotte an der deutschen Nordseeküste handelt. Gemeinsamkeiten und Unterschiede im Sprachgebrauch — etwa verglichen mit den Altenwerder Elbfischern, den Büsumer Hochseefischern und Vertretern der Bremerhavener Fischdampferflotte — sollten in einem späteren Schritt untersucht werden. Erst dann können Aussagen über tatsächliche Einflüsse und Austauschprozesse gemacht werden.

2.2.2. Fachsprachliche Aspekte der durchgeführten Untersuchung

Obwohl diese Arbeit in erster Linie einen durch die Bedingungen und Forderungen des Faches geprägten Wortschatz in seinen sachlichen Bezügen darstellt, ist doch die Vermutung eindeutig zurückzuweisen, hier werde der Fachwortschatz als alleiniger Bestandteil der zur Diskussion stehenden Fachsprache betrachtet. Gegen diese beispielsweise von Bausinger vertretene Position haben wir uns bereits im Abschnitt 2.1. deutlich ausgesprochen. Bausinger schreibt: »Tatsächlich ist es fast ausschließlich das Vokabular, das die Fachsprachen charakterisiert, . . . die grammatischen Regeln, der Satzbau, alle übrigen Teile der Rede außer den Fachwörtern gehören ja zur allgemeinen und allgemeinverständlichen deutschen Sprache.«[60] Es wird in dieser Studie dagegen von einer funktionsspezifischen Verwendung sprachlicher Mittel ausgegangen, wobei die Kommunikationssituation einschließlich der Kommunikationsteilhaber und den zwischen ihnen herrschenden Beziehungen, des Kommunikationsgegenstandes und der Intentionen beschrieben und zur Interpretation herangezogen werden müssen. Aus den oben angegebenen Gründen beschränken wir uns hier allerdings auf die Untersuchung des sachlich motivierten Fachwortschatzes.
Eine Übergangszone zwischen dem Inventar der Umgangssprache und der Fachsprache ist bereits angesprochen worden, auch eine Verschiebung dieser Zone im Laufe der historischen Entwicklung ist in diesem Zusammenhang erwähnt worden. Eine eindeutige Trennung in »noch Fachwort« und »noch Bestandteil der Umgangssprache« ist nicht in allen Fällen möglich und sinnvoll. Grundsätzlich kann bei dem angeführten Material jedoch von der Verwendung in fachbedingten Situationen mit einer bestimmten, an den Interessen des Faches ausgerichteten semantischen Besetzung ausgegangen werden. Gegenstand der Untersuchung ist sowohl der gegenwärtig gebräuchliche wie auch der nicht mehr gebräuchliche Fachwortschatz, der sich durch eigenständige Benennungen und durch in der Ge-

meinsprache vorhandene, im fachlichen Kontext jedoch mit entsprechend ausgerichteten Konnotationsfeldern besetzte Wörter auszeichnet. Mit v. Polenz ist der Untersuchungsgegenstand wie folgt zu fassen: »Für neue Dinge und neue Begriffe braucht man Benennungen, Wörter für Veraltetes geraten schnell in Vergessenheit, und bei vielen Wörtern verändern sich durch neue Verwendungsweisen die Bedeutungen.«[61]

Die Sprache in der Finkenwerder Hochseefischerei ist keinesfalls als einheitliches Phänomen zu betrachten. Als Variablen fallen besonders die unterschiedliche Zusammensetzung der Besatzungen sowie verschiedenartige Verfahrensweisen auf den einzelnen Fischereifahrzeugen ins Gewicht, so daß die Ausprägung bestimmter Situationsmerkmale auf den HF-Kuttern recht unterschiedlich ausfallen kann und somit bei vergleichbaren Arbeitsvorgängen voneinander abweichende verbale und/oder nonverbale Äußerungen hervorgebracht werden können.

Auf der anderen Seite liegt auf allen Finkenwerder Hochseefischereifahrzeugen ein vergleichbarer Kommunikationsrahmen vor.[62] Bei der soziologischen Eingrenzung des untersuchten Personenkreises ist davon ausgegangen worden, daß die in der von Finkenwerder aus betriebenen Hochseefischerei beschäftigten Personen als Gruppe[63] betrachtet werden können. Durch diese Bestimmung der Ausgangsgruppe ergibt sich die Existenz von Untergruppen. Bei den Untergruppen handelt es sich um solche Einheiten, in denen drei bis fünf Männer über einen bestimmten Zeitraum ganztägig auf dem durch das Schiff begrenzten Raum arbeiten und wohnen. Diese einzelnen Untergruppen können für die Zeit bis zum Ende des Zweiten Weltkriegs als annähernd abgeschlossen betrachtet werden. Das »Anrufen« eines anderen Fahrzeugs, also ein Informationsaustausch zwischen zwei Schiffen, fand nur in Ausnahmefällen statt. Allerdings muß berücksichtigt werden, daß die Fahrzeuge häufig in Sichtweite mit bis zu zwanzig oder mehr Ewern und Kuttern fischten. Heute hat sich dagegen der Sprechfunkverkehr zu einem das Leben an Bord bestimmenden Faktor entwickelt; auch die Verbindung zu Küstenfunkstellen (z.B. Radio Norddeich) und die Aufnahmemöglichkeit für Funkübertragungen (z.B. Seewettervorhersage, Seefunkgespräch) erweitern die Kommunikationsmöglichkeiten über die räumliche Begrenzung des Fischereifahrzeuges hinaus. Das Merkmal der Face-to-face-Kommunikation bleibt jedoch auf die Besatzungsmitglieder eines Schiffes beschränkt, eine Verbindung zu Individuen oder Instanzen außerhalb des Kutters läßt sich nur über das Medium Funk herstellen. Da allerdings die Möglichkeiten, über Funk mit anderen Stellen zu kommunizieren, begrenzt sind, darf der hier beschriebene Handlungsrahmen[64] zwar als in einem geringeren Maße abgeschlossen als zuvor angesehen werden, trotzdem ist er immer noch als verhältnismäßig stark abgeschlossen zu bezeichnen, zumal die graduelle Öffnung nach außen im wesentlichen der Ebene der fachinternen Kommunikation zuzuordnen ist. Sie kann somit als eine Erweiterung bei dem Bestreben, bessere Fangergebnisse zu erzielen, gewertet werden.

Der heute noch gegebene relativ hohe Grad an Abgeschlossenheit hat zur Folge, daß die Besatzungsmitglieder der Hochseefischkutter die Bewältigung einer gan-

zen Fülle von Situationen innerhalb des räumlich begrenzten Rahmens an Bord und ohne Unterstützung von außerhalb gewährleisten müssen. Die Bereiche Fischfang, Navigation und Motor sind für die Gegenwart als die wichtigsten zu nennen, wobei andere, wie etwa der der Lebensmittelzubereitung, für das Zusammenleben an Bord ebenfalls von großer Bedeutung sein können. Die Abgeschlossenheit bedingt außerdem, daß zahlreiche Situationen wiederholt zu bewältigen sind. Wir können also in den meisten Fällen von rekurrenten Partnerkonstellationen sprechen, eine Tatsache, aus der sich einerseits ein ökonomischer, andererseits aber auch ein auf den Handlungsrahmen der Untergruppe beschränkter Sprachgebrauch ergibt. Nebeneinander existieren daher für einen Begriff oder Gegenstand unterschiedliche Realisationsformen verbaler und/oder nonverbaler Art. Wir wollen dies an einem Beispiel verdeutlichen: Die Benennung *G-Hoken* ist fachlich eindeutig und ohne Kenntnis der Kommunikationssituation für sich zu verstehen. Beim Kauf wird außerdem eine Angabe über die Größe bzw. Stärke oder Belastbarkeit des Hakens zu der Benennung hinzugefügt. Die vollständige Benennung findet außerdem Verwendung in solchen Fällen, in denen eine Verwechslung mit anderen Hakenformen möglich erscheint und vermieden werden soll: »*Wü bruukt 'n nee'n G-Hoken*«. Am Arbeitsplatz werden Inhalte teilweise durch die außersprachliche Situation — etwa durch körperliche Nähe, den Stand des Arbeitsablaufes oder einfach durch Sichtkontakt — festgelegt, so daß sie nicht mehr explizit verbalisiert werden müssen: »*Mook mool den Hoken fast!*«. Der bezeichnete Gegenstand kann sich auch gänzlich aus der Situation ergeben, so daß ein terminologisch nicht auf eine bestimmte Referenz festgelegtes Wort eingesetzt werden kann: »*Giff dat Dings mool röber!*« oder »*Hest den Dubbas all fastmokt?*«. Da die Kommunikation am Arbeitsplatz in erster Linie die Funktion hat, einen gesicherten Arbeitsablauf zu gewährleisten, ist erklärbar, daß zahlreiche Anweisungen in Befehlsform gegeben oder Fragen nach dem Stand des Ablaufes gestellt werden. Für die Kommunikationsteilhaber sind die gegebenen Informationen vielfach an Tätigkeiten gebunden; aus diesem Grunde ist häufig eine verbalisierte Form anzutreffen: »*Hook mool fast!*«. Aber auch hier muß das verwendete Verb formal nicht an die Ausgangsbenennung gebunden sein: »*Hest all inpickt?*« oder »*Nu müßt' ober gau inklinken!*«. Ähnlich wie bei den Substantiven kann es sich dabei um ein Verb handeln, das keine situationsunabhängige fachliche Bedeutung aufweist, dessen Referenz jedoch eindeutig durch die Situation festgelegt wird: »*Mook mool fast!*«. Darüber hinaus besteht die nicht selten genutzte Möglichkeit, ganz von sprachlichen Zeichen abzusehen. Besonders bei größerer räumlicher Entfernung und aufgrund der Einwirkung von Störfaktoren — in unserem Fall etwa durch starke Windgeräusche — wird auf diese Art der Verständigung zurückgegriffen. In solchen Situationen, in denen Störfaktoren eine sprachliche Verständigung nicht oder nur sehr eingeschränkt zulassen, werden hauptsächlich Handzeichen eingesetzt.[65]
Aufgabe dieser Untersuchung kann es lediglich sein, den Wortschatz mit fachlich bedingter Eigenbedeutung im sachlichen Zusammenhang darzustellen und später

zu analysieren. Die Vielzahl der jeweils möglichen Erscheinungsformen kann nicht für jeden Einzelfall aufgelistet werden. Es ist darüber hinaus stets zu berücksichtigen, daß in der Sprache zum Arbeitsplatz sprachliche Kurzformen und besonders Handzeichen eine wesentliche Rolle spielen. Im Rahmen einer Untersuchung zum Fachwortschatz kann dieser Aspekt aber nur am Rande berücksichtigt werden.

Ein weiterer Aspekt, der zur Ausprägung unterschiedlicher Realisationsformen der Sprache beiträgt, besteht in der schichtenspezifischen Differenzierung innerhalb der Mundart. Im Sinne einer »dialektalen Stufenleiter« sind nach Ammon unterschiedliche Dialektniveaus zwischen Mundart und Einheitssprache festzustellen.[66]

Differenzierend führt hierzu Stellmacher aus: »Älteren und sozial niedriger indizierten Sprechern ist ein höheres Dialektniveau eigen.«[67] Nach Antons gibt es auch innerhalb der Größe Dialekt Anzeichen, die auf das Vorhandensein einer »restringierten« und einer »elaborierten« Sprechweise schließen lassen.[68]

Um einen historischen Wandel innerhalb des Fachwortschatzes eindeutiger beschreibbar zu machen, mußte versucht werden, neben der Region auch die Trägergruppe möglichst konstant zu halten. Aus diesem Grunde wurde der befragte Personenkreis fast ausnahmslos auf Schiffseigner, die als Kapitän ihr eigenes Schiff führen, eingeschränkt. Darüber hinaus spielte die schichtenspezifische Anwendung bestimmer sprachlicher Mittel für diese Untersuchung keine Rolle.

Aus der Notwendigkeit, eine ganze Reihe von Tätigkeiten aus sehr verschiedenen Bereichen innerhalb des Handlungsrahmens abdecken zu müssen, erklärt sich, daß die Übergänge zu benachbarten Fächern auf der horizontalen Ebene fließend sind. Dabei zeigt sich, daß z.B. aus der Sprache des Schiffbaus und der des Maschinenbaus nur die Benennungen von solchen Dingen und Begriffen durchgängig bekannt sind, die für die vom Fischer auszuführende Wartung relevant sind oder aus anderen Gründen Aufmerksamkeit auf sich ziehen. Besonders in diesen Übergangsbereichen zu anderen Fächern zeigt sich als beachtenswertes Phänomen die individuell unterschiedliche Fähigkeit der einzelnen Fischer, Begriffe exakt mit den fachlich korrekten Benennungen zu belegen. Während der eine über das Fachwort verfügt, neigt der andere dazu, eine umschreibende Fügung (z.B. beschreibend oder Auflösung eines Kompositums) zu benutzen.

Es muß davon ausgegangen werden, daß die verschiedenen zum Fach zählenden Unterbereiche in dieser Untersuchung nicht erschöpfend behandelt werden können. Da es jedoch als Aufgabe verstanden wird, einen Gesamtüberblick zu erstellen, müssen notgedrungen Lücken entstehen, die größtenteils im Übergangsbereich zu anderen Fächern liegen. Es ist bei Berücksichtigung dieser Faktoren nicht angestrebt, eine auch nur annähernde Vollständigkeit zu erzielen. In erster Linie ist beabsichtigt, Tendenzen in der Entwicklung des Fachwortschatzes aufzuzeigen, und dabei müssen notwendigerweise Schwerpunkte gesetzt werden. Die Entwicklung des Fachwortschatzes soll aufgrund der Zielsetzung insbesondere im Hinblick auf morphologische und semantische Aspekte betrachtet werden.

Anmerkungen

1 Vgl.: Fluck, Fachsprachen, S. 74; vgl. in diesem Zusammenhang auch: Fluck, Arbeit.
2 Möhn, Fortgang, S. 359.
3 Einen umfassenden Überblick über die Forschungsentwicklung geben: Drozd/Seibicke, Fach- und Wissenschaftssprache; und: Fluck, Fachsprachen; und: Möhn, Fortgang; und: v. Hahn, Fachkommunikation.
4 Vgl.: Möhn, Sprache, bes. S. 23.
5 Möhn fordert in diesem Zusammenhang die Erweiterung der bislang aufgelisteten Fächer um eine Funktionsskizze; vgl.: Möhn, Fachsprachenschichtung.
6 Vgl.: Ischreyt, Studien, bes. S. 43-47.
7 Vgl. zu diesem Begriff: Möhn, Industriegesellschaft, S. 342.
8 Vgl.: v. Hahn, Fachsprachen (LGL), S. 391-392.
9 Vgl.: Hoffmann, Kommunikationsmittel, bes. S. 184-194.
10 Vgl.: Möhn, Sozialisation, S. 170.
11 Vgl.: Möhn, Fachsprachenschichtung, S. 79.
12 Möhn, Sozialisation, S. 175-176.
13 Vgl.: v. Hahn, Fachsprachen (LGL), S. 390.
14 Vgl.: de Smet, Seemannssprache; und: Dalcher, Fischereiterminologie.
15 Vgl.: Eichhoff, Reepschlägerhandwerk.
16 Vgl.: Saß, Zimmermann; und: Kettmann, Elbschiffer.
17 Porzig, Wunder, S. 259.
18 Texte, in denen z.B. Märchen mit den sprachlichen Mitteln des Juristendeutsch ausgestattet wurden, mögen hier als Beleg herangezogen werden. Obwohl in diesen Texten die Ausprägung und besondere Verwendung bestimmter sprachlicher Mittel den Schluß nahelegt, daß es sich um Fachtexte handelt, unterscheiden sie sich doch etwa von einem Gerichtsprotokoll durch den gegebenen situativen Kontext, der für die Funktion des Textes determinierend ist. Vgl.: Fluck, Fachsprachen, S. 40-41. Weitere Beispiele zu verschiedenen Fassungen des Rotkäppchen-Märchens (u.a. »Rotkäppchen auf Amtsdeutsch«, »Rotkäppchen auf Mathematisch« und »Rotkäppchen aus der Sicht des Chemikers«) finden sich in: Ritz, Rotkäppchen.
19 Hoffmann, Kommunikationsmittel, S. 170. Man sollte allerdings die Frage stellen, ob durch die Komponente »zwischen den in diesem Bereich tätigen Menschen« nicht eine zu starke Eingrenzung vorgenommen wird, die gerade den für den in der arbeitsteiligen Gesellschaft so notwendigen Austausch exponierten Bereich der fachexternen Kommunikation ausklammert.
20 Möhn, Fach- und Gemeinsprache, S. 318.
21 Schank/Schoenthal, Gesprochene Sprache, S. 7; mit Hinweis auf: Goffman, Verhalten, S. 84.
22 Schank/Schoenthal, Gesprochene Sprache, S. 7.
23 Vgl.: Schank/Schoenthal, Gesprochene Sprache, S. 29. Dort wird in diesem Zusammenhang der Terminus »äußere Situation« verwendet.
24 Mattheier, Pragmatik, S. 19.
25 Hoffmann, Kommunikationsmittel, S. 162.
26 Es sei an dieser Stelle erneut auf den bereits eingeführten Begriff der »Partnerhypothese« nach Hannappel/Melenk, Alltagssprache hingewiesen.
27 Vgl. hierzu die Beispiele in: Bretz, Fachsprache.
28 Auf den Aspekt der Fachlichkeit soll hier nicht näher eingegangen werden; vgl. dazu: v. Hahn, Fachkommunikation, bes. S. 63-66.
29 Möhn, Fortgang, S. 354.
30 Fluck, Fachsprachen, S. 175.
31 Vgl. auch die bibliographischen Angaben zu diesem Gebiet in: Fluck, Fachsprachen, S. 223-224. In diesem Zusammenhang ist besonders auf neuere Diskussionen hinzuweisen, wie sie etwa publiziert sind in: Fachsprachliche Texte. Hrsg. v. Petöfi u.a. Auch Überlegungen unter pragmatischen Gesichtspunkten sind zu erwähnen: Mentrup, Gemeinsprache.
32 Möhn, Fach- und Gemeinsprache, S. 339.
33 Möhn, Fachsprachenschichtung, S. 82.
34 Vgl. hierzu: Goossens, Dialektologie, S. 8-12.
35 Vgl. etwa die angebotenen Kursmaterialien in: Feinäugle, Fach- und Sondersprachen; und: Klute, Fachsprache; und: Fluck, Technische Fachsprachen.

36 Vgl. etwa: Asdahl Holmberg, Handwerkerbezeichnungen; und Korlén, Synonymik.
37 Vgl. das Vorwort in: v. Hahn, Fachsprachen im Niederdeutschen.
38 Vgl.: v. Hahn, Fachsprachen (Handbuch).
39 v. Hahn, Fachsprachen (Handbuch). (Ma. = Mundart).
40 Vgl.: Möhn, Aktualität, S. 19.
41 v. Hahn, Einleitung, S. 12.
42 Einen Ansatz in diesem Sinne liefert: Bentzien, Wörter.
43 Vgl.: Martens, Zwang.
44 Vgl. zum Problemkreis der Interferenz: Juhász, Interferenzlinguistik.
45 Vgl. auch zum Themenkreis der Entwicklung der gesprochenen Sprache die umfangreiche Studie: Herrmann-Winter, Studien.
46 v. Hahn, Fachsprachen (LGL), S. 392.
47 Vgl.: Seehase, Fischerei.
48 Vgl.: Rassow, Fischersprache.
49 Vgl.: v. Hahn, Fachsprachen (Handbuch); zu ergänzen wären: Peesch, Fischerkommünen; und: Rohkohl, Sprache.
50 Fluck, Fachsprachen, S. 69.
51 Vgl. Abschnitt 1.2. dieser Arbeit.
52 Es sei an dieser Stelle nochmals verwiesen auf die im Jahre 1979 von Matthies vorgelegte Examensarbeit: Schüler. In dieser Arbeit wird der Versuch unternommen, Sprachkompetenzen in bezug auf Hd. und Nd. auf Finkenwerder zu erfassen.
53 Vgl. zum Wortschatzaustausch: Stanforth, Lehnwortaustausch; und: Moss, Zusammenhänge; und: Ponten, Lehnwortaustausch; und: de Smet, Einflüsse; und: Spenter, Inferferenzen. Stanforth führt aus: »Die frühesten engl. Lehnwörter nach der ags. Mission begegnen auf dem Gebiet der Schiffahrt. Sie wurden durch die Hanse vermittelt und hatten zuerst nur in der nd. Küstenzone Geltung.« (S. 539).
54 Als Ausgangspunkt für diesen Ansatz können die wortgeographischen Aspekte in: Fluck, Arbeit, betrachtet werden.
55 Kloeke, Vokalismus, S. 2; vgl. auch: Redslob, Seemännisches.
56 Vgl.: Rosenthal, Volkskunde, S. 89.
57 Mitzka, Fischervolkskunde, S. 92.
58 Mitzka, Ausgleich, S. 190.
59 Vgl.: Mitzka, Fischervolkskunde, S. 93-94.
60 Bausinger, Deutsch, S. 67-68.
61 v. Polenz, Geschichte, S. 136.
62 Vgl. zu diesem Begriff: Schank/Schoenthal, Gesprochene Sprache, S. 18.
63 Mit Homans, Theorie, verstehen wir eine Gruppe als »definiert durch die Interaktion ihrer Teilnehmer. Wenn wir sagen, die Individuen A, B, C, D, E, . . . bilden eine Gruppe, so bedeutet das, daß zumindest die folgenden Umstände herrschen: Innerhalb eines gegebenen Zeitraums steht A häufiger mit B, C, D, E, . . . in Interaktion als mit M, N, L, O, P, . . ., welche nach unserer Wahl Außenstehende oder Mitglieder anderer Gruppen darstellen sollen. Auch steht B häufiger mit A, C, D, E, . . . als mit den Außenstehenden in Interaktion, und dasselbe gilt entsprechend auch für die anderen Gruppenmitglieder.« (S. 102-103). Vgl. auch: Mattheier, Pragmatik, S. 18-19.
64 Wir beziehen uns in unserem Verständnis von sozialem Handeln auf die theoretischen Entwürfe von Schütz und Mead, dargestellt in: Behrmann, Handlungstheorie, S. 25-29.
65 Vgl.: Möhn, Fach- und Gemeinsprache, S. 344. Auch Kettmann weist auf den Wink hin, mit dem Arbeitsabläufe gesteuert werden, vgl.: Kettmann, Elbschiffer I, S. 40.
66 Vgl.: Ammon, Probleme, bes. S. 39-41.
67 Stellmacher, Studien, S. 139.
68 Vgl.: Antons, Ansätze.

3. Der Fachwortschatz in der Finkenwerder Hochseefischerei im Sachzusammenhang

Zu Beginn der Darstellung des Wortschatzes sollen zunächst kurz die wichtigsten Ausgangspositionen dargelegt und die Vorgehensweise erläutert werden.
Das in dieser Arbeit behandelte Gebiet umfaßt die an Bord der Finkenwerder Hochseefischereifahrzeuge gesprochene Sprache. Da diese als fachliche Umgangssprache zu begreifen ist, besteht sie — von wenigen Ausnahmen abgesehen — ausschließlich in mündlicher Form. Sie entspricht in der Aussprache dem Finkenwerder Platt.[1] Durch das bereits beschriebene enge Beziehungsgeflecht zwischen dem Berufsleben einerseits und dem öffentlichen und privaten Leben andererseits läßt sich der hohe Anteil umgangssprachlicher Elemente in der Fischersprache erklären. Bei Fachwörtern, die auch in der örtlichen oder regionalen Umgangssprache realisiert werden können, zeigt sich häufig eine Reduzierung auf einen festgelegten Bedeutungsinhalt und somit auch auf ganz bestimmte Kommunikationssituationen. Auf der anderen Seite kann ein Begriff — je nach Ausprägung der Situationsmerkmale — durch bis zu vier oder fünf unterschiedliche Benennungen abgedeckt werden. Dies trifft besonders für Verben zu, und es ist häufig dem einzelnen Sprecher überlassen, welches der in Betracht kommenden Wörter er der Situation entsprechend in seiner Rede realisiert. Differenzierung und terminologisch korrekte Benennung eines Begriffes ist nur in den seltensten Fällen bei der Arbeit an Bord erforderlich, da in der Regel die jeweilige Situation auf die intendierte Bedeutung einer verkürzten Benennung oder eines Wortes ohne erkennbaren eigenen fachlichen Bedeutungsinhalt verweist. Auf die Frage, wie man die unterschiedlichen Netzarten sprachlich differenziert habe, antwortete ein Fischer: »*Wü hebbt blooß Nett seggt.*« Die konkrete Situation läßt nur eine bestimmte Interpretation von *Nett* zu, etwa als Schollennetz, Seezungennetz oder Heringsnetz. Eine über das Grundwort, hier *Nett*, hinausreichende Bezeichnung ist nur dann gebräuchlich, wenn die Referenz durch die Situation allein nicht gesichert ist.
Entsprechend dem jeweils relevanten konstitutiven Merkmal können einem Objekt unterschiedliche Benennungen zugeordnet werden. So würde man während eines Segelmanövers etwa von einem *Luvswiert* sprechen, während man es auf der Werft nach seiner Lage *Backbuurdswiert* nennen würde. In diesem Zusammenhang finden sich auch häufig solche Wörter und Wendungen, die den beabsichtigten Sinngehalt erst durch die Situation erhalten, so daß sich eine ganze Reihe von Variationen ergibt, die zum Teil austauschbar, zum Teil aber auch direkt abhängig von der jeweiligen Situation sind. Für den hintersten Teil des Netzes finden wir neben *Achternett* und *Stiert* auch *Bütel* und *Dutt*. Dabei können die Verwendungssituationen der einzelnen Wörter recht unterschiedlich gefärbt sein. Die Wertigkeit, die der Fischer dem jeweiligen Sachausschnitt bzw. einzelnen Be-

griffen und ihren Benennungen beimißt, können bei der gewählten Art des Vorgehens nur ansatzweise erfaßt werden. Insbesondere Elemente des emotional geprägten Wortschatzes werden aufgrund ihrer vielfachen Verwendbarkeit nicht als Fachwörter im Sachzusammenhang aufgefürt, obwohl sie von den Fischern in fachlichen Situationen verwendet werden (z.B. *Schiet* in den Bedeutungen › Fang ‹, › Wetter ‹, › Besatzung ‹ u.a.m.).

Vornehmliches Ziel dieses Kapitels ist die Darstellung alter und neuer Fachwörter im Sachzusammenhang. Die aufgeführten älteren Benennungen werden heute zum Teil selten verwendet, andere müssen aufgrund des Ausfalls ganzer Sachbereiche als nicht mehr zur aktuellen Fachmundart gehörig verstanden werden. Es ist allerdings bei der recht heterogenen Sprechergruppe der Finkenwerder Hochseefischer nicht in jedem Fall eindeutig festzustellen, ob ein Wort tatsächlich schon »ausgestorben« ist oder ob es auf dem einen oder anderen Kutter vielleicht doch noch zum aktiven Wortschatz zählt. Die Übergänge sind als fließend anzusehen.

In die Darstellung werden nur solche Fachwörter aufgenommen, deren Verwendung in der Finkenwerder Fischerei belegt werden kann. Zitate ohne aufgeführte Quellenangabe stammen von Finkenwerder Fischern. Auf diese Art sollen Verwendungszusammenhänge und das sprachliche sowie ansatzweise das emotionale Umfeld exemplarisch dargestellt werden.

Ein großer Teil des für diese Studie gesammelten Materials ist weder regional auf Finkenwerder noch auf das Fach der Hochseefischerei beschränkt. Die Übergänge zur nd. Umgangssprache sowie zu benachbarten Berufssprachen sind als fließend zu verstehen.

Aufgrund der Fülle des untersuchten Materials und der Vielfalt der Aspekte, unter denen das Korpus betrachtet werden kann, müssen Schwerpunktsetzungen vorgenommen werden. Die Darstellung ist so angelegt, daß die gesamte Breite der relevant erscheinenden Bereiche abgedeckt wird. Detaillierte fachliche Darstellungen und umfassende sprachwissenschaftliche Betrachtungen sind aufgrund der gewählten Zielsetzung im Rahmen dieses Kapitels nicht zu leisten.

Durch Verweise auf Erklärungen und Ausführungen in Wörterbuchartikeln[2] und Fachbeschreibungen soll über den regional begrenzten Rahmen Finkenwerders hinaus ein historischer wie auch ein geographischer Bezug hergestellt werden. Allerdings können solche Querverbindungen nicht bei jedem Fachwort berücksichtigt werden; auch etymologische Herleitungen werden nicht durchgehend angestrebt. Wir beschränken uns auf solche Fälle, bei denen sich Bedeutungsdiskrepanzen oder Unterschiede in der Form ergeben, solche, deren Herkunft zweifelhaft ist und für die es unterschiedliche Erklärungsansätze gibt.

Ausgehend von der gegenwärtigen Situation der Finkenwerder Hochseefischerei, die von ungewisser beruflicher Zukunft und einer immer stärkeren Hinwendung zu hd. geprägten Sprachformen bei der Kommunikation an Bord gekennzeichnet ist, erscheint eine möglichst umfassende Form der Darstellung des Fachwortschatzes angemessener als eine sich an Einzelaspekten orientierende, dafür aber notwendigerweise begrenzte Untersuchung. Hier soll der Darstellung der zahlrei-

chen Sachausschnitte mit dem zugehörigen Fachwortschatz der Vorrang gegeben werden.
Die Gliederung des Textes erfolgt nach sachlichen Gesichtspunkten. Überschneidungen werden sich nicht in allen Fällen vermeiden lassen, ihre Anzahl wird jedoch möglichst gering gehalten. Trotzdem muß angemerkt werden, daß die gewählte Sachorientierung immer nur künstlicher Art sein kann. Bedeutungszusammenhänge werden von den Fachleuten nicht selten wesentlich anders als hier gesetzt. So wird etwa der *Südwester* unter der Kategorie »Kleidung« abgehandelt, obwohl der Begriff in unmittelbarem Zusammenhang mit der Kategorie »Wetter« steht und die Benennung in dieser Kollokation mit großer Wahrscheinlichkeit häufiger realisiert wird.

3.1. Der Fischer

Einen zentralen Ausgangspunkt für diese Studie bildet die Annahme, daß die Finkenwerder Hochseefischer als soziale Gruppe aufzufassen sind.[3] In diesem ersten Abschnitt wird nun der Fischer mit Hilfe der innerhalb der Gruppe üblichen Benennungen als Individuum einerseits und in seinen Gruppenverflechtungen andererseits dargestellt werden.

3.1.1. Die in der Fischerei tätigen Personen

Seitdem die Vielfalt der Schiffahrtsbetriebe auf Finkenwerder stark zurückgegangen ist, erweist sich der Oberbegriff *Fohrenslüü* als nur noch wenig gebräuchlich. Auch *Seemann* und die zugehörige Pluralform *Seelüü* werden aufgrund der fast ausschließlich auf die Fischerei ausgerichteten Orientierung selten benutzt. Von der ehemaligen Elbinsel werden bereits seit vielen Jahren keine Güter mehr auf Kähnen und Ewern in den Hamburger Hafen transportiert, und die *Frachtschipper* sind heute eigentlich die einzigen, die gemeinsam mit den Fischern unter diesem Begriff zusammengefaßt werden können. Bei den Fischern unterschied man früher zwischen dem *Seefischer* und dem *Lüttfischer*. Das Betätigungsfeld der Seefischer war die offene See, während die *Lüttfischer* auf der Elbe oder in unmittelbarer Küstennähe Fischfang betrieben. Diese Küstenfischer wurden auch *Wattfischer* oder *Wattenfischer* genannt. Aufgrund der großen Zahl der in der Elbe vorkommenden Fischsorten bildeten sich in der Elbfischerei Berufsbezeichnungen heraus, die nach Fischart und nach dem verwendeten Fanggerät differenziert wurden. So finden wir neben dem *Knootfischer*, dem *Büttfischer* und dem *Gammelfischer* den *Goornfischer, Rüüsenfischer, Seidenfischer, Steekloofischer, Oolkorvfischer* und den *Smietnettfischer*. Die einen fischten auf

Krabben (»Granat«), auf Butt oder auf kleine Fische, während die anderen sich des Garnes (Treib- oder Schleppnetz), der Reuse, der Seide, des Aalkorbs oder des Wurfnetzes bedienten. Für die Seefischer fielen die Elb- und Küstenfischer unter die scherzhafte Sammelbezeichnung *Buttpetter*. Tatsächlich wurde das Buttpetten von Finkenwerder Wattfischern wohl kaum angewandt. Es handelt sich hierbei um eine Fischfangmethode, die ohne Gerät durchgeführt wird; man setzt dabei seinen Fuß an die Stelle, von der ein Butt gerade weggeschwommen ist. Die Erfahrung lehrt, daß der Butt nach einiger Zeit zu seinem alten Platz zurückkehrt, so daß man ihn dann nur noch mit dem Fuß in den Sand zu drücken und mit der Hand aufzunehmen braucht. Die Seefischer nahmen diese einfache, als primitiv angesehene Technik gern zum Anlaß, den gesamten Stand der *Lüttfischer* mit einer abwertenden Benennung zu belegen. *Buttpetter* wurde andererseits auch von Hamburger Stadtbewohnern oft scherzhaft für alle Bewohner Finkenwerders verwendet.
Ein erfolgloser Fischer galt als *Feekfischer*. Dieses Wort wurde jedoch hauptsächlich für Elbfischer benutzt, da es nur in diesem Berufszweig vorkommen konnte, daß jemand nur Feek — das sind Schilfreste — in seinem Netz hatte. Eine Übertragung auf einen Seefischer war aber möglich. Wie schon an anderer Stelle erwähnt wurde, war zu jeder Zeit auf Finkenwerder der Hochseefischer der angesehenste *Fischermann*. Auch heute noch findet sich auf mehreren Türschildern in Finkenwerder die Berufsbezeichnung »Seefischer«. Weil es jedoch gegenwärtig — da eine von Finkenwerder aus betriebene Elb- und Küstenfischerei fast nicht mehr existiert und daher auch keine Differenzierung mehr vorgenommen werden muß — fast ausschließlich Seefischereibetriebe gibt, versteht man unter *Fischerlüü* die in der Hochseefischerei tätigen Männer.
Kapitän und Eigner eines Hochseefischereifahrzeuges ist in der Regel eine Person: der *Schipper*.[4] Er ist unumstritten der Herr auf dem Schiff[5], und es kann sogar eine verbale Gleichsetzung des Schiffers mit seinem Kutter festgestellt werden. *Fischermann* und *Kutter* können synonym verwendet werden: »*Dat gläuv ick, un dat gläuvt de ander'n Kutters ook*«. Das gleiche Prinzip liegt vor, wenn es von einer Ansammlung von Kuttern auf See heißt: »*Door wüür so 'n ganzen Schwarm Fischerlüü*«.
Es gibt nur wenige Ausnahmen von der Regel, daß der Führer eines Schiffes auch dessen Besitzer ist. Zur Zeit fahren auf vier Finkenwerder Kuttern *Settschipper*. In solchen Fällen ist es zumeist der Gesundheitszustand des Eigners, der ihn zwingt, an Land zu bleiben und einen anderen in die Position eines Schiffsführers einzusetzen. Ein solches Einsetzen ist jedoch grundsätzlich als Ausnahme zu betrachten; darüber hinaus ist es auch nur mit Zustimmung der brüderschaftlichen Versicherung auf Gegenseitigkeit möglich. In diesem Sinne muß es als Ausnahme gewertet werden, daß die **Flottbek, HF 516,** zu Beginn der fünfziger Jahre von einem *Reeder* gebaut wurde. Sobald es dem Kapitän jedoch möglich war, kaufte er den Kutter dem Besitzer, einem bekannten Hamburger Kaufmann, ab. In der Finkenwerder Hochseefischerei ist das Streben traditionell danach ausgerichtet,

ein eigenes Schiff zu führen, so daß *Reeder* und *Settschipper* wohl auch in Zukunft die Ausnahme bilden werden.
Von den Besatzungsmitgliedern wird der Schiffer meistens als *de Ool* bezeichnet. Erst seit jüngster Zeit kann man auch das aus dem Hd. entlehnte *Käpten* hören.[6] An Bord gibt es kein »Sie«, alle Besatzungsmitglieder reden einander mit »Du« und dem Vornamen an. Aus diesem Grunde erklärt es sich auch, daß die weiter unten aufgeführten Berufsbezeichnungen niemals in der Anrede verwendet werden. Sie haben vielmehr die Funktion der Differenzierung im Angestelltenverhältnis und finden sich in der *Munsterrull*, der Urkunde, die über die jeweilige Besatzung eines Schiffes Aufschluß gibt, und dem *Munsterbook*, das die Papiere des Seemanns beinhaltet. Früher wurde der Anmusterungsvertrag im *Munsterungsbüro* auf Finkenwerder abgeschlossen. Heute läuft das *An-* und *Afmunstern* über die See-Berufs-Genossenschaft, kurz *SBG* oder auch *See-BG*. Die bei der Anmusterung festgeschriebene Position eines Besatzungsmitgliedes ist insofern von Bedeutung, als es üblich ist, daß *de Lüü* prozentual am Fang beteiligt werden, daß sie *up Prozente fohrt*.
Die SBG führt außerdem alle zwei Jahre eine *Besichtigung* der Fahrzeuge durch, eine Aufgabe, die in früheren Zeiten von der Fischerkasse abgedeckt worden war. Nach dieser Prüfung erhält der Schiffer einen *Fahrterlaubnisschein* ausgestellt. In seinem Besitz muß sich außerdem der *Jahresfischereischein*, im Umgang auch scherzhaft als *Angelschien* bezeichnet, befinden. Gesundheitliche Daten werden in die *Gesundheitskarte* eingetragen. Die Sehstärke wird auf einem besonderen *Oogenschien* konstatiert.
Da die modernen Kutter mit Funkgeräten ausgestattet sind, muß vom Schiffer auch ein *Funkschien* erworben werden.
Ein *Tagebook* mit Eintragungen über den Fang, Wetterbedingungen und besondere Vorkommnisse gab es früher nur auf wenigen Kuttern und Ewern. Heute wird es von jedem Schiffer geführt.
Je nach Größe des Kutters ist die Anzahl der Besatzungsmitglieder unterschiedlich. Sie variiert zwischen drei und fünf. Der *Stüürmann* erhält 12 bis 15 Prozent vom Bruttofangerlös. Er hat wie der Schiffer eine Ausbildung absolviert und besitzt ein *Patent*. In der Regel handelt es sich um das alte »B2«, das 1970 in das »BKü« umgewandelt wurde. Nach einer Fahrtzeit von 24 Monaten als Steuermann auf einem Fahrzeug der Großen Hochseefischerei wird dieses Patent automatisch in das »BK3«, früher »B 3«, umgewandelt. Viele Schiffer haben zusätzlich das »BGW4« (früher »B 4«), das Steuermannspatent für die Große Hochseefischerei. Auch ein Inhaber der Motorenpatente »C Mot« und »C Kü (M)«, früher »C 1« und »C 2«, muß an Bord sein. Der Steuermann steht im Angestelltenverhältnis, seine Position ist sozial relativ gut abgesichert.
Grundkenntnisse über Verhaltens- und Sicherheitsmaßnahmen an Bord muß heute jedes neue Besatzungsmitglied zunächst auf der *Seemannsschool* erwerben. *De School* ist im Gegensatz dazu die häufig verwendete Kurzform für die weiterführende Berufsfachschule: »*Peter will wedder no School.*«

Eine dem Steuermann entsprechende Position an Bord eines Hochseekutters kann auch der *Bestmann* ausüben. Es handelt sich um einen erfahrenen, einen *seebefohrenen* Fischer, der kein Steuermannspatent besitzt. Noch bis nach dem Zweiten Weltkrieg galt dieses als Normalfall. Der Bestmann ist dem Steuermann in der Regel auch im prozentualen Verdienstanteil gleichgestellt. Bis in die zwanziger Jahre hinein war für ihn die Bezeichnung *Fischerknecht*, meist kurz *Knecht*,[7] gebräuchlich: »*Hee het toierst bi mi as Knecht fohrt.*« Diese Benennung kennzeichnete die eingenommene Stellung deutlich als die eines Untergebenen. Die Konnotationen von *Knecht*, die vor allem im sozialen Bereich als negativ empfunden werden, mögen wohl den Ausschlag für das Ersetzen dieses Wortes durch *Bestmann* gegeben haben. In der fachlichen Umgangssprache kann auch *Fietz* verwendet werden.[8]

Neben dem Schiffer wird an Bord der Best- oder Steuermann als *Wachgänger* eingesetzt. Er steht dann am Ruder und ist für die Navigation und die Fahrt des Schiffes verantwortlich. Die Dauer einer *Wach* ist je nach Schleppzeit unterschiedlich, sie beträgt in der Regel jedoch nicht mehr als vier Stunden. Auch die Einbeziehung erfahrener Matrosen in den Wachplan ist vor allem auf Schiffen, die ohne Nachtruhe fischen, üblich. In dieser Beziehung kann hier keine allgemeingültige Richtlinie aufgestellt werden. Die Organisation bleibt dem Schiffer überlassen, sie gestaltet sich daher auf den einzelnen Schiffen unterschiedlich.

Zu den traditionellen Aufgaben des Best- oder Steuermannes gehört es, das Ende des Netzes, den *Stiert*, vor dem Aussetzen zu verknoten und den Knoten zu lösen, wenn das Netz eingeholt wird. Zu dieser Rolle erklärt ein Fischer: »*dat is sien Geschäft, dat kann em keener afnehmen.*«

Die eindeutige Zuordnung zu festgelegten Rollenbildern trägt dazu bei, daß die einzelnen Besatzungsmitglieder in verantwortlicher Weise ihre Arbeit verrichten. Schließlich sind sie von einem Verlust aufgrund der prozentualen Beteiligung am Fangerlös selbst betroffen. Dies ist namentlich für die Fischverarbeitung an Bord und das Vereisen des Fanges im Fischraum, das ebenfalls in den Aufgabenbereich des Steuer- oder Bestmanns fällt, von Bedeutung. Auch die weitere Reihenfolge auf der Stufenleiter der Hierarchie an Bord ist genau festgelegt. Dem *Matroos* folgt der *Lichtmatroos*. Diese Bezeichnung kann auch teilweise oder vollständig hd. ausgesprochen werden, es existieren die Formen *Leichtmatroos* und *Leichtmatrose*. Seltener ist die Bezeichnung *Halvmann* in Gebrauch. Danach folgen der *Jungmann* und der *Decksjung*, der traditionsgemäß das jüngste Besatzungsmitglied ist und meistens kurz *de Jung* genannt wird. Früher war es üblich, daß ein Junge direkt nach Beendigung der Schulzeit als *Jung* seine Laufbahn auf einem Fischereifahrzeug begann. Er wurde dann für zahlreiche kleine Aufgabenbereiche eingesetzt und mußte vornehmlich »*'n beten dat Logis reinholen un koken*«. Aufgrund des Aufgabenbereiches sind auch die hauptsächlich in scherzhaften Situationen benutzten Wörter *Speisemeister* und *Smuutje* zu verstehen. Auch *Kock* und die Mehrwortbenennung *Kock un dicke Jung* waren üblich. Auf das Alter des »Jungen« deutet die ebenfalls benutzte Bezeichnung *Moses* hin.[9]

Die Bezeichnung *Viertsmoot* findet heute ähnlich wie die Mehrzahl der anderen genannten Wörter kaum noch Verwendung. Wahrscheinlich deutet *Viertsmoot* darauf hin, daß es sich bei ihm um den Letzten, den Vierten, in der Hierarchie an Bord handelte. Während man bis zur Einführung des Schernetzes kurz nach der Jahrhundertwende fast ausschließlich mit drei Mann fuhr, mußten danach zwei Winden betätigt werden, so daß eine Besatzungsstärke von mindestens vier Mann erforderlich wurde. Für diese Deutung spricht auch, daß Finder den Matrosen noch als *Drüttsmann* bezeichnet.[10] In Ergänzung zu diesem erwähnt er den *Viertsmann*, eine Bezeichnung, die kein Gewährsmann dieser Untersuchung mehr bestätigen konnte.[11]

Die Decksjungen sind wie die anderen Besatzungsmitglieder prozentual am Fangerlös beteiligt. Der Satz betrug früher zwei bis drei Prozent. Heute werden zumeist nicht weniger als vier Prozent gezahlt. Die alte Sitte, nach der dem Jungen der Erlös aus dem Verkauf der Taschenkrebse als »Taschengeld« zustand, besteht nicht mehr.

Heute wird an Bord nur noch die Bezeichnung *Jung* oder *Decksjung* benutzt. Aus der Tatsache, daß es so gut wie keinen Nachwuchs in der Kleinen Hochseefischerei gibt — die meisten Decksjungen unserer Tage sind über 20 Jahre alt — ergibt sich die Aussage eines Fischers: »*Dat gifft keenen reinen Jungen miehr*«. So steht *Decksjung* heute mehr für ein Anstellungsverhältnis als für einen bestimmten Aufgabenbereich an Bord. Die inhaltliche Bindung zum Alter des Bezeichneten ist weitgehend aufgehoben worden.

3.1.2. Organisationsformen

3.1.2.1. Zeitlich begrenzte Zusammenschlüsse weniger Fischer

Bis zum Beginn des Zweiten Weltkrieges war es durchaus üblich, daß zwei junge Fischer miteinander *mackerten*. *Mackern* bedeutet, daß sie gemeinsam einen Kutter besitzen und auf ihm fahren. Diese Form wurde zumeist aus finanziellen Gründen gewählt. In der Mitte der dreißiger Jahre kostete ein neuer Kutter etwa 50.000 Mark, und nicht wenige junge Männer taten sich jeweils zu zweit als *Macker*[12] zusammen und sagten sich: »*Wü nehmt eenen tosomen*«. Es blieb jedoch meistens das Bestreben beider Teilhaber, irgendwann einen Kutter allein zu führen. Oft mag es unter den besten Freunden zu Streitigkeiten und Auseinandersetzungen über den Führungsanspruch gekommen sein. Es gab aber auch *Macker*, die über Jahrzehnte auf einem Schiff *up Halvpart fohren sünd*. Häufig handelte es sich dabei um Brüder oder Schwäger, aber es gab auch Fälle, bei denen *Macker*, die über lange Zeit zusammenblieben, in keinem Verwandtschaftsverhältnis zueinander standen. Als einzigartig muß in diesem Zusammenhang die

Zusammenarbeit von Willi Meyer und Hermann Winter bezeichnet werden, die 45 Jahre lang (1906 bis 1951) gemeinsam auf dem Ewer **HF 31 Maria**, fuhren. Wollte einer der Partner die Verbindung lösen, so mußte er nach einem alten Rechtsbrauch, der immer eindeutig war und nie zu Komplikationen Anlaß gegeben hat, den Kutter *setten*. Dabei gab er den von ihm geschätzten Wert des Fahrzeuges an. Es lag nun in der Hand seines Partners zu entscheiden, ob dieser das Schiff für den angesetzten Preis selbst behalten — »*doorföör nimm ick em*« — oder ob er sich auszahlen lassen wollte — »*doorföör kannst du em hebben*«. Derjenige, der den Vertrag auflösen wollte, der also den Kutter »setzte«, mußte schon einen ehrlich von ihm geschätzten Preis nennen. Lag der Betrag zu hoch, so überließ ihm der Partner seinen Teil, und er selbst mußte den hohen Preis bezahlen. Setzte er die Schätzung zu tief an, so griff der andere zu und zahlte den Anteil seines *Mackers* unter Wert aus.[13] Doch auch beim Besitz eines eigenen Fahrzeuges drängten die meisten Fischer nach wirtschaftlicher Besserstellung. Die Schiffe wechselten zum Teil recht häufig ihren Besitzer, das *Käupen* und *Verkäupen* des Fahrzeuges war Teil des Fischerberufes.
Nach dem Zweiten Weltkrieg starb der Brauch des *Mackerns*, der für viele als Übergangslösung zum eigenen Fahrzeug gegolten hatte, aus. Der Kaufpreis für einen Kutter war einfach zu sehr in die Höhe gestiegen, und auch das gemeinsame finanzielle Risiko war zu hoch geworden. Ein lebhaftes Interesse an einem einzigen Besitzer hatten schon in den dreißiger Jahren vor allen Dingen staatliche Institutionen gezeigt, die für die von ihnen verteilten Subventionen eine Person in verantwortlicher Rolle wissen wollten.
Gute Freunde halten sich jedoch auch heute noch auf See nahe beieinander auf, und einige gehen zu bestimmten Jahreszeiten zum *Tucken* über. In diesem Falle wird ein Netz von zwei Kuttern gezogen.[14] Hier spricht man von *Partnern*, oder man sagt auch »*se fohrt up Part*«.
Als besondere Form des Zusammenschlusses mehrerer Fischer war im 19. Jahrhundert die traditionelle *Kumnee* anzusehen.[15] Besonders zum Beutemachen taten sich zumeist zwei bis vier Schiffer und ihre Besatzungen zu einer Arbeitsgemeinschaft zusammen. Der einzelne Beteiligte wurde als *Kumneesmann* bezeichnet. Auch in der Elbfischerei, besonders bei schlecht am Leben zu haltendem Fang, kam es vor, daß sich mehrere Fischer zu einer Gemeinschaft zusammenschlossen. Dabei übernahm einer den Transport des Fanges zum Markt, während die anderen weiterfischten. Allerdings bevorzugen es die meisten Fischer, von anderen unabhängig zu sein. »*Kumpani is Lumperi*« ist eine Weisheit, die auch heute noch in Finkenwerder ihre Gültigkeit hat.

3.1.2.2. Feste Zusammenschlüsse aller Fischer

Im Jahre 1835 wurde in Finkenwerder eine Seefischerkasse auf Gegenseitigkeit gegründet. Die von den Mitgliedern zu zahlenden Prämien lagen zwischen einem und drei Prozent, entsprechend der im Berechnungsjahr aufgetretenen Schäden. Die Prämien wurden traditionsgemäß Ende Juni zur Karkmeßzeit erhoben. *De Kass*, seltener *Fischerkass*, teilte sich im Jahre 1907 nach den schweren finanziellen Belastungen um die Jahrhundertwende nach unterschiedlichen Aufgabenbereichen in die »Unterelbe Versicherungskasse« und den »Finkenwerder Fischerei-verein e.V.«. Die *Generoolversammlung* findet heutzutage nicht mehr im Sommer, sondern zu Weihnachten statt. Dieses ist der einzige Zeitpunkt im Jahr, an dem man davon ausgehen kann, daß alle in Finkenwerder versicherten Fahrzeuge in ihrem Heimathafen liegen. Bei dieser Gelegenheit wird der Kassenbericht gegeben und die zu zahlende Prämie festgesetzt.

Ebenfalls zu Weihnachten findet traditionell der *Fischerball* statt. Es handelt sich hierbei um eine Feier, die die Exklusivität der sozialen Gruppe »Finkenwerder Hochseefischer« unterstreicht.

Der *Verein* versteht sich als Berufsvertretung der Hochseefischer. Er hält Kontakt zu Behörden, bemüht sich um Darlehen und Zinszuschüsse. Alle beruflichen Probleme der Fischer werden an den Verein herangetragen. Die Notwendigkeit einer solchen Interessenvertretung wird deutlich, wenn man bedenkt, daß der Fischer selbst die meiste Zeit auf See verbringt und einfach nicht die Zeit hat, sich in ausreichender Weise um seine Belange an Land zu kümmern.

Im Jahre 1909 wurde die »Ein- und Verkaufsgenossenschaft für Hochseefischer eG« gegründet. Durch die Genossenschaft können Werkzeuge und vor allem Materialien zur Instandsetzung von Schiff und Gerät in großen Mengen und damit zu günstigen Preisen eingekauft werden. Farbe, Netzgarn, Segellohe gehörten anfangs zu den Hauptartikeln des *Fischerkonsum*, meist kurz *Konsum*. Auch gegenwärtig werden am Kanalstack noch Ausrüstungsgegenstände verkauft. Schiffsbedarf, Netze und auch Treibstoff werden von der Ein- und Verkaufsgenossenschaft bereitgestellt.

Dreimal wöchentlich werden von Finkenwerder aus Seefunkgespräche für die Genossenschaft geführt.[17] Durch das *Fischmarktgespräch*, neben der Kurzform *Gespräch* ist auch *Seefunkgespräch* mit entsprechender Bedeutungsverengung gebräuchlich, wird festgestellt, welcher Kutter zu welchem Zeitpunkt mit welcher erwarteten Fangmenge welchen Fischmarkt aufsucht. Ein ehemaliger Fischer sitzt dann im Konsum und *»sammelt de Fänge vun de ganze Flott in«*.

Da seit Beginn der sechziger Jahre immer häufiger Überhänge am Markt zu verzeichnen waren[18], schlossen sich 1964 die Finkenwerder mit fünf Genossenschaften aus dem Ostseebereich zur überregionalen »Kutterfischverwertung Finkenwerder — Lübecker Bucht« zusammen. Diese Organisation hat die Vermarktung der angelandeten Fänge übernommen. Der Fischer selbst braucht sich um diesen Aufgabenbereich nicht mehr zu kümmern.

1970 wurde die »Erzeugergemeinschaft Finkenwerder Hochseefischer eG« gegründet. Sie vertritt die Fischer auf nationaler und auf EG-Ebene, wenn beispielsweise neue internationale Bestimmungen eingeführt werden oder Fangquoten festzulegen sind.
Dachorganisation für alle deutschen Seeleute und zuständig für Kranken-, und Sozialversicherungsangelegenheiten sowie für die allgemeine Verwaltung ist die »See-Berufs-Genossenschaft«.

3.1.3. Zur Charakterisierung von Fischern herangezogene Eigenschaften

Wohl das größte Lob, das einem Finkenwerder Fischer zuteil werden kann, ist enthalten in der Aussage: »*Hee is 'n düchtigen Fischermann*«. *Düchtig* bedeutet dabei, daß der Angesprochene seine beruflichen Aufgaben beherrscht, daß er arbeitsam und erfolgreich ist. Ähnlich positiv, jedoch beschränkt auf den Bereich des Arbeitens ist der Begriff *ieberig*.[19] In der Ausführung seiner Aufgaben gewissenhaft und präzise ist derjenige, der als *akkroot*[20] bezeichnet wird. Das ausgeprägte Selbstwertgefühl einiger Fischer wurde bereits an anderer Stelle gewürdigt. Da insgesamt die in diesem Zusammenhang eingebrachten Kategorien wie »Stolz« oder »Überheblichkeit« keine fachlichen Wertinhalte aufweisen, sollen solche Benennungen hier nicht aufgeführt werden. Entsprechendes trifft auf Wendungen wie »*hee hett sien' Nücken*« und »*hee is 'n ingebild'ten Gast*« zu.[21] *Nücken* sind als Schwächen, zumeist charakterlicher Art zu verstehen. Daneben waren Bezeichnungen wie *Grootsnuut* für einen stark zu Überheblichkeit neigenden Fischer früher auf Finkenwerder allgemein bekannt.
Ein tüchtiger, draufgängerischer Schiffer wird als *Drieber*[22] bezeichnet. Er ist in der Regel erfolgreich und angesehen. Beim *Hattdrieber* klingt sowohl Bewunderung als auch leichte Kritik an. Gemeint ist der Fischer, der besonders draufgängerisch fährt, sich selbst und seiner Besatzung keine Ruhe gönnt und sich auch bei schlechtem Wetter solange es nur irgend vertretbar erscheint auf See aufhält und fischt. Ein *Dwassdrieber*[23] ist im fachmundartlichen Zusammenhang nicht etwa ein Querkopf, sondern ein erfolgloser Fischer, einer, der in seinem Beruf nicht recht vorankommt.

3.1.4. Die Bekleidung der Fischer

Früher war es üblich, daß der Seemann seine persönliche Ausrüstung in einer *Seekist* aufbewahrte oder zumindest einen *Seesack* mit an Bord brachte. Dieser Tradition wird nur noch sehr selten gefolgt. Heute erfüllt ein alter Koffer oder ein traditionsentbundener Pappkarton die gleiche Funktion.
Bei dem durch die Arbeit an Deck bedingten ständigen Kontakt mit Wasser ist es wichtig, daß der Fischer seinen Körper durch warme Kleidung vor dem Auskühlen schützt. *Wullen Tüüg* war daher besonders vor Einführung der modernen Ölkleidung von großer Bedeutung. *Wullen Ünnertüüg, wullen Strümp, wullen Pullovers, Treuers, Westen,* der *Wullschool* und die *wullen Fischerbüx*, kürzer auch *Fischerbüx* oder in der Simplexform *Büx*, daneben auch die *ingelschleddern Büx*, eine Arbeitshose aus Baumwollstoff gehörten zur Bekleidung eines jeden Fischers. Das *Fischertüüg* galt als äußeres Kennzeichen der Berufsgruppe. Der Fischer selbst nannte seine Kleidung *Pattje.* Ein wesentlicher Nachteil der hier aufgezählten Kleidungsstücke war, daß sie mit der Zeit den starken Geruch der Fische annahmen und sich in ihnen leicht Fischschleim und Schmutz absetzte. Da an ein Auswaschen auf See nicht zu denken war, mußte der unangenehme Geruch in Kauf genommen werden, und so ist es nicht verwunderlich, daß ein Fischer über die Verhältnisse feststellt: »*Du füngst an to stinken.*« Schon früh versuchte man, die Kleidung vor Nässe und Fischschleim durch *Eultüüg*[24] zu schützen. Zunächst handelte es sich dabei um geöltes Leinenzeug. Erst später konnten zu diesem Zweck auch Kunststoffe verarbeitet werden. Obwohl die seit der Zeit nach dem Zweiten Weltkrieg verwendete Kunststoffkleidung nicht mehr eingeölt zu werden braucht, hat sich für diese Schutzausstattung die Bezeichnung *Eultüüg* gehalten.
Durch die Einführung des modernen, festen Ölzeugs sind die Kleidungsprobleme um einiges geringer geworden. Nach dem Zweiten Weltkrieg wurde zuerst ein sehr dünner Kunststoff ausprobiert, der allerdings noch nicht ausreichend Schutz vor Nässe bieten konnte. Heute sind die *Eulbüxen, Euljacken*[25], *Euljumper* und

Abb. 6: Seefischer in der für die zwanziger Jahre typischen Wollbekleidung und den Kremperstiefeln auf seinem Kutter **HF 263**.

Eulhemden aus einem stabilen Kunststoff gefertigt, der keine Feuchtigkeit durchläßt. Der etwa bis zu den Knien reichende *Eulkittel*, auch *Eulrock* genannt, wurde von der SBG aus Sicherheitsgründen verboten. Es war vorgekommen, daß sich der untere Teil des Kittels in der Winde verfangen oder sich mit der Kurrleine um eine der Königsrollen gewickelt hatte. Bei solchen Zwischenfällen war es zu schlimmen Verletzungen gekommen. Daher ist dieses Kleidungsstück nur noch sehr vereinzelt auf Finkenwerder Kuttern zu finden. Wegen des guten Ölzeugs braucht auf besonders warmhaltende Unterwäsche heute nicht mehr so viel Wert gelegt zu werden wie früher. Es wird für die Arbeit an Bord zumeist graue Wäsche aus Mako benutzt. Das traditionelle, blau-weiß gestreifte Arbeitshemd, der *Buscherump*[26], der schon eine Zeitlang nur noch von wenigen Fischern getragen worden war, kann seit einigen Jahren wieder häufiger auf Kuttern gesehen werden.
Sehr wichtig bei dem ständigen Umgang mit Wasser ist im Fischereigewerbe das Schuhzeug. Die *Stebeln* mußten daher auch schon vor der Einführung von Kunststoffen von besonderer Qualität sein. Ohne nähere Qualifizierung der Art der Stiefel wurde von den Fischern fast nur das Wort *Stebeln* oder die präzisere Form *Seestebeln*[27] benutzt. Nur in Fällen besonderer Differenzierung — das heißt, wenn die gegebene Situation keine eindeutige Interpretation zuläßt oder wenn zwei oder mehr unterschiedliche Arten gegeneinander abgesetzt werden sollen — wird *Stebeln* durch das jeweils relevante konstitutive Merkmal genauer bestimmt. So spricht man bei Stiefeln unterschiedlichen Materials von *Leddderstebeln* und *Gummistebeln*. Die alten Lederstiefel, die als Spezialität der Finkenwerder Schuhmacher galten, wurden auch *Krimper*[28] genannt. Diese Stiefel wurden links genäht und mußten zum Abschluß der Fertigstellung umgekrempelt werden. Die Benennung *Krimper* kann aber auch von der Tatsache herrühren, daß die sehr langen Stiefel umgekrempelt werden konnten, wenn man nicht mit ihnen arbeitete, sondern etwa längere Wege gehen wollte. Diese Stiefel reichten über die gesamte Beinlänge und konnten am Kniegelenk umgelegt werden. Im Fischereibetrieb spürten die alten Fischer ihre recht schweren Stiefel allerdings kaum noch. So schreibt der Fischer Heinrich Kinau, der Vater der drei bekannten Finkenwerder Schriftsteller Rudolf, Jakob und Johann Kinau (Gorch Fock), in seinem handgeschriebenen Lebenslauf: »Wir gingen mit die großen Stiefeln zu Bett, so wenn wir gerufen wurden gleich klar standen.«[29]
Die Benennungen für die Stiefel können nicht nur durch das Material, sondern auch durch die Länge bestimmt sein. Zu den heute üblichen Ölhosen braucht man keine *ganzen, hoogen* oder *langen Stebeln* mehr. Aus diesem Grund sind auch *halbe* oder *kotte Stebeln*, die bis zu den Knien reichen, gebräuchlich geworden. Die Stiefel werden allerdings nur an Deck bei der Arbeit getragen. Im Logis und im Ruderhaus bevorzugen die meisten Fischer ihre *Hultpantinen*, die auch *hülten Tüffeln* genannt werden. Während früher außerdem aus Leder gearbeitete Pantoffeln getragen wurden, ziehen heute fast alle Fischer die hinten offenen Holzschuhe vor.

Bei schlechtem Wetter muß der Fischer bei der Arbeit an Bord insbesondere seinen Kopf vor Nässe schützen. Heute wird diese Aufgabe häufig von der Kapuze der Öljacke übernommen. Viele Fischer bevorzugen jedoch eine von anderen Kleidungsstücken unabhängige Kopfbedeckung. So gibt es wohl kaum einen Fischer, der im Winter nicht einen *Südwester*[30] benutzt. Bei dem ständig wehenden Wind ist auch bei gutem Wetter eine Kopfbedeckung für die meisten Fischer ein notwendiges Kleidungsstück. Eine wollene *Pudelmütz* oder eine andere Art der *Mütz*, wie etwa die *Krimpermütz*, trägt daher fast jedes Besatzungsmitglied. Für die unterschiedlichen Kopfbedeckungen ist eine Reihe scherzhaft gemeinter Benennungen bekannt. Die Form der bezeichneten Mütze mag zu *Kohn* und *Koter* geführt haben. Auch bei *Klitsch* und *Schießkutter* wird das äußere Erscheinungsbild der Kopfbedeckung für die Bildung dieser Bezeichnung motivierend gewesen sein.

Handschuhe waren früher auf Finkenwerder Kuttern — ebenso wie auf Fischdampfern — verpönt. Es gehörte zum Prestige des Fischers, daß er den gefangenen Fisch mit seinen ungeschützten Händen bearbeitete.[31] Bei der Bünnfischerei mag ein besonderer Schutz der Hände nicht unbedingt erforderlich gewesen sein. Als die Fische jedoch geschlachtet werden mußten, kamen die Hände mit den im Fischmagen befindlichen scharfen Muschelstückchen in Berührung. »*Wü harrn dat roode Fleesch twüschen de Finger*«, sagt heute ein Fischer über diese Zeit, aber es dauerte bis zum Ende der dreißiger Jahre, bis Handschuhe für die Arbeit an Deck geduldet wurden. Der Umschwung wurde eingeleitet, als man verstärkt Langustenfang betrieb und beim Abbrechen der Schwänze nicht mehr auf einen Schutz der Hände verzichten konnte. Zuerst zog man sich Wollstrümpfe über die Hände, doch es gab immer noch eine Reihe von Fischern, die den Standpunkt vertraten: »*Hanschen — dat geiht doch ne.*« Heute werden auf jedem Kutter *Hanschen* getragen. Sie bestehen aus stabilem Gummimaterial und haben meistens eine grüne Farbe. Nach ihrer Funktion werden diese Handschuhe auch als *Slachthanschen* bezeichnet, wenn die Situation eine solche Spezifizierung auf sprachlicher Ebene erforderlich macht.

3.1.5. Rollenverteilung und Kommunikation an Bord

Die Zuweisung bestimmter Aufgaben an die einzelnen Besatzungsmitglieder ist unter verschiedenen Aspekten zu beleuchten. Auf der einen Seite fördert ein abgegrenzter Aufgabenbereich die Ausbildung eines Verantwortungsbewußtseins. Der einzelne sieht sich verpflichtet, die in seinem Teilbereich gestellten Forderungen zur Zufriedenheit aller zu erfüllen. Durch die prozentuale Beteiligung am Fangerlös und durch die Notwendigkeit zur Gewährleistung der eigenen Sicherheit ist jedes Besatzungsmitglied in ausreichender Weise motiviert, die Arbeit gewissenhaft und vollständig auszuführen, auch wenn aus unterschiedlichen Grün-

den immer wieder Abstriche gegenüber diesem allgemeinen und weitgreifenden Anspruch gemacht werden müssen.
Auf der anderen Seite trägt eine starre Einteilung in Aufgabenbereiche zur Verfestigung der an Bord herrschenden Hierarchie bei. Obwohl die feste Rangfolge auf den Schiffen schon aus alter Zeit tradiert ist, muß doch davon ausgegangen werden, daß bis zum Einbau der Motoren die Rangunterschiede von den Gemeinsamkeiten überdeckt werden konnten. Wesentlicher Bestandteil dieser Gemeinsamkeit war der von allen geteilte Wohn- und Schlafraum. Der Umzug des Schiffers in eine eigene Kammer, die hinter dem Ruderhaus lag, ist in diesem Zusammenhang als entscheidender Einschnitt zu werten. Wegen der gestiegenen Anforderungen an den Wachhabenden durch die zahlreichen technischen Geräte im Ruderhaus wurde die ständige Präsenz des Schiffers auf der Brücke erforderlich. Während zunächst nur eine Ruhebank an der Rückwand des Ruderhauses aufgestellt worden war, erweiterte man später den Aufbau und errichtete hinter der Brücke die Kammer für den Schiffer. Dieser war von nun an nicht mehr darauf angewiesen, Tag und Nacht mit seinen Besatzungsmitgliedern zusammen zu verbringen, er hatte vielmehr die Möglichkeit, sich räumlich von ihnen zu trennen. Hinzu kam, daß die Sicherheit auf den Fahrzeugen nach dem Ersten Weltkrieg stark verbessert worden war, so daß auch nicht mehr die ständige Bedrohung des Lebens Schiffer und Besatzung auf eine gleiche Stufe stellen konnte. Mehr als vorher konnte sich der Schiffer als Herrscher fühlen; eine Tatsache, die einige Kapitäne ihre Leute durchaus spüren ließen. Heute sagt ein Fischer dazu: *»Door wüürn welk, de hebbt ümmer meent, se wüürn blooß deejenigen, de fischen kunnen, un de Lüüd, dat wüür Schiet.«* Doch nicht alle Schiffer zeigten auf diese Weise ihren Stolz. Es gab auch solche, die den Standpunkt vertraten: *»Ohne mien' Lüüd bün ick goor nix.«* In allen Fällen stand jedoch deutlicher als zuvor der Schiffer als Besitzer des Fahrzeuges und als Arbeitgeber an der Spitze der Rangordnung.
Dieser Trend hat sich bis in die Gegenwart fortgesetzt. Der Schiffer ist jederzeit für sein Fahrzeug verantwortlich und hält sich in der Regel auf der Brücke auf. Beim Hiewen und Fieren des Netzes führt grundsätzlich der Schiffer den Kutter. Heute beteiligen sich die meisten Schiffer allerdings auch an den zur Fischverarbeitung notwendigen Arbeiten an Deck. Bei der gegenwärtigen Situation, in der es kaum noch *Jungen* an Bord von Fischkuttern gibt, kommt es darüber hinaus nicht selten vor, daß der Schiffer selbst sich um das Zubereiten der Mahlzeiten kümmert. Beim Essen wird allerdings auch heute noch nach der alten Regel verfahren: *de Schipper langt toierst too*, ihm steht es also zu, als erster seinen Teller zu füllen. Während des Essens übernahm früher grundsätzlich der Decksjunge das Ruder. Heute kann die gesamte Besatzung wegen der automatischen Steueranlage die Mahlzeiten gemeinsam einnehmen.
Als zweiter Mann hinter dem Schiffer ist der *Bestmann* oder der *Stüürmann* anzusehen. Zu seinen besonderen Aufgaben zählt das Verknoten und das Öffnen des Netzes sowie die fachkundige Vereisung des Fanges im Fischraum. Auf den

Abb. 7: *De Schipper langt toierst too.*

modernsten Kuttern, die während der Nacht nicht fischen, teilen sich der Schiffer und der Steuer- oder *Bestmann* die Wachen am Tage. Nur sie sind in der Lage, das komplizierte technische und elektronische Gerät sachgemäß zu bedienen.

Nach wie vor sind das »Du« und der Vorname als Anredeformen auf den Finkenwerder Kuttern durchgehend in Gebrauch. Ein »Sie« wird man äußerst selten hören, denn nur besonders vorlaute Jungen müssen am Anfang den Schiffer mit »Sie« anreden: »*Wenn dat ganz droke sünd, denn mööt se 'n beten linger › Sie ‹ seggen.*«

Das Verhältnis der Männer zueinander ist also von zwei scheinbar widersprüchlichen Aspekten geprägt. Auf der einen Seite zeigt sich ein starres, streng gegliedertes hierarchisches System, das dem einzelnen eine ganz bestimmte Rolle zuweist. Andererseits finden wir jedoch in der Anredeform immer noch die tradierte Gleichstellung, die aus dem Bewußtsein erwachsen ist, daß nur ein Zusammenleben der gesamten Besatzung die Sicherheit an Bord und den Erfolg beim Fang gewährleisten kann.

Bis in die sechziger Jahre hinein war ein Bordhund auf fast jedem Kutter oder Ewer als ständiger Begleiter der Seeleute anwesend; heute gibt es den Bordhund in der Finkenwerder Hochseefischerei nicht mehr. Seine Existenz verträgt sich offenbar nicht gut mit einem modernen, rationell arbeitenden Betrieb. Auch diese Wandlung mag als Beispiel für eine neue, technisch orientierte Berufsauffassung stehen.

3.1.6. Kontakt zu anderen Schiffen

Bis zum Einbau radiotechnischer Kommunikationsmittel nach dem Zweiten Weltkrieg war die Herstellung einer Verbindung zu anderen Schiffen selten. Zwar fischten oft zwei oder auch mehr Kutter in unmittelbarer Nähe, jedoch konnten Angaben über den Fang nur in beschränktem Umfang ausgetauscht werden. Bedingt durch die früher wesentlich kleineren Fanggebiete fischten oft zehn, zwanzig oder dreißig Kutter und Ewer in Sichtweite zueinander. Wenn das Netz

nicht ausgesetzt war, fuhr man aufeinander zu, um stichwortartig Informationen über den Fang auszutauschen. Begegneten sich zwei HF-Fahrzeuge auf der Aus- oder Heimreise, so wurden ebenfalls Auskünfte erteilt. Wegen der Kürze der Zeit, die beim Aneinandervorbeifahren der Schiffe für ein Gespräch zur Verfügung stand, waren es immer die gleichen Themen, die dabei formelhaft behandelt wurden. Der sich auf Heimreise befindliche Fischer wollte wissen, wie die Preissituation auf dem Fischmarkt war und was es Neues von Finkenwerder zu berichten gab. Für den ausfahrenden Fischer waren die Fragen »*wat is de Fang*« und »*'nem hes' fischt*« von Bedeutung. Er entschied nach den Angaben über Fangmenge und Fangplatz, wo er selbst sein Netz aussetzen wollte. Mitzka gibt für diese Gesprächssituation folgendes Beispiel: »Auch die gegenseitige Begrüßung auf der Fahrt kann in gebräuchlichen Redensarten üblich sein. *Ok mol hier?* ruft der Finkenwärder Fischer dem andern zu. Bei widrigem Wind: *Bösen Wind!* Trifft er einen andern, der nach Hause fährt: *Hest de Reis?* Hast du die Fangreise? oder scherzhaft: *Vör'n Wind utkneepen?*«[32]
Heute stehen die Fahrzeuge in ständigem Funkkontakt miteinander. Während man bis vor wenigen Jahren über eine recht weit reichende Frequenz miteinander in Verbindung stand, seine Informationen *ober Grenzwell*[33] austauschte, so steht heute eine eigene UKW-Frequenz zur Verfügung. Bei Kontaktaufnahme sagt man: »*He mild't sick ober UKW.*« *UKW* bezeichnet dabei in der fachlichen Umgangssprache in erster Linie das Gerät, mit dem Funksprüche, die über eine UKW-Frequenz abgesetzt werden, empfangen werden können.
Die Verbindungsaufnahme wird wie früher *Anropen*, aber auch *Telefonieren* genannt. Das radiotechnische Sender-Empfänger-Medium wird allgemein *Telefonie* genannt: »*Hüüt geiht dat allens ober Telefonie.*« In der fachlichen Umgangssprache sind für das Gerät auch die an Land verwendeten Bezeichnungen *Quasselkasten* und *Klöönkasten* durchaus gebräuchlich. Die meisten Kutter haben neben ihrem *Sender* schon mehrere *Empfänger* an Bord, um nicht nur die Informationen über einen *Konool*, sondern über verschiedene Frequenzen empfangen zu können. Schließlich will keiner versäumen zu erfahren, an welcher Stelle die meisten Fische gefangen werden. Um zu verhindern, daß andere von den weitergegebenen Informationen profitieren und man in wenigen Stunden von Fahrzeugen aus Bremerhaven, Cuxhaven, aus Holland und Dänemark eingekreist ist, wenn man ein gutes Fangergebnis über UKW weitergegeben hat, sind viele befreundete Fischer in letzter Zeit zum Informationsaustausch über *Walky Talky* übergegangen. Hier läßt eine vereinbarte Frequenz bei begrenzter Reichweite die Aufnahme nur durch dafür vorgesehene Empfänger zu.
Aus dem äußerst begrenzten Kontakt von Schiff zu Schiff hat sich mit Hilfe technischer Mittel eine weitreichende Verbindung auf internationaler Ebene entwickelt, wobei heute allerdings das Bestreben unverkennbar ist, die Anzahl der Mithörer möglichst klein zu halten. Der Anruf über Funk verläuft nach den internationalen Vorschriften. Das Ende einer Wortmeldung wird signalisiert durch die Formel *schalt um*. Damit ist gleichzeitig das Zeichen für den Gesprächspart-

ner gegeben, daß dieser jetzt sprechen kann. Die Beendigung des in der Regel in Nd. geführten Gespräches wird durch die hd. Formel *Gute Fischerei* angezeigt.
Während für den Fang solche Informationen wichtig sind, für die sowohl ein Sende- als auch ein Empfangsgerät an Bord benötigt wird, war die Einführung reiner Empfangsgeräte direkt nach dem Zweiten Weltkrieg von großer Bedeutung für die Sicherheit von Mensch und Gerät. Dabei kam dem Seewetterbericht eine besondere Stellung zu. Mit der Zeit wurde das Wettervorhersagesystem immer weiter entwickelt, so daß heute recht genaue Vorhersagen getroffen werden können. In unserer Zeit gehört es zu den Selbstverständlichkeiten an Bord, daß der *Wetterbericht* täglich abgehört wird. So kann bei Sturmwarnungen rechtzeitig ein schützender Hafen aufgesucht werden. »*Hee mild't slecht Wetter*«, heißt es dann, und der Fischer weiß, daß das Fischen eingestellt werden muß und unter Umständen Vorkehrungen zum Aufsuchen eines Hafens zu treffen sind.
Solange die See von Finkenwerder aus mit Fischereifahrzeugen befahren wird, hat es ständig Kontakte zu Fischern aus anderen Orten und aus anderen Ländern gegeben. Berufskollegen aus deutschen Küstenstädten werden zumeist nach dem Heimatort ihrer Fahrzeuge in Singular- oder Pluralform bezeichnet. Es ist die Rede von *de Cuxhobener(s), de Bremerhobener(s)* und *de Büsumer(s)*. Für die bundesdeutschen Fischer von der Ostseeküste gibt es den Sammelbegriff *de Oostseekirl*. Ausländische Fischer werden nach ihrer Nationalität bezeichnet. Dabei wird zumeist im kollektiven Singular von *de Franzoos, de Engländer, de Holländer, de Dään* und *de Norweger* gesprochen. Dagegen werden Schiffe aus den Ostblockstaaten in der Regel in Pluralform erwähnt: *de Russen* und *de Demokroten* für die Fahrzeuge aus der DDR.[34]
Schiffe aus den deutschen Nordseehäfen werden individuell betrachtet, und so erscheinen Cuxhavener oder Bremerhavener in der Rede in Singular- und in Pluralform. Ausländer, zu denen man Kontakt aufnehmen kann oder deren Häfen man besucht, wie etwa Dänen und Holländer, werden unter dem durch die Nationalität bestimmten Sammelbegriff im Singular zusammengefaßt. Zu Schiffen aus Staaten des Warschauer Paktes wird dagegen nie Kontakt aufgenommen. Zu ihnen besteht keine individuelle Beziehung, und da diese meistens in größeren Verbänden auftreten, spricht man von ihnen häufig in der Mehrzahlform.
Teilweise war auch das Herkunftszeichen von Schiffen Ausgangspunkt für eine Benennung: So wurde etwa das »SB« der Blankeneser als »sehr bedächtig« interpretiert.[35]
In der Nord- und Ostsee ist der Fischfang mittlerweile zu einer internationalen Angelegenheit geworden. Trotz einer Ausdehnung nationaler Fanggrenzen geht der Trend weg von einem Gegeneinander und hin zu einem tolerierenden Nebeneinander, obgleich unter dem Gesichtspunkt der Kooperation auch für die Gegenwart noch eine Reihe von gegensätzlichen Beispielen aufgeführt werden kann. Harter Konkurrenzkampf steht einem gemeinsamen Handeln nach wie vor im Wege, doch sind die Fischer auf internationaler Ebene mehr denn je bereit, von-

einander zu lernen und neue Methoden und Geräte zu übernehmen. So hat sich etwa eine aus Dänemark stammende neuer Art des Grundtaus schnell auch auf Finkenwerder Kuttern durchgesetzt. Die selbstherrliche Einstellung, die Ernst Bargheer im Winter 1949/50 in Kiel vorfand, als die ersten Finkenwerder Fischer zum Fang in die Ostsee fuhren, gibt es wohl heute kaum noch. Damals sagte ihm ein Finkenwerder Schiffer: »*Nu wööt wi jüm mool wiesen, wo dat Fischen geiht.*«[36] Die Finkenwerder haben heute erkannt, daß auch von außerhalb des eigenen Heimatortes stammende Fischer über Können und technische Fertigkeiten verfügen. Man ist bereit auszuprobieren und zu übernehmen, so daß Fischereigerät und -technik einer fortschreitenden Weiterentwicklung unterliegen.[37]

3.2. Die Fahrzeuge der Finkenwerder Hochseefischer: Bauweise, Räumlichkeiten, Ausrüstung

Im Laufe der fachlichen Entwicklung hat sich entsprechend den Anforderungen auch das Bild der Fahrzeuge, die in der Finkenwerder Hochseefischerei verwendet werden, geändert. Veränderungen zeigen im Schiffstyp, aber auch in einer Neuaufteilung der Räumlichkeiten oder der Einführung neuer Bauelemente.[38] Grundsätzlich kann eine Entwicklung zur Verbesserung der Fangergebnisse (Antriebskraft, Netze), zur leichteren und schnelleren Handhabung des Geräts (Winden), zur besseren Konservierung des Fangs (Eisraum) und zur Erhöhung der Sicherheit (Bauweise, radiotechnische Hilfsmittel) festgestellt werden. An den Schiffen läßt sich leicht ablesen, daß bei den modernen Kuttern der Schwerpunkt auf einen zweckrationalen Einsatz gelegt ist.[39] Es heißt von älteren Fischern, daß sie beim Neubau eines Fahrzeuges sogar auf die Formschönheit der Holzmaserung im Ruderhaus Wert gelegt hätten. Solche Überlegungen spielen heute nur noch eine untergeordnete Rolle. Verzierungen finden auf modernen Kuttern keinen Platz. Diese Erscheinung hat sicherlich nicht nur ökonomische Gründe, auch eine gewandelte Einstellung zum eigenen Tätigkeitsfeld auf See findet hier ihren Ausdruck.
Im folgenden sollen verschiedene Entwicklungsstufen aufgezeigt und anhand des Fachwortschatzes vor dem Hintergrund der fachlichen Entwicklung erläutert werden.

3.2.1. Fahrzeugtypen

Abb. 8: Kahn eines Elbfischers. Im Mast sind die Aalkörbe zum Trocknen aufgeholt.

Schon für die von Finkenwerder aus betriebene Elbfischerei galt das Fahrzeug als wichtiges Hilfsmittel. Verschiedene Fangmethoden konnten wegen des Spiels von Ebbe und Flut von Land aus betrieben werden, die Mehrzahl der Fischer war jedoch auf ein Fahrzeug angewiesen.

Auf Finkenwerder spricht man allgemein von *de Flott* und meint damit die Gesamtheit der früher unter Segeln fahrenden und heute motorgetriebenen größeren Schiffstypen.

Da die größeren Schiffe in früheren Zeiten nicht wie heute an einem mit dem Land verbundenen Ponton festmachen konnten, sondern ihren Anker in der Elbe vor dem Deich oder später im Fleet oder im Kanal fallen ließen, benötigten die Hochseefischer zusätzlich ein Fahrzeug, mit dem sie an Land gelangen konnten. Das kleinste Schiff ist *de Fischerkohn*, meist kurz *Kohn*[40] genannt, ein flachgehendes Fahrzeug, das hauptsächlich als Zubringer zum *Boot*[41] diente. Im Kahn machten häufig Kinder ihre ersten Erfahrungen mit dem nassen Element. Heute ist nur noch der *Molerkohn* in Gebrauch, von dem die Außenhaut der Kutter vom Wasser aus angestrichen werden kann.

De Lüttfischerboot wird in der Elbfischerei eingesetzt. Es ist mit einer Bünn ausgerüstet. Der Fang kann also im lebenden Zustand nach Hause oder an den Markt gebracht werden. Heute kann man auf Finkenwerder nur noch sehr wenige dieser mit einer HBK-Nummer gekennzeichneten Boote sehen. Sie sind alle mit einem Motor und einem Fischbehälter ausgestattet. Handelte es sich um ein besonders großes Boot, so hieß es *de groot Boot*. Bei verschiedenen Fangmethoden dienten die *Beu* (pl.) als Arbeitsboote und Zubringer für Jolle und Ewer. *De Seefischerboot* hat dagegen grundsätzlich keine Bünn. Man benutzte es auf See zum Beispiel für die Wadenfischerei.[42] Auf den Segelfahrzeugen hatte das Boot hinter dem Großmast, also unter dem Baum des Großmastes, seinen Platz. Später wurde es auf dem Aufbau hinter dem Ruderhaus untergebracht. Eine wichtige Funktion des Bootes war die eines Rettungsgerätes. Es war in seinen Maßen und seiner Beschaffenheit von der Versicherung und später von der SBG vorgeschrieben. Der verstärkte obere Abschlußbalken des Bootes heißt im Sprachgebrauch *Dullboom*.[43] Zur Fortbewegung bediente man sich der *Reemen*, mit denen gerudert oder gewriggt wurde. Die quer zur Bootslänge verlaufende Sitzbank nennt man *Ducht*[44], eine direkt vor dem Heck angebrachte Bank *Achterducht*.

Wurde ein Boot zum Zwecke des Fischfangs eingesetzt, so sprach man auch vom *Biboot*. Eine besondere Form der in der Elbfischerei gebräuchlichen Beiboote nannte man *Bullen*.[45] Als *Fleitj*[46] bezeichnete man im 19. Jahrhundert das Boot, das am Heck des Ewers aufgestellt und dort mit Hilfe eiserner Ringe befestigt wurde. Im Sinne eines pars pro toto bezeichneten die Fischer auch den als Vorläufer des Besanmastes eingesetzten Mast des Bootes (vgl. 3.2.6.1.) als *Fleitj*.[47]
Die Funktion des Rettungsgerätes[48] wird derzeit auf vielen Kuttern von den *Rettungsinseln*[49] ausgefüllt; und da auch nicht mehr die Notwendigkeit besteht, ein kleines Fahrzeug zum Übersetzen an Land benutzen zu müssen, gibt es an Bord der gegenwärtig fahrenden Hochseekutter nur noch in Ausnahmefällen ein Boot zu sehen. Eine Zeitlang versuchte man, auf dem Aufbau hinter dem Peildeck ein *Schlauchboot* unterzubringen; das Material erwies sich jedoch als nicht genügend strapazierfähig. Die heute noch vorhandenen Boote fallen fast ausnahmslos unter die Kategorie *Plastikboot*, sie sind aus Kunststoffen gefertigt. Als Sicherungseinrichtung ist auch gegenwärtig noch der herkömmliche *Rettungsring* verbindlich vorgeschrieben.
Die *Jill*[50], seltener nach ihrer Verwendung auch *Fischerjill* genannt, war ein halbgedeckter, in der Elb- und Küstenfischerei benutzter Ewertyp. Während der Bau von Ewern schon vor der Jahrhundertwende mit der Einführung des Kuttertyps eingestellt wurde, bestand die kleinere Jolle weiter.[51] Sie wurde später zum vollgedeckten kleinen Kutter und zum Krabbenkutter weiterentwickelt. Der Bau der Jollen gründete sich immer nur auf tradierte Erfahrung. Erst vom Ende der zwanziger Jahre an wurden im Gegensatz dazu die Kutter im eigentlichen Sinne konstruiert. Auf der Elbe und besonders auf den Watten wurde die *Buttjill* verwendet, die etwas größer war als die normale Jolle. Der noch größere, in der Kü-

Abb. 9: Jolle in den zwanziger Jahren auf der Aue-Insel, links erkennt man den Eisschuppen.

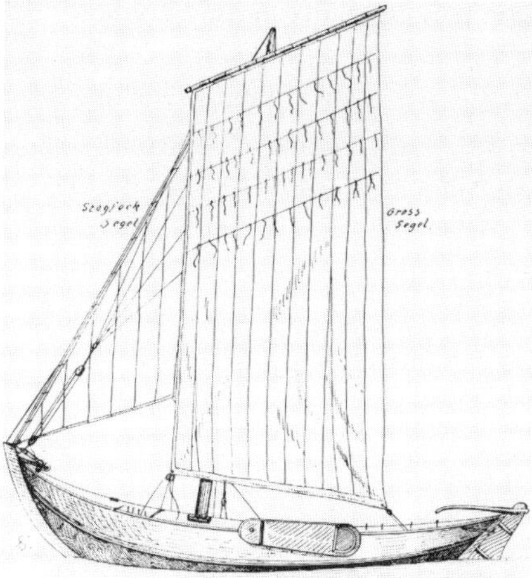

Abb. 10: Pfahlewer mit Rahsegel um 1800.

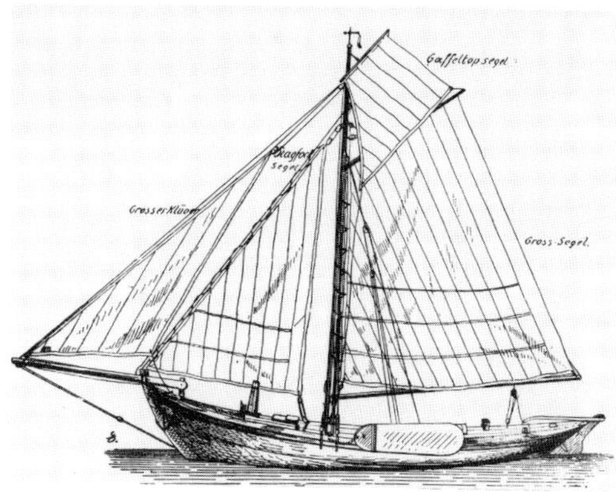

Abb. 11: Giekewer mit einem Mast.

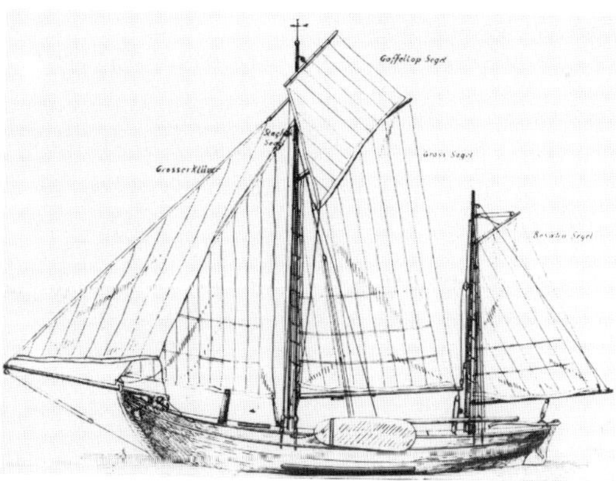

Abb. 12. Einmastewer zum Besanewer umgetakelt.

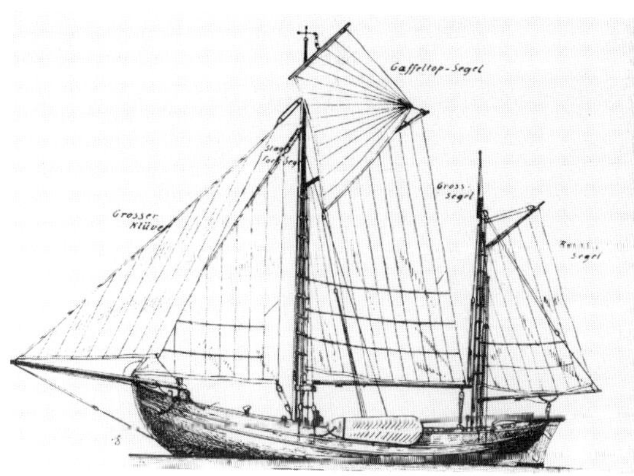

Abb. 13: Besanewer nach 1860.

▼ Abb. 14: Ewer um 1900.

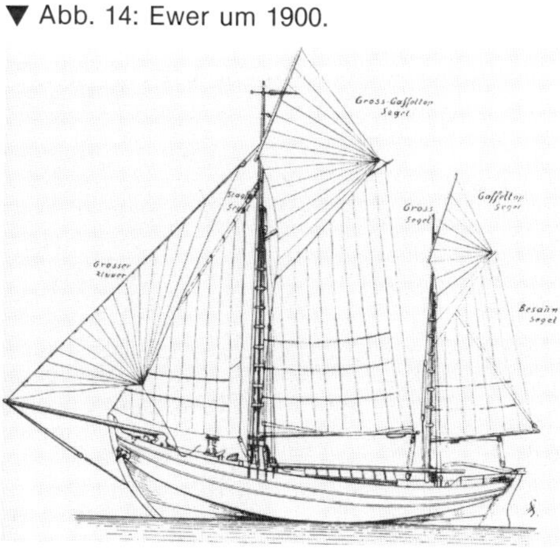

▼ Abb. 15: Kutter um 1900.

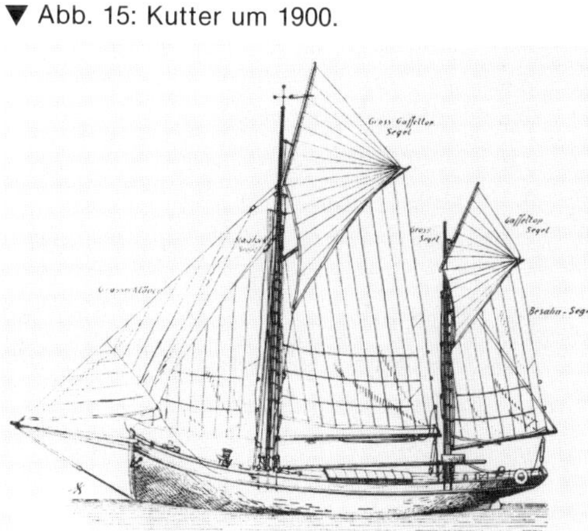

stenfischerei übliche Typ wurde *groot Jill* genannt. Scherzhaft bezeichnete man eine kleine, alte Buttjolle als *Baß.*[52]

Der älteste in der Hochseefischerei verwendete Schiffstyp ist der Ewer, in Finkenwerder *Eeber*[53] ausgesprochen. Zu Beginn des 19. Jahrhunderts fuhr man mit dem noch offenen *Pohleeber* auf die hohe See hinaus. Wegen der Gefahr des Vollschlagens wurde das Schiff zunächst halb, später ganz gedeckt. Der Pfahlewer hatte einen Mast, an dem zu Beginn nur ein Rahsegel[54], später Großsegel, Stagfock und Klüver gesetzt werden konnten.[55] Bei dieser Art der Besegelung sprach man vom *Giekeeber.* Schon bald erwies sich aber die Segelfläche zum Schleppen der schweren Baumkurre als unzureichend. Zuerst wurde ein Segel auf dem Beiboot gesetzt, später baute man einen zweiten Mast fest in das Fahrzeug ein. Dieser neue Typ, der *Besooneeber*, wurde etwa zwischen 1830 und 1880 gebaut.[56]

Der hauptsächlich im Wattengebiet zur Küstenfischerei verwendete Ewer, der sich durch einen flachen Boden auszeichnete, wurde *Watteeber* genannt — im Gegensatz zu den größeren *See-Eebern.* Als *Spitzn̦* bezeichnete man die Ewer, deren Steven und Mast eine besonders spitze Form aufwiesen.[57]

Die Seitenschwerter des Ewers wurden in der zweiten Hälfte des 19. Jahrhunderts durch ein Mittelschwert ersetzt. Der *Kuttereeber* oder *Eeberkutter*[58], der von 1875 an gebaut wurde, wies noch die für den Ewer typischen Knickspanten auf, hatte jedoch einen festen Kiel. Ab 1883 wurde die aus England stammende Kutterbauweise übernommen.

Der Kutter ist auf den Kiel aufgebaut. Im Gegensatz zum Ewer hat er einen geraden Steven. Der Ruderschaft wird durch das überhängende Heck des Schiffes hindurchgeführt und liegt nicht mehr direkt hinter dem Achtersteven. Der Kutter zeichnet sich im äußerlichen Erscheinungsbild durch seine schärferen Linien gegenüber dem Ewer aus. Die Größe der Kutter war anfangs je nach Verwendungszweck sehr unterschiedlich. Der *Krabben-* oder *Knootkuuter*, mit dem im Küstenbereich Krabben gefischt wurden, war größer als der *Lüttfischerkutter*, der in der Elbfischerei eingesetzt wurde, und kleiner als der *Seekutter.*

Das Fahrzeug des Seefischers wird zumeist durch die Simplexform *Kutter*[59] bezeichnet. Nur in Situationen, die nach einem Vergleich unterschiedlicher Schiffstypen verlangen, erfolgt eine genauere Differenzierung. Nach der Antriebsart wird dann zwischen einem *Seilkutter* und einem *Motorkutter* unterschieden. Auch nach dem verwendeten Baumaterial ist eine Differenzierung möglich. Der *hülten Kutter* ist vollständig aus Holz gebaut, während der *iesern Kutter* ganz aus Stahl gearbeitet ist; die präpositionale Fügung *Kutter uut Iesen* ist für den gleichen Inhalt durchaus gebräuchlich. Entwicklungsmäßig zwischen dem Holz- und dem Stahlschiff ist der *Kompositkutter*[60] anzusiedeln. Er ist in Kompositbauweise, also mit stählernen Spanten und hölzernen Planken, gebaut. Reine Holzkutter existieren in der modernen Finkenwerder Flotte kaum noch. Die neuen Schiffe sind ganz aus Stahl, während die Kriegsfischkutter *KFK* noch Holzbeplankung aufweisen. Die KFK gehören zu einer Serie von Einheitskuttern, die im Zweiten

Abb. 16: Fischerewer im Köhlfleet vor Anker liegend, 1924.

Abb. 17: Hölzerner Segelkutter.

Abb. 18: KFK im Hafen von Helgoland.

Weltkrieg für militärische Zwecke gebaut wurden, und von denen nach dem Krieg eine ganze Reihe nach Finkenwerder und an die Ostsee vergeben wurde.

Da in jüngster Zeit die Fangmethoden bezüglich einzelner Fischsorten stark variieren, differenziert man innerhalb der kleinen Hochseefischerei zwischen *Schullenkuttern* und *Schillfischkuttern*, während man um die Jahrhundertwende nur den *Eusterkutter* nach den Hauptfangobjekten benannt hatte. Nur in Abgrenzung gegen nicht in der Fischerei eingesetzte Fahrzeuge bedient man sich der Benennungen *Fischereeber* und *Fischkutter*. Die Grundwörter *Eeber* und *Kutter* beinhalten in der untersuchten Fachmundart üblicherweise die Verwendung des Schiffes in der Fischerei. Nach dem Herkunftsland werden die in den sechziger Jahren in die Finkenwerder Flotte aufgenommenen *Holländer* benannt, die sich durch eine besondere Kutterbauweise auszeichnen.

Die allgemeinen Bezeichnungen *Schipp* und *Fohrtüüg* werden heute in stärkerem Maße als früher verwendet. Wie schon an anderer Stelle erwähnt wurde, benutzen die Finkenwerder Fischer zur Unterscheidung der einzelnen Schiffe ihrer Flotte den Namen des Schiffes, die Nummer und den Namen des Schiffers. Insofern wird *Kutter, Schipp* oder *Fohrtüüg* fast ausschließlich in Verbindung mit Possessivpronomen (*sien Kutter*) oder Adjektiven (*'n nee'es Schipp*) benutzt. Außerdem ist eine Verwendung dieser allgemeinen Bezeichnungen für Schiffe möglich, die nicht aus der heimatlichen Flotte stammen und mit deren Nummer und Namen der Sprecher keine persönlichen Beziehungen verbindet.

Bewußt setzte sich der Fischer gegen die *Dreugeeber* ab. Alle Frachtewer wurden

Abb. 19: Moderner Hochseekutter **Inez-Christin** am Stack in Finkenwerder.

früher unter diesem Begriff zusammengefaßt.[61] Später wurde *Dreugeeber* im Sprachgebrauch auf alle Frachtschiffe ausgedehnt. Zunächst mag diese Bezeichnung als Gegensatz zu dem mit einer Bünn versehenen »nassen« Ewer gemeint gewesen sein. In der Regel war *Dreugeeber* jedoch die Konnotation der Abwertung beigegeben. Scherzhaft sagten die Fischer, wohl besonders um die Manövrierfähigkeit des Schiffes und das seglerische Können der Frachtschiffer in Frage zu stellen: *»Dee kann ook ober Slick seilen«*.

Die Einführung von Motoren als Antriebsmittel für Wasserfahrzeuge hatte mannigfache Auswirkungen auch auf die Segelfischereifahrzeuge. Diese Auswirkungen waren nicht nur negativer Art, wie es zuweilen scheinen mag. So nahmen etwa Ewer und Kutter, die mit voller Bünn die Elbe hinaufsegelten, bei Flaute gern einen *Sleepdamper* in Anspruch, der eine sichere Anlandung des Fanges am Markt gewährleistete. Auch im Winter wurde die Hilfe der Schlepper gesucht, damit die Kutter und Ewer sich vom Eis befreien und in die offene Fahrrinne vordringen konnten.

Nachteilige Konsequenzen größeren Umfangs erwuchsen allerdings, als Motoren auch in Fischereifahrzeuge eingebaut wurden. Die durch die Konkurrenzlage zu den in vielen Belangen überlegenen Fischdampfern entstandenen Nachteile für die Segelfischerei sind bereits im historischen Zusammenhang ausführlich beschrieben worden.[62] Zuerst mag man noch über die *Smeukeeber* gelächelt und sie für minderwertig erklärt haben[63], die Wirklichkeit belehrte die Fischer mit der Zeit jedoch eines besseren. Den Dampfern gehörte die Zukunft, während die Segelfischereifahrzeuge nicht mehr profitabel arbeiteten. So war es nicht zuletzt die deutsche Fischdampferflotte, in der viele der in der Finkenwerder Fischerei beschäftigten Männer Arbeit während der schweren Zeit um die Jahrhundertwende fanden. Viele versuchten, mit dem auf einem *Fischdamper*, kurz auch *Damper*, verdienten Geld zu einem eigenen Kutter zu gelangen. Denn auch in der Zeit des Rückganges in der Fischerei genoß der Selbständige auf Finkenwerder besonderes Ansehen. Der Spruch *»leber 'n lütten Herr as 'n groten Knecht«* ist Ausdruck dieser Einstellung. Heute, da die Kutter alle von Motorenkraft getrieben werden, kommt es sogar vor, daß ein Schiffer von *mien Damper* spricht. Die Konkurrenz ist durch die heute unterschiedlichen Fanggebiete reduziert worden.[64]

Die modernen Fischdampfer werden wegen der auf ihnen praktizierten maschinellen, arbeitsteilig ablaufenden Fischverarbeitung als *Fabrikscheep*[65] bezeichnet. Kurz sagt man auch *Fabrik* zu den Schiffen, auf denen die Fischverarbeitung bis zur Konservierung in Dosen fortgeschritten ist und auf denen die Arbeit zum Teil an Fließbändern verrichtet wird.

Mengenangaben in bezug auf Schiffe sind zum größten Teil gemeinsprachlicher Art. Es ist die Rede von *'n poor Kutters* oder *'n ganzen Barg Scheep*. Für eine größere Anzahl dem Sprecher bekannte Fahrzeuge wird auch die Bezeichnung *'n Gericht Kutters* verwendet. Auch das aus der Fischkunde bekannte Wort *Schwarm* kann — häufig in hd. Form — für eine Ansammlung von Fahrzeugen benutzt werden: *'n Schwarm Fischerlüü*.

3.2.2. Eigenschaften des Schiffes

Schiffe können nach dem jeweils relevanten Merkmal in verschiedener Weise charakterisiert werden. Das äußere Erscheinungsbild des Fahrzeuges eignet sich besonders gut, Unterschiede zwischen einzelnen Schiffen eines Typs aufzuzeigen. Ein Kutter, der tief im Wasser liegt, wird als *deep* bezeichnet. Im Gegensatz dazu sagt man von einem Kutter, der hoch im Wasser liegt, *hee drift hooch*. Treibt ein Schiff extrem hoch, so erweist es sich als sehr windanfällig, und man muß es mit *Ballast* beschweren, damit es tiefer im Wasser liegt.
Nicht so sehr das Aussehen des Schiffes im Wasser als vielmehr seine allgemeine Form ist gemeint, wenn man von einem *flachen* Kutter spricht. In gleicher Weise kann nach den auffälligen Ausmaßen des Schiffes differenziert werden. Ein Kutter kann als *breet* oder *lang* beschrieben werden. Die allgemeine Form des Fahrzeuges spiegelt sich auch in Ausdrücken, die die Linienführung betonen. Im Gegensatz zum Ewer zeichnete sich die Kutterform durch ihre strengere Linienführung aus. Der Kutter wurde als *scharp* bezeichnet, eine Eigenschaft, die später insbesondere mit schnellen Seglern in Verbindung gebracht wurde.
Eine langgestreckte, scharfe Schiffsform wird als *spitz* bezeichnet. Im Gegensatz dazu steht der *vulle* Kutter, von dem man auch sagt, *he hett 'n dicken Buuk*. In diesem Falle wird ein Schiffsteil zur Charakterisierung herangezogen. Ebenso kann es heißen: *»He hett nich so veel Buuk«* oder *»Dat Heck, dat hingt.«*
Eine Charakterisierung eines Schiffes kann allerdings auch nach anderen Kriterien als denen des äußeren Erscheinungsbildes vorgenommen werden. Ein Kutter, der sich leicht manövrieren läßt, wird als *handig* bezeichnet. Die gegenteilige Eigenschaft ist *unhandig*. Für die Charakterisierung der Eigenschaften eines Schiffes ist sein Verhalten bei schlechtem Wetter von großer Bedeutung. Ein als *wetterfast* bezeichnetes Fahrzeug erweist sich auf der häufig stürmischen Nordsee als vorteilhaft. Wichtig ist es, daß ein Schiff *bi slecht Wetter goot an'n Kurs liggen deit*. In entsprechender Form heißt es, daß das Schiff *goot an de Krüüz liggt* oder *goot an de Wind liggt*.
Für die Qualität eines Fischereifahrzeuges haben die Fangergebnisse besondere Bedeutung. Es zeigt sich, daß der Ertrag auch von der Schiffsform und vom Verhalten des Schiffes abhängig ist. Erstrebenswert ist ein Schiff, das beim Fischen gut und stabil im Wasser liegt und von dem gesagt werden kann: *»De Kutter fischt goot.«*

3.2.3. Allgemeine Richtungs- und Ortsbezeichnungen an Bord

Ganz allgemein sagt man von jemandem, der sich auf einem Schiff befindet, *hee is an Buurd. Buurd*, oder auch in hd. Lautung *Bord*, steht dabei für die Gesamtheit des Schiffes in seinen durch die Bordwände festgelegten Grenzen. Als Gegensatz von *Buurd* ist immer »Wasser« zu sehen, auch wenn das Schiff über einen Ponton oder an der Kaimauer über eine Leiter verlassen werden kann. *Butenbuurds* heißt also immer › im Wasser ‹, *ober Buurd kommen, ober Buurd gohn, ober Buurd smieten* und *ober Buurd setten* sind Ausdrücke, in denen ein Mensch oder ein Gegenstand von Bord aus ins Wasser fällt oder zu Wasser gelassen wird. Die in der Seefahrt allgemein gebräuchlichen Seitenbezeichnungen des Schiffes gelten auch in der Fischerei. *Stüürbuurd* bezeichnet die in Fahrtrichtung rechte Seite des Schiffes und wird durch ein grünes Sichtzeichen gekennzeichnet. Die rote Markierung gilt der in Fahrtrichtung linken Seite, die *Backbuurd* heißt.[66]

Die Windrichtung ist auch nach der Umstellung von Segel- auf Motorantrieb für die Fischerei von Bedeutung. Beim Einholen und Aussetzen des Netzes muß stets die Lage von Schiff und Netz mit der Windrichtung abgestimmt sein. Die allgemein bekannten seemännischen Begriffe *Luv*[67] und *Lee*[68] finden auch in der Sprache der Fischer Verwendung. Für die dem Wind zugekehrte Seite konnte man früher auch noch den Ausdruck *luvwart*[69] hören. Die bewußte Erzeugung ruhigen Wassers an der dem Wind abgekehrten Seite, etwa zum Annähern an ein anderes Fahrzeug oder bei Unglücksfällen zur Rettung Schiffbrüchiger, wird als *Lee moken* bezeichnet.

Die für allgemeine Ortsbezeichnungen verwendeten Adverbien finden sich auch in der Umgangssprache, sie sind jedoch im fachsprachlichen Kontext in ihrer Bedeutung eingeschränkt. Alles, was sich unter Deck befindet, kann als *ünnen* bezeichnet werden. Dieses Wort wird allerdings meistens im Zusammenhang mit einem bestimmten Raum benutzt. *Hee is ünnen* kann je nach Situation ebenso den Motorraum und das Logis als Aufenthaltsort ansprechen, meint jedoch in den meisten Fällen den Fischraum. Ebenso ist bei der Verwendung von *boben* der Standort des Sprechers und das thematische Umfeld ausschlaggebend. Befindet er sich vorn im Logis, so bezeichnet *boben* alle Örtlichkeiten oberhalb des Decks. Da für diese Bedeutung allerdings auch *an Deck* gebräuchlich ist, beschränkt sich *boben* in der Regel auf die Bedeutung › auf der Brücke ‹: *»Wenn 't Hieben loosgeiht, denn is de Schipper boben.«*

Vöörn und *achtern* beziehen sich zumeist auf die Räumlichkeiten, in denen man sich für einen längeren Zeitraum an Bord aufzuhalten pflegt. *Vöörn* umfaßt dabei die Kombüse und das Logis, *achtern* ist auf das Ruderhaus beschränkt. In bezug auf den Schiffer spricht man allerdings auch bei seiner hinter der Brücke liegenden Kammer von *achtern*. Durch bauliche Maßnahmen an den modernen Kuttern hat sich diese Einteilung allerdings bereits geändert: *»Hüüt wohnt se all achtern«*. Es ist anzunehmen, daß die Verwendungshäufigkeit von *vöörn* zurückgehen wird, und dieses Wort nur noch in Situationen gebraucht werden wird, die nach einer genauen Lokalisierung im Hinblick auf das gesamte Schiff verlangen. So wird heute etwa das Wort *mittschipps* nur benutzt, wenn eine Ortsangabe in ihrer Beziehung zum gesamten Fahrzeug gesehen werden soll. Dieses wird in Äußerungen wie: »*Goh man no mittschipps, door wars' nich so seekrank*« deutlich; es ist hier kein festgelegter Platz angesprochen. Für feste Plätze wird in der Regel die Nennung der Raumbezeichnung vorgezogen. Bewegungen werden zumeist mit Hilfe von Adverbien zum Ausdruck gebracht, wie *rup, rin, ruut, ran, rober.* Die aus dem Hd. entlehnte Richtungsangabe *rückwärts* ist erst seit der Motorisierung gebräuchlich. Zuvor hieß es: »*Dat Schipp fohrt trück.*«

Sollen Gegenstände bezeichnet werden, die sich außerhalb des Schiffes befinden, so spricht man — in Schiffsrichtung gesehen — von *voruut, dwassuut* und *achteruut*; eine größere Entfernung nach hinten signalisiert *achtertoo*. Soll eine Position neben der Lage des eigenen Schiffes beschrieben werden, verwendet man *blangen*. Dabei wird eine meistens ruhende Lage angesprochen. »*Hein Schloo liggt blangen Gerd Mewes*« bedeutet, daß die Fahrzeuge der beiden erwähnten Schiffer ohne Veränderung der Position nebeneinander liegen. Bei größeren Entfernungen wird *dwassaf* bevorzugt. Eine Mittellage wird durch *twüschen* ausgedrückt.

Für eine Positionsangabe, bei der sich zwei Fahrzeuge nicht bewegen oder bei der ein Schiff sich einem anderen bei gleicher Fahrtrichtung nähert, verwendet man *langssiets*: »*Hee kummt langssiets*«, »*Hee liggt bi uns langssiets*«. Vom Ponton aus gesehen ganz außen liegt ein Schiff, von dem gesagt wird, es *liggt butenkant.*

Eine Beziehung zur eigenen Fahrtrichtung oder zur allgemein üblichen Richtung, die etwa durch die Strömung eines Flusses bestimmt sein kann, stellen die Wörter *dwass*[70] und *verdwass* her. Ein querliegendes Schiff kann besonders in einem Fluß eine Gefahrenquelle bilden, und so ist auch erklärlich, warum *verdwass* und *dwass* in fast allen Zusammensetzungen eine zumindest leicht negative Bedeutung haben. Man denke etwa an die negativen Eigenschaften eines Schiffes, das als *Dwassdrieber* bezeichnet wird. Die Übertragung dieser Wendung auf den menschlichen Bereich mit der Bedeutung › schlechter Fischer ‹ ist an anderer Stelle bereits erwähnt worden.

3.2.4. Schiffsbauteile

Im Gegensatz zum Kutter wurde beim Ewer die Stabilisation unter der Wasseroberfläche durch *Swierter*[71] gewährleistet, die außerdem die Aufgabe hatten, die Abdrift des Fahrzeuges, die besonders beim Kreuzen recht stark sein konnte, zu vermindern. Die *Siedenswierter* waren nach den Anforderungen der jeweiligen Situation sprachlich weiter zu differenzieren. Das relevante konstitutive Merkmal wird dabei dem Grundwort *Swiert* beigefügt. Will man die Position eines der beiden Schwerter beschreiben, so unterscheidet man *Backbuurdswiert* und *Stüür-*

buurdswiert. Für das Fahren des Ewers ist dagegen die Lage des Schwertes zum Wind von größerer Bedeutung. Dementsprechend unterscheidet man zwischen dem *Luvswiert* und dem *Leeswiert*. Das jeweilige Leeschwert wurde mit Hilfe der *Swiertkee*[72] heruntergefiert, während das an der Luvseite befindliche Schwert aufgeholt wurde. Es ist hier deutlich zu erkennen, welch ein hoher Arbeitsaufwand beim Kreuzen auf einem Fahrzeug mit Seitenschwertern aufgebracht werden mußte. In der Übergangsphase vom Ewer zum Kutter baute man den Schiffen ein *Mittelswiert* ein, nachdem festgestellt worden war, daß auch mit dem Mittelschwert ein Halten des Kurses erreicht werden konnte.
Bei den Kuttern übernahm ein fest eingebauter *Kiel*[73] die Funktion der Schwerter. Dieser Grundbalken sollte möglichst aus einem Stamm geschnitten sein. Bei den größeren Kuttern betragen seine Maße etwa 40 x 60 cm. Die Kutter wurden in traditioneller Bauweise bis zum Zweiten Weltkrieg auf dem Kiel aufgebaut. Das *Kurrswien* oder *Kielswien*[74] bildete die Verstärkung des Kiels. Der Mast war in der *Kattspoor*[75] auf dem Kiel befestigt.
Nach der Kiellegung wurden die *Spanten*, auch die *Kneeßen*[76] genannt, einzeln aufgestellt. Die *Kneeßen* geben dem Schiff seine Form. In der Holzbauweise sprach man auch von *eeken* oder allgemeiner von *hülten* Spanten. Nachdem die rippenförmig angeordneten Spanten errichtet waren, konnte die Beplankung vorgenommen werden.[77] Die *Planken* bilden die Außenhaut des Fahrzeuges. Die zuletzt eingebaute Planke ist der *Stopper*.
An den Stellen, an denen die Scherbretter hochgezogen werden, ist die Bordwand durch Stahlbeschläge, die *Schüürliesten* oder in einer aufgelösten Form *Schenen*

Abb. 20: Kutterneubau in den dreißiger Jahren. Die ersten Spanten sind errichtet.

Abb. 21: Die Spanten sind errichtet, die Beplankung des Kutters kann beginnen.

föör de Bree genannt werden, verstärkt. Beim Anlegen an einen Ponton oder an ein anderes Schiff werden die Planken durch *Fender*[78] geschützt. Diese wurden früher vom Segelmacher als *Korkfender* aus einem Korkstück, das mit geteertem Taugeflecht umwickelt wurde, hergestellt. Heute benutzt man ausschließlich alte Autoreifen, um den Aufprall abzufangen.

Der Gesamteindruck eines Schiffes wird nicht unwesentlich durch den *Sprung* bestimmt. Bei den alten Ewern und Kuttern wurde auf harmonische Formen besonderer Wert gelegt. Das Schiff sollte nicht nur gut fischen, es sollte auch gut anzusehen sein. Heute wird die äußere Form — und damit auch der *Sprung* — in erster Linie als Beschreibungskategorie, weniger als Bewertungskategorie herangezogen. Mindestabmessungen sind allerdings gesetzlich vorgeschrieben.

Der vorderste Balken des Schiffes, der als nach oben führende Verlängerung des Kiels angesehen werden kann, ist der *Vöörsteben*, der meistens jedoch kurz als *Steben* bezeichnet wird. Während sich der Ewer durch einen gebogenen Steven auszeichnete, ist der des Kutters gerade. Als *groden Steben* bezeichnet man allerdings nur den senkrecht verlaufenden Kuttersteven. Diese Form, die vor allem bei älteren Kuttern anzutreffen ist, wird auch *Rammsteben* genannt. Heute haben die Kutter einen *schreegen Steben.*

Ein *Iesschutz* aus verzinktem Stahlblech ist an den modernen Fahrzeugen als Verstärkung am Vordersteven angebracht.

Weniger als abgegrenzter Bauteil, sondern mehr als ein Teil des Schiffsganzen ist der Begriff *Boog* zu verstehen. Der Bug bildet den vordersten Teil des Fahrzeuges.

Als *Bost* wird der Teil des Bugs bezeichnet, der durch eine besondere farbliche Kennzeichnung hervorgehoben wird. Heute kennen wir nur noch die *witte Bost.*

Früher waren dagegen auch andere Farben üblich, die bewußt eingesetzt waren und Aufschluß über Mentalität oder Eigenarten des Schiffers gaben.[79] Die *swatte Bost* rührte demnach von den ersten Fischern her, die bei Wangerooge und Juist zusammen mit den »dunklen« englischen Kuttern fischten, die aber wohl auch weder Zeit noch Geld zum Bemalen und Verzieren ihrer Fahrzeuge hatten. Die *greune Bost* soll von den Bauern stammen, die sich auf der grauen See an die grünen Wiesen und Felder erinnert wissen wollten. Eine *roote Bost* konnten sich nur die erfolgreichen Fischer leisten, die sich das teure Zinnober kaufen konnten und die ihre herausragende Stellung auch nach außen deutlich signalisieren wollten. Die *witte Bost* soll den Steven in Schaum und Gischt zeigen; diese Art der Verzierung wurde ursprünglich von den jüngeren und wagemutigen Fischern gewählt. Heute zeigen fast alle Finkenwerder Kutter eine *witte Bost*; die farbliche Vielfalt und auch die herkömmliche Sinngebung finden sich nicht mehr.
Die Tatsache, daß das Hinterteil des Schiffes ursprünglich genau wie beim Vordersteven in einem Balken zusammenlief, zeigt sich noch in der Bezeichnung *Achtersteben*. Der eigentliche Achtersteven ist der beim senkrecht verlaufenden, nicht geschwungenen Heck des Ewers aus der Rückwand vorstehende Mittelbalken. An ihm ist der Ruderschaft befestigt. Heute wird *Achtersteben* für die gesamte Hinterwand des Schiffes verwendet. Die parallel zu *Boog* verwendete Bezeichnung *Heck* ist allgemeinerer Natur und kann für den hintersten Teil des Schiffes stehen. Es ist jedoch auch möglich, *Heck* in seiner Bedeutung auf die Rückwand des Schiffes einzuschränken. Als Bezeichnungen für die Hinterwand werden ebenfalls *Spegel*[80], *Gatt*[81] und *Oors*[82] verwendet. Zur weiteren Unterschei-

Abb. 22: In der Übergangsphase hatten die Steven noch die gleiche Form: Ewer **HF 284** (Baujahr 1879) und Kutter **HF 285** (Baujahr 1885).

Abb. 23: Der Bug des Kutters **HF 276, Adonis** (Baujahr 1886); deutlich erkennbar: Bugspriet, gerader Steven, Draggen und die *witte Bost*.

dung einzelner Formen wird ein Adjektiv eingesetzt. Man spricht etwa von einem *runden Oors, runden Gatt* oder *platten Heck*. Die bis zur Mitte der zwanziger Jahre übliche platte Heckform wurde auch — wohl in Abgrenzung gegen die Ewerbauweise — als *Kutterheck* bezeichnet. Besonders das Heck, aber auch der Bug, wurde auf älteren Ewern und Kuttern mit *Verzierungen* und verschiedenen Formen von *Liesten* geschmückt. Eine besonders reiche Verzierung erfuhr häufig das am Heck befindliche Namensschild.
Heute ist das künstlerische Gestaltungselement auf den meisten Kuttern einem praktischen Denken gewichen. Die einzige Form von Verzierungen an modernen Hochseekuttern bilden die teilweise am Ruderhaus angebrachten Namensschilder und die nur noch vereinzelt anzutreffenden Losungssprüche, wie etwa »Gott mit uns« auf **Nixe, HF 551**.

In die Reihe der aus dem Motivbereich des Körpers stammenden Metaphern (wie *Bost* oder *Oors*) fügt sich die für den Rumpf benutzte Benennung *Buuk*, die das Verhältnis zwischen Breite und Höhe des Schiffes ausdrückt.

Der erhöhte senkrechte Abschluß des Decks wird als *Schankleed*[83] bezeichnet. Bei Ewern wie auch bei Kuttern kennt man verschiedene Schanzkleidarten, die je nach Lage unterschiedlich benannt werden.[84]

Der das *Kleed* abschließende, nach innen gezogene Balken wird als *Schandeckel*[85] bezeichnet. Schanzkleid und -deckel bilden in der Sprache der Fischer gemeinsam die *Reling*[86]. *Settbuurd* bezeichnete ursprünglich ein seitwärts auf dem Schanzdeckel aufgesetztes Brett, wurde später aber auch als Benennung für die Reling benutzt. In jeder Reling müssen Öffnungen vorhanden sein, durch die an Deck gespültes Wasser nach außenbords abfließen kann. Solche Tore, die häufig durch eine etwa 50 x 50 cm große Holzplatte zu verschließen sind, werden *Speegatten* oder *Woterpuurten* genannt.

Die im Bugteil des Schiffes für Anker und Taue vorgesehenen Öffnungen heißen *Klüsen*[87], die Öffnungen für die Ankerketten entsprechend ihrer Verwendung auch *Ankerklüsen*. Die hölzernen Klüsenumrandungen, die auf den Ewern in zahlreichen kunstvollen Formen zu finden waren, nannte man *Klüsenbacken*. Eine *Lipp* ist eine gußeiserne Verstärkung auf dem Bugteil des Schanzkleides oder auf der Back, durch die laufendes Gut geführt werden kann. Der *Puller* war früher ein starker Holzpfahl, der zum Belegen von Tauen diente. Heute sind die Poller aus Gußeisen gefertigt; vorherrschend sind die Formen des einfachen und des doppelten Kreuzpollers. Die an Bord befindlichen Poller werden hauptsächlich zum Belegen von Tauen beim Festmachen verwendet.

Für die Taue, die an Bord belegt werden müssen, gibt es verschiedene Vorrichtungen. Die *Klamp*[88] hat die Form eines zierlichen, langgestreckten Ambosses. Diese fest montierte Vorrichtung besteht entweder aus Holz oder Stahl und kann als kleinformatiger Poller angesehen werden. Besonders für den Umgang mit den Segeln brauchte man früher eine ganze Reihe von Möglichkeiten zum Festsetzen von Tauen. Die *Nogelbank* ist auf den Ewern und Kuttern in der Regel kranzförmig um den Mast angebracht. Die einzelnen zum Belegen benutzten Holz- oder Stahlstäbe heißen *Kuffee-* oder *Kuffengnogel.*[89]

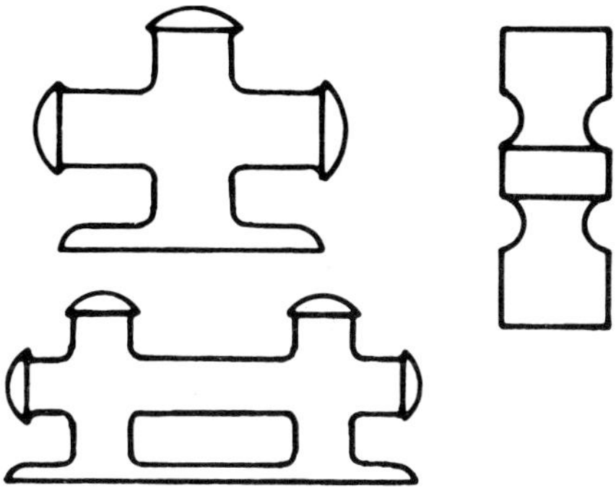

Abb. 25: Verschiedene Pollerformen: herkömmlicher Holzpoller, Kreuzpoller und Doppelkreuzpoller aus Stahl.

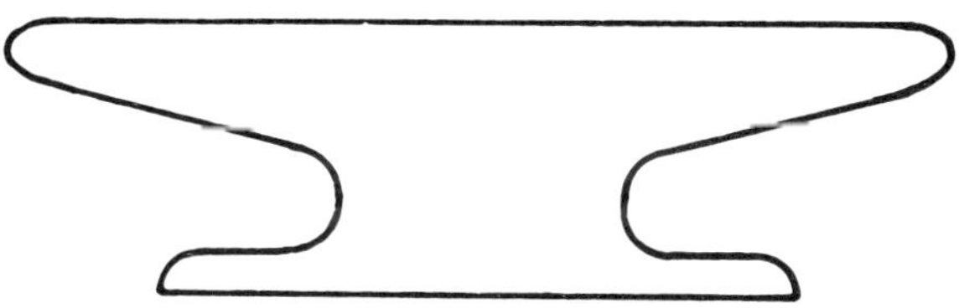

◀ Abb. 26: Klampe.

▼ Abb. 24: Blick auf das Deck des Kutters **Forelle** in den zwanziger Jahren. Hier ist ein Großteil der erwähnten Ausrüstungsgegenstände zu erkennen.

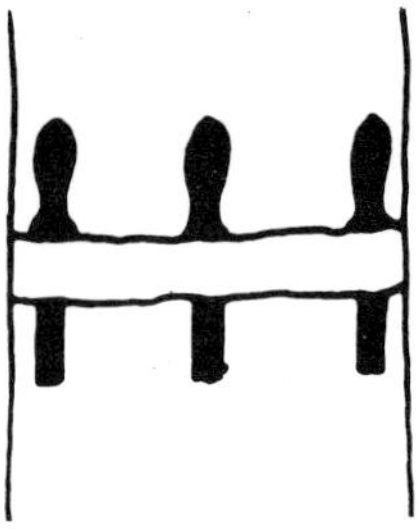

Abb. 27: Nagelbank am Mast.

Zu den jeweils unter Deck liegenden Räumen bestanden auf den älteren Fahrzeugen Verbindungen, die gewöhnlich durch quadratische Deckel zu verschließen waren. *Bünnluuk* bezeichnet dabei gleichzeitig die Öffnung zur Bünn wie auch die Luke zum Abdecken der Bünn. Auf den Ewern und alten Kuttern, die noch mit einer Bünn ausgerüstet waren, lag zwischen dem Logis und der Bünn der Eisraum, in dem Edelfische konserviert wurden. Die Luke, die den Eisraum mit dem Deck verband, wurde *Iesluuk* genannt. Heute wird der Fang allein im Fischraum aufbewahrt. Unter *Luuk* versteht man aufgrund dieser fachlichen Entwicklung allein die quadratische Öffnung, die den Fischraum mit dem Deck verbindet. Der verschließbare Deckel zum *Afdecken* der Lukenöffnung wird ebenfalls *Luuk* genannt. Besonders in der Zeit, als die Fahrzeuge noch mit einer Bünn ausgerüstet waren, erwies sich das feste Verschließen der Luken, das *Schalken*[90], als wesentliches Element für die Sicherheit des Schiffes. Luken wurden besonders bei schlechtem Wetter mit einem geteerten Segeltuch, einer *Persenning*[91], abgedeckt. Die Tatsache, daß von überkommenden Seen immer wieder die Bünnluken eingeschlagen wurden, führte zu einer Reihe baulicher Veränderungen im Bereich zwischen der Bünn und dem Deck.

Die *Kapp*[92] stellt die Verbindung vom Deck zum Wohntrakt auf Ewern und Kuttern — mit Ausnahme der neuesten Fahrzeuge, bei denen die gesamte Besatzung

Abb. 28: Der Schiffer steht in der *Kapp*.

achtern wohnt — her. Heute bildet die *Kapp* einen etwa mannshohen Aufbau im Bugteil des Schiffes. Die *Kapp* der älteren Fahrzeuge war nur durch einen nach oben gewölbten *Kappendeckel* von der Ebene des Decks hervorgehoben. Man sprach auch von der *Grootkapp* und setzte sie damit gegen die Eisluke ab, die neben *Iesluuk* auch *Ieskapp* genannt wurde. Aus alter Tradition galt die *Kapp* als verschlossen, wenn auf ihr der eingezogene Klüverbaum lag. Man konnte allerdings auch mit einem Riegel, einem *Warbel*[93], den Eingang verschließen. *Warbeln* bedeutet danach das Verriegeln einer Räumlichkeit. Heute fahren die Kutter ohne Klüverbaum. Aufgrund der Tatsache, daß die *Kapp* nicht mehr von oben, sondern durch eine nach achtern zeigende Metalltür zu öffnen ist, schützen sich heute die meisten Besitzer durch ein Vorhängeschloß vor Einbruch und Diebstahl. Obwohl die ursprüngliche Wortbedeutung des Bedeckenden nicht mehr gegeben ist, hält man an der Bezeichnung *Kapp* fest. Die alte Funktion der *Kapp* als Verbindung zwischen dem Deck und dem Logis ist allerdings bis heute erhalten geblieben.

Um von der Kapp ins Logis zu gelangen, muß man die *Tripp* benutzen. Auf den Ewern bildete diese Treppe den einzigen Niedergang zu einem unter Deck liegenden Raum. Nach dem Einbau der Motoren hinter der Bünn bzw. hinter dem Fischraum baute man achtern ebenfalls Stufen, die ein ungehindertes Erreichen des Maschinenraumes gewährleisten sollten. Hier sprach man vom *Doolgang*, später nur noch vom *Niedergang.*[94] Obwohl diese Benennungen nicht als *»Finkwarder Wüür«* aufgefaßt werden, haben sie Eingang in die Sprache der Finkenwerder Hochseefischer gefunden.

Zur Belüftung des Maschinenraums dient die auf einigen Kuttern vor dem Ruderhaus angebrachte *Windtuuts.*[95] Die ständige Frischluftzufuhr durch diesen Belüftungskopf sorgt dafür, daß die Luft im Maschinenraum jederzeit erträglich ist. Die Frischluftzufuhr ist außerdem für die Verbrennung im Motor wichtig. Die Position für die *Windtuuts* ist vor dem Ruderhaus allerdings nicht sehr glücklich gewählt, da bei schwerem Seegang leicht Wasser durch diese Öffnung in den Maschinenraum eindringen kann. Auf einigen Kuttern findet man aus diesem Grund neben dem auf dem Aufbau direkt hinter dem Peildeck angebrachten *Schosteen* einen *Lüfter.*

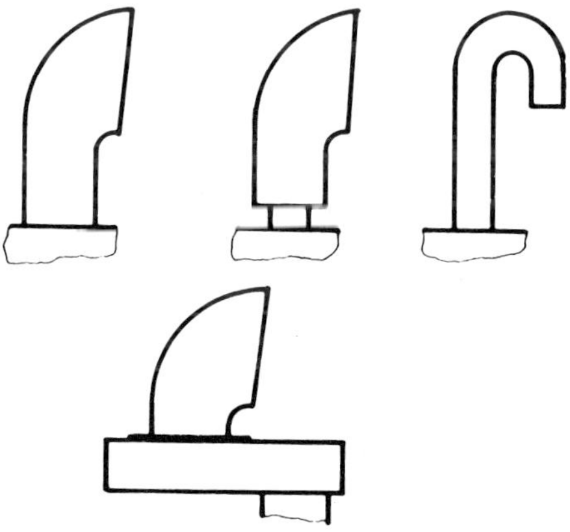

Abb. 29: Lüfterköpfe verschiedener Bauart.

Auch der Schornstein, der an Deck über dem Logis steht und der den vom Ofen verursachten Rauch in die freie Luft ableitet, wird als *Schosteen* bezeichnet. Die jeweilige Gesprächssituation macht deutlich, welcher der beiden Schornsteine (aus dem Logis oder aus der Maschine) gemeint ist.

Die Versorgung der unter Deck liegenden Räume Logis und Maschinenraum mit natürlichem Licht wird durch einen spitzdachförmigen Aufbau hergestellt. In seine Schrägen und in die Stirnwände sind runde Glasscheiben eingelassen. Als Benennung für diesen Aufbau gibt es vier Variationen ein und desselben Wortes. Den vier Möglichkeiten der Aussprache kann keine zeitliche Abfolge zugrundegelegt werden, auch wenn heute die rein nd. Form kaum noch gebräuchlich ist. Die drei anderen Möglichkeiten bestehen heute gleichbedeutend nebeneinander. Als ursprüngliche Benennung ist das aus dem Engl. stammende *Skeileit*[96] anzusehen. Zunächst erfolgte eine Anpassung der Konsonantenfolge »sk« an das Lautsystem der Ortsmundart; es entstand die Form *Scheileit.* Im nächsten Schritt wurde für die erste Konstituente des Wortes ein Sinnzusammenhang gesucht; durch Ergänzung des Konsonanten ging aus »schei-« die Form »schein-« hervor. Als konsequente Weiterentwicklung ist die rein nd. Variante anzusehen. Hier interpretierte man beide Komponenten, denn »leit« gibt in diesem Zusammenhang weder im Hd. noch im Nd. einen Sinn. Obwohl *Schienkapp* mit dem ursprünglichen »skylight« auf der Ausdrucksebene keine Gemeinsamkeiten mehr aufweist, stimmen die Bedeutungsebenen überein. Die Wörter werden synonym verwendet, auch wenn für die Gegenwart festgestellt werden kann, daß *Scheinleit* am gebräuchlichsten ist.[97]
Bevor die in der Fischerei verwendeten Netze aus Kunststoffen hergestellt wurden, mußten sie regelmäßig zum Trocknen aufgehängt werden. Dazu benutzte man an Bord den an der Backbordseite etwa auf Höhe des Mastes über der Reling angebrachten *Nettenboom.* Aufbewahrt wurden die Netze früher in der *Kurrenkoje*, auf die sich später — als man nicht mehr von *»de Kurr«*, sondern von *»dat Nett«* sprach — diese Umbenennung übertrug und die dann *Nettenkoje* genannt wurde. Auf den modernen Kuttern sind der Netzbaum und die Netzkoje nur noch sehr selten zu sehen, seitdem ihre herkömmliche Funktion an Bord nicht mehr erfüllt werden muß.
Mit Hilfe hölzerner *Deckschotten* können für das Arbeiten an Deck verschiedene Abteilungen hergerichtet werden. Diese abgeteilten Räume nennt man *Hocken.*[98] Im Fischraum finden die gleichen Benennungen ebenfalls Verwendung. Auch dort wird ein größerer Raum durch *Schotten*[99] in *Hocken* aufgeteilt. Von *Schott* können die Pluralformen *Schotten* und *Schotts* gebildet werden.

3.2.5. Räumlichkeiten und ihre Verwendungszwecke

3.2.5.1. Räume unter Deck

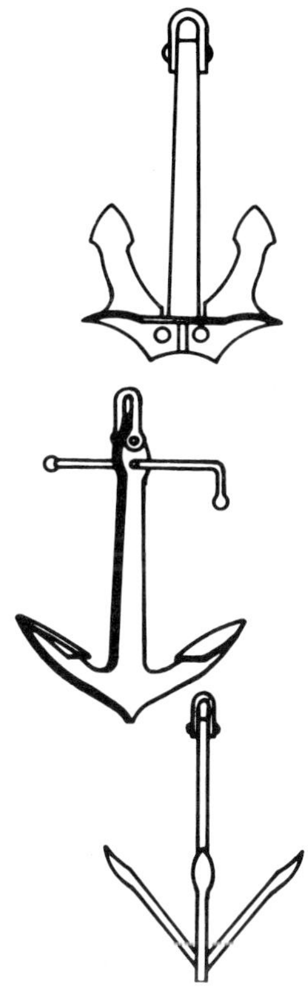

Abb. 30: Verschiedene in der Finkenwerder Fischerei gebräuchliche Ankerformen: Patentanker, Stockanker, Draggen.

Direkt hinter dem Steven befindet sich bei den heute fahrenden Kuttern der *Kedenkasten*, in dem sich die Ankerkette befindet. Das letzte Glied der Kette ist im Kettenkasten fest angebracht. Früher war auch die Benennung *Kedenlast* gebräuchlich. *Last* ist hier in der Bedeutung ›Laderaum‹ zu verstehen. Die *Ankerkee* läuft durch die gußeiserne *Kedenpiep* nach außen. Direkt am Bug ist der *Anker* angebracht. Heute kommt es nur noch äußerst selten vor, daß ein Kutter *to Anker geiht* und als Folge davon *to Anker liggt*, da normalerweise ein Festmachen an Pontons oder Kaianlagen möglich ist. Die modernen Hochseekutter sind ausschließlich mit dem *Patentanker* ausgerüstet. Während der Stockanker in der Finkenwerder Fischerei zu keiner Zeit üblich war, konnte man dagegen früher auf jedem Ewer oder Kutter den *Dragen*[100] finden. An den Schaft des Draggens sind vier Zinken angeschweißt, die an den Enden blattförmig abgeflacht sind. Die mit dem Draggen verbundene Kette wurde *Dragenkee* genannt. Zum Ankern mußte man den Draggen *uutsmieten*. Das Kommando lautet: »*Loot gohn den Dragen!*« oder kurz »*Loot gohn!*«. Sollte die Fahrt wieder aufgenommen werden, mußte man den Draggen *inteen*. Die Umstellung vom Draggen auf den heute gebräuchlichen Anker brachte nicht nur eine Veränderung der Benennung mit sich, sondern auch alle anderen Wendungen mit *Dragen* mußten den neuen Verhältnissen angepaßt werden. So wurde für *den Dragen gohn loten* in Anlehnung an das Hd. *ankern* eingesetzt. Ein *tweet Anker* muß darüber hinaus an Bord bereitliegen und in Notfällen einsetzbar sein.

Auf einigen älteren Schiffen war für die Aufstellung von aufgefischten Totenköpfen — über diesen Brauch ist bereits berichtet worden — noch vor dem Kettenkasten eine *Doodenkommer* eingerichtet worden.

Direkt hinter dem Kettenkasten liegt bei den meisten Kuttern die *Kombüüs*. Nur auf den neuesten Schiffen befindet sich der Wohntrakt achtern. *Kombüüs* nannte man früher nur den Herd, der in diesem Raum, der als Küche dient, untergebracht war. Die Räumlichkeiten der Kombüse sind recht beschränkt. An der Steuerbordseite befindet sich meistens die Treppe, so daß an der Backbordseite heute zumeist eine Spüle, eine Arbeitsplatte und ein kleiner Hängeschrank angebracht sind. Das in der Kombüse benötigte Wasser wird durch die *Woterpump* aus dem *Frischwotertänk* in eine *Waschpaunds*, das ist eine Schüssel, oder in die Spüle gepumpt. Auf den alten Ewern und Kuttern stand lediglich eine *Wotertunn* zur Verfügung, als Schöpflöffel diente ein langstieliger *Woterplump*. Ein zumeist mit Propangas betriebener *Hierd* steht an der Stirnseite des Raumes, direkt hinter der Öffnung zum Kettenkasten. Auf den Ewern und alten Kuttern wurde die Kombüse in erster Linie als Vorraum zum eigentlichen Wohntrakt angesehen, da eine bauliche Trennung in zwei Räume noch nicht vollzogen war. Entsprechend den für das Haus üblichen Bezeichnungen wurde die Kombüse früher *Deel*[101] genannt. Bis in die zweite Hälfte des vergangenen Jahrhunderts hinein gab es auf den Finkenwerder Ewern keinen eingebauten Ofen. Ohne Feuerstelle war die Lebensmittelzubereitung verständlicherweise ein besonderes Problem, zumal die Fischer sich für eine Woche oder länger an Bord verpflegen mußten. Aus der Elbfischerei heißt es dazu: »Man benutzte einen alten Kochtopf, der halb mit Asche gefüllt war. In diesem Topf wurde Feuer gemacht. Ueber dem Topf war eine Stange, an welcher der Kessel oder Topf aufgehängt wurde, der somit gerade über dem Feuer hing. Das Mittagessen, hauptsächlich Klüten und Fleisch, wurde von den Fischerfrauen zu Hause fertig gemacht und von den Fischern über dem Kochtopf wieder aufgewärmt.«[102] Die Mahlzeiten wurden also nicht gekocht, sondern lediglich aufgewärmt. Bargheer schreibt hierzu: »Da kochte Mutter Klöße auf Vorrat für die ganze Reise. In einer › Kanneskiep ‹ wurden sie aufbewahrt und von den letzten mußte Voder erst den Schimmel an seiner Büx abwischen; andere sagen, die Klüten hätten abgeschält werden müssen, ehe sie kalt verzehrt wurden.«[103]

Als Herdform wurde aus Sicherheitsgründen zumeist der gußeiserne *ingelsche Hierd* verwendet — im Unterschied zu dem *düütschen Hierd* mit seinem offenem Feuer. Das einzige Merkmal, das die auf Schiffen verwendeten Herde von anderen unterscheidet, ist das Vorhandensein von *Schlingerliesten*, mit denen ein Topf festgeklemmt werden kann, so daß auch bei ständigem Seegang ein Verrutschen verhindert werden kann. Der herkömmliche Herd erfüllte an Bord zwei Funktionen. Zum einen konnte auf ihm gekocht, gebraten und gebacken werden, zum anderen verbreitete er im Winter im Logis eine angenehme Wärme. Während wir heute für diese beiden Funktionen zwei Gegenstände an Bord vorfinden, den Kocher in der Kombüse und den *Oben* im Logis, wurde der Herd früher im Winter umgedreht, so daß mit ihm auch das Logis beheizt werden konnte. Der *Füürpoker* galt allgemein als beliebtes Werkzeug, weil er zu mehreren Aufgaben dienlich war und nicht etwa nur zum Schüren des Feuers benutzt werden konnte. So diente ein zurechtgebogener Feuerhaken in der Zeit, als die Finkenwerder Fischer nach Thunfischen angelten, sogar als Angelhaken.

Lange Zeit blieb das *Koken* an Bord die Aufgabe des Jungen. In den Finkenwerder Schulen war es üblich, daß nicht nur die Mädchen Unterweisungen im Kochen erhielten.[104] Häufig gehörten auf See frische Fische auf den Speiseplan. Die

Abb. 31: Im Logis eines Kutters in den zwanziger Jahren. Die Koje des Schiffers Heinrich Külper (Namensschild) ist durch Holzverzierungen geschmückt.

Konservierung und Lagerung anderer Lebensmittel war recht schwierig, und für manchen Fischer machte erst der Fisch das Essen zu einer »wahren Mahlzeit«. Für viele Fischer galt auch nach Jahren noch *'n Sood Fisch* als höchster kulinarischer Genuß. Über einen im Jahre 1885 geborenen Fischer heißt es: »*Solang uns Vadder mitfohren het, geef dat ümmer broodt Fisch to'n Obendbroot. Obendbroot ohne broodt Fisch wüür keen Obendbroot.*« Bei jüngeren Mitgliedern der Kutterflotte, die an moderne Methoden der Lebensmittelfrischhaltung gewöhnt sind, zeigt sich diese Einstellung, die auch Rückschlüsse auf die Einstellung zum eigenen Beruf zuläßt, nicht mehr so stark ausgeprägt.

Als wärmendes Getränk wird heute in der Regel Kaffee bevorzugt. Mitzka schrieb dagegen noch 1940: »Tee, das ist z.B. bei den stolzen Finkenwärder Fischern fester Brauch.«[105] Lebensmittel werden im *Schapp* in der Kombüse aufbewahrt. Leicht verderbliche Eßwaren wurden, sobald dieses möglich war, in dem an Bord befindlichen Eis im Fischraum gelagert. Einen Teil der Gerichte kochten die Frauen zu Hause schon fertig, so daß an Bord nicht allzuviel Zeit für die Zubereitung aufgebracht werden mußte. Heute ist es nicht mehr üblich, daß ein Besatzungsmitglied allein für die Lebensmittelzubereitung an Bord zuständig ist, und so erklärt es sich, daß die Ehefrauen der Schiffer in der Regel eine ganze Reihe von Gerichten an Land vorkochen. Die meisten modernen Kutter sind zudem mit einer Tiefkühltruhe ausgestattet, so daß die Lagerung von Lebensmitteln heute kein Problem mehr darstellt. Die einzelnen Besatzungsmitglieder wechseln

sich auf vielen Kuttern mit der Küchenarbeit ab. Wer turnusmäßig die Aufgaben des Auf- und Abdeckens, des Wegräumens und Abwaschens versieht, hat *Backschaft.*[106]
Es kommt durchaus auch vor, daß der Schiffer selbst *no'n Putt kiekt.* Da es früher an Bord vergleichsweise häufig *broodt Fisch* zu essen gab, ist auch die Wendung *»bi de Pann«* für › beim Essen ‹ verständlich. Unter den gegebenen Bedingungen sind die Gerichte in der Regel heute recht abwechslungsreich.
Auf Äußerlichkeiten wird bei den Mahlzeiten nicht viel Rücksicht genommen. Statt einer Tischdecke findet man ein feuchtes Tuch auf dem Tisch, das durch den Seegang hervorgerufene Bewegungen der Töpfe auf dem Tisch verhindern soll. Das *Fatt*, heute sagt man auch *Tüller*, hält der Fischer während des Essens zumeist mit einer Hand fest, um die durch den Seegang verursachten Bewegungen auszugleichen. Der beim Kochen zum Umrühren verwendete Holzlöffel wird *Sleef*[107], der Suppenlöffel *Politikus*[108] genannt. Wichtigster Teil des Bestecks war früher der *Lepel.* Heute werden neben dem Löffel auch Messer und Gabel verwendet. Im *Kaffeeputt* befindet sich fast zu jeder Zeit ungefilterter Bohnenkaffee. Als Trinkgefäß bevorzugt der Fischer in der Regel die recht große *Muck*, die auch wegen des heute üblichen Getränks als *Kaffeemuck* bezeichnet werden kann. Die früher häufiger benutzte breite Tasse ohne Henkel nannte man *Kump*[109] (pl.: *Küppens*).[110]
Aus der besonderen Stellung der Klöße für die Lebensmittelversorgung der Fischer kann man die alten, heute nicht mehr verwendeten Bezeichnungen *Klütenpann* für › Bratpfanne ‹ und *Klütenback* für eine große Schüssel, die ursprünglich aus Holz gearbeitet war, herleiten. *Back*[111] kann allerdings auch heute noch für hd. »Schüssel« verwendet werden. Gebräuchlicher ist allerdings die aus dem Hd. entlehnte Benennung *Schöttel*, womit neben der Schüssel auch die Untertasse gemeint sein kann. Das Geschirr wird allgemein als *de Nappen* bezeichnet. Zum Zubereiten der Lebensmittel verwendet man neben der schon erwähnten Pfanne den *Ketel*, in dem Wasser gekocht wird, den *Putt*, den *Stippersputt*, das ist ein kleiner Stieltopf für Soße, und die *Kassrull*, einen Brattopf.
Zum Saubermachen und als Tassenhandtuch dient das *Fodook.*[112] Der in der Kombüse notwendige Abfalleimer wird *Fuulbrass*[113] genannt.
Das *Logis*[114] selbst dient gleichzeitig als Schlaf-, Aufenthalts- und Eßraum. Jedes Besatzungsmitglied hat hier sein *Tüügschapp* oder *Spind* zur Aufbewahrung der persönlichen Gegenstände. In der Mitte des Raumes steht die an der Wand zum Fischraum fest eingebaute *Back*; die Sitzbänke zu beiden Seiten werden *Backskisten* genannt. Heute hört man allerdings auch schon häufig die aus dem Hd. entlehnten Wörter *Disch* und *Bank.*
Die Anordnung der Kojenplätze für die einzelnen Besatzungsmitglieder war früher, als auch der Schiffer noch im Logis schlief, genau festgelegt. Es befanden sich an beiden Seiten des Schiffes jeweils zwei Kojen hintereinander. In der *Koje*[115] in Fahrtrichtung vorn an der Backbordseite schlief der Junge. Dieser Platz war eng, durch seine Nähe zum Ofen aber stets warm. Dahinter befand sich

die Schlafstelle des Schiffers. An der Steuerbordseite schlief der *Bestmann* in Fahrtrichtung vorn, hinter ihm der *Macker*. Hatte das Schiff nur einen Besitzer, so konnte der Bestmann die Koje benutzen, die der des Schiffers gegenüberlag. Auf den älteren Schiffen waren viele Kojen mit Schnitzwerk und Sinnsprüchen verziert. Szymanski erwähnt verschiedene Beispiele solcher Sprüche:

»Bi scheeben Wind un Slackersee
Is't garnich scheun up Deck,
Doch is dat good dat man denn kann
Upseuken düsse Eck.«
»In Sturm und Wetter,
Ist Gott uns Retter.«
»Hüt Klüt, morgen Fisch,
vergnögt got wi to Disch.«
»Hier eben över hin (d.h. in der Koje)
is beter als op'n Bünn.«[116]

Derartige Ausdrucksformen eines tiefgreifenden, beruflich geprägten Selbstverständnisses finden sich auf den modernen Kuttern nicht mehr.

Jeder Fischer hat den wenigen Schlaf, der ihm auf See zur Verfügung steht, sehr nötig. Fast jede freie Minute wird in dieser Weise genutzt: der Fischer geht in die *Puuch*, man sagt auch *in de Klapp*. Dann zieht er die *Kojegardin* vor und schläft, bis ihn das Zeichen zum Hiewen weckt. Das Bettzeug in der Koje heißt *Kojetüüg*, das vor einem Feuchwerden nur durch eine *Gräting* geschützt ist. Immerhin befinden sich die Schlafstellen direkt an den Planken, so daß ein Eindringen von Feuchtigkeit nur schwer zu vermeiden ist.

Der Schiffer bewohnt seit dem Einbau des Motors und der Ausrüstung des Ruderhauses mit komplizierten technischen Geräten eine eigene *Kommer*, die sich hinter der Brücke befindet. Zuerst stand ihm nur eine Art Ruhebank an der Rückwand des Ruderhauses zur Verfügung. Die Notwendigkeit der ständigen Anwesenheit des Schiffers gab dann den Ausschlag dafür, daß er sich eine eigene Kammer, *den Schipper sien' Kommer*, einrichtete.

Heute geht die Entwicklung dahin, daß auch die anderen Besatzungsmitglieder achtern wohnen. Das Mannschaftslogis befindet sich auf den neuesten Kuttern im hinteren, unteren Teil des Schiffes, an der *Ünnerkant*. Der Wohntrakt der moderneren Kutter ist weitaus großzügiger angelegt als etwa auf den KFK. Hier gibt es beispielsweise eine *Messe*.[117] Durch die *Bulleis*[118] (pl.) sind angenehmere Lichtverhältnisse gegeben, und die Räume sind darüber hinaus einfacher zu lüften.

Die sanitären Anlagen sind im Lauf der Zeit wesentlich verbessert worden. Aufgrund des ständigen Süßwassermangels wuschen sich die Fischer früher auf See grundsätzlich nicht. Auf älteren Fahrzeugen wurden zwar nach und nach Frischwasserbehälter eingebaut, es galt jedoch weiterhin die mythisch gefestigte Regel, daß sich kein Fischer bis zu dem Zeitpunkt wusch, in dem auf der Heimreise das Feuerschiff **Elbe I** in Sicht kam. Die modernen Kutter verfügen dagegen

häufig über einen *Waschruum*, der mit einer *Dusche* ausgestattet ist, und es ist eine ausreichende Wassermenge für das tägliche Duschbad an Bord vorhanden. Auch eine moderne *Toilette* ist zu finden. Noch auf den KFK erscheint für diese Räumlichkeit die drastische Bezeichnung *Schiethuus* angemessener. Dieser äußerst kleine Raum liegt auf den älteren Kuttern im hintersten Teil des vom Ruderhaus bis zum Heck führenden Aufbaus. Bevor dieser Aufbau seine jetzigen Ausmaße angenommen hatte, gab es für das »Geschäft« an Bord keinen besonderen Raum. Ein Holzgefäß, die *Schietpütz*, diente als Toilettenbecken. Dieser Eimer wurde bezeichnenderweise auch *Huultunn* genannt.
Der vor dem Fischraum durch den Umzug der Besatzung freigewordene Raum wird zur Aufbewahrung von Netzen, Tauwerk, Körben und anderen Ausrüstungsgegenständen benutzt. Man nennt ihn die *Piek.*[119] In der Piek findet sich eine Reihe von Regalen, in denen Gerät und Material aufbewahrt wird. Daher wird diese Räumlichkeit auch *Stoors*[120] genannt.
Auf den älteren Kuttern sind die Ausrüstungsgegenstände achtern, hinter dem Maschinenraum, untergebracht. Auf den Fahrzeugen mit einer Bünn reichte die *Plicht*[121] bis an die Rückwand der Bünn heran. Später sprach man differenzierend auch von der *Achterplicht*. Von den Fischdampfern wurden für diesen Raum die Benennungen *Kobelgatt* und *Doom* übernommen; sie finden allerdings nur recht selten Verwendung. Daneben kann man auch *Seemannsheim* hören. Quantitativ stärker vertreten ist neben *Plicht* das in der Finkenwerder Fischerei wohl älteste Wort für den Raum, in dem Ausrüstungsgegenstände aufbewahrt werden, *de Hütt.*[122] Hier finden sich neben *Keden* die unterschiedlichsten Arten und Ausführungen von *Taugoot*. Meistens spricht man bei dem zu bezeichnenden Einzelstück von einem *Tau*. Auch *Lien* kann benutzt werden, es ist jedoch in fast allen Situationen auf die Bedeutung › Kurrleine ‹ festgelegt. Ein Tauendstück wird als *Stropp*[123] bezeichnet. Ein kurzes Tau heißt *Tampen*, früher sprach man bei feineren Formen auch von einer *lütten Zeis.*[124] Zum Zusammenfügen von Tauen und kleineren Gegenständen benutzt man ein dünnes *Bändsel*. In diesem Zusammenhang werden mehrere dünne Bändchen auch mit der Mehrwortbenennung *Bändsel un Zundsel* bezeichnet. Die dünne Leine, mit der man ein Tau zum Festmachen oder die Schleppleine an Bord holt, heißt *Smietlien* oder *Fanglien*. *Aflienen* ist die Tätigkeit, bei der man ein Schiff mit Anker und Leine *fastmokt*. Eine Drehung im Tau wird *Törn*[125] genannt. *Törn* hat zudem die Bedeutung › Reihenfolge ‹. Namentlich im Zusammenhang mit der Bordwache, der *Wach*, findet es Verwendung: »*Du büst an'n Törn*«.
Jede Art von Leinen und Tauen wird an Bord in regelmäßigen Buchten gleichmäßig zusammengelegt. Dieses kreisförmige Zusammenlegen nennt man *Upscheeten*. Man sagt auch: »*Wü mööt de Lien in de Boot scheeten*«. Bei einem Arbeitsvorgang, in dem die Leine schnell aufgeschossen werden muß, spricht man vom *Hinkötten*, das Tau wird also »verkürzt«. Das Befestigen eines Taues an einem Belegnagel oder Poller wird *Beleggen* genannt. Wird ein Gegenstand mit einem Tau befestigt, spricht man vom *Faststroppen* (»*dat Ruur faststroppen*«), bei Din-

gen, die etwa bei schlechtem Wetter mit Hilfe eines Taues festgesetzt werden, vom *Anzurren*. Festes Anziehen oder Vertauen wird allgemein auch *Fastmoken* oder *Fastzurren* genannt. Für den Umgang mit Tauen ist die Kenntnis einer ganzen Reihe von Knoten unumgänglich. Der in der Fischerei wichtigste *Knutt* oder *Steek*[126] ist der *Slipsteek*[127], mit dem der Steert des Netzes verknotet wird. Das Herstellen eines Knotens muß an Bord ebenso schnell vor sich gehen wie das *Loosknütten*, das Lösen. Das Verbinden zweier Taue durch Knoten wird *Ansteken* genannt. Allerdings kann man heute *ansteken* auch schon in der Bedeutung des Verbindens von Ketten, Leinen und Tauen mit Hilfe anderer Hilfsmittel hören. An Bord der moderneren Hochseekutter werden Knoten nur noch selten hergestellt. Der *Pohlsteek* wird noch beherrscht, ebenso der *echte Knutt*, der früher auch *Schippersteek* genannt wurde. Wenn man die Leine auslaufen läßt, muß stetes darauf geachtet werden, daß sie *kloorlöpt*. *Bott* wird nur in der Bedeutung › freies Tau ‹ verwendet, zumeist in der Verbindung mit »geben«: *»Du kannst noch 'n beten Bott geben«, »Hest noch Bott?«*. Beim Aufnehmen eines Taues spricht man bei dem entsprechenden Ende vom *holenden Part*.
Eine ganze Reihe von Tätigkeiten mit Tauwerk braucht heute aufgrund des verwendeten Kunststoff- oder Stahlmaterials nicht mehr ausgeführt zu werden. Zu diesen Maßnahmen zählt das Umwickeln von Tauwerk, Drähten und Wanten mit Segeltuchstreifen. Die damit verbundene Tätigkeit nannte man *Bekleeden*. Das dichte und feste Umwickeln diente als Schutzmaßnahme für das Tauwerk und für den Seemann. Als Werkzeug diente die *Kleedküül*.[128]

Abb. 32: Die Arbeitsvorgänge beim Bekleiden von stehendem Gut.

Die Tätigkeit des Bekleidens wird heute ebensowenig ausgeführt wie das *Lappsalben*.[129] Dabei wurde das an Bord verwendete Tauwerk mit einer Holzteerschicht zum Zwecke der Konservierung eingeschmiert. Bei den heute gebräuchlichen Kunstfasern ist eine solche Behandlung nicht mehr erforderlich.
Das ständige Arbeiten mit Tauwerk und Ketten macht das Aufbewahren von einer ganzen Reihe von Gegenständen *up de Hütt* notwendig. Das *Patentglied* dient zum Verkürzen oder Verlängern einer Kette. Als Notbehelf ist es besonders bei gebrochenen Ketten von Bedeutung. Wie in der allgemeinen Seemannssprache spricht man auf den Finkenwerder Kuttern davon, daß Ketten und Leinen *brekt*.

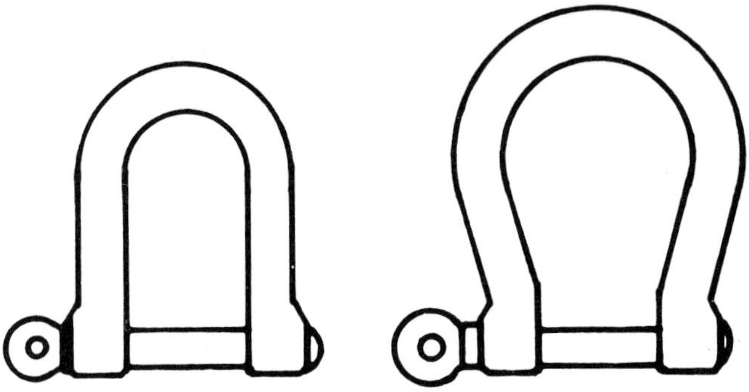

Abb. 33:
Die gebräuchlichsten beiden Schäkelformen.

Ein *Schökel* ist ein einseitiges Kettenglied, das mit einer Gewindeschraube versehen ist. Er verbindet das letzte Glied einer Kette mit einer anderen Kette oder einem Gegenstand. Dieses Herstellen der Verbindung nennt man *Anschökeln: »De Lien ward an't Schierbrett anschökelt«.*
Der achtförmige *Dreihwarbel*, kurz auch *Warbel* genannt, ist ein mit einem Drehgelenk versehener Wirbelschäkel, der zum selbstätigen Austörnen verdrehter Ketten dient.
Das Herstellen einer Verbindung zum Heben mit einem *Hoken* oder Schäkel bezeichnet man als *Anslogen: »Dat Nett ward anslogen«*. Das Einhängen in einen Haken nennt man *Inhoken* oder *Inpicken: »De Fangkee ward in de Ecken inpickt«*. Das Lösen einer Hakenverbindung heißt *Uuthoken* oder *Uutpicken*. Ein festes Verbinden zweier Metallkörper wird auch *Inklinken* genannt, daneben sind auch *Inhoken* und *Inpicken* gebräuchlich. Für das Verbinden des G-Hakens mit dem Quetschglied können beispielsweise alle drei aufgezählten Benennungen gleichbedeutend verwendet werden.

Abb. 34:
Bootshaken.

Ebenfalls selten gebraucht wird auf den modernen Kuttern der *Bootshoken*. Nach seiner Verwendung benannt ist der *Kedenhoken*, mit dem die Ankerkette bewegt werden kann.
In der Fischerei kam es insbesondere zu Zeiten der Segelschiffahrt häufig vor, daß Tau- oder Drahtenden miteinander verbunden werden mußten.[130] Das Verflechten zu einer dauerhaften Verbindung nennt man *Spleeßen.*[131] Auch das Ausformen eines Tauendes zu einer Schlaufe wird mit Hilfe dieses Verbs bezeichnet: *»Wü müssen noch 'n Oog inspleeßen.«* Das beim Spleißen verwendete Werkzeug, der *Moolspieker*[132], galt früher als eins der bedeutendsten Hilfsmittel an Bord. Dieser runde, etwa 30 cm lange, nach vorn hin spitz zulaufende Dorn aus Stahl oder Pockholz konnte für eine ganze Reihe von Arbeiten am Tauwerk benutzt werden. Wegen der vielfältigen Einsatzmöglichkeit war am stumpfen Ende ein Loch für ein

Tau, mit dem der Seemann sich den Marlspieker beim Arbeiten in der Takelage um das Handgelenk hängen konnte. Heute wird für den Marlspieker auch die Benennung *Fitt*[133] verwendet, die früher auf den Holzmarlspieker beschränkt war. Arbeiten in der Takelage und mit Tauwerk nehmen heute eine nur noch untergeordnete Rolle ein. Die sehr starken Kurrleinen können nur noch schwer mit bloßer Körperkraft verspleißt werden, so daß die Verwendungshäufigkeit von Fitt und Marlspieker rückläufig ist. Andere Taue werden heute durch eine Metallmanschette, die maschinell zusammengedrückt wird, miteinander verbunden. Diese Manschette wird *Hüls* genannt. Bei Grundtauen kann dieses Verfahren wegen der starken Abnutzung während des Schleppvorgangs allerdings nicht angewandt werden.

Auf die Sauberkeit des Decks muß auf Fischereifahrzeugen immer besonderer Wert gelegt werden. Früher kannte man an Bord den *Leiwogen*[134], eine an einem langen Stiel befestigte Bürste. Dieses Gerät wurde zum Saubermachen in Verbindung mit dem *Feil*, dem Feudel benutzt. Der *Dweil*[135] kann als gestielter Schiffsfeudel beschrieben werden; dieser bestand *»uut oole Stoffresten«*. Die entsprechenden Tätigkeiten sind das *Feilen* und das *Dweilen*. Ein weiteres Reinigungsgerät war der *Riesbessen*, der Reisigbesen. Heute benutzt man die im Handel üblichen *Bessen* und *Schrubber*. Zur Beseitigung vieler kleiner oder größerer Gegenstände, wie Muscheln oder Steine, bedient man sich einer *Schüffel*. Die Bedeutung dieser Reinigungsgeräte ist allerdings heute durch die ständige Benutzung eines Schlauches beim Arbeiten an Deck eingeschränkt. Während der Fischverarbeitung läßt man ständig Wasser durch einen *Schlauch* an Deck laufen, so daß die Fische wie auch die Decksplanken jederzeit gereinigt werden. Bevor an Bord die Kreiselpumpe, mit der Seewasser an Deck gepumpt werden kann, verwendet wurde, mußte man sich der *Pütz*[136] bedienen, um Wasser von außenbords an Deck zu holen. Diese Tätigkeit, die *'n Pütz Woter upslogen* genannt wird, muß mit einigem Geschick ausgeführt werden, will man nicht *de Pütz gohn loten*. Der an der *Pütz* befestigte *Tampen* muß in einem *Törn* um die Hand gewickelt und, wenn möglich, noch durch einen Knoten gesichert werden. Schlägt nämlich die *Pütz* ins Wasser, so wirkt ein überraschend starker Druck auf den *Tampen*. Bei diesem Vorgang ist schon so manche Pütz über Bord gekommen. Das früher übliche Spülen des Decks mit dem Eimer wurde durch die abgeleitete Verbform *pützen* abgedeckt.

Neben der Kreiselpumpe ist auch die Lenzpumpe auf modernen Fahrzeugen von großer Bedeutung. Bevor es die Möglichkeit des *Lenzens* durch eine elektrische Pumpe gab, fand man auf den Ewern und Kuttern äußerst einfache Pumpvorrichtungen. Neben den manuell betriebenen Pumpen gab es auf diesen Fahrzeugen eine Holzschaufel mit kurzem Stiel und Handgriff, die zum Ausschöpfen von Wasser aus dem Schiff benutzt wurde: das *Euschfatt*.[137] Die Tätigkeit des Wasserschöpfens wurde entsprechend *euschen* genannt.

Mit einem *Ketscher*[138] werden die Fische aus den Deckhocken in Körbe geschaufelt. Die Tätigkeit wird in Anlehnung an das Substantiv als *»Ketschern«* bezeich-

net. Der Kescher besteht aus einem Stiel, einem Stahlrahmen und einem Taunetzgeflecht als Arbeitsfläche im Rahmen. In der Hamenfischerei wurde der an die Bordwand vorgehievte Steert mit einem Kescher, der sich durch einen längeren Stiel auszeichnete, entleert. Ebenfalls zur Entleerung der Bünn bedurfte es einer Kescherart mit einem besonders langen Stiel. Man sprach in diesem Falle von einem *Loognett.*[139]
Der unterste Raum des Schiffes, der sich unter dem Boden von Maschinenraum, Fischraum, Logis und Kombüse hinzieht, heißt *Bülsch.*[140] Hier sammelt sich Wasser und Schmutz; dank der modernen Lenzpumpen kann die Bilge heute jedoch verhältnismäßig leicht saubergehalten werden.
Die Räume, die zur Fischaufbewahrung dienten oder heute noch dienen, werden im Abschnitt »Verarbeitung des Fanges und Aufbewahrung im Fischraum« (3.7.3.) näher beschrieben. Der Motorraum wird unter »Motorantrieb« (3.3.3.) ausführlich behandelt.

3.2.5.2. Aufbauten

Als *Upboo* bezeichnet man jeden oberhalb des Decks umbauten Raum.
Direkt hinter dem Bug finden wir heute bei den meisten Kuttern einen Aufbau, der vom Steven bis etwa zum Mast reicht. Diese *Back*[141] dient als Schutz gegen überkommende Seen und erlaubt gleichzeitig die Lagerung von Ausrüstungsgegenständen auf dem vordersten Teil des Decks.

Abb. 35: Das Heck des Ewers **HF 287 Noberslüd** mit dem direkt hinter dem Besanmast stehenden Nachthaus und dem großen Ruder.

Abb. 36: Das Ruderhaus des modernen Stahlkutters **HF 560 Godenwind**.

Auf den alten Segelfahrzeugen gab es für den Wachgänger keinen besonderen Aufbau als Schutz vor Wind und Wetter. Direkt vor der Ruderpinne, dem *Helmhult*[142], befand sich das *Nachthuus.*[143] Dabei handelte es sich allerdings lediglich um einen Schutzkasten, in dem der für die Navigation notwendige Kompaß untergebracht war. Durch die Umstellung auf Motorantrieb erhöhte sich die Anzahl der technischen Geräte, so daß über dem Motorraum ein *Ruurhuus* errichtet wurde. Dieser Aufbau bot nun Schutz für die verschiedenen technischen Geräte und Meßinstrumente. Die Führung des Schiffes brauchte nicht mehr vom freien Deck aus geschehen; vielmehr konnte sich der Wachgänger in dem schützenden Ruderhaus aufhalten. Man muß sich die ersten Ruderhäuser als kleine, verschlagartige Aufbauten vorstellen. Durch die Notwendigkeit der Anwesenheit des Schiffers erfolgte jedoch bald eine Ausdehnung dieses Aufbaus nach achtern. Während zuerst eine *Gräting* auf dem hintersten Teil des Decks lag, wurde schon in den dreißiger Jahren der Aufbau bis zum Heck erweitert. Auch in der Breite vergrößerte man das Ruderhaus, dessen Erker, die überstehenden Seitennischen, wie die Enden einer Rah *Nocken* genannt werden. Auf den modernen Kuttern umfaßt der Aufbau das eigentliche Ruderhaus, die Kammer des Schiffers, ein Kartenhaus, die Plicht sowie teilweise Räume für die Besatzung und hygienische Einrichtungen (Dusche, Toilette). Heute wird der ursprüngliche Teil des Ruderhauses auch als *Brück*[144] bezeichnet: »*De Schipper steiht up'e Brück*«. Die Ausdehnung der Motoren führte dazu, daß die Brücke nicht wie das alte Ruderhaus direkt auf Deckshöhe steht. Die Brücke liegt erhöht und ist von Deck aus nur über eine Treppe zu erreichen. Aus diesem Grunde ist das Adverb *boben* — so-

Abb. 37: Verzierungen an der Ruderhausfront des zu Beginn der achtziger Jahre ausgeschiedenen Kutters **HF 380**.

fern sich aus der Situation nicht eindeutig eine andere Referenz ergibt — als › auf der Brücke ‹ zu verstehen: »*Hee is boben*«. *Stohn* ist in diesem Zusammenhang als › auf der Brücke ‹ oder genauer als › am Ruder stehen ‹ zu verstehen: »*Wenn wü de Ilv rupkemen, hebb ick stohn müßt*«.

Auf den altern Ewern und Kuttern kannte man nur die Steuerung des Schiffes mit dem *Helmhult*. Die Kraftübertragung erfolgte direkt von der Ruderpinne auf das Ruderblatt. Die erste Radsteuerung wurde erst im Jahre 1905 probeweise auf **HF 164** und **LF 12** eingebaut.[145] Das *Ruur* ist aus Holz und besteht aus einem runden Rahmen und den *Speeken*. Um ein Halten des Kurses zu gewährleisten, war früher die ständige Kontrolle von Kompaß, Ruder und Windrichtung notwendig. Die Ruderpinne wurde auf den alten Fahrzeugen mit einer *Ruurtalje*, auch *Stüürtalje*, gehalten, das Rad konnte später mit einem *Ruurstropp* festgesetzt werden. Heute gelten derartige Maßnahmen als überholt. Auf See wird das große Handruder kaum noch benutzt. Man bedient sich statt dessen der an den Kompaß angeschlossenen *Selbststeueranlage*.[146] Der *Ruderanzeiger* beschreibt exakt den Ausschlag des Steuerruders. Der Wachgänger stellt lediglich den gewünschten Kurs ein, die Einhaltung braucht er dann nur noch stichprobenartig zu kontrollieren. Er führt ausschließlich die Funktion des Überprüfenden aus. In der fachlichen Umgangssprache heißt es über denjenigen, der das Ruder bedient: »*Hee steiht an de Pump*«.

Durch die modernen Navigationsmittel, die später im Abschnitt »Navigation und Fangplätze« genauer beschrieben werden sollen, hat der *Kieker*, das Fernglas, fast gänzlich seine Bedeutung verloren. Da die Hochseekutter nicht mehr in küstennahen Gebieten fischen, wird der *Kieker* nur noch zum Zwecke der Beobachtung anderer Kutter oder fremder Fahrzeuge hervorgeholt.

Schon sehr lange gibt es an Bord eine *Klock*. Die Fischerei wird in Zeiteinheiten eingeteilt; da der Fischer nie weiß, wie groß die Fangmenge ist, die sich bereits im

Netz befindet, muß er es nach einer vorher festgelegten Zeitspanne einziehen. Die Dauer eines *Hols* richtet sich nach Fischsorte, der Bodenbeschaffenheit und der Menge des zu erwartenden Fangs. Auf jedem Fischereifahrzeug ergibt sich jedoch ein bestimmter Rhythmus, der einem zeitlich festgelegten Ablauf folgt.

Abb. 38: Technische Geräte im Ruderhaus eines modernen Hochseekutters.

Als es noch keine Radioempfänger an Bord gab, bestand immer die Gefahr, daß die Kutter und Ewer von einem Unwetter überrascht wurden. Zeigten sich am Himmel bereits Erscheinungen, die auf eine Verschlechterung des Wetters hinwiesen, so war es meistens nicht mehr möglich, einen schützenden Hafen anzulaufen. Aufgrund der Gefahren entwickelten die meisten Fischer eine hohe Sensibilität für die Witterung. Kleinste Anzeichen mußten erkannt und richtig interpretiert werden, so daß die oft lebenswichtigen Entscheidungen schnell getroffen werden konnten. Trotz dieser Fähigkeit erwies sich das *Wetterglas*, zumeist wurde nur das Grundwort *Glas* gesprochen, als eine große Hilfe; heute wird die hd. Lehnform *Barometer* hauptsächlich benutzt. Aufgrund der Stellung des *Wiesers* war es jedem Fischer möglich, gefährliche Wetterlagen selbst frühzeitig zu erkennen. Die Hochachtung der Seeleute vor diesem Gerät wird besonders deutlich durch die Bezeichnung *de hülten Herrgott* zum Ausdruck gebracht: *»Störm oder Wind gifft dat: wenn de hülten Herrgott ganz uppe Rück ligg«.*[147] Das modern ausgebaute System von Wetternachrichten und Sturmwarnungen über das Medium Funk ermöglicht heute eine umfassendere und präzisere Wettervorhersage. Das Barometer hat seine einst so bedeutende Rolle an Bord fast gänzlich verloren. Durch diese Weiterentwicklung der Hilfsmittel ist den meisten Fischerleuten allerdings auch die Fähigkeit zur präzisen Wetterbeobachtung und -analyse abhanden gekommen.

Abb. 39: Technische Geräte an der Rückwand des Kutters **HF 563 Neptun**.

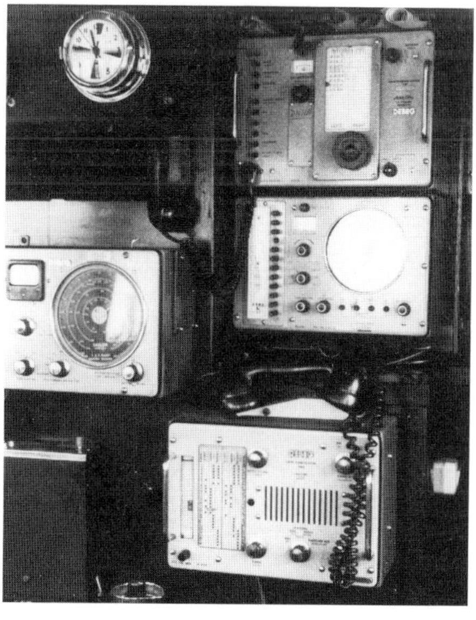

Um auch bei Regen oder starker Gischt einen Ausblick nach vorn zu gewährleisten, ist auf allen neuen Kuttern eine *Klarsichtscheibe* von 30 cm Durchmesser, manchmal auch nd. als *Kloorsichtschiev* ausgesprochen, eingebaut. Diese Scheibe rotiert mit hoher Umdrehungszahl, so daß Wasser augenblicklich durch die Zentrifugalkraft weggeschleudert wird.

Auf vielen modernen Kuttern befindet sich hinter der Brücke ein kleiner Raum zur Aufbewahrung der Seekarten und der radiotechnischen Geräte. Für diesen Raum ist die Bezeichnung *Koortenhuus*[148] gebräuchlich.

Das offene Deck über dem Ruderhaus bildet die höchste Fläche des Schiffes. Diese Fläche wird als *Peildeck* bezeichnet. Insbesondere funktechnisches Gerät ist hier angebracht. Die *Antennen* für Sender und Empfänger der Grenzwelle sind zwischen den Masten auf jeder Seite des Genickstag gespannt. Die *UKW-Antenne* ist zumeist auf der Querrah des Besanmastes angebracht. Die *Decca-Antenne* verläuft in der Regel vom Peildeck zur Großmastrah. Auf dem Peildeck ist auch der *Peiler* untergebracht, der als Navigationsmittel später genauer beschrieben wird.

Abb. 40: Blick in das Kartenhaus des Kutters **HF 560 Godenwind**: Decca-Navigator und Seekarten sind wichtige Arbeitsgrundlagen.

3.2.6. Takelage

Zur *Tokelooosch*[149] zählt die Gesamtheit der Masten und Spieren, des stehenden und laufenden Gutes, alles *Tauwark*, die Blöcke sowie sämtliche Beschläge. Alle Gegenstände, die mit dem Antriebsmittel Segel in direkter Verbindung stehen, sind unter dem Begriff »Takelage« zusammengefaßt. Die Segel selbst werden im Abschnitt »Der Schiffsantrieb« (3.3.) eingehend behandelt.

3.2.6.1. Masten und Bäume

Der *Mast* bildet das Zentrum jeder Takelage. Die Pfahlewer der ersten Hälfte des 19. Jahrhunderts waren mit nur einem Mast ausgestattet. Später setzte man zur Vergrößerung der Segelfläche einen zweiten Mast im hinteren Drittel des Schiffes. Man unterschied jetzt den *Grootmast* und den *Besoonsmast*. Vom Besanmast ist auf den modernen Kuttern nur noch der obere Teil auf dem bis zum Heck geführten Ruderhausaufbau sichtbar. Wie bereits erwähnt wurde, ist der Mast über dem Kiel in der *Kattspoor* festgesetzt. Bei der Führung des Mastes durch das Deck wurde dieser früher durch einen breiten, vom Segelmacher gefertigten Ring aus Segeltuch befestigt. Diese Abdichtung hieß *Mastkrogen*. Die Mastspitze wurde früher *Knoop* genannt. Heute ist fast ausschließlich die in der allgemeinen Seemannssprache bekannte Benennung *Topp*[150] gebräuchlich.

Abb. 41: Großmast mit Flögel, Lampen, Antennen, Taljen und Genickstag; vorn rechts der Bobbi.

Die ersten Hochseewer fuhren mit Luggerbesegelung. Die *Roh* ist ein Rundholz, das so vor dem Mast befestigt ist, daß es in zwei Ebenen schwenkbar ist. An dieser Querstange war das Oberliek des Rahsegels angeschlagen. Die Endpunkte einer Rah heißen *Nocken*. Auch auf allen modernen Kuttern kann man noch eine kleine Querstange, die *Querroh*, finden.

Abb. 42: Moderner Besanmast.

In der ersten Hälfte des 19. Jahrhunderts wurden die Rahewer durch Fahrzeuge abgelöst, die mit Gaffelbesegelung fuhren. Die dabei an der Oberkante des Segels angebrachte Spiere nannte man *Gaffelboom* oder kurz *Gaffel*. Der Gaffelbaum zeichnete sich namentlich dadurch aus, daß er am unteren Ende gabelförmig gearbeitet war. Dieses gabelförmige Endstück umfaßte den Mast; es wurde früher *Mick*[151] und später auch in Anlehnung an das Hd. *Klau* genannt. Ein weiterer Baum war am unteren Ende des Segels, das in der Form eines Trapezes zugeschnitten war, angebracht. Dieser wurde *Giekboom* genannt. Entsprechend dem jeweiligen Mast und Segel sprach man von der *Grootseilsgaffel*

und der *Besoonsgaffel*. Im Gegensatz zu den Rahewern signalisierten die auf diese Weise ausgerüsteten Giekewer in der Mitte des 19. Jahrhunderts die moderne Zeit. Übertragen wurden die Bezeichnungen für die Besegelung auf die von den Finkenwerdern getragene Kleidung. Die alte Tracht nannte man *Rohtüüg*, die neuere Kleidung dagegen *Giektüüg*.[152]
Noch während des 19. Jahrhunderts ging man schließlich zur Hochtakelung über. Dabei wird ein dreieckiges Segel mit seinem Vorliek am Mast gefahren und nur durch einen Baum am Unterliek ausgespannt. Die Bäume werden allgemein als *Boom* bezeichnet. Eine differenziertere Beschreibung geben die Benennungen *Grootboom* und *Besoonsboom*, die den jeweils zugehörigen Mast angeben. Diese Art der Besegelung finden wir auch heute noch auf den meisten Kuttern, wenn auch nicht mehr in Antriebs-, sondern in Stützfunktion.
Zum Setzen der vom Großmast nach vorn führenden Segel bediente man sich des *Klüberbooms*. Diese aus dem Vorschiff ragende Spiere wurde meistens *Boogspreet*[153] genannt. Aufgrund der Form bzw. der Form und Lage waren für diesen Baum die bildhaften Bezeichnungen *Leiwogen*[154] und *Diessel*[155] üblich.

3.2.6.2. Stehendes und laufendes Gut, Tau- und Blockwerk

Die vom Mast aus nach vorn geführten Stahldrähte nennt man *Stags*. Die feste Verbindung zwischen Großmasttopp und Vordersteven heißt *Toppstag*. Etwa zwei Meter unterhalb der Mastspitze ist das *Fockstag* befestigt, das ebenfalls zum Steven führt. Diese Benennung leitet sich ab vom Focksegel, das an diesem Stag auf- und niedergeholt werden kann. Zwischen den Toppen der beiden Masten ist das *Genickstag* gespannt, das in leichter lautlicher Abwandlung auch *Knickstag*[156] genannt wird. An diesem Stag sind je nach Anzahl der Luken ein oder zwei Taljen als *Löschgeschirr* angebracht. Sie eignen sich nur für leichte Beanspruchungen und werden zum Hieven von Körben und Kisten aus dem Fischraum verwendet.
Vom Heck zum Besantopp ist das *Flaggenstag* gespannt. Auf ihm wird die Nationalflagge aufgeholt.
Die zur seitlichen Trimmung der Masten angebrachten Stahlleinen heißen in der seemännischen Fachsprache *Wanten*. Auf jeder Seite finden sich beim Großmast drei, beim Besanmast zwei Wanten, die mit einer Latte oder einem Metallstab, der *Spreetlatt*, auseinandergehalten werden. Die am Großmast befestigten Wanten nennt man *Grootwanten*. Zur genauen Differenzierung werden entsprechend den Anforderungen weitere Informationen verbalisiert: so spricht man unter Einbeziehung einer räumlichen Angabe von *vöörst Want* und von *achterst Want*.
Zum Spannen der Wanten dienten früher *Jungfern*.[157] Darunter ist eine Hartholzscheibe mit drei Lochführungen zu verstehen, die die Funktion eines dreischeibigen Blockes erfüllt. Zwei Jungfern mit einem dreifach geschorenen Reep bilden die Taljen zum Durchholen des stehenden Gutes. Mit leichter lautlicher

Veränderung ist auch die Bezeichnung *Jucher* geläufig. Nach der überregionalen Seemannssprache ist für den bezeichneten Begriff die Benennung *Taljereep*, die ebenfalls in der fachlichen Umgangssprache in der Bedeutung › Jungfer ‹ verwendet wird, nicht korrekt. Hier zeigt sich ein Bedeutungsunterschied zwischen der Fachmundart und der überregionalen Fachsprache. Ursprünglich wurde nur das durch die Jungfer geschorene Tau mit dieser Benennung belegt, die später eine Bedeutungserweiterung auf den durch »Jungfer« abgedeckten Begriff erfuhr.

Abb. 43: Jungfern zum Spannen des stehenden Gutes auf einem Hochseefischereifahrzeug in den zwanziger Jahren.

In neuerer Zeit bedient man sich zum Spannen der Wanten der *Spannschruben*.[158] Auf den modernsten Kuttern werden die Masten gar nicht mehr durch Wanten getrimmt. Der Mast wird vielmehr von einem *Dreebuck*, der aus zwei an den Mast geschweißten, zumeist bis zur Back verlaufenden Stützstangen besteht, abgestützt.

Auf den Rahewern wurden die Segel mit einem *Dregerreep*[159] aufgezogen oder gerefft. Dieses Tau führte von der Rah über die Mastspitze und wurde an Deck mit einer Talje festgesetzt.

Für das Setzen der Segel benötigte man bei Gaffelbesegelung zwei Taue oder Taljen, die *Falls* genannt wurden. Das *Klaufall* dient zum Aufheißen der Klaue am Fuß der Gaffel. Am anderen Ende der Gaffel befindet sich das *Piekfall*. Die Falls wurden an Deck an besonders dafür vorgesehenen Pollern festgesetzt: am *Klaufallpuller* bzw. *Piekfallpuller*.

Der Hals eines Gaffelsegels wurde von einer *Halskee* nach unten gespannt. Der Gaffelbaum konnte mit einem von der Baumnock bis zum Topp laufenden *Dirk*[160] angehoben und gesichert werden; so ist der *Besoonsdirk* das Tau, das den Besanbaum am Mast festhält.

Für die Veränderung der Zugrichtung eines Taues bedient man sich eines *Blockes*. Ein Block besteht im wesentlichen aus einem Holzgehäuse und einer darin laufenden Rolle.

Zur Reduzierung der beim Heben einer Last aufzuwendenden Kraft werden

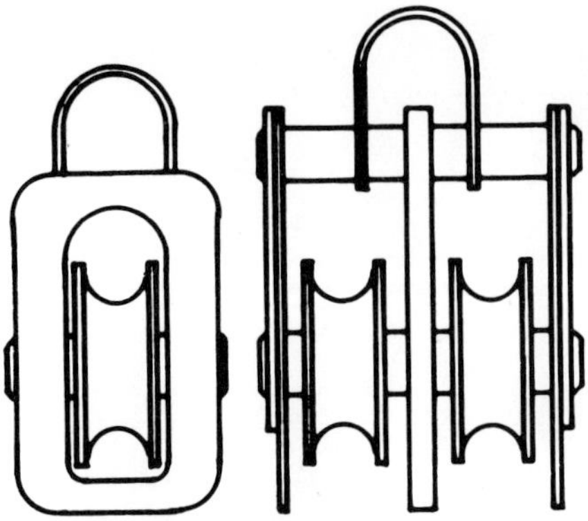
Abb. 44: Einfacher Block, Doppelblock

Blöcke in Flaschenzügen, hier *Taljen* genannt, verwendet. Insbesondere bei der Handhabung der Segel waren Taljen verschiedener Größe und Kraftumsetzung erforderlich. Auf den motorgetriebenen Fahrzeugen werden *Taljen* und *Tokel* — eine Benennung, die auch für Hebegerät allgemein verwendet wird — fast ausschließlich zum *Hieben*[161] und *Fieren* von Lasten verwendet. Die wichtigste Talje an Bord ist heutzutage der *Bobbi*[162], der am *Bobbistag* angebracht ist. Dieses Stag war früher am Mast an einem etwa einen Meter langen Stropp, der ungefähr drei Meter unterhalb der Mastspitze angebracht war, eingeschäkelt. Von hier wurde es zum hinteren Galgen geführt. Heute ist zum Halten des Stags auf etwa halber Masthöhe ein Metallblock fest angeschweißt, von dem aus das Bobbistag zum hinteren Galgen geführt wird. Mit dem an diesem Stag angebrachten *Bobbi*, der wegen seiner Verwendung auch *Fischtokel* genannt wird, kann das Netz an Bord gehievt werden. Früher war auch die Bezeichnung *Fischertaal* (kurz für *-talje*) gebräuchlich. Man kann sich leicht die außerordentliche Kraft vorstellen, die auf das *Bobbigeschirr* wirkt. Die besondere Pflege der Stahldrähte und des zweischeibigen Blockes kommt dem Bestmann zu. Er ist direkt gefährdet, wenn eine zu diesem Geschirr gehörige Leine bricht oder wenn ein Block nicht einwandfrei arbeitet, da es zu seinen Aufgaben gehört, sich unter die Talje zu begeben, um den Steert des Netzes zu öffnen. Auf einigen Kuttern kann ein zusätzliches Takel in dieser Funktion verwendet werden. Dieses wird als *Flitzer* bezeichnet.

Als einfacher Umlegeblock diente früher der *Klodje.*[163] Es handelt sich dabei um einen Holzklotz mit einer durch einen Metallring verstärkten Lochführung. Besonders bei den Klüverschoten fand dieser einfache Block früher Verwendung. Doch auch beim Hieven eines Gegenstandes mit einer Talje bediente man sich des *Klodjes.* Das *Infallen* bezeichnet in diesem Zusammenhang einen Arbeitsvorgang, bei dem eine Leine mit aller Kraft durchgeholt wird und der Körper dabei eine »einfallende«[164] Bewegung ausführt. Das auf diese Weise durchgeholte Tau wird dann mit einem *Klodje* festgehalten. Da heute fast alle Hebearbeiten mit Hilfe der Winsch durchgeführt werden, ist dieser Arbeitsvorgang nur noch den älteren Fischern bekannt. — Ähnlich verhält es sich mit den *Kurrendreugers*, an denen früher die Netze zum Trocknen aufgeholt wurden. An jeder Seite des Großmastes lief eine Talje vom Topp bis zur Reling mit je einem Block an beiden Enden. Bei den modernen Kunststoffnetzen ist ein besonderes Trocknen nicht mehr notwendig, die *Kurrendreugers* sind überflüssig geworden.

Das Auf- und Niederholen des Klüvers stellte bei den Segelschiffen ein besonderes Problem dar, weil man das *Klüberfall* nicht direkt, sondern nur durch ein am

Klüverbaum laufendes Tau bedienen konnte. Dieses Tau wurde durch einen *Inholerring* umgelenkt. Man nannte es *Inholer* sowie auch *Uutholer*.
Als *Schot* bezeichnet man das Tau, das, über einen Block laufend, das Segel in die richtige Stellung zum Wind bringt. Ein Segeln vor dem Wind wird dementsprechend auch als *mit affierten Schoten seilen* bezeichnet. Schoten galten als das am stärksten beanspruchte laufende Gut auf den Segelewern und -kuttern, sie bedurften aus diesem Grunde einer ständigen Pflege. Die gebogene, quer über die Decksplanken laufende Führungsstange nannte man *Reeder* oder *Leiwogen*.[165] So sprach man differenzierend vom *Fockleiwogen* und vom *Besoonsleiwogen*. Die an der Schot angebrachte Talje wurde als *Schotenblock* bezeichnet. Auch hier weicht die fachmundartliche Bedeutung von der in der überregionalen Fachsprache üblichen Bedeutung ab.
Bei Windstille wurde der hintere Baum mit einer Leine, dem *Bullentau*, an einem Poller der Reling befestigt, um bei plötzlicher Änderung der Windstärke oder -richtung unvorherzusehende Bewegungen des Baumes zu vermeiden.
Für die Sicherheit der Besatzung sind auf den Kuttern an unterschiedlichen Positionen *Strecktaue* und *Handläuper* angebracht. An diesen kann man sich beim Gehen und Arbeiten an Deck festhalten oder abstützen, wenn der Seegang solche Maßnahmen erforderlich macht.
In der modernen Hochseefischerei bedient man sich nicht mehr der Segel als Antriebsmittel, so daß ein großer Teil des in diesem Abschnitt beschriebenen stehenden und laufenden Gutes nicht mehr verwendet wird. Das Segel hat heute, wenn es überhaupt aufgezogen wird, lediglich eine stützende Funktion, seine Stellung wird während der gesamten Reise nicht verändert. Die Masten haben ihre Funktion als Träger des Antriebsmittels verloren. Doch sind sie damit nicht etwa bedeutungslos geworden. Vielmehr kann man von einer funktionalen Verlagerung sprechen. So bedient man sich zum Hieven des Netzes des am Großmast angebrachten *Bobbi*. Funkantennen und Radarrichtantenne sind heute vielfach nicht mehr auf dem Peildeck, sondern am Besanmast angebracht. Außerdem sind die Masten als Träger der vorgeschriebenen Signale von Bedeutung.

3.2.7. Die Zeichenanlage

Bis in die dreißiger Jahre hinein gab es auf den meisten Fischereifahrzeugen kein elektrisches Licht. Aus diesem Grunde waren die Möglichkeiten zur Erzeugung von weitreichenden Sicht- und Schallzeichen recht gering, und man beschränkte sich auf das erforderliche Minimum. Allerdings wurde schon früh eine festgelegte Zeichenführung verbindlich vorgeschrieben, um ein größeres Maß an Sicherheit auf den Flüssen und auf der offenen See zu gewährleisten. Die jeweils gültigen Zeichen sind im *Signoolbook*, das sich an Bord jedes Fischkutters befinden sollte, verzeichnet.

3.2.7.1. Lampen

Während der Dunkelheit und bei schlechten Sichtverhältnissen ist eine deutliche und eindeutige Lampenführung für die Sicherheit des Fahrzeuges und seiner Besatzung unbedingt erforderlich. Festinstallierte *Lampen*, man sagte früher häufiger als heute auch *Lanternen*, gab es bis in die Zeit nach dem Ersten Weltkrieg an Bord von Fahrzeugen der Kleinen Hochseefischerei nicht. Im Nachthaus war eine Kugellampe, die *Signoollantern*, untergebracht, die nachts bei möglicher Gefahr angezündet werden konnte. Hörte oder sah der Wachgänger ein fremdes Fahrzeug, so mußte er diesem *de Signoollantern wiesen*.
Später wurden auf einem *Lampenbrett* die *Siedenlampen* angebracht: *Stüürbuurdlamp* und *Backbuurdlamp*. Es handelte sich hierbei zuerst noch um *Petroleumlampen*, die nicht fest eingebaut waren und die täglich gereinigt und gepflegt werden mußten. Heute sind die Seitenlampen fest am Ruderhaus installiert. Als durch den Einbau von Generatoren die Möglichkeit gegeben war, an Bord elektrischen Strom zu erzeugen, konnte man dazu übergehen, feste Beleuchtungseinrichtungen in den Masten anzubringen.
Am Topp des Großmastes ist die *Topplamp* angebracht. Sie strahlt ein weißes Licht aus und wird nachts bei freier Fahrt eingeschaltet.
Die *Hecklamp* kennzeichnet das Heck des Fahrzeuges. Sie ist nachts grundsätzlich eingeschaltet.
Ankert der Kutter, so muß er eine weiße *Ankerlamp* setzen. Diese wird am Fockstag auf einer Höhe von etwa vier Metern aufgeholt. Die Ankerlampe verbreitet ihr Licht in einem Radius von 360°. Für die Benennung dieser Lampen wird der Wirkungsradius herangezogen. Man spricht von *Rundümlampen*.
Ebenfalls in einem Radius von 360° leuchten die *Fischereelampen*, mit denen signalisiert wird, daß das Fahrzeug fischt und daher in seiner Manövrierfähigkeit eingeschränkt ist. Bis in die siebziger Jahre diente dazu eine dreifarbige Lampe, die nach je einer Seite weißes, grünes und rotes Licht zeigte. Diese Lampe war am Großmast direkt unter der Topplaterne angebracht. Heute sind zum Anzeigen des Fischens zwei Lampen, die am Großmast in einem Abstand von zwei Metern untereinander angebracht sind, einzuschalten. Die obere Lampe zeigt ein grünes, die untere ein weißes Licht.
Kann das Fahrzeug aufgrund eines Schadens nicht mehr uneingeschränkt manövrieren, so werden die *Fahrtstörungslampen*, seltener auch in nd. Form als *Fohrtstüürungslampen* ausgesprochen, im Großmast gesetzt. Es handelt sich dabei um zwei rote Lampen, die in einem Abstand von zwei Metern untereinander anzubringen sind. Diese Fahrtstörungslampen sind nicht fest am Mast installiert. Sie befinden sich normalerweise im *Lampenschapp* und werden nur im Bedarfsfall angebracht.
Auf den Ewern galt das *Flackerfüür* als Seenotzeichen. Es handelte sich dabei um eine Art Fackel, die in einen mit Petroleum gefüllten Metallkrug gehalten wurde. Das Petroleum wurde von einem um einen Stiel gewickelten Lappen aufgesaugt

und konnte danach leicht entzündet werden. Der Handgriff war durch ein Auffangblech vor dem möglicherweise herabtropfenden Petroleum geschützt. Später entwickelte man für diesen Zweck die auf eine größere Entfernung sichtbare *Nootfackel.* Es handelt sich dabei um ein rotes Magnesiumfeuer, das im Seenotfall angezündet wird. *Fackeln* bedeutet dementsprechend, daß der Zeichengeber um Hilfe bittet. Auch die übertragene Bedeutung in der Wendung *»hee fackelt ne lang«* ist hier zu erkennen. Noch in der Gegenwart ist die Notfackel als Inventar auf den Kuttern von der SBG vorgeschrieben. Für jede Lampe ist darüber hinaus aus Sicherheitsgründen eine Testbescheinigung erforderlich. Die jeweilige Testnummer ist auf der Glaslinse eingraviert.

Neben diesen vorgeschriebenen Beleuchtungseinrichtungen gibt es auf den einzelnen Kuttern eine unterschiedliche Anzahl weiterer Lichtquellen. Diese haben allerdings keine Signalfunktion, sondern dienen ausschließlich der Beleuchtung. Das Deck wird für die Arbeit bei Nacht durch *Scheinwerfer* erhellt. Die Anzahl dieser Beleuchtungskörper variiert zwischen eins und drei. Wenn die starken Scheinwerfer *anknipst* werden, ist das gesamte Deck ausgeleuchtet. Man unterscheidet den *Scheinwerfer vöör de Brück* und den *Scheinwerfer an de Grootmast.* Um ein ständiges Beobachten der Kurrleine auch bei Nacht zu ermöglichen, ist außerdem an einem *Lampenboom* eine *Außenbordslampe*, seltener auch nd. als *Butenbuurdslamp* ausgesprochen, angebracht. Interessant an dieser Benennung erscheint die Tatsache, daß der Lampenbaum ursprünglich als *Deelerboom* bezeichnet wurde. An diesem Baum wurde in der Heringsfischerei, als man sehr große Fangmengen im Netz hatte und den gesamten Steert nicht in einem Zug an Bord hieven konnte, derjenige Stropp angebracht, der im Netz eine bestimmte Fischmenge abteilte, so daß jeweils nur etwa zehn bis fünfzehn Zentner Heringe an Deck gelangten. Aufgrund des geringen Heringsvorkommens ist die Heringsfischerei von Kutterbetrieben inzwischen eingestellt worden. Zwar muß auch heute noch mitunter der Steert für das Hieven geteilt werden, doch ist keine festeingebaute Vorrichtung mehr hierfür vorhanden. Dem *Deelerboom* wurde im Rahmen einer funktionalen Verlagerung die Aufgabe als *Lampenboom* zugewiesen. In diesem Fall hatte die Funktionsänderung auch Auswirkungen auf die in der Fachsprache verwendete Benennung.

3.2.7.2. Andere optische Signale

Die *Flagg* mit den Nationalitätsfarben wird nur im Hafen gezeigt. Sie wird auf dem vom Besantopp zum Heck führenden Stag aufgeholt. Eine auf halber Höhe aufgezogene Flagge signalisiert einen Trauerfall: *»Hee harr de Flagg halvstock sett.«* — Nur zu feierlichen Anlässen — wie Hochzeit oder Stapellauf — wird im Großmast der langgestreckte *Stander*[166] gesetzt. Auf ihm ist zumeist nur der Name des Schiffes verzeichnet. Bei den modernen Kuttern kann man allerdings nur noch äußerst selten einen Stander sehen.

Abb. 45: Der Fischereikorb ist aufgeholt: Der Kutter zieht sein Netz.

Am Tage wurde früher durch einen am Fockwant hochgezogenen Fischkorb angezeigt, daß das Fahrzeug mit ausgesetztem Netz fuhr. Heute ist für den *Fischereekorv* eine bestimmte Form vorgeschrieben. Es handelt sich dabei um zwei aufeinanderstehende Kegel, die zumeist aus Korb gearbeitet sind. In diesem Zusammenhang spricht man auch von einem *Fischereeball*.
Nicht offiziell ist dagegen der *Flögel*[167], der sich bei den meisten Kuttern am Großmast befindet. Dieser kleine Windsack zeigt die Windrichtung und in gewissem Grade auch die Windstärke an. Besonders die Windrichtung muß der Fischer beim Hieven des Netzes kennen, da sich das Netz beim Einholen querab in Lee befinden soll.

3.2.7.3. Akustische Zeichen

Akustische Zeichen werden in der Schiffahrt in Gefahrensituationen und besonders bei eingeschränkter Sicht, etwa bei Nebel, gegeben. Früher benutzte man ein *Tuuthuurn* oder *Ossenhuurn*, meist kurz *Huurn* genannt, das mit einem Mundstück versehen war und in das im Bedarfsfall hineingeblasen wurde. Die Reichweite dieses Signals war verständlicherweise recht stark eingeschränkt. Eine Weiterentwicklung bildet das noch heute zur Notausrüstung zählende *Noothuurn*. Dieses wird durch eine luftpumpenähnliche Vorrichtung zum Tönen gebracht. Auf den modernen Kuttern bedient man sich heute eines durch Preßluft getriebenen Nebelhorns, das *Tüfong*[168] genannt wird.

3.3. Der Schiffsantrieb

Bis zum Beginn des 20. Jahrhunderts wurden in der Finkenwerder Hochseefischerei ausschließlich Segelfahrzeuge verwendet. Es ist bereits darauf hingewiesen worden, daß sich die Art der Besegelung im Laufe des vorigen Jahrhunderts vom Luggersegel bis hin zur Hochtakelung veränderte. Die verschiedenen Arten sind allerdings nur als Formen einer kontinuierlichen Entwicklung zu verstehen, die zwar jeweils neue Benennungen verlangte, die jedoch stets an Vorhandenes anknüpfen konnte, da sie auf dem Grundprinzip des Antriebs durch Segel beruhte. Eine einschneidende Veränderung wurde erst spürbar, als man nach der Jahrhundertwende anfangs zaghaft, nach dem Ersten Weltkrieg aber um so intensiver dazu überging, Motoren in die Schiffe einzubauen. Dabei waren die ersten Motoren lediglich zum Antrieb für die durch die neue Schernetzfischerei notwendig gewordene größere Winde konzipiert. Auf den Ewern wurden sie zusätzlich zum Aufholen und Niederlassen der Schwerter eingesetzt. Der Aufgabenbereich der Motoren wurde allerdings schon bald auf den Schiffsantrieb ausgedehnt. Durch diese Maßnahme wurde der Fischer unabhängiger von Wind und Tide, er konnte größere Strecken zu den immer weiter entfernt gelegenen Fanggebieten in kürzerer Zeit zurücklegen und sich seine Konkurrenzfähigkeit gegenüber den Fischdampfern erhalten. Diese Vorteile wurden allerdings durch wesentlich gesteigerte Betriebskosten erkauft. Der Fischer war gezwungen, mehr Geld als jemals zuvor zu verdienen, denn er mußte jetzt zusätzlich die Rechnungen für Öl und Treibstoff bezahlen. Hinzu kam ein recht hoher Anschaffungspreis für die Motoren, und so ist es nicht verwunderlich, daß viele Fischer anfangs eine derartige Investition scheuten.
Schon im Jahr 1925 war die Finkenwerder Hochseeflotte vollständig motorisiert. Das dem Fischer bis dahin unbekannte Gebiet der Motorentechnik war innerhalb weniger Jahre zu einem wesentlichen Bestandteil seines Berufes geworden. An dieser Stelle wird deutlich, daß es sich hier nicht um einen traditionell gewachsenen Ausschnitt aus dem Fischerberuf handelt. Vielmehr übernahmen die Fischer das vorgegebene Prinzip der Motorentechnik. Zwar wurde eine ganze Reihe von Veränderungen an den Motoren aufgrund der besonderen Bedingungen in der Fischerei vorgenommen, die Fischer machten sich das Prinzip des neuen Antriebsmittels auch in der praktischen Handhabung zu eigen, aber die Grundlage bildete doch immer das vorgegebene Motorenprinzip. Aus diesem Grunde ist auch verständlich, daß sich die in der fachlichen Umgangssprache der Fischerei verwendeten Benennungen für den Motorenbereich fast ausschließlich direkt aus den im Hd. vorgegebenen Fachwörtern herleiten. Die Fülle des neu zu bewältigenden sprachlichen Materials, verbunden mit der Tatsache, daß für die einzelnen Teile bereits hd. Benennungen existierten, mag ein wesentlicher Grund dafür gewesen sein, daß kaum eigenständige nd. Fachwörter in diesem Bereich entstanden sind. Detaillierte Untersuchungen hierzu folgen im 4. Kapitel.

3.3.1. Verschiedene Arten der Fortbewegung

Die einfachsten Formen der Fortbewegung eines Schiffes haben den Einsatz menschlicher Körperkraft zur Grundlage. Ein Boot oder ein Kahn kann durch *Roonen*, hd. Rudern, fortbewegt werden. Dabei werden zwei Riemen seitlich aus dem Boot gehalten und durch das Wasser gezogen. Beim *Wriggen* wird ein Riemen über das Heck ins Wasser gehalten. Durch eine bestimmte Drehbewegung entsteht dabei ein Schub, der das Schiff antreibt.

Seilen ist der allgemeinste Ausdruck für das Fahren unter Segeln. Bei diesem Wort ist festzustellen, daß auch in nd. gesprochenen Texten heute fast ausschließlich die hd. Form *segeln* realisiert wird. Am gebräuchlichsten unter den allgemeinen Bezeichnungen ist die Verwendung von *fohren*, etwa in: *»Wü fohrt morgen«. Fohren* wird auch in der Bedeutung › im Fischerberuf tätig sein ‹ verwendet: *»Paul fohrt bi Hein Fock«.*

In der Fischerei ist die Tatsache wichtig, ob ein Fahrzeug gerade ein Netz zieht oder nicht. Fischt der Kutter oder (für die Vergangenheit:) der Ewer, so spricht man vom *Kurren: »Hee kurrt 'n beten nuurlicher«.* Wenn ein Fischer sagt: *»Wü würen in de Steen' in de Gangen«*, wird die schwere Anstrengung für Mensch und Gerät bereits durch die Wendung *in de Gangen wesen* deutlich. Da das Fortbewegen des Fahrzeuges und das Fischen bei ausgesetztem Netz in direktem Zusammenhang stehen, spricht man heute auch in dieser Beziehung vom *Fischen: »Ick hebb 'n beten südlicher fischt«.* Auch das Verb *gohn* wird in allgemeiner Bedeutung für das Fahren verwendet: *»Wü goht morgen ruut«; »Hee geiht no 'n andern ran«; »Hee will langssietsgohn«; »Wü goht no Hamborg«; »Wenn wü de Ilv doolgüngen . . .«; »Hans wull ook immer mool no See gohn«. Loopen* wird fast ausschließlich im Zusammenhang mit der Geschwindigkeitsangabe verwendet: *»De Kutter löpt söben oder acht Mielen.«*

Das Fahren ohne Netz wird wegen der geringen Belastung als *free'e Fohrt* bezeichnet. Bei den heutigen Motorschiffen spricht man in diesem Zusammenhang meistens vom *Dampen.* Man dampft auf dem Weg zum Fangplatz und zwischen verschiedenen Fangplätzen. Ist der Fang an einer Stelle nur gering und sind an anderer Stelle bessere Fänge (in bezug auf Qualität und Quantität) zu erwarten, *so dampt* man dort hin. Unter Segeln nannte man dieses unproduktive Fahren, durch das ein Schiff in eine erfolgversprechendere Fischereiposition gebracht werden soll, *Verseilen.*

Viele der für Segelmanöver verwendeten Bezeichnungen stehen unmittelbar mit den allgemein üblichen Fachausdrücken der Seemannssprache in Beziehung oder sind aus ihr direkt übernommen. Die wichtigsten sollen hier erwähnt werden. Unter *Krüzen* versteht man, daß ein Schiff im Zickzackkurs gegen die Windrichtung gesegelt wird. Wichtig ist, daß der Segler auf einem Schlag in nur geringem Maße abtreibt, daß er *de Heucht hoolt.* Nach einer Einzelstrecke des Kreuzens, die als *Slag* bezeichnet wird, folgt ein Richtungswechsel, bei dem der Bug durch den Wind gedreht wird. Dieses Wenden nennt man *ober Stag gohn.* Das bei diesem

Manöver übliche Kommando zum Ruderlegen lautet *Ree*. Ein Wenden mit dem Bug durch den Wind wird daher auch als *Ree moken* oder *reen* bezeichnet. Im Augenblick des Umschlagens der Segel ist die Gefahr gegeben, daß das Schiff aus dem Ruder läuft, daß es *giert*. Ein Wenden, bei dem das Hinterschiff durch den Wind gedreht wird, heißt *Halsen*.

Bei der Arbeit mit den Segeln wird der für den Wind günstigste Einfallswinkel gesucht. Aus diesem Grunde erfolgen häufig auch kleinere Korrekturen. Läßt man das Schiff *anluven* oder *upluven*, so wird das Vorschiff mehr in den Wind gedreht. Wendet man das Vorschiff vom Wind, spricht man vom *Affallen*. Der Wind fällt danach voller in die Segel. Die Rolle des Windes kommt deutlicher in der ebenfalls verwendeten Form *den Wind anholen* zum Ausdruck. *Affallen* wird allerdings nicht allein in Verbindung mit dem Wind, sondern auch im Zusammenhang mit dem Kurs verwendet; *vun'n Kurs affallen* bezeichnet ein Abkommen vom Kurs. Ändert ein Schiff seinen Kurs quer zur Windrichtung, so wird gesagt, man habe es *dwassfallen loten*. Werden die Segel aufgrund einer angestrebten Drehbewegung des Schiffes so ausgerichtet, daß der Wind in die eigentliche Leeseite einfällt, spricht man vom *Backholen*. Läßt man das Schiff so gegen den Wind laufen, daß es zum Stillstand kommt, heißt es, man habe es *in den Wind scheten loten*. Bei seitlich einfallendem Wind *segelt* man *vöör Backbuurd* oder *vöör Stüürbuurd*. Bei einem Sturm auf offener See wird das Schiff *bidreiht*, man legt es in eine erträgliche Lage zu Wind und Seegang. Das Fahrzeug treibt dabei fast quer, da der Wind nur ganz leicht vorlicher als querab einkommt.[169] Da das *Bidreihen* nur bei schlechtem Wetter praktiziert wird, erfolgte mit der Zeit eine Bedeutungserweiterung, so daß auch das Umkehren, das Aufsuchen des schützenden Hafens, mit dem gleichen Wort belegt wird. Wird die Position eines Segels mit *back* bezeichnet, dann steht es gegen den Wind: »*De Fock steiht back.*« Ist der Wind und der Seegang zum Fischen zu stark, so läßt man das Schiff *vöör de Wind drieben* oder *kurz drieben*. Auch die Wendung *Kupp up See liggen* ist für diesen Zustand gebräuchlich. Heute ist das Treiben nicht weiter problematisch, da einerseits die Fanggebiete sich nicht mehr in unmittelbarer Küstennähe befinden und andererseits die Motorkutter nach einigen Stunden *gegenangoht*, gegen den Wind und die Strömung fahren und auf diese Weise wieder an die Ausgangsposition zurückgelangen. Auch das Verb *updampen* ist hierfür bekannt. Für Segelschiffe war dagegen das Treibenlassen wesentlich gefährlicher. Bei zu starkem Wind bestand häufig die Gefahr, daß das Schiff gegen die Küste, in *Leegerwall*, getrieben wurde, auf Grund lief und zerschlagen wurde. In der größten Gefahr wurde ein *unklorer Anker* an einer langen Leine zu Wasser gelassen, und man ließ das Schiff mit gerefften Segeln auf die Küste zutreiben. Zur Minderung der Treibgeschwindigkeit ließ man dabei den Anker an einer Kurrleine über den Grund schleifen. In solch einer Situation ist es als Ausnahme zu werten, wenn ein Schiff sich aus eigener Kraft aus der Notlage befreien, wenn es sich *freesegeln* konnte.

Gänzlich im Gegensatz dazu steht die zweite Bedeutung von *drieben*: Ein beson-

ders mutiges Fahren und Fischen wird ebenfalls mit diesem Verb bezeichnet. Man spricht daher auch von einem *Drieber* oder *Hattdrieber*, wenn man einen angesehenen, erfolgreichen und mutigen Fischer meint.
Ebenfalls zwei Bedeutungen kann man für das Verb *klüsen* nachweisen. Es bezeichnet auf der einen Seite das passive Treibenlassen des Schiffes auf See, bedeutet andererseits auch scharfes Segeln. Doch in diesem Fall kann die Herkunft des Wortes die Gemeinsamkeit dieser scheinbar widersprüchlichen Tätigkeitsbeschreibungen sichtbar machen. Als *Klüsen* kann jede Art des Fahrens bezeichnet werden, bei dem das Wasser durch die im Bug befindlichen Öffnungen, den *Klüsen*, an Deck fließt. Und das ist sowohl der Fall, wenn der Schiffer sein Fahrzeug wegen schlechten Wetters treiben läßt, als auch, wenn er sein Fahrzeug besonders mutig in die Wellen hineinsteuert.
Flimsen bezeichnet ebenfalls ein besonders schnelles Segeln, was allerdings in stärkerem Maße von den Qualitäten des Fahrzeuges abhängig gemacht wird als vom Mut des Schiffers.[170]
Nach Beendigung der Fangtätigkeit mußten die mit einer Bünn für die Fischaufbewahrung ausgestatteten Fahrzeuge so schnell wie möglich zu einem Fischmarkt gesegelt werden, damit die Ware in frischem Zustand verkauft werden konnte. Dieses schnelle Segeln mit einer vollen Bünn bezeichnete man als *Jogen*.
Zu Beginn dieses Jahrhunderts war die Elbe noch nicht ausgebaggert und kanalisiert. Es gab daher in ihrem Verlauf eine größere Anzahl von Sandbänken und Untiefen. Bei Ebbe kam es häufig vor, daß ein Fahrzeug *fastleep* oder *sick fastseilen dee*. Für mehrere Stunden *seet* das Schiff dann zumeist *fast*. In der Regel wurde es jedoch bei einsetzender Flut wieder *flott*, fahrbereit. In kalten Wintern galt es als besondere Schwierigkeit, durch das Eis hindurch das Fahrwasser zu erreichen. Sehr gern nahm man hierfür in den Zeiten, als die eigene Motorkraft dafür noch nicht ausreichte, die Hilfe eines Schleppers in Anspruch, der das Schiff ins Fahrwasser *taute*.
Bevor im Jahre 1883 viele Finkenwerder Fischer sich im Winter der Austernfischerei zuwandten, war es üblich, daß die Fischerei während der kalten Jahreszeit eingestellt wurde. Die Schiffe wurden miteinander auf der *Winterreeh* vertaut. Die Zeit für das *Upliggen* richtete sich in erster Linie nach dem Wetter, doch kann man als Faustregel angeben, daß die Fischerei von Michaelis[171] bis Faßloben (Fastnacht)[172] unterbrochen wurde. Diese Zeit galt als *Upleggertiet*.
Liggen bezeichnet den Zustand, in dem das Schiff nicht zur Ausübung des Berufes fortbewegt wird. Man kann *in'n Hoben liggen, in'n Pakeet liggen, to Anker liggen, bidreiht liggen, vöör slecht Wetter liggen.*
Für den Fahrweg auf der Elbe ist immer Finkenwerder Ausgangspunkt der Überlegungen. Fährt das Schiff seewärts, so sagt man: »*Hee fohrt ruut*« oder »*Hee geiht de Ilv dool*«; kommt es von seiner Reise zurück, dann »*kummt hee de Ilv rup*«. Aufgrund des Aktionsradius der Fischer umfaßt der Ausdruck *boben de Ilv* als Richtungsangabe »elbaufwärts« lediglich den Bereich zwischen der Mündung und Hamburg. *Upkommen* besagt, daß ein Schiff, das sich auf der Heim-

reise befindet, Finkenwerder erreicht oder in unmittelbarer Zukunft erreichen wird. So wird etwa die Form »*Hein kummt up*« fast ausschließlich dann gebraucht, wenn das Fahrzeug von Finkenwerder aus bereits zu sehen ist. Die Bedeutung › elbabwärts ‹ wurde wegen der Orientierung an Finkenwerder durch die Formen *sieder dool, doolwarts* oder *doolwartuut* abgedeckt.
Der Anlegevorgang heißt *Anleggen*, während das Befestigen des Schiffes an einem Ponton als *Fastmoken* bezeichnet wird; das Ablegen nennt man *Afleggen* oder ausgehend von dem Bild des Lösens einer bestehenden Verbindung *Loossmieten.*
Schippern bezeichnet auf der einen Seite das Forbewegen eines Bootes durch Wriggen, etwa beim Übersetzen zu dem auf Reede liegenden Kutter oder Ewer. Andererseits kann in der fachlichen Umgangssprache auch das Fahren über einen langen Zeitraum gemeint sein: »*Hee het sien ganzet Leben lang schippert*«. Beendet der Fischer seine aktive Berufslaufbahn, so *scheidt hee uut.*[173] Sind gesundheitliche Gründe hierfür verantwortlich, spricht man auch von *upgeben.* Sagt man dagegen von einem Fischer: »*Hee hett anbunden*«, dann hat er seinen Beruf aufgegeben, zumeist aus wirtschaftlichen Gründen: »*Wenn dat mit de EG so wiedergeiht, denn mööt noch mihr anbinden*«. Das Anbinden des Schiffes wird hier stellvertretend für das Aufgeben des Berufes gesetzt. Von einem Schiff, das — zumeist aus Altersgründen — nicht mehr in Betrieb ist, sagte man früher: »*Dat Schipp liggt in de Besen.*«

3.3.2. Die Besegelung

Schon in der ersten Hälfte des 19. Jahrhunderts entwickelte sich aus dem Pfahlewer der zweimastige Besanewer. Die Gaffelbesegelung galt lange Zeit als typisch für die Hochseesegelfischerei und wurde erst gegen Ende des vorigen Jahrhunderts durch die Form der Spitzsegel abgelöst.
Die Größe der Segelfläche war immer von besonderer Bedeutung, da genügend Antriebskraft entwickelt werden mußte, um die schwere Baumkurre über den Meeresgrund zu ziehen. Zum *Stüüren* des Schiffes mußten Strömung, Schwert- und Ruderstellung sowie insbesondere die Stellung der Segel harmonisch zusammenwirken, wenn der Kutter oder Ewer unter Segeln erfolgreich und schnell fahren sollte. Es gab daher eine ganze Anzahl Manöver, die erst ein sicheres Führen des Fahrzeuges gewährleisteten. Die wichtigsten Manöver sind oben beschrieben worden; in diesem Abschnitt soll von den Segeln, den *Seils* die Rede sein. Die einzelnen Segeltuchbahnen nannte man *Kleeder.*[174] Man unterschied zwischen dem *Vöörkleed* und dem *Achterkleed.* Nach dem zugehörigen Segel sprach man auch vom *Grootseilkleed.*
Der Form nach unterscheidet man grundsätzlich zwischen dem dreieckigen *spitzen Segel* und dem viereckigen *platten Segel.*

Hinter dem Großmast war das Segel mit der größten Fläche, das *Grootseil*, angebracht. Darüber befand sich im Topp das *Toppseil.* Am Fockstag, das vom Großmast bis zum Steven verläuft, wird an Metallringen, den *Rüschers*, die *Fock*[175] aufgezogen. In gerefftem Zustand sprach man auch von *Huuk.*[176] Die *groote Huuk* war eine auf etwa Zweidrittel der Fläche verkleinerte Fock, die *lütte Huuk* bezeichnet das durch Reffen auf etwa ein Drittel der eigentlichen Fläche verkleinerte Focksegel. Vor der Fock konnte noch ein weiteres Segel, der *Klüber*[177], gesetzt werden. Dieser war zwar in seiner Größe nicht veränderbar, doch unterschieden sich die Zuschnitte des *grooten Klübers*, des *Mittelklübers* oder *mittleren Klübers* und des *lütten Klübers.* Da der Klüver als zusätzlicher Windfang besonders während des Fischens gesetzt wurde, sprach man auch vom *Fischereeklüber.* Ist der Klüver gesetzt, so sagt man, das Schiff habe *den Klüber stohn.* Bei sehr starkem Wind wurde allein der Klüver gesetzt, der dann als *Störmklüber* fungierte. Das *Störmseil* war ein besonderes, dreieckiges Segel, das bei Sturm am Großmast bis zum *Goot*, einem Punkt in etwa Zweidrittelhöhe des Mastes, aufgezogen wurde.
Am hinteren Mast war der *Besoon*[178] angebracht. Wegen seiner Lage wurde dieses Segel oft *Achterseil* genannt. Darüber befand sich im Topp der *Nackenhoot.* Die umsäumten Abschlußkanten des Segels bilden das *Liek.* Während das *Achterliek* nur aus einem Saum besteht, sind die anderen Kanten durch ein Tau verstärkt. Es bildet den hinteren Abschluß des Gaffelsegels. An der Oberseite befindet sich das *Bobenliek*, an der Unterseite das *Ünnerliek.* Die Vorderkante des Segels — in Schiffsrichtung gesehen — bildete das *Vöörliek*, das mit dem Mast durch *Mastbanden*, das sind hölzerne, um den Mast geführte Ringe, verbunden war. Die wegen der großen Belastung verstärkte untere vordere Ecke des Segels nennt man *Hals.*
Hat ein Schiff alle Segel gesetzt, so sagt man, es *fohrt mit vulle Plünnen.* Auch die Wendung *Vulltüüg fohren* ist hierfür gebräuchlich. Sehr selten wird man allerdings etwas vom *Setten* der Segel hören. Die Segel werden *upholt* oder *upsett.* Wird der Wind zu stark, so muß man *reffen.* Früher war für das Verkürzen der Segel die Form *Reben* üblich.[179] Hierfür befinden sich im Segel mehrere Reihen jeweils nebeneinander angebrachter *Kauschen*[180], durch die eine *Refflien* gezogen wird. Der Arbeitsvorgang beim Reffen der Segel wird als *Upgeien* bezeichnet. Das *Reff* (pl. *Reben*) ist der zusammengerollte Teil des nunmehr verkleinerten Segels. Auch mit Hilfe dieses Substantivs wird die Tätigkeit des Reffens ausgedrückt: *'n Reff steken.* Sobald der Wind wieder eine größere Segelfläche zuläßt, wird man *dat Reff uut de Seils moken.* Bei schlechtem Wetter wird das Topsegel *doolholt* und der Klüver *binnenholt.* In Gefahrensituationen spricht man auch vom *Bargen* der Segel. Der Wachgänger muß stets in der Lage sein, das Schiff in seiner Gewalt zu halten, es zu *hoolen.* Er muß das Schiff beherrschen und nicht das Schiff ihn.
Es ist immer das Ziel eines Seglers, daß die Segel *vull stoht.* Beginnen sie zu *klappern*, so ist besondere Aufmerksamkeit geboten.

Wenn das Segel nicht aufgeholt ist, wickelt man es am Baum auf und schützt es durch eine schmale Persenning, die *Seilkleed* oder auch *Kleedje* genannt wird. Segel werden heute nur noch aufgesetzt, wenn das Fahrverhalten des Schiffes eine Stütze verlangt. Die KFK müssen alle noch *'n Seil uphebben*. Damit ist das Großsegel gemeint, das bei einer ganzen Anzahl besonders älterer Kutter noch immer gesetzt werden muß, damit das Schiff *stüttig liggt*. Häufiger kommt es vor, daß Kutter, die *'n Seil fohrt*, den Besan setzen. Diese Maßnahme wird notwendig, da beim Schleppen das Heck tief im Wasser liegt und die Back aus dem Wasser ragt. Schon bei leichtem Wind »segelt« das Schiff mit der Back und wird so vorausgezogen oder seitlich abgelenkt. Als Ausgleich wird der Besan gesetzt; bei einigen Fahrzeugen wirken allerdings die hohen Aufbauten bereits als Windfang und erfüllen somit die Funktion der Segel.

Im 19. Jahrhundert wurden die Segel aus dickem Leinen hergestellt, das von den Frauen der Seefischer bearbeitet worden war. Der *Seilmoker* besorgte das Zuschneiden. Später wurden strapazierfähigere Segel aus Baumwolle hergestellt. Zur Segeltuchbearbeitung bedient man sich einer Spezialnadel, der *Seilnodel*. Diese Benennung wird in eindeutigen Situationen häufig auf das Grundwort *Nodel* reduziert.[181] Zum Nähen ist außerdem der *Seilhansch* unerläßlich. Dies ist ein um die Hand zu legendes Lederband mit einem Daumenloch und einer Stahlplatte zum Schutz des Handtellers beim Schieben der Segelnadel. Der Segelhandschuh erfüllt also sozusagen auf die Handfläche bezogen die Funktion des Fingerhutes.

Heutzutage werden ausschließlich Segel aus Kunststoff verwendet. Sie sind unempfindlich und lassen sich jederzeit einfach handhaben.

Zwar ist die Bedeutung der Segel im Laufe der Zeit wesentlich eingeschränkt worden; ganz ohne Segel wird man jedoch in der Kutterfischerei auch in Zukunft nicht auskommen können.

3.3.3. Motorantrieb

Zu Beginn dieses Jahrhunderts übernahm der Motor auf den Finkenwerder Hochseefahrzeugen innerhalb von zwanzig Jahren die Aufgabe des Antriebes, die zuvor von den Segeln abgedeckt worden war. Der Raum hinter der Bünn wurde von jetzt an als *Maschinenruum* oder *Motorruum* verplant. Die Benennung *Maschin* kann je nach Kontext sowohl für den Motor — *»De Maschin is kaputt«* — als auch für den Raum — *»Hee is in de Maschin«* — verwendet werden.

Die ersten Versuche, *Motoren* in Finkenwerder Fischereifahrzeuge einzubauen, gehen auf das Jahr 1877 zurück.[182] Allerdings erwies sich die in dem Jahr eingebaute Dampfmaschine ebenso wie der 1894 auf **HF 207** eingebaute Motor als ungeeignet für die Anforderungen in der Hochseefischerei. Die Sicherheitsvorkehrungen waren bei weitem nicht ausreichend, und auch das Gewicht stand in kei-

nem vertretbaren Verhältnis zur Bauweise des Fahrzeugs, so daß das Heck des Schiffes bedrohlich tief hinuntersackte.
Unterstützt durch den Deutschen Seefischerei-Verein begann man 1903 damit, gezielte Versuche zur Einführung der Motoren in die Hochseesegelfischerei durchzuführen. So erhielten die Kutter **LF 12** einen 16 PS-Motor, **HF 164** einen 12 PS-Motor und **HF 211** einen 8 PS-Motor. Die anfänglich erzielten Ergebnisse wurden nicht positiv bewertet. Eine ganze Reihe von Änderungen und Verstärkungen der Deckseinrichtungen erwiesen sich für den praktischen Gebrauch als notwendig. Besonders bei Windstille reichte die Stärke der Motoren nicht zum Ziehen der schweren Baumkurre aus, und erst im Zusammenwirken mit den im Herbst 1903 probeweise eingeführten Scherbrettern konnte ein Durchbruch für die Motoren verzeichnet werden. Trotzdem ließen nur wenige Fischer einen Motor in ihr Fahrzeug *inboon*.
Erst nach Beendigung des Ersten Weltkrieges, mit einer neuen Generation von Seefischern, konnte sich die Motorenkraft in der Hochseefischerei auf ganzer Breite durchsetzen. Die Entwicklung führte im Laufe der Zeit zu immer stärkeren Motoren. Die Reihe läßt sich beschreiben von 18, 25, 36, 60, 75, 85, 90, 120, 150, 180, 200, 240, 280, 300 bis 500 PS (13-370 kW) auf den modernsten und stärksten Kuttern. Nach Meinung von Experten ist damit allerdings die vertretbare Grenze erreicht, so daß für die Kutterfischerei auch in der Zukunft kaum mit stärkeren Motoren zu rechnen sein wird.
Während der Motorantrieb sich in der Hochseefischerei, wenn auch nach anfänglichem Widerstand, schließlich durchsetzen konnte, zeigten die Elbfischer eine starr verfolgte ablehende Haltung.[183] Die Altenwerder Schiffsversicherungskasse faßte sogar einen Beschluß, »der dahin lautet, daß keine Schiffe mit Motoren in die Kasse aufgenommen werden sollen«.[184] Mittlerweile sind allerdings auch die Elbfischereifahrzeuge mit Motoren ausgerüstet. Diese haben eine Leistung von durchschnittlich 120 bis 200 PS.

3.3.3.1. Unterschiedliche Motoren

Die Benennungen für die unterschiedlichen Motoren können je nach dem konstitutiven Merkmal, das in der jeweiligen Situation relevant ist, nach unterschiedlichen Mustern gebildet werden. Nimmt man die Leistung als Grundlage, so wird nach der angegebenen PS-Zahl gesprochen von: *de Fiefuntwintiger* oder *de Süßundöttiger*. Die Leistung der Motoren wird in *PS* (pl.: *Psen*) angegeben: »*Dee het all miehr Psen hat*«.
Ein nach dem Diesel-Verbrennungsprinzip arbeitender Motor heißt in der fachlichen Umgangssprache kurz ein *Diesel*. Nach der Arbeitsweise der Motoren kann, wenn dieses notwendig erscheint, noch genauer differenziert werden. So ist die Rede vom *Tweetakter-Tweezylinder* oder dem *Tweetakter-Vierzylinder*. Anfangs

war in der Kutterfischerei die Art des Zweitakters (Halbdiesel) mit Glühhaube vorherrschend. Etwa ab 1932 kamen der Zweitakt-(Voll-)Dieselmotor und der Viertakt-Motor auf.
Darüber hinaus lassen sich die Motoren nach der Herstellerfirma unterscheiden, etwa in einen *Deutz* oder einen *Callesen.*
Entsprechend der Umdrehungszahl eines Motors spricht man von einem *Langsomloper* oder von einer *hoochturigen Maschin.*
Will man die Motorenkraft nutzbar machen, so muß man zuerst den Motor *in Gang setten,* die Maschine *anloten* oder *ansmieten.* Danach *löpt* die Maschine. Dreht man die Maschine mit der Hand, um sie in eine bestimmte Stellung zu bringen, so spricht man vom *Törnen.*
Bei den zuerst in der Fischerei verwendeten Motoren zeigte sich noch eine ganze Reihe von technischen Mängeln. Lag eine zu kleine Kraft auf der Maschine, so konnte es vorkommen, daß diese *döörneihte* oder daß der Motor *döörleep.* Bei unsachgemäßer Behandlung des Motors konnte relativ leicht die Kurbelwelle *breken,* ein kostspieliger Schaden, der nur schwer zu reparieren war. Auch *Kolbenfreter* waren bei der anfänglich oftmals unsachgemäßen Behandlung keine Seltenheit.

3.3.3.2. Motorenteile

Vergleicht man die individuelle Fähigkeit der Fischer, einzelne Teile des Motors zu benennen, so zeigt sich eine recht große Spannbreite. Einige sind in der Lage, den gesamten Motor und die Funktion der einzelnen Teile zu erklären. Sie haben die für sie selbst relevanten Ausschnitte aus der Sprache des Maschinenbauers in ihre eigene fachliche Umgangssprache übernommen und sind in der Lage, für eine ganze Reihe von Teilen die in der Theoriesprache des Faches gebräuchliche Benennung anzuführen. Für andere Fischer stellt der Motor in erster Linie einen Hilfsgegenstand zur Ausübung ihres Berufes dar. Sie wissen zwar, welche Teile einer besonderen Wartung bedürfen und in welchen Berei-

Abb. 46: Der Fischer bei der Reparatur der Motorenanlage.

chen Gefahren entstehen können, die Funktion der einzelnen Teile können sie jedoch nur unzureichend beschreiben, und auch die theoriesprachliche Benennung kann in solchen Fällen nur selten geliefert werden.
Die Einschränkung der Fähigkeit zur fachlich korrekten Benennung bestimmter Begriffe erscheint für den Bereich der Motoren ausgeprägter als in traditionell gewachsenen Ausschnitten des Fischerberufes. Dies ist teils auf die komplexen hd. Vorlagen, teils auf die mündliche Konstituierung der fachlichen Umgangssprache zurückzuführen. Die Sprache des Fischers am Arbeitsplatz ist gesprochener Natur und wird direkt von der jeweiligen Kommunikationssituation bedingt. Auf einem Kutter sind die räumlichen Gegebenheiten derart eingeschränkt, daß in den meisten Fällen die Kommunikation über ein Objekt in unmittelbarer Nähe des Objektes stattfindet. Ein wichtiger Bestandteil einer derartigen Kommunikationsform ist das visuelle Element. Der Sprecher ist nicht gezwungen, einen Gegenstand mit sprachlichen Mitteln auf eindeutige Weise zu beschreiben.[185] Oftmals genügt ein Verweis mit der Hand auf einen Gegenstand oder die Bezeichnung »Ding«, um das gemeinte Teil für den Kommunikationspartner hinlänglich präzise zu bezeichnen. Die Referenz wird nur in einem bestimmten Grad mit Hilfe gesprochener Sprache hergestellt.
Da das Wissen der Fischer um die Benennungen für Motorenteile sehr unterschiedlich ist, beschränken wir uns in dieser Studie auf diejenigen Teile, die von der Mehrzahl der Fischer benannt werden können. Dabei handelt es sich fast ausschließlich um größere Bauteile oder um Elemente, die einer besonderen Wartung bedürfen.
Es ist nicht Aufgabe dieser Arbeit, die Funktion der einzelnen Maschinenteile zu erläutern. Bei den hier aufgeführten Benennungen aus dem Bereich der Motorentechnik wird der Wortschatz also nicht in der in anderen Bereichen praktizierten sachlich zusammenhängenden Ausführlichkeit dargestellt. Das sprachliche Material soll lediglich gesammelt werden, damit es in die später folgende Auswertung einfließen kann. Die Erstellung einer vollständigen Liste der Motorenteile kann nicht Ziel dieser Arbeit sein, auch wenn festgestellt werden muß, daß einige Fischer einen ziemlich großen Teil der aus dem Maschinenbau stammenden Benennungen anführen können.[186]
Als Teile des Motors werden genannt[187]:
Kolben, Exzenter, Nockenwell, Kurbelwell, Kurbelloger, Kurbelwann, Ventil, Ventilfedder, Insuugventil (Einsaugventil), *Seeventil, Pump, Lenzpump, Keuhlpump* (Kühlwasserpumpe), *Luftbuddel* (Preßluftflasche), *Fettpress, Keuhler* (Kühler), *Lichtmaschin, Gleuhkupp* (Glühhaube), *Kielreemen* (Keilriemen), *Reemenschiev* (Keilriehmenscheibe), *Uutpuff* (Auspuff), *Luftklapp, Filter, Düüs, Zylinder, Zylinderdeckel, Thermometer, Fedder, Leckeuler* (Tropföler), *Stösselstang, Krüüzkupp* (Kreuzkopf), *Pleuel, Schwingreguloter*.
Als Ausnahmen bei der Bildung des nd. Fachwortes durch den Fischer sind die Benennungen *Zischhohn* (Druckablaßventil), *Ganterhals* (Ventilkipphebel) und *Storchenbeen* (Stößelstange) anzusehen. Hier liegen eigenständige Wortbildun-

gen vor, die jeweils ein typisches Merkmal des angesprochenen Gegenstandes besonders betonen: das Zischen beim Ablassen des Überdrucks, die Bewegung des Ventilhebels, die mit der Bewegung des Halses eines Ganters beim Aufpicken der Nahrung verglichen wird und die besondere Form der sich auf und ab bewegenden Stößelstangen.

Andere, nicht unmittelbar zum Motor gehörige Teile sind: *Batterie, Kompressor, Jockel* (Hilfsmotor zur Erzeugung von elektrischem Strom, mit dem *Dreiher fóór den Jockel*), *Kreiselpump, Deckwaschpump* und die *Frischwoterpump*, für die auch die theoriesprachliche Form *Frischwasser-Umwälzpumpe* gebräuchlich ist. Zur Regulierung der Stromstärke dient der *Ümformer* oder *Umformer*.

Für die Versorgung des Motors mit Treibstoff müssen sich *Tänks* an Bord befinden, die *Gaseultänks*. An den Schiffsseiten angebrachte Treibstoffbehälter nennt man wegen ihrer Lage auch präzise *Siedentänks*. Das Fassungsvermögen der Tanks ist auf den einzelnen Kuttern sehr unterschiedlich. Einige Fahrzeuge können drei oder vier Reisen mit einer Füllung fahren, andere müssen vor Antritt jeder Reise *bunkern* oder *Eul nehmen*. In Finkenwerder steht für diesen Zweck *de Schuut* zur Verfügung.

Durch den Motor wird zur Fortbewegung des Schiffes die *Schruuv* angetrieben. Wird die Maschine angehalten, so sagt man im Hinblick auf die besondere Funktion der Schraube *de Schruuv ward stoppt*. Die durch den Achtersteven laufende Führung für das Schraubenlager vom Motor zur Schraube heißt *Stebenruhr*. Die Schraubenblätter nennt man *Fleugel*.

Die Räume auf den Segelschiffen waren mit Holzplatten ausgelegt, die man *Lohenbree* oder kurz *Lohen*[188] nannte. Nach dem Einbau der Maschine sprach man auch schon in den zwanziger Jahren von *Flurplatten*. Heute sind die Flurplatten aus Metall. Sie sind nicht mehr fest eingebaut.

Im Ruderhaus sind neben einer Reihe von Meßgeräten der *Anlasser* und der Regler für die Drehzahlregulierung, der *Regulator*, für die Bedienung der Maschine untergebracht. Allerdings wird an Bord dieser Regler und somit auch eine Benennung äußerst selten verwendet. Er arbeitet in der Regel einwandfrei und bedarf keiner besonderen Wartung. Von Bedeutung ist lediglich die Funktion, die er erfüllt: die Regulierung der Drehzahl und damit der Geschwindigkeit des Schiffes. Soll der Regler bedient werden, so sagt man *geev 'n beten langsomer, geev 'n beten miehr* oder *geev halbe Kraft*. Ein Fahren mit Höchstgeschwindigkeit wird als *AK-Fohren*[189] bezeichnet.

Ebenfalls unter Verwendung des Verbs *geben* spricht man bei der Bedienung des Umsteuerungsmechanismus davon, daß man *voruutgifft* oder *rückwärtsgifft*. Das Resultat, das durch die Tätigkeit, die mit dem Gegenstand ausgeführt wird, erzielt wird, steht im Vordergrund einer solchen Benennungsweise. Soll der Regler selbst angesprochen werden, so ist meistens eine Wendung mit »Ding« ausreichend. Allerdings wird auch die aus der Dampfschiffahrt stammende Benennung *Telegroof* benutzt, obwohl der Telegraf eine ganz andere Funktion erfüllte. Über ihn wurde der Befehl zur Regulierung der Tourenzahl oder Umsteuerung von der

Brücke an den im Maschinenraum arbeitenden Maschinisten weitergegeben; dieser führte die Regulation dann manuell aus. Im Gegensatz dazu regelt der Fischer die Umdrehungszahl und -richtung von der Brücke aus selbst. Hier zeigt sich, daß auch sachlich überholte Benennungen in einer fachlichen Umgangssprache weiterbestehen und sich dort unreflektiert verselbständigen können.[190] Ein Bedeutungswandel ist die Folge.

Wie das Beispiel des Drehzahlreglers zeigt, wird beim Vorgang der Benennung häufig von der Funktion bzw. vom Resultat, das durch eine bestimmte Tätigkeit erzielt wird, ausgegangen. Ein weiteres Beispiel soll dieses Prinzip verdeutlichen. Die Äußerung *»Dat Rad vun'n Nockenwellenandriev is kaputt«* ist in seiner fachlichen Aussage eigentlich nicht möglich: »Antrieb« bezeichnet die Funktion des Zahnrades, das die Kraft von der Kurbelwelle auf die Nockenwelle überträgt. Hier steht dagegen »Antrieb« für das Maschinenteil, mit dessen Hilfe der Antrieb hergestellt wird.

Es sei an dieser Stelle noch einmal auf die großen Unterschiede zwischen einzelnen Fischern in bezug auf ihre Fähigkeit, Maschinenteile zu benennen, hingewiesen. Festzustellen ist, daß viele lediglich die Wirkung eines Teils wahrnehmen und es danach beschreiben. Die Arbeitsweise des jeweiligen Teils ist dabei nicht von Bedeutung, sie ist vielen Fischern unbekannt. Ein gutes Beispiel hierfür liefert die *Brennstoffpump*. Der in ihr vollzogene Arbeitsgang ist derart komplex, daß er für den größten Teil der Fischer nicht nachvollziehbar ist. Dieses ist allerdings in der Regel auch nicht notwendig. Der Fischer ist zwar für die sachgemäße Benutzung, nicht aber für die Herstellung oder Reparatur der Maschinenteile zuständig.[191]

Es zeigt sich, daß ein Teil der im Motorenbereich vorkommenden Begriffe vom Fischer gar nicht benannt wird. Ein Beispiel mag dieses Prinzip, nach dem die aus der Sicht des Fischers relevanten Begriffe benannt werden, verdeutlichen. Auf älteren Fahrzeugen wurde das zum Kühlen des Motors notwendige Wasser durch Rohre, die an der Außenhaut des Schiffes angebracht waren, zum Maschinenraum gepumpt. Das *Keuhlwoter* wurde von außenbords herangeführt. Die hierfür notwendige Vorrichtung war deutlich zu erkennen, wenn das Schiff aufgeslipt war. Bei den modernen Motoren besteht dagegen ein geschlossener Kühlwasserkreislauf, der nicht besonders benannt wird. Die für eine Benennung durch den Fischer notwendigen Kriterien — Bedienung, Wartung, Sichtbarkeit —, von denen zumindestens eins erfüllt sein muß, sind nicht gegeben.

Nur durch den Einsatz der Motorenkraft hat sich die Hochseekutterfischerei ihre Konkurrenzfähigkeit erhalten können. Mit 500 PS (370 kW) scheinen die modernsten Kutter allerdings schon das vertretbare Maximum erreicht zu haben. Weitere Verbesserungen müssen schwerpunktmäßig in anderen Sachausschnitten als dem der Motoren in Angriff genommen werden.

In dem durch fachliche Entwicklung neu aufgenommenen Bereich der Motorentechnik herrscht deutlich das Muster der lautlichen Assimilation hd. Ausgangswörter vor (z.B. *Keuhler, Kielreemen*); in vielen Fällen kann der hd. Lautkörper sogar phonetisch unverändert in die Fachmundart überführt werden (z.B. *Kolben, Ventil*); selten sind Lehnübersetzungen (z.B. *Luftbuddel*). Die Entwicklung scheint eine sich abschwächende Assimilationsbereitschaft anzudeuten, nur so sind Formen wie *Anlasser* erklärbar.

3.4. Navigation und Fangplätze

In diesem Abschnitt soll die Entwicklung der Navigationsmittel und die daraus resultierenden Folgen für die Kleine Hochseefischerei beschrieben werden. In diesem Zusammenhang spielt die Beschaffenheit des Meeresbodens eine wesentliche Rolle. Schließlich werden die einzelnen Fanggebiete aufgezählt, wobei ein Schwerpunkt auf die hinter der Namengebung stehende Motivation gelegt wird. Bestimmte Namengebungsmuster spiegeln entsprechende Stufen in der fachlichen Entwicklung wider und weisen bestimmte Stadien einer historischen Abfolge aus.
Auch wenn hier die einzelnen Sachbereiche nacheinander besprochen werden, so sei an dieser Stelle erneut auf die Interdependenzen der Entwicklung der Fangschiffe und -geräte und der Fanggründe hingewiesen.[192]

3.4.1. Navigationsmittel

Bis zur Zeit nach dem Zweiten Weltkrieg gab es nur vereinzelte Versuche, technische Hilfsmittel für die Standortbestimmung des Schiffes einzusetzen. Als wichtigstes Hilfsmittel für die *Navigatioon* galt lange Zeit der *Kompaß*. Auf den modernen Kuttern ist der Kompaß zumeist in ein Schutzgehäuse aus Messing eingelassen, das *Kompaßkuppel* genannt wird. Durch die Benutzung technischer Einrichtungen ist es zudem wesentlich einfacher geworden, den *Kurs* zu halten und zu bestimmen, welcher Kurs *anliggt*.
In der terristrischen Navigation orientierte sich der Seemann an erdfesten Orientierungsmarken, etwa durch Anpeilung von Landmarken und Seezeichen. Das *Peilen* wurde zuerst nur mit dem Kompaß durchgeführt. Als Orientierungspunkte dienten *Füürscheep, Füürtorns* und in unmittelbarer Küstennähe *Booken*. Die Leuchttürme wurden in der Regel nach ihrem Standort benannt: z.B. *Borkum Füür*. Aus der Perspektive des Schiffers erscheint das Zeichen eines Feuerschiffes oder Leuchtturmes als aufblinkender Lichtstrahl am Horizont. Die Quellen solcher Signale werden daher auch *Blinker*[193] genannt: *»Westertill is 'n Blinker neben Elbe een«*. Die ausgesandten Lichtzeichen heißen dementsprechend *Blink: »Hest all 'n Blink sehn?«* Nach der Art des künstlichen Seezeichens spricht man

auch von einer Boje, die dann in der Regel durch die Ortsangabe näher bestimmt wird: z.B. *Tillboje*. Im Watt zeigen *Pricken* die Priele an, während auf den Flüssen *Tunnen*[194] zur Wegmarkierung dienen. Das *Fohrwoter* war früher durch *rode Tunnen* und *swatte Tunnen* gekennzeichnet. Heute sind die Tonnen durch grüne bzw. rote Beleuchtung ausgewiesen. Auch die Form der Tonnen kann für die Benennung motivierend sein. So spricht man von den *Krüüztunnen* bei Krautsand. Die Linie zwischen den die Fahrrinne markierenden Tonnen einer Seite wird als *Tunnenstreek* bezeichnet. Die eigene Position wird folgendermaßen beschrieben: man befindet sich *up 'n Tunnenstreek, binnen Tunnenstreek* oder aber *buten Tunnenstreek*. Die *Anseilungstunn* ist eine größere Tonne, die eine Hafen- oder Flußeinfahrt kennzeichnet und als Ausgangspunkt für die weitere Orientierung dient. Heute ist die Benennung *Anstüürungstunn* üblich, da das Motiv des Segelns aus der Perspektive der Fischer nicht mehr erfüllt wird.
Da man nicht immer in unmittelbarer Landnähe segelte, mußten weitere Mittel zur Standortbestimmung gefunden werden. Das Verfahren der Peilung wurde im Laufe dieser Entwicklung nach dem Zweiten Weltkrieg auf den funktechnischen Bereich erweitert. Von bestimmten Orten auf dem Festland wurden auf festgelegten Frequenzen Funkwellen ausgesandt, die von einem Empfänger an Bord aufgenommen wurden. Als Empfänger diente der *Funkpeiler*, kurz *Peiler* genannt. Mit Hilfe einer Richtantenne konnte durch *Funkpeilung*, zumeist kurz *Peilung*, exakt die Gradzahl ermittelt werden, mit der man die von der Küstenstelle ausgestrahlten Funkwellen maximal aufnehmen konnte; die entsprechende Tätigkeit nannte man *Anpeilen*. Dadurch war die Möglichkeit gegeben, diejenige Linie zu beschreiben, auf der das eigene Schiff sich befinden mußte. War eine Anpeilung von mehreren Sendern möglich, so konnte man durch Kreuzpeilung seinen Standort feststellen.
Vor der Verwendung der Funkpeilung bestimmte neben dem Kompaß vor allem das *Handloot*, kurz *Loot*, die Navigation in der Kleinen Hochseefischerei. Ein Handlot besteht aus einem drei bis fünf Kilogramm schweren Bleikörper, in dessen Oberteil eine Lochführung für die *Lootlien* vorgesehen ist. An der Unterseite befindet sich eine Ausnehmung, die für den Vorgang des Lotens mit Talg gefüllt wird. Mit dieser haftend wirkenden Masse wird die *Grundproov* vom Meeresboden geholt. Der erfahrene Schiffer weiß bei Betrachtung der Grundprobe, an welchem Ort sich sein Schiff befindet, da jedes Seegebiet sich durch eine markante Bodenbeschaffenheit auszeichnet. Die Zusammensetzung des Untergrundes gibt dem Fischer Aufschluß darüber, ob er sein Netz aussetzen kann oder nicht: *»De Deepde interessier' uns nich, wü wullen bloots weten, wo de Grund uutsütt«*. Da der beste Fang an den Übergangszonen von steinigem zu sandigem Gebiet zu erwarten ist, mit dem üblichen Fanggeschirr auf Steinen jedoch nicht gefischt werden kann, ist leicht vorstellbar, daß das *Leuen* an besonders kritischen Stellen ununterbrochen durchgeführt werden mußte. Ständig mußte man den Grund *uutleuen*, wenn man nicht auf Steine geraten und somit das Netz zerreißen wollte. Das *Lootsmieten* galt als eine recht anstrengende Aufgabe. Es wurde bis zu sech-

zigmal in der Stunde durchgeführt. Dabei mußte das Lot an der Leine möglichst weit vorausgeworfen werden, so daß es am Grund angelangt war, wenn der eigene Standort sich senkrecht über dem Lot befand.
Auch auf der Suche nach dem Fangplatz wurde das Lot geworfen. War die Grundprobe an Bord, so sagte der Schiffer: »*Mool her dat Ding!*«. Dann befand er, ob noch weiter gefahren werden mußte oder ob ausgesetzt werden konnte: »*Dat is de richtige Grund*«. In diesem Fall sagte man auch *dat Loot bitt*, wenn es sich im Ton- oder Lehmboden festgesetzt hatte und schwer wieder hochzuziehen war.
Vielen Fischern wird nachgesagt, daß sie bei der Analyse der Grundprobe ganz außergewöhnliche Fähigkeiten entwickelt hätten. Auch kleinste Anzeichen hätten sie zu interpretieren gewußt, und so sagt man heute, da diese Fähigkeiten aufgrund der Weiterentwicklung innerhalb des Faches nicht mehr vom Fischer verlangt werden, respektvoll: »*Dat geev welk, de hebbt doran roken, un denn wüssen se, wo se wüüren*«.
Die zweite, nicht minder wichtige Funktion des Lotes war die Ermittlung der Wassertiefe. Alle 5 Faden war eine Lederscheibe in die Lotleine eingearbeitet. Das 10-Faden-Mark bestand aus zwei Scheiben, bei 15 Faden folgte erneut eine einzelne Scheibe und so weiter. Nach jeder Reise wurden die Markierungen erneuert. Die Feststellung der Wassertiefe war besonders wichtig, da viele Fanggebiete sich in Küstennähe befanden und stets die Gefahr bestand, bei schlechtem Wetter aufs *Watt* gespült zu werden und dort auf Grund zu laufen, wenn man nicht in einem *Priel* zur offenen See zurückgelangen konnte.
Während der *Foden* bei den Handloten als Maßeinheit galt, wurde mit den ersten Echoloten, die schon in den dreißiger Jahren eingebaut wurden, die Umstellung auf Angaben in *Metern* vorgenommen. Auch *Foot* war vor dieser Zeit eine gebräuchliche Maßeinheit. Heute verwendet man für Tiefenangaben sowie Leinen- und Schiffsabmessungen ausschließlich Meter als Maßeinheit. Größere Entfernungsangaben und Geschwindigkeitsangaben werden seit dem Gebrauch von Seekarten mit der *Seemiel*, meistens kurz *Miel*, berechnet.
Nach dem Zweiten Weltkrieg benutzte man als erstes Echolot das *Rootlicht*. Darunter ist ein Gerät zu verstehen, das die Wassertiefe durch das Aufleuchten eines roten Punktes auf einer Sichtscheibe anzeigte. Bei den heute an Bord verwendeten Geräten handelt es sich um Echographen. Diese zeichnen die Wassertiefe mit einem Schreibstift auf. Auch diese Geräte werden wegen ihrer Funktion heute noch als *Loot* bezeichnet. Allerdings setzt sich langsam die Benennung *Schrieber* durch. Dieses Hilfsmittel hat den zur Registrierung der Wassertiefe notwendigen Arbeitsaufwand erheblich reduziert. Früher wurde laufend das Lot ausgeworfen, heute dagegen »*drückt se up 'n Knoop, un denn weet' se, wat dat is*«.
Die aufgezeichnete Angabe über die Wassertiefe, beziehungsweise das Aufzeichnen eines Fischschwarmes, nennt man *Anzeige*. Das Kompositum »Echographenanzeige« wird zu einer syntaktischen Fügung aufgelöst: *de Anzeige up'n Schrieber*. Damit ist bereits eine erweiterte Verwendungsmöglichkeit des Echo-

graphen erwähnt. Heute ist es in der Regel nicht mehr die Wassertiefe, die den Schiffer interessiert, da er durch seine anderen Navigationsmittel seinen Standort genau ausmachen kann. Der Echograph wird vielmehr in moderne Fangmethoden dadurch einbezogen, daß er das jeweilige Fischaufkommen registriert. Bei der modernen Dorschfischerei in der Ostsee wird das Netz nicht mehr direkt über dem Grund, sondern so durch das Wasser gezogen, daß die auf der Anzeige erkennbaren Schwärme ins Netz gehen. In diese Fangmethode ist der Gebrauch des Echographen vollständig integriert. Der Funktionswandel von der Tiefenmessung zum Bestandteil einer Fangmethode ist offensichtlich.

Sprachlich wird dieser Wandel erst langsam durch den Übergang von *Loot* zu *Schrieber* nachvollzogen.

Wohl konnte mit Hilfe des Handlotes ein Seegebiet erkannt werden, eine exakte Ortsbestimmung war dagegen nicht möglich. Zwar war man in der Lage, mit dem Lot die Tiefe zu messen und damit bei nach Westen hin abfallendem Grund zu erkennen, wie weit *westlich* oder *oostlich* man sich befand, von vielen Fischern war jedoch die Frage, wie weit *nuurlich* oder *südlich* sie sich mit ihrem Schiff aufhielten, nicht zu beantworten. Nur wenige benutzten zur Ermittlung ihrer *Positioon* — aus der Sprache der Marine stammt die ebenfalls gebräuchliche Kurzform *Posi* — den *Sextanten*. Zur genauen Standortbestimmung mußte man mittags *de Sünn scheten* oder nachts *'n Stiern scheten*. Nur solche Schiffer, die auch das Kapitänspatent für die Große Hochseefischerei besitzen, haben eine Ausbildung am Sextanten erfahren.

Eine große Hilfe für die Fischerei war die Einführung von Seekarten nach dem Ersten Weltkrieg. Sie waren eine wertvolle Orientierungshilfe, die von den Fischern dankbar aufgenommen wurde. Zur Umgehung jedes in der *Seekoort*, in der fachlichen Umgangssprache fast ausschließlich *Koort*, eingezeichneten Hindernisses war allerdings die ständige genaue Kenntnis der eigenen Position erforderlich. Auf der Karte konnte man zwar zum Beispiel Wracks *uutmoken*, konnte sich jedoch nie sicher sein, ob das Schiff sich nicht doch in unmittelbarer Nähe der Gefahrenquelle befand. Erst nach dem Zweiten Weltkrieg wurde die Funkpeilung nach den Sendern Stavanger und Bushmills durchgeführt. Hiermit konnte bereits eine recht präzise Standortbestimmung durchgeführt werden. Doch erst das Mitte der sechziger Jahre in die Finkenwerder Hochseefischerei eingeführte »Decca-System« ist für die Navigation eines Kutters, der ein Grundschleppnetz zieht und daher allen Bodenhindernissen aus dem Weg gehen muß, ausreichend genau.[195] Diesem von der Firma »Decca-Navigator Co., Ltd., London« entwickelten Funkortungsverfahren liegt das mathematische Prinzip zugrunde, daß der geometrische Ort für alle Punkte, deren Entfernungen von zwei festen Punkten eine konstante Differenz haben, eine Hyperbel ist. Die beiden Bezugspunkte sind ein Leitsender und jeweils einer von drei Nebensendern der Decca-Kette. Mittels eines Anzeigegerätes, das von den Fischern zumeist nach der Aufschrift an der Frontseite *Decca* genannt wird, lassen sich von zwei Hyperbeln die Schnittpunkte und somit der genaue Standort des Schiffes ermitteln. Die auf dem

Anzeigegerät erscheinenden roten, grünen und violetten Zeichen lassen sich als Bezeichnungen für die Hyperbelscharen in den modernen Seekarten, die nach ihrer offiziellen hd. Bezeichnung *Decca-Koorten* heißen, wiederfinden. Erst mit diesem System ist es möglich, den Standort eines Schiffes auf See jederzeit genau zu bestimmen. Nachts kann die Funkortung allerdings gestört sein, so daß ein zu nahes Heranfahren an eine Gefahrenquelle, die für das Netz bedrohlich werden könnte, zu vermeiden ist. In solchen Fällen ist ein *Ümtoofohren* von Hindernissen angebracht, der Schiffer wird versuchen, sich von ihnen *aftohooln*.
Die offiziellen Karten sind für die Zwecke der Fischerei allerdings noch zu ungenau, so daß die meisten Schiffer von den Fanggebieten noch *sübstteekente Koorten* an Bord haben. In diesen Karten ist jedes Wrack und jeder Haker durch ein Zeichen markiert, so daß man heute solchen Hindernissen aus dem Weg gehen kann. Der in *Grood* gemessene *Kurs* kann in der Regel genau festgelegt werden, und der Schiffer gibt bei der Wachübergabe an den Bestmann genau die zurückgelegte Strecke an. Die *Selbststeueranlage*[196] hat wesentlichen Anteil an der Erleichterung bei der Navigation. Neuere Anlagen geben bereits selbständig die *Berichtigungen* einzelner *Streek* ein.
Die Einführung des Decca-Systems hat dazu geführt, daß die Finkenwerder Fischerei nur noch wenig Netzverluste zu beklagen hat. Somit wurde der Arbeitsaufwand an Bord ebenso wie die durch den Kauf neuer Netze notwendigen Ausgaben verringert. Es soll allerdings bei diesen Vorteilen die finanzielle Belastung nicht unerwähnt bleiben. Decca-Anlagen können für einen Preis von jährlich 6.000 DM lediglich gemietet werden.

Abb. 47: Selbstgezeichnete Seekarte als bedeutendes Navigationshilfsmittel.

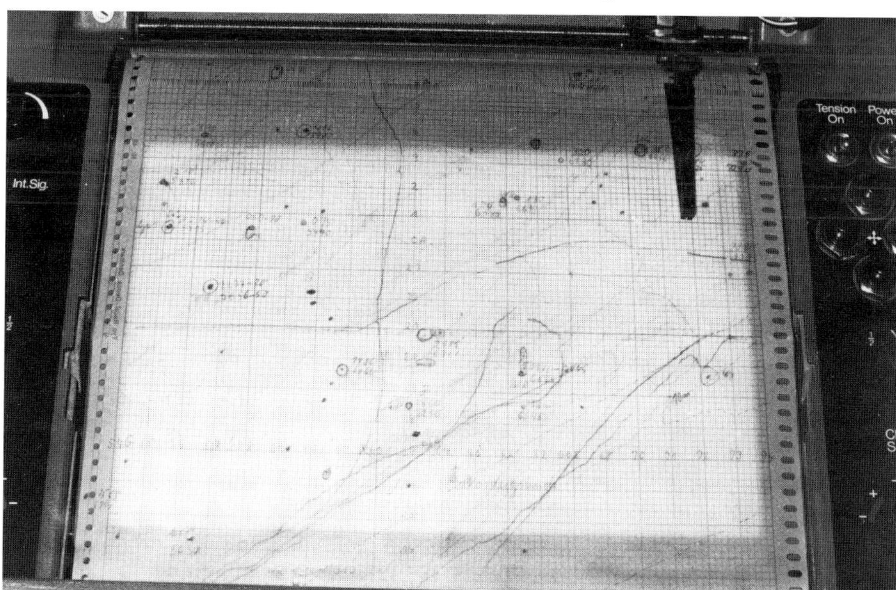

Für ein sicheres Fahren bei schlechter Sicht, insbesondere bei Nebel, sind alle modernen Fischkutter mit einer Radaranlage ausgerüstet. Über eine Richtantenne werden ultrahochfrequente Impulse ausgestrahlt, von dem zu ortenden Objekt reflektiert, von der Antenne wieder aufgenommen und dem Empfänger zugeführt. Auf der Bildröhre des Radarempfanggerätes erscheint der empfangene Impuls als Leuchtfleck. Die zu der gesamten Anlage zählenden sichtbaren Geräte werden in der Regel unter der Bezeichnung *Radar* gefaßt: »*Wü harrn dat Radar an*«, »*Too hebbt wü Radar inboot*«. Das Empfangsgerät mit der Bildröhre wird auch als *Sichtgerät* bezeichnet. Befindet sich das Schiff auf *Kollisioonskurs*, so wird dieses durch die modernen Radargeräte automatisch angezeigt. Auf Kollisionskurs befinden sich zwei Schiffe dann, wenn die Gefahr besteht, daß sie den Schnittpunkt ihrer Kurse zur gleichen Zeit erreichen.
Der moderne Schiffer verläßt sich in großem Maße auf seine technischen Navigationsmittel. Sie sind präziser und bei weitem einfacher zu handhaben als die älteren Geräte zur Standortbestimmung auf See. Für den Fall, daß die verschiedenen Geräte nicht ordnungsgemäß arbeiten, muß sich an Bord allerdings auch heute noch ein Handlot befinden. Es ist jedoch kaum noch ein Fischer in der Lage, seine Position nach der Grundprobe zu bestimmen. Die Fähigkeit dazu erscheint heute nicht mehr erforderlich.[197]
Die Entwicklung ist dadurch gekennzeichnet, daß der Fischer sich nicht mehr auf seine eigenen Sinne verläßt, sondern an ihrer Stelle technische Hilfsmittel einsetzt. In diesem Zusammenhang erscheint der Gedankenansatz eines alten, mittlerweile verstorbenen Fischers bemerkenswert, dem folgende Aussage zugeschrieben wird: »*De Minsch is immer hundert Prozent. Wat hee up de een' Siet an Technik togewinnen deit, dat verlüst hee up de andere Siet an Instinkt*«. Dieser Denkansatz zeigt die beiden Seiten des technischen Fortschrittes auf. Für den Fischer, der sich mit den niemals vollkommen zu beherrschenden Naturgewalten auseinandersetzen muß, ergibt sich daraus die Frage, welche Fähigkeiten er durch eine technische Neuerung einbüßen wird. Eine Frage, die der sprichwörtlich konservativen Haltung der Fischer eine neue Qualität geben kann. Es sei allerdings auch angemerkt, daß der Fischer in der heutigen Zeit in seiner Entscheidungsfreiheit erheblich eingeschränkt ist. Um seine Konkurrenzfähigkeit zu erhalten, muß er modernisieren, muß er ständig bemüht sein, größere Fänge in kürzerer Zeit an den Markt zu bringen. Unter diesen Vorzeichen wird die Technik in der Zukunft in noch stärkerem Maße als bisher in die Arbeitsabläufe an Bord eingreifen. Die in der Ostsee praktizierte moderne Dorschfischerei ist nur als ein erster Schritt in diese Richtung anzusehen.

3.4.2. Bodenbeschaffenheit

Es ist schon angedeutet worden, daß die Beschaffenheit des Meeresbodens für die Fischerei einen wesentlichen Faktor darstellt. Der *Grund* zeigte bei der Handlotung die Nutzbarkeit einer *Gegend* für die Fischerei an. Heute weiß der Schiffer von seiner Seekarte, in welchen Gebieten er fischen kann und welche er meiden sollte, er kennt die *Steden*, die einen guten Fang versprechen: ». . . *dat wüür 'n goode Stee*«.

Der Boden muß für die Schleppnetzfischerei immer so beschaffen sein, daß das Netz über den Grund gezogen werden kann, ohne daß die Gefahr besteht, daß es von Steinen oder anderen Gegenständen beschädigt wird. Die Erfahrung zeigt allerdings, daß sich die Fische in einem Gebiet mit gleichmäßigem Untergrund, also *mitten in 'n Bach*, nur selten aufhalten. Sie halten sich vorzugsweise an der *Kant* auf. Solche Übergangsgebiete werden von den Fischern besonders intensiv *befischt*. Ein Schiffer erklärt: »*De Kabeljau, de sitt ganz genau an de Steden, wo de Steen no de glatte Grund goht. Door müssen wü egoolweg lootsmieten*«.

Der sich in der Grundprobe abzeichnende *Sand* zeigte dem Fischer die Nähe zu den Steinen. Bei der Analyse der Grundprobe ist die Größe der Sandkörner und die Zusammensetzung des Bodens von Bedeutung. Zuerst findet man *fienen, bunten* Sand. Der Farbe entsprechend ist auch vom *griesen Grund* die Rede. Kommt man näher an die Steine heran, so wird der Sand *glosig* und *groff*. Danach zeigt sich *Kies*, der mit kleinen schwarzen Punkten durchsetzt ist. Im gröberen Kies finden sich auch kleine *Muscheln*. Nimmt der Talg die Sandkörner nicht mehr auf und zeigt nur noch deren Abdrücke, so ist es für den Fischer an der Zeit, die Richtung zu ändern und *aftodreihen*.

Ist der Grund sehr *week*, so besteht die Gefahr, daß sich bei zu großem Netzgewicht die Scherbretter im Grund festsetzen. Schlammiger Meeresboden wird als *Slick*, auch hd. *Schlick*, bezeichnet.

Gefährlich für die Fischerei ist der *ruge Grund* oder *unreine Grund*. Hier können vereinzelt Steine und andere Widerstände für das Netz auftreten. Ein als *knubberige Gegend* bezeichnetes Gebiet ist uneben und für die Fischerei nur eingeschränkt geeignet. Gänzlich gemieden werden muß *steeniger Grund*. *In de Steen* kann leicht das ganze Netz zerrissen werden. Ebenso gefährlich für das Fanggeschirr sind die *Korallenbänke*.[198] *Bank* bezeichnet allgemein eine Untiefe; entsprechend der Oberflächenbeschaffenheit spricht man etwa von einer *Sandbank* oder einer *Muschelbank*.

Der Fisch bevorzugt nicht nur den Übergang zwischen Gebieten unterschiedlicher Bodenzusammensetzung. Auch an steil abfallenden Geländestreifen, an der *Fallkant*, sind gute Fänge zu erzielen. Auch bei dieser Fischerei war das Werfen des Lotes von Bedeutung; schließlich richtet sich die Länge der ausgesetzten Kurrleine nach der *Deepde*. Spricht ein Fischer im Zusammenhang mit der Wassertiefe von *dreug*, so meint er › flach ‹, was in der offenen See immer noch 10 oder 15 Meter bedeuten kann: »*Dat ward mit 'n mool dreug*«. Auch das Verb *andreugen*

ist entsprechend zu verstehen: »*Dat dreugt an*« besagt, daß die Wassertiefe geringer wird. Untiefen und Sandbänke werden als *Gründen* bezeichnet: »*Wü seten up 'e Gründen*«.
Von *Leegerwall* wird heute fast gar nicht mehr gesprochen. Zum einen halten sich die in der Finkenwerder Hochseefischerei eingesetzten Fahrzeuge nur selten in unmittelbarer Küstennähe auf; andererseits kann heute durch Einsatz der Motorenkraft gegen Wind und Wellen der Gefahr, daß ein Schiff auf die Küste getrieben wird, entgangen werden. Ebenso ist der Ausdruck *faste Wall* für Festland nicht mehr in Gebrauch.[199] Die Bedeutung › Festland ‹ muß allerdings auch für den früheren Sprachgebrauch eingeschränkt werden auf › Ufer ‹, das jederzeit im direkten Gegensatz zum Wasser gesehen wird, wie etwa in: »*Hee sitt up 'e faste Wall*«. Aus der äußerst geringen Wahrscheinlichkeit, daß heute ein Kutter am Ufer auf Grund läuft, und aus der nicht mehr üblichen Verwendung von *faste Wall* ergibt sich in diesem Falle für den Sprachgebrauch, daß diejenigen Wendungen, die auf fachlich nicht mehr relevante Situationen zurückzuführen sind, im Laufe der Zeit ausfielen.

3.4.3. Fanggebiete und andere geographische Bezugsgrößen

In direktem Zusammenhang mit der Leistungsfähigkeit der Fahrzeuge und den Navigationsmöglichkeiten stehen die von den Fischern aufgesuchten *Fischplätze* und deren Namen. In diesem Abschnitt sollen insbesondere die Namensbildungsmuster bei der Bezeichnung bestimmter Seegebiete betrachtet und analysiert werden.[200]
Bis in die dreißiger Jahre hinein war die Fischerei geprägt durch zwei Faktoren: Terristrische Navigation sowie Standortbestimmung durch Ausloten. Beide Faktoren ließen ein zu großes Entfernen von der Küste nicht zu. Darüber hinaus konnte der Fang nur über wenige Tage in der Bünn am Leben gehalten werden. Die Deutsche Bucht und das Gebiet um die Nordfriesischen und Ostfriesischen Inseln bildeten daher lange Zeit die Hauptfischfanggebiete für die Finkenwerder Hochseefischerei.
Vöör de Ilv steht für die Deutsche Bucht und schließt das Gebiet zwischen Helgoland, dem Feuerschiff **Elbe I** und der Weser ein. Ausgangspunkt für die meisten Ortsbezeichnungen in der Nähe der deutschen Nordseeküste ist Helgoland, *dat Land. Boben't Land* umfaßt das Gebiet zwischen Helgoland und **Elbe I**, ist also nahezu deckungsgleich mit *vöör de Ilv*. In der Heringsfischerei fischte man auch *up'n Vogel*, auf dem Vogelsand in der Elbmündung. Nördlich der Elbmündung sind *de Piepen* als tiefe Fahrwege in Richtung Küste zu finden, *Süderpiep* und *Norderpiep. Bi't Land* bedeutet › bei Helgoland ‹, mit *up'n Foot* bezeichnet man das flache Gebiet westlich von Helgoland bei der »Langen Anna«. Ein Fischer erklärt: »*Dat is door, wo de Dreugens vun Helgoland noch hinrecken deit*«. *In de*

Kuhl bezeichnet eine Tiefe südlich von Helgoland. Im Gegensatz zu dem bereits erwähnten *boben't Land* steht *nerden't Land* für das Gebiet nördlich von Helgoland. Aus der Tatsache, daß die Benennung »Land« auf die Bedeutung › Helgoland ‹ festgelegt war, ergab sich die Konsequenz, für › unter Land ‹ einen Ausdruck ohne den Bestandteil »Land« benutzen zu müssen. In der Finkenwerder Fischerei heißt es daher für diesen Inhalt *ünner'n Dingen*.

Das gesamte Gebiet um die nordfriesischen Inseln wird *in de Nuurd* genannt. Für genauere Ortsangaben wird der Name der jeweiligen Insel beigefügt: »*Wü fischten ünner Sylt.*« Für das Gebiet nördlich von Helgoland war außerdem die Bezeichnung *up Süden* gebräuchlich, weil man dort Helgoland im Süden peilte. Das Gebiet wurde also nicht nach seiner tatsächlichen Lage zu Helgoland benannt, sondern nach der Himmelsrichtung, mit der man von dort aus Helgoland peilte. Ein seit längerer Zeit nicht mehr gebräuchlicher Name ist *de Groote Nuurd* für das Gebiet nördlich von *de Nuurd*, also parallel zur Nordseeküste etwa von querab Esbjerg bis Thyborön.

In de Süd umfaßt das Gebiet um die Ost- und Westfriesischen Inseln. Auch hier wird bei genaueren Ortsangaben der Name der jeweils nächstgelegenen Insel verwendet: »*Wü wüüren to Borkum*«, »*to Wangeroog*«, »*to Norderneeʻ*«. Das Fanggebiet parallel zur niederländischen Küste am offiziellen Schiffahrtsweg wird *an'n Weg* genannt. Dieser Weg wurde früher durch Bojen gekennzeichnet, so daß die Fischer für eine genauere Ortsbeschreibung die Nummer der Boje angaben, z.B.: »*Hee is bi de Süss*«.

Deutlich wird an diesen Ortsnamen, daß die von den Fischern verwendeten Bezeichnungen sich an Namen für Landflächen und Wasserwege sowie an festen Seezeichen orientieren. Die Fischer hielten sich lange Zeit vornehmlich in unmittelbarer Küstennähe auf und bezeichneten die Mehrzahl der Seegebiete in Anlehnung an den Namen der nächstgelegenen Insel. Helgoland bildete dabei den Ausgangspunkt für die Grobeinordnung dieser Seegebiete.

Als man in der Kleinen Hochseefischerei dazu überging, auch weiter entfernt gelegene Fanggebiete aufzusuchen, mußte auf Helgoland als Bezugspunkt verzichtet werden. Auch die Bezeichnung durch Landgebiete konnte nicht mehr durchgeführt werden, da die Entfernung zum Land zu groß geworden und der Referenzbezug nur noch schwer herstellbar war. Dementsprechend mußten andere Kriterien zur Bezeichnung der Fanggebiete herangezogen werden.

Nach 1882 waren aus wirtschaftlichen Gründen zahlreiche Finkenwerder Fischer im Winter dazu übergegangen, in einem Gebiet, das etwa 90 sm WNW von Helgoland begann, auf Austern zu fischen. Der Name *Eustergrund* ist also nach den Lebewesen, die den Boden bevölkern und die in diesem Fall auch das Fangobjekt bildeten, gewählt. Man sagte auch: »*Wü fischt in de Eusters*«.

Einem ähnlichen Motiv folgt der Name *Seeappel*. In diesem Gebiet registrierten die Fischer immer verhältnismäßig viele Seeäpfel im Netz. Es hieß dann: »*Hee fischt in de Appeln*«. Dieses signifikante Merkmal wurde stellvertretend für das gesamte Gebiet gesetzt.

Das quantitativ am stärksten vertretene Motiv sieht die Bezeichnung eines Seegebietes nach der Beschaffenheit des Meeresbodens vor. Das bekannteste Beispiel hierfür ist die Schlickbank. Der weiche, blaufarbene Grund dieses Gebietes wurde dem Schiffer früher durch die Grundprobe angezeigt. Der Fischer sagt, er fische im *Slick*, in Anlehnung an die hd. Lautung ist auch *Schlick* gebräuchlich, aber auch *in de Schiet* kann man hören. In diesem langgestreckten Gebiet, das in *nuurlich Slick* und *südlich Slick* unterteilt wird, betreiben die Finkenwerder traditionsgemäß von Januar bis März Schollenfang. Heute wird die Schlickbank wegen der recht kargen Fangergebnisse in leicht scherzhaften Ton auch *Hungerwiese* genannt. Die Bezeichnung *Slick* ist wegen der Größe des Gebietes relativ unpräzise, so daß der Fischer auch kleinere Ausschnitte aus dem Gesamtgebiet benennt. Diese Namen sind jedoch im Gegensatz zu den meisten, die für größere Gebiete benutzt werden, nicht offiziell und finden sich in keiner Karte verzeichnet. So fischt man *in de Slüüs* oder *in'n Schlauch*, wenn man sich in einer bestimmten, recht engen Passage zwischen zwei Wracks im östlichen Schlick befindet. *An de Sperr* ist ein Gebiet, in dem im Ersten Weltkrieg eine Sperre errichtet worden war. Hier kann dem Fischer auch heute noch zu dieser Sperre verwendetes Material ins Netz gelangen, oder das Netz kann durch diese Haker zerrissen werden. Das Mittel zur Bezeichnung solcher kleinen, nur für die Fischerei relevanten Gebiete wird hier deutlich: man bezieht sich auf lokale Besonderheiten am Meeresgrund, etwa auch auf Wracks. Insgesamt drei Gebiete werden mit *bi 'n Dään* bezeichnet. An diesen Stellen liegen Wracks dänischer Schiffe. Ebenfalls ein Wrack ist der *Kohlendamper*. Es handelt sich dabei um ein in der Skagerrakschlacht des Ersten Weltkrieges gesunkenes deutsches Kriegsschiff, in dessen näheren Umgebung sich am Meeresgrund aus dem Heizraum der Maschine stammende Kohlenstücke befinden.

Nach Einführung des Decca-Systems bezeichnete ein Fischer alle Wracks auf dem Schlickgrund mit einer Nummer. Ein heute noch nach diesem Muster benannter Fixpunkt ist *de Achtunviertiger*. Ebenfalls als feste Orientierungspunkte dienen im Schlick zwei *Steenhümpel*. Ausgehend von diesen Fixpunkten werden Fangplätze oder der jeweilige Aufenthaltsort durch eine Ergänzung der Himmelsrichtung präzisiert, etwa in *südlich Steenhümpel* oder *nuurlich Steenhümpel*. Nach den Ausmaßen einer Bodenerhöhung am Meeresgrund ist die *Smole Bank* benannt.

Südlich des Schlicks liegt die *Witte Bank*, die nach der Farbe des Meeresbodens benannt ist. Der östlich vom Schlick gelegene *Grant* ist ebenfalls nach seiner Bodenbeschaffenheit benannt. Grober Kies in der Grundprobe zeigte hier dem Fischer, daß er seinen Fangplatz erreicht hatte. Der Grant besteht aus zwei geschlossenen Fanggebieten, dem *nuurlichen* und dem *oostlichen Grant*. Für eine lange Zeit war keine Verbindung zwischen den beiden Teilgebieten bekannt, auf der man das Netz ohne Beschädigung hätte ziehen können. Schließlich wurde doch ein möglicher Weg *uutfischt*, so daß seit der Zeit zwischen den beiden Fanggebieten nicht mehr gedampft zu werden braucht. Der Grant wird hauptsächlich

im Frühjahr befischt. In dieser Jahreszeit ist der Steinbutt dort zahlreich vertreten, aber auch die Kabeljaufänge werden in der Regel als gut bezeichnet.
Südlich vom Grant befindet sich der *Muschelgrund*, dessen Name ebenfalls von der Beschaffenheit der Grundprobe herrührt.
Nordwestlich von der Schlickbank befindet sich der *Knast*[201], der bereits durch seinen Namen als Bodenerhebung gekennzeichnet ist. Das nördlich davon gelegene Gebiet wird — wiederum in Anlehnung an die Grundprobe — *Kaffeesohl* genannt. Der Untergrund ist hier mit dem Kaffeesatz vergleichbar. Bei diesem Namen fällt allerdings auf, daß ein Sprecher des Nd. eher von »*Kaffeedick*«, »*Kaffeegrund*«, »*Kaffeegruus*« sprechen würde. Dagegen weist *-sohl* in diesem Zusammenhang keine eigene sinnvolle Bedeutung auf. Aus diesem Grunde liegt der Schluß nahe, daß es sich bei dieser Benennung zwar um eine Beschreibung des Meeresgrundes handelt, daß sie aber aus den in der Vergangenheit verwendeten englischen Seekarten in die Fachsprache der Fischer übernommen wurde. Der englische Name für dieses Gebiet lautet »Coffee soil«. Zu der schriftlichen Vorlage »soil« wurde ein ähnlichklingender, sinnvoll erscheinender deutscher Lautkörper gesucht. Hieraus resultiert, daß *-suhl, -sohl, -suhle* und *-sohle* nebeneinander existieren. Der Referenzbezug ist trotzdem in allen Fällen eindeutig.
Weiter im Norden finden wir ein unebenes, steiniges Gebiet, das *Gnuppels* genannt wird. In der Finkenwerder Flotte ist es allerdings hauptsächlich unter dem Namen *Hansa-Platz* bekannt. Hier fischte über einen längeren Zeitraum vornehmlich der Kutter **HF 533 Hanseat**. In Anlehnung an den Schiffsnamen benannten die Finkenwerder Fischer daraufhin diesen Fangplatz. Nach den bislang angeführten Mustern ist außerdem der Name *Mörderkuhl* für das Gebiet vor Esbjerg zuzuordnen. Wegen des äußerst weichen Bodens mußte hier in der Fanö-Buch alle zwanzig Minuten gehievt werden, damit das immer schwerer werdende Netz nicht die Scherbretter im Untergrund festsetzte. Diese Fischerei bedeutete für die gesamte Besatzung eine auch für den Fischerberuf ungewöhnliche physische Belastung, und daher sprach man davon, daß es »Mord« sei, in diesem Gebiet zu fischen. In der *Mörderkuhl* wurde früher besonders im Frühjahr auf Zungen gefischt.
Eine nördlich des Schlick gelegene Bank wird *Monki-Bank* (Monkey-Bank) genannt. Sie hat ihren Namen von den kleinen Rochen, die hier in größeren Mengen gefangen werden. Besonders auf englischen Fischereifahrzeugen ist es üblich, diese kleinen Rochen zu trocknen und gebündelt aufzuhängen. Dem Betrachter zeigt sich dann ein affenähnliches Gesicht.[202]
Inwieweit der Name *Monki-Bank* von englischen Seeleuten oder aus englischen Seekarten übernommen ist, kann hier nicht geklärt werden.
Fast alle hier aufgeführten Namen zeichnen sich durch einen Bezug zur Beschaffenheit des Meeresbodens oder zur Art des Fanges aus. In den meisten Fällen ist das Aussehen der Grundprobe für die Namensgebung verantwortlich. Ein Fischer erklärt: »*De Beteeknung kummt vun de Grund, wat wü ünner't Loot hat hebbt*«.

Weiter entfernt gelegene Seegebiete konnten erst aufgesucht werden, als stärkere Motoren eine schnelle An- und Abreise gewährleisteten und die Navigationsmittel verbessert worden waren. Die Seekarten waren zwischen 1920 und 1950 weiterentwickelt und mit detaillierten Angaben versehen worden. Für neue Fangplätze wurden von nun an häufig die in der Karte vorgegebenen Namen übernommen und in der Lautung des Finkenwerder Platt ausgesprochen. So finden wir die *Westbank*, die *Jubillee-Bank* und den *Holmengrund*, der früher wegen des häufigen Auftretens von Steinbutt *Buttgrund* genannt wurde. Weiter im Westen liegt das Fanggebiet im *Schogerrak.*[203]
Die *Jütsche Bank* liegt südlich davon vor der dänischen Küste. Die Namen *Groote Fischerbank* und *Lüttje Fischerbank* werden nur genannt, wenn der Fischer diese Bezeichnungen in der Karte vor sich sieht. Sie gehören nicht zu den Benennungen, die in der Finkenwerder Fischerei üblich sind, da sie ein flächenmäßig zu weites Gebiet abdecken. Sie sind in dieser Form für die Kleine Hochseefischerei zu unpräzise und damit nicht praktikabel.
Zu Beginn der fünfziger Jahre wurde die Heringsfischerei hauptsächlich *up'n Dogger* betrieben. Auch in diesem für die Finkenwerder Fischerei neuen Gebiet übernahm man eine Reihe von Bezeichnungen aus der Seekarte. Englische Namen wurden nach dem Schriftbild in nd. Lautung ausgesprochen. So finden wir zwischen Schlick und Doggerbank *Tailend* und *Klei Deep.*[204]
Nur selten wurde im westlichen Teil der Doggerbank gefischt. Ein bekannter Platz ist hier *Bolders Bank.* Im Südteil des Dogger ist *Sülber Pit*[205], zumeist kurz *Pit* genannt, ein Fangplatz, der während der Heringsfischerei in den fünfziger Jahren häufig aufgesucht wurde. Im Norden der Doggerbank wurde auf der *Oostbank*, dem *Mittelriff* und auch an den *Dübelslöckern* gefischt. *Dübelslöcker* ist eins der wenigen Beispiele für die Lehnübersetzung eines Namens aus dem Engl.; der Kartenname des Gebietes lautet »Devil's Hole«.
Außer den direkt aus den Karteneintragungen übernommen Namen tritt nach der Einführung von verbesserten Seekarten ein weiteres Phänomen bei der Namensgebung für Seegebiete in Erscheinung. Danach werden Gebiete nach der Form, die sie auf der Seekarte zeigen, benannt. Eine halbmondförmige Vertiefung bekommt so den Namen *Halvmond*, ein anderes Gebiet heißt wegen seiner Form *Ellbogen.* Dasselbe Prinzip ist bei der Namensgebung für das *Chinesenlock*[206] angewendet worden.
In der See plötzlich auftretende Bodenerhebungen fallen unter die Sammelbezeichnung *Riff.* Noch vor fünfzig Jahren war, wenn von *dat Riff* die Rede war, aufgrund der am häufigsten frequentierten Fangplätze das *Borkum Riff* gemeint. Da sich heute die Fanggebiete weiter nach Norden verlagert haben und bei Borkum keine Finkenwerder Kutter mehr fischen, ist im aktuellen Sprachgebrauch mit der Kurzform *Riff* zumeist *Horns Rev* gemeint. *Nuurlich Reff* bedeutet dementsprechend heute › nördlich von Horns Rev ‹. Nur in der Heringsfischerei gelangte man an das im Südwestteil der Doggerbank gelegene *Südriff*, für das nur selten und bei eindeutigem Referenzbezug die Kurzform *Riff* verwendet wurde.

Besonders in den fünfziger, aber auch in den sechziger Jahren dehnten einige Fischer ihren Aktionsradius in Richtung Norden über das *ingelsche Klondüük*[207] — im Gegensatz zu dem weiter nördlich gelegenen schottischen Klondyke — über die *Ling Bank* bis hinauf zur *Viking-Bank*, die kurz *de Wiking* genannt wurde, aus. Der in dieser Zeit häufig von Finkenwerder Kuttern befahrene Weg südlich der Viking-Bank wird auch heute noch in Seekarten offiziell als »Finkenwerder Allee« bezeichnet. Ebenso diente der weiter in Richtung schottischer Nordküste gelegene Fladengrund, der kurz als *Floden* bezeichnet wurde, in der Heringsfischerei zeitweise als Fanggebiet.

Die weiten Reisen in die nördlichen Bereiche der Nordsee sind für die Kleine Hochseefischerei inzwischen unrentabel geworden. An- und Abfahrtswege nehmen kostbare Zeit in Anspruch, und besonders durch höhere Treibstoffkosten und den aufgrund des Einbaus stärkerer Maschinen gestiegenen Verbrauch lohnen sich solche langen Fahrten nicht mehr.

Nach dem Zweiten Weltkrieg verlagerte ein Teil der Finkenwerder Fischer seinen Wirkungsbereich von der Nord- in die Ostsee. Hier kann in der Regel mit angenehmerem, milderem Wetter gerechnet werden. Einige Kutter fischen heute ganzjährig in der Ostsee. Sie haben sich auf den Dorschfang spezialisiert und sind mit den modernsten Fanggeräten ausgerüstet.

Diejenigen Kutter, die nur im Winter in der Ostsee fischen, halten sich in der Mehrzahl im *Kattegat* auf. Wenn vom »Kattegat« oder in einer lautlichen Abwandlung von *Killikatt* als Fanggebiet die Rede ist, so ist allerdings nicht das gesamte Gebiet gemeint, das in Karten offiziell diese Bezeichnung trägt. Für die Finkenwerder Fischer umfaßt *Kattegat* lediglich den Bereich zwischen Anholt und Seeland. Dieses Phänomen ist in gleicher Weise für die Bezeichnung »Dogger« nachzuweisen. Der Fischer bezeichnet nicht eine Seefläche, sondern ein für ihn relevantes Fanggebiet. Dieses ist häufig kleiner als der Seebezirk, nach dem es offiziell benannt ist.

Ganzjährig wird die Ostseefischerei von Finkenwerder Kuttern vor allem im *Bornholmbecken* betrieben. Auch weiter nach Norden wurde noch bis vor wenigen Jahren gefischt. Das Fanggebiet *bi Gootland* wird heute wegen der schon geschilderten Probleme mit den Fischereigrenzen nicht mehr aufgesucht. Das Gotland-Tief wird wegen seiner Form in der Seekarte auch als *Banane* bezeichnet. Nach dem gleichen Motiv ist der Fangplatz *Kielreemen*[208] benannt.

Für die Motive der Namensgebung von Fangplätzen können zusammenfassend drei Phasen unterschieden werden:

— Bezeichnung in Anlehnung an den Namen eines Landgebietes,
— Bezeichnung nach der Beschaffenheit des Bodens oder in auffällig großer Zahl vorkommenden Tieren und Pflanzen,
— Bezeichnung nach Vorlage der Seekarte, entweder als direkte Übernahme des Namens oder durch Beschreibung der Form des Gebietes in der Karte.

Diese Arten der Namenbildung sind in direktem Zusammenhang mit den jeweils vorherrschenden Navigationsmitteln zu sehen. Die Orientierung an Landmarken

wurde durch die Navigation mit dem Handlot abgelöst, die dann selbst der genaueren Orientierung auf See mit Hilfe von Seekarte und Decca weichen mußte. Ein weiteres Merkmal betrifft das Verhältnis zwischen offiziellen Benennungen und ihren Verwendungen in der Sprache der Fischer. Die Motivation für die offizielle Namensgebung für Seegebiete kann unterschiedlicher Art sein, für den Fischer ist dagegen allein die Befischbarkeit ausschlaggebend. Daher entsprechen die Grenzen, die in Seekarten für ein Gebiet angegeben sind, häufig nicht den für die Schleppnetzfischerei relevanten und damit den aus der fachlich bestimmten Perspektive der Fischer für die Benennung des Gebietes sinnvoll erscheinenden Grenzen. Der offizielle Inhalt und der in der Finkenwerder Hochseefischerei gebräuchliche Inhalt eines Namens sind also nur teilweise deckungsgleich.
Nachdem man für eine begrenzte Zeit in einem Fanggebiet — *»ünner« Sylt, »to« Amrum, »in« de Appeln, »bi« de Süss, »an« 'n Weg* oder *»up« 'n Grant* gefischt hat, muß man einen *Hoben* aufsuchen, um dort den Fang am Markt zu verkaufen. Schon vor dem Ersten Weltkrieg gingen der Finkenwerder Fischerei die Märkte an der deutschen und niederländischen Nordseeküste wegen der starken Konkurrenz von Fischdampferunternehmen verloren. Der Ausdruck *»Hee is in de Wesser wesen«* war dabei in seiner Bedeutung eingeschränkt auf »er ist am Fischereimarkt in Geestemünde (heute »Wesermünde«) gewesen«. An der deutschen Nordseeküste sind heute lediglich die Märkte in Cuxhaven und Altona noch attraktiv. In den fünfziger und sechziger Jahren, als man sich immer weiter in den westlichen Teil der Nordsee vorwagte, sagten die Fischer: *»Se fohrt up England«*, sie brachten ihre Ware an den englischen Markt, größtenteils in Grimsby. Man kann in neuerer Zeit für dieses *up* auch schon häufig das an den hd. Ausdruck angelehnte *no* hören: *»Hee geiht no Esbjerg to Markt«*. Heute sind neben den genannten deutschen Märkten vor allem die dänischen Nordseehäfen Esbjerg, Thyborön und Hanstholm sowie das an der Ostsee gelegene Grena die Hauptanlandungsplätze für die Fänge der Finkenwerder Hochseekutter.
Auf die Kurzform *Land* für › Helgoland ‹ ist bereits hingewiesen worden. *Achter't Land* bedeutet › im Hafen von Helgoland ‹: *»Wü legen achter't Land«*. Der Hafen von Cuxhaven ist gemeint, wenn von *de Hoov* die Rede ist. *Dat Wark* steht für › Neuwerk ‹. Alle anderen Orte werden mit ihren im hd. gebräuchlichen Namen belegt; die Lautung entspricht dabei dem Finkenwerder Platt.

3.5. Der Fang

Der Fischer verdient sich seinen Lebensunterhalt durch berufsmäßigen Fang und Verkauf von Fischen. Sein Berufsgebiet ist die *Fischeree*. Dem jeweiligen Kontext entsprechend kann diese Benennung jedoch eine ganze Reihe unterschiedlicher Begriffe darstellen. Im folgenden sollen einige Beispiele hierfür aufgeführt werden.

Wenn jemand *in de Fischeree anfangt,* so ergreift er den Fischerberuf. Enger gefaßt ist *Fischeree* in »*Wü köönt morgen all wedder in de Fischeree wesen*«. Hier ist allein die Berufsausübung gemeint. In diesem Zusammenhang sei noch einmal auf die Schlußformel bei Funkgesprächen auf See verwiesen: *Gute Fischerei*. Auch hier ist nur die Ausübung des Berufes angesprochen. Die unterschiedlichen Fischfangmethoden, die eine verschiedenartige Ausführung des Berufes bewirken, können ebenfalls als *Fischereen* bezeichnet werden. In dieser Bedeutung wird die Benennung häufig im Plural verwendet: »*De Fischereen sünd anders*«. Dagegen ist der Fischereibetrieb mit Fahrzeug, Geschirr, Leuten gemeint, wenn es heißt: »*Hee hett vun sien' Vatter de Fischeree obernohmen*«.

Entsprechend der mit Finkenwerder als Zentrum vorgenommenen Einteilung in eine *Bobenilv*, die von Lauenburg bis Blankenese reicht, und eine *Nerdenilv,* die sich von Blankenese bis zur Elbmündung erstreckt, sprechen Elbfischer von der *Bobenfischeree* und der *Nerdenfischeree*.

Die in der Fischerei ausgeübte Tätigkeit ist das *Fischen*. Dieses Wort kann ebenso wie »Fischeree« je nach Zusammenhang für die Ausführung des Berufes oder für den Beruf allgemein stehen: »*Wü hebbt in de Nuurd fischt*«, »*Ick hebb '36 anfungen to fischen*«. Eine andere Bedeutung von *Fischen* ist das Fahren des Kutters mit ausgesetztem Netz: »*Ick fisch hier hin*«.

Die als Fang angestrebte Fischart wird jedoch in der Regel nicht »*fischt*«, sondern *fungen*. Der Fischer fragt: »*Wat hest fungen?*« und bekommt zur Antwort: »*Wü hebbt veel fungen*«. Der Fischer *geiht up* eine bestimmte Fischart: »*Wü goht blooß noch up Kabeljau*«.

Die verschiedenen Arten der Fischerei können entsprechend der Situation durch das Merkmal, das besonders betont werden soll, differenziert werden. Nach den Fangobjekten unterscheidet man zwischen *Schullenfischeree, Tungenfischeree,* die auch als *Edelfischeree* bezeichnet wird, und *Kabeljaufischeree*. Die jeweils angegebene Fischart macht den Hauptfang aus. Bei den modernen Kuttern spricht man heute allgemein auch von *Massenfischeree*. Eine Differenzierung kann jedoch nicht nur in bezug auf die unterschiedlichen Fangobjekte vorgenommen werden. Es wird das in der jeweiligen Kommunikationssituation relevante konstitutive Merkmal angegeben. So spricht man von der *Bünnfischeree*, wenn unterschiedliche Fischaufbewahrungsmethoden thematisiert werden. *Partfischeree* steht in einem direkten Bedeutungszusammenhang mit der bereits erwähnten Organisationsform des Mackerns. Als *Gespannfischeree* bezeichnet man die Fangmethode, in der ein Netz von zwei Kuttern aus gezogen wird. Bei der

Hoochfischeree wird das Netz nicht mehr über den Grund, sondern in einer bestimmten Tiefe durch das Wasser gezogen.
Die nach Fangobjekten differenzierten Fischereiarten waren früher, und sind zum Teil auch heute noch, an feste Jahreszeiten gebunden. Als wichtigste Zeit galt früher die *Schullentiet*, die vom Frühjahr bis Karkmeß (Ende Juni) dauerte. In diesen Monaten mußte an Bord hart gearbeitet werden: Alle ein bis zwei Stunden wurde gehievt, es gab kaum Ruhepausen. Man machte schnelle Fahrten, und auf Landaufenthalte wurde fast gänzlich verzichtet. Zu Karkmeß fand dann die Generalversammlung der Versicherung statt, und jeder Fischer mußte bis dahin in der Lage sein, die fällige Prämie zu bezahlen. Zu Karkmeß lag traditionsgemäß die gesamte Flotte in Finkenwerder. Viele Fischer nutzten diese Zeit zum Anstreichen und Ausbessern der Fahrzeuge. In der Schollenzeit waren die Verdienstmöglichkeiten für die Fischer am günstigsten. Die Erträge in der zweiten Jahreshälfte waren in der Regel nicht mehr so hoch. Für die Zeit nach Karkmeß gibt es keine feste Bezeichnung, obwohl mit der Seezunge wieder eine Fischart den Hauptfang bildete. Man findet lediglich Umschreibungen für diese Zeitspanne, wie etwa: *»Denn sünd de Tungen wesen«*.
Ein Teil der Fischer ging in der ersten Hälfte dieses Jahrhunderts, aber vereinzelt auch schon früher, in der Elbmündung auf Heringsfang. In diesem Zusammenhang sprach man von der *Hierntiet*.
Das Ergebnis einer Reise ist der *Fang*. Er umfaßt die detaillierte Aufzählung der Mengen der gefangenen Fischarten. *Fang* kann sich außerdem allgemein auf das Fangergebnis beziehen, etwa in der Äußerung: *»De Fang is goot«*. Neben der als Fangobjekt angestrebten Fischsorte gelangt in der Regel eine ganze Reihe anderer Fische zusätzlich in das Netz. Diese bilden den *Bifang*. Die in der Nordsee traditionelle Fischereiart ist in erster Linie auf Schollen, aber auch auf Katfische, Steinbutt, Kabeljau und andere Sorten ausgerichtet. Wegen der Mannigfaltigkeit der Fischsorten spricht man vom *gemischten Fang*.

3.5.1. Gröbere Einteilung des Fanges

Fangobjekte der Finkenwerder Hochseefischerei sind fast ausschließlich *Fisch*. Krabbenkutter sind nicht auf Finkenwerder beheimatet, und Kaisergranat sowie Taschenkrebse fallen nur als Beifang an.
Der Form nach unterscheidet man zwischen *Plattfisch* und *Rundfisch*. Für Rundfische, allerdings hauptsächlich für Kabeljau, ist jedoch die Bezeichnung *loopen Fisch* gebräuchlicher.
Die Sorten, für die hohe Preise am Markt erzielt werden können, müssen im Gegensatz zu den normalen Arten besonders vorsichtig behandelt werden. Seezungen, Steinbutt, Kleiß und Petermantje fallen unter den Sammelbegriff *Mattgoot*. In der Bünn war es nur schwer möglich, diese wertvollen Fische am Leben zu hal-

ten. Deshalb wurden sie schon etwa ab 1870 geschlachtet und in dem vor der Bünn gelegenen Eisraum zwischen Strohmatten auf Eis gelegt.[209] Heute wird für die genannten Arten auch die Bezeichnung *Edelfisch* verwendet.

Kabeljau und Schellfisch zusammen bezeichnen die Fischer als *Gemüse* oder *Kattenfutter*. Mit diesen Bezeichnungen soll auf die Minderwertigkeit der angesprochenen Fische hingewiesen werden, die heute allerdings am Markt gute Preise erzielen und schon lange nicht mehr als bloße Beigabe gesehen werden.

Die für die Vermarktung bestimmten Fische müssen eine gesetzlich festgelegte Mindestgröße aufweisen. Vorgeschriebene Maschenweiten sollen verhindern, daß zu viele noch nicht ausgewachsene Fische gefangen werden. Trotzdem finden sich im Fang zwischen den ausgewachsenen Fischen auch immer *Lüttfisch*. Wegen des Alters spricht man ebenso von *Jungfisch*. Für diese Fische, die vom Fischer nicht verwertet werden, war früher auch die Bezeichnung *Brott* gebräuchlich.

Eine geschlechtsspezifische Differenzierung wird in der Regel nur während der Laichzeit vorgenommen, da dann Qualitätsunterschiede deutlich werden. So spricht man etwa von *Melkers* oder von *Rogenschullen*.

In Abgrenzung gegen die von Fabrikfangschiffen angelandete tiefgefrorene und für längere Fristen konservierte Ware werden die Anlandungen aus der Kleinen Hochseefischerei als *Frischfisch* bezeichnet.

Da das Erkennen einzelner Fischschwärme für den Fischer früher nicht möglich war, interessierte ihn die Formation der Fische wenig; er kannte keine besondere Benennung fur sie. Zwar beobachtete er genau, wo und unter welchen Verhältnissen die besten Fangergebnisse zu erzielen waren, er lernte Rückschlüsse auf das Verhalten der Fische zu ziehen; die Bezugsgröße war jedoch immer der zumeist mehrstündige Hol. Erst in der modernen Kabeljaufischerei hat sich eine wesentliche Änderung dieses Zustandes ergeben. Einzelne *Schwärme* werden dem Fischer über den Echographen angezeigt. Die Netzposition wird dann der Information entsprechend verändert.

Mit den modernen Fangeinrichtungen ist man in gewisser Weise wieder am Ausgangspunkt aller Fischerei angelangt: beim beobachteten Fang. Es ist jedoch nicht mehr der Mensch, der die direkte Beobachtung vornimmt, sondern es sind technische Geräte, die das Fangobjekt registrieren und dem Menschen anzeigen.

3.5.2. Feinere Einteilung des Fanges nach Fischarten

Die Vielfalt der Fischsorten muß vom Fischer einer genauen Differenzierung unterzogen werden. Dies geschieht in der traditionellen Fachmundart der Finkenwerder Hochseefischer häufig durch den Einsatz unterschiedlicher Wortstämme für verwandte Sorten. Aus diesem Grund läßt sich eine große Zahl eingliedriger Lexeme nachweisen. Das Beispiel der Benennungen *Ruch* ›Nagelrochen‹ und

Tepen › Glattrochen ‹ macht zudem deutlich, daß das in der hd. geprägten überregionalen Theoriesprache verwendete Grundwort als vollwertige Benennung für die jeweils am häufigsten auftretende Fischsorte dient. In bezug auf *Ruch* ist hier von einer Bedeutungsverengung gegenüber dem Hd. auszugehen. Ähnlich verhält es sich bei der Benennung *Tung*. Für die Simplexform ist generell die Bedeutung › Seezunge ‹ anzusetzen. Die verwandte Rotzunge führt zwar auch das Grundwort *-tung*, es muß jedoch mit Hilfe eines Bestimmungswortes differenziert werden: *Roottung*. Die für Zusammensetzungen übliche Form der Differenzierung wird in erster Linie unter dem Gesichtspunkt der Qualitätseinschätzung und der damit verbundenen Vermarktungsmöglichkeiten vollzogen. Die dafür herangezogenen Aspekte können sehr unterschiedlicher Art sein. So dienen etwa die Laichgewohnheit, der Lebensraum, der Fangplatz, die Größe bzw. das Alter, die Jahreszeit bzw. der Monat des Fanges, die Färbung, die Fangmethode, besondere Körpereigenschaften und die ökonomische Bewertung als Benennungsmotive so wie in der Form *bunter Butt* für einen Steinbutt mit Druckstellen, der dementsprechend als minderwertig gilt.
In der folgenden Auflistung werden nur bei Bedeutungsdifferenzen oder in Fällen, bei denen aus anderen Gründen Erläuterungen notwendig erscheinen, über die Benennung und die biologische Zuordnung hinausführende Erklärungen gegeben.
Neben den Fangobjekten der Hochseefischerei werden auch die aus der Elbfischerei bekannten Benennungen ausgewiesen. Diese sind im fachlichen Übergangsbereich zwischen Fluß- und Seefischerei angesiedelt. In heutiger Zeit gehört die Kenntnis um Fangmethoden und -objekte der Elbfischerei nicht mehr in den Erfahrungshorizont eines Hochseefischers. Bis etwa in die zwanziger Jahre hinein war die Übergangszone jedoch breiter, und nicht wenige Hochseefischer betrieben beispielsweise im Winter auf der Elbe unterhalb von Glückstadt den Fang von Flußfischen. Aus diesem Grunde sollen hier auch die auf Finkenwerder üblichen Benennungen für diejenigen Fischarten, die dem traditionellen Aufgabengebiet der *Lüttfischer* entstammen, der untersuchten Fachsprache zugeordnet werden. Daneben sind auch kleine, nicht verwertbare Fischsorten aufgeführt. Die der Elbfischerei entnommenen Benennungen sind in der folgenden Auflistung durch Einrückung kenntlich gemacht.

3.5.2.1. Beutelkiemer, Kieferlose

Negenoog (Lampetra fluviatilis; Flußneunauge).

3.5.2.2. Knorpelfische

Heringshai (Lamna nasus; Heringshai); dieser folgt als Raubfisch den Heringsschwärmen. Seit dem erheblichen Rückgang der Heringsbestände in der Nordsee ist der Heringshai in diesen Gewässern nicht mehr in Erscheinung getreten.
Dornhai (Squalus acanthias; Dornhai, gelangt als »Seeaal« auf den Markt). Auch die im eigentlichen Sinne übergeordnete Bezeichnung *Hai* wird verwendet. An Bord kann man außerdem die davon abgeleitet Diminutivform *Haini* (bzw. *Heini*) hören.
Ruch (Raia clavata; Nagelrochen).
Tepen (Raia batis; Glattrochen).

3.5.2.3. Knochenfische

3.5.2.3.1. Knochenfische, Altflosser

Stüür (Acipenser sturio; Stör).

3.5.2.3.2. Knochenfische, Neuflosser

3.5.2.3.2.1. Knochenfische, Neuflosser, Gleichwirbler

Hiern (Clupera harengus; Hering). Man unterscheidet den marktfähigen *langen Hiern* und den als *Spitzen* bezeichneten Jungfisch, der in der Regel zu Fischmehl verarbeitet wurde.

Sprott (Lupea sprattus). Dieser heute in geräuchertem Zustand zu den Delikatessen zählende Fisch wurde zusammen mit dem Hering gefangen.[210]
Nichtmarktfähige Heringe nannte man häufig auch *Gammel*[211]: »*Wü kemen mit 'n Lodung Gammel vun'n Logger.*«
Maifisch oder *Bodjen* (Alosa alosa; Alse und Paralosa fallax; Finte).
Snepel (Coregonus oxyrhynchus; Schnäpel).
Lass (Salmo salar; Lachs).
Stint (Osmerus eperlanus; Stint).

3.5.2.3.2.2. Knochenfische, Neuflosser, Einfachschultrige

Heek (Esox lucius; Flußhecht).

3.5.2.3.2.3. *Knochenfische, Neuflosser, Fische mit offener Schwimmblase*

Wittfisch
— *Slee* (Tinca tinca; Schlei).
— *Plieten*[212] (Leuciscus rutilus; Plötze).
— *Rottoog* (Scardinius erythrophthalmus; Rotfeder).
— *Nees* (Chondrostoma nasus; Nase).
— *Karpen* (Cyprinus carpio; Karpfen).
— *Kruusch*[213] (Carassius carassius; Karausche).
— *Roop* (Aspius aspius; Rapfen).
— *Snieder* (Alburnus alburnus; Ukelei).
— *Brassen* (Abramis brama; Brachsen).
— *Blei*[214] (Blicca björkna; Güster).
— *Olander* (Idus idus; Aland; durch die Ausspracheart wird ein Bezug zum »*Oollander*« — hd. Altländer — hergestellt).
— *Blaufisch* (Rhodeus amarus; Bitterling).
— *Döbel* (Squalius cephalus; Döbel).
— *Gründling* (Gobio gobio; Gründling).
Wetterputj (Misgurnus fossilis; Schlammpeitzger).

3.5.2.3.2.4. *Knochenfische, Neuflosser, Fußlose*

Ool (Anguills anguilla; Flußaal).

3.5.2.3.2.5. *Knochenfische, Neuflosser, Stachellose*

Heek (Merluccius merluccius; Seehecht).
Kabeljau (Gadus callaries; Kabeljau). Für den in der Ostsee gefangenen Kabeljau ist die Bezeichnung *Dorsch* (pl. *Dösch*) üblich. Aufgrund der Färbung spricht man an Bord häufig auch von *Greunen* (pl.).
Schillfisch (Melanogrammus aeglefinus; Schellfisch). Auch die Kurzform *Schellies* (pl.) ist gebräuchlich.[215]
Blauer (Pollachius virens; Köhler).
Wrackfisch (Pollachius pollachius; Pollack).
Wittling (Merlangius merlangus; Wittling). In der Kurzform spricht man auch von *Wittels* (pl.).
Ling (Molva molva; Leng). Auch die Form *Lengfisch* ist gebräuchlich.
Quapp (Lota lota; Quappe).
Lump (Brosme brosme; Lumb).

3.5.2.3.2.6. Knochenfische, Neuflosser, Barschartige

Stuur (Acerina cernua; Kaulbarsch).
Stuurbuurs oder kurz *Buurs* (Perva fluviatilis; Flußbarsch).
Zander (Lucioperca lucioperca; Zander).

Giftfisch (Trachinus draco; Petermann).
Makreel (Scomber scombrus; Makrele).
Hultmakreel (Trachurus trachurus; Stöcker, Bastardmakrele).
Thunfisch (Thunnus thynnus; Thunfisch). In den Jahren von 1938 bis 1957 wurden von Finkenwerder Kuttern in der Nordsee größere Mengen an Thunfisch gefangen. Dabei hatte fast jeder Fischer eine eigene Methode des Ködereinsatzes wie auch unterschiedliche Fanggeräte entwickelt.
Kattfisch (Anarhichas lupus; gestreifter Katfisch).

3.5.2.3.2.7. Knochenfische, Neuflosser, Panzerwangen

Rootboors (Sebastes marinus; Rotbarsch). Dieser Fisch ging den Finkenwerder Fischern nur in Ausnahmefällen in den fünfziger Jahren ins Netz, als diese sich recht weit in nördlich gelegene Fanggebiete vorwagten. Da sich solche Reisen als unrentabel erwiesen, gehört der Rotbarsch heute nicht mehr zu den Fangobjekten in der Kleinen Hochseefischerei.
Petermantje (Trigla lucerna; roter Knurrhahn).
Knurrhohn (Trigla gurnardus; grauer Knurrhahn).
Seehoos (Cyclopterus lumpus; Seehase).

3.5.2.3.2.8. Knochenfische, Neuflosser, Panzerbrustfische

Sandoop (Pungitius pungitius; kleiner Stichling).
Jimp, Steengrimp, Stickelintje oder *Stickel* (Gasterosteus aculeatus; großer Stichling).

3.5.2.3.2.9. Knochenfische, Neuflosser, Plattfische

Heilbutt (Hippoglosssus hippoglossus; Heilbutt).
Struuvbutt (Platichthys flesus; Flunder). Daneben ist auch die Form *Schrubber* gebräuchlich. Ob es sich dabei um eine Verschleifungsform handelt oder ob eine Verwandtschaft zu der in skandinavischen Sprachen üblichen Benennung als bildungsmotivierend anzusehen ist, kann hier nicht endgültig geklärt werden.[216]

Die Elbfischer kennen eine nach Fanggebieten vorgenommene Einteilung in den *Ilvbutt* und den *Wattbutt*. Sie benutzen fast ausschließlich die Kurzform *Butt*, die im Sprachgebrauch der Hochseefischer allerdings für den am häufigsten gefangenen »Butt« steht, den Steinbutt.

Roottung (Solea variegata; Rotzunge).
Judendiern (Microstomus kitt; Limande). Diese Bezeichnung ist parallel zu einer ganzen Reihe von Wörtern und Redewendungen mit antisemitischen Konnotationsbereichen zu sehen.[217] Der Fisch selbst wird als »hart« und »knöchrig« charakterisiert. Heute hat sich die Bezeichnung trotz der eindeutigen Analogiebildung bei vielen Fischern verselbständigt, so daß sie unreflektiert benutzt wird. Besonders aber durch die im offiziellen Sprachgebrauch des Fischmarktes verwendete Bezeichnung *Limande* wird die Benennung *Judendiern* immer stärker aus der Sprache der Fischer verdrängt.
Schull (Pleuronectes platessa; Scholle).
Scharb (Hippoglossoides plattessoides; rauhe Scharbe).
Kleiß (Scophthalmus rhombus; Tarbutt).
Steenbutt (Scophthalmus maximus; Steinbutt).
Scheevsnuut (Lepidorhombus whiff; Flügelbutt).
Seetung (Solea solea; Seezunge). An Bord ist fast ausschließlich die Kurzform *Tung* gebräuchlich. Für kleine Seezungen kennt man auch die Bezeichnung *Kameruner*.

3.5.2.3.2.10. Knochenfische, Neuflosser, Anglerfische

Seedübel (Lophius piscatorius; Seeteufel, Angler).

3.5.3. Andere Fangobjekte

Neben Fischen sind auch andere Meeresbewohner als Beifang in der Fischerei von Bedeutung. Als Hauptfang galt lediglich die *Auster* (Ostrea edulis), die in den Jahren zwischen 1883 und 1914 auf dem *Austerngrund* gefischt wurde. Als man nach Beendigung des Ersten Weltkriegs die Austernbänke wieder aufsuchte, fand man sie verödet, so daß die Austernfischerei nicht wieder aufgenommen werden konnte.
In der Küstenfischerei galten früher auch kleine Taschenkrebse (Cancer pagurus) für die Finkenwerder Fischer als gewinnbringende Fangobjekte. Man nannte sie *Krabben*. Die landläufig als »Krabbe« bezeichnete Garnele (Crangon vulgaris) hieß dagegen *Knoot*.[218] Heute werden diese Kleintiere nicht mehr von Finkenwerder Fischern gefangen. Allerdings ist anzumerken, daß in Anlehnung an den hd. Sprachgebrauch *Krabb* nun nicht mehr für kleine Taschenkrebse, sondern als Bezeichnung für die Garnele verwendet wird.
Dagegen findet der Hochseefischer auch heute noch häufig *Taschen* (Cancer pagurus; Taschenkrebs) im Netz. Diese werden vom Fischer entweder für den

Eigenverzehr abgekocht, oder es werden nur die Extremitäten vom Rumpf abgetrennt und gesammelt. Der fleischige Körper ist nur äußerst schwer konservierbar und wird in der Regel ungenutzt in die See zurückgeworfen. Gesammelt werden nur die *Knieper*, eine Bezeichnung, die mittlerweile auch auf das Gesamttier — als pars pro toto — übertragen wurde, da aus der Sicht der Fischer nur die mit Scheren versehenen Beine relevant sind.
In früheren Zeiten wurden in der Nordsee auch *Hummer* (Astacus gammarus) gefangen, für die am Markt regelmäßig gute Preise erzielt werden konnten. Als besonders wertvoll gilt heute der Kaisergranat (Nephros norvegicus), der als *Langust* bezeichnet wird; da die eigentliche Languste (Palinurus palinurus) im Nordseebereich nicht vorkommt, ergeben sich keine Schwierigkeiten in bezug auf etwaige Bedeutungsüberschneidungen. Ebenso wie vom Taschenkrebs werden beim Kaisergranat nur bestimmte Körperteile gesammelt; in diesem Falle sind es die weichen Hinterteile.

3.5.4. Nicht verwertbarer Fang

Wenn ein Grundschleppnetz über einen Zeitraum von mehreren Stunden über den Meeresboden gezogen wird, so bleibt es nicht aus, daß neben den als Fangobjekte angestrebten Fischen auch andere Lebewesen und Gegenstände unterschiedlichster Art ins Netz gelangen.[219] Diesem Gegenstandsbereich widmet der Fischer allerdings nur geringe Aufmerksamkeit, und zwar auch im Hinblick auf sprachliche Differenzierung. Der Grund hierfür liegt in der Tatsache begründet, daß diese Tiere, Pflanzen und Gegenstände wirtschaftlich nicht genutzt werden und der Fischer sie deshalb ohne größere Beachtung ins Meer zurückwirft.
Alles, was dem Fischer wertlos erscheint, faßt er unter der Sammelbezeichnung *Nusch*, früher auch *Musch*, zusammen. Häufig ist auch ganz allgemein von *Schiet* die Rede. Diese Bezeichnungen lassen sich übrigens auch auf den menschlichen Bereich übertragen und zur negativen Charakterisierung heranziehen.
Einen erheblichen Anteil am nicht verwertbaren Fang haben die *Muscheln*, früher auch *Musseln*, die trotz ihrer Arten- und Formenvielfalt vom Hochseefischer sprachlich nicht weiter differenziert werden.
Einsiedlerkrebse nannte man früher *Kucksen*, heute ist *Dwassläuper* gebräuchlich.[220] Der Seeigel (Echinus esculentus) heißt *Seeappel*. Häufig kommt auch der *Seestiern* (Asterias rubens, Seestern) vor. Der fünfstrahlige Seestern trägt die Bezeichnung *Fieffeut*, kleinere Exemplare werden auch *Krabbels* genannt. *Peerdkötel* oder *Hundenüsse* nennen die Fischer die kleinen Strand-Seeigel (Psammechinus miliaris), die mit einer zerbrechlichen graugrünen Schale versehen sind. Die leichten Rocheneier heißen *Seemüüs* (sing. *Seemuus*).
Hinsichtlich der Seegewächse spricht man allgemein von *Kruut*[221], *Tang* oder *Seegras* (im engeren Sinne: Zoostra maritima). Größere Formen werden auch *Kla-*

batzen genannt. Fingertang (Laminaria digitata), ein handförmiges Gewächs, heißt *Handen* (pl.). Immer wieder kommt es vor, daß das Netz mit Quallen (Scyphozoa) gefüllt ist. Zwischen dem *Seeflach*[222], am gebräuchlichsten ist die Kurzform *Flach*, fühlen sich Fische nicht wohl, und dementsprechend ist der Fang in solchen Fällen äußerst gering. — Darüber hinaus ist es keine Seltenheit, daß *Klamotten*, das sind zumeist große Steine, ins Netz geraten. Derartige Gegenstände werden in der Regel während der Fangreise auf Deck aufbewahrt und erst während der Heimreise an bestimmten, nicht befischbaren Stellen ins Meer zurückgeworfen. Durch diese Maßnahme soll verhindert werden, daß der Fischer den herabsinkenden Stein erneut ins Netz bekommt oder daß der gleiche Gegenstand zu späterer Zeit Schwierigkeiten bereiten oder Schaden anrichten kann.
Nicht ins Netz geht der *Tümmler* (Phocaena phocaena), die in der Nordsee vorkommende Delphinart, und so sagen die Fischer: »*De Tümmler speelt mit 't Schipp.*« Früher war der *Seehund* (Phoca vitulina) in den Sommermonaten ein häufiger Begleiter der in Küstennähe sich aufhaltenden Fischkutter. Auf den Watten gefangene Heuler erzielten im vergangenen Jahrhundert gute Preise bei Hagenbecks Tierpark.

3.5.5. Körperteile der Fische

Der Fisch wird vom Fischer normalerweise als Einheit betrachtet; es gibt nur wenige Situationen, in denen die einzelnen Körperteile benannt werden. Der *Stiert* ist der Schwanz des Fisches, der zusammen mit den *Flussen* als Fortbewegungsorgan dient. Augen und Maul befinden sich im *Kupp*, die Sauerstoffaufnahme geschieht durch die *Keben*. Der Unterteil eines Rundfisches wird *Buuk* genannt: »*Du müßt den Buuk upsnieden.*« Die Oberfläche der meisten Fische ist mit *Schuppen* besetzt, die Fischknochen werden als *Groten* bezeichnet.
Für die Lagerung der Fische auf Eis ist die Entfernung der Eingeweide von besonderer Bedeutung. Die Fische werden geschlachtet und ausgenommen. Diese Arbeit geht bei geübten Händen äußerst schnell vor sich. Mit einem besonderen Dreh des Messers gelingt es, den gesamten *Küüt*[223], das sind alle Innereien, aus dem Fisch herauszuschneiden. Besonderes Interesse gilt dabei der *Lebber*, die stark als Träger von Fäulniserregern wirkt, wenn sie nicht restlos entfernt wird. Wegen dieser Gewichtung werden häufig auch die gesamten Eingeweide unter dem Sammelbegriff *Lebber* zusammengefaßt. Früher wurde die Leber beim Schlachten gesammelt und zu Lebertran gekocht. Auch die *Rogen*[224] des weiblichen und die *Melk* des männlichen Fisches werden beim Schlachten entfernt.
Der vom Fisch abgesonderte Schleim, der nach dem Schlachten abgespült werden muß, wird *Fischsliem* genannt. Die gallertartige Masse, von der Jungfische umgeben sind, bezeichnet der Fischer als *Glibber*.

Abb. 48: *Küüt* des Dornhais.

3.5.6. Zum Verhalten der Fische

Die einzelnen Fischarten zeigen ein durchaus unterschiedliches Verhalten und müssen dementsprechend verschiedenartig behandelt werden. Lange Zeit waren allerdings die Möglichkeiten der Hochseefischer auf diesem Gebiet sehr beschränkt, da sie mit dem Grundschleppnetz fischten und je nach Fangobjekt lediglich die Einstellung des Netzes und die Maschengröße variieren konnten. In der modernen Kabeljaufischerei ist es dagegen möglich geworden, das Netz auf die Schwimmhöhe eines registrierten Schwarmes zu bringen.
Zwar gab es ein genaues Beobachten des Verhaltens der Fische von seiten der Fischer schon immer, bei einem Einsatz technischer Hilfsmittel zum Aufspüren der Fangobjekte wird jedoch das Verhalten, über das früher in erster Linie tradierte Erfahrungen Auskunft gaben, genau registriert und für die Fangmethode ausgewertet.
Dem Fisch wird im Sprachgebrauch der Fischer eine Reihe menschlicher Verhaltensweisen zugeordnet. Wo sich der Fisch am Grund aufhält, da sitzt er, *hee sitt*. Von den Zungen, die sich im schlammigen Boden eingraben, sagt man, *see sandt sick in*. Besonders Rundfische halten sich häufig nicht am Meeresgrund auf. In diesem Fall *steiht* der Fisch oder präziser er *steiht hooch: »De Kabeljau steiht hooch«*.
Zur Eiablage begeben sich die Plattfische in die küstennahen Flachgebiete. Man sagt dann: »*De Tungen fangt an rantotrecken*«, und in einem anthropologisierenden Bild heißt es: »*De Fisch is up Hochtietsreis.*« Den Vorgang der Eiablage nennt man dem Hd. entsprechend *Laichen*.

3.5.7. Fangbeschränkungen

An anderer Stelle ist bereits auf die durch die EG-Beschlüsse festgelegten Fangbeschränkungen und die Problematik der Ausdehnung der Hoheitsgewässer verschiedener Staaten hingewiesen worden. Den Fischern aus den EG-Ländern werden ganz bestimmte Mengen, *Quoten*, zugeteilt. Diese Quoten werden vor dem Berechnungszeitraum verbindlich vorgeschrieben, *fastsett* oder *fastleggt*, und müssen dann ohne Berücksichtigung des tatsächlich Fischbestandes eingehalten werden. Dieses *Vöörquotieren* wird von den Fischern als sehr zweifelhafte Methode empfunden. Der Fischer ist der letzte, der eine Schonung der Jungfische zur Erhaltung des Fischbestandes ablehnen würde. Durch das *Quotieren* und *Limitieren* fühlt er sich aber existenzgefährdenden Restriktionen ausgesetzt. Die Fischer sehen sich jetzt bei Androhung empfindlicher Strafen einer Gesetzgebung ausgesetzt, die am Verhandlungstisch fernab von den Betroffenen durch praxisunkundige Laien ausgehandelt wurde. So mancher Fischer empfindet derartige Fangbeschränkungen als ungerechtfertigt, und das besonders, weil sie ihn in der traditionellen Freiheit bei der Ausübung seines Berufes erheblich einschränken. Die Forderungen der Fischer und ihrer Organisationen lauten, daß man die Quoten *freegeben* oder zumindest *rupsetten* muß, wenn die Kleine Hochseefischerei nicht in absehbarer Zeit aus wirtschaftlichen Gründen den Betrieb einstellen soll.

3.6. Vorstufen und Entwicklungsformen der Fischerei mit Grundschleppnetzen

Die historische Entwicklung der Fanggeräte ist durch verschiedenartige Faktoren angeregt und weitergeführt worden.[225] Als Grundgedanke ist dabei jedoch generell der Versuch anzusehen, den Wirkungskreis des Menschen beim Fischfang zu erweitern. Der zweite Aspekt ist zu beziehen auf das Bestreben, das Fanggerät so zu gestalten, daß es selbsttätig, vom Menschen unbewacht, arbeitet. Ein dritter Gedanke, der zur Weiterentwicklung der Fanggeräte beigetragen hat, spiegelt sich im Übergang vom Einzelfang zum Massenfang. In der Seefischerei kommt als vierter Aspekt noch die Erweiterung der befischbaren Gebiete von der Flachwasserfischerei zur Tiefseefischerei hinzu. Auf die hiermit aufs engste verbundene Entwicklung der Fahrzeuge, ihrer Antriebskräfte und Navigationsmittel ist bereits hingewiesen worden.[226]
Diese Ausführungen machen deutlich, daß die in der Hochseefischerei verwendeten Fanggeräte immer schon einen fortgeschrittenen Stand in der Entwicklungsreihe widerspiegeln. Vorformen zeigen sich, bezogen auf das Untersuchungsgebiet, in der Elbfischerei. Die Elbe hat aufgrund ihres Fischreichtums eine ganze Fülle von Fangmethoden hervorgebracht. Wegen der großen Menge unterschiedlicher Fischarten wurden je nach dem Verhalten der einzelnen Arten besondere

Fanggeräte und -methoden entwickelt. Auf eine detaillierte Auseinandersetzung mit diesen Verfahren und den verwendeten Geräten muß an dieser Stelle verzichtet werden. Es sei lediglich auf die genauen, auch den Sprachgebrauch der Fischer wiedergebenden Darstellungen hingewiesen, die Sterner zwischen 1916 und 1919 in der Fachzeitschrift »Der Fischerbote« veröffentlichte.[227]

3.6.1. Ältere Formen

Aufgrund der Umweltbeschaffenheit war es bis in dieses Jahrhundert hinein üblich, daß man sich auf Finkenwerder bereits vom frühesten Jugendalter an mit dem Fangen von Fischen beschäftigte. Viele Jungen hatten ein trommelartiges Netz mit Einschlüpfvorrichtungen an beiden Seiten, das man *Bunge*[228] nannte. In erster Linie waren es die Tätigkeiten der Elbfischer, die in kleiner Form nachgeahmt wurden.
Als einfache Geräte der Elbfischer sind das *Kleevgoorn*, eine Stellnetzart, die *Steekloo*[229], das *Seih*[230], ein vom Land aus bedientes Zugnetz, das Wurfnetz, das *Smietnett* genannt wurde, das *Prickeliesen* oder *Prickiesen*, ein *Fischsteker*, der aufgrund seiner Bauweise als *Dreetack* oder *Viertack* auftreten konnte, zu erwähnen. Hinzu kommt der nach den Fangobjekten benannte *Oolsteker*.
Bei den Aalfanggeräten unterschied man die *Rüüs*, die aus einem Korbgeflecht bestand, und den aus Garn gefertigten *Oolkorv*. Die trichterförmigen Einschlupflöcher der Bunge und der Aalfanggeräte nannte man *Muurt*.
Das Grundwort *-Korv* konnte entsprechend der für den Fang vorgesehenen Fischart durch ein Bestimmungswort näher beschrieben werden. So ist etwa vom *Quappenkorv* die Rede, dessen einzelne Bestandteile *Vöörkorv, Mittelkorv* und *Achterkorv* genannt werden.
In den zwanziger und dreißiger Jahren betrieben Finkenwerder Elbfischer im Winter auf der zugefrorenen Süderelbe *Iesfischeree*. Die zu diesem Zweck ins Eis geschlagenen Löcher wurden *Wooken* genannt.
Das Netz stellt das Hauptfanggerät der Finkenwerder Hochseefischerei von ihren Anfängen an dar. Es kann davon ausgegangen werden, daß die ersten Finkenwerder Fischer, die sich um 1800 regelmäßig zum Fischfang in die offene See begaben, Fangmethoden und Fanggerät von der gerade in voller Blüte stehenden Blankeneser Fischerei übernahmen. Die Blankeneser fischten mit einem dreiwandigen Treibnetz, das je nach dem angestrebten Fangobjekt unterschiedliche Maschenweiten aufweisen konnte.[231] Das gesamte Netz wurde *Goorn* genannt. Es bestand aus 16 bis 20 Einzelstücken, die jeweils 30 Faden lang waren. Diese Teilstücke des Garnes hießen *Ledderingsgoorn*.[232] Nach den Fangobjekten differenzierend sprach man etwa vom *Bodjengoorn, Buttgoorn, Neesengoorn, Lassgoorn* oder *Stuurengoorn*; entsprechend ist bezüglich der *Seih* von der *Stintseih* oder der *Quappenseih* die Rede.

Abb. 49: Die Fischerei mit der Baumkurre.

Die Treibnetze wurden dicht über dem Grund der See oder einer Bank aufgestellt, so daß sich die Fische darin verwickelten und beim Einholen des Netzes unbeschädigt aus den Maschen gelöst werden konnten. Als Hauptfangobjekte galten Schollen und Seezungen.

Von niederländischen Fischern übernahmen die Finkenwerder zwischen 1820 und 1850 die *Boomkurr*, die kurz *Kurr*[233] genannt wurde. Dieses Netz, das vom Ewer über den Meeresgrund gezogen wurde, bezeichnete man in Abgrenzung gegen das *Drievnett* auch als *Grundkurr*. Offengehalten wurde das Netz durch einen 10 m langen, etwa 16 cm starken *Kurrboom*, der zumeist kurz als *Boom* bezeichnet wurde.[234] Der Kurrbaum bildet den vorderen oberen Abschluß des Netzes. Als seitlicher Abschluß ist an der Netzöffnung jeweils ein gußeiserner Bügel angebracht, der mit seinem Gewicht von etwa 40 kg dafür sorgt, daß das Netz direkt über den Meeresgrund gezogen wird. Ein solcher Bügel heißt in der Sprache des Fischers *Klau* oder *Rutscher*. Zur weiteren Beschwerung wurden je nach Stärke des Windes zwei bis sechs Metallkugeln, kurz *Kugeln* genannt, an den Klauen befestigt.

Im Jahre 1904 stellte sich binnen weniger Monate die gesamte Finkenwerder Hochseeflotte von der Baumkurre auf das Schernetz um. Obwohl bei diesem neuen Verfahren auf den schweren, unhandlichen Kurrbaum verzichtet werden konnte, blieb die Bezeichnung *Kurr* bis in die dreißiger Jahre hinein auch für das neue Netz gebräuchlich. Die Gestalt des Fanggerätes hatte sich geändert, seine Funktion war jedoch gleichgeblieben. Als *Kurr* bezeichnete der Fischer auch weiterhin das Netz, das als Schleppnetz vom Fahrzeug gezogen wurde, ohne Berücksichtigung von Form oder Bauteilen. Erst nach dem Zweiten Weltkrieg setzte sich

Abb. 50: Grundform des Hamens.

im Sprachgebrauch der Fischer die Bezeichnung *Nett* gegenüber *Kurr* durch; entsprechend wurde eine Umbenennung von *Grundkurr* zu *Grundnett* vorgenommen.

Neben den genannten Fangmethoden existierte immer noch eine Reihe anderer Verfahrensweisen, von denen einige im Übergangsbereich zwischen Elb- und Seefischerei liegen. Da jedoch viele Hochseefischer im Winter auch auf der Elbe fischten und vor allem beim Heringsfang Methoden und Geräte der Elbfischer anwandten, sollen diese hier nicht unerwähnt bleiben.

Abb. 51: Fischerei mit dem Ankerhamen.

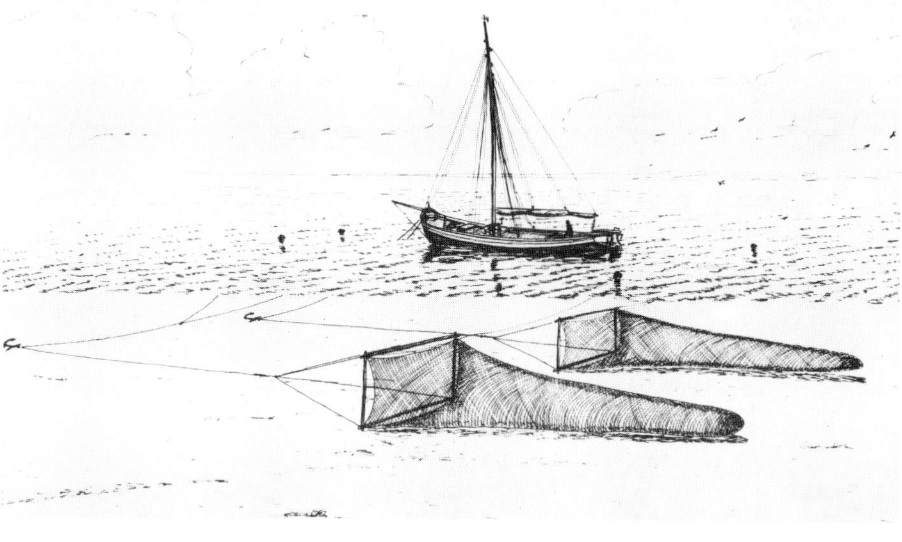

Abb. 53: Heringsfischerei mit dem Hamen.

Auch heute noch wird der *Homen* in der Elbfischerei verwendet.[235] Die Hochseefischer, die es gewohnt waren, daß ihr Netz gezogen wurde, hielten den *Ankerhomen*, der mit Hilfe eines großen *Homenankers* am Grund festgesetzt wird, ein wenig herabschauend für eine minderwertige Vorstufe des von ihnen auf See verwendeten Geräts. In der Elbfischerei wird zu beiden Seiten eines Fahrzeugs ein Hamen gegen die Strömung im Wasser verankert. Der Hochseefischer war dagegen aufgrund seiner Ausrüstung lediglich in der Lage, einen Hamen, den sie *Homenkurr* nannten, mit dem Draggen am Grund zu verankern.

Nachdem der Segelantrieb durch Motorkraft ersetzt worden war, bevorzugten es viele Seefischer, das schwere Hamengeschirr zu ziehen und so den Hering zu *jogen*. Andere zeigten sich eher erstaunt über die Tatsache, daß man beim *Vöör-Anker-Fischen* überhaupt gute Erträge erzielen konnte. Verwundert berichtet ein alter Fischer: »*Wü harrn 300 Korv Sprott bi't Vöör-Anker-Liggen.*« Bei dieser Fangmethode[236] wurde der Hamen nicht am Boden verankert, sondern auf der gewünschten Höhe mit den *Sprinken* an der Ankerkette eingeschäkelt. Die in einem Punkt zusammenge-

◀ Abb. 52: Moderner Hamenanker des Elbfischkutters **HF 555**.

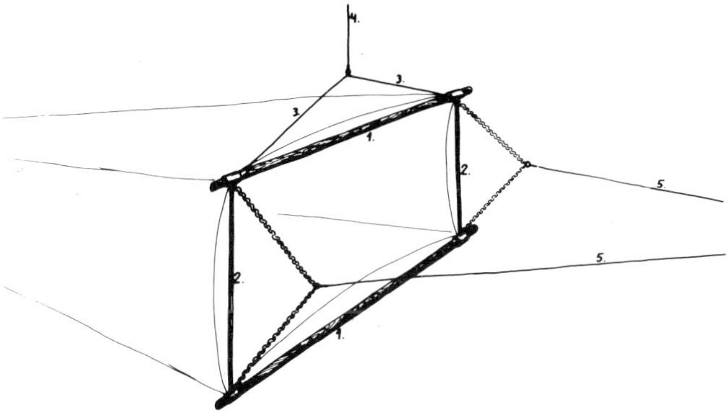

Abb. 54: Das Schütt.

Das Schütt
1. Baum
2. Klauen
3. Baumtau
4. Ringeltau
5. Sprinken

führten Sprinken wurden auch *Peerd* genannt. Das Hamengestell wurde als *Schütt* bezeichnet. Dieses bestand aus dem Baum und zwei *Hiernsklauen*, deren runde Öffnungen so gearbeitet waren, daß sie über den Baum gezogen werden konnten. Diese Öffnungen nannte man *Oogen*. An den Klauen befanden sich *Duppelthokens*, mit denen beim Anschlagen des Netzteiles an das Schütt die Ösen des Hamenlieks, die *Uurten*, verbunden wurden. Direkt mit dem Schiff verbunden war das Schütt über das *Dregerreep*.

Die gleiche Hamenart konnte auch von Schiffen gezogen werden. Der Hamen wurde zu diesem Zweck an der *Kurrlien* befestigt, die, nachdem genügend Leine weggefiert war, mit dem *Reeder* an das Heck gezogen wurde. Die Position des Steerts wurde dem Fischer durch eine *Stiertboje* angezeigt. Zur Entleerung des Hamens wurde dieser an die Bordwand vorgehievt, so daß der Fang mit Keschern aus einer Netzöffnung an Bord geschaufelt werden konnte. Diese Tätigkeit nannte man das *Füllen*. Der Kescher, oder wie man sagte: *dat Loognett*, wurde dabei durch eine besonders dafür vorgesehene Öffnung, den *Füller*, geführt.

Um die Jahrhundertwende trat der Hering noch in großen Schwärmen vor der Elbmündung auf. Auch zahlreiche Hochseefischer beschäftigten sich dann im Winter mit der Heringsfischerei. Zunächst wurde zu diesem Zweck ein Hamen, später — besonders als man nach dem Zweiten Weltkrieg auf der Doggerbank Hering fischte — auch das Grundschleppnetz benutzt.[237] Vor der Elbmündung wurde vor allem das Gebiet zwischen Westertill und Norderpiep auf *Tekens up'n Hiern* abgesucht. Wasservögel, hauptsächlich Möwen, und Tümmler zeigten den Fischern an, wo sich Heringsschwärme aufhielten. Der Hering war in diesen Regionen jedoch kein ständiger Gast. Oft blieb er jahrelang der Elbmündung fern, um dann wieder besonders zahlreich aufzutreten. In solchen Zeiten konnte der Fischer mit einem einzigen Hol sein Glück machen; er konnte aber auch sein gesamtes Gerät verlieren, wenn das Netz dem enormen Fischaufkommen nicht gewachsen war und zerriß. Ein Beispiel mag zeigen, wie eng Gewinn und Verlust in der Heringsfischerei beieinanderlagen: »Am 14. und 15. Februar wurden dann noch folgende Fänge angebracht: **HF 141** *15 000* Pfund, **HF 31** *33 300* Pfund, . . . **HF 258** *2 800* Pfund (das Netz war infolge Überfüllung zerrissen), **HF 141** *20 000* Pfund und **HF 89** *8 000* Pfund (auch diesem Fahrzeug zerriß das Netz). **HF 31** verlor sein ganzes Gerät.«[238]

Die Fischerei mit der Schollenwade[239], der *Woo*, wurde nur von wenigen Finkenwerder Fischereifahrzeugen aus betrieben. Grundvoraussetzung ist ein flaches, relativ ruhiges Gewässer, wie es etwa bei Helgoland zu finden ist. Lübbert gibt folgende Beschreibung der Wade: »Die Schollenwade ist ein Zugnetz mit zwei Flügeln und einem verhältnismäßig kurzen Sack, das mit einem Boot im Halbkreis ausgefahren und an zwei langen Leinen von dem vor Anker liegenden Fischerfahrzeug wieder eingezogen wird.«[240]

Vor dem Aussetzen mit dem Boot werden die *Wodenlienen*, die zu jeder Seite eine Länge von etwa 900 m aufweisen, bereitgelegt. Bei der großen Menge an Tauwerk, die sich an Bord des Fahrzeuges befindet, ist diesem *Kloorleggen* besondere Aufmerksamkeit zu schenken. Anschließend wird eine der Leinen ins Boot geworfen. Der obere Tamp dieser Leine wird an den einen *Flügel* der Wade angesteckt, danach die Wade ins Boot geschossen und schließlich der andere Flügel mit der zweiten Leine verbunden. Nun folgt die zweite Leine ins Boot. Das Ende dieser Leine wird an Bord des Kutters oder Ewers festgesetzt. Die Leinen und die Wade werden jetzt mit dem Boot ausgesetzt. Beim Ausfahren des Netzes müssen die Leinen von selbst klar aus dem Boot laufen.

Ist das Boot wieder am Fahrzeug angelangt, so werden die Leinen durch die *Wodenrullen* geführt und um die Köpfe der *Wodenwinsch* gelegt. Die Rollen sind nicht fest eingebaut und können auf der jeweils benutzten Seite des Fahrzeugs in die Reling eingesteckt werden: »*De Rullen ward in de Reling insteken*«. Nach dem Einkuppeln der Winde erfolgt das gleichzeitige Einholen beider Leinen. Dabei werden sie sogleich wieder aufgeschossen, um für den nächsten Zug gebrauchsfähig bereitzuliegen. Hierzu benutzte man später auch ein Gerät, das *Upscheter* genannt wurde. Sobald die Flügel der Wade in Sicht kommen, wird der Windenbetrieb ausgesetzt und die Wade mit der Hand an Bord gezogen. Die Wa-

Abb. 55: Heringsfischerei vor der Elbmündung Ende der zwanziger Jahre. Der Hamen ist aufgeholt, der Fang wird an Bord gebracht.

denfischerei hat sich in der Finkenwerder Flotte nicht durchgesetzt. Von dänischen Fischern wird sie dagegen noch heute ausgeübt.
Für den Austernfang, der vor dem Ersten Weltkrieg für etwa dreißig Jahre im Winter von vielen Finkenwerder Kuttern und Ewern ausgeübt wurde, zog man eine etwa einen Meter breite Vorrichtung, die an der unteren Vorderseite mit einem stählernen Rechen ausgerüstet war, über den Grund.[241] Dabei wurden die Austern vom harten Meeresboden abgekratzt und gelangten dann in das Netz, dessen Oberteil aus Hanf und dessen Unterteil aus Drahtringen gearbeitet war. Das Fanggerät nannte man *Eusterscharr* oder *Eusterkratzer*. An Deck wurden die Muscheln mit dem *Eusterbiel* geöffnet.
Zwischen 1938 und 1957 traten in der Nordsee Thunfische und Heringshaie recht zahlreich auf. Die Fischer reagieren darauf, indem sie mit selbstgefertigten *Angeln* diesen großen Meeresbewohnern nachstellten. Die *Thunfischangel* bestand aus einem starken *Angelhoken*, meist kurz *Hoken*, der an einem dünnen Spezialdraht befestigt war. Dieser dünne Draht wurde durch eine *Bewicklung* verstärkt, so daß er Zeigefingerstärke aufwies. Darauf folgte ein Draht normaler Stärke, in dem nach 20 m eine große *Bloos* befestigt war. Hatte nun ein Thunfisch am Haken angebissen, so versuchte er *wegtoloopen*, wurde daran jedoch insbesondere durch die Blase gehindert, die er mit sich zog. Der Fischer wartete, bis der Fisch *mörr* war, bis er nur noch wenig Widerstandskraft aufzubringen vermochte. Der Fang konnte daraufhin an die Bordwand herangezogen werden, worauf man ihm eine Drahtschlinge, einen *Drohtstropp*, über den Kopf zog, so daß der schwere Fang schließlich mit einer Takel *hoochhievt* werden konnte. Damit der große Fisch an Deck nicht unvorhergesehen einen Schaden anrichten konnte, wurde ihm meistens zusätzlich ein großer *Hoken* in den Kopf geschlagen.
Auf manchen Reisen konnten zwanzig bis dreißig Thunfische gefangen werden. In diesen Fällen war der Markt allerdings völlig überlastet, und die Erträge für den Fischer blieben weit hinter den Erwartungen zurück.
Als wesentlich gefährlicher als der Thunfisch galt der Heringshai, den man nach der gleichen Methode *angeln dee*. Er blieb im Wasser ruhig, schlug aber dann um so heftiger mit der Schwanzflosse um sich, wenn er an Bord lag.
Als sich in den fünfziger Jahren der Thunfischfang zu einem einträglichen Nebengeschäft zu entwickeln schien, kaufte die Ein- und Verkaufsgenossenschaft über eintausend japanische Spezialangeln. Doch schon 1957 verschwand der Thunfisch aus der Nordsee und die vielen Angeln warten bis heute auf einen Käufer.

3.6.2. Das Schernetz

In den achtziger Jahren des vorigen Jahrhunderts wurden in England die ersten Versuche mit dem Schernetz, dem »otter trawl«, unternommen.[242] Nur wenige Jahre später fand diese neue Fangmethode allgemein Anerkennung und konnte sich schnell aufgrund höherer Fangerträge gegen das bis dahin übliche Baumnetz durchsetzen. Bereits vor der Jahrhundertwende war das Schernetz auch von deutschen Fischdampfern übernommen worden.[243] Die Vorteile des neuen Netzes lagen in erster Linie in einer günstigeren Netzöffnung in horizontaler wie in vertikaler Richtung. Somit konnte die Fläche des befischten Raumes vergrößert werden. Der zuvor häufig beklagte Nachteil, daß durch den mächtigen Kurrbaum zahlreiche Fische verscheucht würden, konnte nun fast vollständig aufgehoben werden. Außerdem wurde das Schernetz im Gegensatz zum Baumnetz mit zwei Kurrleinen geschleppt. Die Sprenken, die beim alten Gerät in einem Punkt vor dem eigentlichen Netz zusammenliefen, sorgten namentlich bei geringer Fahrt dafür, daß die Fische auseinandergejagt wurden und nicht in das Netz gelangten. Es ist vor allem dem unermüdlichen Einsatz des Fischereidirektors Lübbert zu verdanken, daß dieses neue Netz in relativ kurzer Zeit Eingang in die Finkenwerder Hochseefischerei fand. Er ermutigte verschiedene Fischer zu den anfangs hohen Investitionskosten und ließ sich auch durch anfänglich auftretende Schwierigkeiten, die insbesondere im Bereich der neuen Windeneinrichtungen zu verzeichnen waren, nicht abschrecken. In den ersten Jahren wurden laufend Neuerungen erprobt, an Geschirr und Gerät wurden Verbesserungen vorgenommen, so daß schließlich ein leistungsfähiges Fanggerät entwickelt werden konnte.[244]

Abb. 56: Erste Schernetzform: Die Scherbretter sind unmittelbar an den Flügeln angebracht.

3.6.2.1. Das Vordergeschirr

Die Umstellung auf das Schernetz wurde anfangs besonders dadurch erschwert, daß einerseits Veränderungen an verschiedenen Fahrzeugeinrichtungen vorgenommen werden mußten und andererseits recht hohe Ausgaben für die Anschaffung des neuen *Geschirrs* erforderlich waren.[245]
Das *Vöörgeschirr* oder *Vöörtüüg*, also die Teile, die sich vor dem eigentlichen Netz befinden, bestand anfangs aus dem *Schierbrett* und der *Kurrlien*, die häufig kurz als *Lien* bezeichnet wird. Heute kann man auch die Bezeichnung *Kobel* hören: »*Wü hebbt 'n 600 Meter langes Kobel achtertoo.*« Die Benennung *Kobel* ist in erster Linie von der Form der Leine herzuleiten, während *Kurrlien* generell in Verbindung mit der Funktion, dem Schleppen des Netzes, gesehen wird. Kurrleinen sind Stahltrossen, die zu den vorn und hinten an der Reling befindlichen Rollen, *Rullen*, geführt werden. Von hier aus werden die Leinen über die *Keunigsrull* zur *Winsch* umgeleitet. Die meisten Kutter haben 180 bis 250 m Kurrleine an Bord. Als Zeichen sind in der Leine *Marks* oder *Marken* (sing. *Mark*) angebracht. Diese ermöglichen ein gezieltes Bremsen und Stoppen der Winde beim Hieven und Fieren.
Bei den ersten Schernetzen wurde in jede der beiden Kurrleinen nach 40 Faden ein 12 Faden langer *Sleper* eingeschäkelt, der in einer Doppelkausch zusammenlief und auf dem Vorschiff um einen Poller belegt wurde. An dieser *Doppelkausch* wurde gleichzeitig als Sicherung ein starkes Hanftau eingeschäkelt, das beim Besanwant belegt wurde. Dieses Tau wurde als *Reeder* bezeichnet. Der *Sleper* war aus der Fangmethode mit der Baumkurre übernommen worden, erwies sich für die Schernetzfischerei jedoch nicht als besonders sinnvoll. Vor allem die Position des Pollers, um den der Schlepper belegt wurde, war ungünstig gewählt. Aus diesem Grunde wurden beide Leinen durch Trossen mit der Reling verbunden: die Trosse für die vordere Leine hieß *Pocklien*, für die hintere wurde die Benennung *Reeder* übernommen. Später faßte man beide Kurrleinen mit dem *Reeder* zusammen, so daß nun die Leinen gleichmäßig zu ihren Scherbrettern geführt werden konnten. Erst so war auch ein sicheres Lenken des Schiffes mit dem zu ziehenden Netz möglich.
Heute werden beide Leinen durch einen an der hinteren Reling angebrachten *Slipphoken* geführt. Von hier laufen die Leinen auseinander, ihren Scherbrettern entgegen. Wenn die gewünschte Leinenlänge *uutdampt* ist, wirft ein Besatzungsmitglied das *Hokentau* über die Leinen, so daß sie an den Sliphaken herangehievt werden können. Beide Formen, *Reeder* und *Slipphoken*, dienen zur Regulierung des Schleppwinkels zwischen Leine und Schiff.
Zum Auffangen und Befestigen der Scherbretter wurden an den Bordwänden zuerst *Davits*[246], später *Galgen*[247] angebracht. Die ehemaligen Seitenrollen sind heute am Galgen zu finden. An den Galgen werden die Scherbretter beim Hieven aufgeholt und aus der Leine ausgehakt. Nach der Position des Galgens an Bord werden Leine und Brett unterschieden. So spricht man vom *Vöörbrett* und *Ach-*

Abb. 57: Weiterentwickelte Schernetzform: Knüppel und Doppelstander befinden sich zwischen Flügel und Scherbrett.

terbrett sowie *Vöörlien* und *Achterlien*. Am Galgen selbst werden die Scherbretter abgefangen, das heißt, sie werden aus dem Verband des Geschirrs herausgelöst, damit das Netz weiter an das Schiff herangehievt werden kann. Das Brett selbst wird an einem *Fanghoken* befestigt.

Abb. 58: Hinterer Galgen eines KFK.

Abb. 59: Vorderer Galgen eines modernen Hochseekutters; davor das mit Auftriebskörpern versehene Scherbrett.

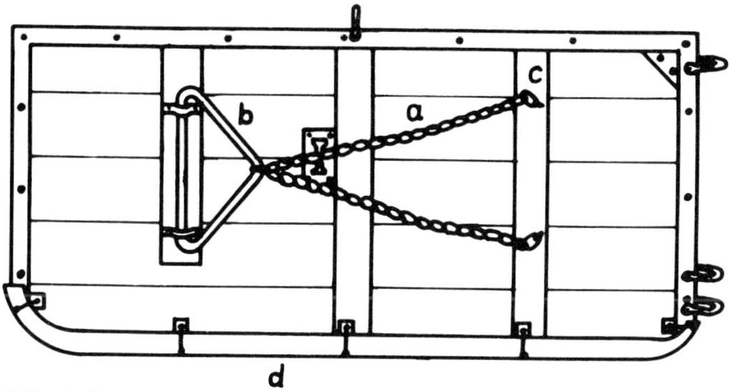

Abb. 60: Die in der Finkenwerder Hochseefischerei übliche Schernetzform:

a) Kette, b) Bügel, c) Krampen für Hahnepoot, d) Sohle.

Die *Schierbree* (sing. *-brett*), meistens kurz *Bree* genannt, gewährleisten das Offenhalten des Netzes während des Fischens. Durch den von der Kurrleine ausgeübten Zug und den Wasserwiderstand werden die Bretter bei richtiger Einstellung in je eine Richtung zum Ausscheren gebracht, so daß sie das Netz in gespanntem Zustand halten. Ein Scherbrett hat eine Länge von 2,75 m und eine Höhe von 1,40 m. Die Unterkante, die *Sohle*, wird durch einen Beschlag aus besonders gehärtetem Stahl verstärkt. Am meisten wird der hintere untere Teil des Brettes, die *Hack*, strapaziert. Sie ist ebenfalls verstärkt. Der Scherwinkel wird bestimmt durch das Verhältnis, in dem der *Bügel* und die in der Funktion eines zweiten Bügels angebrachten Ketten zueinander stehen.

Im Laufe der fachlichen Entwicklung entstand abgesehen von den heute üblichen Scherbrettern eine ganze Reihe unterschiedlicher Formen. Zwei von diesen seien hier erwähnt: In der Mitte der sechziger Jahre wurde eine wegen ihrer Form *Knickbrett* genannte Ausführung ausprobiert. Ein rundes Scherbrett, das auf Fischereifahrzeugen der DDR verwendet wird, trägt, ebenfalls aufgrund seiner Form, die Bezeichnung *Ei*.

Bei den ersten Schernetzen waren die Scherbretter unmittelbar vor den Flügeln des Netzes angebracht. Später wurden *Stander*, das sind Drahtseile, zwischen dem Netzanfang und dem Scherbrett eingeschäkelt. Der Vorteil dieser Konstruktion lag vor allem darin, daß die Öffnung zwischen den Scherbrettern vergrößert wurde. Da außerdem Fische in der Regel Leinen, die über den Grund gezogen werden, nicht überschwimmen, wurden sie in das nachfolgende Netz hineingetrieben. Die Länge dieser Stander ist je nach Fischereiart, Geschirr und Fangplatz sowie den individuellen Vorstellungen des Fischers unterschiedlich. Ständig wird ausprobiert, erneuert, verändert und verbessert. Nach Länge der Stander unterscheidet man zwischen *kurz Fischen*, in diesem Falle haben die Stander eine Länge von etwa 10 m, und *lang Fischen*, hier wird zwischen Netz und Brett zusätzlich ein 50 bis 60 m langer *Joger* eingeschäkelt. Unter *ing Fischen* versteht man demgegenüber ein Fischen mit einem Netz, das sich durch enge Maschen auszeichnet. Wenn mit schwerem Geschirr auf Seezungen gefischt wird, spricht man auch von *swoor Fischen*.

An dieser Stelle muß erwähnt werden, daß das Einstellen und die Wahl der Abmessungen des Geschirrs jedem Fischer selbst überlassen ist und daß sich daraus eine Fülle von differenzierenden Einzelmerkmalen auf den verschiedenen Kuttern ergibt. Da das Verhalten des Netzes beim Fischen von den Fahreigenschaften des Schiffes mitgeprägt wird, ergibt sich, daß jeder Schiffer die für sein Fahrzeug günstigste Einstellung des Geschirrs sucht. Ein Einheitsgeschirr als Patentlösung existiert nicht.

Da die schweren Scherbretter nicht bei jedem Hol an Bord gehievt werden können, werden sie an den Galgen abgefangen und aus dem Verband des Geschirrs herausgelöst. Dieses geschieht durch Ausklinken des *Quetschgliedes* aus dem *G-Hoken*. Dieser Patenthaken ist nach seiner Form benannt. Ein *Twüschenstander* führt von einem Schäkel vor dem Patenthaken zu einem Punkt, an dem er mit der vom Brett kommenden Sprink, die *Hohnpoot* oder *Peerd* genannt wird[248], zusammen. An dieser Stelle ist ein Schäkel oder ein zweiter Patenthaken angebracht.

Ein je nach Geschirr unterschiedlich langer *Joger* führt von dem Schäkel oder Patenthaken, in dem Hahnepoot und Zwischenstander zusammenlaufen, weiter in Richtung Netz. Es folgt ein zweiter Hahnepoot, der zum *Stültenknüppel*, der zumeist kurz *Knüppel* genannt wird, führt. Mit diesem Holzstab wird das Geschirr auf Höhe der Netzflügel gebracht. Vom Knüppel aus läuft ein *Oberstander* aus Draht zur Kopfleine des Netzes und ein aus einer Kette bestehender *Ünnerstander* zum Grundtau.

Am Knüppel sind außerdem zwei *Strippen*, das ist eine allgemeine Bezeichnung für einfache Taue aus Kunstfasermaterial, angebracht: das *Knüppeltau* und das

Abb. 61: Der Bestmann steckt das Knüppeltau an.

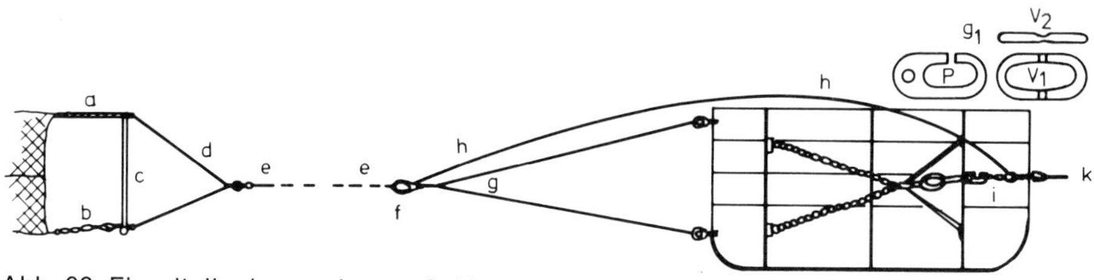

Abb. 62: Einzelteile des modernen Schleppnetzgeschirrs:
a) Oberstander, b) Unterstander, c) Knüppel, d) Hahnepoot, e) Jager, f) Schäkel oder G-Haken, g) Hahnepoot, h) Zwischenstander, i) G-Haken; g_1) G-Haken in Aufsicht mit der Aussparung p, v_1) Quetschglied in Aufsicht, v_2) Quetschglied in Seitenansicht.

Leit. Das *Knüppeltau* läuft zur Oberkante der Headleine, wird dort durch die *Brill* geführt und schließlich im *Eck* des Netzes befestigt. Sind die Leinen bis zum Knüppel aufgehievt, so wird das Netz mit Hilfe der Knüppeltaue direkt an die Bordwand gezogen. Vor jedem Aussetzen muß daher das Knüppeltau erneut am Knüppel *anstekt* werden. Das *Leit* dient in erster Linie als Sicherung und führt vom Knüppel zum Steertende.
Zwischen den beiden Knüppeln sind vor dem Grundtau Netzvorläufer gespannt, durch die im Grund sitzende Plattfische aufgescheucht und in das Netz getrieben werden sollen. Man nennt diese Ketten an Bord *Kratzer*. Je nach Bodenbeschaffenheit werden für diese Aufgabe Ketten unterschiedlicher Stärke verwendet.
Nur in der Heringsfischerei wurde mit einem Höhenscherbrett gearbeitet. Man nannte dieses kleinere Brett das *drütte Brett*. Die vom Knüppel zu diesem Scherbrett geführten Leinen bezeichnete man als *falsche Hedlien*.

Abb. 63: Pelagisches Schleppnetz.

3.6.2.2. Das Hintergeschirr

Zum *Achtergeschirr* oder *Achtertüüg* zählen sowohl das eigentliche Netz als auch zusätzliche Leinen, die am Netz angebracht sind. Während bis zum Zweiten Weltkrieg für das verwendete Fanggerät die von der Baumkurre übernommene Bezeichnung *Kurr* üblich war, sagt man heute zu dem seit 1904 in der Finkenwerder Hochseefischerei fast ausschließlich verwendeten Schernetz nur noch *Nett*. Unterschiedliche Fangobjekte erfordern unterschiedliche Maschenweiten, so daß je nach der als Hauptfang angestrebten Fischsorte etwa unterschieden werden kann zwischen *Schullennett, Tungennett* oder *Heringsnett*. Nach den Erfordernissen der Kommunikationssituation können die Netze auch nach dem verwendeten Material unterschieden werden. So wurde das *Buttgoorn* auch als *Siedengoorn* bezeichnet. Die bis in die fünfziger Jahre hinein verwendeten Netze aus Manila-Hanf wurden *Manillanett* genannt, im Gegensatz zu den heute üblichen *Plastiknetten*, die aus den Kunststoffen Perlon oder Nymphlax hergestellt sind. Die Netze aus Naturhanf mußten stets getrocknet werden, damit sie nicht *verrotteten*. Zu diesem Zweck wurden sie an Deck über den Netzbaum gelegt oder am Mast aufgeholt. An Land konnten sie zwischen dafür vorgesehenen *Goornstokens* ausgebreitet werden. Die neuen Netze sind dagegen wetterbeständiger. Sie brauchen nicht mehr zum Trocknen gelegt zu werden, auch wenn sie nicht in nassem Zustand zur Aufbewahrung unter einer *Persenning* verstaut werden sollten.

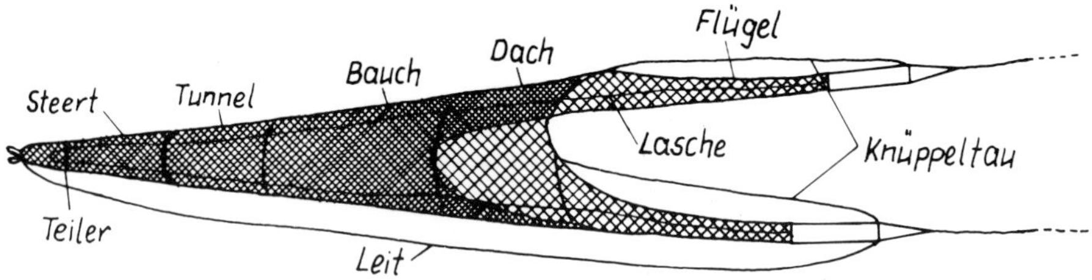

Abb. 64: Bestandteile des modernen Schleppnetzes.

Das Schernetz besteht aus sechs Hauptteilen: den beiden *Flügeln*, dem *Dack*, dem *Buuk*, dem *Tunnel* und dem *Stiert*. Daneben kann eine Einteilung in *Obernett* und *Ünnernett*, früher sagte man auch *Bobenkurr* und *Ünnerkurr*, vorgenommen werden.[249] Die Verbindung zwischen dem Ober- und dem Unternetz wird durch eine vom Flügel bis zum Steert führende Leine hergestellt, die *Lasch* genannt wird. Eine Zeitlang versuchte man, die Stabilität des Netzes dadurch zu erhöhen, daß man einen *Herkules*, das ist ein mit Hanf bewickelter Stahldraht, als Lasche benutzte. Da sich jedoch Probleme durch Rostbefall ergaben, ging man schließlich wieder dazu über, ein gewöhnliches Tau für diese Aufgabe zu benutzen.

Die *Flügel* sind die äußeren, nach vorn gezogenen Seitenteile des Netzes. Man unterscheidet nach der Lage den *Bobenflügel* und den *Ünnerflügel*. Auf den Fischdampfern nennt man diesen Teil *Wing*[250], in der Sprache der Ostseefischer heißt er *Blatt.* Diese Benennungen werden aber nur von denjenigen Fischern in der Finkenwerder Flotte verwendet, die Kontakt zu einer der angesprochenen Trägergruppen haben. Am gebräuchlichsten ist die Bezeichnung *Flügel.*

Die vordere obere Abschlußkante des Netzes bildet die *Hedlien.*[251] Früher sprach man insbesondere bezüglich der Treibnetze auch vom *Bobensimm* oder *Flottsimm* oder aufgrund des eingearbeiteten Materials vom *Korksimm. Simm*[252] bezeichnet generell die Abschlußtaue des Netzes. Die Bezeichnungen *Flottsimm* und *Korksimm* weisen darauf hin, daß die Kopfleine mit Auftriebskörpern versehen war. Auf die gleiche Funktion weist die ebenfalls verwendete Benennung *Schwimmers* hin. Beim *Korksimm* geschieht die Auftriebserzeugung durch eingearbeitete Korkstückchen. In der Elbfischerei benutzte man für diese Zwecke hauptsächlich in gelbem Teer getränkte Schweinsblasen, die kurz *Blosen* genannt wurden. Diese konnten wegen des Druckes in tieferem Wasser allerdings nicht verwendet werden, und so ging man um das Jahr 1929 dazu über, durch ein Weidenkorbgeflecht geschützte Glaskugeln an der Headleine zu befestigen. Nach kurzer Zeit wurden dann die Kugeln auch direkt in die Netze eingearbeitet. Heute werden deutlich sichtbare Kugeln aus Kunststoff oder Aluminium als Auftriebskörper verwendet. Um die *Kehl*, die vordere Öffnung des Netzes, möglichst weit auseinanderzuziehen, muß einerseits die Headleine einen Auftrieb erhalten und andererseits das *Grundtau* so beschwert werden, daß es sich nicht vom Meeresboden lösen kann. Die alte Bezeichnung *Bleesimm* deutet an, daß früher aus diesem Grunde Bleistücke in die Leine eingearbeitet waren.

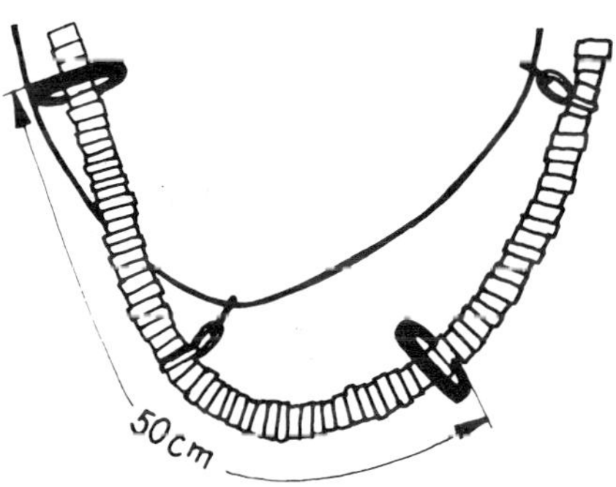

Abb. 65: Modernes, mit Gummischeiben besetztes Grundtau.

Bis vor kurzem benutzte man als Grundtau eine etwa armdicke Leine, die fest mit Ketten umwickelt wurde. Diese Ketten erfüllten eine doppelte Funktion: Sie beschwerten das Tau und schützten es gleichzeitig. Einige Kutter sind inzwischen mit einer neuen, aus Dänemark stammenden Grundtaukonstruktion ausgerüstet. In der Mitte dieses Grundtaus befindet sich ein Stahldraht, der durch Kunststoffscheiben geschützt ist. Die vielen kleinen Scheiben haben den Vorteil, daß sie die Elastizität des Taues nicht beeinträchtigen — im Gegensatz etwa zu einem Kunststoffüberzug. Alle 50 cm ist eine größere Gummischeibe angebracht. Durch diese *Hopser* werden die übrigen Bestandteile des Grundtaues vor einer zu starken Abnutzung geschützt.

Die runde Ausformung in der Mitte der Headleine wird aufgrund ihrer Form *Busen* genannt. Das bereits erwähnte *Eck* bildet den Übergang vom Flügel zum Dachstück an der Kopfleine. Als *Dack* bezeichnet man den Teil des Obernetzes, der über dem Unternetz vorsteht. Dieses Dachstück verjüngt sich nach hinten,

ebenso wie der daran anschließende *Buuk*. Der gesamte Teil des Netzes, der sich an das Dach anschließt, heißt *Achternett*. Für das Bauchstück kann man heute zuweilen auch die auf Fischdampfern übliche Bezeichnung *Belli*[253] hören. Daran schließen sich der *Tunnel* und der *Stiert* an. Die Unterseite des Steerts ist häufig durch zwei bis vier *Schüürlappen* verstärkt.
Vor dem Tunnel ist zumeist zum Abteilen größerer Fangmengen ein *Würger* angebracht; darunter ist ein Tau zu verstehen, mit dem das Netz zusammengezogen werden kann. Aufgrund der Funktion spricht man auch von einem *Deeler*. Er besteht aus einer Anzahl von Ringen, die quer zur Netzrichtung angebracht sind. Diese Ringe waren früher aus Stahl gearbeitet, heute sind sie aus Kunststoff gefertigt. Wenn der Fang so groß ist, daß er nicht in einem Hiev an Bord gehoben werden kann, wird der durch den *Deeler* laufende *Deelstropp* angezogen. Auf diese Weise werden jeweils nur etwa zwanzig Korb hochgehievt, so daß eine Überbeanspruchung der Taljen und der Winde vermieden wird.
Bei zu stark gefüllten Netzen bestand früher das Problem, den Steert immer wieder mit der Hand an das Schiff heranhieven zu müssen. Stets mußte dafür Sorge getragen werden, daß das Netz nicht *sank* wurde, daß es nicht von einer waagerechten in eine senkrechte, mit dem Steert nach unten ziehende Lage gebracht wurde. Aufgrund vollautomatischer Windeneinrichtungen ist dies auf den modern ausgerüsteten Kuttern allerdings kein Problem mehr.
Der Steert ist für den Fischer von besonderer Bedeutung: An seiner Größe erkennt er die erzielte Fangmenge. Der beim Hieven sichtbar werdende Steert wird auch als *Bütel* bezeichnet. So ist etwa vom *Schillfischbütel* die Rede: »*Wü harrn Schillfischbütels vun 100 un 150 Korv.*« Wegen seiner Form kann der sichtbar gefüllte Steert auch *Pungel* oder *Dutt* genannt werden: »*Nu kommt de Dutt an Buurd*«. Die hintere Öffnung des Steerts wird vor dem Aussetzen mit der *Köttlien* durch einen bestimmten Knoten, dem bereits erwähnten *Slipsteek*, verschlossen. Dieses ist ein besonders haltbarer und strapazierfähiger Knoten, der sich während des gesamten Schleppvorgangs nicht lösen darf. Andererseits muß er aber mit einem Zug zu öffnen sein. Beides, das Verknoten wie auch das Aufziehen, ist Aufgabe des Steuermannes bzw. Bestmannes.

3.6.2.3. Netzherstellung und Reparatur des Fanggeräts

Es ist bereits darauf hingewiesen worden, daß die in der Fischerei verwendeten Netze im vergangenen Jahrhundert von den Fischerfrauen aus selbstgesponnenem Hanf hergestellt wurden.[254] Später kaufte man sich zwar das zum Stricken der Netze notwendige Material, das *Kurrgoot*, insbesondere das *Goorn*, doch die Netze selbst wurden immer noch von den meisten Fischern in Eigenarbeit hergestellt. Bei der Bezeichnung des Garns ist in erster Linie die Stärke relevant, die je nach Verwendungszweck unterschiedlich sein kann. Eine sprachliche Differen-

Abb. 66: Im Familienbetrieb knüpfen die Alten für die Jungen die Netze.

zierung wird nach dem Netzteil, zu dem das Garn verarbeitet wird, vorgenommen. So heißt das besonders strapazierfähige Garn *Stiertgoorn*.

In zahlreichen Finkenwerder Fischerfamilien hat die Fischerei eine lange Tradition, und so sind es insbesondere die alten Fischer, die nicht mehr selbst zur See fahren, die für ihre Söhne in Heimarbeit die Netze herstellen.[255] Hierfür benötigt man einen *Upmaschknüppel*, auf dem die ersten Maschen aufgenommen werden und den viele Fischer an zwei Haken am Fenster anbrachten, weil dort die Lichtverhältnisse besonders gut sind. Die Maschenweite wird durch ein rechteckiges, nach den Seiten hin abgerundetes Holzstück, den *Scheeger*, vorgegeben. Um ihn herum werden die *Maschen* mit der *Nettnodel* gelegt. Viele Fischer schnitzten früher ihre Netznadeln selbst. Diese Nadel nimmt das Garn auf und dient gleichzeitig als ausführendes Arbeitsgerät. Soll ein größeres Netz zum Flicken aufgehängt werden, so bedient man sich eines *Netthokens*.

Abb. 67: Anschlagen des Netzes auf einem Segelfahrzeug kurz nach der Jahrhundertwende.

Abb. 68: Anschlagen eines Netzes auf einem Kutter in den zwanziger Jahren.

Nur im vergangenen Jahrhundert und in der Elbfischerei benutzte man zum Herstellen der Maschen den *echten Knutt.* Lediglich in diesem Zusammenhang sprach man vom *Knütten.* Zwar wird der Netzmacher als *Knütter* bezeichnet, die Tätigkeit, bei der man Netze mit Maschen aus dem einfachen Weberknoten strickt, heißt dagegen *Schötten.* Für den verwendeten Knoten ist auch die Bezeichnung *Bootsmannsnoht* gebräuchlich.

Da das Netz keine schlichte rechteckige Form aufweist, sondern sich zum Beispiel an den Flügeln nach vorn hin verjüngt, kann nicht immer *Knutt up Knutt* gestrickt werden. Soll sich das Netz verbreitern, fügt man eine zusätzliche Masche, den *Insetter*, ein. Wenn dagegen das Netz schmäler zulaufen soll, so wird ein *Tosomensteker* eingesetzt. Dabei handelt es sich um eine Masche, die zwei Maschen zu einer zusammenfaßt. *Afmindern* nennt man diesen Vorgang, bei dem die Maschenzahl reduziert wird. So muß man bei der Herstellung eines Flügels, der von der breiten Seite begonnen wird, *alle drütte Tour tosomensteken.* Die Seite einer Masche zwischen zwei Knoten wird als *Been* bezeichnet. Die Übergänge zwischen den einzelnen Netzteilen sind durch *duppelte Touren* gekennzeichnet. Hier sind die Maschen zweifach gestrickt. Ist ein Netzteil beschädigt, so kann es leicht an diesen Übergängen abgetrennt und durch ein Austauschstück ersetzt werden. Ein solches Ersatzstück wird als *Spund* bezeichnet.

Aus verschiedenen Gründen ist heute die Notwendigkeit, ständig Netze zu reparieren und herzustellen, gegenüber früheren Zeiten zurückgegangen.[256] Das heute verwendete Material ist widerstandsfähiger, so daß vor allem Verschleißerscheinungen seltener auftreten. Durch die moderne Navigation ist es außerdem dem Schiffer möglich, den größten Teil der Hindernisse, die sich auf dem Meeresgrund befinden, zu umfahren. Größere Schäden werden darüber hinaus häufig an den *Konsum* abgegeben, wo ehemalige Fischer die Netze auf dem *Bööm* reparieren.

Früher gehörte das *Uutheelen* zu den Aufgaben der gesamten Besatzung. So wurden zumeist Netze geflickt, wenn das Schiff etwa wegen schlechten Wetters in Cuxhaven lag. Neben der allgemeinen Bezeichnung *uutheelen* benutzte man für den Arbeitsvorgang das Wort *beuten*. Im Winter wurden während der Aufliegezeit neue Netze gestrickt und alte *oberholt*. Hier und da mußte man ein *Lock dichtmoken*. »*Door hest ümmer an rümtoboon*«, sagt ein ehemaliger Fischer, der während seiner Fahrzeit ständig aktiv an der Gestaltung seiner Netze und deren Verbesserung arbeitete.

Auch wenn der größte Teil der Netze heute von Fabriken hergestellt wird, so gilt im Bereich der Netze ebenso wie für das Vorgeschirr, daß die meisten Fischer ihre eigene Methode entwickelten, daß sie immer wieder geringfügige Änderungen vornehmen, so daß sich besonders in diesen fachlich motivierten Ausschnitten aus dem Fischerberuf individuelle Unterschiede zwischen einzelnen Kuttern offenbaren. Soll ein neues oder ein repariertes Netz ausprobiert werden, müssen so lange verschiedene kleine Veränderungen vorgenommen werden, bis das Geschirr sicher und klar auf Grund kommt und gut fischt. Aber auch in dieser Beziehung ist die Bandbreite der Fähigkeiten einzelner Schiffer groß. Einige sind lediglich in der Lage, wenige Veränderungen durchzuführen, andere setzen immer neue Ideen in die Tat um, so daß ein Netz, das bei dem einen Fischer als *inheelt* gilt, bei einem anderen noch mehrere Male verändert werden würde. Heute ist für *inheelen* fast ausschließlich das dem Hd. entlehnte *instillen* im Gebrauch.

Abb. 69: Auf dem *Bööm* werden die Netze von erfahrenen Fischern angeschlagen.

Abb. 70: Auch heute noch müssen während einer Fangreise Netze geflickt werden.

3.6.3. Die Windeneinrichtungen

Über die Windeneinrichtungen auf den Fischereifahrzeugen liegen uns lediglich in hd. Sprache verfaßte Zeugnisse vor, die die Entwicklung der einzelnen Typen zum Teil sachlich sehr präzise darstellen, die jedoch die offiziellen hd. Benennungen wiedergeben und nur selten die zum Fachwortschatz der Fischer zählenden Ausdrücke.[257] Hier sollen nur diejenigen Benennungen erwähnt werden, die für die in der Fischerei verwendeten Sprache belegt werden können, auch wenn aufgrund dessen nicht alle im sachlichen Zusammenhang relevanten Begriffe mit einer entsprechenden Benennung abgedeckt werden können.

Mit *Spill* wird eine drehbare Vorrichtung bezeichnet, bei der die Trommel die Form einer Spindel aufweist. Man unterscheidet Spills mit vertikaler (Gangspill) und mit horizontaler Achse (Bratspill[258], Pumpspill[259]). Im Gegensatz zur Winde wird beim Spill die geholte Leine grundsätzlich nicht aufgewickelt. *Winsch* ist die allgemein gebräuchliche Bezeichnung für die Winde, mit der die Leine geholt und gleichzeitig aufgewickelt wird. Im Gegensatz zum Spill ist zumeist eine zylindrische Trommelform anzutreffen.

Auf den ersten Finkenwerder See-Ewern findet sich noch keine Winde zum Aussetzen und Einziehen des Netzes. Da die Finkenwerder um 1800 lediglich die Treibnetzfischerei betrieben, war eine solche Vorrichtung auch nicht notwendig; lediglich zum Hieven der Ankerkette war ein *Ankerspill* vorgesehen. Hierbei handelte es sich um ein Bratspill, das auf dem Vorschiff über dem Kettenkasten aufgebaut war. Dieses Spill wurde von den Besatzungsmitgliedern mit *Handspoken* betätigt. Später wurde dieses Ankerspill durch ein Pumpspill ersetzt, das sich als leistungsfähiger erwies. Die horizontale Trommel war in zwei senkrechten Balken gelagert, die in der offiziellen Terminologie »Betings« hießen, von den Fischern aber aufgrund ihrer Funktion *Stütten* genannt wurden. Das Pumpspill wurde durch einen auf und ab zu bewegenden Balancier, der *Pumpenmick* oder kurz *Mick*[260] genannt wurde, angetrieben. Zur Kraftübertragung vom Balancier auf das Spill dienten zwei Zähne, die *Scheuh* (sing. *Schoh*) genannt wurden, die in die auf der Trommel befindlichen *Pallrings* eingriffen.

Als zu Beginn des 19. Jahrhunderts die Baumkurre in die Finkenwerder Hochseefischerei eingeführt wurde, benötigte man für die Arbeit mit dem schweren Geschirr eine zusätzliche Winde. Aus diesem Grund wurde vor dem Großmast ein *Plattspill*[261] errichtet. Der Unterteil dieses Spills hieß *Pallplatt*, der Mittelteil *Trummel* und das Oberteil bildete die *Logerplatt*. Die Lagerplatte trug die Antriebswelle, die kurz als *Well* bezeichnet wurde und an die zwei Handkurbeln angeschlossen werden konnten. Je nach der Kraft, die aufgebracht werden sollte, wurde mit Hilfe einer *Kupplung* der kleinere oder größere Zahnkranz eingeschiftet. Die Zahnräder wurden im allgemeinen kurz als *Röö* (sing. *Rad*) bezeichnet. Im unteren Teil der Trommel waren stählerne Sperrklinken, die *Pallen*[262], angebracht, die in die darunter lagernde Pallplatte eingriffen. Die Pallen selbst waren an einem *Pallposten* befestigt. Diese Sicherheitseinrichtung war erforderlich, um

ein Zurücklaufen der Trommel beim Einholen der Leine zu verhindern. Die Winde wurde durch Kurbeln betätigt, die an beiden Enden der Antriebswelle befestigt waren.
Da somit die an Bord befindliche Winde für die Bedienung der Kurrleine in Anspruch genommen wurde, stellte man eine zusätzliche Segelwinsch hinter dem Großmast auf.[263]
Als man im Jahre 1903 zum Gebrauch des Schernetzes überging, reichte das Plattspill zum Hieven der beiden Kurrleinen nicht mehr aus. Einige Fischer versuchten, beide Leinen auf einer Winde zu hieven, aber die aufzuwendende Kraft erwies sich als zu groß, und nicht selten zeigten sich unter großer Beanspruchung gerade die zur Sicherung eingebauten Pallen als Gefahrenmoment. Ein *Uutspringen* der Pallen konnte schwere Verletzungen zur Folge haben. Aus diesem Grund gingen mehrere Fischer dazu über, die Segelwinsch durch eine kräftigere Winde zu ersetzen, andere brachten an der Segelwinsch eine Trommel für die hintere Kurrleine an, noch andere ließen sich auf dem Achterdeck ein zweites Plattspill aufstellen. Zusätzlich wurde eine Lippe zur Aufnahme der Achterleine kurz vor dem Besanwant auf der Reling angebracht.
Es wird deutlich, daß die in der Schernetzfischerei erforderlichen zwei Kurrleinen von zwei Winden, die von je zwei Besatzungsmitgliedern zu bedienen waren, eingeholt werden mußten. Diese fachliche Umstellung machte also die Anwesenheit von mindestens vier Besatzungsmitgliedern erforderlich.[264]
Nicht nur die erforderliche Besatzungsstärke, sondern auch das umfangreiche Bedienungsmaterial machte die Konstruktion einer einfacheren Windenanlage

Abb. 71: Windeneinrichtung auf einem Ewer in den zwanziger Jahren.

erstrebenswert. Daher wurden bereits mit den Motoren die im Prinzip auf den meisten Kuttern heute noch anzutreffenden Zwei-Trommel-Winden eingebaut.[265]
Es ist bereits erwähnt worden, daß die ersten Probemotoren hauptsächlich dem Windenantrieb dienten. Die Möglichkeit, durch Einkuppeln einer Schraubenanlage auch für den Schiffsantrieb zu sorgen, stand zuerst jedenfalls nicht im Mittelpunkt der Überlegungen. Nach der Art des Antriebs unterscheidet man seit dieser Zeit das handgetriebene *Gangspill*[266] und die *Motorwinsch.*
Diese Winde, die ein System von Rollen zum Umlenken der Kurrleinen erforderlich machte, stand zuerst hinter dem Großmast. Mit Hilfe der *Keunigsrullen*, kurz auch *Keunige* genannt, wurden die Kurrleinen umgelenkt. Durch die enorme Kraft, die beim Umlenken der Kurrleine auf die Rollenbefestigung wirkt, wurde in den ersten Jahren häufig die ganze Königsrolle verzogen oder aus der Verankerung gerissen. Erst mit der Entwicklung der Schweißtechnik konnte auf diesem Gebiet Abhilfe geschaffen werden.
Doch auch an der Winde galt es, weitere Verbesserungen vorzunehmen. Benutzte man zunächst *free'e Teenröö* (sing. *free'es Teenrad*), das heißt Zahnräder, die im *Loger* und nicht in Öl liefen, so ließ man sie später *in Eul loopen.* Es hatte sich als zu gefährlich erwiesen, die Zahnräder *free loopen* zu lassen. — Ein weiterer Gefahrenpunkt war durch den Standort der Winde hinter dem Mast gegeben. Die Übertragung der Energie mußte von der Maschine durch die Bünn zur Winsch erfolgen. Zwar wurde die Welle, die durch die Bünn lief, ständig geschmiert, doch machte das Seewasser auch die größte Mühe schnell wieder zunichte.
Die ersten Zwei-Trommel-Winden nannte man nach ihrer Kupplungseinrichtung auch *Klauenwinschen.* Durch die verschiebbare *Klauenkupplung* konnten drei Zahnräder in unterschiedlichen Kombinationen in Eingriff gebracht werden, so daß drei abgestufte Übersetzungen zur Verfügung standen. Da sich diese Winde jedoch bei größerer Krafteinwirkung nicht auskuppeln ließ und dadurch mehrfach Gefahrensituationen heraufbeschworen wurden, ersetzte man den Kupplungsmechanismus später durch die Friktionskupplung.
Da bei einer Winde mit zwei Trommeln ohnehin das Anbringen mehrerer Rollen an Deck erforderlich war, damit die eine Leine nach vorn und die andere nach hinten gelenkt werden konnte, versuchte man nun, den Weg für die Kraftübertragung vom Motor bis zur Winde zu reduzieren. Schließlich fand die Winde ihren Platz vor dem Ruderhaus, wo sie sich auf den meisten Kuttern auch heute noch befindet.
Die Windentrommeln für die Aufnahme der Kurrleinen werden nicht nach ihrer Lage an Bord, sondern nach der Leine, die sie aufwickeln, benannt. Die Achterleine wird auf die *achtere Trummel* und die vordere Leine auf die *vöördere Trummel* aufgeleitet. Die *achtere Trummel* steht an der Steuerbordseite, während sich die *vöördere Trummel* an der Backbordseite befindet. An beiden Seiten der Winde befindet sich je ein *Spillkupp.* Diese erfüllen an Bord die ursprüngliche Funktion des Spills: Taljen werden bedient und Taue durchgeholt (beispielsweise die Knüppeltaue).

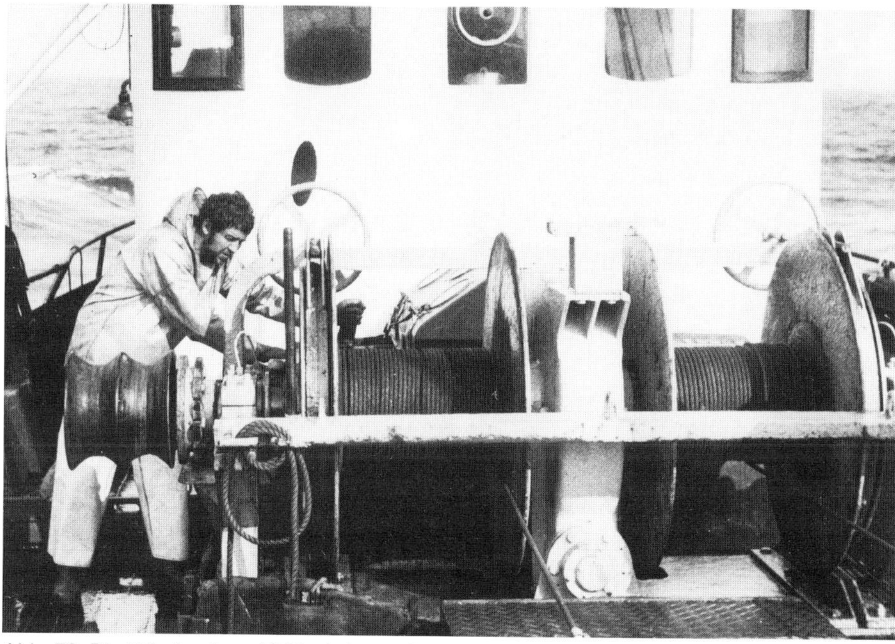
Abb. 72: Die Winde eines KFK wird vom Bestmann eingeschiftet.

Während des Schleppvorgangs ist die mit einem Rad zu betätigende Bremse angezogen, man sagt die Winsch *steiht up de Brims*. Man spricht aufgrund der Handbetätigung auch von der *Handbrims*. Da ein Rad zum Anziehen der Bremse betätigt werden muß, benutzt man in diesem Zusammenhang das Verb *andreihen*, man sagt: »*De Brimsen ward andreiht*«. Nach dem Aussetzen des Netzes, das heißt nach dem Wegfieren der gewünschten Leinenlänge, wird die Bremse durch einen Bolzen oder eine andere Sicherung *fastsett*.
Zum Einkuppeln der Winde muß ein dafür vorgesehener *Hebel* bedient werden. Diese Tätigkeit nennt man *Inschotten, Inschiften* oder *Inkuppeln*. Wenn die Arbeit an der Winde beendet und das Netz wieder ausgesetzt ist, erfolgt das *Uutkuppeln* der Winde.
Beim Hieven der Leinen muß darauf geachtet werden, daß diese auf der Trommel nicht zu sehr durcheinandergeraten. Man bedient sich aus diesem Grund des *Upleitgeschirrs*. Eine Metallstange wird in dafür vorgesehene Führungen vor die Winde gesteckt, so daß ein sicheres und gleichmäßiges *Upleiten* der Leine gewährleistet wird.
Seit mehreren Jahren existiert in der Finkenwerder Hochseefischerei darüber hinaus eine Weiterentwicklung dieses Windenprinzips, und zwar in Form der *Netzwinde*. Nachdem die Scherbretter ausgepickt sind, kann jetzt das gesamte Netz auf eine *Netttrummel* aufgewickelt werden. Ein Fischer erklärt diesen Vorgang so: »*Nu loot wü den ganzen Schnuddelkroom up de Winsch loopen*«. Handarbeit wird auf diese Weise durch Maschinenkraft ersetzt. Beim Einziehen braucht

Abb. 73: Das *Upleiten* der Kurrleine.

nicht mehr das ganze Netz von Hand über die Reling an Bord gezogen zu werden. Das Netz wird auf die Winde *upspult*. Auch das *Afspulen* oder *Dooltrummeln* geht einfacher vor sich: »*Den Stiert hangt se ober de Reling, un denn ward dat mit Euldruck dooltrummelt*«. Mittlerweile sind die anfänglich aufgetretenen Schwierigkeiten mit der Netzwinde als überwunden zu betrachten. Da beim Einziehen ein erheblicher Druck auf dem Netz lastet, muß besonders der letzte Teil mit außergewöhnlicher Vorsicht gehievt werden. Läßt man die Winde zu schnell laufen, so kann es daher vorkommen, daß das Netz reißt und das Geschirr mit dem Fang verlorengeht. Im Jahre 1981 waren sechs Finkenwerder Kutter mit der Netzwinde ausgerüstet: **HF 442 Annelies, HF 549 Christel, HF 551 Nixe, HF 554 Thunfisch, HF 558 Teutonia, HF 564 Inez-Christin.** Es ist anzunehmen, daß in Zukunft weitere Fischer diese Investition vornehmen werden.

Abb. 74: Moderne Netzwinde mit dem aufgewickelten Netz.

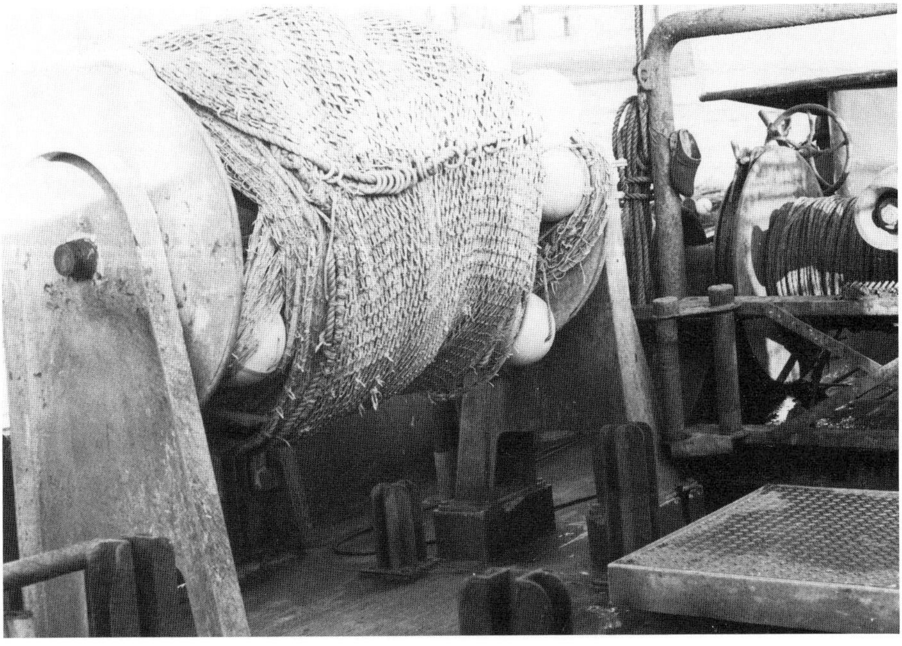

3.6.4. Der Gebrauch des Schernetzes

Noch an Land, also vor Beginn der Fangreise, der *Reis*, die nach den Hauptfangobjekten auch als *Schullenreis* oder *Kabeljaureis* bezeichnet wird, erfolgt das *Inheelen*, heute sagt man häufiger *Instillen*, des Netzes. Zu diesem Zeitpunkt sind Grundtau und Headleine in der Regel bereits am Netz befestigt, das Netz ist *anslogen*. Nun werden letzte Handgriffe ausgeführt; auch während der Fahrt auf der Elbe werden noch kleinere Arbeiten am Netz und am Gerät verrichtet. Am Fangplatz kann dann das Netz zum ersten *Hol looszurrt warrn*. Anschließend wird das Netz zum *Uutsetten kloor mokt*. Sind alle Vorbereitungen getroffen, so wird vom Steuermann oder Bestmann der Steert mit einem *Slipsteek upkött*, verknotet. Danach kann das Netz *uutsmeten warrn*. Der Fischer hat stets darauf zu achten, daß das Netz in Lee ausgesetzt wird, damit es *free stohn* kann. Es folgt das *Wegfieren* der Jager; *Ruutfieren* bezeichnet noch deutlicher den Vorgang des Auslassens der Kurrleine. Befindet sich das Quetschglied kurz hinter den Galgenrollen, so werden die Bremsen angedreht und der G-Haken eingepickt. Vom Schiffer kommt das Zeichen »*Fier weg!*«, worauf die Bremsen der Winde so lange gelöst werden, bis man zu dem zweiten Quetschglied gelangt, das ebenfalls in einen G-Haken eingepickt wird. Nun können die Bretter *ruuthievt warrn*. Auf das Zeichen des Schiffers »*Achterlien loos!*« wird die hintere Leine schnell und die vordere langsam ausgelassen. Bis zu einem bestimmten *Mark* in der Leine, das bei 10, 15 oder 25 m angebracht ist, fiert man die Kurrleine weg. Daraufhin werden abermals die Bremsen der Winde angezogen. Wenn nun die Bretter zu scheren beginnen, muß der Schiffer *Kraft up de Maschin geben*, er muß *vull updreihen*. Scheren die Bretter in der beabsichtigten Weise, so ruft der Schiffer »*fiert beide!*«, worauf die Bremsen der Winde gelöst werden und etwa 180 bis 250 m Leine *uutjogt* oder *uutdampt warrt*. Das Ablaufen des letzten 10-Meter-Marks wird dem Schiffer durch Handzeichen von dem Mann, der die Winde bedient, angezeigt, damit er die Geschwindigkeit des Schiffes drosseln kann. Es ist beim Aussetzen stets darauf zu achten, daß das gesamte Geschirr *kloorkummt*.

Abb. 75: Das Scherbrett ist bis zum Galgen vorgehievt. Nun kann am Zwischenstander das Quetschglied aus dem G-Haken gepickt und somit das Scherbrett aus dem Geschirr herausgelöst werden.

Schnell kann wechselnder Wind Netz, Leinen und Bretter *unkloorkommen* lassen. Unter allen Umständen ist das Geschirr in einem Sicherheitsabstand von der Schraube zu halten. Die Länge der Leine, die man *uutsteken* muß, richtet sich nach der jeweiligen Wassertiefe. Man rechnet etwa, daß man das Drei- bis Vierfache der Wassertiefe als Leine *steken* muß. Ist das Geschirr an Grund, so wird das Schiff auf die für das Schleppen gewünschte Geschwindigkeit gebracht. Ein *Streek* ist im bildlichen Sinne der Strich, den das Netz auf dem Meeresboden zieht. Die frischesten Fische einer Fangreise behält der Fischer häufig zur Deckung seines Eigenbedarfs. Er sagt: »*Dee sünd vun'n letzten Streek*«.
In der Heringsfischerei, die mit dem Hamen vor Anker in der Elbmündung ausgeführt wurde, sprach man entsprechend der Tide vom *Flootstreek* oder *Ibbstreek*.
Die Schleppzeit ist je nach Seegebiet, Fangobjekt und Fangmenge unterschiedlich. Heute dauert ein Hol etwa fünf bis sechs Stunden. In der Schollenzeit wurde um die Jahrhundertwende noch alle Stunde das Netz eingeholt. Während des Schleppens sind ständig die Kurrleinen und ihre Position am Sliphaken vom Wachgänger zu kontrollieren. Der Winkel, in dem die Leinen hinter dem Haken auseinanderlaufen, muß konstant bleiben. Hat sich dem Grundtau ein Hindernis in den Weg gesetzt, so ziehen die Leinen zusammen, *see treckt tohoop*. Vom *Oberscheren* spricht man, wenn die Leinen hinter dem Sliphaken zu weit zusammenlaufen. In diesem Fall scheren die Bretter zu weit auseinander, so daß die Höhe der Netzöffnung zu gering ist. Das ganze Geschirr muß dann wieder *up-*

Abb. 76: Beim Fieren wird die Winsch von zwei Männern bedient.

nohmen werden: »*Denn mütt hee sien' ganzen Kroom upnehmen un dampen*«. Nur in Ausnahmesituationen, etwa beim Brechen einer Leine, spricht man vom *Bargen* des Netzes. Dann versucht man in aller gebotenen Eile zu retten, was noch zu retten ist, um den ohnehin entstandenen Schaden möglichst gering zu halten.

Während der erste Weckruf an Bord »*Uutsetten!*« ist, lautet er während der übrigen Reise »*Intehn!*« oder auch »*Wööt hieben!*«. Mittlerweile ist allerdings auch schon die alte Wecktradition von der Technik eingeholt worden. Während früher der Wachgänger den Weckruf aussang, man sprach vom *Uutsingen*, stellt heute eine Sprechanlage die Verbindung von der Brücke zum Mannschaftslogis her. Ein Fischer erklärt: »*Hüüt hebbt se 'n Sprechanlage. Se drückt blooß noch up 'n Knoop*«. Die in Verbindung mit den Weckrufen stehenden Arbeitsgesänge sind für die Finkenwerder Hochseefischerei nicht überliefert. Es ist allerdings davon auszugehen, daß solche auch bei einer Besatzungsstärke von nur drei oder vier Mann bestanden haben, da verschiedene Arbeiten an Bord nach einer einheitlichen und rhythmischen Kraftübertragung verlangten. Bekannt sind lediglich die Bezeichnungen für die Arbeitsgänge: z.B. *de Kurr rinsingen* und *den Anker hoochsingen*. Insbesondere die Arbeit an der handgetriebenen Winde und beim Einziehen des Netzes von Hand machten derartige rhythmische Anweisungen erforderlich, die beim Betrieb mit der traditionellen Winde auch heute noch als eine Form von »*Hau-Ruck*« oder »*Und-nu*« zu hören sind. Aus dem Bereich der Fischdampfer ist wahrscheinlich das ebenfalls gebräuchliche »*mit'n Moors an'n Doom*« herzuleiten. Dieser Vers wird beim Einziehen des Netzes gesprochen, wenn der Fischer in die Maschen greift und das Netz mit aller Kraft nach dem Takt der Wellenbewegung an Bord zieht.

Zum *Hieben* wird zuerst die Winde eingeschiftet. Darauf folgt das *Looshauen* der Leinen am Sliphaken. Es liegt nun im Ermessen des Schiffers, ob er die Fahrt schon in diesem Moment ganz vom Schiff nimmt oder ob er damit wartet, bis die letzten 50 m der Kurrleine an Bord kommen. Das Netz wird mit der Winde *ranhievt*. Der Schiffer dreht das Schiff dabei so, daß das Geschirr quer von ihm in Lee absteht. Beim *Ranholen* des Netzes ist darauf zu achten, »*dat dat Nett dwass vun'n Kutter afsteiht*«. Ist dieses nicht gegeben, so besteht die Gefahr, daß sich die Kurrleinen *vertütelt* oder *tohoopwickelt*. In der Regel läuft dieser Vorgang jedoch ohne Störungen ab, und man kann die Leinen sicher *uploopen* lassen. Am Ende der Kurrleine werden die Bretter *vöörhievt*, das heißt: am Galgen hochgezogen. Dort werden sie von einem Besatzungsmitglied *affungen*. Während die Bremse der Winde angedreht ist, erfolgt das Auspicken des G-Hakens. Die Winde wird erneut laufen gelassen, bis nach dem Zwischenstander auch der zweite G-Haken vor dem Galgen erscheint. Auch dieser wird ausgeklinkt, nachdem die Winde zuvor gestoppt worden ist. Nun löst man wieder die Bremse, und die Jager können *nohievt warrn*. Erscheint der Knüppel, so wird die Bremse der Winde festgesetzt und die Winsch ausgeschiftet. Nur die Spillköpfe drehen sich jetzt weiter. Mit ihnen werden die Knüppeltaue gehievt. Dabei signalisiert ein Mann

Abb. 77: Die Knüppeltaue werden über den Spillkopf gehievt und von einem Mann aufgeschossen.

an der Reling demjenigen, der das Knüppeltau mit dem Spill hievt, in der Regel durch Handzeichen, mit welcher Geschwindigkeit das Einziehen ausgeführt werden soll. Die Taue sollen weder durchhängen noch zu stramm sein; man sagt, ihr Zustand soll beim *Uphieben* leicht gespannt, *teit*[267], sein. Auf diese Weise wird das Grundtau über die Reling gezogen, so daß nun das *Inhieben*, das Einziehen des Netzes mit der Hand, beginnen kann. Vorher pickt man eine *Fangkeed* als Sicherung in die Ecken des Grundtaues ein, damit das Netz nicht von einer überkommenden See wieder über Bord gespült werden kann. Mit der Bewegung der Wellen kann nun Schlag um Schlag das Netz an Bord geholt werden. Fische, die

Abb. 78: Das Grundtau ist an Deck. Nun beginnt das Einhieven des Netzes mit der Hand.

Abb. 79: Mit der Netzwinde wird das Netz an die Bordwand herangehievt.

Abb. 80: Der Teiler wird angezogen und der Steert anschließend mit dem Bobbi an Bord gehievt.

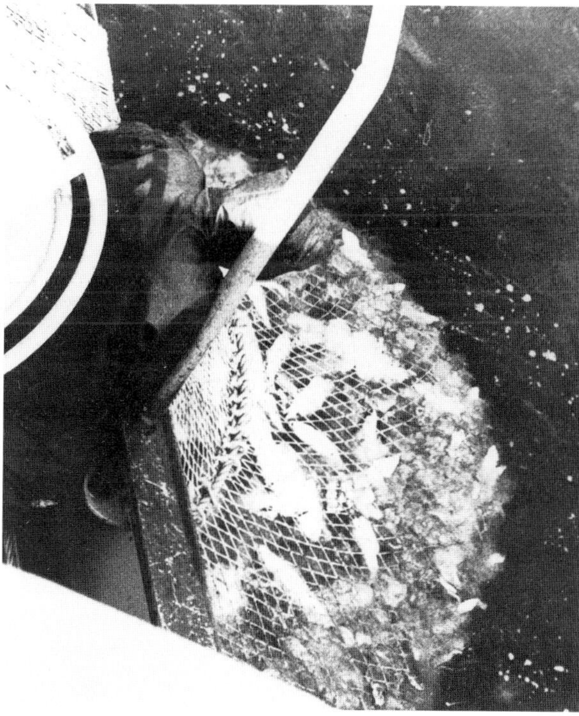

sich im vorderen Teil des Netzes befinden, werden durch *Slackern* in den Steert hinuntergeschüttelt. Schließlich wird der Steert vom Bobbi *roberhievt* oder *döörhievt*. Bei hohem Wellengang muß diese Arbeit besonders vorsichtig ausgeführt werden, da das Netz mit seinem schweren Inhalt unter Umständen auf der anderen Seite des Schiffes wieder über Bord gehen kann. Zur Vermeidung eines solchen Falls ist bei zahlreichen Kuttern ein *Fangtau* gespannt, das ein zu starkes Auspendeln des Netzes an Deck verhindern soll. Hängt der Steert

Abb. 81: Der gefüllte Steert hängt über Deck. Der Bestmann öffnet den Knoten durch einen Zug an der *Köttlien*.

Abb. 82: Der Steert ist geöffnet: Der Fang fällt in das vorbereitete Hock.

schließlich über Deck, so ist es die Aufgabe des Bestmannes bzw. des Steuermannes, die *Köttlien*, auch: das *Stierttau, uptohauen, den Bütel uptorieten.*
Bei einer großen Fangmenge wird der Steert durch den *Deelstropp* geteilt, so daß der Fang in mehreren Partien an Bord gehievt werden kann. Weil man sich bei diesem Abteilen des Fanges eines Flaschenzuges bedient, spricht man in diesem Zusammenhang auch vom *Tokeln.* Liegen die Fische in den abgeteilten Hocken an Deck, so kann mit der Fischverarbeitung begonnen werden.

3.6.5. Hilfsmittel für den Fischfang

Im Zusammenhang mit den Navigationsmitteln ist bereits beschrieben worden, daß sich der Fisch mit Vorliebe in Übergangsräumen, den *Kanten*, aufhält. Heute ist es bei den zur Verfügung stehenden Navigationsmitteln nicht schwer, den vorgesehenen Kurs genau einzuhalten und das gewünschte Gebiet zu befischen. Früher mußte dagegen ständig das Lot ausgeworfen werden, damit das Netz nicht auf steinigen Grund gelangte. Hatte man ein gutes Fanggebiet erreicht, so setzte der Fischer eine *Boje.* Diese bestand aus einem Hohlkörper, durch den senkrecht ein Holzstab geführt war. Als Toppzeichen diente eine Flagge. Nachts wurde in dem Hohlkörper eine Karbidlampe angezündet, so daß die Boje weiterhin als Sichtzeichen dienen konnte. Der Fischer verankerte seine Bojen und zog das Netz zwischen ihnen hin und her. Ein Fischer erläutert diesen Vorgang: *»De Bojen ward verankert an'n Grund, doortwüschen ward kurrt: 'n Stünn nuurlich, 'n Stünn südlich.«* Kam schlechtes Wetter auf, so mußte man sich beeilen, die Bojen *intotrecken.* Nur zu leicht konnten die kleinen Zeichen in der See verlorengehen. Man bemühte sich dann, die Bojen so schnell wie möglich *an Deck to holen.* War nicht eindeutig feststellbar, ob die Kante bereits erreicht war, so wurde vorläufig eine *Spekulierboje* gesetzt. Diese bestand aus einer Glaskugel, durch deren Mitte ein Bambusstab geführt war. Wie in zahlreichen anderen Bereichen zeigte sich auch hier, daß es unter den Fischern immer wieder Nutznießer gab, die sich nur selten die Mühe machten, eine eigene Boje *hintosetten.* Sie zogen es vor, sich nach den Markierungen anderer zu richten.
Die Bojen waren beim Fischen unter Segeln wichtige Markierungen. Sie gestatteten das Wiederauffinden eines Platzes, waren Festpunkte, an denen man sich orientieren konnte. Heute werden in der Fischerei nur noch selten Bojen verwendet. Diese sind dann mit einem *Radarreflektor* ausgestattet, so daß eine Orientierung in erster Linie über das Radar-Sichtgerät abläuft und nicht durch das mühevolle Aufsuchen der Boje.
Die Technisierung ist besonders im Bereich der Fangmethoden in den letzten Jahren stark vorangeschritten. Während man über lange Jahre das Netz unbeobachtet über den Grund gezogen hatte, ist man etwa in der modernen Ostseefischerei, die allerdings bislang nur von wenigen Finkenwerder Kuttern betrieben wird, da-

Abb. 83: Das Tucken verspricht größere Fangerträge.

zu übergegangen, ein durch *Netzsonden* kontrolliertes Netz in etwa 13 m Abstand vom Meeresgrund durch das Wasser zu ziehen. Die Netzsonden geben die Höhe von Headleine und Grundtau an. An Bord werden diese Angaben durch zwei *Schriebers* aufgezeichnet. Befindet sich nun ein Fischzug unter dem Schiff, so wird er durch einen Echographen, der *Fischluup* genannt wird, registriert. Das Netz wird daraufhin auf die entsprechende Höhe gebracht, so daß es für den Schwarm kaum ein Entweichen gibt.

Es ist damit zu rechnen, daß der Einfluß der Technik auf die verschiedenen Fachausschnitte in der Kleinen Hochseefischerei in Zukunft noch erheblich steigen wird.[268] Für den Fischer erweist sich bei Abwägung der Vor- und Nachteile der finanzielle Faktor als ausschlaggebend — ein Faktor, der ihn letztendlich dazu zwingt, Investitionen vorzunehmen, um die eigene Konkurrenzfähigkeit zu wahren.

Auch die Wiederaufnahme alter Verfahrensweisen mit neuem Gerät ist in diesem Zusammenhang zu erwähnen. Normalerweise *slept* ein Fahrzeug sein Netz allein und ist damit unabhängig von anderen. Es hat sich jedoch gezeigt, daß das *Tucken*[269], das Ziehen eines Netzes zwischen zwei Fahrzeugen, unter bestimmten Bedingungen wesentlich ertragreicher ist. Von den über Grund gezogenen Kurrleinen wird eine erheblich größere Fläche erfaßt, und da die Fische Leinen in der Regel nicht überschwimmen, werden sie alle in das Netz hineingetrieben. Mit dieser Methode konnten bereits Fänge von annähernd zweihundert Korb pro Steek erzielt werden.

Bereits in der Heringsfischerei der fünfziger Jahre kannte man das Ziehen eines Netzes von zwei Fahrzeugen. Der Hering wurde dabei nicht am Grund, sondern mit hoch eingestelltem Geschirr gefischt. Man sprach hierbei vom *Bombern*. Nur in seltenen Fällen wird heute die Bezeichnung *Bombern* für das Fischen zweier Kutter mit einem gemeinsamen Netz benutzt. *Tucken* ist das gebräuchlichere Wort.

3.7. Fischverarbeitung, -aufbewahrung und -verkauf

3.7.1. Ältere Konservierungsmethoden

Während in der Elbfischerei eine Konservierung des Fanges zu Beginn nicht erforderlich war, da dieser innerhalb eines Tages nach Hause oder zum Verkauf gebracht werden konnte, mußte in jedem Seefischerfahrzeug eine Einrichtung zur Aufbewahrung der Fische vorhanden sein. Eine einfache Form ist das *Hüütfatt*[270], teilweise war in diesem Zusammenhang auch vom *Hummerkasten* die Rede. Es handelte sich dabei um einen mit Löchern versehenen Fischbehälter, der an einer Leine vom Fahrzeug gezogen wurde.
Auch heute noch gelten *dreugt Fisch* als besondere Finkenwerder Spezialität.[271] In früheren Zeiten spielten die im Wind getrockneten Fische allerdings eine wichtige Rolle in der Winterversorgung der Fischerbevölkerung. Von November bis März lagen die Ewer in Finkenwerder auf. In dieser Zeit verdiente der Fischer kein Geld, er mußte schon in den wärmeren Jahreszeiten für Vorrat sorgen. Früher wurden Schollen, Petermännchen, Rochen und Kabeljau getrocknet[272], heute verwendet man hauptsächlich die kleinen Sorten Maischollen und Scharben. Zum Wintervorrat eines Finkenwerder Fischers zählten stets einige hundert Pfund getrockneter Fische, die während der kalten Jahreszeit gekocht oder roh, in *Stremel* geschnitten, verspeist wurden. In heutiger Zeit sind *dreugt Fisch* nicht mehr als Vorrat zu verstehen, sondern als Delikatesse, die sich die ortsansässigen Fischhändler teuer bezahlen lassen.
Nach dem Schlachten werden Kopf und Eingeweide vom Fisch getrennt. Danach wird der Rumpf entweder in eine Salzlösung gelegt oder eingesalzen. Das Salz dient als Konservierungsmittel. Ist eine entsprechende Behandlung erfolgt, so werden jeweils zwei Fische am Schwanz zu einem *Bund* zusammengebunden und anschließend an einer Leine im Wind getrocknet. Auch auf See wird dieses Konservierungsverfahren angewandt, obgleich hier aus Platzgründen nur beschränkte Mengen zum Trocknen gehängt werden können. Je nach Witterung läßt man die Fische fünf bis fünfzehn Tage lang trocknen.
Während man sich in Finkenwerder auf getrocknete Schollen und Scharben spezialisierte, sind in England besonders die getrockneten kleinen Rochen beliebt. Auch diese werden zusammengebunden, und da sie in diesem Zustand dem Gesicht eines Affen ähneln, bezeichnete man sie als *Seeopen*.[273]

3.7.2. Die Bünnfischerei

Von Anfang an mußten die Hochseefischereifahrzeuge mit einer Einrichtung ausgerüstet sein, in der der Fang über einen Zeitraum von mehreren Tagen frischgehalten werden konnte, zumal die Kunden nach lebender Ware verlangten. So weisen schon die ersten Finkenwerder Seefischer-Ewer eine *Bünn*[274] auf.[275] Dieser Raum befand sich zwischen dem Logis und der Plicht. Die Einrichtung einer Bünn hatte nicht zuletzt Auswirkungen auf die Konstruktion der Fahrzeuge. So fehlten etwa im Bereich der Bünn die Spanten; statt dessen reichten hier vier oder fünf eichene Schotten von Bord zu Bord, die man *Sweben* (sing. *Sweff*) nannte. Auf diese Weise wurde die Bünn in mehrere *Schoorten* geteilt. Auf den Sweben ruhte das *Bünndeck*, das den oberen Abschluß des Fischraumes bildete. In der Mitte des Bünndecks befand sich eine rechteckige Öffnung, das *Bünnlock*, durch die Fische eingesetzt oder herausgenommen werden konnten. Diese Bünnöffnung war auf den ersten See-Ewern mit einem etwa 30 cm hohen Süll umgeben, der allerdings aus Sicherheitsgründen um 1900 bis an das Deck hochgebaut wurde. Man nannte diesen zusätzlichen Aufbau *Bünnschosteen* oder kurz *Schosteen*. Um den Sauerstoffgehalt in der Bünn ausreichend hoch zu halten, so daß der Fang lebend angelandet werden konnte, war der Boden im Bereich der Bünn mit mehreren Reihen runder Löcher versehen, so daß der Fischraum ständig mit Frischwasser gefüllt war.
Seit Beginn des 19. Jahrhunderts erfolgte eine ganze Reihe von Veränderungen an der Bünnkonstruktion. Zunächst fuhr man noch mit einer offenen Bünn, später wurde der gesamte Bereich des Fischaufbewahrungsbehälters mit Luken abgedeckt. Doch ohne Zweifel sind viele Fahrzeuge nur aus dem Grunde gesunken oder gekentert, weil entweder ihre Großluke von einer überkommenden See eingedrückt wurde und sie dadurch volliefen oder weil das Bünnwasser bei größerer

Abb. 84: Bünn des Kutters **HF 260 Louis und Emma** im Nullspant.

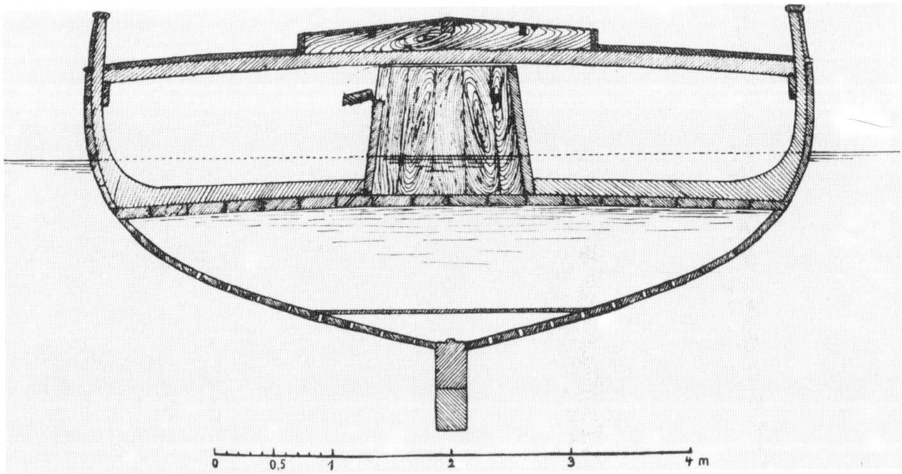

Abb. 85: Bünn des Kutters **Louis und Emma** im Längsschnitt.

Schräglage über den Schornstein auf das Bünndeck lief und dadurch ein Wiederaufrichten des Fahrzeuges verhindert wurde.[276] Man verkleiderte aus diesem Grund die Fläche der Lukendeckel und führte das Deck bis an den Bünnschornstein heran. Lediglich über die Steuerbordseite war nun das Bünndeck zugänglich; von dort konnte man durch eine Bünnklappe an den Fang in der Bünn gelangen. Der Bünnschornstein wurde oberhalb des Decks durch einen niedrigen Raum abgeschlossen und mit Lukendeckeln abgedichtet.
Sobald ein Hol an Bord war, begann das Sortieren der Fische, wobei die für marktfähig gehaltene Ware in die Bünn geworfen wurde. Jungfische setzte man zurück ins Meer. Edelfische wurden ab den 70er Jahren des vergangenen Jahrhunderts in einem kleinen, vor der Bünn eingebauten Eisraum aufbewahrt.
Stets galt es als ein wesentliches Problem der Hochseefischer, den Fang in lebendem Zustand an den Markt zu bringen. Nicht selten kam es vor, daß die windabhängigen Segelfahrzeuge bei Flaute auf der Elbe lagen und ihre Fahrt nicht fortsetzen konnten. So manchem Fischer ging auf diese Weise der Lohn seiner Arbeit verloren; trotzdem waren es zwischen 1920 und 1936 nicht nur die Händler, die nach lebendem Fisch verlangten. Auch die Fischer selbst trugen dazu bei, daß an dieser Art der Fischaufbewahrung festgehalten wurde. Der lebende Fisch galt als ein Markenzeichen der Kleinen Hochseefischerei und als Vorteil am Markt gegenüber der von den Fischdampfern angelandeten geschlachteten Ware.
Durch eine Zunahme der Belastung des Elbwassers in bestimmten Zeiten durch Wasser aus dem Oberlauf des Flusses sowie durch Industrieabfälle, Abwässer und andere Verunreinigungen wurde es jedoch immer schwieriger, die Fische in der Bünn auf dem langen Weg von der See nach Hamburg am Leben zu halten. Stets mußte man die Fische *frischhoolen*, man mußte die Bünn *döörtrecken*, die Fische in Bewegung halten. Ein Fischer berichtet: »*Un denn wüür dat dootstill bi* **Elbe I** *un hee seggt: › Schaß man mool döörtrecken ‹* «. Mit einem Kescher wurde dann das Wasser der Bünn *ümrührt*. Zufrieden war der Fischer erst, wenn er sah, daß sie noch *spatteln*. Doch immer war die Gefahr gegeben, *dat dat Woter slecht*

ward. Durch einen genügend großen *Stroom* im Wasser mußte die Sauerstoffzufuhr für die Fische gewährleistet werden; so erklärt der Fischer: »*Denn is door keen Stroom miehr in, un de Schullen packt sick hin*«. Dieses Vorgehen hatte jedoch andererseits zur Folge, daß die Schollen sich am Boden der Bünn auf den Bünnlöchern absetzten und somit die Zuführung frischen Wassers verhinderten. Schließlich hilft auch das Durchziehen des Bünnwassers nicht mehr und *de Fisch geiht kaputt*, der Fischer sagt auch: »*De wööt ne mihr leben*«. In diesem Zusammenhang hieß es ebenfalls: »*Denn krüst' de*«.[277] Um doch wenigstens einige Fische an den Markt zu bekommen, sagte dann vielleicht der Schiffer: »*Loot's man welk in Kisten kriegen*«. Dann wurden die noch lebenden Fische geschlachtet und im Eisraum auf Eis gelegt. Wenn jedoch keine Rettung mehr möglich ist, dann *scheet all kuppheister.*[278] Ist der Fisch erst einmal tot, *vergammelt*, so hat er für den Fischer seinen Wert verloren.
In den meisten Fällen konnten die Fischer ihren Fang allerdings rechtzeitig an den Markt bringen. Die Fische wurden dann mit dem *Loognett*, einem Kescher mit besonders langem Stiel, aus der Bünn geholt. Meinte der Schiffer schließlich, daß die Bünn vollständig geleert sei, so bildete das *Notrecken* immer einen besonderen Spaß für die Kinder, die hofften, vielleicht noch einige Schollen für sich erwischen zu können.

3.7.3. Verarbeitung des Fanges und Aufbewahrung im Fischraum

Um 1870 wurden die ersten Versuche unternommen, Edelfische, die in der Bünn nur schwer frischzuhalten waren, im *Iesruum* zu konservieren. Es gab zu der Zeit noch kein künstliches Eis, und so gingen die Männer im Winter daran, *Ies to moken.* Die so gewonnenen Eisblöcke wurden in einem besonders gut isolierten *Iesschuppen*, der in späteren Jahren auf der Aue-Insel stand, aufbewahrt.
Erst in der zweiten Hälfte der dreißiger Jahre setzte sich schließlich das Vereisen des gesamten Fanges in einem eigens dafür geschaffenen *Fischruum* durch. Insbesondere auf die *Isolatioon* der Schiffswände wird seitdem Wert gelegt. Die Probleme, die durch die Notwendigkeit, die Fische auf der Fahrt zum Markt am Leben zu erhalten, entstanden waren, hatten sich im Laufe der Zeit durch eine ständig sinkende Wasserqualität der Elbe vergrößert. Außerdem konnten im Fischraum im Gegensatz zur Bünn mehr Fische für längere Zeit gelagert werden. Dieses war ein wesentlicher Faktor, wenn man bedenkt, daß die Fanggebiete nicht mehr — wie noch zwanzig oder dreißig Jahre zuvor — direkt vor der Küste lagen, sondern sich erheblich weiter draußen in der offenen See befanden.
Durch diese Entwicklung trat der bis dahin unwesentliche Tätigkeitsbereich der Fischverarbeitung an Deck in den Vordergrund. Während bei der Bünnfischerei der Fang vom Deck direkt in den Fischbehälter befördert wurde[279], mußte nun erst eine Reihe von ergänzenden Tätigkeiten ausgeführt werden.[280]

Abb. 86: Der Fang ist an Deck. Sofort wird das Netz wieder ausgesetzt.

Die Fischverarbeitung wird nicht auf jedem Kutter in gleicher Weise durchgeführt. Jeder Schiffer folgt einem eigenen Ablaufschema; aus diesem Grund ist es kaum möglich, allgemeingültige Aussagen zu machen. Die folgende Beschreibung hat daher in erster Linie exemplarischen Charakter.

Ist der Fang an Deck, so geht die Besatzung daran, die Fische *uuttosammeln*, auch *uuttoseuken*, also nach Arten in dafür vorgesehene Deckhocken zu sortieren. Dabei wird stets auch die Größe der Fische betrachtet. Das gesetzlich vorgeschriebene Mindestmaß sollte nicht unterschritten werden, da *ünnermotige* Fische nicht vermarktet werden konnen. Es besteht auch die Möglichkeit, die Fische direkt in Körbe zu sortieren: »*De Fisch ward in Körv söcht: all tohoop oder ook no Sorten*«. Die hierfür verwendeten Körbe, zu denen man früher auch *Kiep* sagte, sind aus einem Weidekorbgeflecht gearbeitet. Sie haben ein Fassungsvermögen von ungefähr einem Zentner Fisch. *Korv* ist daher auch als Mengenangabe gebräuchlich. Wird die Fangmenge angegeben, so rechnen die Fischer ausschließlich in *Korv*.[281]

Sind die Fische schließlich nach Arten getrennt sortiert, so werden die Körbe zum *Slachten* des Fanges bereitgestellt. Bei unruhiger See zurrt man die Körbe vorsichtshalber zusätzlich fest, damit sie nicht über Bord gespült werden können. Jeder Fischer besitzt sein eigenes *Mest*, das er an einem bestimmten Platz, häufig am Mast, deponiert. Bevor das Schlachten beginnen kann, müssen die Messer regelmäßig mit einem *Stohl* geschärft werden.[282] Ziel des Schlachtens ist es, die Eingeweide, den *Küüt*, aus den Fischen zu entfernen und somit potentielle Fäulniserreger gar nicht erst in den Fischraum gelangen zu lassen. Bei den Rundfischen wird die Bauchseite aufgeschnitten und die Eingeweide mit dem Messer herausgeschnitten. Bei den Plattfischen wird unterhalb des Kopfes ein Schnitt vorgenommen und mit einer Drehung des Messers der *Küüt* herausgeholt. Man unterscheidet bei den Plattfischen nach der Körperseite, an der der Schnitt beim Fisch angesetzt wird, zwischen *witt Slachten* und *swatt Slachten*. Bis etwa 1953 wurden die Schollen nur auf der weißen Seite geschlachtet. Als man sich danach jedoch auch englische Märkte erschloß, erfolgte in dieser Beziehung eine Umstellung, weil dort der auf der schwarzen Seite geschlachtete Plattfisch vorgezogen wurde. Schließlich setzte sich diese Art des Schlachtens durch und wurde auch an deutschen Fischmärkten akzeptiert.

Nachdem die Fische geschlachtet sind, werden sie in einem Deckhock mit Salzwasser *saubermokt*. Früher geschah dies in einer faßförmigen *Fischbalje*, in der die Fische in relativ kleinen Mengen kräftig durchgespült wurden. Heute sind die Reinigungsmöglichkeiten wesentlich besser. Mit einem *Schlauch* wird das Hock unter Wasser gesetzt, so daß man hierin die geschlachteten Fische *speulen* kann. Die Fischer treten dabei mit ihren Gummistiefeln kräftig durch das Hock, so daß sich der Schleim von der Haut und der Schlick aus den Kiemen löst. Man nennt diese Arbeit *Döörpetten* oder *Döörtrampeln*. Es ist stets dafür zu sorgen, daß die Fische ausbluten, *uutbleut*. Die auf diese Weise gespülten Fische werden aus dem Hock zum *Aflecken* in Körbe *ketschert*. Daraufhin begibt sich in der Regel der Best- bzw. Steuermann nach *ünnen*, in den Fischraum. Dort nimmt er das *Veriesen* des Fanges vor. Über eine *Spuut*[283], häufig ist auch die hd. Form *Spute* zu hören, gelangen die Fische von Deck in den Fischraum. Die Spute ist eine halbrundförmige Rutschbahn, auf die zusätzlich ein *Trichter föör de Spuut* aufgesetzt werden kann.

In dieser Situation sind verschiedene Anweisungen zur Gewährleistung des Arbeitsablaufes notwendig. Dieses wird insbesondere dadurch erforderlich, daß kein Blickkontakt zwischen den am Ablauf beteiligten Personen möglich ist. Der

Abb. 87: Schnell und sauber schneidet der Bestmann den *Küüt* aus der lebenden Scholle.

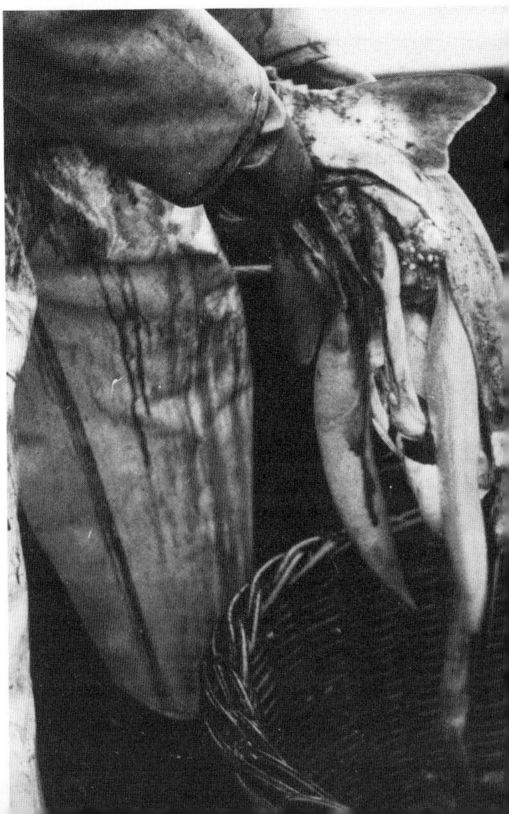

Abb. 88: Mit einem Bauchschnitt wird ein Dornhai geschlachtet.

Abb. 89: Im Deckhock werden die geschlachteten Fische gespült und *döörpett*.

Abb. 90: Korbweise werden die Fische zum Vereisen in den Fischraum gegeben.

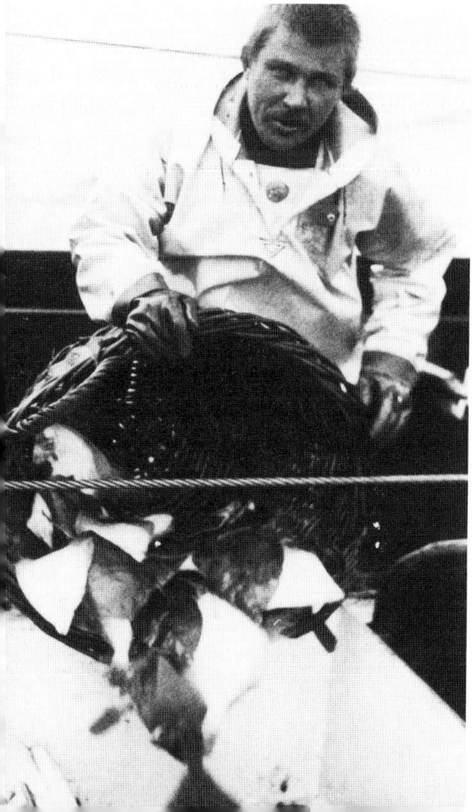

Mann im Fischraum gibt dabei Anweisungen über die Menge, die er im Augenblick noch verarbeiten kann, so sagt er etwa: *»Noch 'n Korv!«* oder *»Stopp!«*. Von Deck aus werden Angaben über die Art des Korbinhalts und über die Menge der Körbe gemacht: *»Kabeljau kummt dool!«*, *»De Schullen!«* oder *»Noch dree Korv!«*.

Die Tätigkeiten an Deck sind damit abgeschlossen. In der Zwischenzeit sind auch all die nicht verwertbaren Kleintiere, Pflanzen und Gegenstände über Bord *schüffelt* worden. Viele Fischer warten hiermit allerdings bis zum nächsten Hieven, *»weil du de ganze Schiet jo wedder in't Nett kriegen deist«*. Dann wird *»de Rest, Muscheln, Schiet un Dreck, achteruuttrookt«*. Besonders die Eingeweide ziehen jedesmal eine ganze Anzahl von Möwen an, die sich mit Geschrei über ihre Beute hermachen.

Abb. 91: Die Reinigung des Decks: Nicht verwertbare Seelebewesen, Steine und andere Gegenstände werden nach außenbords gespült.

Im *Fischruum*, der zumeist kurz *Ruum* genannt wird, werden die geschlachteten und gespülten Fische gelagert. In der Mitte des Raumes befindet sich — in Fahrtrichtung gesehen — der *Loopgang*, der häufig kurz als *Gang* bezeichnet wird. An jeder Seite sind *Stütten* angebracht, mit denen eine Unterteilung in acht oder zehn *Hocken* vorgenommen werden kann. Die Stützpfähle bestehen auf älteren Fahrzeugen aus Holz, auf neueren aus Aluminium. Zum Abteilen einzelner Hocken dienen *Schotten* aus Holz, die in Führungen, die sich an den Stützen befinden, gesteckt werden können.

In der Mitte des Ganges ist eine *Woterrünn* zu finden. In dieser Rinne wird das Schmelzwasser einem Auffangbehälter, dem *Suugkorv*, zugeführt. Ein mit einem filterähnlichen Sieb versehener Behälter, der *Schlammputt*, dient zum Auffangen des Schmutzes. Das im Saugkorb gesammelte Schmelzwasser wird zweimal täglich mit Hilfe der Lenzpumpe aus dem Schiffskörper gepumpt. Man spricht bei dieser Tätigkeit vom *Lenzen*.[284]

Ein besonderes Problem stellt die Isolation des Fischraumes dar. Während man früher die Fische bis an die Planken der Außenhaut legte, versucht man heute, die Konservierungsbedingungen zu verbessern. Die Wände werden mit Styropor verkleidet, während der Boden mit einer Kunststoffschicht und einem darüber befindlichen Teakholzdeck isoliert wird.

Zu Beginn jeder Fahrt muß der Kutter *Ies nehmen*. Die Eismenge ist auf den einzelnen Schiffen je nach Isolationsmöglichkeiten, Jahreszeit und voraussichtlicher Fangmenge unterschiedlich. Auf den größeren Schiffen beträgt sie heute 20 bis 25 t. Das *Ies* dient dazu, die Fische zu kühlen; es hat dagegen nicht die Aufgabe, die Fische einzufrieren. Aus diesem Grund ist die Menge des verwendeten Eises mit Bedacht abzuwägen. Benutzt man beim *Veriesen* zu viel Eis, so frieren die Fische ein, und ein weiteres Durchspülen durch das *Fischwoter* wird unmöglich.

Wird dagegen zu wenig Eis zwischen die Fische geschüttet, so ist die Spülung zu gering und auch der beabsichtigte Kühleffekt kann nicht mehr erzielt werden. Zur Erhaltung einer konstanten Raumtemperatur von ungefähr + 2° C wird außerdem stets eine gewisse Eismenge in unverarbeitetem Zustand gelassen. Hierzu sagt ein Fischer: »*Du müßt 'n Block nobehoolen, wenn du de Reis moken deist: söben bit acht Tunnen as Keuhlmittel föör de Temperatur in'n Ruum*«.

Während an Deck die gespülten Fische aus dem Deckshock in Körbe gekeschert werden, steigt der Bestmann bzw. Steuermann in den Fischraum hinab und beginnt mit dem *Trimmen*. Er muß sich Eis *loospicken* und für die Verarbeitung bereitlegen. Anschließend kann er damit beginnen, die Fische *in Ies to packen*. Auf dem Boden und an der Außenwand des Hocks wird eine aus Eis bestehende *Grundloog* oder *Ünnerloog* errichtet. Nach einer bestimmten Fischmenge folgt dann eine weitere *Iesschicht*, die der Best- bzw. Steuermann mit einem *Roker* oder *Schuber* verteilt. In dieser Beziehung zeigen sich erhebliche Unterschiede zwischen den einzelnen Fahrzeugen der Finkenwerder Flotte. Jeder Fischer, der *den Fischruum mokt*, bevorzugt eine mehr oder weniger individuell geprägte Methode. Bei einigen folgt nach jeweils fünf Korb eine Eisschicht von etwa zehn cm; ein anderer Fischer erklärt zu den Verfahrensweisen: *»Hee schütt door alle twee Korv wat twüschen. Welk schüffelt ook ümmer wat twüschen.«* Wichtig ist letztendlich nur das richtig abgestimmte Verhältnis zwischen Fisch- und Eismenge. Damit das auf den unten liegenden Fischen lastende Gewicht nicht zu groß wird, teilt man das Hock in der Höhe nach etwa fünfzehn Korb mit einer *Brück* ab. Dieses *Afbrücken* geschieht durch den Einbau einer Lage Holzschotten, die in dafür vorgesehene Führungen geschoben werden. Ist das Hock schließlich voll, so werden die Fische mit einer zusätzlichen Eisschicht bedeckt. In diesem Zusammenhang spricht man vom *Afiesen*. An den letzten beiden Tagen einer Reise werden die geschlachteten Fische im Raum häufig in *Kisten* aufbewahrt. Solche mit einem *Iesmantel* umgebenen *Kistenschullen* erzielen am Markt wegen ihrer Frische meistens bessere Preise als die in den Hocken gelagerten Fische.

Abb. 92: Die zwischen Eislagen geschichteten Seezungen in einem Hock.

3.7.4. Anlandung und Verkauf

Da die Fische nur für eine begrenzte Zeit ohne Schäden in der Bünn zu halten waren und heute im Fischraum zu konservieren sind, gibt der Schiffer nach einer bestimmten Zeit (heute normalerweise zehn bis vierzehn Tage) das Zeichen zum *Uutscheiden*. Dann *mookt hee de Reis*, das heißt, er beendet das Fischen und geht auf *Heimreis*, häufig auch in hd. Form als *Heimreise* ausgesprochen.[285] *De Reis hebben* bedeutet dageben, daß jemand genügend Fische gefangen hat, um *rintogohn*, um die Heimreise antreten zu können.[286]
Der Zeitpunkt der Heimfahrt wird heute durch das *Fischmarkt-* oder *Seefunkgespräch* mit der Zentrale in Finkenwerder abgestimmt, damit sich die Kutterfischer am Markt nicht in ungebührender Weise Konkurrenz machen.[287]
Nach dem Einstellen des Fischens wird das Geschirr zusammengelegt und verstaut. Anschließend beginnt die Besatzung damit, *rein Schipp to moken*. Das Ruderhaus und das Deck werden mit Seifenwasser abgewaschen, damit sich die Salzschicht, die sich dort mittlerweile festgesetzt hat, ablöst. Mit einem sauberen Schiff kann dann die Heimreise angetreten werden.
Wenn der Fischer früher mit seinem Fang zum Markt fuhr, mußte er seine Ware persönlich an die Fischhändler verkaufen. Das konnte ein recht mühseliges und langwieriges Geschäft sein. Eine Änderung dieser Lage trat erst ein, nachdem mit dem berufsmäßigen *Reisenkäuper* ein gänzlich neuer Gewerbezweig entstanden war. Die Aufkäufer fingen die aufkommenden Kutter oder Ewer in der Regel zwischen Krautsand und der Süderelbe ab. Mit einem kleinen Boot fuhr dann einer von ihnen an das Fischereifahrzeug heran, kletterte an Deck und prüfte die in der Bünn befindlichen Fische. Danach wurde über einen Kaufpreis für die gesamte Ware verhandelt.[288] In den meisten Fällen wurde der Fang in der Zeit bis zum Ende des vergangenen Jahrhunderts auf diese Weise im Ganzen an einen Reisekäufer verkauft. Bereits in den neunziger Jahren setzte sich allerdings das Auktionsverfahren durch, bei dem ein Auktionator die Ware von den Fischern aufkaufte und am folgenden Tag im Rahmen einer Auktion versteigerte.[289]
Heute ist die Organisation »Kutterfischverwertung«, der alle Fischer der Finkenwerder Flotte angehören, für die Vermarktung der Fänge zuständig. Die Hauptplätze, an denen die HF-Kutter heutzutage *to Markt goht*, sind neben Altona und Cuxhaven die dänischen Nordseehäfen Esbjerg, Hanstholm und Thyborön sowie der Ostseehafen Grena. Der Fischer spricht in diesem Zusammenhang vom *Markt*.[290] *Fischmarkt* referiert dagegen in erster Linie auf die Organisation. So sagt beispielsweise ein Fischer nach einem Telefongespräch mit einem Vertreter der Fischmarktgesellschaft: *»Ick hebb mit'n Fischmarkt telefoniert.«*
Läuft ein Kutter einen Hafen an, so betritt zumeist zuerst *de Tull* das Schiff, in auswärtigen Häfen weist anschließend der *Hobenmeister* dem Fahrzeug seinen Liegeplatz zu. *Hobengild* wird von Fischereifahrzeugen nicht erhoben, sofern sie in dem entsprechenden Hafen ihren Fang löschen. Eine Ausnahme bildet Helgoland; hier wird grundsätzlich — also auch in Notfällen — ein Liegegeld erhoben.

Damit die Ware, die ein Kutter *anbringt*, bei der morgens um sechs Uhr beginnenden *Auktioon* versteigert werden kann, muß bereits am Abend zuvor um acht oder um zehn Uhr mit dem *Löschen* begonnen werden. Da die Besatzung des Fahrzeuges die auf dem Schiff anstehende Arbeit nicht allein leisten kann, werden zumeist zusätzlich *Löscher* von der Fischmarktgesellschaft gestellt. Auch die Bezeichnung *Ruumgast* ist gebräuchlich.

Die Fische werden im Fischraum in Körbe geschaufelt, die von einem Kran durch die Luke auf die Kaimauer gehievt werden und von dort über ein Förderband in die Auktionshalle, die kurz *Halle* genannt wird, gelangen. Hier werden die einzelnen Arten nach der Größe in *Sorten* aufgeteilt. Die Skala reicht von Sorte I bis IV, und so spricht man etwa von *de drütte Sorte Schullen* oder bei den Zungen von *Mitteltungen*. Besonders große Exemplare fallen unter die *Ex-Sortierung* (z.B. Steinbutt mit einem Gewicht von über zehn Pfund).

Als Mengeneinheit diente früher die *Stieg*, auf die zwanzig Fische gingen.[291] Im vergangenen Jahrhundert kannte man darüber hinaus die *Grootstieg*, die 32 Einheiten zählte. In der Austernfischerei teilte man den Fang in Einheiten von *Groothundert* auf und verstand darunter 110 Stück. Heute erfolgen die Angaben zumeist in *Korv*. Für die Auktion werden die sortierten Fische allerdings ausgewogen und zu unterschiedlichen Kilogrammengen angeboten. Kleine Mengen einzelner Arten, die keine ganze Kisten füllen, werden unter dem Sammelbegriff *Mix* zusammengefaßt.

Abb. 93: Der Löscher schaufelt die vereisten Schollen in einen Korb.

Das Prinzip der Vermarktung durch eine dafür eingesetzte Gesellschaft entlastet die Fischer in einem umfangreichen Aufgabenbereich. Sie sind nicht mehr gezwungen, den Verkauf persönlich zu organisieren und erhalten den erzielten Auktionspreis nach Abrechnung der entstandenen Kosten ausbezahlt. Die Gefahr, *Schoden to moken*, ist im Vergleich zu früheren Zeiten westenlich geringer geworden, als es vorkommen konnte, daß ein Fischer keinen Käufer für seinen Fang fand.

3.7.5. Vorbereitungen auf die nächste Reise

Nachdem der Fang gelöscht ist, hält sich der Fischer in der Regel nicht lange an Land auf. Befindet er sich nicht in seinem Heimathafen, so wird neben Treibstoff und Eis *Proberjant nohmen*, und noch am gleichen oder nächsten Tag läuft der Kutter erneut zur Fangreise aus.
Spirituosen, Tabak und ähnliche Waren werden zollfrei im *Freeloger* eingekauft, dürfen aber erst außerhalb der Zollgrenzen konsumiert werden. Hinzu kommt, daß diese Waren für den ausschließlichen Verbrauch auf See bestimmt sind. Auf die Einhaltung dieser Bestimmungen gegen das *Schmuggeln* legt ein Sonderkommando der Zollbehörden ein besonderes Augenmerk: die *swatte Gäng*. Auch wenn sie kein schlechtes Gewissen haben, fürchten viele Fischer den Besuch dieser Herren, denn »*se stillt di allens up'n Kupp*«. Auch die *Wasserschutz*(-polizei) kommt hin und wieder an Bord, ebenso wie die *Gewerbeaufsicht*(sbeamten), durch die die Einhaltung der gesetzlichen Bestimmungen über die Arbeits- und Wohnverhältnisse an Bord überprüft wird.
Bemerkenswert an diesen Benennungen ist zum einen der Gebrauch des kollektiven Singular, zum anderen das Verfahren der Benennung von Personen und Personengruppen nach den Organisationen, die sie repräsentieren.
Hat der Kutter den Fang am Altonaer Fischmarkt angelandet, so dauert der Landaufenthalt meistens zwei bis vier Tage. Jetzt besteht die Möglichkeit, das Schiff mit neuem Geschirr *uuttorüsten*.
Weitere Tätigkeiten an Land werden im Abschnitt 3.9. beschrieben.

3.8. Wetter, Wind und Wasser als wichtige Einflußfaktoren auf die Fischerei

Wer sich mit einem Schiff auf die offene See begibt, ist darauf angewiesen, entweder eine verläßliche Wetterprognose selbst zu erstellen oder eine Wettervorhersage übermittelt zu bekommen. In der Zeit, als es noch keine Radioempfangsgeräte an Bord gab, war der Fischer ausschließlich auf sein Barometer und auf seine eigene Fähigkeit zur Wetteranalyse angewiesen. Auch wenn heute der Seewetterbericht eine recht genaue Vorhersage für die folgenden 24 Stunden geben kann, so muß doch immer noch der Fischer selbst Wind, Wellen und Wolkenbildung beobachten und interpretieren, insbesondere da nur bis zu einer bestimmten Windstärke gefischt werden kann.
Auffällig sind die zum Teil recht kraftvollen Bezeichnungen für das Wetter; diese sollten allerdings nicht als Übertreibungen ausgelegt werden. Sagt der Fischer: *»Dat Wetter wüür slecht«*, so kann man davon ausgehen, daß er sich damit auf Windstärken ab sechs, die über einen längeren Zeitraum geherrscht haben, bezieht. Eher kann von einer durch die Wortwahl bedingten Abschwächung der Aussage — im Vergleich zur Gemeinsprache — gesprochen werden: *'n beten Wind* kann im Sprachgebrauch der Fischer durchaus auf einen handfesten Sturm bezogen sein.
Deutlich erkennbar wird der Einfluß der im Seewetterbericht verwendeten hd. Fachsprache (einschließlich der Lautung) auf die fachliche Umgangssprache an Bord der Fischkutter. Noch vor zwanzig Jahren hätte man Wörter wie *nebelig* oder *regnerisch* auf einem Finkenwerder Fischereifahrzeug nicht hören können.

3.8.1. Das Wetter

Für den Fischer ist in bezug auf das *Wetter* in erster Linie die Frage relevant, ob er sein Netz aussetzen kann oder nicht. Da früher in unmittelbarer Küstennähe gefischt wurde, implizierte *slecht Wetter* immer auch, daß — wenn irgend möglich — ein schützender Hafen aufgesucht wurde. Heute verbleiben die Kutter aufgrund der großen Entfernungen, die zwischen den Fanggebieten und dem Festland zurückzulegen wären, auch bei schlechtem Wetter auf See. *Slecht Wetter* zeigt aber auch gegenwärtig unmittelbare Auswirkung auf die Ausübung der Fischerei; es heißt in der Fischersprache also konkret, daß ein Fischen nicht ratsam oder gar unmöglich ist. Besatzung und Fahrzeug müssen somit jedes *Schietwetter* und *Sauwetter*, früher sprach man auch vom *Nootwetter*, über sich ergehen lassen, und erst, wenn ein *Unwetter* gemeldet wird, versuchen die meisten, ans Ufer zu gelangen. Da solch eine Fahrt allerdings mit recht großen Zeitverlusten verbunden ist — wenn die Witterung wieder besser geworden ist, muß man schließlich wieder zum Fangplatz zurückkehren —, bleiben zahlreiche Kutter

auch bei ungünstigsten Witterungsbedingungen auf See. Außerdem kann direkt im Anschluß an einen Sturm mit einem besonders guten Fang gerechnet werden, weil der Meeresgrund wegen der starken Wasserbewegung noch trübe ist und die Fische dem Netz nicht ausweichen.
Goot Wetter bezeichnet eine trockene Witterung mit bis zu vier Windstärken. Dann ist die Bewegung des Schiffes annähernd gleichmäßig — wenn auch bei weitem nicht gering. Bei Windstärke fünf und sechs sind die Bewegungen stärker und ruckartiger. Hier liegt im Sprachempfinden der meisten Fischer die Grenze zum *slecht Wetter.*
Da das gute Wetter dem Fischer bei der Ausübung seines Berufes keine Schwierigkeiten bereitet, finden einzelne Erscheinungen und differenzierende Beschreibungen keinen Niederschlag in seinem Sprachgebrauch. Aus diesem Grund werden nur wenige Eigenschaften des guten Wetters sprachlich erfaßt. *Hooge Luft* ist gegeben, wenn die Wolken sehr hoch stehen oder gar keine Wolken am Himmel zu sehen sind. Die Luft ist dann klar. Für die gleichen Witterungsbedingungen wird auch *heiig*[292] benutzt.[293]
»Dat is gries« sagt man auch, wenn der Himmel eine einförmig blaßgraue Färbung aufweist. *Smeerig* bezeichnet darüber hinaus das Vorhandensein schlechter Sichtverhältnisse. Nebel heißt *Dook* und wird häufig durch ein Adjektiv ergänzt: *»Dat wüür dick van Dook«. Dick* kann auch allein in der Bedeutung › neblig ‹ verwendet werden. Eine Steigerungsform von *dick* ist *schietendick.* Schlechtes Wetter wird außerdem häufig unabgestuft als *mistig*[294] bezeichnet. Bei den das Wetter charakterisierenden Bezeichnungen ist heute ein Einfluß der Sprache, die dem Fischer über die Seewettervorhersage vermittelt wird, unverkennbar. So haben beispielsweise die aus dem Hd. stammenden Bezeichnungen *diesig, nebelig* und *regnerisch* bereits Eingang in die Sprache der Fischer gefunden.

3.8.2. Der Wind

Die wichtigste Komponente des Wetters bezogen auf das Leben und Arbeiten auf See ist der *Wind,* und so ist es wenig verwunderlich, wenn im Sinne einer Vermenschlichung der Wind zumeist nur als *hee* angesprochen wird.[295] Die Kraft des Windes wird heute in die allgemein gebräuchlichen zwölf *Windstärken* eingeteilt. Dabei ist bei entsprechender Themenvorgabe die Nennung der jeweiligen Zahl als Bedeutungsträger hinreichend: *»Wü harrn wedder soo fief, süss.«*
Besonders für die Segelfahrzeuge war beim Fischen in Landnähe die Windrichtung von großer Bedeutung. Das Schiff ist dabei stets der Ausgangspunkt der Überlegung, so beispielsweise, wenn man von *halben Wind* oder *halbenwinds* spricht. Ausgedrückt wird, daß der Wind quer zur Fahrtrichtung steht: *»Dat Schipp liggt mit halben Wind an«. Ruumer Wind* kommt von hinten und unterstützt die Fahrt des Schiffes. Unter solchen Bedingungen kann beim Segeln die

Schot abgefiert und auf diese Weise der Wind am günstigsten ausgenutzt werden. Für Fahrzeuge, die sich in Küstennähe befinden, bedeutet *uplandscher Wind* stets eine Gefahr, weil er das Schiff direkt gegen die Küste drückt.
Für die Finkenwerder Hochseeflotte war die Windrichtung besonders auch aus dem Grunde relevant, weil man den langen Weg von der Elbmündung bis nach Hamburg hinaufsegeln mußte. Die Windrichtungen werden wie folgt bezeichnet: *nuurlicher Wind, Oosten-Wind, südlicher Wind* und *Westen-Wind.* Zwischen den vier Himmelsrichtungen sind alle weiteren bekannten Himmelsrichtungen einzuordnen; so sagt man etwa: »*Süd-Oosten-Wind liggt an*«. Die Windrichtung wird zumeist in Verbindung mit dem Verb *anliggen* genannt.
Auf die Lage der Wegstrecke, die die Segelfahrzeuge auf der Elbe zurückzulegen hatten, deutet die Bezeichnung *scheeber Wind* hin. Gemeint ist hier Süd-West-Wind, der für den Segler, der zwischen Hamburg und Cuxhaven fährt, immer quer zur Fahrtrichtung steht.[296] »*De Wind is uut de eische Eck*« sagt man, wenn der Wind ungünstig steht[297], was für den Fischer, der vor der Deutschen Bucht fischt und zur Elbmündung gelangen will, Süd-Ost-Wind bedeutet. Auch beim Fischfang kommt den Windbedingungen eine bedeutende Rolle zu. Der Fischer drückt dieses dadurch aus, daß er günstige Windverhältnisse als *scheune Gelegenheit*, widrige Bedingungen dagegen als *Schietgelegenheit* bezeichnet.
Schwachen Wind nennt man *Zuchens*, etwas stärkeren *Keuhlens*[298]. Eine *Floog* ist eine Böe, häufig eine Schauerböe; *flogig* entspricht dem hd. böig. Wenn man sagt: »*Dat gift Bries*«, so nimmt der Wind zu, seine Kraft wird stärker. *Bries* steht häufig in der Bedeutung ›Wind‹ und wird bei einer sprachlichen Differenzierung mit Hilfe von Beifügungen näher bestimmt. So spricht man bei Windstärke sechs etwa von einer *schieren Bries.*
Eine Differenzierung der Windstärke wird mit Hilfe verschiedener Verben hergestellt. Leichter Wind *weiht*, stärkerer *pustet*, während starker Wind *huult*. Zumindest bei den letzten beiden Wörtern dieser Reihe kann ein Zusammenhang mit menschlichen und tierischen Lauten hergestellt werden.
Wenn es *briest*, bläst ein scharfer Wind: »*Too ward dat briessen*«. Veränderungen der Windstärke werden durch *upfrischen, toonehmen, miehr warrn, afflauen* und *afnehmen* ausgedrückt. Eine Vermenschlichung des Windes liegt in dem Ausdruck *de Wind slöpt in* vor.
Die Eigenschaften des Windes können von der Flaute bis zum Orkan recht präzise von den Fischern bezeichnet werden. Es ist jedoch bei dieser Aufzählung zu berücksichtigen, daß das individuelle sprachliche Empfinden durchaus in geringem Maße voneinander abweichen kann. Die Übergänge zwischen den aufgeführten Stufen sind als fließend anzusehen. — Kein Wind weht, wenn man sagt, daß es *still* sei. Steigerungsformen von *still* sind *dootstill* und *plackendootstill.* Die letztgenannte Bezeichnung drückt aus, daß sich ein Segelfahrzeug unter solchen Windverhältnissen nicht ein winziges Stück vom Fleck bewegt. Bemerkenswert an dieser Steigerungsreihe erscheint die jeweilige Differenzierung durch vorangestellte Bestimmungswörter, wobei das Grundwort konstant gehalten ist.

Sehr schwacher Wind liegt an, wenn man ihn als *flau* bezeichnet. Die Windstärke ist größer, wenn *briessig*[299] als Beschreibung herangezogen wird. Nach der Skala würde man etwa den Wind mit Stärken von drei bis fünf als *briessig* bezeichnen. Noch stärkerer Wind, ungefähr in der Stärke von sechs bis sieben, kann *handig* genannt werden, dann heißt es an Bord: *»Nu ward dat handiger«*. *Ungemütlich* überdeckt teilweise diesen Bereich; es wird zur Charakterisierung der Windstärken von sechs bis acht herangezogen. Steifer Wind von Windstärke sieben an aufwärts ist in der Sprache der Fischer *stuur*. Eine Steigerungsform von *stuur* existiert nicht.
Anders als bei den Bezeichnungen für Windstille weist diese Reihe der sprachlichen Windstärkedifferenzierung verschiedene kurze Adjektive/Adverbien auf, die von ihrer formalen Struktur her nicht aufeinander bezogen sind. Teilweise sind die gleichen Wortkörper auch in der Gemeinsprache vertreten (z.B. stur), allerdings nicht mit einer durch die Anforderungen des Faches fest umrissenen Bedeutung. An dieser Stelle wird ein wesentlicher Unterschied zwischen gemeinsprachlicher und fachsprachlicher Verwendung eines Wortes deutlich. Unterschiedliche funktionale Gebundenheit zeigt ihre Auswirkungen nicht zuletzt in einer mehr oder weniger starken Ausrichtung auf einen Wirklichkeitsausschnitt und einer daraus resultierenden Eingrenzung des Wortinhalts.

3.8.3. Das Wasser

Neben der Stärke und der Richtung des Windes ist für den Fischer das damit in einem direkten Bezug stehende *Woter* von besonderer Bedeutung. In der Zeit des Segelantriebs spielten die Gezeiten für die An- und Abfahrt auf der Elbe eine wesentliche Rolle. Die *Tie* bestimmte, ob ein Fahren überhaupt möglich war oder nicht. Die Gezeiten heißen *Ibb* und *Floot*, die jeweiligen Zustände *sied Woter* und *hooch Woter*; die Zeit des Stauwassers wird *starr Woter* genannt.[300] Die Flut setzt mit der *Vöörfloot* ein. Wenn jemand *mit de Vöörfloot kummt*, so erreicht er sein Ziel unerwartet früh.[301] Eine präzisere zeitliche Beschreibung kann durch das Einsetzen einer Beifügung vorgenommen werden. So ist beispielsweise die Rede von der *halben Floot*. Das Elbwasser ist für die heutige Hochseefischergeneration nicht mehr von Bedeutung. Ältere Fischer können dagegen noch eher die für die Elbfischerei relevanten Benennungen begrifflich richtig in fachliche Zusammenhänge einordnen. *Bobenwoter* ist das durch seine Färbung und andere Eigenschaften ausgewiesene Wasser der Oberelbe. Das Wasser in dem Gebiet zwischen der Salzwasser- und der Süßwasserzone wird *Brackwoter* genannt. Ein *Küsel* ist ein Wasserwirbel. Für die Fischerei in Landnähe und in der Elbmündung mußte der Strömung, dem *Stroom*, besondere Bedeutung geschenkt werden. Gegenströmung nennt man *Nierstroom*.[302]
Der Arbeitsort für den Hochseefischer ist die See. *See* kann ganz allgemein für

das Meer als große Wasserfläche stehen: *»Hee is wedder no See«*. Es kann in seiner Bedeutung aber auch auf eine große Welle eingeschränkt sein: *»Door loopt Seen, dat kannst du di nich vöörstillen«*.

Es gibt eine ganze Reihe von Adjektiven, mit denen die Wellenverhältnisse näher beschrieben werden können. Es handelt sich dabei zumeist nicht um fachspezifische Bezeichnungen, sondern um solche, die formgleich in der nd. Gemeinsprache existieren. Als Unterscheidungskriterien können hier die funktionale Einbettung in einen fachlich motivierten Kommunikationsrahmen wie auch die daraus resultierende Bedeutungseinengung auf an den Interessen des Faches ausgerichteten Inhalten angesehen werden. Dabei können mehrere unterschiedliche Wörter den gleichen Sachverhalt darstellen. Sie werden synonym gebraucht und häufig in Aufzählungsform zur Verstärkung der Aussage auseinandergereiht.

Eine ruhige Wasseroberfläche wird als *glatte* oder *slichte See* bezeichnet. Zeigen sich besonders hohe Wellen, so spricht man von *sworer* oder *hooger See*. Annähernd senkrecht ist die Form der Wellen, wenn von einer *steilen See* die Rede ist. Je nach der Wellenlänge spricht man von einer *langen* oder *kotten See*.

Allgemeinerer Art sind die Bezeichnungen, die dem Zustand der Wasseroberfläche bei stürmischen Wetter zugeschrieben werden. Sie sind nicht durch die Gestalt der einzelnen Wellen motiviert, sondern durch ihren Gesamtcharakter und die damit verbundenen Auswirkungen auf das Fischereifahrzeug. Dementsprechend werden der See Eigenschaften wie *mastig, bullerig, stuur, groff* oder *ruppig* zugewiesen.

Für eine leicht bewegte Wasseroberfläche, die ihre Bewegung auf das Schiff überträgt, sind die Bezeichnungen *dümpelig* und *kabbelig* gebräuchlich. Wasser, bei dem die Oberflächenwellen unruhig durcheinanderlaufen, nennt man *appeldwatsches Woter.*[303]

Schaukelt das Fahrzeug leicht, so spricht man vom *Dümpeln. Rullen* bezeichnet die Bewegung des Schiffes um die Längs- und *Stampen* um die Querachse. Unter *Oberholen* versteht man die plötzliche Krängung eines Schiffes durch den Einfluß von Wind und Seegang. Unter *Swoin* ist das langsame Drehen eines ankernden Schiffes bei Tidewechsel zu verstehen. Eine besondere Erscheinung ist das Meeresleuchten, das *Seelüchten* genannt wird. In Spätsommernächten kann dieses Aufleuchten unzähliger kleiner Punkte im Meer auch in der Nordsee beobachtet werden. Besonders auf die recht abergläubischen Fischer des vergangenen Jahrhunderts blieb dieses Naturschauspiel nicht ohne Wirkung und hinterließ bei vielen einen nachhaltigen Eindruck.

Die Horizontlinie nennt der Fischer entsprechend der allgemeinen Seemannssprache *Kimm: »Door wüüren twee Scheep an de Kimm.«*

Bewegung und Gestalt der Wellen werden in ihrer Gesamtheit als *Dünung* oder *Rullung*, in neuerer Zeit auch als *Seegang*, bezeichnet. *Breker* steht allgemein für eine Sturzsee, während eine von der Seite auflaufende Welle *Dwass-See* genannt wird. Dabei zeigen sich bei einer weiteren Differenzierung *Täler* und *Bargen*. Höhere, sich brechende Wellen weisen *Schuum* an den Brechungskanten auf. Die in

Küstennähe durch Untiefen verursachte Brandung, *Brand*, gilt für die Fischer als eindeutiges Warnzeichen. Insbesondere bei einem gegen die Wellenrichtung verlaufenden Kurs gelangt *Stoff* und *Sprüttwoter* an Deck, gegen die man sich durch Ölkleidung zu schützen sucht.

3.9. Unglücksfälle, Unfälle und Schäden

Die Ausübung der Hochseefischerei ist mit erheblichen Gefahren verbunden. Das Schiff ist dem Wind und den Wellen im Sturm nahezu ausgeliefert, so daß etwa eine ungünstig laufende See großen Schaden anzurichten vermag, ohne daß der Fischer wirkungsvolle Gegenmaßnahmen ergreifen könnte. Namentlich bis zum Ersten Weltkrieg war schlechts Wetter für die meisten Unglücksfälle verantwortlich. War ein Fischer im Sturm erst einmal *ober Buurd komen*, so gab es für ihn kaum noch eine Rettung. Von einem auf See ertrunkenen Fischer sagt man, er ist *bleben.*[304] Dieses Wort wird in der hier erwähnten Bedeutung fast ausschließlich in der Vergangenheitsform verwendet. Man spricht nur über das »Bleiben« auf See, nachdem ein Unglück bereits eingetreten ist. Solche schweren Unfälle sind heutzutage wegen der festen Bauweise der Schiffe und der allgemeinen Sicherheitsvorkehrungen an Bord sehr selten. Auch die Rettungsgeräte bleiben an Bord in der Regel unbenutzt. Nur im äußersten Notfall wird sich ein Schiffer entscheiden *uuttostiegen*, sein Schiff zu verlassen.
Es kann allerdings auch heute zu keiner Zeit ausgeschlossen werden, daß sich Unglücksfälle auf See ereignen. Ergibt sich aus einer beliebigen Situation allgemein nicht der erhoffte Ausgang, so ist etwas *scheevgohn*. Aufgrund von Sturmeinwirkungen kann das Schiff *plattliggen*, sich ganz zu einer Seite neigen. Glücklich kann sich derjenige Fischer schätzen, dessen Kutter aus solch einer Lage wieder *upsteiht.*[305] Wenn das Schiff erst einmal *vull Woter steiht*, gibt es nur noch wenig Hoffnung, ein Sinken verhindern zu können. Der Vorgang des Untergangs wird ausgedrückt durch das Verb *wegsacken*; auch *afsupen* ist gebräuchlich. Um das Umschlagen eines Fahrzeugs zum Ausdruck zu bringen, wird neben *kentern* zumeist *kuppheistergohn* oder *kuppzeistern* — auch die Form *kuppzeisen* ist belegt — verwendet.
Als Justizinstanz für Unfälle auf See und für Kollisionen fungiert das *Seeamt*. Nach einem Zwischenfall kommt es zu einer *Seeamtsverklorung* oder *Verhandlung vöör't Seeamt*.
Schadensfälle, *Hoberee* genannt, sind auch in der Gegenwart keine Seltenheit. Durch gewaltsame Einwirkung von außen kann es vorkommen, daß ein Schiff ein *Leck* bekommt, daß es *Leckoosch* erleidet. In früherer Zeit kam es häufiger vor, daß ein Ewer oder Kutter in Küstennähe auf Grund lief, heute ist es dagegen äußerst selten, daß ein Hochseefischereifahrzeug *leckesleit*. Geschieht es trotzdem, so muß genau kontrolliert werden, wieviel Wasser durch das Leck aufge-

nommen wurde, wieviel *Woter dat Schipp mokt*. Bei den alten Holzschiffen ergaben sich oft winzige Lecks, die nur äußerst schwer zu orten waren. Man sagte dann, es *ziept*.[306]

Durch die Verwendung von Stahl als Baumaterial können solche Schäden heutzutage größtenteils vermieden werden. Die Kraft des Wassers richtet hauptsächlich in Form von überkommenden Seen Schaden an. So ist es durchaus möglich, daß die Reling *indrückt ward*.

Die Einführung moderner Navigationsmittel bewirkte einen Rückgang von Unfällen, an denen zwei Schiffe beteiligt sind. *Kollisioonen* sind selten; es kommt eigentlich nur noch im Hafengebiet vor, daß man *aneckt* oder *'n Ramming hett*.

Wenn das Fanggeschirr beim Schleppen mit dem eines anderen Fischereifahrzeuges durcheinandergerät, sagt man, es sei alles *in'n Toos gohn*. Insbesondere in Ausnahmesituationen ist jeder einzelne Fischer auch heute noch auf gegenseitige Hilfsbereitschaft auf See angewiesen. Hat beispielsweise ein Fahrzeug aus der Finkenwerder Flotte einen Maschinenschaden erlitten oder ist es in seiner Manövrierfähigkeit erheblich eingeschränkt, so wird es von dem nächsten Kutter, der aus dem gleichen Seegebiet zum Markt fährt, *inslept* oder *achtertoonohmen*.

Besonders beim Umgang mit dem Geschirr muß darauf geachtet werden, daß Netz, Taue und Leinen nicht *unkloor* kommen oder treiben. Je nach Situation kann auch die Fehlerquelle näher bezeichnet werden: »*Hee hett wat mit'n Tampen*«. Beim Hieven des Netzes muß man verhindern, daß sich das Geschirr *updreiht*, zusammenwickelt und damit unklarkommt. Besonders die Schraube bildet immer ein Gefahrenmoment, und man kann froh sein, wenn man ein Tau oder einen Tampen ohne größeren Schaden aus der Schraube *freemoken* kann.

Insbesondere bezüglich alter Segel und Netze spricht man beim Zerreißen nach längerer Beanspruchung von *in'n Dutt gohn*. Auf dem Meeresgrund liegende Gegenstände können das Nezt *tweirieten*, heute spricht man in Anlehnung an das Hd. auch von *kaputtrieten*: »*Wü hebbt dat Ünnernett kaputtreten*«. In diesem Fall kann das Netz ohne Schwierigkeiten an Bord geholt werden. Wenn dagegen gesagt wird: »*Wü hebbt dat ganze Nett sleten*«, so bedeutet dies, daß das Netz abgerissen und verlorengegangen ist.[307] Das mutwillige Heraufbeschwören eines Schadens oder das bewußte Zerstören bezeichnete man früher als *Kodimmen*. Heute ist diese Bezeichnung auf die Bedeutung des Austragens aus dem Schiffsregister beschränkt. Nur wenn ein Schiff nicht weiter verwendet oder wenn es abgewrackt wird, kann diese nd. Form des Fachwortes »Kondemnieren«[308] noch gebraucht werden.

Zum Schleppen des Grundnetzes muß der Meeresboden frei von Widerständen sein, die im Netz *fasthoken* könnten. Wegen ihrer Auswirkung auf das Netz bezeichnet man große Steine und andere Widerstände als *Hoker*. Besonders *Wracks* können beim Fischen eine Gefahr bedeuten. Schon so mancher Kutter ist *uptörnt* und hat sein Geschirr an einem Wrack zerrissen und verloren. Der finanzielle Verlust ist erheblich, und es wird zudem eine längere Zeitspanne in Anspruch genommen, bis das Fahrzeug wieder ungehindert fahren und fischen kann, bis es wieder *kloor* ist. Heute sind die bekannten Hakstellen in der Seekarte eingetragen, so daß ihnen beim Fischen ausgewichen werden kann. Wird ein noch unbekannter Haker festgestellt, so gibt der Fischer die jeweilige Position über Funk bekannt, damit auf den anderen Kuttern der Gefahrenort in die Karte übertragen werden kann. Auf diese Weise können Wracks oder Haker gleichzeitig als Orientierungspunkte im Meer bzw. auf der Seekarte herangezogen werden.[309]

Wenn die Kutter oder Ewer früher im Winter aufgelegt wurden, dann sollte dies — wenn möglich — bei Finkenwerder geschehen. Es kam jedoch auch vor, daß ein Schiffer an einem anderen Ort vom Eis überrascht wurde. Man sprach in diesem Zusammenhang vom *Infrieren* und sagte etwa: »*Hee is up de Oost infroren*«.

In strengen Wintern, in denen die Seitenarme der Elbe zufroren, mußten die Fischer ständig ihre Fahrzeuge *freeiesen*. Mit Äxten und Beilen wurde dann die direkte Umgebung des Schiffes vom Eis freigehalten, um ein Eindrücken der Planken durch das sich ausdehnende Eis zu verhindern.

Auch heute noch stellt das Fischen in strengen Wintern eine besondere Gefahr dar. Bei entsprechenden Temperaturen gefriert jeder Tropfen des Spritzwassers an Deck augenblicklich, so daß sich eine dicke Eisschicht auf den Decksplanken und den Aufbauten bildet. Unter solchen Bedingungen ist jeder Fischer bei den zu verrichtenden Arbeiten an Deck erheblichen Gefahren ausgesetzt. Eine weitere Gefahrenquelle liegt in dem Gewicht des Eises. Auch wenn man Anstrengungen unternimmt, das Eis mit Äxten abzuschlagen, so erweisen sich diese Versuche zumeist als wenig erfolgreich. Grundsätzlich sollte die Gefahr durch das zusätzliche Gewicht des Eises nicht unterschätzt werden.[310]

Ein Problem, mit dem sich die meisten Fischer zu Beginn ihrer Fahrenszeit konfrontiert sehen, ist die *Seekrankheit*. Viele werden für etwa drei Tage *seekrank*[311], danach hat sich der Körper normalerweise auf die Bewegungen des Schiffes eingestellt. Nach längeren Landaufenthalten kommt es allerdings durchaus vor, daß ein Fischer erneut von der Seekrankheit betroffen wird. Dies galt früher besonders für die im Winter übliche Aufliegezeit: »*Ick bün lange Tiet ümmer wedder seekrank worden.*« Es gibt allerdings auch Fischer, die nie die empfindliche Schwächung durch Übelkeit und Brechreiz gespürt haben: »*Mit de Seekrankheit hebb ick nie wat to doon hat.*«[312]

3.10. Tätigkeitsfelder außerhalb des Fischfangs

Zwar ist die Ausübung des Hochseefischerberufes größtenteils räumlich an die offene See gebunden, dennoch sind verschiedene Ausschnitte des Faches auch auf Tätigkeiten an Land angewiesen. So haben sich die Fischer in der Vergangenheit — und teilweise auch noch heute — nicht immer allein auf die Ausübung des Fischfangs beschränkt. Das bereits angeführte Beispiel des Schmuggelns zeigt, daß der eine oder andere sich die Möglichkeit eines — nicht immer legalen — Nebenverdienstes offenhielt bzw. offenhält.
Ein Teil der folgenden Ausführungen bezieht sich auf Teilbereiche des Faches, die in den Übergangszonen zu anderen handwerklichen Berufen anzusiedeln sind. Hier gilt — ähnlich wie in dem Abschnitt über den Motorenantrieb — daß nur solche Benennungen aufgeführt werden, deren Kenntnis bei der Mehrzahl der Fischer vorausgesetzt werden kann. In erster Linie handelt es sich um die Bereiche Neubau, Reparatur und Instandsetzung von Fischereifahrzeugen. Von diesen sind die Fischer unmittelbar betroffen, so daß sich daraus eine Notwendigkeit zur sprachlichen Erfassung ergibt.

3.10.1. Der Fischer an Land

Den räumlichen Mittelpunkt bildet für den Hochseefischer die See als Arbeitsstätte. Daraus leitet sich eine grundsätzliche Einteilung in *binnen* und *buten* her. Die jeweilige Bedeutung ist nicht allein auf räumliche Faktoren beschränkt, sondern beinhaltet gleichzeitig die innerhalb des Hochseefischerberufes auszuführenden Tätigkeiten. »*Hee is wedder buten*« besagt also, daß ein Schiffer mit seinem Fahrzeug wieder auf See ist und dort Fischfang betreibt.
Die zumeist recht kurzen Zeiträume zwischen zwei Fangreisen verbringt der Fischer *an Land*. Während zahlreiche Fischer häufig dänische Fischereihäfen ansteuern, sind andere möglichst alle zwei Wochen bei ihrer Familie. Wegen der langen Strecke, die man die Elbe hinaufsegeln mußte, bevorzugten es früher viele Fischer, in Geestemünde oder Cuxhaven zum Markt zu gehen, das Schiff dort im Hafen liegen zu lassen und dann mit der Bahn *obertoreisen*.
Mit Hilfe der modernen Kommunikationsmittel kann heutzutage auf See ein intensiver Austausch von Informationen und Neuigkeiten abgewickelt werden. Früher war dieses nicht möglich, und der Fischer, der an Land war, ging erst einmal *langs de Küst*. *Küst* ist hier in seiner Bedeutung eingeschränkt auf Finkenwerders Uferlinie, auf den Deich. Man ging also den Deich entlang, besuchte Bekannte, sprach hier und dort ein Wort. Zum Austausch von Neuigkeiten und längst Bekanntem begab man sich an die *Büürs*.[313] Gemeint waren damit die beiden Gastwirtschaften am Stack. Hier trafen sich die Fischer, um in oder vor den Wirtshäusern die anstehenden Themen zu besprechen.

Zwischen Frühjahr und Herbst hielt sich der Fischer immer nur für kurze Zeit an Land auf. Eine Ausnahme bildeten die zwei Wochen um »*Finkenwarder Markt*«, wenn Ende Juni die gesamte Flotte *bi Huus* war und die Fahrzeuge neu gestrichen wurden.
Der Bau- und Reparaturplatz für die Schiffe ist die *Warft*. Als der Schiffbau noch zum Aufgabenbereich des Zimmermanns gehörte, sprach man vom *Ploots*. Häufig war der Schiffer selbst an den Arbeiten zu seinem *Neeboo* beteiligt. So war stets die Möglichkeit gegeben, individuelle Änderungswünsche einzubringen. Die meisten Fischereifahrzeuge wurden auf einer der Finkenwerder Werften oder bei Sietas in Cranz *boot*. Ewer und Kutter wurden nach traditioneller Bauweise hergestellt, man kann von einem »gewachsenen« Schiffstyp sprechen. Erst Ende der zwanziger Jahre entstanden die ersten *Teeknungen* für Neubauten. Erwähnenswert erscheint in diesem Zusammenhang, daß die ersten Stahlkutter nach der Holzbauweise konstruiert wurden. Die traditionelle Bauform wurde damit zunächst auch bei geändertem Material beibehalten. Hieraus ergaben sich vielfältige Probleme, die anfänglich schwer lösbar erschienen und nur durch völlige Durchkonstruierung des Schiffes behoben werden konnten. So sind zum Beispiel die modernen Kutter **Nixe**, **Hansa** und **Flottbek** nach bodenständigem, aus der Holzbauweise entwickeltem Muster gebaut. Andere moderne Kutter der Flotte stammen dagegen nicht aus Finkenwerder; sie wurden als gebrauchte Schiffe in den Niederlanden erworben. Aus diesem Grund zeigen die Aufbauten und der

Abb. 94: Der Motorkutter **HF 30 Amor** liegt bei Eckmanns Werft auf Slip.

Schiffskörper der heute fahrenden Kutter ein recht breites Spektrum unterschiedlicher Formen. Zeichnungen, Berechnungen und Vermessungen unterschiedlicher Art sind allerdings heute für jedes Schiff verbindlich vorgeschrieben. Die entsprechenden Angaben finden sich im *Meßbrief*.
Den fertiggestellten Neubau läßt man *vun'n Stopel loopen*. Beim *Stopelloop* wurden früher die Toppen mit Kränzen geschmückt. Nach einem alten Aberglauben muß der Wind diese Kränze auf der Jungfernfahrt des Schiffes aus den Masten reißen.
Auch zur *Reparatur* muß das Schiff im Hafen bleiben oder zur Werft gebracht werden. Sollen Schäden unter der Wasseroberfläche bearbeitet werden, so wird das Schiff *upslippt*, es wird auf *Slipp* gezogen. Mit einer wagenähnlichen Vorrichtung kann das Schiff über eine schiefe Ebene an Land gezogen werden, so daß auch ein Arbeiten an den Planken und am Kiel möglich ist. Zur Reparatur eines kleinen Fahrzeuges setzte man früher das Schiff auf ein eigens für diesen Zweck konstruiertes Floß, das *Flott* genannt wurde, damit man an den unter der Wasserlinie gelegenen Schiffspartien arbeiten konnte.
In der Regel bleibt der Schiffer einmal im Jahr für längere Zeit mit seinem Fahrzeug an Land, um Instandhaltungsarbeiten durchzuführen. Für die ganze Besatzung ist diese Zeit zwar mit abwechslungsreicher, aber nicht weniger harter Arbeit verbunden. Das Holz des Schiffes muß *plegt* und *instand hoolt warrn*. Dabei werden von den unterhalb der Wasseroberfläche liegenden Planken die Kalkablagerungen (Balanus), die *Seepocken*, entfernt. Der Fischraum wird mit Hilfe eines *Windsacks* gelüftet und möglichst vollstandig getrocknet. Von Grund auf wird das Schiff auf Dichtigkeit und die einzelnen Teile und Geräte auf Funktionsfähigkeit geprüft. Das Schiff wird *oberholt* und schadhafte Teile dabei *uutbetert*. Insbesondere bei Fahrzeugen, die für längere Zeit im Hafen oder an Land gelegen haben, ist eine ganze Reihe von Maßnahmen erforderlich, um das Schiff *seekloor* zu machen.
Als eine der wichtigsten Arbeiten galt früher das *Teeren un Smeeren*. In jedem Jahr erhält das Schiff einen neuen Anstrich. Mit einem *Schropp*, einem Kratzer, geht man zuerst daran, *Rust to steken*. Auch mit dem Hammer wird der Rost abgeschlagen: »*Wü müssen noch Rust kloppen*«; auch *Rust hauen* ist gebräuchlich. Anschließend kann das *Molen* und *Pinseln* beginnen. Heute wird der Rost nur noch auf wenigen Kuttern nach der herkömmlichen Methode behandelt. Man geht vielmehr davon aus, daß durch das Klopfen und Schlagen das Metall zu stark in Mitleidenschaft gezogen wird. Daher läßt man den Rost zwei oder drei Jahre unbearbeitet stehen und *molt blooß ober*. Nach diesem Zeitraum wir die alte Farbe *afbrinnt* oder der Kutter wird sandgestrahlt. Der Fischer nennt diesen Vorgang *Strohlen, Afstrohlen* oder *Sandstrohlen*. Nach dieser gründlichen Entfernung des Rostes wird der Kutter von Grund auf neu *anmolt*. Durch die Anwendung dieses Verfahrens ist ein weiterer Fachausschnitt aus den Händen des Fischers in die eines Spezialisten übergegangen. Der Fischer spart Zeit, seine Abhängigkeit von den Vertretern anderer Berufsgruppen nimmt jedoch weiter zu.

Eine Tätigkeit, bei der das Schiff aufgeslipt werden muß, ist das Kalfatern, das *Kofoten*, der Holzschiffe. Diese Tätigkeit gehört in den Bereich des Zimmermanns, sie wird jedoch auch von den Fischern selbst ausgeführt. Als Handwerkszeug benötigt man den *Kofothomer*, sowie das *Spickeriesen* und das *Schörtiesen*. Die Eisen haben an der spitzen Seite eine oder zwei Ausnehmungen, mit denen Werg in die Plankennähte der Außenhaut und des Decks geschlagen wird. Für kleine Risse benutzt man das schmale *Spickeriesen*, für breite das *Schörtiesen*. Nach der Anzahl der Ausnehmungen, die *Gölen* genannt werden, unterscheidet man die Eisen auch in *inkelt Rabatt* und *duppelt Rabatt*. In einen stark klaffenden Riß klemmte man früher einen *Slööv*[314], das ist in diesem Falle ein aus frischer Weide oder Pappel geschnittenes Holzstück. Zum Schluß wird der abgedichtete Übergang zwischen den Planken mit *Pick*, das in der *Pickbaal* aufbewahrt wird, bestrichen. Auch das Holz war bei den alten Schiffen nicht ewig haltbar, so daß häufig ganze Planken erneuert werden mußten. Hatte sich allerdings erst einmal der *Rootorben*, ein Wurm, im Holz des Schiffes eingenistet, so gab es für den ganzen Rumpf keine Rettung mehr.
Lediglich bei den wenigen Holzkuttern muß die Kalfaterarbeit heute noch durchgeführt werden. Früher wurde zuerst nach zehn, dann nach acht und anschließend alle fünf Jahre kalfatert. Heute ist man von dieser Regel vollkommen abgegangen. Das Kalfatern wird nur noch sehr selten durchgeführt.
In der Zeit des Segelantriebs galt es außerdem, den Segeln eine gebührende Pflege zukommen zu lassen. Das Leinentuch der Segel war stets großen Beanspruchungen ausgesetzt, so daß die Konservierung des Stoffes für die Fischer eine wichtige Rolle spielte. Die Segel der Kutter und Ewer verdankten dem *Lohen* mit Eichenrinde ihre typische braune Farbe. Für diese Arbeit wurden die Segel auf einer außendeichs gelegenen Grasfläche ausgebreitet und mit Hilfe langer Dweile mit der *Looh* bestrichen. Für Segel aus Polyesterfasern ist das Lohen nicht erforderlich, somit ist dieser Tätigkeitsbereich gänzlich aus dem Berufsfeld der Fischer ausgeschieden und braucht sprachlich nicht abgedeckt zu werden.

Abb. 95: Kalfaterarbeiten auf einem Kutter in den zwanziger Jahren.

3.10.2. Nicht an die Fischerei gebundene Tätigkeiten zu Wasser

Besonders in Zeiten, in denen sich die Fischerei als nicht sehr einträgliches Geschäft erwies, übernahmen die Fischer mit ihren Fahrzeugen Aufgaben, die von der Fischerei unabhängig waren; etwa bei der Beförderung von Personen oder Waren. In der Mitte des 19. Jahrhunderts fuhren beispielsweise Fischewer mit Obst nach England. Sie brachten auf dem Rückweg Steinkohle nach Deutschland. Außerdem übernahmen Fischer das Übersetzen von Badegästen zu den Nordseebädern, und auch das Versetzen von Lotsen wurde von den Fischereifahrzeugen aus vorgenommen. Es kann darüber hinaus davon ausgegangen werden, daß im 19. Jahrhundert Lotsendienste von den Fischern auch selbst ausgeführt wurden. In Zeiten wirtschaftlicher Not stand jedoch die Umfunktionierung des Fischereifahrzeuges zu einem Frachtschiff im Vordergrund. Noch aus dem Jahr 1926 wird von der Fahrt eines Finkenwerder Segelkutters mit einer Ladung von fünfeinhalb Tonnen Dynamit nach Island berichtet.[315]
Den bedeutendsten Nebenverdienst für die Fischerei machte im vergangenen Jahrhundert jedoch das Bergen von Waren aus gestrandeten Schiffen aus.[316] War ein Frachtschiff in der Elbmündung oder auf der Elbe auf Grund gelaufen, so kam Bewegung in die Fischerflotte. Heinrich Kinau schreibt in seinem Lebenslauf dazu: ». . ., und wenn es schlecht Wetter war, wurde auf Beute gelauert. Die meisten lagen gewöhnlich hinter Neuwerk. Welche lagen auch auf die Weser achtern Hals. Wenn ein Schiff gestrandet war, dann schoß der Vogt von Neuwerk gewöhnlich des Morgens. Wenn es Tag wurde, paßten wir schon auf, ob was los wäre. Wenn irgendwo was los war, dann konnte das Wetter so leicht nicht zu schlecht sein, dann mußten wir los. Wir lagen gewöhnlich mit mehreren Ewern zusammen. Dann wurde ein Ewer klar gemacht, von jedem Ewer mußte der Knecht mit, mitunter auch zwei Mann, nahm Proviant und Zeug, Axt, Beil mit. Wer die größte Boot hatte, mußte auch mit. Und dann gings mit einem Ewer los, das war eine Kommne«.[317] Es handelte sich bei diesen Unternehmungen um ein ebenso einträgliches wie gefährliches Geschäft. Man wird den Fischern allerdings wohl nicht ganz gerecht, wenn man »› Finkenwerder-Fischer ‹ und › Seeräuber ‹ in eine Classe«[318] einordnet. Nicht wenige bezahlten die gefährlichen Bemühungen beim *Büütmoken* mit ihrem Leben. Es ist aber unbestritten, daß den Fischern durch die *Büüt* zuweilen beachtliche Einnahmen zuflossen. In der Regel wurden die geborgenen Waren an die zuständigen behördlichen Stellen abgeliefert, so daß den Fischern der gesetzlich festgelegte *Barglohn* von einem Drittel des Gutes zugesprochen wurde. Allerdings ging auch so manches Teil eines gestrandeten Fahrzeuges heimlich in den Besitz von Fischern über. Hierbei handelte es sich meistens um solche Produkte, die zur Deckung des eigenen Bedarfs dienten; daneben bestand jedoch auch ein verzweigtes Hehlernetz, in dem › heiße Ware ‹ vermarktet werden konnte. Durch die Motorisierung der Handelsschiffe und durch eine Verbesserung der Wasserstraßenkennzeichnung gehört das *Büütmoken* nunmehr seit fast 100 Jahren der Vergangenheit an.

1 Vgl. hierzu Abschnitt 0.4. dieser Arbeit.
2 Verweise auf Wörterbuchartikel werden lediglich durch den Namen des Verfassers bzw. des Herausgebers und das entsprechende Lemma gekennzeichnet; auf eine Angabe von Kurztiteln wird verzichtet (z.B.: Kluge, Buserun; Claviez, Buscherump).
3 Vgl. hierzu die Abschnitte 1.2. und 2.2.2. dieser Arbeit.
4 Es handelt sich bei diesem Wort nicht um eine Ableitung von *Schipp*, sondern um ein kontrahierte Zusammensetzung; vgl. mnd. schip-hêre.
5 »Gemäß der herrschenden Ordnung an Bord stand zunächst dem Kapitän das Strafrecht zu.« Wossidlo, Reise, S. 122.
6 Auch für Mecklenburg ist belegt, daß »Kapitän« früher nicht gebräuchlich war. Wossidlo nennt »de Schipper oder de Oll« für den Führer des Schiffes; Wossidlo, Reise, S. 72.
7 Vgl. mnd. knecht; engl. knight.
8 Wossidlo weist darauf hin, daß der in der Funktion eines Bootsmaates stehende Bestmann »bloß up ganz lütte Schäpen« üblich war; Wossidlo, Reise, S. 70.
9 Das Motiv der Parallelität zwischen einem unerfahrenen Seemann und dem biblischen Moses, der in einem Binsenkorb liegend den Fluten übergeben wurde (Die Bibel, 2. Buch Moses, 2.2. ff), wird bei Reich/Pagel genannt: Himmelsbesen, S. 61-62. Wossidlo verweist dagegen auf das in gleicher Funktion im Frz. benutzte »moussee«; vgl.: Wossidlo, Reise, S. 49. Die Bedeutung von »Moses« als Schiffsjunge findet sich bei Kluge nicht verzeichnet. Dagegen heißt es bei Scharnow: »Scherzhafte Bezeichnung für den Schiffsjungen«.
10 Vgl.: Finder, Elbinsel, S. 166.
11 Vgl. hierzu auch: Mitzka, Fischervolkskunde, S. 78.
12 Reich/Pagel führen die in der Seefahrt bekannte allgemeine Bedeutung »bester Freund«; vgl.: Reich/Pagel, Himmelsbesen, S. 357-359.
13 Vgl. auch: Wriede, Volkstum, S. 55-56.
14 Vgl.: Thomson, Pair trawling, bes. S. 39-46 und 47-60. Und: Abschnitt 3.6.5. dieser Arbeit.
15 Mitzka erwähnt »Kompanien«, vgl. Fischervolkskunde, S. 78. Bei Kluge ist dieses Stichwort nicht verzeichnet, während es sich bei Mensing unter »Kumpanie« findet. Die in Hamburger Urkunden verwendeten Formen Maskopey und Maatschop (aus nl. Maatschappy) sind hier nicht belegt. Vgl. auch Abschnitt 3.10.2. dieser Arbeit.
16 Wriede, Volkstum, S. 37.
17 Vgl. hierzu Kapitel 5. dieser Arbeit.
18 Hofmann schreibt in diesem Zusammenhang: ». . . denn für Kutterfisch besteht keine Garantie für einen Mindestpreis in der Auktion . . .«; Hofmann, Fischereihafen, S. 65.
19 Vgl.: hd. eifrig.
20 Vgl.: hd. akkurat
21 Kluge verzeichnet zahlreiche Belege zu »Gast«. Es sollte allerdings erwähnt werden, daß im Sprachgebrauch »Gast« häufig mit einer leicht negativen Konnotation belegt ist.
22 Bei Mensing »Driebenkirl« als › rücksichtsloser Draufgänger ‹.
23 Mensing verzeichnet unter »Dwassdrieber«: 1. ein Schiffer, der den Kurs nicht hält und anderen in die Quere kommt; 2. Querkopf; 3. Umhertreiber.
24 Bei Mensing nicht verzeichnet. Kluge führt als ältesten Beleg ein Zitat aus dem Jahre 1886 an.
25 Das bei Wossidlo erwähnte »Öljackett«, Reise, S. 112, ist hier nicht belegt.
26 Kluge verzeichnet »Buserun«: baumwollenes Schiffshemd oder Unterjacke. Er führt nl. boezeroen an und gibt zu dem fries.-nl. Wort bûs(e)rûntje folgende Herkunft an: »Vielleicht aus frz. burgeron › Arbeiterjacke ‹. Aus dem Deutschen wohl entlehnt schwed. bussarong (finn. pusero) › Bluse ‹«; vgl. frz. bourge › grober Leinen- oder Wollstoff ‹. Bei Claviez ist als Bedeutung ausgewiesen: Blauer, mit weißen Streifen durchwirkter Arbeitskittel der Seeleute. Wossidlo erwähnt »Busseruun«, Reise, S. 113.
27 Bei Mensing nicht aufgeführt. Kluge schreibt: »wasserdichte Kniestiefel aus starkem Rindleder«.
28 Bei Mensing verzeichnet unter »Krümper«; dort im Zusammenhang gesehen mit »krümpen« — › einschrumpfen lassen, zusammenziehen ‹; vgl. mnd. krimpen. Auch Wossidlo kennt »Krempstäwel, genannt Krempers«, Reise, S. 114.

29 Kinau, Heinrich, Handgeschriebener Lebenslauf, S. 44.

30 Bei Kluge als: Schifferhut mit breiter Krempe von geöltem Leinen zum Abhalten des Schlagregens und der Spritzwellen. Nach Claviez ist der Südwester dem wirksameren Schutz der mit der Öljacke fest verbundenen Kapuze gewichen. Für die Finkenwerder Fischer muß allerdings betont werden, daß auch in der Gegenwart der Südwester nur im Winter zur Arbeitskleidung zählt.

31 Auch Wossidlo berichtet in diesem Sinne: »Weichheit jeder Art war bei den Seeleuten mißachtet«, Reise, S. 112.

32 Mitzka, Fischervolkskunde, S. 118.

33 Nach Claviez: Elektromagnetische Wellen zwischen Mittel- und Kurzwelle, dient zur Nachrichtenübermittlung in Küstennähe: 1,6-4,2 MHz (187-71,5 m).

34 Mitzka weist auf die Bildung von Übernamen auf Ortsebene hin: Mitzka, Fischervolkskunde, S. 96-97.

35 Vgl.: Wriede, Volkstum, S. 59.

36 Bargheer, aus dem handgeschriebenen Nachlaß.

37 Vgl. zur Weiterentwicklung der Fanggeräte: Carrothers, Instrumentation.

38 Grundsätzliches zur Entwicklung der Fischereifahrzeuge findet sich bei: Bobzin, Fangtechnik, S. 362-366.

39 Vgl. hierzu die Abb. in: Kaiser, Segler, bes. S. 15, 107, 115.

40 Bei Kluge charakterisiert als Wort mit nd. binnenländischen Charakter. (Kleines Fahrzeug ohne Mast und Segel).

41 Nach Kluge als kleines, selbständiges Fahrzeug zu Fischfang oder Küstenfahrt zu verstehen. Lehnwort des 13. Jh. aus engl. boat.

42 Vgl.: Lübbert, Motor, S. 149-157.

43 Nach Kluge ist hier »Dollbord« gemeint. Danach bezeichnet »Dollbaum« eine an der inwandigen Seite unter dem Dollbord verlaufende Latte, in der die Dollen sitzen. Hier sind in der Sprache der Fischer offenbar zwei Begriffe des Bootsbaus unter einer Benennung zusammengefaßt worden. Auch Scharnow beschreibt »Dollbord« als oberen Bootsrand, in dem sich die Dollen für die Riemen befinden.

44 Nach Scharnow: Sitzbank in offenen Booten.

45 Vgl.: Schnakenbeck, Nordseefischerei, S. 64.

46 Nach Kluge: Flitje, kleines, leichtes, schnelles Boot. Es scheint interessant, daß seine einzige Quelle für diesen semantischen Gehalt aus Ostfriesland stammt; Doornkaat führt Flitje auf ostfr. flip zurück. Nach ihm ist die Flitje identisch mit nordischen Jollen. Es sei hier auch auf die Möglichkeit hingewiesen, daß eine Übernahme der Benennung des schlanken und besonders schnellen nl. Schiffstyps »Fleute« vorliegt; vgl. hierzu Claviez und Scharnow.

47 Vgl.: Timmermann, Pfahlewer, S. 23.

48 Vgl.: Scharnow unter »Rettung« bis »Rettungsweste«.

49 Vgl.: Claviez: Rettungsinsel; bei Scharnow dagegen unter: »Rettungsfloß«.

50 Vgl. hd. Jolle. Stenzel gibt als Erklärung: »2. kleines Fischerfahrzeug auf der Unterelbe etc. und in der Ostsee, auf Kiel gebaut, vorn und hinten scharf mit Vordeck und Bün, einmastig mit Sprietsegel und Stagfock; auch Buttjolle.« Eine der geschlossenen Finkenwerder Lautung angenäherte Form findet sich in ostfr. jülle; vgl. auch dän. jolle, engl. yawl, schwed. jelle, jülle, frz. jelle, jol.

51 Vgl.: Wriede, Volkstum, S. 33: »noch älteste lebende Schiffsform . . .«

52 Vgl.: Kluge: Barse.

53 Die lautliche Form führt zu der volksetymologischen Herleitung von Eber, › männliches Schwein ‹. Die erstmalig in einer flämischen Urkunde 1252 und später im Hamburger Verpfändungsbuch von 1299 auftretende Form envar zeigt dagegen eine Zusammensetzung aus en › ein ‹ und varen › fahren ‹. Es handelt sich demnach ursprünglich um ein Schiff, das entweder von einer Person bedient wurde oder das einen Mast hatte, vgl. mnd. ênvare, as. *ênvaro; vgl. auch: Brunner, Schiffsfahrzeuge, S. 301.

54 Vgl.: Timmermann, Pfahlewer, S. 14. Timmermann notiert in: Abriß, S. 30: »Das alter Luggersegel (fälschlich Rahsegel genannt) des Pfahlewers mit seinem kleinen Stagfock war zum Schleppen vollkommen ungeeignet.«

55 Vgl.: Szymanski, Ever, S. 133-141 u. Tafel XXXII.

56 Vgl. hierzu: Kaiser, Segler und: Kaiser, Segler, Ewer.

57 Vgl. etwa die Geschichte des Elbfischer-Ewers »Catarina« in: Kaiser, Fischer-Ewer.

58 Stenzel erwähnt nur die Form Kutter-Ewer.
59 Lehnwort aus dem Engl.; vgl. to cut in der Bedeutung › schneiden ‹.
60 »Composit-bau« findet sich als Stichwort bereits bei Stenzel.
61 Vgl.: Mensing: Drögewer.
62 Vgl. hierzu Abschnitt 1.1. dieser Arbeit.
63 Diese Mißachtung der Dampfschiffe ist oft beschrieben worden; vgl. Wossidlo, Reise, S. 59-60.
64 Es sei an dieser Stelle angemerkt, daß *Damper* und auch die hd. Form *Dampfer* in der Finkenwerder Umgangssprache in erster Linie für die Fährverbindung nach Hamburg benutzt wird. Man sagt *»de Damper fohrt alle halbe Stünn«, »hee wohnt an'n Dampfer«* (Fähranleger) oder *»hee wohnt in de Damperblocks«* (Wohnblocks in der Nähe des Fähranlegers).
65 Scharnow verweist unter »Fabrikschiff« auf das Stichwort »Fang- und Verarbeitungsschiff«, unter dem nähere Angaben folgen.
66 Das Seebuch nennt die mnd. Formen backbort und sturbort.
67 Vgl. Kluge: »Seite des Schiffes, auf die der Wind trifft«. Gegenüber einer Herleitung aus aengl. laf › das Zurückgelassene ‹ und afr. leva › nachlassen ‹ scheint die Deutung über die Bezeichnung eines in Luv gesetzten Hilfsruders sinnvoller; vgl. anord. lofi, got. lofa › flache Hand ‹, ahd. laffa. Das Seebuch (1400) nennt die Form loff. Vgl. auch nl. loef, engl. luff, frz. lof, louvoyer, schwed. luf, dän. luv; im modernen Engl. ist dagegen üblich: weather side, windward side. Vgl. auch Falk-Torp.
68 Vgl. Kluge: »die dem Wind nicht zugekehrte Seite des Schiffes«. Vgl. anord. hle, as. hleo, hlea, aengl. hleo › Schatten, Schutz ‹ aus germ. *hlewa; vgl. auch engl. lee, nl. lij.
69 Vgl. hierzu Goedel unter »luvart«.
70 Weitverbreitetes germ. Wort, das mit dem hd. quer verwandt ist.
71 Vgl. Kluge unter »Schwert«: › ein länglichrundes Bretter- oder Plattengefüge in Form einer Schuhsohle ‹ (kleine, flachbodige Fahrzeuge werden an jeder Seite mit einem Schwerte versehen, von denen das an der Leeseite angebrachte stets im Wasser hängt, um die Abdrift des Fahrzeugs so viel wie möglich zu verhindern).
72 Kluge verzeichnet »Schwertläufer«, nd. swerdlôper.
73 Nach Kluge: »› der sich längsschiff erstreckende Grundbalken, auf dem das Schiffsgehäuse ruht ‹ . . . Es ist der hd. Sprache von jeher fremd, scheint aber auch im Nd. erst im 16. Jh. vorzuliegen.« Generell zu unterscheiden ist der hier angesprochene Kiel von den Bedeutungen › Federkiel ‹ und › Schiff ‹ (mnd. kiel); diese Form ist zurückzuführen auf anord. kjolr › Kiel, Bergrücken ‹ aus germ. *kelu-; vgl. auch die Entlehnungen frz. quille, span. quilla, ital. chiglia.
74 Kluge verzeichnet unter »Kielschwein« auch die Nebenformen »Kielschwin«, »Kolschwein« und »Kolsem«: . . . › schwerer Balken über dem Kiel der Länge nach, um dem Schiff Halt zu geben und dem Masten als Grundlage zu dienen ‹. Die lautliche Gestalt deutet darauf hin, daß nicht die für »Kiel« angesetzte Ausgangsform anzunehmen ist; hier ist von einer Herkunft aus anord. kjoll auszugehen.
75 Nach Kluge »Kattspur«: › Spant, welches man zur Verstärkung des Schiffes von innen auf den Wegeringen anordnet. ‹ In diesem Falle sind die Kielwegerungen gemeint.
76 Bei Kluge »Knie«: . . . › krummgewachsenes Stück Bauholz oder eingebogenes Stück Eisen, welches hauptsächlich zur Befestigung von Balkenenden verwandt wird. ‹ Es folgt ein Hinweis auf nd. Knee.
77 Vgl. die Spantenmodelle in: Grotewold, S. 62 und 63.
78 Nach Kluge: Modernes Lehnwort aus dem gleichbedeutenden engl. fender; vgl. auch engl. defend.
79 Vgl.: Sonnenwende.
80 Vgl. Kluge: »Spiegel«: › Hinterschiff, Heck ‹. Er verweist auf die bei Röding verzeichnete eingeschränkte Bedeutung › plattes Hinterteil . . . ‹.
81 Vgl. Kluge: »Gat«: 2. › Hinterteil des Schiffes ‹.
82 Mensing verzeichnet unter »Ors« lediglich die allgemeine Bedeutung › der Hintere ‹.
83 Vgl. Kluge: »Schanzkleid«. Nach Claviez kann die Benennung »Schanzkleid« einerseits auf die Verkleidung der Reling, andererseits auch auf Verschanzung gegen Geschosse zurückgeführt werden.
84 Vgl.: Szymanski, Ever, S. 57-62. Es soll sich in dieser Studie allerdings ausschließlich auf die aus der Finkenwerder Fischerei belegten Ausdrücke bezogen werden. Dabei ist festzustellen, daß Wörter teilweise synonym verwendet werden, die in der offiziellen Fachterminologie (etwa in der Theoriesprache) unterschiedliche Begriffe bezeichnen.

85 Vgl.: Scharnow: »Schandeck«; auch Claviez nennt diese Form neben »Schandeckel«.
86 Claviez nennt nur die offene Form des Geländers längs der Kante eines Decks »Reeling«. Er setzt die Reling ab gegen die geschlossene Form, die als »Schanzkleid« bezeichnet wird.
87 Kluge verweist auch auf die übertragene Bedeutung › Auge ‹. Eine weitere sprachliche Differenzierung, vgl.: Scharnow, ist fachlich nicht erforderlich.
88 Vgl.: Kluge, der unter »Klampen« auch auf nl. Klamp hinweist.
89 Es sind unterschiedliche Schreibweisen verzeichnet: Kluge nennt »Koffeinagel« und »Koviennagel«, zusätzlich im Text »Koveinnagel« und »Koviliennagel«. Claviez erwähnt den »Koffeynagel (Coffeynagel)«, Scharnow den »Koffeinagel« mit einem Verweis auf »Belegnagel«.
90 Scharnow weist auf die Bedeutungserweiterung zu »wasserdichtes Verschließen von Luken« hin.
91 Vgl.: Kluge: »Presenning«.
92 Die bei Kluge verzeichnete Bedeutung › Bedachung der Luken und Schiffstreppen ‹ ist in der untersuchten Fachsprache auf einem Niedergang eingeschränkt, und zwar im Sinne von Scharnow: »Aufbau vieler Niedergänge an Deck zum Schutz gegen überkommende Brecher.«
93 Vgl. bei Mensing unter »Warwel«: 1. › drehbarer Holzklotz zum Verschließen einer Tür (in Ställen, Kammern) ‹, › Riegel ‹; und »warweln«: › riegeln ‹.
94 Bei Kluge noch nicht verzeichnet.
95 Vgl.: »Tuut« (1) bei Mensing im Sinne von › (Blas-)Horn ‹. Scharnow verzeichnet »Windhutze«. Vgl. mnd. tute und mnl. tute › Trichterförmiges ‹; im 17. Jh. wurde die Bedeutung auf › Blashorn ‹ eingeengt.
96 Vgl.: engl. skylight aus sky › Himmel ‹ und light › Licht ‹.
97 Kluge verzeichnet außerdem »Scheilicht«.
98 Bei Kluge findet sich eine Bedeutung, die auf › Behälter, in welchen die zum Gebrauch auf der Reise bestimmten Schweine oder Schafe gehalten werden ‹ und › Stall oder Behältnis fürs Vieh ‹ eingeschränkt ist. In gleicher Bedeutung auch bei Mensing.
99 Nach Kluge ein in allgemeiner Bedeutung verbreitetes nd. Dialektwort, dem hd. »Schuß«, › Eingeschossenes ‹ entspricht.
100 Kluge gibt als etymologische Deutungsmöglichkeit: »Vielleicht ursprünglich drî-egge › Dreizack ‹.« Daneben bietet sich eine Verbindung mit anord. draga › ziehen ‹, aengl. dragan, an; vgl. engl. drag, dredge; vgl. auch schwed. dragg, nl. dregghe.
101 Bei Mensing ist nur die allgemeine Bedeutung verzeichnet.
102 Rübcke, Elbfischerei, S. 148-149.
103 Bargheer, Heringsfischerei, S. 69.
104 Auf die »überragende Rolle, die das Essen für die körperlich hart arbeitenden Matrosen spielte«, weist für den Bereich der großen Fahrt Wossidlo hin, vgl. Reise, S. 68.
105 Mitzka, Fischervolkskunde, S. 84.
106 Vgl.: Kluge: »Backen und Banken«: › Tische und Bänke für Mahlzeiten herrichten ‹. Und Claviez: »Backschafter«.
107 Mensing führt die Bedeutung › großer Holzlöffel ‹ vor › ungehobelter Kerl ‹ auf.
108 Da auch Wossidlo diese Benennung aufführt, vgl. Reise, S. 104, ist davon auszugehen, daß es sich um ein in der allgemeinen Seemannssprache weitverbreitetes Wort handelt. Vgl. auch: Plattdeutsch, S. 107: »Der Füllöffel: › Politikus ‹«.
109 Vgl.: Mensing: »Kümp«: › Obertasse ‹; und »Kümt«: › Bottich ‹.
110 Vgl. auch: Mensing: »Küp«: › Kütel, großer Bottich ‹.
111 Vgl. die gleichbedeutenden Formen lat. bacca, frz. bac.
112 Eine Herleitung aus Formen von »vor«, »fahren« und »fassen« kann nicht gestützt werden. Nach Niekerken ist von der Grundform vat › Faß, Teller ‹ auszugehen, die über die Reihe Fatedook — Faatdook — Fadook ihre jetzige Form angenommen hat; vgl. Niekerken, Faatdook. Vgl. auch die Diskussion um die etymologische Herleitung in Qu. Jg. 37, 40 und 41.
113 Kluge verzeichnet »Fulfraß« und verweist auf nd. › vuulbak ‹. Bei Mensing ist der »Fuulammer« und die »Fuulbütt« vertreten.
114 Claviez weist zu Recht darauf hin, daß dieses Wort buchstabengetreu ausgesprochen wird.
115 Ebenso wie in Mecklenburg hat das »j« auch auf Finkenwerder vokalischen Charakter, vgl. Wossidlo: »Koje, Koie (gesprochen Ko-i)«, Reise, S. 218.
116 Szymanski, Ever, S. 243-244.
117 Während Kluge noch »Messe« und »Offiziersmesse« synonym für › gemeinsamer Speise- und Wohnraum der Offiziere ‹ verzeichnet, ist bei Claviez eine erweiterte Bedeutung verzeichnet:

»Gemeinschaftsraum an Bord, im engeren Sinne der Eßraum (aus engl. mess › Gericht, Gang, Speise ‹; lat. missam › das aus der Küche Geschickte ‹).« In diesem erweiterten Sinne wird das Wort heute in der Finkenwerder Hochseefischerei verwendet.

118 Entlehnung aus engl. bulleye.

119 Nach Claviez »die untersten engen Räume an den Schiffsenden . . . Sie dienen zumeist als Frisch- und Ballastwassertanks.« Die Herkunft aus engl. peak wird deutlich.

120 Lehnwort aus engl. store.

121 Kluge führt dieses Wort auf ahd. plihta › prora ‹ und angls. plihtére › proreta ‹ zurück. Als Bedeutung nennt er: › Plankenbedeckung im Vor- oder Achterschiff, bzw. der darunterliegende Raum auf Fluß- und Küstenfahrzeugen. ‹

122 Vgl.: Mensing unter »Hütt«[3]: »Bei *Hütt* denkt man an › den oberen Teil über dem halben Verdeck eines Schiffes ‹.«

123 Bei Mensing und Kluge ist noch die auf › Schlinge ‹, › Ring ‹ festgelegte Bedeutung zu finden. In der untersuchten Fachsprache wird *Stropp* allgemeiner gefaßt: als Tauende.

124 Vgl.: hd. Zeising, nl. seising › Befestigung ‹.

125 Nach Mensing ist dieses Wort im Mnd. nicht belegt und »durch Vermittlung der Seemannssprache aus engl. › turn ‹ wohl im 18ten Jhdt. aufgenommen«.

126 Während Kluge nur »Stich« verzeichnet, ist bei Claviez das Hauptgewicht auf »Knoten« gelegt. Ebenso findet sich bei Scharnow unter »Stek« nur ein kurzer Hinweis auf »Knoten«; dort werden in anschaulicher Art zahlreiche Knoten abgebildet und beschrieben.

127 Vgl.: Kluge: »Schlippstich«.

128 Bei Kluge hd. als »Kleidkeule«. Bei Claviez bleibt dagegen der erste Teil des Kompositums nd.: »Kleedkeule«.

129 Nach Claviez (»labsalben«) entstanden aus »Lappen« und »salben«.

130 Zu den fischereilichen Takelarbeiten vgl.: Bobzin, Fangtechnik, ab S. 191.

131 Zur ursprünglichen Bedeutung › auseinanderreißen ‹ vgl. mnd. spliten, mhd. splitzen, mnl. spliesen, nl. splissen, engl. splice, dän. splidse, schwed. splissa.

132 Vgl.: mnd. spiker › eiserner Nagel oder Bolzen ‹; das Verb »marlen« ist nach Mensing bis ins frühe 19. Jh. noch nicht belegt. Über nl. marlen und engl. marl gelangte die Benennung in den nd. und hd. Fachwortschatz; vgl. auch engl. marlin-spike.

133 Claviez bestätigt die Bedeutungsübereinstimmung mit »Marlspieker«. Er verweist darauf, daß es sich um ein Lehnwort aus engl. fid handelt.

134 Vgl.: Kluge: »Leuwagen«. Mensing weist unter »Leuwagen« darauf hin, daß dieses Wort im Mnd. nicht belegt ist und daß es durch Vermittlung des Holländischen (luiwagen) aus der Seemannssprache entlehnt zu sein scheint. Lasch bezeichnet die Benennung als »etymologisch undurchsichtig«, die »wohl aus der Seemannssprache hier eingedrungen« sei; vgl.: Lasch, Beiträge, S. 9, Anm. 5. Saltveit schlägt für die Herleitung unterschiedliche Stämme für die Bedeutungen › Bügel zur Führung der Schot ‹ und »Waschgerät« vor: »Waschgerät«: loi/lui › faul, träge ‹ und *dwage (mnd. dwagen › waschen ‹); »Bügel zur Führung der Schot«: loi/lui › faul, träge ‹ und wange › gebogenes Seitenstück ‹; vgl.: Saltveit, *Leuwagen*. Vgl. auch die Anm. zu »Leiwogen« unter den Anm. 154 und 165 in diesem Kapitel.

135 Vgl. besonders Text und Abb. bei Scharnow; vgl. auch: germ. þwaȝila, got. þ wahl, ahd. dwahila, as. thwahila, mnd. dwele, ostfr. Dweil, nl. dweil (älter dwegel).

136 Vgl.: Kluge: »Pütze«: › Eimer für Wasser oder Teer ‹, . . . › hölzerne Bütte an einem Seile, mit welchem die Schiffsjungen Wasser schöpfen ‹. Kluge verweist auf die gleichbedeutende nl. Form puts und auf frz. poche: › lederne Tasche ‹.
Bei Scharnow findet sich unter »Pütz« ein Foto.

137 Kluge zählt unter »Ösfaß« eine ganze Reihe von Belegen aus dem gesamten südlichen Nordseebereich auf, so auch nl. hoosvat.

138 Vgl.: Mensing: »Kleines Handnetz mit einfassendem Bügel und kurzem ($^{1}/_{2}$ bis $^{3}/_{4}$ m langem) Stiel zum Herausholen der Fische aus einem Behältnis.« Vgl. auch mnd. kesser, dän. ketser; eine Herleitung des Verbs erfolgt von lat. *captiare über afrz. chacier und mnl. klatsen bis hin zu engl. catch › greifen, fangen ‹.

139 Lindemann erwähnt eine entsprechende hd. Form: »Laageisen (Netz, womit die Fische aus der Bunge genommen werden)«. Vgl.: Lindemann, Seefischerei, S. 17.

140 Nach Kluge (1911!): »Ganz modernes Lehnwort aus dem gleichbedeut. engl. › bilge ‹.« Scharnow gibt neben »Bilge« auch die Benennung »Kielraum« an.

141 Kluge führt insgesamt sechs unterschiedliche Bedeutungen an. Hier ist gemeint: › 3. ein auf dem vordersten Teil des Oberdecks errichteter Aufbau, der sich von Seite zu Seite des Schiffes erstreckt. ‹

142 Vgl.: anord. hjalm, aengl. helma, mnd. helm › Handgriff, Ruderpinne ‹, nl. helm, engl. helm; nach Kluge: Ruderpinne, Handhabe des Steuerruders.

143 Vgl.: Scharnow: Nachthaus: »Mit kleinen Fenstern versehene Haube freistehender Kompasse.«

144 Kluge verzeichnet »Brückenhaus«. Für Schiffsbrücken sind in den gültigen SBG-Vorschriften bestimmte Schachthöhen festgelegt.

145 Vgl.: Lübbert, Motor, S. 79-80.

146 Vgl.: Scharnow: Selbststeurer.

147 Wriede, Volkstum, S. 48.

148 Vgl.: Kluge: »Kartenhaus«. Bei Scharnow ist dagegen das Stichwort »Kartenraum« verzeichnet.

149 Vgl.: Kluge, Claviez und Scharnow unter »Takelage«.

150 Nach Kluge: nd.-nl. Dialektwort, aus Quellen vor dem 19. Jh. nur selten belegbar.

151 Vgl. auch *Mick*, Anm. 260 in diesem Kapitel. Die hier vorliegende Bedeutung ist nach Foerste »vor allem östlich der Elbe, aber auch in Westfalen, Ostfriesland, Oldenburg und im östlichen Ostfalen noch geläufig«; sie ist »aus der niederländischen Seemannssprache entlehnt.« Foerste, Micke, S. 204.

152 Vgl.: Wriede, Volkstum, S. 34.

153 Vgl.: Kluge: »Bugspriet«. Verwiesen sei auf gleichbedeutende Benennungen in anderen germ. Sprachen: nl. boegspriet, engl. bowsprit, schwed. bogsprött, dän. bugspryt. Nach Claviez handelt es sich um einen festeingebauten Mast. Davon kann in bezug auf die hier besprochenen Schiffe keine Rede sein. Trotzdem werden in der untersuchten Fachsprache *Boogspreet* und *Klüberboom* synonym verwendet.

154 Offenbar wird eine Analogie gebildet zu der bereits erwähnten Bedeutung › Waschgerät ‹; zur Frage der Etymologie siehe Anm. 134 in diesem Kapitel.

155 Die Verbindung zu › Deichsel am Wagen ‹ wird deutlich, vgl. Mensing unter »Diessel 2.«.

156 Wossidlo erwähnt »Kniggstag«, Reise, S. 103. Scharnow weist beide Formen aus: »Genickstag« und »Knickstag«.

157 Claviez verweist auch auf die Schreibweise »Juffer« und die Bezeichnung »Doodshoft« (Totenhaupt). Nach Kluge ist »Doodshofd« allerdings beschränkt auf ein › einem Jungfernblock ähnliches Stück Holz, welches jedoch nur mit einem Loch . . . versehen ist. ‹ Vgl. auch engl. deadeye.

158 Vgl.: Claviez und Scharnow unter »Spannschraube«.

159 Kluge verzeichnet in ähnlicher Bedeutung »Drehreep«.

160 Auch die Form *Dilk* ist belegt. Vgl. zum Liquidenaustausch: 2.3.

161 Diese im Zusammenhang mit dem Einsatz einer Winde benutzte Benennung wurde im Laufe des 19. Jh. aus engl. heave › anheben ‹ übernommen

162 Vgl.: Scharnow: »Hebeseil auf Seitenfänger (Trawler) zum Hieven des Steertbeutels mit Fang über das Schanzkleid.« Die Benennung ist offenbar auf dem Weg über die Große Hochseefischerei in die Fachmundart der Kutterfischer eingedrungen.

163. Vgl. Kluge: »Kloten«. Er verweist auf Röding (1794), bei dem »Klotje« verzeichnet ist. Vgl. auch Scharnow: »Klotje«, »Klote«.

164 Kluge verzeichnet unter »einfallen« zwei andere Bedeutungen, die hier genannte ist nicht erwähnt. Sie finden sich dagegen etwa bei Scharnow.

165 Nach Saltveit kann eine Herleitung über den Stamm leit- ausgeschlossen werden; vielmehr sei von folgender Etymologie auszugehen: loi/lui › faul ‹ und wange › gebogenes Seitenstück ‹. Die oftmals vermutete Analogie zu *Leiwogen* mit der Bedeutung › Waschgerät ‹ (vgl. Anm. 134 in diesem Kapitel) liegt demnach nicht vor.

166 Mit der bei Kluge beschriebenen Fahne stimmt der hier erwähnte Stander weder in der Form (»in Gestalt eines gleichseitigen Dreiecks«) noch in der Funktion (»teils zur Rangbezeichnung . . ., teils zu Signalzwecken«) überein. Scharnow erwähnt dagegen lediglich die »dreieckige Form«.

167 Vgl.: Kluge: »Flügel«; vgl. auch mnd. vlughel, vlughel, vlughe, nl. vleugel.

168 Vgl.: Claviez: »Typhon«. Offenbar hat die schriftliche Vorlage (engl. typhoon) zu der registrierten Aussprache geführt. Eine Herleitung scheint über arab. tufan und gr. tuphon › Wirbelwind ‹ oder über chin. tai fung › starker Wind ‹ möglich.

169 Zu erwähnen ist in diesem Zusammenhang die Inschrift an dem Haus Focksweg 45: »*Hier ward nicht bidreiht, ward nicht refft, bit wi dat Ziel to foten hebbt*«.

170 Das für Mecklenburg belegte »gnagen« für › hartes Segeln ‹ kann hier nicht nachgewiesen werden; vgl.: Wossidlo, Reise, S. 86.
171 Vgl.: Bargheer, Seefischerkasse, S. 157.
172 Vgl.: Wriede, Volkstum, S. 54.
173 Wossidlo erwähnt in diesem Zusammenhang »upleggen«, vgl. Reise, S. 76.
174 Diese Bedeutung ist bei Kluge noch unter »Kleid« verzeichnet, bei Claviez dagegen unter »Bahn«.
175 Vgl.: schwed. fock, dän. fok, nl. fok, mnl. vocken › wehen ‹; eine ähnliche Bedeutung findet sich auch in der anord. Wurzel fjuka › vom Winde getragen werden ‹.
176 Vgl. die bei Mensing gegebene Erklärung: 4. Ecke, Spitze, Vorsprung.
177 Vgl.: schwed. klyfvare, nl. kluiver; in der Bedeutung › Luftspalter ‹ wohl in Anlehnung an nl. klieven › spalten ‹ zu sehen.
178 Offenbar eine Form arab. Ursprungs, die über den Mittelmeerhandel (vgl. lat. mediana, ital. mezzana, span. mesana, frz. misaine) auch in die Seemannssprache des Nordseeraumes vorgedrungen ist (vgl. engl. mizen, nl. bezaan); ursprünglich in der Bedeutung › Rutensegel am Mittelmast ‹.
179 In Fortsetzung der Lautentwicklung von mnd. -v- zu nd. -b- hat sich hier durch Anlehnung an das Hd. der labiodentale Frikativlaut -f-/-v- wieder gegen den bilabialen Plosivlaut -b- durchgesetzt.
180 Unter einer Kausch versteht man in diesem Fall einen im Segel eingearbeiteten kreisförmigen Ring aus Metall, durch den eine Leine geführt werden kann; vgl. Kluge und Claviez. Scharnow nennt dagegen eine andere Bedeutung: »Metallschutz in den Augen von Tauwerk«. Der gemeinte Begriff findet sich bei ihm unter dem Stichwort »Gatje«.
181 Da das Grundwort *Nodel* jedoch zumeist als Kurzform für Netznadel fungiert, ist für die seltener benutzte Segelnadel häufig eine sprachliche Differenzierung erforderlich, um mögliche Verwechslungen zu vermeiden.
182 Vgl.: Wriede, Motoren, S. 198.
183 Vgl.: Wriede, Elbfischerei; und Sicks, Einführung; und: Sterner, Motor.
184 Sicks, Einführung, Seite 221.
185 In diesem Zusammenhang sei auf die besondere Funktion deiktischer Mittel hingewiesen.
186 Hierfür würde sich die Untersuchung der Sprache in einem traditionellen Maschinenbaubetrieb als gesondertes Thema anbieten.
187 Hier sollen nur solche Benennungen aufgeführt werden, die dem Verfasser von Fischern genannt wurden. In den meisten Fällen handelt es sich bei den hd. Wörtern um aus dem Hd. entlehnte Bezeichnungen, die das Ausgangswort leicht erkennen lassen. Ist dieses nicht der Fall oder sind die hd. Entsprechungen nicht auf den ersten Blick ersichtlich, so wird in Klammern das hd. Fachwort aufgeführt.
188 Vgl.: Mensing: Loh^2: › Diele im Bauernhaus ‹, › Dreschtenne ‹, › Scheunendiele aus Lehm ‹.
189 *AK* ist die aus der Dampfschiffahrt bekannte Kurzform für »alle Kraft«.
190 Auf gleicher Ebene liegt die oben angesprochene Benennung der Jungfern als *Taljereeps*. Obwohl die Benennung sachlich nicht korrekt ist, wird ihr Gebrauch in einer bestimmten Gruppe durch Konvention legitimiert.
191 Es muß hier jedoch angemerkt werden, daß es sehr wohl einige Fischer gibt, die die Funktion der einzelnen Maschinenteile verstehen und auch in der Lage sind, kleinere Schäden selbständig mit den auf See sehr eingeschränkten Möglichkeiten zu beheben. Auf die Auswirkung dieser Fähigkeit auf die Rangfolge bezüglich des Ansehens innerhalb der Gruppe der Fischer wurde bereits im 2. Kapitel hingewiesen.
192 Vgl. hierzu auch: Rohdenburg, Hochseefischerei, S. 140-155.
193 Vgl.: Kluge »Blinke, Blinkfeuer«.
194 Eine genaue Differenzierung führt Claviez durch. Er unterscheidet Wortbildungsmotive nach Form, Zweck und Art des ausgesandten Signals.
195 Auf Probleme, die bei der Umstellung von der ungenügenden Deutschen Kette auf die verbesserte Nordfriesische Kette entstanden, geht Voss näher ein; vgl.: Voss, Friesenkette.
196 Vgl. auch S. 108.
197 Ähnliches ist bereits für den Bereich der Wetterbeobachtung und -analyse festgestellt worden.
198 Es handelt sich dabei nicht um Korallen im biologischen Sinne, sondern um aus Kalk und Sand gebaute Röhren von Borstenwürmern.

199 Vgl.: mnd. wal, mnl. wal › Festland ‹.
200 Grundsätzliches zu Wasserstellennamen ist verzeichnet bei Mitzka, Fischervolkskunde, S. 94-95.
201 Von den bei Mensing verzeichneten Bedeutungen seien hier › Knorren im Holz ‹ und › Höcker ‹ erwähnt.
202 Die Bezeichnung »Monki« für den kleinen Rochen ist aufgrund äußerlicher Ähnlichkeiten aus engl. monkey › Affe ‹ herleitbar.
203 Vgl.: hd. Skagerrak.
204 Vgl.: engl. Clay Deep.
205 Vgl.: engl. Silver Pit.
206 Es handelt sich dabei um eine in west-östlicher Richtung verlaufende Rinne südlich des Clay Deep. Die in diesem Namen enthaltene sexuelle Komponente wird offenkundig, wenn man berücksichtigt, daß sich im Volksglauben die Meinung hält, nach der das Geschlechtsteil chinesischer Frauen quer verläuft. Erst wenn man diese gedankliche Grundkonstellation in Betracht zieht, wird deutlich, wie diese Querrinne zu ihrem Namen gekommen ist.
207 Vgl.: engl. Klondyke.
208 Vgl.: hd. Keilriemen.
209 Rudolf Kinau schreibt zu dem Begriff »Mattgoot«: »Dat hebbt wi freuer bi jeden Fang gliek ünner duppelte Strohmatten up't Is packt. Denn bleef dat blank un fast, un wür bit no Hus hin jümmer noch so as: Eben ierst fungen.« Kinau, Mattgoot, S. 6. Daneben scheint allerdings auch eine Herleitung über das mnd. Adjektiv mat › entkräftet, kraftlos, schwach ‹ sinnvoll, zumal diese Fische in der Bünn nicht über längere Zeit am Leben gehalten werden konnten.
210 Die ältere Bezeichnung »Breitling« ist nicht mehr gebräuchlich; sie konnte in der untersuchten Fachmundart nicht belegt werden. Die Bedeutungserweiterung der Benennung »Sprott« vom geräucherten Breitling bis zu dem noch unverarbeiteten Fisch kommt hier bereits voll zum Tragen.
211 Vgl.: Scharnow unter »Futterfisch« (mit einem Hinweis auf »Gammel«).
212 Aus dem Westslaw. entlehnte Benennung für den Rotkarpfen; vgl.: kaschub. plocica, poln. płocica.
213 Aus lit. karosas über ostpreußische Fischer auch im dt. Sprachraum verbreitet.
214 In der Theoriesprache ist die Form »Blei« für den Brachsen, Abramis brama, bekannt; vgl. auch: nl. blei, mnl. bleie, mnd. bleie, angls. blæge, engl. blay.
215 Mitzka beschreibt einen Fischerglauben zum Schellfisch: »Der Schellfisch hat dunkle Flecken auf dem Rücken. Der Nordseefischer nennt dies › Petrigriff ‹. Dieser Fischerpatron habe bei seinem großen Fischzug ihn dort angefaßt.« Mitzka, Fischervolkskunde, S. 106.
216 Vgl.: schwed. Skrubba, dän. Skrubbe, norw. Skrubb.
217 Vgl.: Mensing, »Juud«.
218 Vgl.: hd. Granat.
219 Tatsächlich wundert sich der Laie über die Vielfalt der Gegenstände, die den Fischern mitten in der Nordsee ins Netz geraten. Von halben Schiffsaufbauten über Gummistiefel bis hin zu den unterschiedlichsten Formen des Zivilisationsmülls, in erster Linie handelt es sich hier um Kunststoffprodukte, ist alles vertreten.
220 Dieser Name deutet auf die Laufrichtung des Tieres hin: Für den Betrachter hat es den Anschein, als bewege sich der Einsiedlerkrebs seitwärts, in Querrichtung, fort.
221 Krautfelder wie z.B. die Große Fischerbank sind riesige Moostierkolonien (Familie der Flustra-Arten).
222 Die Form »Seeflarrer« ist hier nicht belegt; vgl.: Wossidlo, Reise, S. 60.
223 Die Form »Lümp« konnte nicht nachgewiesen werden. Die für das 19. Jh. belegte Bedeutung › Fischrogen ‹ hat hier bereits vollständig eine Erweiterung auf die Gesamtheit der Innereien erfahren; vgl.: mnd. küt, mnl. cuut, nl. kuit, fries. kut. Foerste geht davon aus, daß sich die beiden Bedeutungen › Fischlaich ‹ und › Wade ‹ aus einem semantischen Element herleiten, das nicht wie vielfach angenommen › weiche Masse ‹, sondern › gewölbte Masse ‹ ist. Er legt die idg. Wurzel *geu- (biegen, krümmen, wölben) zugrunde. Vgl.: Foerste, Bezeichnungen, bes. S. 99-100.
224 Auch die Form *Rögen* ist gebräuchlich.
225 Vgl.: v. Brandt, Entwicklung, bes. S. 22; und: v. Brandt, Fangtechnik; und: Bobzin, Fangtechnik, S. 13-22; zur Entwicklung der Grundschleppnetze: S. 430-436.
226 Vgl. hierzu auch das Kapitel »Interdependenzen der Entwicklung der Fangschiffe und -geräte und der Fanggründe« in: Rohdenburg, Hochseefischerei, S. 140-155.

227 Vgl.:Sterner, Küstenfischerei.
228 Vgl.: Richey: »Bunge«; Mensing gibt eine präzise Beschreibung: »3. › zylindrisches Fischnetz ‹. Das Gerüst besteht aus zwei oder vier Holz- oder Eisenreifen (*Bögel*), die durch drei Längsstäbe zusammengehalten werden; darüber ist ein Netz aus Hanf- oder Metalldraht gespannt; von den beiden Öffnungen aus ragen zwei Trichternetze ins Innere.«
229 Vgl.: hd. Stecklade.
230 Vgl.: lat. sagena,frz. seine, engl. seine.
231 Vgl.: »Schleswig-Holsteinische Provinzialberichte« von 1787. Zit. n.: Lübbert/Wiese, Fischerei, S. 26.
232 Lindemann schreibt zur Erklärung dieses Netztyps in bezug auf den Lachsfang: ». . . sie bestehen erstens aus Eingarnmaschen, an jeder Seite befinden sich die Leedemaschen (Läddering) und oben wie unten eine Leine, in welcher die Maschen eingestellt sind. Die Maschenweite des Eingarns ist 8 cm, der Läddering 33 cm.« Lindemann, Seefischerei, S. 20.
233 Vgl. nordfries. korre, afries. koer, nl. korre › korbartiges Geflecht ‹, westfries. koer › Korb ‹.
234 Exakte Angaben zu Abmessungen und Gewichten finden sich etwa bei Lindemann, Seefischerei, S. 17-18.
235 Vgl. zur Hamenfischerei: Lübbert, Motor, S. 159-164: Beschreibung der Fischerei mit dem Heringshamen.
236 Vgl.: Bargheer, Heringsfischerei.
237 Vgl.: Marcus, Heringsfischerei.
238 Duge, Wiederauftreten, S. 69. (Hervorhebungen: R.G.).
239 Vgl. Lübbert, Motor, S. 149-157: Beschreibung der Fischerei mit der Schollenwade.
240 Dgl. S. 149.
241 Vgl.: Grotewold, Hochseefischerei, S. 50; und: Schnakenbeck, Nordseefischerei, S. 36 (»Austernkratzer«), bes. auch Abb. 23, 24 u. 27.
242 Vgl.: Kyle, Fishing Nets.
243 Vgl.: Spillmann, Grundschleppnetze.
244 Vgl.: Lübbert, Motor, bes. S. 79-109 und 139-148: außerdem: Lübbert, Fischereibetriebe, bes. S. 351.
245 Zum modernen Fanggeschirrzubehör vgl.: Bobzin, Fangtechnik, bes. ab S. 76.
246 Diese Benennung ist aufgrund der Form und Funktion aus der allgemeinen Seemannssprache übernommen worden; vgl.: Kluge: »Davit«. Als eine mögliche Herkunft wird dove Jitte angegeben: vgl.: dän. david, frz. davier(-t): hier scheint die Bedeutungskomponente › Kraft ‹ deutlich erkennbar.
247 Kluge verzeichnet vier andere Bedeutungen, die jedoch alle, ebenso wie der hier erwähnte »Galgen«, auf eine vergleichbare Form hinweisen.
248 Die Bezeichnungen *Hohnpoot* (hd. Hahnepoot) und *Peerd* sind in ihrer Bedeutung nicht auf die in einem Punkt sich vereinigenden Taue, die vom Scherbrett herangeführt werden, beschränkt. Es werden vielmehr die Form — hahnenfußartig auseinanderführend — und die Funktion — ziehend — beschrieben. Die Form *Peerd* ist aus nd. petten herzuleiten; sie stand für ein gespanntes Tau, auf das man für bestimmte Arbeiten in der Takelage von Segelschiffen trat.
249 Festzustellen ist hier eine gegenseitige Beeinflussung hd. und nd. Wortbestandteile im Kompositum. Das aus dem Hd. entlehnte *»-nett«* wird durch das hd. *»ober-«* näher bestimmt, während das nd. *»-kurr«* nach einer Bestimmung durch nd. *»boben-«* verlangt.
250 Lehnwort aus engl. wing › Flügel ‹.
251 Entlehnung aus engl. head › Kopf ‹.
252 Vgl. as. sîmo, aengl. sîme, nl. sim › Band, Schnur ‹.
253 Vgl. engl. belly › Bauch ‹.
254 Vgl.: Schnakenbeck, Nordseefischerei, S. 37, Abb. 32: Drillen und Haspeln des Garns zu Fischnetzen durch Finkenwärder Fischerfrauen, um 1840. Zeichnung von C. Schildt.
255 Vgl. zur Netzherstellung: Bobzin, Fangtechnik, ab. S. 51.
256 Zum Ausbessern von Netzen vgl.: Bobzin, Fangtechnik, ab. S. 627.
257 Vgl.: Timmermann, Pfahlewer, S. 71-83: »Spill und Winsch in der Kleinen Hochseefischerei«; und: Szymanski, Ever, S. 83-89: »Ankerspill«; und: Lübbert, Motor, S. 165-171: »Winden-Einrichtungen für Segel- und Motorfahrzeuge«.
258 Vgl.: Timmermann, Pfahlewer, S. 73, Abb. 18: Bratspill auf einem Fischewer.
259 Vgl.: dgl., S. 73, Abb. 19: Pumpspill auf einem Fischkutter.

260 Vgl. die etymologische Herleitung in: Foerste, Micke. Nach Foerste ist *Mick* aus der nl. Seemannssprache entlehnt, vgl. S. 204. Mensing verzeichnet *Mick* in der Bedeutung › Pumpenschwengel ‹ unter dem Lemma »Pump«.

261 Vgl.: Timmermann, Pfahlewer, S. 75, Abb. 20: Plattspill auf einem Fischkutter.

262 Eine etymologische Herleitung über frz. pal und nd. Pal › Pfahl ‹ ist unsicher; eine Erklärung über nl. pal und nd. pall › fest, steif ‹ scheint näherliegender.

263 Vgl.: Timmermann, Pfahlewer, S. 79, Abb. 22: Segelwinsch hinter dem Großmast.

264 Auf einen möglichen Zusammenhang mit der Bezeichnung *Viertsmoot* sei an dieser Stelle hingewiesen.

265 Vgl.: Timmermann, Pfahlewer, S. 81, Abb. 24: Zweitrommelige Winde für das Schernetz.

266 Die Festlegung der Bedeutung auf › nicht motorgetriebene Winde oder Spill ‹ ist sachlich nicht korrekt. Nach Claviez handelt es sich vielmehr um das sich um eine vertikale Achse drehende Spill, in das zum Antrieb Handspaken speichenartig in den Spillkopf gesteckt wurden, die als Hebelarme dienten und von der im Kreis herumlaufenden Mannschaft bewegt wurden.

267 Daneben ist auch die Form *tott* belegt; vgl.: mnd. totên › auseinanderziehen ‹. Zu *teit* vgl.: mnd. tên › ziehen ‹, engl. tight › fest, stramm ‹.

268 Vgl.: Carrothers, Instrumentation. Welche Grenzen bei der Wahl der Mittel bestehen — hier sei auch das Stichwort »Berufsethik« genannt —, kann an dieser Stelle nicht erschöpfend erörtert werden. Vgl. in diesem Zusammenhang etwa: Kreutzer, Elektrofischerei.

269 Vgl.: Thomson, Pair trawlin, bes. S. 39-60; vgl. auch: Peesch, Benennungen, bes. S. 28-29. Peesch liefert Belege aus dem Ostseeraum, die in der Mehrzahl auf ein Fischen mit zwei Fahrzeugen hinweisen.

270 Mensing verzeichnet für diese Bedeutung »Hüttfatt«.

271 Vgl.: Mitzka, Fischervolkskunde, S. 84. Dort werden getrocknete Schollen und Schaben bereits als »Lieblingsgericht« bezeichnet. Der Wandel vom Vorratslebensmittel zur Spezialität ist also bereits vollzogen.

272 Vgl.: Cölln, Finkenwerder.

273 In diesem Zusammenhang sei noch einmal auf den Namen des nach den kleinen Rochen benannten Fangplatzes *Monki-Bank* (engl. monkey bank) hingewiesen.

274 Vgl.: engl. fish bin, aengl. binne, afrz. banne, lat. benna.

275 Vgl.: Szymanski, Ever, S. 228-229 und 245-247.

276 Vgl. hierzu die Überlegungen zur Stabilität und die entsprechenden Konstruktionsskizzen in: Dittmer/Buhl, Seefischereifahrzeuge, S. 32-59.

277 *Krüsten* hat hier die Bedeutung › ersticken ‹.

278 Mensing verzeichnet neben »Koppheister« die Formen »Kapeister« und »Kapeuster«.

279 Vgl. hierzu etwa die Beschreibung in Lübbert, Fangreisen, S. 20-21.

280 Es sei in diesem Zusammenhang noch einmal auf das Prinzip der prozentualen Beteiligung der Besatzung am Fangerlös hingewiesen. Gerade im Bereich der Fischverarbeitung wirkt dieses Prinzip als Anreiz für jedes Besatzungsmitglied, die anstehende Arbeit in verantwortungsbewußter Weise auszuführen. Ein Schiffer sagt treffend: *»Dat köst jümmer eegen Gild«.*

281 Auch in bezug auf größere Einheiten bedient man sich der Singularform *Korv: . . . tweehundertföftig Korv . . .«.*

282 Inwieweit das Schärfen des Messers als ritualisierte Handlung aufzufassen ist, läßt sich an dieser Stelle nicht klären.

283 Entlehnung aus engl. spout, vgl. auch mnd. spoden, nl. spoeden › beeilen ‹ und ahd. gi-spuoten › gelingen lassen, sich eilen ‹.

284 Die Bedeutung ist fest an den Pumpvorgang gebunden. Kluge verzeichnet »lensen« und merkt an, daß das Verb zu seiner Zeit (1911) als »modern« zu bezeichnen war — im Gegensatz zu dem nd. Adjektiv lens › trocknen ‹, das bereits für das 17. Jh. belegt werden kann.

285 Die von Wossidlo genannte Form »Huusreis« ist hier nicht bekannt; vgl.: Wossidlo, Reise, S. 147.

286 Im übertragenen Sinn wird diese Wendung auch auf einen Menschen angewendet, der genug — oder zuviel — Alkohol genossen hat. Man sagt in diesem Zusammenhang: *»Hee hett sien' Reis«.*

287 Vgl. hierzu Kapitel 5.

288 Ein sehr anschauliches Beispiel für solch ein Verhandlungsgespräch ist zu finden bei Wegener, Erinnerungen, S. 531-532.

289 Vgl.: Hoever, Hochseefischerei, insbesondere zum Fischmarkt Altona: ab S. 157.
290 Interessant ist hier der in Anlehnung an das Hd. vorgenommene Genuswechsel von *dat Markt* (fem.) zu *de Markt* (mask.).
291 Vgl.: Lübbert, Hochsee-Segelfischerei, S. 76.
292 Vgl.: engl. high.
293 Wossidlo gibt für »heigig« die Bedeutung › neblig ‹ an; vgl.: Wossidlo, Reise, S. 153.
294 Dieses Wort ist nicht etwa von engl. mist › Nebel ‹, sondern von hd. Mist herzuleiten.
295 Vgl. auch: Wossidlo, Reise, S. 148.
296 Es sei hier angemerkt, daß unter »*scheeben Wind*« auch die Bedeutung › Graupensuppe ‹ gefaßt werden kann — in der entsprechenden Kommunikationssituation.
297 »Eisch« geht auf die Bedeutung › Schrecken, Furcht ‹ zurück; vgl. mnd. eisk, eislik, as. egislik, got. agis, ahd. egiso.
298 Bei diesen beiden Benennungen liegt eine Reduktion der Silbe -nisse vor.
299 Wossidlo zählt den Ausdruck »dat ward di brisen« noch zum Bereich der Flaute; vgl.: Reise, S. 149.
300 Daneben ist die Form *stall Woter* belegt.
301 Diese Wendung wurde auch auf das Leben an Land übertragen und in solchen Situationen benutzt, in denen ein frühzeitiges Erscheinen ausgedrückt werden sollte.
302 Kluge verzeichnet »Neer«, Claviez »Neerstrom«. Claviez nimmt eine Bedeutungseinengung auf »Gegenströmung, die in strömenden Gewässern in Buchten entsteht oder zwischen Uferhindernissen (Buhnen, Stacks)« vor.
303 Hier liegt eine deutliche, durch das Fach bedingte Bedeutungseinengung vor. Mensing verzeichnet unter »appeldwatsch« die umfassenden Bedeutungen › närrisch ‹, › verrückt ‹.
304 Wossidlo ordnet die Form »is bläben« lediglich den Frauen zu. Nach ihm drücken Männer den Sachverhalt weniger schlicht aus; vgl.: Reise, S. 229.
305 Vgl. hierzu auch den Bericht über das Durchkentern des Kutters **HF 258, Senator von Melle**, im Jahre 1909. In: Metzner, Fischer, bes. S. 44-45.
306 Mensing führt die Bedeutung › weinen ‹. Ursprünglich bezeichnet *ziepen* das Wundnässen beim Menschen. Die Vermenschlichung des Fahrzeuges in den Augen des Fischers wird an dieser Stelle erkennbar: Das Schiff hat eine Wunde, die Wasser absondert.
307 Die Worterklärung in: Timmermann, Seemannsausdrücke, S. 91, ist nur bedingt richtig. Zwar ist ein gemeinsamer Ursprung von »*slieten*« und »verschleißen« erkennbar; auf der Inhaltsebene sind diese Wörter jedoch nicht identisch. Das von Wossidlo genannte Substantiv »Slitaasch« ist nicht belegt; vgl.: Reise, S. 214.
308 Vgl.: Kluge und Claviez: »Kondemnation«; auch hier sei auf die nach den Anforderungen und Bedingungen in der Kutterfischerei ausgerichtete Bedeutung im Gegensatz zur allgemeinen Seemannssprache hingewiesen. Auch Wossidlo nennt die generellere Bedeutung: »Wenn Bedenken wegen der Seetüchtigkeit des Schiffes bestanden, wurde ihm die Fahrterlaubnis entzogen: Dat Schipp is kondemnt . . .«; vgl.: Reise, S. 209.
309 Man denke etwa an die genannten Ortsbezeichnungen für Fanggebiete *bi'n Dään* (bei dem Wrack eines dänischen Schiffes) oder *nuurlich Steenhümpel.*
310 So kann der Untergang von fünf dänischen Fischereifahrzeugen im Winter 1978/79 auf das große zusätzliche Gewicht des Eises zurückgeführt werden.
311 Die Form »seedull« konnte nicht belegt werden.
312 Vgl. auch: Stark, Wasser: »Wissen Sie, was Seekrankheit ist? Auf einem Fischkutter kann man es kennenlernen, jenes Gefühl, als wolle sich das Innerste nach außen kehren, als beginne der Magen gleich unterhalb des Kinns.«
313 Kettmann erwähnt in ähnlicher Bedeutung die »Schifferbörse« in Klein-Wittenberg; vgl.: Elbschiffer, S. 31.
314 Vgl.: Mensing: »stöwen«.
315 Vgl.: Wojewsky, Island.
316 Vgl.: Voigt, Beteiligung.
317 Kinau, Heinrich, handgeschriebener Lebenslauf, S. 45-46. Interessant ist in diesem Zusammenhang auch die Schilderung durch einen alten Fischer in: Finder, Elbinsel, S. 168.
318 Kohl, Skizzen, S. 70.

4. *Zur Struktur des Fachwortschatzes in der Finkenwerder Hochseefischerei*

Der anschließenden Untersuchung liegt die Arbeitshypothese zugrunde, daß mit einer Beeinflussung des Faches durch eine massiv einsetzende und später fortlaufende Technisierung bestimmte Wandlungserscheinungen auch im sprachlichen Bereich auf allen Ebenen zu verzeichnen sind. Sprachlicher Wandel wird also in einem ursächlichen Zusammenhang mit den Funktionen von Sprache gesehen[1]; auf exogene Faktoren wurde ausführlich in den Kapiteln 1 und 3 hingewiesen. Im Rahmen dieser Arbeit beschränken wir uns vornehmlich auf einige Betrachtungen zur Struktur des Fachwortschatzes. Darüber hinaus ist mit einer durch das Fach bedingten Einflußnahme etwa auf syntaktische und nicht zuletzt auf textuelle Strukturen zu rechnen; solche Aspekte sollen unter den diachronisch orientierten Fragestellungen dieses Kapitels jedoch keine Berücksichtigung finden.[2]
Für die Untersuchung ergibt sich das methodische Problem, die sprachlichen Mittel (hier: den Fachwortschatz) aus der Zeit des Segelantriebs gegen das nach dem Innovationsschub durch den Einbau von Motoren vorhandene Fachwortinventar ausgrenzen zu müssen. Eine eindeutige Zuweisung ist nicht in allen Fällen zweifelsfrei möglich. Aufgrund der hohen Anzahl der für die Untersuchung zur Verfügung stehenden Fachwörter sind jedoch geringe Überschneidungsbereiche durchaus in Kauf zu nehmen. Grundsätzlich erkennbare Trends bleiben davon unberührt. Gerade in diesem Zusammenhang ist erneut auf individuelle Unterschiede zum einen bei der Verwendung fachbezogenen Geräts, zum anderen bei der Fähigkeit, die fachliche Umwelt (fach-)sprachlich zu erschließen, hinzuweisen. Hieraus resultiert ein Nebeneinander sprachlicher Formen, die unterschiedliche Stufen der fachlichen Entwicklung wiedergeben. Doch auch bei der Existenz einer Übergangszone behalten grundsätzliche Erkenntnisse ihre Aussagekraft. Die beiden isolierten Sprachzustände sind aus diesem Grund auch nicht auf einen engen zeitlich determinierten Bereich zu beziehen; der von der Synchronie ausgehende Ansatz bezieht sich vielmehr in erster Linie auf fachlich fixierbare Entwicklungsstufen. Insofern ist auch die anschließende diachrone Untersuchung primär als Vergleich zweier fachlicher Entwicklungsstufen zu werten.
Um eine Entwicklungsfolge darzustellen, wird im folgenden eine Einteilung in drei historisch determinierte Kategorien vorgenommen, deren Grenzen grundsätzlich als fließend anzusehen sind:

— Kategorie I umfaßt diejenigen Fachwörter, die in der Finkenwerder Hochseefischerei vor dem Einbau von Motoren in Gebrauch waren, danach jedoch aufgrund der fachlichen Veränderungen ausfielen. In der Regel ist die Bedeutung solcher Benennungen nur noch wenigen älteren, heute nicht mehr aktiven Fischern bekannt. Dessen ungeachtet sind verschiedene der unter I geführten Wörter in der nd. Gemeinsprache und der regionalen nd. Umgangssprache auf Finkenwerder noch in Gebrauch. Sie werden allerdings nicht mehr im fachlichen Zusammenhang realisiert. Die Gruppe der Sprecher, zu deren aktiven Wortschatz dieses Material zählt, ist dabei fast ausschließlich auf ältere Sprachteilhaber beschränkt.

— Kategorie II beinhaltet solche Fachwörter, die sich bereits vor der Motorisierung im Fachwortschatz der Fischer befanden, die aber auch im Anschluß daran noch verwendet wurden und zum größten Teil auch heute noch von der Mehrzahl der Fischer benutzt bzw. verstanden werden.
— Unter Kategorie III werden solche Fachwörter geführt, die mit und nach der Motorisierung der Fahrzeuge aufgrund fachlicher Neuerungen in die Sprache der Hochseefischer aufgenommen wurden. Hier finden sich insbesondere Benennungen aus dem Bereich des Motors sowie moderner Navigations- und Kommunikationsmittel.

Aus diesen drei Kategorien lassen sich zwei Gesamtwortschatzmengen herleiten. So setzt sich der in der Zeit vor der Motorisierung verwendete Fachwortschatz im wesentlichen aus dem Bestand der Kategorien I und II zusammen. Im folgenden soll diese Menge »A« genannt werden. Der Fachwortschatz »B« faßt die Teilmengen des unter den Kategorien II und III aufgeführten Materials zusammen. Er beinhaltet die nach der Motorisierung in Gebrauch befindlichen Fachwörter, von denen der überwiegende Teil auch gegenwärtig in fachlich geprägten Situationen realisiert wird.

Das für diese Studie zusammengetragene Korpus an fachlich motivierten Benennungen besteht aus insgesamt 1761 Einheiten. Mit dieser Zahl wird durchaus kein Anspruch auf Vollständigkeit erhoben. Sie reicht jedoch aus, um aussagekräftige Interpretationen des ermittelten statistischen Materials zuzulassen. Differenziert nach Wortarten werden in der Untersuchung Substantive, Verben, Adjektive und Partikeln mit einer für das Fach relevanten und durch das Fach bestimmten Bedeutung berücksichtigt. Das ausgewertete Material setzt sich in erster Linie aus Einzelwörtern, darüber hinaus jedoch auch aus Mehrwortbenennungen[3] zusammen.

In der Auswertung werden fast alle erfaßten Benennungen berücksichtigt, also auch unterschiedlich komplexe Formen einer Ausgangsbenennung (z.B. *Dornhai — Heini (Haini) — Hai;* oder *Keunigsrull — Keunig*). Nicht aufgenommen wurden lediglich solche Formen, bei denen nur geringfügige lautliche Abweichungen zu verzeichnen sind (z.B. *Skeileit* und *Scheileit* als Formen von *Scheinleit;* dagegen ist *Schienkapp* in die Auswertung eingegangen).

Nicht berücksichtigt wurden die im Text aufgeführten Namen (insbesondere die Toponyme für Fangplätze und Seegebiete — z.B. *up'n Dogger* — sowie von Toponymen abgeleitete kollektive Personenbezeichnungen — z.B. *de Bremerhobeners*).

Quantitative Aussagen bezüglich der Frequenz bestimmter Wortbildungsmuster in der Sprachverwendung werden nicht angestrebt. Ziel ist es, die Struktur des

Wortschatzinventars zu analysieren. Für die Sprachverwendung darf davon ausgegangen werden, daß sprachökonomische Kurzformen eine weitaus dominierendere Rolle spielen, als dies aufgrund des hier gewählten Ansatzes deutlich wird. Nach der Einordnung in die beschriebenen Kategorien werden die Anteile bestimmter Muster (Wortarten, Wortbildungsmuster) ermittelt, so daß zwei fachlich und historisch gegeneinander abgrenzbare Wortschatzbestände verglichen werden können. Dabei zeigen sich diverse Tendenzen, die im Abschluß zu interpretieren sein werden.

Tabelle 1: Gesamtwortschatz in absoluten Zahlen

	I	II	III	A	B	ges.
Substantive	321	619	337	940	956	1277
Verben	47	211	66	258	277	324
Adjektive	1	101	7	102	108	109
Partikeln	5	45	1	50	46	51
gesamt	374	976	411	1350	1387	1761

Tabelle 2: Gesamtwortschatz in Verhältniszahlen[4]

	I	II	III	A	B	ges.
Substantive	85,8	63,4	82,0	69,6	68,9	72,5
Verben	12,6	21,6	16,1	19,1	20,0	18,4
Adjektive	0,3	10,3	1,7	7,6	7,8	6,2
Partikeln	1,3	4,6	0,2	3,7	3,3	2,9

Quantitativ am stärksten vertreten sind mit insgesamt 72,5% die substantivischen Benennungen. Sie bezeichnen in der Mehrzahl Teile des Fahrzeugs und des Fanggeräts, es finden sich aber auch verschiedene Abstrakta. Von allen aufgeführten Wortarten ist bei den Substantiven die Fluktuation, der Austausch von Wortschatzelementen, am stärksten. Der Anteil der ausgefallenen (I) wie auch der neu aufgenommenen Benennungen (III) ist jeweils höher als der der konstanten Fachwörter (II). Außerdem sind in A immerhin 34,1% aller substantivischen Benennungen der Kategorie I entnommen; in B fällt der Anteil von III mit 35,3% ebenfalls recht hoch aus.

Mit 18,4% (324) sind die Verben als zweitstärkste Wortart vertreten. Insbesondere beim Umgang mit dem Fahrzeug, dem Fanggeschirr und dem Fang ist eine ganze Reihe von fachlich motivierten Tätigkeiten und Vorgängen zu registrieren. Diese müssen benannt und voneinander unterscheidbar gestaltet werden. Im Vergleich zu den substantivischen Benennungen zeigt sich, daß die Fluktuation wesentlich geringer ausfällt; der Verbanteil in II ist höher als bei den unter den Kategorien I und III aufgeführten Wortschatzmengen. Lediglich 18,2% der unter A aufgeführten Verben sind durch den Einfluß der Technik ausgefallen. Ebenso lassen sich im Wortschatz B nicht mehr als 23,8% der Verben der Kategorie III

zuordnen. Der weitaus größte Teil der verzeichneten Verben war bereits vor der Motorisierung bebräuchlich und wird auch heute noch in fachlich ausgerichteten Kontexten verwendet.
Bei den Adjektiven ist die für die Verben konstatierte Konstanz des in fachlichen Zusammenhängen realisierten Wortschatzes noch stärker ausgeprägt. Von den insgesamt 109 Adjektiven, das sind nicht mehr als 6,2% des verzeichneten Fachwortinventars, ist nur eins aufgrund fachlicher Veränderungen ausgefallen. Lediglich sieben Adjektive können der Kategorie III zugeordnet werden. Der Bestand der 51 aufgeführten Partikeln (insbesondere Lokaladverbien und lokale Präpositionen) ist ebenfalls als konstant zu bezeichnen. 45 Partikeln gehören der Kategorie II an, sie sind also sowohl im Wortschatz A als auch im Wortschatz B vertreten. Nur fünf Partikeln stammen aus dem unter I aufgeführten Inventar; eine neu aufgenommene Partikel ist zu verzeichnen.
Als Ergebnis dieser nach Wortarten differenzierenden Gesamtübersicht kann festgestellt werden, daß eine Veränderung des Fachwortschatzes in der Finkenwerder Hochseefischerei in erster Linie bei den substantivischen Benennungen, weniger dagegen bei Verben und in sehr eingeschränktem Maße bei den Adjektiven und Partikeln zu verzeichnen ist. Mit zunehmendem Einfluß der Technik mußten vormals unbekannte Gegenstände und nichtgegenständliche Erscheinungen sprachlich erfaßt werden. Außerdem ist in diesem Zusammenhang eine zunehmende Notwendigkeit zur sprachlichen Differenzierung anzuführen. Neu in die Fischerei aufgenommene Wirklichkeitsbereiche konnten nur selten durch das bestehende (und dann in vergleichbarer Funktion verwendete) Wortschatzpotential sprachlich abgedeckt werden. Somit war eine Erweiterung des substantivischen Wortschatzes unumgänglich. Allerdings ist aus dem gleichen Grund auch ein relativ hoher Ausfall von Benennungen zu verzeichnen. Schon bei den Verben zeigt sich ein größeres Maß an Adaptabilität. Dabei werden vorhandene Wortkörper mit solchen Inhalten gefüllt, die den neuen Erfordernissen des Faches entsprechen. Am stärksten ausgeprägt ist diese Erscheinung bei den Adjektiven und Partikeln. Hier werden kaum noch neue Einheiten in den Fachwortschatz aufgenommen; selten fallen welche aufgrund einer Entwicklung innerhalb des Faches aus.
Neben der mehr oder weniger stark ausgeprägten Anspassungsfähigkeit einzelner Wortarten mit einer spezifischen, abgestuften inhaltlichen Fixiertheit, wird durch dieses Ergebnis jedoch auch deutlich, daß sich die fachliche Entwicklung in erster Linie an den substantivischen Benennungen als Träger der für das Fach relevanten Bedeutungen festmachen läßt. Insofern rechtfertigt dieses Aufkommen eine vornehmliche Behandlung des substantivischen Wortschatzes im Hinblick auf durch das Fach hervorgerufene Veränderungen auf sprachlicher Ebene.
Vor diesem Hintergrund sollen im folgenden die morphematische Struktur sowie einige Aspekte aus dem semantischen Bereich untersucht werden. Dabei wurde das Teilgebiet »Fugenelemente« nicht weiter berücksichtigt, da keine im Rahmen dieser Arbeit aussagekräftigen Ergebnisse zu erwarten waren. Auch auf die sy-

tagmatische Struktur des Fachwortinventars wird nicht eingegangen, da der Schwerpunkt der Untersuchung auf der Analyse der Wortschatzelemente, nicht aber ihrer Beziehungen zueinander gelegt wurde.

4.1. Zur morphematischen Struktur des Fachwortschatzes

In diesem Abschnitt sollen die den Kategorien I, II und III bzw. den Fachwortschätzen A und B zugeordneten Fachwörter im Hinblick auf die verwendeten Wortbildungsmuster analysiert werden. Die statistischen Befunde werden in Tabellen dargestellt und anschließend interpretiert. Dabei steht im Rahmen des diachronen Ansatzes nicht die intensive Auseinandersetung mit den unterschiedlichen Wortbildungsmustern, sondern das Erkennen und Deuten von Trends in der Entwicklung einer mündlich konstituierten Fachsprache im Vordergrund.[5]

4.1.1. Zu den substantivischen Benennungen

Substantive bezeichnen Lebewesen, Pflanzen, Dinge und Begriffe; sie sind deklinierbar und können mit einem Artikel verbunden werden.[6] Ausgenommen von der Auswertung bleiben die zu den Substantiven zählenden Eigennamen und von Eigennamen abgeleitete Personenbezeichnungen.
Substantivische Benennungen können aus einem freien Morphem (z.B. *Fisch*), einer Kombination von freien und grammatischen Morphemen (z.B.*Fischer*) oder einer Kombination verschiedener Morphemkombinationen (z.B. *Jungfisch, Seefischer*) bestehen. Zusätzlich zu den bekannten substantivischen Formen werden hier auch Mehrwortbenennungen[7] aufgeführt. Dabei wird das Erkenntnisinteresse von der Frage bestimmt, ob sich im Hinblick auf die Verteilung bestimmter lexikalischer und grammatischer Morphemtypen Trends erkennen lassen, die anschließend auf ihre Ursachen hin betrachtet werden sollen.

Tabelle 3: Substantivische Benennungen

	I	II	III	A	B	ges.
eingliedrige	121	360	111	481	471	592
Komposita	190	245	201	435	446	636
Zusammenrück.	—	—	2	—	2	2
Präfixbildg.	5	3	5	8	8	13
Kurzwörter	—	—	9	—	9	9
Mehrwortben.	5	11	9	16	20	25
gesamt	321	619	337	940	956	1277

Im folgenden werden die aufgeführten Substantive nach ihrer morphematischen Struktur differenziert. Dabei erscheint eine Einteilung in diese Kategorien sinnvoll: eingliedrige Substantive (Wurzelwörter und Ableitungen), Zusammensetzungen (Determinativ- und Kopulativkomposita), Präfixbildungen, Mehrwortbenennungen und andere (Kurzformen, Buchstabenwörter).

4.1.1.1. Eingliedrige Substantive

Eingliedrige substantivische Benennungen sind dadurch gekennzeichnet, daß sie aus nicht mehr als einem lexikalischen Morphem (Lexem) bestehen.[8] Wir unterscheiden insgesamt drei Arten:

- Formen, bei denen das Basislexem als Benennung dient (z.B. *See*);
- Ableitungen (explizite/implizite Ableitungen — z.B. *Ketscher, Fang*);
- Kollektivbildungen (z.B. *Gemüse*).

4.1.1.1.1. Basislexeme als Benennungen

Tabelle 4: Basislexeme als Benennungen

	I	II	III	A	B	ges.
Muster	90	254	59	344	313	403
%-Anteil	28,0	41,0	17,5	36,6	32,7	

Als wichtigstes Ergebnis dieser Aufstellung zeigt sich, daß der Anteil der eingliedrigen Substantive mit einem Basislexeme als Benennung am Gesamtsubstantivaufkommen sowohl im Wortschatz A als auch im Wortschatz B mit etwa einem Drittel bei weitem am größten ist. In der mündlich konstituierten Kommunikation spielen nicht zuletzt aus sprachökonomischen Gründen kurze, häufig einsilbige Benennungen eine herausragende Rolle. Die eindeutige Referenzzuweisung kann durch die Kommunikationssituation gesichert sein, so daß eine sprachliche Differenzierung über die Nennung des Grundwortes hinaus in vielen Fällen nicht notwendig erscheint. Dieses Moment erhält um so deutlichere Konturen, wenn der Betrachter sich die Reihe von Beispielen vor Augen führt, aus denen hervorgeht, daß aufgrund des Kontextes neben den situationsunabhängigen und komplexeren offiziellen Benennungen allein das Grundwort, zuweilen auch das Bestimmungswort, verwendet wird (z.B. *Boom* für *Mastboom*, oder *Nodel* für *Nettnodel*).
Die bevorzugte Verwendung von Basislexemen als Benennungen zeigt sich weiterhin in der Tatsache, daß dieses Muster in der Teilmenge II überproportional stark vertreten ist. Verhältnismäßig wenig Benennungen dieser Art wurden der Kategorie I zugeordnet (z.B. *Deel, Huuk, Kump, Ploots, Sweff, Swiert*), noch

weniger sind allerdings in dem mit der Technisierung aufgenommenen Fachvokabular zu finden (z.B. *Doom, Düüs, Kanool, Koort, Patent, Quot*). Auch bei einem verstärkten Einfluß der Technik erweisen sich Basislexeme als Benennungen als besonders resistent, mehr als 40% aller in der Kategorie II verzeichneten Benennungen bestehen lediglich aus einem freien Morphem (hier: Substantivlexem, z.B. *Butt, Kass, Pütz, See, Slick, Spant*).
Trotzdem ist festzustellen, daß der Anteil der allein aus einem Basislexem gebildeten Substantive im Vergleich der beiden Wortschatzbestände A und B abnimmt. Ein überdurchschnittlich geringer Teil der neu aufgenommenen Fachwörter ist allein aus einem freien Morphem gebildet. Es zeigt sich hier eine durch fachliche Anforderungen bedingte Notwendigkeit zur Differenzierung auch auf sprachlicher Ebene. Offenbar ist die Eindeutigkeit der Referenz nur unter Verwendung zusätzlicher Mittel der Wortbildung herzustellen (als produktiv erweisen sich in diesem Zusammenhang die Ableitungsformen, auf die noch näher einzugehen sein wird).
Mit fortschreitender fachlicher Entwicklung ist mit einer weiteren Verschiebung im Rahmen des hier dargestellten Trends zu rechnen, auch wenn es aufgrund der mündlichen Verwendung der fachlichen Umgangssprache immer wieder zur Herausbildung von Kurzformen kommen wird.[9]

4.1.1.1.2. Ableitungen

Neben den Zusammensetzungen bilden die Ableitungen die wichtigste Art der Wortbildung der deutschen Gegenwartssprache. Eine Ableitung ist aus einem anderen, älteren Wort gebildet. Schon die Formulierung »A ist von B abgeleitet« weist auf ein diachronisches Element hin.[10] In den meisten Fällen ist die Ableitungsrichtung morphologisch deutlich gekennzeichnet (z.B. *Fisch — Fischer — Fischeree*).[11] Auf problematische Fälle soll hier nicht explizit eingegangen werden.
Grundsätzlich wird zwischen expliziten und impliziten Ableitungen unterschieden. Während sich die expliziten Ableitungen durch ein Ableitungssuffix auszeichnen (z.B. -er in *Fischer*), liegt bei den impliziten Ableitungen eine Transposition in eine andere Wortart vor; sie werden nicht durch ein Ableitungssuffix kenntlich gemacht (z.B. *fangen — Fang*).

4.1.1.1.2.1. Explizite Ableitungen

Die explizite Ableitung ist eine Konstruktion aus einem freien Morphem als Basis und einem grammatischen Morphem als Ableitungssuffix. Aufgrund der festgestellten Quantitäten wird in dieser Untersuchung nicht zwischen den der Basis zugrundeliegenden Wortarten unterschieden. Zu den deverbativen Ableitungen sei am Rande angefügt, daß die Basis aus dem Verbstamm ohne Verbalisierungselement -en (z.B. »blink-en« — *Blink-er*) besteht. Aufgeführt werden hier alle von substantivischen, verbativen, adjektivischen und numeralen Simplexformen abgeleiteten Benennungen. Simplexformen umfassen sowohl Basis- als auch Präfixformen.

Tabelle 5: Explizite Ableitungen

	I	II	III	ges.	A	B
-er	14	32	27	73	46	59
-(l)ing	1	5	—	6	6	5
-ee (hd. -ei)	1	2		3	3	2
-ung	—	4	6	10	4	10
-schaft	—	1	—	1	1	1
-heit	—	1	—	1	1	1
-el	2	10	3	15	12	13
-e	—	—	2	2	—	2
-goot	—	3	—	3	3	3
-tüüg	2	5	1	8	7	6
-wark	—	1	—	1	1	1
-ur	—	—	1	1	—	1
-ie	—	—	1	1	—	1
-ant	—	1	1	2	1	2
-oosch	—	2	—	2	2	2
-ioon	—	2	3	5	2	5
-us	—	1	—	1	1	1
-or	—	—	2	2	—	2
-de, -t	—	2	—	2	2	2
-ens (-nis)	2	—	—	2	2	—
-sch	—	3	—	3	3	3
-je, -j	5	3	—	8	8	3
-i (Dim.)	—	1	1	2	1	2
ges.	27	79	48	154	106	127
%-Anteil	8,4	12,8	14,2	12,1	11,3	13,3

Der Anstieg des Anteils expliziter Ableitungen kann im wesentlichen auf zwei Ursachen zurückgeführt werden. Zum einen werden Tätigkeiten, die mit einem konkreten Gegenstand verbunden sind, sowie die Funktionen von Gegenständen stärker als früher bei der Bildung technisch determinierter Fachwörter berücksichtigt. Zum anderen spielt der Faktor, daß hier eine gesprochene Sprache als Untersuchungsgegenstand dient, eine Rolle. Dafür sprechen sowohl die Diminutivformen (z.B. *Heini* für »Dornai«) als auch die Anteile der Kurzformen auf -er (z.B. *Damper* für »Dampfschiff«). Diese Ergebnisse weisen auf den in der gesprochenen Sprache zu verzeichnenden Trend zum ökonomischen Einsatz sprachlicher Mittel hin, der hier verstärkt zum Tragen kommt, da sich dieses Muster zur Verkürzung komplexerer, in der überregionalen Fachsprache vorgegebener Formen gut eignet.
Die Zahl der Abstrakta ist nur unwesentlich gestiegen.

Innerhalb der Ableitungen bilden weiterhin die Formen auf -er (z.B. *Blinker, Füller, Hopser*) die produktivste Klasse. Im Gegensatz zu den bereits ausgefallenen Benennungen finden sich insbesondere in der Kategorie III zusätzlich verschiedene Formen mit fremdsprachlichen Suffixen: z.B. -ie (*Telefonie*), -ur (*Reparatur*), -ioon (*Auktioon*), -or (*Kompressor*). Auch dieser Hinsicht wird der Einfluß der über das Hd. eindringenden überregionalen Fachsprache, in der auch sprachlich ein internationaler Ausgleich angelegt ist, deutlich.
Daneben ist auch ein Anstieg von im Hd. vorgegebenen Formen, etwa auf -ung und -e zu verzeichnen.
Rückläufig ist dagegen die Anzahl der Diminutivformen. Das nd. Suffix -je (z.B. *Pattje*) ist ebensowenig produktiv wie die Endung mit dem stimmhaften dentalen Reibelaut -j (z.B. *Fleitj*). Dafür ist in geringerem Umfang die auch im Hd. verwendete Form -i (z.B. *Schelli*) vertreten.
Herkunft und Realisationsform der Suffixe weisen im Vergleich der Wortschatzbestände A und B aufgrund hd. Einflüsse eine anwachsende Breite auf. In diesem Zusammenhang führt eine sich abschwächende Assimilationsbereitschaft etwa zur akzeptablen und akzeptierten Verwendung des Ableitungssuffixes -e.

4.1.1.1.2.2. Implizite Ableitungen

Implizite Ableitungen sind durch kein besonderes Ableitungsmorphem ausgewiesen. Daraus ergibt sich für die untersuchte nd. Mundart das Problem einer eindeutigen Ausgrenzung gegenüber expliziten Ableitungen, deren hd. Entsprechungen das Ableitungssuffix -e aufweisen (z.B. Pumpe), während es in der mundartlichen Form nicht vorhanden ist (z.B. *Pump*). In dieser Analyse wird die Einteilung allein nach dem Vorhandensein bzw. Nichtvorhandensein eines Ableitungssuffixes vorgenommen, auch wenn dabei in Kauf genommen werden muß, daß *Reis* zu den impliziten und *Heimreise* zu den Komposita mit einer expliziten Ableitung als Grundwort zählt.
Wir unterscheiden im folgenden zwischen impliziten Ableitungen von einfachen Verben und solchen von Präfixverben oder Komposita.

Tabelle 6: Implizite Ableitungen

	I	II	III	ges.	A	B
v. einf. Vb.	3	21	2	26	24	23
v. Präf.vb./K.	—	5	1	6	5	6
ges.	3	26	3	32	29	29
%-Anteil	0,9	4,2	0,9	2,5	3,1	3,0

Aus den geringen Prozentanteilen geht der Stellenwert der impliziten Ableitungen für den untersuchten Fachwortschatz hervor. Es sei an dieser Stelle lediglich auf den hohen Anteil der in der Menge II vertretenen impliziten Ableitungen hingewiesen. Hier zeichnet sich eine deutliche Formkonstanz ab.

4.1.1.1.2.3. Kollektivlexeme als Benennungen

Unter Kollektivlexemen sind solche Ableitungen zu verstehen, die durch das Präfix Ge- gekennzeichnet sind.[12] Ihnen ist eine mehr oder weniger stark ausgeprägte Kollektivbedeutung eigen[13], so daß sie sich in die Klasse der Kollektiva einordnen lassen.

Tabelle 7: Kollektivlexeme als Benennungen

	I	II	III	ges.	A	B
Muster	1	1	1	3	2	2
%-Anteil	0,3	0,2	0,3	0,2	0,2	0,2

Die äußerst geringe Zahl der nach diesem Muster gebildeten Belege (*Gericht, Geschirr, Gemüse*) weist darauf hin, daß es sich sowohl für die Vergangenheit als auch für die Gegenwart um ein nicht-produktives Muster handelt.[14] Entwicklungen der morphematischen Struktur lassen sich wegen der geringen Materialdichte nicht nachweisen.

4.1.1.2 Komposita

Die verzeichneten substantivischen Zusammensetzungen (Komposita) bestehen jeweils aus zwei unmittelbaren Konstituenten. Als Grundwort (Determinatum) dient ein Substantivlexem, das durch ein (oder mehrere) vorangestelltes Substantiv-, Adjektiv-, Verb- oder Partikellexem mit oder ohne grammatischem Morphem (Bestimmungswort, Determinans) näher bestimmt wird. Bei solchen Determinativkomposita ist eine mehr oder weniger eindeutige Auflösung in eine zugrundeliegende syntaktische Fügung möglich (z.B. *Seefischer*: Fischer, der seinen Beruf auf der hohen See ausübt — im Gegensatz zum Elbfischer, der *Lüttfischer* heißt und in der kleinen Fischerei tätig ist; auf die Nennung weiterer semantischer Ebenen, auf die hier »*lütt*« möglicherweise referiert, muß an dieser Stelle verzichtet werden). Dieses Muster findet sich bei 632 der insgesamt 636 verzeichneten Komposita. Die übrigen vier Formen (*Homenkurr, Kuttereeber, Eeberkutter, Stuurbuurs*) sind als Kopulativkomposita einzuordnen. Der Unterschied zu den Determinativkomposita besteht darin, »daß beide Konstituenten in einem koordinierenden Verhältnis stehen. Daher ist es grundsätzlich möglich, ihre Reihenfolge zu vertauschen, wenn das auch nicht in jedem Falle zu einer geläufigen, sprachüblichen Form führt«[15] (z.B. *Homenkurr — *Kurr(en)homen*). Allerdings weist die Tatsache, daß *Kuttereeber* und *Eeberkutter* nebeneinander existieren, deutlich auf das koordinierende Verhältnis der beiden Konstituenten hin. Der Befund zeigt, daß alle vier verzeichneten Kopulativkomposita der Kategorie I zuzuordnen sind. Aufgrund der geringen Belegdichte sollen aus diesem Ergebnis jedoch keine Schlüsse gezogen werden.

Zwei einander ausgleichende Trends sind als Ursache dafür anzusehen, daß der Anteil von Zusammensetzungen am Inventar des substantivischen Fachvokabulars nur unwesentliche Veränderungen zeigt. Zum einen ist der Anteil der mit einem Substantivlexem als Grundwort gebildeten Einheiten rückläufig. Dagegen sind Ableitungen in der Funktion eines Determinatums im Wortschatz B vergleichsweise häufig vertreten. Anknüpfend an die zuvor getroffenen Aussagen ist also auch bei den Komposita ein Rückgang in der Frequenz von Basislexemen festzustellen. Im Vergleich mit den eingliedrigen Benennungen zeigt sich hier ein hoher Grad des Austausches. Durch die Konstruktion aus Determinans und Determinatum ist der Spielraum für eine Bedeutungsverlagerung entsprechend den sich aus der fachlichen Entwicklung ergebenden Anforderungen relativ gering. Aus diesem Grund fallen die Anteile in I und III wesentlich höher aus als in II.

Tabelle 8: Komposita

	I	II	III	ges.	A	B
Det.komp.	186	245	201	632	431	446
Kop.komp.	4	—	—	4	4	—
ges.	190	245	201	636	435	446
%-Anteil	59,2	39,6	59,6	49,8	46,3	46,7

4.1.1.2.1. Determinativkomposita mit einem Basislexem als Grundwort

Im Rahmen dieser Analyse wird eine Differenzierung der Zusammensetzungen mit einem Basislexem als Grundwort mit Hilfe der jeweiligen Bestimmungswörter vorgenommen. Neben einer Einteilung in Substantiv-, Verb und Adjektiv- oder Partikellexem sind hier auch mehrgliedrige Determinativkomposita zu erfassen. Aufgrund der geringen Materialfülle wird in diesem Bereich allerdings auf eine weitere Klassifizierung nach zugrundeliegenden Wortarten verzichtet.

4.1.1.2.1.1. Substantivlexem und Basislexem

Tabelle 9: Substantivlexem und Basislexem

	I	II	III	ges.	A	B
Muster	96	130	80	306	226	210
%-Anteil	29,9	21,0	23,7	24,0	24,0	22,0

Bei den zweigliedrigen substantivischen Zusammensetzungen mit einem freien Morphem (z.B. *Decksjung*) oder einer Konstruktion aus Grundmorphem und gebundenem Morphem (z.B. *Fischerbüx*) als erster Konstituente zeigt die bereits beschriebene Fluktuation ihre stärktste Ausprägung. Von 226 Substantiven dieses Musters, die dem Wortschatz A zuzuordnen sind, ist mittlerweile annähernd die Hälfte (42,5%) ausgefallen (z.B. *Buttjill, Iesluuk, Noothuurn*). Offenbar sind Konstruktionen dieses Musters nur eingeschränkt fähig, Bedeutungsveränderungen bei Formkonstanz zuzulassen. Daher ist die der Kategorie II zugeordnete Wortschatzmenge quantitativ verhältnismäßig schwach vertreten (z.B. *Fischerbüx, Nogelbank, Seedübel*), während der Anteil in III (z.B. *Bullei, Plastiknett, Rettungsinsel*) wieder höher ausfällt; er ist jedoch nicht so groß wie in I. Insgesamt zeichnet sich für dieses Wortbildungsmuster ein deutlich rückläufiger Trend ab.

4.1.1.2.1.2. Verblexem und Basislexem

Im Vergleich mit dem zuvor beschriebenen Muster wird ein wesentlich geringerer Anteil des Fachwortinventars durch zusammengesetzte Substantive mit einem Verblexem als erster Konstituente gebildet. Ebenso zeigt sich, daß der Anteil am gesamten Substantivaufkommen hier nicht rückläufig ist. Die Produktivität nimmt von I (z.B. *Huultunn, Kleevgoorn, Smietnett*) nach III (z.B. *Insuugventil, Quetschglied, Suugkorv*) nicht unwesentlich zu. Das Motiv der Bezeichnung eines Begriffes durch eine mit ihm in Verbindung stehende Tätigkeit gehört zu den Mustern, die einen Zuwachs zu verzeichnen haben. Allerdings ist ebenso wie bei den Konstruktionen aus Substantivlexem und Basislexem festzustellen, daß die Austauschrate verhältnismäßig hoch anzusetzen ist. Dies mag als Indiz dafür zu werten sein, daß nach diesem Muster gebildete Benennungen aufgrund ihrer semantischen Festgelegtheit im Hinblick auf Bedeutungsveränderungen als nur eingeschränkt resistent anzusehen sind.

Tabelle 10: Verblexem[16] und Basislexem

	I	II	III	ges.	A	B
Muster	16	23	22	61	39	45
%-Anteil	5,0	3,7	6,5	4,8	4,1	4,7

4.1.1.2.1.3. Adjektiv- oder Partikellexem und Basislexem

Im Gegensatz zu den mit einem Verblexem als Bestimmungswort gebildeten substantivischen Komposita ist bei dem hier verzeichneten Muster ein deutlich rückläufiges Vorkommen erkennbar.[17] Bei den ausgefallenen Fachwörtern ist der Anteil bei weitem am höchsten (z.B. *Dreugeeber, Grootboom, Negenoog*); von hier über II (z.B. *Bestmann, Grootmast, Lüttfisch*) nach III (z.B. *Edelfisch, Querroh, Rootlicht*) zeigt sich ein deutlich rückläufiger Trend.

Tabelle 11: Adjektiv- oder Partikellexem und Basislexem

	I	II	III	ges.	A	B
Muster	28	35	9	72	63	44
%-Anteil	8,7	5,7	2,7	5,6	6,7	4,6

Verhältnismäßig viele der bereits ausgefallenen Benennungen aus dem Bereich der Segel, Masten und Takelage beschreiben die äußere Erscheinung oder die Lage des bezeichneten Begriffes in Relation zu anderen Teilen oder zum Ganzen. Durch den Einfluß der Technik sind offenbar andersartige Kriterien beim Benennungsprozeß in den Vordergrund getreten. Aufgrund dieses Befundes ist anzunehmen, daß sich der rückläufige Trend auch in der Zukunft fortsetzen wird.

4.1.1.2.1.4. Mehrgliedrige Determinativkomposita mit einem Basislexem als letzter Konstituente

In dieser Kategorie wurden sowohl Formen der Bildungsart (A + B) + C (z.B. *Schillfischbütel*) als auch solche der Art A + (B + C) (z.B. *Fockleiwogen*) zusammengefaßt. Bei beiden Typen handelt es sich bei dem letztendlich näher bestimmten Grundwort um ein Basislexem.

Tabelle 12: Mehrgliedrige Determinativkomposita mit einem Basislexem als letzter Konstituente

	I	II	III	ges.	A	B
Typ (A + B) + C	4	3	10	17	7	13
Typ A + (B + C)	3	2	2	7	5	4
ges.	7	5	12	24	12	17
%-Anteil	2,2	0,8	3,6	1,9	1,3	1,8

Es zeigt sich, daß ein höherer Grad an Technisierung eine stärkere Differenzierung auf sprachlicher Ebene erforderlich macht. In diesem Zusammenhang können den in Tabelle 12 ausgeworfenen Ergebnissen zwei in unterschiedliche Richtungen zielende Tatsachen zugeschrieben werden. Zum einen ist eine sprachliche Differenzierung zwischen einzelnen Fischereizweigen und den damit im Zusammenhang stehenden Fahrzeugtypen und Fangmethoden aufgrund des relativ hohen Grades an Vereinheitlichung heute kaum noch notwendig. Dies führt zu einem hohen Anteil von Benennungen der Kategorie I (z.B. *Backbuurdswiert, Grootseilskleed, Seefischerboot*). Andererseits ist die Zahl der neu in den untersuchten Fachwortschatz aufgenommenen mehrgliedrigen Substantive vergleichsweise hoch (z.B. *Fahrtstörungslamp, Gaseultänk, Seemannsheim*). In der Mehrzahl handelt es sich dabei um aus dem Hd. entlehnte überregionale Fachbezeichnungen, die mit Fremdwortcharakter (z.B. *Jahresfischereischein*) oder mit Lehnwortcharakter (z.B. *Stüürbuurdlamp*) in den nd. Fachwortschatz der Fischer übernommen wurden.

Aufgrund des hohen Grades semantischer Festgelegtheit von mehrgliedrigen Substantiven ist es wenig verwunderlich, daß nur ein geringer Anteil der nach diesem Muster gebildeten Benennungen der Kategorie II zuzuordnen sind (z.B. *Hochtietsreis, Lüttfischerboot, Südoosten-Wind*).
Generell ist festzustellen, daß in der mündlich konstituierten fachlichen Umgangssprache drei- oder mehrgliedrige Benennungen möglichst vermieden werden.[18] Für die Verwendung von komplexen Wortbildungsstrukturen ist in stärkerem Maße als etwa bei offiziellen oder schriftlich formulierten Texten für die gesprochene Sprache von einer »natürlichen Grenze« auszugehen, die nur in Ausnahmefällen, in denen die Situation eine explizite Verbalisierung erforderlich macht, überschritten wird.[19] Dies kann etwa bei der Abgrenzung gegenüber anderen Gegenständen oder bei der telefonischen Bestellung von Ersatzteilen gegeben sein.
Insgesamt ist ein leichtes Ansteigen des Anteils dieses Musters am gesamten Substantivaufkommen zu verzeichnen. Wesentlich höher dürfte die Zahl jedoch in der untersuchten Fachmundart auch in Zukunft nicht steigen, da Kurzformen der gesprochenen Sprache in überschaubaren Sprechergemeinschaften relativ leicht zu konventionalisieren sind.

4.1.1.2.2. Determinativkomposita mit einer Ableitung als Grundwort

Neben der Differenzierung zwischen expliziten und impliziten Ableitungen werden die Wortschatzelemente zusätzlich im Hinblick auf die Anzahl der vorhandenen Lexeme untersucht werden, so daß auf diesem Weg Aussagen über den Anteil komplexerer Wortbildungsmuster angestrebt werden können.

4.1.1.2.2.1. Eingliedrige Determinans und explizite Ableitung

Tabelle 13: Eingliedrige Determinans und explizite Ableitung

	I	II	III	ges.	A	B
-er	17	20	22	59	37	42
-ee	2	4	6	12	6	10
-ung	—	1	3	4	1	4
-heit	—	2	—	2	2	2
-el	1	5	4	10	6	9
-e	—	—	5	5	—	5
-tüüg	—	1	—	1	1	1
-or	—	—	2	2	—	2
-sch	—	2	3	5	2	5
-j (Dim.)	1	—	—	1	1	—
ges.	21	35	45	101	56	80
%-Anteil	6,5	5,7	13,3	7,9	6,0	8,4

Parallel zu dem in 4.1.1.1.2.1. festgestellten Zuwachs des Anteils expliziter Ableitungen ist ein Anstieg von Formen, in denen eine explizite Ableitung als Grundwort fungiert, zu registrieren. Besonders im Feld der Motoren und bei den Abstrakta erweist sich dieses Muster als produktiv. Während in den Kategorien I (z.B. *Eusterkratzer, Feekfischer, Reisenkäuper*) und II (z.B.*Füürpoker, Knootfischer, Südwester*) etwa Zweidrittel aller Benennungen dieses Musters auf -er enden, zeigt sich unter III eine stärkere Varianz bezüglich des Ableitungssuffixes. Namentlich die Differenzierung nach Fangmethoden führt zu einer Reihe von Bildungen auf -ee, die als Ableitungen von Ableitungen zu verstehen sind (z.B. *Edelfischeree, Gespannfischeree, Kabeljaufischeree*). Darüber hinaus zeichnet sich auch hier deutlich der Trend zur Aufnahme nicht-nd. Formen ab. Die Ableitungssuffixe -e und -or seien an dieser Stelle besonders erwähnt.
Die erzielten Ergebnisse reihen sich ein in den bereits festgestellten Trend, nach dem komplexere Wortbildungsmuster ihren Anteil von der Wortschatzmenge A zur Menge B vergrößern können.

4.1.1.2.2.2. Mehrgliedrige Determinativkomposita mit einer expliziten Ableitung als letzter Konstituente

Tabelle 14: Mehrgliedrige Determinativkomposita mit einer expliziten Ableitung als letzter Konstituente

	I	II	III	ges.	A	B
Muster	6	2	7	15	8	9
%-Anteil	1,9	0,3	2,1	1,2	0,9	0,9

Zu diesem Wortbildungsmuster liegen nur sehr wenige Belege vor (z.B. I: *Grootseilsgaffel*, II: *Seeumtverklorung*, III: *Selbststeueranlage*). Grundsatzlich zeigen sich jedoch auch hier die bereits für die mehrgliedrigen Komposita mit einem Basislexem als Grundwort beschriebenen Erschcinungen. Zwar findet sich in nahezu unveränderter Weise die Notwendigkeit zur Benutzung komplcxerer Wortbildungsmuster, doch überschreiten Bildungen aus drei oder mehr Lexemen offenbar eine für die untersuchte mündlich konstituierte fachliche Umgangssprache anzunehmende natürliche Grenze.
Die inhaltliche Festlegung drei- und mehrgliedriger Wortschatzelemente bewirkt, daß die Adaptabilität dieser Einheiten als sehr gering anzusetzen ist. So ist der geringe Anteil in II erklärbar.

4.1.1.2.2.3. Eingliedrige Determinans und implizite Ableitung

Tabelle 15: Eingliedrige Determinans und implizite Ableitung

	I	II	III	ges.	A	B
Muster	12	13	14	39	25	27
%-Anteil	3,7	2,1	4,2	3,1	2,7	2,8

In der hier vorgenommenen Klasseneinteilung wird nicht weiter bezüglich der zugrundeliegenden Bestimmungswörter differenziert. Grundsätzlich kann ein leichtes Ansteigen dieses Musters von I (z.B. *Flootstreek*) nach III (z.B. *Loopgang*) bei einem geringeren Anteil von II (z.B. *Stopelloop*) festgestellt werden. Auch hier zeigt sich, daß deverbative Formen ihren Anteil von A nach B vergrößern können.

4.1.1.2.2.4. Mehrgliedrige Determinativkomposita mit einer impliziten Ableitung als letzter Konstituente

Tabelle 16: Mehrgliedrige Determinativkomposita mit einer impliziten Ableitung als letzter Konstituente

	I	II	III	ges.	A	B
Muster	—	2	4	6	2	6
%-Anteil	—	0,3	1,2	0,5	0,2	0,6

Nach diesem Muster gebildete Wörter sind allein in den Kategorien II und III verzeichnet. Auch dieses Ergebnis ist als Indiz dafür zu werten, daß komplexere Komposita im überwiegenden Maße erst aufgrund der fachlichen Entwicklung und den daraus resultierenden Erfordernissen in die fachliche Umgangssprache aufgenommen wurden. Darüber hinaus ist festzustellen, daß es sich bei den unter III verzeichneten Formen ausnahmslos um Benennungen handelt, die mit nur geringen lautlichen Veränderungen aus der hd. Fachsprache entlehnt wurden: *Brennstoffpump* — Brennstoffpumpe; *Deckwaschpump* — Deckwaschpumpe; *Frischwoterpump* — Frischwasserpumpe; *Nockenwellandriev* — Nockenwellenantrieb.

Das geringe Vorkommen der nach diesem Muster gebildeten Benennungen steht im Einklang mit den zuvor gemachten Ausführungen über die begrenzte Frequenz komplexerer Wortbildungsstrukturen.

4.1.1.2.3. Determinativkomposita mit einem Kollektivlexem als Grundwort

Entsprechend der geringen Anzahl von Kollektivlexemen, die in dieser Untersuchung registriert wurden, bleibt auch die Zahl der mit einem Kollektivlexem als Grundwort gebildeten Zusammensetzungen gering.

Tabelle 17: Determinans und Kollektivlexem

	I	II	III	ges.	A	B
Muster	—	—	8	8	—	8
%-Anteil	—	—	2,5	0,6	—	0,8

In die bereits beschriebenen Trends ordnet sich der Befund lückenlos ein, daß alle aufgenommenen Belege der Kategorie III zuzuordnen waren. Es handelt sich also ausschließlich um neu aufgenommene Benennungen. Zudem existieren zu diesen Benennungen in der überregionalen hd. Fachsprache lautverwandte Formen, die als Ausgangseinheiten angesehen werden können: *Achtergeschirr, Bobbigeschirr, Löschgeschirr, Upleitgeschirr, Vöörgeschirr, Sichtgerät, Fischmarktgespräch, Seefunkgespräch.*

4.1.1.3. Präfixbildungen

Präfigierte Substantive sind gekennzeichnet durch ein gebundenes Morphem, »das reihenbildend vor ein Grundmorphem oder eine Morphemkombination tritt, um ein Wort oder eine Flexionsform des betreffenden Wortes zu bilden.«[20] Als Problembereich erweist sich in diesem Zusammenhang die Bildung mit einem freien Adverb bzw. einer freien Präposition (z.B. *Twüschenstander*). Anders als bei den Verben kann von einer nennenswerten qualitativen semantischen Veränderung nicht gesprochen werden. Generell kann festgestellt werden, daß Präfixbildungen sich dadurch von Komposita unterscheiden, daß eine Transformation in eine Wortgruppe des Musters Substantiv + attributives Adverb nicht möglich ist.[21]
Wegen der geringen Anzahl der Belege soll im folgenden auf eine Unterscheidung zwischen Bildungen mit Präfixen ohne homonyme freie Morpheme (z.B. un- in *Unwetter*) und Bildungen mit Präfixen, zu denen homonyme freie Morpheme existieren (z.B. bi- in *Biboot*), verzichtet werden.

Tabelle 18: Präfixbildungen

	I	II	III	ges.	A	B
Muster	5	3	5	13	8	8
%-Anteile	1,6	0,5	1,5	1,0	0,9	0,8

Aus der Tabelle geht hervor, daß substantivische Präfixbildungen im untersuchten Fachwortschatz eine nur untergeordnete Rolle spielen. Aus der Klasse der Präfixbildungen ohne homonymes freies Morphem als erster Konstituente ist lediglich *Unwetter* verzeichnet. Allen anderen Präfixen kann ein homonymes freies Morphem zugeordnet werden (z.B. *Vöörfloot, Bifang, Rundümlamp*). Die Form der Präfixe weist auf einen deutlich hd. Einfluß hin. Während in I die Form *Bobenkurr* verzeichnet ist, findet sich in III *Obernett*. Auswirkungen auf bestehendes Sprachmaterial können allerdings nicht festgestellt werden; die denkbare Parallelform **Oberkurr* existiert also nicht. Bei der Neueinführung von Benennungen wird die sich zumeist anbietende Anlehnung an eine hd. Lautform wahrgenommen.

4.1.1.4 Abkürzungen und Kurzwörter

Abkürzungen und Kurzwörter haben erst mit fortschreitender Technisierung Eingang in die fachliche Umgangssprache der Finkenwerder Fischer gefunden. In der hier vorgenommenen Klassifizierung werden lediglich die freien Formen aufgeführt (z.B. *UKW*), daneben sind allerdings auch etwa Komposita (z.B. *UKW-Antenne*) möglich.
Folgende Muster sind zu unterscheiden:
— Initialwörter (*AK, KFK, PS, SBG, UKW, Decca, Radar*),
— Kurzwörter (*Mix, Posi*).

Tabelle 19: Abkürzungen und Kurzwörter

	I	II	III	ges.	A	B
Muster	—	—	9	9	—	9
%-Anteil	—	—	2,7	0,7	—	0,9

Grundsätzlich sind für das Auftreten dieser Formen zwei Ursachen erkennbar. Zum einen sind die Initialwörter in erster Linie als eine Erscheinung der geschriebenen Sprache zu beurteilen.[22] Sie haben also eindeutig den Weg über die schriftlich fixierte hd. Fachsprache in die Sprache der Fischer gefunden. Der Grund für ihre Verwendung ist zum anderen, ebenso wie bei den Kurzwörtern, in einer ökonomischen Sprachverwendung zu sehen. Insbesondere der Bereich der »Kurzwörter« ist im umfassenden Sinne bei weitem nicht auf die aufgeführten, neu in die Sprache aufgenommenen Benennungen zu beschränken. In diesem Zusammenhang ist auf die große Zahl eingliedriger Substantive hinzuweisen, bei denen die Referenz durch die Kommunikationssituation gestiftet wird, so daß eine Notwendigkeit zur Differenzierung durch ein Bestimmungswort nicht vorliegt (z.B. *Brett* und *Schierbrett* für ›Scherbrett‹). Auch einige Diminutivformen sind unter diesem Gesichtspunkt zu betrachten (z.B. *Schelli* für ›Schellfisch‹). Die hier aufgeführten Formen sollen daher in erster Linie unter dem besonders für die gesprochene Sprache (und hier für die gesprochene Sprache am Arbeitsplatz) bedeutsamen Aspekt der Sprachökonomie betrachtet werden.

4.1.1.5. Zusammenrückungen

Bei diesen Formen handelt es sich um Konstruktionen, die aus zwei koordinativen Konstituenten gebildet werden (z.B. *Tweetakt* (-Motor) wird zu *Tweetakter; Tweezylinder* (-Motor) wird zu *Tweezylinder;* beide Elemente werden erfaßt durch die reihenbildende Benennung *Tweetakter-Tweezylinder*). Die beschriebene Wortbildungsstruktur findet sich lediglich bei zwei Benennungen aus der Kategorie III. Die Belegmenge ist damit zu klein, eine Interpretation verbietet sich. Allerdings scheint es sich um ein Wortbildungsmuster zu handeln, das dem Bereich der gesprochenen Sprache zuzuordnen ist. Die Möglichkeit zur Nutzung dieses Musters für Spontanbildungen sei hier lediglich angedeutet.

4.1.1.6. Mehrwortbenennungen

Der Terminus »Mehrwortbenennungen« bezeichnet solche Syntagmen, die eine feste, nicht austauschbare Form aufweisen und eine lexikalisierte begriffliche Einheit darstellen.[23]

Tabelle 20: Mehrwortbenennungen

	I	II	III	ges.	A	B
Muster	5	11	9	25	16	20
%-Anteil	1,6	1,8	2,7	2,0	1,7	2,1

Im Gegensatz zu den Ausführungen von Gerda Bretz zu den in der Fachsprache der Spinnerei und Weberei in Heltau vertretenen Mehrwortbenennungen, wonach diese Formen in erster Linie als Erscheinungen eines generationsspezifischen Sprachgebrauchs zu werten seien[24], weist unsere Untersuchung ein Ansteigen des Vorkommens an Mehrwortbenennungen aus.
Die Stellung lexikalisierter Mehrworteinheiten im Wortschatz ist bislang noch nicht hinreichend geklärt. Scholz beschreibt einen Teil der von ihm untersuchten Mehrwortbenennungen als »der Parole zuzurechnende Übergangsbildungen . . ., die früher oder später abgelöst werden . . .«.[25] Der Übergangscharakter ist dabei jedoch in erster Linie auf geschriebene Texte zu beziehen, während das Ergebnis

dieser Untersuchung zeigt, daß die gesprochene Sprache durchaus an Mehrwortkonstruktionen mit Benennungscharakter festhalten kann.
Zu unterscheiden sind folgende Bildungsmuster:

— attributive Fügungen (aus einem attributiven Adjektiv, Partizip oder Zahlwort und einem Substantiv): z.B. *hooge Luft, loopen Fisch, drüttes Brett;*
— Präpositionalgefüge: z.B. *Anzeige up'n Schrieber, Kutter uut Iesen, Scheinwerfer an de Grootmast, Trichter föör de Spuut;*
— Gefüge, deren Glieder in einem kasuellen Verhältnis zueinander stehen: z.B. *den Schipper sien Kommer;*
— Reihungen: z.B. *Kock un dicke Jung;*
— fremdsprachliche: z.B. *Walky Talky.*

Gründe für die Verwendung von Mehrwortbenennungen in einer fachlichen Umgangssprache können auf unterschiedlichen Ebenen liegen, die im folgenden kurz skizziert werden sollen:
a) Die untersuchte Sprache ist mündlich konstituiert. Sie neigt dazu, Informationen in kleinere Einheiten zu teilen als dies in geschriebenen Texten erforderlich ist (z.B. *Verhandlung vöör't Seeamt* — Seeamtsverhandlung).

b) Durch eine zunehmende Differenzierung innerhalb des Faches werden immer komplexere begriffliche Einheiten erforderlich, die in der gesprochenen Sprache als Begriffsumschreibung realisiert werden (z.B. *den Schipper sien Kommer* — Kapitänskammer).

c) Bei einem geringen Vertrautheitsgrad des Sprechers mit bestimmten Fachausschnitten — beispielsweise der Motorentechnik — kommt es relativ häufig zum Gebrauch syntaktischer Fügung. Andere Sprecher verfügen dagegen über das in der überregionalen Umgangssprache gebräuchliche Fachwort. Solche nicht einheitlich verwendeten, oftmals personengebundenen Benennungen wurden in dieser Studie allerdings nicht berücksichtigt.

d) Nur selten weichen die im nd. Fachwortschatz vertretenen Benennungen von den in der hd. Fachsprache vorgegebenen Formen ab. Wenn dieses Prinzip durchbrochen wird, kann als Motiv ein für den Fischer bzw. aus der Sicht des Fischers relevantes distinktives Merkmal aufgenommen werden, das dann etwa in Form einer Mehrwortbenennung realisiert wird (z.B. *drüttes Brett* — Höhenscherbrett).

Grundsätzlich darf aufgrund einer steigenden begrifflichen Differenzierung davon ausgegangen werden, daß komplexe begriffliche Einheiten in Zukunft verstärkt in die Sprache der Finkenwerder Hochseefischerei aufgenommen werden müssen. Dies wird teils in Form von Komposita (bei entsprechender Vorlage in der überregionalen hd. Fachsprache), teils aber auch in Form von Mehrwortbenennungen geschehen. Dabei ist zu betonen, daß Mehrwortbenennungen »in bezug auf ihre Kommunikationsleistung mit Einwortlexemen auf einer Stufe«[26] stehen.

4.1.1.7. Ergebnisse

Auffällig ist der hohe Anteil eingliedriger Substantive (bestehend aus einem Basislexem, Kollektivlexem sowie expliziten und impliziten Ableitungen), der in den untersuchten Wortschätzen A und B jeweils ungefähr 40% beträgt. Besonders stark vertreten sind die zumeist einsilbigen Basislexeme. Dieses Ergebnis trifft sowohl auf den Wortschatz A als auch auf den Wortschatz B zu. Es ist also in bezug auf diese Wortbildungsmuster von einer anhaltend starken Produktivität auszugehen. Darüber hinaus kann eine Nutzung der Möglichkeit zur Bedeutungsverschiebung, die wir Adaptabilität genannt haben, konstatiert werden. Allerdings ist der Anteil der aufgrund einer fachlichen Entwicklung neu in den Wortschatz aufgenommenen Basislexeme relativ gering. Zu ähnlichen Ergebnissen führt die Betrachtung der Komposita mit einem Basislexem als Grundwort. Auch hier ist ein Rückgang zu verzeichnen. Ein entgegengesetzt verlaufender Trend kann für die Ableitungen sowie für Abkürzungen und Kurzwörter festgestellt werden. Diese Formen sind im Wortschatz B stärker vertreten als in A. Offenbar sind durch die technische Entwicklung andere Merkmale für das Benennen eines Begriffes stärker in den Vordergrund getreten. Hier wäre in erster Linie die Tätigkeit, die ein Gegenstand verrichtet oder die mit seiner Hilfe verrichtet wird, zu nennen, so daß insgesamt häufiger Konstruktionen mit Verbformen Verwendung finden. Nicht mehr ein statischer Begriff und dessen Lage und Erscheinung wird vornehmlich als Motiv für die Wortbildung herangezogen, sondern die Funktion ist in den Mittelpunkt getreten (z.B. *Lüfter* für »Lüftungsrohr« / »Lüfterkopf«; *Schrieber* für »Echograph«; *Kratzer* für »Netzvorläufer«).
Die Anzahl der drei- und mehrgliedrigen substantivischen Benennungen sowie auch der Mehrwortbenennungen ist im Vergleich der Wortschätze A und B aufgrund einer durch fachliche Entwicklungen notwendig gewordenen begrifflichen und sprachlichen Differenzierung angestiegen. Trotzdem stellen wir für den mündlichen Gebrauch einen ökonomischen Einsatz sprachlicher Mittel fest, so daß Kurzformen bzw. die bloße Nennung der Grundwörter bei Sicherung der Referenz durch die Kommunikationssituation der Nennung der vollständigen Fachtermini vorgezogen wird. Aus diesem Grund ist für den mündlichen Gebrauch einer fachlichen Umgangssprache von einer »natürlichen Grenze« bezüglich der Anzahl der Glieder eines Kompositums auszugehen. Diese Grenze ist nach den hier ermittelten Ergebnissen bei drei Konstituenten erreicht. Die hier festgestellten Trends werden in einem weiteren Schritt mit den Befunden zu den anderen Wortarten zu vergleichen sein.

4.1.2. Zu den Verben

Für die Bezeichnung von Zuständen, Vorgängen, Tätigkeiten und Handlungen bei der Arbeit sind verbale Formen erforderlich.[27] Eine rein quantitative Analyse der verzeichneten, im fachlichen Zusammenhang verwendeten Verben kann jedoch nicht in hinreichender Weise die Bedeutung und Funktion der verbalen Elemente erfassen. Die Gesamtzahl der aufgeführten Verben macht nur etwa ein Viertel der für die Substantive ermittelten Werte aus. Zum Teil mag dies auf die Erhebungsmethode zurückzuführen sein; dennoch bleibt festzustellen, »daß die Benennungen von Begriffen . . . in erster Linie nominalen und nicht verbalen Charakter haben.«[28]

Tabelle 21: Verben

	I	II	III	ges.	A	B
Basisvb.	11	52	10	73	63	62
Ableitungen	9	19	10	38	28	29
Zusamm.setz.	9	47	11	67	56	58
Präfixbildg.	17	93	35	145	110	128
Mehrwortben.	1	—	—	1	1	—
gesamt	47	211	66	324	258	277
%-Anteil	14,5	65,1	20,4		79,6	85,5

Aus der Tabelle 21 geht hervor, daß die Anteile der Wortschatzmenge I und III lediglich 14,5% bzw. 20,4% betragen. Im Vergleich zu den Substantiven kann somit eine größere Konsistenz verbaler Wortschatzelemente festgestellt werden. Dies ist in erster Linie auf vielfältige Verwendungsmöglichkeiten zahlreicher Verben zurückzuführen. Dabei kann eine einheitliche Grundbedeutung des Verbs durch ein Substantiv näher modifiziert werden (z.B. *Eul nehmen, Ies nehmen, Proberjant nehmen*), es können sich jedoch auch durch den Gehalt der Ergänzung unterschiedliche semantische Qualitäten ergeben (z.B. *de Sünn scheeten, 'n Seil in de Boot scheeten, kuppheister scheeten, dat Schipp in de Wind scheeten loten;* oder: *'n Reff steken, Rust steken*). Besonders Verben, deren Grundbedeutung eine allgemeine Tätigkeit oder ein nicht explizit festgelegter Zustand ist, können mit Hilfe der Ergänzungen als Hauptbedeutungsträger in verschiedenen Zusammenhängen unterschiedliche semantische Qualitäten aufweisen (z.B. *gohn, liggen, loopen, moken, stohn*).

Der geringe Austauschgrad innerhalb des verbalen Wortschatzes ist darüber hinaus auf ein hohes Maß an Adaptabilität zurückzuführen. Ein Beispiel soll dieses Phänomen erläutern: Das Verb *anropen* bezeichnet auch heute noch die mündliche Kontaktaufnahme zwischen zwei fahrenden Schiffen. Dieser Vorgang war in früheren Zeiten nur dann denkbar und sinnvoll, wenn die Fahrzeuge sich in Rufweite zueinander befanden, so daß eine direkte Kommunikation zustande kommen konnte. Mittlerweile hat sich neben anderen Einflußfaktoren im wesentlichen das Kommunikationsmedium geändert; das den Vorgang der Verbindungs-

aufnahme bezeichnete Verb wird jedoch in unveränderter Form auch bezüglich des Funkverkehrs verwendet.
Bereits für die substantivischen Benennungen konnte ein überproportionaler Anstieg bei der Verwendung verbaler Einheiten konstatiert werden. Dieser Trend setzt sich auch bei den Verben selbst fort; die Gesamtzahl der Wortschatzeinheiten hat sich von A nach B leicht erhöht.
Es wird in dieser Untersuchung eine Einteilung in folgende Kategorien vorgenommen:

— Basislexeme[29] als Verben (z.B. *drieben*),
— Ableitungen (z.B. *ankern*),
— Zusammensetzungen (z.B. *fastmoken*),
— Präfixbildungen (z.B. *afdreihen, vergammeln*),
— Mehrwortbenennungen (z.B. *teeren un smeeren*).

Eine weitere Klassifizierung[30] erscheint aufgrund der geringen Anzahl der in dem untersuchten Korpus befindlichen Wörter wenig sinnvoll.

4.1.2.1. Verben aus Basislexemen

Tabelle 22: Verben aus Basislexemen

	I	II	III	ges.	A	B
Muster	11	52	10	73	63	62
%-Anteil	23,4	24,6	15,2	22,5	24,4	22,4

Die aus Basislexemen gebildeten Verben haben mit 24,4% in Wortschatz A und 22,4% in Wortschatz B einen recht hohen Anteil am Aufkommen der in der fachlichen Kommunikation registrierten Verben. Trotzdem ist festzustellen, daß der Anteil der inzwischen ausgefallenen Einheiten (I) wesentlich höher ist als der der neu aufgenommenen (III). Unter der Kategorie I finden sich in erster Linie Bezeichnungen für die Handhabung der Segel und für das Verhalten von Segelschiffen (z.B. *gieren, reben*). Hinzugekommen sind Verben aus dem Bereich der modernen Kommunikationsmittel und des Motorenantriebs (z.B. *geben, milden, peilen*).
Im Vergleich mit den substantivischen Benennungen ist festzustellen, daß der Anteil von Basislexemen bei den Verben geringer ausfällt. Ein Grund hierfür mag in der vielfältigen Verwendbarkeit zahlreicher Verben zu suchen sein, nach der einerseits die Gesamtzahl der Verben eingeschränkt wird und zum anderen zur semantischen Festlegung häufig zusätzliche sprachliche Mittel herangezogen werden müssen.
Der anteilsmäßige Rückgang der aus einem Basislexem gebildeten Verben ist vornehmlich auf eine gestiegene Notwendigkeit zur sprachlichen Differenzierung zu-

rückzuführen. Dabei wird eine sprachliche Modifikation bezüglich der jeweiligen Tätigkeit oder Handlung bzw. eines Zustandes oder Vorgangs verlangt. Diese Entwicklung ist parallel zu den Befunden zum substantivischen Wortschatz zu sehen. Auch hier ist der Anteil des Wortbildungsmusters, nach dem die kürzesten Formen produziert werden, rückläufig.

4.1.2.2. Ableitungen

Tabelle 23: Ableitungen

	I	II	III	ges.	A	B
Muster	9	19	10	38	28	29
%-Anteil	19,1	9,0	15,2	11,7	10,9	10,5

Der Anteil der abgeleiteten Verben weist einen geringfügigen Rückgang auf. Während jedoch bei den älteren Formen (I, II) fast ausschließlich das Verbalisierungsmorphem -(e)n auftritt (z.B. *lohen, mackern, stüüren*), ist ein Teil der der Kategorie III zugeordneten Verben durch die Suffixerweiterung -ier-en gekennzeichnet (z.B. *limitieren, telefonieren*), deren Basis häufig von fremdsprachlichen Formen gebildet wird. Im Gegensatz zu der älteren Form *kodimmen* (hd. kondemnieren) ist bei den neueren Belegen keine Verschleifung der fremdsprachlichen Suffixform zu verzeichnen. So ist es heute ohne eingreifende Strukturveränderung möglich, Ableitungen auf -ieren aus der überregionalen hd. Fachsprache in die Fachmundart zu übernehmen.

4.1.2.3. Zusammensetzungen

Verbale Komposita treten mit Adjektivlexemen (z.B. *frischhoolen, plattliggen*), mit Substantivlexemen (z.B. *büütmoken, leckslogen*) und mit adverbialen Partikeln (z.B. *doolholen, rückwärtsgeben*) als erster Konstituente auf. Bildungen aus zwei Verblexemen, in der deutschen Sprache ohnehin äußerst selten, sind nicht verzeichnet.

Tabelle 24: Zusammensetzungen

	I	II	III	ges.	A	B
Muster	9	47	11	67	56	58
%-Anteile	19,1	22,3	16,7	20,7	21,7	20,9

In der Verwendung dieses Wortbildungsmusters ist ein leichter Rückgang zu verzeichnen. Dabei ist der Anteil der Kategorie II überdurchschnittlich hoch. Verhältnismäßig viele Verben dieses Musters finden sich also formunverändert sowohl im alten als auch im neuen Wortschatz. Hierin kann ein weiteres Indiz für eine ausgeprägte semantische Breite gesehen werden.

4.1.2.4. Präfixbildungen

Unter Präfixbildungen werden in dieser Untersuchung sowohl Verben ohne homonymes freies Morphem (z.B. *verrotten*) als auch solche mit homonymem freien Morphem (z.B. *inpicken*) als erster Konstituente zusammengefaßt.[31] Im Gegensatz zu den Zusammensetzungen aus adverbialen Partikeln und einem Verblexem erhalten Präfixe (z.B. *an-, af-, in-*) in der Verbindung mit einem Verb eine neue semantische Qualität, die mit der Bedeutung des freien Adverbs oder der freien Präposition nur noch wenig gemein hat. Auf eine mögliche Einteilung in verschiedene Strukturtypen[32] soll im folgenden wegen der kleinen Belegmenge verzichtet werden.

Tabelle 25: Präfixbildungen

	I	II	III	ges.	A	B
Muster	17	93	35	145	110	128
%-Anteil	36,2	44,1	53,0	44,8	42,6	46,2

4.1.2.4.1. Präfix ohne homonymes freies Morphem und Basislexem

Bei diesem Wortbildungsmuster gehen Präfixe ohne homonymes freies Morphem feste Bindungen mit Basislexemen ein. In dem untersuchten Wortschatz treten lediglich Formen mit der Vorsilbe ver- (*verseilen; verankern, vergammeln, verkäupen, verrotten, vertüteln; veriesen*) und be- *(bekleeden, beleggen; befischen*) auf.

Tabelle 26: Präfix ohne homonymes freies Morphem und Basislexem

	I	II	III	ges.	A	B
Muster	1	7	2	10	8	9
%-Anteil	2,1	3,3	3,0	3,1	3,1	3,2

Das Ergebnis zeigt, daß dieses Wortbildungsmuster zu den unbedeutenden Arten zu zählen ist. Wegen der geringen Anzahl von Belegen soll auf eine weitere Interpretation verzichtet werden.

4.1.2.4.2. Präfix mit homonymem freien Morphem und Basislexem

Zu den hier erfaßten Präfixen existieren formgleiche Partikeln, die sich jedoch in semantischer und funktionaler Hinsicht von den Vorsilben unterscheiden. Nach diesem Muster sind in den Wortschätzen A und B bei ansteigender Tendenz jeweils etwa 40% aller verzeichneten Verben gebildet. Sie können feste (z.B. *oberholen* ›überprüfen‹) und unfeste Bindungen (z.B. *upslogen*) eingehen.

Bei diesem Wortbildungsmuster handelt es sich eindeutig um das wichtigste und auch derzeit produktivste. Zu der geforderten sprachlichen Differenzierung wird in erster Linie die Präfixbildung herangezogen.
Tabelle 27 weist einen recht hohen Konstantheitsgrad der unter diesem Muster verzeichneten Verben aus. Ein Grund hierfür mag in der Tatsache liegen, daß zahlreiche Tätigkeiten auch bei weiterentwickeltem Gerät vergleichbar geblieben sind. Hinzu kommt, daß zahlreiche Verben in unterschiedlichen fachlichen Zusammenhängen realisiert werden können (z.B. *'n Seil upholen, de Flagg upholen, den Fischereekorv upholen*), so daß nur verhältnismäßig wenige aufgrund einer fachlichen Entwicklung ausfallen.

Tabelle 27: Präfix mit homonymem freien Morphem und Basislexem

	I	II	III	ges.	A	B
achtertoo-	—	1	—	1	1	1
af-	2	13	5	20	15	18
an-	2	16	4	22	18	20
back-	2	—	—	2	2	—
bi-	—	1	—	1	1	1
döör-	1	1	4	6	2	5
in-	3	11	6	20	14	17
loos-	—	3	2	5	3	5
no-	1	—	1	2	1	1
ober-	—	4	—	4	4	4
tohoop-	—	2	—	2	2	2
too-	—	1	—	1	1	1
üm-/um-	1	—	1	2	1	1
up-	2	19	4	25	21	23
uut-	2	13	5	20	15	18
vöör-	—	1	1	2	1	2
ges.	16	86	33	135	102	119
%-Anteil	34,0	40,8	50,0	41,7	39,6	43,0

Auffällig ist, daß mit der Technisierung keine neuen Präfixe Eingang in die untersuchte Fachmundart gefunden haben. Auch unterschiedliche Gewichtungen bezüglich der Frequenz einzelner Präfixe sind kaum zu verzeichnen; neben dem Ausfall von back- wäre hier allenfalls ein Anstieg der Bildungen mit döör- und in- zu verzeichnen. In lautlicher Konkurrenz mit der nd. Form üm- steht nun die aus dem Hd. entlehnte Form um- (*ümrühren — umschalten*).
Der Trend zeigt einen nicht unbedeutenden Anstieg von Präfixformen mit einem homonymen freien Morphem als erster Konstituente. Diese Feststellung ordnet sich in die Reihe der bislang ermittelten Befunde ein, nach denen insgesamt eine kontinuierlich wachsende Notwendigkeit zur sprachlichen Differenzierung konstatiert werden kann.

4.1.2.5. *Mehrwortbenennungen*

Es ist bereits auf die vielfältige Verwendungsmöglichkeit zahlreicher Verben hingewiesen worden. Entsprechend dem Kontext können sie enge syntagmatische Verbindungen mit anderen Wörtern eingehen. Bei diesen ist jeodoch kein lexikalischer Eigenwert, der über die Qualität der Einzelwörter hinausreicht, zu verzeichnen (z.B. *up Prozente fohren, hooch fischen, Ies moken, den Törn uut den Tampen moken, halbe Kraft geben*). Darüber hinaus kann nicht von vollständig lexikalisierten Einheiten gesprochen werden, auch wenn einige ohne Frage in einem Übergangsbereich anzusiedeln sind.
Als lexikalisierte Form im eigentlichen Sinne kann nur die Reihung *teeren un smeeren* bezeichnet werden. Der Ausdruck findet allein in dieser Form Verwendung, die Konstituenten sind nicht austauschbar, und darüber hinaus decken die Bedeutungen der Einzelwörter nicht den gesamten begrifflichen Umfang ab.

4.1.2.6. *Ergebnisse*

Der Bestand der Verben ist, verglichen mit den substantivischen Benennungen, als relativ konstant zu bezeichnen. Nur wenige Verben fielen aufgrund des Einflusses der Technik aus dem Fachwortschatz heraus, andererseits kamen auch nur wenige hinzu. In den Wortschatzmengen A und B sind jeweils mehr als 75% aller Verben der Kategorie II zuzuordnen.
Im wesentlichen bestätigen sich die für die substantivischen Benennungen ermittelten Trends. Zwar ist die einfachste, lediglich aus einem Basislexem bestehende Form insgesamt in geringerem Maße an der Wortbildung beteiligt als dies für die Substantive festgestellt werden konnte, jedoch erweist sich auch hier der Anteil im Vergleich der Wortschätze A und B als rückläufig.
Insgesamt stieg die Zahl der verbalen Wortschatzanteile von A nach B leicht an. So wie bereits bezüglich der Substantive eine steigende Frequenz verbaler Wortbestandteile festgestellt wurde, weisen auch diese Befunde darauf hin, daß den Verben an sich ebenfalls eine wachsende Bedeutung zukommt. Als besonders produktiv erweisen sich in diesem Zusammenhang die verbalen Präfixbildungen, während die Anteile von Zusammensetzungen und Ableitungen als kaum verändert zu beschreiben sind.
Es bleibt festzuhalten, daß der verbale Wortbestand der untersuchten Fachmundart weniger stark auf die außersprachlichen Einflüsse der fachlichen Entwicklung reagiert als dies für die Substantive konstatiert werden konnte.
Es zeichnet sich an diesem Befund ab, daß fachlich bestimmte Bedeutungen in erster Linie durch den substantivischen Wortschatz getragen werden. Dieser Aspekt soll in den nachfolgenden Untersuchungen zur morphematischen Struktur der verzeichneten Adjektive und Partikeln weiter verfolgt werden.

4.1.3. Zu den Adjektiven

Tabelle 28: Adjektive (absolute Zahlen)

	I	II	III	ges.	A	B
Basislexeme	1	57	1	59	58	58
Zusammens.	—	11	—	11	11	11
Ableitungen	—	28	6	34	28	34
Präfixbildg.	—	4	—	4	4	4
Mehrwortben.	—	1	—	1	1	1
ges.	1	101	7	109	102	108

Fast der gesamte aufgeführte adjektivische Wortschatz besteht aus Elementen, die bereits vor der Umrüstung der Finkenwerder Hochseefischereiflotte auf den Antrieb durch Motorenkraft verwendet wurden. Lediglich eins der verwendeten Adjektive wurde der Kategorie I zugeordnet (*ruum*), während nicht mehr als sieben unter der Kategorie III zu finden sind (*teit, nebelig, regnerisch, langsoom, ünnermotig, hoochtourig*).

Tabelle 29: Adjektive (Prozentuale Anteile innerhalb A und B)

	ges.	A	B
Basislexeme	54,1	56,9	53,7
Zusammens.	10,1	10,8	10,2
Ableitungen	31,2	27,5	31,5
Präfixbildg.	3,7	3,9	3,7
Mehrwortben.	0,9	1,0	0,9

Mit über 50% ist der Anteil der allein aus einem Basislexem gebildeten Adjektive überdurchschnittlich hoch (z.B. *flau, ing, scharp*). Diese sind größtenteils einsilbig und können insofern auch unter dem Aspekt des ökonomischen Einsatzes sprachlicher Mittel betrachtet werden. Entsprechend ist der Anteil zusammengesetzter Formen geringer als bei den Verben und Substantiven. Insgesamt sind nur zehn zweigliedrige (z.B. *seekrank, wetterfast*) Komposita und eine dreigliedrige Zusammensetzung (*plackendootstill*) verzeichnet.

Neuaufnahmen konzentrieren sich auf die Form der Ableitung. Durch eine enge Anlehnung an das Hd. finden so auch die Suffixe -isch (*regnerisch*) und -soom (*langsoom*) Eingang in den Bereich der Wortbildungsmittel in der untersuchten nd. Fachmundart. Dagegen sind unter den Kategorien I und II ausschließlich Formen mit den Suffixen -e(r)n (z.B. *wullen, iesern*), -ig (z.B. *briessig, smeerig*) und -sch (z.B. *ingelsch, uplandsch*) zu finden.

Die Zahl der Präfigierungen ist gering. Sie zählen ausnahmslos zur Kategorie II. Als Präfix kommt allein un- vor (*ungemütlich, unhandig, unkloor, unrein*); diese Bildungen sind als Negativformen zu den zugrundeliegenden Adjektiven zu verstehen.

Unter den Mehrwortbenennungen ist lediglich *dick van Dook* verzeichnet. Nur bei dieser Form kann von einer vollständig lexikalisierten Einheit gesprochen werden.

Insgesamt kann dem adjektivischen Wortschatz der untersuchten Fachmundart ein wesentlich höherer Grad an Formkonstanz zugesprochen werden als dies bei den Substantiven und Verben möglich war. Die Austauschrate liegt in den Wortschätzen A und B jeweils unter 10%. Auch einschneidende fachliche Veränderungen führen somit nicht zu größeren Veränderungen innerhalb des adjektivischen Wortschatzes. Zum einen mag hierfür die vielfältige Einsetzbarkeit von Adjektiven verantwortlich sein, andererseits ist dieser Befund aber als deutliches Indiz dafür zu werten, daß der adjektivische Wortschatz in nur geringem Maße auf außersprachliche Entwicklungen reagiert. Eine Notwendigkeit zum Austausch adjektivischer Wortschatzelemente besteht offenbar kaum. Dementsprechend ist festzustellen, daß die Elemente der einzelnen Wortartklassen in unterschiedlicher Weise von fachlichen Veränderungen beeinflußt werden. Technische Entwicklungen und Veränderungen des sprachlichen Materials korrespondieren also in den einzelnen Wortarten in recht unterschiedlicher Ausprägung miteinander. In dieser Hinsicht konnte bislang eine Abfolge von den Substantiven über die Verben zu den Adjektiven festgestellt werden.

4.1.4. Zu den Partikeln

In dieser Wortartklasse wurden nur solche Adverbien, Präpositionen und Konjunktionen aufgeführt, die in fachlichen Zusammenhängen mit einer fachlich determinierten Bedeutung realisiert werden. Es handelt sich dabei fast ausschließlich um Lokaladverbien und lokale Präpositionen, die häufig als Bestandteile fester syntaktischer Fügungen auftreten.

Tabelle 30: Partikeln

	I	II	III	ges.	A	B
Eingliedr.	1	31	—	32	32	31
Zweigliedr.	4	13	1	18	17	14
Mehrwortben.	—	1	—	1	1	1
ges.	5	45	1	51	50	46

Ähnlich wie bei den Adjektiven zeigt sich das Inventar der Partikeln von fachlichen Entwicklungen unberührt. Nur fünf Elemente dieser Wortartklasse (z.B. *halbenwinds, doolwart*) wurden der Kategorie I zugewiesen, während eins zur Kategorie III zählt *(rückwärts)*. Die ausgefallenen Benennungen gehören dem Sachbereich der Segelschiffahrt an; die neu aufgenommene Form wurde aus dem Hd. entlehnt. Ein Einfluß der fortschreitenden Technisierung innerhalb des Faches auf das Inventar der Partikeln ist kaum nachzuweisen. In diesem Zusammenhang ist darauf hinzuweisen, daß den verzeichneten Partikeln nur in äußerst geringem Maße fachspezifische Bedeutungen zugeordnet werden können.

Aussagen über die Verwendungshäufigkeit von Elementen dieser Wortartklasse in der realisierten Rede sind aufgrund des gewählten Untersuchungsansatzes nicht möglich. Es sei hier lediglich auf die im Gebrauch der Fachmundart häufige Verwendung und nicht zu unterschätzende Funktion von Partikeln, in erster Linie der Präpositionen, in festen syntaktischen Fügungen hingewiesen.

4.1.5. Ergebnisse der Untersuchungen zur morphematischen Struktur des Fachwortschatzes

In dieser quantitativ ausgerichteten Untersuchung konnten verschiedene Tendenzen in der Entwicklung der morphematischen Struktur des zuvor dargestellten Fachwortschatzes aufgezeigt werden. Allgemeine Trends sollen im folgenden zusammengefaßt und wortartklassenübergreifend beschrieben werden.
Bei den substantivischen Benennungen nimmt die Zahl der Ableitungen und Präfixbildungen zu, der Anteil der Zusammensetzungen ist dagegen rückläufig. Aufgrund einer überdurchschnittlich hohen Konstanz alter eingliedriger Substantive ist der entsprechende Anteil am Gesamtwortschatz nur leicht rückläufig. Der Anteil der drei- und mehrgliedrigen Substantive sowie der Mehrwortbenennungen ist klein, nimmt jedoch insgesamt leicht zu. Verbale Wortbildungselemente erhalten ein größeres Gewicht.
Bei den Verben sind die Anteile der einfachen Formen und der Ableitungen rückläufig; Präfigierung und Zusammensetzung sind dagegen Muster, deren prozentualer Anteil sich erhöht hat.
Die Veränderungen der morphematischen Struktur der Adjektive und Partikeln sind als gering zu bezeichnen, sie können kaum auf einen Wandel innerhalb des Faches zurückgeführt werden. Dieser Bereich des Wortschatzes ist von der Motorisierung der Fischereifahrzeuge nur in sehr eingeschränktem Maße berührt worden.
Als wichtigstes Ergebnis, das auf die Einteilung des Wortschatzes in die Kategorie I, II und III zurückzuführen ist, muß die Tatsache gewertet werden, daß bei einem annähernd unveränderten Verhältnis der Wortartklassen zueinander der höchste Grad an Fluktuation im Bereich der substantivischen Benennungen stattgefunden hat. Während und nach der Motorisierung ergab sich die Notwendigkeit, neue Wirklichkeitsbereiche zu benennen. Etwa ein Drittel der Substantive fiel aus, während ungefähr die gleiche Anzahl mit der Motorisierung und den einschneidenden Veränderungen aufgrund der Einführung technischer Neuerungen in den Wortschatz aufgenommen wurde. Die Verben zeigen dagegen bereits eine weitaus geringere Neigung zum Austausch von Wortschatzelementen; die Fluktuation liegt bei ihnen bei etwa 20%. Das Inventar der Adjektive und Partikeln wurde durch die Technisierung nur unwesentlich berührt. Die nachfolgenden Skizzen 1 und 2 sollen diesen Aspekt graphisch veranschaulichen.

Skizze 1: Fluktuation innerhalb der Wortarten: Wortschatz A

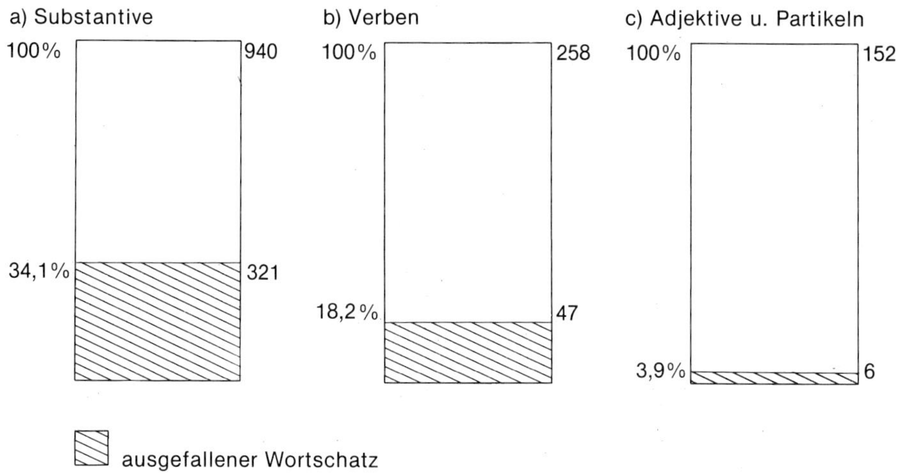

Skizze 2: Fluktuation innerhalb der Wortarten: Wortschatz B

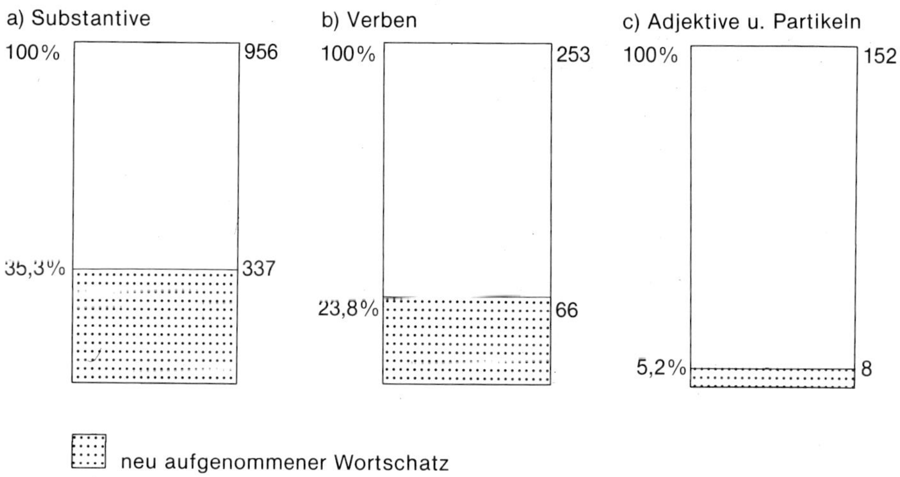

Im Vergleich der Wortartklassen zeigt sich eine deutlich abgestufte Reaktion auf die außersprachliche technische Entwicklung. Der Austauschgrad der Wortschatzelemente nimmt von den Substantiven über die Verben zu den Adjektiven und Partikeln deutlich ab. Dieses Ergebnis muß als Indiz dafür gewertet werden, daß fachliche Inhalte primär durch den substantivischen Wortschatz transportiert werden.

Inwieweit die aufgezeigten Tendenzen typisch für den fachmundartlichen oder fachsprachlichen Bereich sind, läßt sich an dieser Stelle nicht beurteilen, da Vergleichszahlen über wortartspezifische Fluktuationsgrößen innerhalb eines Sprachwandlungsprozesses weder für die hd. oder nd. Gemeinsprache noch für Fachsprachen vorliegen.
Neben dem Austausch von Wortschatzeinheiten werden auch Entwicklungen bezüglich der Struktur des Fachwortschatzes durch die unterschiedliche Besetzung einzelner Wortbildungsmuster evident. Die wesentlichen Ergebnisse lassen sich folgendermaßen zusammenfassen: Zum einen verlangt ein gestiegener Grad an sachlich-fachlicher Differenzierung eine stärkere Differenzierung auch im fachsprachlichen Bereich; zum anderen ist eine durch die konstituierenden Elemente der Größe »Fachmundart« bedingte eindeutige Referenzzuweisung auch bei solchen Benennungen festzustellen, die rein formal betrachtet als undifferenziert und vage in der Bedeutung erscheinen müssen. Eine Auflistung der wesentlichen Befunde, insbesondere im Hinblick auf die Substantive und Verben, verdeutlicht diesen Gesichtspunkt:

— An der trotz fortschreitender fachlicher Entwicklung hohen Anzahl eingliedriger Fachwörter zeigt sich, daß es sich bei dem gewählten Untersuchungsgegenstand um eine gesprochene Sprache handelt. Die mündlich konstituierte fachliche Umgangssprache strebt nach einem möglichst ökonomischen Einsatz sprachlicher Mittel, der durch die Verwendung in bestimmten Domänen des situativen Sprachgebrauchs[33] begünstigt wird.
— Der Anteil zweigliedriger Formen steigt aufgrund einer gestiegenen Notwendigkeit zur sprachlichen Differenzierung leicht an.
— Der Anteil drei- und mehrgliedriger Benennungen bleibt gering, auch wenn generationsbedingt ein leichter Zuwachs dieser Formen zu konstatieren ist. Wir haben in diesem Zusammenhang von einer natürlichen Grenze gesprochen.
— Der Anteil verbaler Wortbildungselemente erhält ein größeres Gewicht.
— Der Anteil der aus dem Hd. entlehnten Elemente ist angestiegen. Während der Auswertung konnte nur sporadisch auf dieses Phänomen hingewiesen werden, etwa bei der Betrachtung der Präfixformen. Insgesamt kann von einer abgeschwächten Forderung nach Assimilation gesprochen werden.

Die erwähnten Ebenen der Strukturveränderung zeigen sich in allen Wortartklassen, auch wenn die Veränderungen selbst in unterschiedlicher Intensität Platz greifen. Somit kann den hier aufgeführten Ergebnissen durchaus eine übergreifende, auf Strukturen innerhalb der gesamten Fachmundart bezogene Aussagekraft zugebilligt werden.

4.2. Zur semantischen Struktur des substantivischen Wortschatzes

In diesem Abschnitt soll auf einige signifikante Merkmale der Beziehung zwischen der Inhalts- und der Ausdrucksseite bei substantivischen Benennungen hingewiesen werden. Unter dem Aspekt des Sprachwandels kommt gerade diesem Bereich eine wesentliche Bedeutung zu. Im Rahmen dieser Arbeit erfolgt dabei eine Beschränkung auf solche Ausschnitte, in denen entweder fachmundartspezifische Züge zu erwarten sind oder in denen, analog zu den Veränderungen der Morphemstruktur des Wortschatzes, Tendenzen bezüglich der semantischen Struktur nachzuweisen sind.
Zunächst stehen die Bereiche Synonymie, Polysemie und Metaphorik, die im Hinblick auf ihre fachsprachliche Ausprägung beschrieben werden, im Mittelpunkt der Betrachtung. Im anschließenden Schritt wird der Aspekt der Bedeutungseinengung und -verschiebung näher beleuchtet, und zwar sowohl bezogen auf einen fachsprachlichen Prozeß als auch im Vergleich fachsprachlicher Benennungen mit ihren standard- bzw. umgangssprachlichen Bedeutungen. In einem abschließenden Schritt soll unter dem Gesichtspunkt des Eigencharakters der untersuchten Fachmundart der Frage nachgegangen werden, ob sich Differenzen zur Ortsmundart einerseits sowie zur überregionalen Fachsprache andererseits feststellen lassen.

4.2.1. Zur Synonymie: *Flügel, Blatt* und *Wing*

Das Stichwort »Synonymie« bezeichnet den Zustand, in dem einem Inhalt verschiedene Lautformen zugeordnet werden können. Dabei ist grundsätzlich zu betonen, daß es sich unter inhaltlichem und stilistischem Aspekt immer nur um eine annähernde, nicht aber um eine völlige Entsprechung handeln kann. Ausschlaggebend für die Analyse des Wortschatzmaterials ist das Kriterium der Austauschbarkeit, das auch auf eng verwandte Inhalte anwendbar bleibt.[34] Nicht unter diesen Begriff fallen hier verschiedene Ausprägungen ein und desselben Fachwortes, etwa das Nebeneinander einer komplexen Form und einer Kurzform, die der gesprochenen Sprache zuzuordnen ist. Ebenfalls ausgeklammert bleiben umschreibende syntaktische Fügungen, denen kein Benennungscharakter zugebilligt werden konnte.
Für das Auftreten von Synonymen in der Sprache der Finkenwerder Hochseefischer lassen sich verschiedene Ursachen anführen, die hier anhand von ausgewählten Beispielen skizziert werden sollen:

a) In einer nicht formalisierten, zudem mündlich tradierten Fachsprache besteht ein ständiger Austauschprozeß mit der regionalen Umgangssprache. Als Beispiele mögen hier die unterschiedlichen Benennungen für die an Bord befindliche Schlafstelle dienen. Zwar vermeidet man in der Fischersprache die in Anlehnung an das Hd. gebildete Form *to Bett gohn*, und auch die in der Ortsmundart gebräuchliche Wendung *up Bett gohn* wird nicht verwendet, doch finden sich neben *Koje* die in der nd. Umgangssprache vorhandenen Bezeichnungen *Puuch*[35] und *Klapp*[36]. Allerdings muß der Gebrauch in engem Zusammenhang mit der jeweiligen Kommunikationssituation gesehen werden. *Koje* ist allgemein mit einem wertneutralen Inhalt belegt und wird zumeist als Benennung für die Schlafstelle verwendet, während die anderen genannten Formen fast ausschließlich in einem Syntagma mit einer Präposition (zumeist *in*) und dem Verb *gohn* in einer durch persönlichen Kontakt und gemeinsames Vorwissen der Sprecher geprägten Umgangssprache benutzt werden.

b) Eine Reihe von nd. Benennungen zeigt keine formale Ähnlichkeit mit denjenigen hd. Wörtern, die den gleichen semantischen Bereich in der überregionalen hd. Fachsprache abdecken. In neuerer Zeit haben durch die beschriebenen Einflußfaktoren diese hd. Benennungen Eingang in die untersuchte Fachmundart gefunden. Die Übernahme vollzieht sich in der Regel in einer der Finkenwerder Mundart angepaßten Lautung (z.B. *Back — Disch* aus hd. Tisch), in seltenen Fällen auch in Form von Lehnübersetzungen (z.B. *Tripp — Doolgang* und die zugrundeliegende hd. Form Niedergang) oder durch Übernahme des hd. Fachwortes, soweit es mit der Lautung des Nd. in Einklang zu bringen ist.[37]

c) Während in b) davon ausgegangen wurde, daß zu einer ursprünglich verwendeten nd. Benennung ein im Hd. übliches Fachwort gestellt und neben diesem synonym verwendet wird, so läßt sich auch für die durch die Technisierung neu in die Fachsprache aufgenommenen, ursprünglich hd. Benennungen eine entsprechende Einflußnahme aufzeigen. Hier steht ein hd. Fachwort am Ausgangspunkt, zu dem ein nd. Synonym, oder auch mehrere, gebildet wird (z.B. *Telefonie* in der Bedeutung ›Funkgerät‹ — *Quasselkasten / Klöönkasten*). In engem Zusammenhang mit dieser Erscheinung sind diejenigen Benennungen zu betrachten, bei denen ein vorhandenes hd. Ausgangswort gar nicht erst in die fachliche Umgangssprache übernommen wurde (z.B. *Schrieber* — hd. Echograph); auch aus dem Bereich der überregionalen Fachsprache lassen sich für dieses Phänomen Beispiele anführen (z.B. *Stütten* — Betings). Es sei angemerkt, daß die letzten Beispiele nicht als Synonyme innerhalb der untersuchten Fachmundart anzusehen sind.

d) Sowohl durch den intensiven Kontakt zu Fischern aus anderen Regionen als auch durch die Tatsache, daß verschiedene Schiffer ihren Beruf nicht auf Finkenwerder Fahrzeugen erlernten und daß darüber hinaus die wenigsten Besatzungsmitglieder aus Finkenwerder stammen oder hier den ersten Kontakt zur Seefahrt oder Fischerei bekamen, sind fachliche und gleichermaßen sprachliche Einflüsse, etwa von den im Ostseeraum oder auf Fischdampfern üblichen Benennungen, auf den Wortschatz der Finkenwerder Hochseefischerei erklärbar (z.B. *Flügel* in der Bedeutung ›Netzteil‹ — auf Fischdampfern *Wing* — an der Ostsee *Blatt*).

In diesem Zusammenhang ist darauf hinzuweisen, daß die Mehrzahl der in der untersuchten Fachmundart vertretenen, aus dem Engl. stammenden Fachwörter von der auf deutschen Fischdampfern verwendeten Terminologie in die auf Finkenwerder Kuttern übliche Sprache aufgenommen wurden (z.B. *Belly, Wing, Bullei*). — Grundsätzlich kann hier von einem Einfluß aus einer anderen Sparte des gleichen fachlichen Bereiches gesprochen werden.

e) Eine insbesondere für mündlich tradierte Fachmundarten typische »Beseelung des Unbeseelten«[38] ist dafür verantwortlich, daß in einigen Fällen Metaphern nicht nur aufgrund einer einzigen bestehenden Parallelität gebildet werden, sondern daß zu einem Begriff mehrere Metaphern nebeneinander existieren. Wenn darüber hinaus auch noch die in Nachbardisziplinen verwendeten Fachwörter bekannt sind, ergibt sich daraus eine ganze Reihe von Benennungen, die als synonym betrachtet werden müssen. Als Beispiel mögen hier die verschiedenen Benennungen für die Rückfront des Schiffes dienen: *Heck* (umfassende und wertneutrale Bezeichnung aus der allgemeinen Schiffersprache), *Achtersteben* (stärker auf die Bauelemente des Schiffes fixierte Form aus dem Bereich des Schiffbaus), *Oors* (auf die Form ausgerichtete Benennung aus dem nichtformalen Teil der fachlichen Umgangssprache; Sichtmetapher aus dem menschlichen Bereich), *Spegel* (auf die Form gerichtete Benennung aus der fachlichen Umgangssprache; Sichtmetapher aus dem tierischen Bereich), *Gatt* (aus der fachlichen Umgangssprache; Lagemetapher aus dem gegenständlichen Bereich). Die hier aufgeführten Synonymen entspringen zumeist unterschiedlichen Sichtweisen in benachbarten Arbeits- und Fachbereichen. In Abgrenzung zu d) beschränkt sich der Kontakt jedoch nicht auf das Feld der Fischerei.

f) Neuerungen im fachlichen Bereich bringen es mit sich, daß bestimmte Funktionen innerhalb des Arbeitsablaufes mit Hilfe von bis dahin unbekannten Gegenständen und Methoden wahrgenommen werden. In diesem Prozeß der fachlichen Veränderung zeigt sich, daß die alten Benennungen, die in sachlicher Hinsicht den bereits überkommenen Stand darstellen, in vielen Fällen für eine unbestimmt lange Übergangszeit im Fachwortschatz verbleiben. Während dieser Zeitspanne werden die alte Benennung und die den veränderten sachlichen Verhältnissen entsprechende neue Benennung synonym verwendet, bis sich schließlich die neue Form durchsetzt. So blieb die Benennung *Kurr* für das Fanggerät bis in die dreißiger Jahre hinein erhalten, obwohl die Baumkurre bereits kurz nach der Jahrhundertwende durch das Schernetz abglöst worden war. Erst nach dem Zweiten Weltkrieg setzte sich dann die Form *Nett* vollständig durch. In der Zusammensetzung *Kurrlien* blieb der alte Stamm allerdings bis heute erhalten. In Skizze 3 auf der folgenden Seite wird die zeitliche Differenz zwischen Sachwandel und Sprachwandel graphisch dargestellt.

Ein weiteres Beispiel liefern die Benennungen für das Gerät, mit dessen Hilfe von Bord aus die Wassertiefe ermittelt wird. *Loot* ist die tradierte Bezeichnung für das Handlot; mit der fachlichen Weiterentwicklung erfolgte eine Übertragung auf das Echolot. Heute wird *Loot* synonym mit *Schrieber* in der Bedeutung ›Echograph‹ verwendet.

Skizze 3: Sachwandel und Sprachwandel: Baumkurre/Schernetz — *Kurr/Nett*

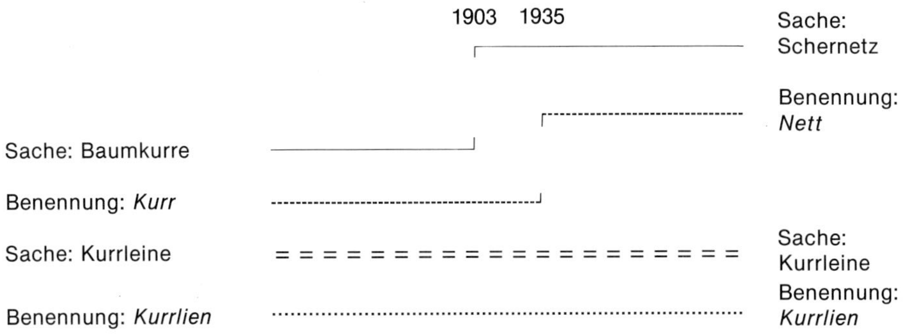

Es muß hier von einer Kategorie zwischen dem Sachwandel und dem mit einer Zeitverzögerung vollzogenen Sprachwandel ausgegangen werden. Die zeitliche Differenz ist in erster Linie unter dem Aspekt der generationsspezifischen Sprachverwendung zu betrachten. Damit unmittelbar verzahnt ist der Gesichtspunkt des generellen Zuwachses des Einflusses der hd. Sprache.

g) Nicht nur fachliche Veränderungen, sondern auch historisch-kulturelle Wandlungen finden ihren Niederschlag in Umbenennungen. Durch gesellschaftliche Veränderungen infolge des Ersten Weltkrieges erfolgte eine semantische Neuausrichtung für die Dienstverhältnisbezeichnung *Knecht*. Bereits vorhandene negative Konnotationen traten stärker in den Vordergrund. In den zwanziger Jahren fand aus diesem Grunde neben *Knecht* die Bezeichnung *Bestmann* Verwendung, die sich bis zum Zweiten Weltkrieg ausnahmslos durchgesetzt hatte. Durch fachbedingte Änderungen wird heute *Bestmann* parallel (nicht synonym) zu *Stüürmann* verwendet.

h) Auf einen Fall, der hier »situationsbedingte Synonymie« genannt werden soll, sei abschließend hingewiesen. Im dritten Abschnitt wurde bereits verschiedentlich ausgeführt, daß zur Bezeichnung eines Begriffs entsprechend der Situation die jeweils relevanten Merkmale betont werden. Ein Beispiel mag dieses Prinzip verdeutlichen:
Die Seitenschwerter der Ewer wurden allgemein *Siedenswierter* oder kurz auch *Swierter* genannt. Zur Präzisierung konnte je nach den Erfordernissen der Situation die Lage (z.B. *Stüürbuurdswiert*) oder die Position in Beziehung zur herrschenden Windrichtung (z.B. *Leeswiert*) angegeben werden. Da sich die Stellung der einzelnen Schwerter zum Wind während des Segelns (oder präziser: während des Kreuzens) änderte, war also nur in bestimmten Situationen eine Übereinstimmung auf der Inhaltsebene, etwa zwischen den Bezeichnungen *Stüürbuurdswiert* und *Leeswiert*, gegeben.

Die hier aufgeführten Formen der Synonymie weisen in der Mehrzahl auf Austauschprozesse mit benachbarten Feldern hin. Es finden sich Einflüsse aus der hd. Umgangssprache, aus anderen Fischersprachen und Fachsprachen anderer Fächer. Dabei sind generell auch Überschneidungen der angeführten Kategorien möglich. Zum anderen wird deutlich, daß der Sprachstand, in dem zwei Ausdrücke synonym verwendet werden, in zahlreichen Fällen einer zeitlichen Begrenzung unterliegt. Neue Benennungen setzen sich erst dann durch, wenn sich Strukturveränderungen innerhalb der Sprechergruppe zeigen. Eine Vertiefung dieses Aspekts verbietet sich in dem gewählten Rahmen, dennoch scheinen sich hier aufschlußreiche Perspektiven, insbesondere im Hinblick auf einen generationsbedingten Sprachwandel, anzudeuten.

4.2.2. Zur Polysemie: *Reeder, Reeder* und *Reeder*

Polysemie liegt vor, wenn einem Lautkörper (auf der Ausdrucksebene) verschiedene Bedeutungen (auf der Inhaltsebene) zugeordnet werden können.[39] Insgesamt sind mehr als 5% des untersuchten substantivischen Wortschatzes nicht auf eine Bedeutung beschränkt und somit als polyseme Einheiten aufzufassen. Hierin ist ein deutliches Indiz dafür zu sehen, daß die untersuchte Fachmundart durch ein hohes Maß an Situationsverschränktheit gekennzeichnet ist. Voraussetzung für eine adäquate Zuordnung des implizierten Inhalts ist hier die Einbeziehung des Kommunikationszusammenhanges.

Polyseme können in unterschiedlichen Verhältnissen zueinander stehen. Die Hauptformen werden im folgenden aufgeführt und an Beispielen verdeutlicht:

a) Eine inhaltliche Verwandtschaft ist auch durch diachrone Analysen nicht erkennbar (Homonymie), z.B.:

Reeder — Leitschiene für die Schot an Deck von Segelschiffen;
— als Sicherung dienendes Tau, das bei den ersten Schernetzen vom *Sleper* zur Besanwant führte;
— Schiffseigner.

b) Inhaltliche Verwandtschaft, etwa aufgrund einer vergleichbaren Form der zu bezeichnenden Gegenstände, kann zu der Verwendung eines Ausdrucks für unterschiedliche Inhalte führen, z.B.:

Spitzer — Ewertyp;
— spitzer Hering, Heringsart.

Klau — Verbindungselement zwischen Mast und Segel beim Gaffelsegel;
— Bügel am Kurrbaum.

Stiert — Schwanz des Fisches;
— hinterster Teil des Netzes.

Bei der Einführung neuer Begriffe in das Fach besteht in der Regel die Notwendigkeit, auf bislang nicht verwendetes sprachliches Material zurückzugreifen. Sehr häufig ist eine Anlehnung an vorgegebene hd. Fachausdrücke erkennbar. Daneben ist es allerdings auch möglich, daß einem traditionell überlieferten Lautkörper ein neu in das Fach aufgenommener Begriff zugeordnet wird. Diese Zuordnung kann auf eine fachinterne Verwendung beschränkt sein oder auch in den allgemeinen Sprachgebrauch übernommen werden, z.B.:

Nock — äußeres Ende der Rah;
— Erker des Ruderhauses.

Brück — Abteilung in den Hocken (vgl. auch: *afbrücken*);
— Kommandobrücke.

Kanool — bestimmter Wasserarm bei Finkenwerder;
— allgemein für ›künstlicher Wasserarm‹, zumeist benutzt für den häufiger frequentierten Nord-Ostsee-Kanal;
— Welle bzw. Wellenkanal im funktechnischen Bereich.

c) In verschiedenen Fällen besteht eine direkte Abhängigkeit zwischen den polysem verwendeten Benennungen. Während dem einen Inhalt Grundbedeutung zukommt, weist die andere einen daran angelehnten metaphorischen Charakter auf, z.B.:

Kohn — Schiffstyp;
— Mützenart.

Schwarm — Fischformation;
— Gruppe von Schiffen oder Menschen.

Korv — Behälter aus Korbweidengeflecht;
— Kunststoffbehälter mit entsprechendem Fassungsvermögen;
— Maßeinheit, die auf diesem Fassungsvermögen basiert.

Bislang noch selten vertreten ist die Erscheinung, daß einem neuen Fachwort ein metaphorischer Gehalt beigeordnet wird, z.B.:

Schlauch — Wasserschlauch, zum Spülen der Fische an Deck und zum Reinigen;
— Name eines Fanggebietes mit langgestreckter Form (Kartenbild).

d) Die aufgrund einer ökonomischen Sprachverwendung für die gesprochene Sprache typische Reduzierung von Komposita auf das Grundwort führt in verschiedenen Fällen zu polysemen Formen; die eindeutige Referenz wird dabei zumeist durch außersprachliche Merkmale der Kommunikationssituation sichergestellt. Die Kurzform findet darüber hinaus in stärkerem Maße im Zusammenhang mit der häufiger auftretenden Bedeutung Verwendung; hohe Frequenz begünstigt also offenbar den Prozeß der Kürzung von Benennungen, z.B.:

Boom — Mastbaum;
— Kurrbaum.

Nodel — Netznadel;
— Segelnadel.

Das relativ häufige Auftreten von polysemen Formen liegt in der Tatsache begründet, daß es sich bei der untersuchten Fachmundart um eine gesprochene Sprache handelt. Diese zeichnet sich vornehmlich durch eine enge Situationsverschränktheit aus. Erst die Art der Besetzung bestimmter Merkmale der Kommunikationssituation bestimmt mehr oder weniger zweifelsfrei, welcher der zur Auswahl stehenden Inhalte dem jeweiligen Ausdruck zugeordnet wird.
Dem Prinzip des situationsabhängigen ökonomischen Sprachgebrauchs steht die Forderung nach der Verwendung expliziter Formen gegenüber. Diese Forderung wird seit der Einführung der Technik und dem gleichzeitigen Strukturwandel in der Kleinen Hochseefischerei (als Stichworte seien genannt: Schulbesuche, zunehmende Behördenkontakte, Verbindungen zu benachbarten Berufsfeldern, Anstieg des Anteils des Schriftverkehrs) in einer steigenden Anzahl von Kommunikationssituationen erhoben. Besonders in dem auf das aktustische Element beschränkten Bereich des Funkverkehrs zeigt sich deutlich ein ständiger Wechsel zwischen ökonomischen Kurzformen und situationsunabhängigen, bedeutungsmäßig festgelegten Benennungen.[40]

4.2.3. Zur Bedeutungsverengung und -verschiebung: *Ruch, Lien,* und *Maschin*

Als typisches Merkmal einer Fachmundart ist das Vorhandensein und die häufige Verwendung von Kurzformen komplexer Benennungen anzusehen. Die Sprecher neigen dazu, nur solche Angaben zu verbalisieren, die ihnen in der jeweiligen Kommunikationssituation zur Informationsübermittlung erforderlich erscheinen. In verschiedenen Fällen ist in diesem Prozeß der Ökonomisierung der Gebrauch von Kurzformen innerhalb der Fachsprache zur Konvention geworden, so daß dem Ausdruck nicht mehr sein gemeinsprachlicher, weiter gefaßter Inhalt zugeordnet wird, sondern daß er eine ganz spezielle, an den Anforderungen des Faches ausgerichtete semantische Qualität erhält. Hiermit ist ein wesentlicher Unterschied zwischen gemeinsprachlichem und fachsprachlichem Wortinventar angesprochen: Während Elemente der Gemeinsprache so ausgelegt sind, daß sie häufig viele Situationen abzudecken vermögen (Polyfunktionalität), orientieren sich die Elemente der Fachsprache in erster Linie an den Anforderungen, die an das Fach gestellt werden (Monofunktionalität). Als Beispiel mag hier die Bezeichnung *Lien* dienen, die gemeinsprachlich für jede Leinenart stehen kann, die in der Fischerei jedoch auf die Bedeutung ›Kurrleine‹ festgelegt und eingeschränkt ist. Das gleiche Phänomen zeigt sich etwa bei der Benennung *Ruum*. Sie wird in der Fischereisprache nicht in ihrer allgemeinen Bedeutung › Räumlichkeit ‹ benutzt, sondern ist semantisch auf ›Fischraum‹ festgelegt. Durch die beschriebene Art der Kurzformen entstehen allerdings auch Bedeutungsverschiebungen, bei denen unter inhaltlichem Aspekt keine Überschneidung standardsprachlicher und fachsprachlicher Elemente festzustellen ist. So wird etwa der Maschinenraum in der fachlichen Umgangssprache zumeist kurz als *Maschin* bezeichnet: »*Hee is in de Maschin.*« Die Benennung *Maschin* ist in der nd. Gemeinsprache, wie auch die Entsprechung »Maschine« in der hd. Gemeinsprache und der hd. Fachsprache, auf die Bedeutung ›Arbeitsmaschine‹ festgelegt. In diesem Fall wird aber der Raum, in dem der Motor aufgestellt ist, mit dem gleichen Ausdruck belegt, obwohl diese Bedeutungsvariante in der Gemeinsprache nicht vorgegeben ist. Die Räumlichkeit wird hier nach einem bestimmten Merkmal als pars pro toto benannt. Es ist in diesem Sinne darauf hinzuweisen, daß das Grundwort *Ruum* in der untersuchten Fachmundart bereits für die Bedeutung ›Fischraum‹ vergeben ist und somit nicht für eine differenzierte Beschreibung des Motorraumes zur Verfügung steht.

Im Bereich der Fischbezeichnungen ist eine ausgeprägte sprachliche Differenzierung festzustellen, die sich allerdings weniger durch die Bildung komplexer Formen als durch die Verwendung nicht verwandter Wortstämme zeigt. So besteht etwa keine fachliche Notwendigkeit zur Benennung der übergeordneten Kategorie »Rochen«, so daß *Ruch* auf die Bedeutung ›Nagelrochen‹ eingeschränkt wird, während der Glattrochen nicht — wie in der hd. Fachsprache sowie der hd. und nd. Umgangssprache — unter diese Kategorie fällt; er wird als *Tepen* bezeichnet.

Als besonderes Beispiel aus dem Bereich der Kurzformen soll *dat Land* in der Bedeutung ›Helgoland‹ erwähnt werden. Auch in diesem Fall wird einem Ausdruck ein Inhalt zugeordnet, den er in der Gemeinsprache nicht aufweist. Als Konsequenz ergibt sich hier, daß dem in der Gemeinsprache üblichen Inhalt der Bezeichnung »Land« in der Fachsprache ein anderer Ausdruck zugeordnet werden muß. So wird ›in Küstennähe‹ nicht als **ünner Land*, sondern als *ünner'n Dingen* bezeichnet. An dieser Stelle ist allerdings anzumerken, daß das beschriebene Phänomen fast ausschließlich bei älteren Sprechern registriert werden kann. In stärkerem Maße verwenden jüngere Fischer, in Anlehnung an das Hd., den Namen *Helgoland* und benutzen *Land* in der Bedeutung, in der es auch in der hd. und nd. Gemeinsprache existiert.

Die Beispiele weisen darauf hin, daß es als typisches Merkmal der Fachmundart anzusehen ist, daß im Hinblick auf die Anforderungen des Faches Bedeutungsschwerpunkte gesetzt werden, die sich durchaus von den Elementen anderer Subsprachen unterscheiden können.[41]

4.2.4. Zur Metaphorik: *Keunig, Galgen* und *Storchenbeen*

In dieser Arbeit wurde bereits verschiedentlich auf die Verwendung des Mittels der Metaphorik in der untersuchten Fachmundart hingewiesen. Unter »Metapher« ist eine Bezeichnung zu verstehen, die einem Wirklichkeitsbereich zugeordnet wird, dem sie ursprünglich nicht entstammt. Insofern kann auch von einer Bedeutungsübertragung gesprochen werden (z.B.: *Stiert*: Schwanz — Endstück des Netzes). Ingendahl beschreibt diese Erscheinung folgendermaßen: »Die Metapher ist ein Wort in einem Kontext, von dem es als solche determiniert wird; verständlich wird sie aus der Beziehung
a) zu den Inhaltsnachbarn im Sinnbezirk (paradigmatische Beziehung),
b) zu den Nachbarn im Kontext (syntagmatische Beziehung).
Als Metapher kommt das Wort aus solchen Beziehungen und geht wieder solche Beziehungen ein; beim metaphorischen Prozeß wandeln sich Art und Bezugspunkte der Beziehungen.«[42] Ein entscheidender Faktor bei der Bestimmung und Klassifikation von Metaphern ist demnach der Kontext, da Metaphern per se nicht existieren können: »Der Gebrauch eines Ausdrucks in metaphorischer Funktion setzt das Vorhandensein einer eigentlichen, unmetaphorischen Bedeutung voraus.«[43]
Erst der sprachliche Kontext, im konkreten Fall der fachsprachliche, bewirkt also, daß einem Wort der Charakter einer Metapher zugeschrieben wird: »Die Metapher ist definierbar als ein Wort in einem konterdeterminierenden Kontext.«[44]
In der folgenden Analyse sollen die nachstehenden, am metphorischen Prozeß beteiligten Spracherscheinungen berücksichtigt werden:[45]
— die gestaltliche Bildungsweise,
— die Ebene der Entsprechung mit der Ausgangsbenennung,
— der Sinnbezirk des Stammwortes.
Unter diesen Aspekten wird zu prüfen sein, inwieweit eine Korrelation zwischen den Fachwortschätzen verschiedener fachlicher und fachsprachlicher Stadien und dem jeweiligen Einsatz metaphorischer Elemente besteht. Das erkenntnisleitende Interesse wird ausgedrückt durch die Frage, ob die Verwendung von Metaphern als »gattungsgebunden«[46] (hier: fachliche Umgangssprache in der Finkenwerder Hochseefischerei) anzusehen ist und damit keinem Wandel unterliegt, oder ob sich im diachronen Vergleich Differenzen in der Anzahl und der Verteilung zeigen.

Tabelle 31: Metaphern in absoluten Zahlen und in Relation zum substantivischen Gesamtwortschatz

	I	II	III	ges.	A	B
Metaphern	54	73	24	151	127	97
%-Anteil	16,8	11,8	7,1	11,8	13,5	10,1

Parallel zur Veränderung der morphematischen Struktur des Fachwortschatzes zeigt sich hier ein deutlicher Wandel bzw. eine Neuorientierung innerhalb der »Lexik mit starker metaphorischer und affektischer Komponente.«[47] Insgesamt zeigt sich eine Abnahme des Anteils metaphorisch verwendeter Fachwörter von 13,5% für die Zeit vor der Motorisierung der Finkenwerder Hochseefischereiflotte auf 10,1% nach dem Einbau von Motoren.[48] Dieses Ergebnis berechtigt zu der Annahme, daß von einer fachlich und zeitlich differenzierten Verwendung von Metaphern im fachsprachlichen Bereich auszugehen ist. Im Anschluß an die Feststellung dieser quantitativen Differenz soll der metaphorische Wortschatz im folgenden auf qualitative Differenzen hin beleuchtet werden.

4.2.4.1. Die gestaltliche Bildungsweise

Bezüglich der Bildungsweise sind grundsätzlich zwei Metapherntypen zu unterscheiden: selbständige und attributive Metaphern. Bei selbständigen Formen wird der gesamte Lautkörper der Benennung einem Wirklichkeitsbereich entnommen, der sich nicht mit dem Wirklichkeitsbereich, in dem das Wort Verwendung findet, deckt. Dabei kann es sich um eingliedrige (z.B. *Swiert*) oder mehrgliedrige Formen handeln (z.B. *Ganterhals*). Bei einem Teil der Komposita ist dagegen lediglich einer Konstituente ein metaphorischer Gehalt zuzuordnen (z.B. *Swiert-kee; Stüürbuurd- swiert*). Diese Formen werden unter den metaphorischen Benennungen als attributive Metaphern geführt.

Tabelle 32: Metaphern: gestaltliche Bildungsweise in absoluten Zahlen

	I	II	III	ges.	A	B
eingliedr.	23	41	10	74	64	51
zweigliedr.	3	4	5	12	7	9
attribut.	28	28	9	65	56	37
ges.	54	73	24	151	127	97

Tabelle 33: Metaphern: gestaltliche Bildungsweise nach prozentualer Verteilung in den Wortschatzmengen

	I	II	III	ges.	A	B
eingliedr.	42,6	56,2	41,7	49,0	50,4	52,6
zweigliedr.	5,6	5,5	20,8	7,9	5,5	9,3
attribut.	51,9	38,4	37,5	43,0	44,1	38,1

Aufgrund der niedrigen absoluten Zahlen kann nur eine zurückhaltende Interpretation der in den Tabellen 32 und 33 aufgeführten Befunde angestrebt werden. Zunächst ist auffällig, daß auch im Bereich der Metaphern die eingliedrigen Formen durchweg dominieren. Parallel zu den Untersuchungen zur morphematischen Struktur zeichnen sich die eingliedrigen Formen zudem durch eine überdurchschnittlich hohe Konstanz aus. Die deutliche Zunahme zweigliedriger Metaphern läßt sich möglicherweise auf den generellen Trend zur Verwendung komplexerer Formen zurückführen, während der Rückgang attributiver Formen an dieser Stelle nur festgestellt werden soll; auf den Versuch einer Deutung wird verzichtet. In diesem Zusammenhang könnte erst eine eingehendere Untersuchung oder etwa ein Vergleich mit dem Metaphernaufkommen in anderen Fächern zu weiteren Erkenntnissen führen.

4.2.4.2. Gegenstandsbezug

Im folgenden Abschnitt wird nach der Art des Vergleiches gefragt, der zwischen den beiden Wirklichkeitsbereichen vorliegt, die durch den Metaphorisierungsprozeß verbunden werden. In der Untersuchung wird grundsätzlich unterschieden zwischen Sicht-/Form-, Lage-, Funktions- und Bewegungsmetaphern. Als nicht einseitige oder eindeutige Konstruktion werden außerdem Form-Lagemetaphern und Funktions-Formmetaphern geführt. Darüber hinaus sind einige nicht herleitbare Formen als dunkle Metaphern ausgewiesen.

Tabelle 34: Metaphern: Gegenstandsbezug, absolute Zahlen

	I	II	III	ges.	A	B
Sicht/Form	36	37	15	88	73	52
Form-Lage	4	5	—	9	9	5
Lage	1	16	4	21	17	20
Funktion	4	13	4	21	17	17
Funkt.-Form	1	—	1	2	1	1
Bewegung	1	—		1	1	—
dunkel	7	2	—	9	9	2
gesamt	54	73	24	151	127	97

Tabelle 35: Metaphern: Gegenstandsbezug, Anteile innerhalb der Wortschatzgruppen

	I	II	III	ges.	A	B
Sicht/Form	66,7	50,7	62,5	58,3	57,5	53,6
Form-Lage	7,4	6,8	—	6,0	7,1	5,2
Lage	1,9	21,9	16,7	13,9	13,4	20,6
Funktion	7,4	17,8	16,7	13,9	13,4	17,5
Funkt.-Form	1,9	—	4,2	1,3	0,8	1,0
Bewegung	1,9	—	—	0,7	0,8	—
dunkel	13,0	2,7	—	6,0	7,1	2,1

Die Tabellen 34 und 35 zeigen, daß der insgesamt festgestellte Rückgang des metaphorischen Fachwortinventars in erster Linie dem Bereich der Sicht- und Formmetaphern (z.B. *Fleitj, Galgen, Storchenbeen*) zuzuweisen ist. Mit Ausnahme der

Form-Lagemetaphern ist die quantitative Besetzung der einzelnen Positionen nahezu unverändert. Auf einen Interpretationsversuch bezüglich der Tatsache, daß der Gegenstandsbezug im Bereich der äußeren Beschaffenheit stark an Produktivität eingebüßt hat, soll an dieser Stelle verzichtet werden; es sei lediglich auf einen möglichen Zusammenhang mit dem festgestellten Rückgang von Komposita aus einem Adjektiv- oder Partikellexem und einem Basislexem, die ebenfalls häufig die Form zum Benennungskriterium erheben, hingewiesen.[49]
Demgegenüber behaupten Lagemetaphern (z.B. *Dack, Nackenhoot, Gleuhkupp*) und Funktionsmetaphern (z.B. *Peerd, Nettenkoje, Herkules*) auch in Relation zum gesamten Fachwortinventar ihre Position.
Das Gesamtbild mag durch den verschobenen Anteil dunkler Metaphern uneinheitlich wirken; dennoch zeichnen sich einige generelle Trends ab, deren Aussagekraft davon unangetastet bleibt.

4.2.4.3. Der Sinnbezirk des Stammwortes

In bezug auf die Herkunftsbereiche der Metaphern wird aufgrund der geringen Belegdichte in der folgenden Untersuchung lediglich eine Einteilung in drei Kategorien vorgenommen:

— Metaphern aus dem Tier- und Pflanzenbereich,
— Metaphern aus dem menschlichen Bereich,
— Metaphern aus dem gegenständlichen Bereich.

Trotz dieses recht groben Rasters sollte eine Prüfung der These, nach der an den zum Vergleich herangezogenen Wirklichkeitsausschnitten abzulesen sei, »welche Interessensbereiche in einer Sprachgemeinschaft dominant sind«[50], möglich sein.

Tabelle 36: Metaphern: Sinnbezirk des Stammwortes, in absoluten Zahlen

	I	II	III	ges.	A	B
Tier/Pflanz.	25	19	13	57	44	32
Menschl.	6	29	5	40	35	34
Gegenst.	23	25	6	54	48	31
gesamt	54	73	24	151	127	97

Tabelle 37: Metaphern: Sinnbezirk des Stammwortes, in Verhältniszahlen

	I	II	III	ges.	A	B
Tier/Pflanz.	46,3	26,0	54,2	37,7	34,6	33,0
Menschl.	11,1	39,7	20,8	26,5	27,6	35,1
Gegenst.	42,6	34,2	25,0	35,8	37,8	32,0

Unter dem Aspekt des Herkunftsbereiches zeigt sich der allgemein rückläufige Trend lediglich auf dem tierisch-pflanzlichen und dem gegenständlichen Sektor.

Die Austauschrate ist dabei recht hoch. Im Gegensatz dazu zeichnet sich die Klasse der aus einem menschlichen Gebiet stammenden Metaphern durch eine überdurchschnittlich hohe Konstanz aus. Gemessen am Gesamtaufkommen des substantivischen Wortschatzinventars hält dieses Muster sogar seinen Anteil; bezogen auf den metaphorischen Wortschatz ist ein deutlicher Zuwachs zu verzeichnen.
Der aufgrund einer technisierten Lebenswelt vermutete Rückgang des Anteils von Metaphern aus dem Tier- und Pflanzenbereich im Wortschatz B ist mit Hilfe der aufgeführten Befunde nicht nachzuweisen. Als Erklärungsmöglichkeit für den fast unverändert hohen Anteil dieser Formen bietet sich zum einen die Tatsache an, daß der Zeitraum, in dem hier Sprachwandel untersucht wird, zu klein ist, um auf semantischer, und hier auf metaphorischer, Ebene entsprechende Veränderungen herbeizuführen. Zum anderen kann das Ergebnis dahingehend interpretiert werden, daß sich zwar die Anforderungen innerhalb des Faches im Laufe der vergangen fünfzig Jahre massiv verändert haben, daß aber die Interessensbereiche in der betreffenden Sprachgemeinschaft nur unwesentlich von den Mechanismen des Wandels erfaßt wurden.
Auf eine Vertiefung dieses interessanten Aspekts muß an dieser Stelle verzichtet werden, da unter dieser Fragestellung keine Daten von den Sprechern erhoben wurden. Die aufgezeigten Interpretationsmöglichkeiten innerhalb des Prozesses des Sprachwandels sollten aber dazu Anlaß geben, daß die angesprochenen Gesichtspunkte in künftigen Untersuchungen verstärkt berücksichtigt werden.

4.3. Unterschiede zwischen dem Wortschatz der Fachmundart und der Ortsmundart sowie der überregionalen Fachsprache

Das fachsprachliche Inventar der Finkenwerder Fischer ist, diachron und synchron betrachtet, von verschiedenen Einflußfaktoren abhängig. In diesem Abschnitt sollen Differenzen zu den beiden benachbart angesiedelten Größen »regionale Ortsmundart« und »überregionale Fachsprache« aufgezeigt werden. Auf diese Weise soll mit sprachinternen Kategorien — im Gegensatz zu externen Ansätzen bezüglich der Funktion oder Situation — die Eigenständigkeit der Fachmundart nachgewiesen werden. Bretz registrierte für ihr Untersuchungsgebiet, die Spinnerei und Weberei in Siebenbürgen, eine Anzahl solcher Unterschiede, die auf ihr Vorhandensein in der Sprache der Finkenwerder Hochseefischer überprüft werden sollen.[51]

4.3.1. Lexikalische und phonologische Unterschiede zur Ortsmundart

Lexikalische Unterschiede zwischen der an Bord von Finkenwerder Hochseekuttern und der auf Finkenwerder gesprochenen Mundart sind auf zwei Ebenen festzustellen. Zum einen verzeichnet die Fachsprache Einheiten, die in dem Vokabular der Ortsmundart nicht existieren. Dieser Exklusivwortschatz wird allein fachlich-funktional verwendet (z.B. für Einzelteile des Fanggeschirrs). Auf der anderen Seite kann ein Begriff durch unterschiedliche Wortkörper repräsentiert werden. Als Beispiel kann hier die fachsprachliche Benennung *Dornhai* angeführt werden. An Land ist dafür »Seeaal« gebräuchlich, in Anlehnung an die vom Fischhandel vorgenommene Bezeichnung. Es handelt sich hierbei um eine Art der Synonymie, bei der die einzelnen Formen fachlich, und damit auch funktional, streng voneinander zu trennen sind. Eine weitere, erst durch die Fischverarbeitung an Land hervorgebrachte Differenzierung ist für den Fischer nicht relevant: Die Bauchlappen des Dornhais, die geräuchert als »Schillerlocken« in den Handel gelangen, belegt der Fischer mit keiner Benennung.
Mit dem Hinweis auf synoyme Formen wurde bereits eine semantische Kategorie erwähnt. Es muß hinzugefügt werden, daß derartige Beispiele relativ selten zu finden sind. Häufiger ist dagegen die Verwendung von in der Ortsmundart existierenden Wörtern mit einer speziellen, durch das Fach festgelegten Bedeutung.[52] Insbesondere im Bereich der fachsprachlichen Metaphern können derartige Unterschiede registriert werden. Der nicht fachlich orientierte Sprecher der Ortsmundart wird dabei in der Regel von der Ausgangsbedeutung ausgehen und einen metaphorischen Sinngehalt nur durch den fachlichen Kontext erschließen können (z.B. *Klau, Keunig, Peerd*).
Nicht eindeutig einzuordnen ist die im Text aufgeführte Pluralform *Kneeßen,* die von der ortsmundartlich üblichen Form »Kneen« abweicht.[53] Andererseits ist die Form -sen als Pluralmorphem der Ortsmundart nicht unbekannt; in verschiedenen Fällen steht sie alternativ neben einer anderen Form (z.B.: sing. »Mutter« — pl. »Mutters«/»Muttersen«). Es handelt sich dabei offenbar um eine verstärkte, gleichwohl doppelte Pluralform. Wichtig erscheint in diesem Zusammenhang, daß sich die ursprüngliche Alternativform in der Fachmundart — und zwar im Gegensatz zur Ortsmundart — bei der Pluralbildung von *Knee* ›Spantentyp‹ vollständig durchgesetzt hat.[54]
Phonologische Unterschiede zwischen der untersuchten Fachsprache und der auf Finkenwerder gebräuchlichen Ortsmundart sind nur schwer festzustellen. In erster Linie scheinen phonologische Differenzen zwischen einzelnen Sprechern auf generationsbedingte Unterschiede zurückzuführen zu sein. Der Lautstand der Ortsmundart hat sich — diachron betrachtet — ebenso wie derjenige der Fachmundart durch den Einfluß des Hd. in einigen Bereichen nicht unerheblich gewandelt. Dabei entstehen teilweise Mischformen, deren Erscheinung unter dem Stichwort »Alternanz« bzw. »pragmatische Alternanz«[55] zu fassen ist.

Die Entlehnung vollzieht sich in diesem Rahmen »unter Wirkung der Regeln der Lautsubstitution (des Lautersatzes). Diese Regeln sind von den phonotaktischen Möglichkeiten der Lautsysteme beider Sprachen bestimmt, und dementsprechend wird die entlehnte Form lautlich umgeformt.«[56] An zwei Beispielen aus dem untersuchten Fachgebiet soll das Phänomen der Einflußnahme auf phonologischem Gebiet veranschaulicht werden:

— Das Nordniedersächsische, zu dem nach lautgeographischen Gesichtspunkten die hier untersuchte Fachmundart zu zählen ist, zeichnet sich u.a. durch die Apokopierung des unbetont auslautenden »e« aus. Trotzdem wurde in dem analysierten Wortschatz eine ganze Reihe von Benennungen registriert, die ein auslautendes »e« aufweisen. Diese sind fast ausnahmslos auf die direkte Übernahme auf dem Hd. zurückzuführen. Während in den meisten Fällen bei kürzeren Benennungen das im hd. Ausgangswort vorhandene »e« nicht gesprochen wird (z.B. Pumpe — *Pump*, Spute — *Spuut*), kann es vor allem in mehrgliedrigen, aus dem hd. entlehnten Komposita realisiert werden (z.B. *Klarsichtscheibe*), auch wenn daneben die nd. Lautform existiert (hier: *Kloorsichtschiev*). Zu anderen hd. Wörtern wurden keine nd. Parallelformen gebildet, so daß eine Übernahme in die nd. (Fach-) Sprache ohne lautliche Veränderung zu verzeichnen ist (z.B. *Toilette, Anzeige*). Auch bei ihnen bleibt das unbetont auslautende »e« erhalten.

— Die Konsonantenfolge sch + l/m/n/w (z.B. *Schlick*) entspricht nicht dem in der Ortsmundart üblichen Lautstand für den erhobenen Zeitraum; hier ist die Verbindung s + l/m/n/w (z.B. *Slick*) als allein üblich anzusehen. Bei neuen Begriffen, für die in der Mundart keine Benennungen vorgegeben sind, wurde und wird allerdings häufig auf hd. Ausgangsformen zurückgegriffen, ohne daß eine lautliche Adaption an die Strukturen der Mundart vorgenommen wird. Als Beispiel soll die Benennung *Schlauch* genannt werden, die zwar mit as. sluk und mnd. slu in Beziehung steht, zu der aber eine daraus hervorgegangene nd. Lautform — etwa **Sluuk* — nicht existiert. Darüber hinaus ist bezüglich der Wahl der Kombination sl/schl eine generationsspezifische Tendenz zur Übernahme des hd. schl unter Sprechern der Fachmundart wie auch der Ortsmundart festzustellen. Eine entsprechende Verteilung läßt sich etwa an den parallel verwendeten Formen *Slick* und *Schlick* nachweisen.

Es kann nicht Aufgabe dieser Untersuchung sein, Gesetzmäßigkeiten für Interferenzen, die im Einfluß des Hd. begründet sind, systematisch zu erfassen.[57]
Grundsätzlich bleibt festzustellen, daß sich die größten Unterschiede zwischen der Fachmundart und der Ortsmundart im Bereich des Lexik finden. Allerdings ist insbesondere für die ältere Epoche die Überschneidungsfläche als recht groß anzusehen.[58] Auf den Gebieten der Morphologie und der Phonologie sind dagegen kaum Differenzen festzustellen, so daß durchaus von einer annähernden Deckungsgleichheit gesprochen werden kann. Die Annahme, daß die Fachmundart in stärkerem Maße Formen älterer sprachlicher Stufen bewahren würde, bestätigt sich nicht.

4.3.2. Unterschiede zur überregionalen Fachsprache

Auf weitreichende Übereinstimmung zwischen den Wortschatzinventaren der Fachmundart und der überregionalen Seemannssprache wurde in dieser Arbeit bereits mehrfach hingewiesen.[59] Zahlreiche Befunde können auf engl. und nl. Grundformen mit fachlich ausgerichteter Bedeutung zurückgeführt werden. Daneben kann es in einer fachlichen Umgangssprache aus unterschiedlichen Gründen zur Herausbildung von eigenständigen Benennungen kommen, die nicht in der überregionalen Fachsprache vertreten sind. Zum einen können für die Ausführenden — hier die aktiven Fischer — andere als die für die offizielle Benennung herangezogenen Merkmale relevant sein (z.B.: Höhenscherbrett — *drüttes Brett*; Netzvorläufer — *Kratzer*); hier hat die Perspektive des in der Kleinen Hochseefischerei Tätigen wesentlichen Anteil am Benennungsakt. Zum anderen ist hier aufgrund es Charakters der fachlichen Umgangssprache die Distanz zum Inhalt des Gesagten wesentlich geringer anzusetzen als etwa in schriftlich konstituierten Fachtexten. Dies zeigt sich nicht zuletzt in der häufigen Verwendung affektischer Wörter (z.B. *Huultunn*). Darüber hinaus ist in verschiedenen Bereichen eine lokale bzw. regionale Ausrichtung des Wortschatzes zu registrieren. So werden Bedeutungsverschiebungen insbesondere in bezug auf geographische Einheiten vorgenommen, die sich auf Finkenwerder (z.B. *Stack, Kanool*) oder auf häufig frequentierte Seegebiete bzw. Landmarken (z.B. *dat Land*) beziehen.[60]
Semantische Unterschiede zwischen formgleichen Elementen der Fachmundart und der überregionalen Fachsprache sind nur in Ausnahmefällen zu verzeichnen. In diesem Zusammenhang wurde etwa bereits auf die Benennung *Taljereep* hingewiesen[61], die in der überregionalen Fachsprache ein durch zwei Jungfern geschorenes Tau bezeichnet, in der untersuchten Fachmundart jedoch als pars pro toto zur Benennung der Jungfern mit dem geschorenen Tau herangezogen wird. Unter dem gleichen Gesichtspunkt wurde die Bezeichnung *Langust* für den Kaisergranat erwähnt.[62]
Bei einer Weiterentwicklung des überregionalen Austausches (z.B. über Fachschulen oder internationale Kontakte) ist mit einer weiteren Annäherung zwischen den Wortschatzinventaren der Fachmundart und der überregionalen Fachsprache auf semantischer, lexikalischer, morphologischer und phonologischer Ebene zu rechnen. Setzen sich die beschriebenen Trends in Zukunft fort, so steht in Aussicht, daß in absehbarer Zeit die Bezeichnung »niederdeutsche Fachsprache« durch »mundartlich geprägte (hochdeutsche) Fachsprache« zu ersetzen sein wird.

Anmerkungen

1 Vgl. hierzu vor allem: Cherubim, Einleitung, bes. S. 27-37 und 44-51. Cherubim weist auf die Notwendigkeit hin, »den Zusammenhang von historisch-sozialen und sprachlichen Entwicklungsprozessen zu untersuchen«; S. 46. In diesem Zusammenhang erscheint darüber hinaus eine Einbeziehung fachlicher Entwicklungsprozesse erforderlich.

2 Vgl. aber die synchronischen Betrachtungen in Kapitel 5.

3 Vgl. hierzu Abschnitt 4.1.1. und Anm. 7 in diesem Kapitel.

4 Die Verhältniszahlen geben die prozentualen Anteile in den einzelnen Teilmengen (I, II, III, A, B und ges.) an. Gegenüber einer Erfassung der Relationen innerhalb einer Analysekategorie (etwa der einzelnen Wortarten in Tabelle 2) wird durch das hier gewählte Verfahren der Blick auf den Anteil bezüglich der jeweiligen Teilmenge gerichtet. Hierdurch werden quantitative Verschiebungen immer in bezug zur Gesamtmenge erfaßt.

5 Bei der vorgenommenen Kategorisierung wurde vorgegangen in Anlehnung an: Fleischer, Wortbildung. Als Vergleichsgrundlage wurde außerdem herangezogen: Pelka, Werkstückbenennungen.

6 Wir orientieren uns an den grundsätzlichen Ausführungen zum Begriff Substantiv, die sich finden in: Duden, Grammatik, S. 146-147.

7 Unter »Mehrwortbenennungen« verstehen wir solche Phrasen, denen innerhalb des Faches eine festumrissene Bedeutung zugewiesen werden kann, wobei der qualitative Wert der Begrifflichkeit den der eingebrachten Einzelbenennungen überschreitet (z.B. *loopen Fisch*; dagegen zählt hierzu nicht die einfache attributive Fügung *plattes Heck*). Insofern kann eine den Zusammensetzungen vergleichbare Struktur konstatiert werden. Die Kohäsion des Syntagmas kann dadurch aufgezeigt werden, daß die Einzelelemente ihre paradigmatische Austauschbarkeit verlieren. Die aufgenommenen Syntagmen sind im Sprachgebrauch als Einheiten lexikalisiert und stehen für einen abgeschlossenen Begriff (z.B. *Kutter uut Iesen, dick van Dook, teeren un smeeren*).
Diese Erscheinung ist in der bisherigen fachsprachlichen Forschung nur unzureichend gewürdigt worden. In verschiedenen Texten war in diesem Zusammenhang von »Wortgruppen« die Rede (vgl. Warner, Angleichung.) Mit der VDI-Richtlinie 3772 (Leistung und Funktion des Fachwortes in den technischen Fachsprachen) möchten wir allerdings den Benennungscharakter dieser Syntagmen hervorheben.
Präzise müßte im folgenden aufgrund der Einbeziehung von Mehrwortbenennungen ausschließlich von »substantivischen Benennungen« die Rede sein. Mit gleicher Bedeutung wird jedoch auch weiterhin »Substantiv« verwendet.

8 Entsprechendes ist auf Zwei-, Drei- oder Viergliedrigkeit zu übertragen.

9 Ein Vergleich zeigt, daß in dem von Pelka untersuchten Korpus dieses Muster mit weniger als 10% vertreten ist ((31 + 147) · 2694); vgl.: Pelka, Werkstückbenennungen, S. 109.

10 Vgl.: Fleischer, Wortbildung, S. 25 und 63-67.

11 Wir schließen daher auch solche Benennungen ein, bei denen die Ableitung in der deutschen Sprache nicht nachvollziehbar ist. Als Beispiel sei die Form *Kutter* genannt, die als Ableitung aus dem engl. Verb cut in der Bedeutung ›Zerschneider der Wellen‹ zu verstehen ist.

12 Vgl.: Fleischer, Wortbildung, S. 185-187.

13 Vgl.: Pelka, Werkstückbenennungen, S. 106-107.

14 Pelka verzeichnet einen Anteil von 0,3%; vgl.: Pelka, Werkstückbenennungen, S. 109.

15 Fleischer, Wortbildung, S. 109.

16 Als »Verblexeme« werden hier sowohl Wurzellexeme (z.B. *smiet-, sprütt-*) als auch Präfigierungen, die auch als Stammlexeme bezeichnet werden (z.B. *anlass-, upmasch-*), verstanden.

17 Eine weitere Einteilung der Bestimmungswörter, beispielsweise in Adjektive, Adverbien, Präpositionen und Numeralia, erschien aufgrund des geringen Zahlenmaterials wenig sinnvoll.

18 Bei Pelka macht der Anteil dieses Musters am Inventar der von ihm untersuchten Werkstückbenennungen in der Metallverarbeitung immerhin mehr als 10% (283 von 2694) aus; vgl.: Pelka, Werkstückbenennungen, S. 109.

19 Grundsätzliche Gedanken zur Grenze der Wortbildung im Deutschen finden sich bei Ischreyt, Studien, S. 226.

20 Fleischer, Wortbildung, S. 76.

21 Vgl.: dgl. S. 78.

22 Vgl.: Fleischer, Wortbildung, S. 234.

23 Auf die grundsätzliche Schwierigkeit der zweifelsfreien Abgrenzung gegenüber nicht-lexikalisierten Formen wurde bereits unter 4.1.1. hingewiesen. Dort finden sich auch generelle Ausführungen zur Begriffsbestimmung.
24 Vgl.: Bretz, Fachsprache, S. 79-86.
25 Scholz, Termini, S. 152-153.
26 Wissemann, Wortgruppenlexem, S. 226. Wissemann differenziert zwischen »Wortgruppenlexemen« und »Einwortlexemen«.
27 Vgl.: Duden, Grammatik, S. 64.
28 Fleischer, Wortbildung, S. 306.
29 Analog zu dem bei den substantivischen Benennungen verwendeten Begriff »Basislexem« ist hier die einfachste Verbform — bestehend aus einem Wurzellexem und dem Flexionlexem (z.B. *drieben*) — gemeint.
30 Vgl. etwa die aufgezeigten Möglichkeiten in: Duden, Grammatik; zu den abgeleiteten Verben: S. 346-365; zu den zusammengesetzten Verben: S. 401-402.
31 Vgl.: Fleischer, Wortbildung, S. 325-326.
32 Fleischer erwähnt beispielsweise eigentliche Präfixbildungen, desubstantivische Ableitungen, deadjektivische Ableitungen und isolierte Bildungen für die Gruppe der Präfixbildungen ohne homonyme freie Morpheme als erster Konstituente.
33 Vgl. hierzu die Ausführungen in 2.1. und 3.1.
34 Vgl.: Duden, Grammatik, S. 422, Art. 1103.
35 Vgl.: Mensing, »Puuch«: Bett.
36 Vgl.: Mensing, »Klapp«: 4. Bett.
37 Vgl. hierzu die Ausführungen in Abschnitt 4.3.
38 Rosenthal, Volkskunde, S. 90. Vgl. auch: Schirmer, Gerät.
39 In dieser Studie soll auf eine Differenzierung zwischen den Größen Homonymie und Polysemie verzichtet werden; Homonymie wird hier als Sonderform der Polysemie verstanden.
40 Vgl. hierzu auch Kapitel 5.
41 Vgl. hierzu auch 4.3.
42 Ingendahl, Prozeß, S. 67.
43 Suerbaum, Metapher, S. 101.
44 Weinrich, Metapher, S. 100.
45 Vgl.: Ingendahl, Prozeß, S. 70. Dort werden folgende Erscheinungen genannt: 1. die gestaltliche Bildungsweise — 2. der Inhalt des Stammwortes — 3. der neue Gegenstandsbezug — 4. der aufnehmende Sinnbezirk — 5. die Art der Verwendung in der Rede.
46 Suerbaum, Metapher, S. 102, Punkt 7.
47 Fluck, Fachsprachen, S. 29.
48 Die Deutlichkeit des Ergebnisses wird leicht durch die Tatsache eingeschränkt, daß auch solche Benennungen in III aufgeführt wurden, die aus dem Engl. entlehnt wurden und deren metaphorischer Charakter nur den wenigsten Sprechern bewußt sein dürfte (z.B. *Wing, Belly, Hed* — aus engl. head ›Kopf‹).
49 Vgl. hierzu Abschnitt 4.1.1.2.1.3.
50 Pelka, Werkstückbenennungen, S. 195.
51 Vgl.: Bretz, Fachsprache, S. 140-154.
52 Unter dem Stichwort »Bedeutungsverengung« ist auf diese Erscheinung bereits hingewiesen worden; vgl. Abschnitt 4.2.3.
53 Mensing verzeichnet die Pluralformen »Knee«, »Kneen« und »Kneden«.
54 In diesem Fall führt die Verselbständigung der mit -sen gebildeten Pluralform so weit, daß eine Reihe von Fischern *Kneeßen* nicht mit *Knee* in Verbindung bringen, sondern etwa den Namen »Knees« (aus: Cornelius) als Stammwort anboten.
55 Vgl.: Herrmann-Winter, Produktionsweise, S. 188; und: Gernentz, Niederdeutsch, S. 152. Dort wird am Beispiel der Hyperform »Tocker« für (›Zucker‹) festgestellt: die »Tendenz zur Alternanz un zu anderen Mischformen hat eine Grenze.«
56 Herrmann-Winter, Produktionsweise, S. 188.
57 Vgl. hierzu 5.3.4. Die hier angesprochene Problematik drückt bereits Niekerken aus, wenn er schreibt, »daß die meisten Leute ohne Bedenken sagen: *In 4 Wochen bün ik nich na Kirch wen;* wogegen sie von einem Menschen, der sagen würde: *In 4 Tagen bün ick nich na Haus wen* sicher behaupten, er könne kein Platt.« Niekerken, Feld, S. XII.

58 Zu den Ursachen der Ausgeprägtheit der Überschneidungen und dem Rückgang der Überschneidungsbereiche vgl. 1.2.

59 Vgl. hierzu allgemein etwa: Ponten, Lehnwortaustausch; und: Stanforth: Lehnwortaustausch; sowie im besonderen: Szymanski, Ever, S. 234.

60 Vgl. 4.2.2.; auch auf die darüber hinaus zu verzeichnende regionale Einbindung der Finkenwerder Fischerei und der in diesem Fach gesprochenen Sprache wurde bereits mehrfach hingewiesen.

61 Vgl. Abschnitt 3.2.6.2.

62 Vgl. Abschnitt 3.5.3.

5. *Exemplarische Untersuchung eines Fischmarktgespräches*

Mit Hilfe der im vierten Kapitel vorgenommenen Analysen konnten Entwicklungstendenzen innerhalb der Struktur des Fachwortschatzes aufgezeigt werden. Dabei war durch den methodischen Ansatz bedingt, daß die einzelnen Benennungen losgelöst von den Kontexten und Situationen, in denen sie realisiert werden, als Untersuchungsgegenstand dienten. Es wurde in Kauf genommen, daß solch ein rein strukturalistisch ausgerichtetes Analyseverfahren in nur unzureichender Weise in der Lage ist, dem Untersuchungsgegenstand »gesprochene Sprache« gerecht zu werden.[1] — Im folgenden soll der isolierende Ansatz der Wortschatzanalyse eine Erweiterung dadurch erfahren, daß ein Text als sprachliches Großzeichen vorgestellt und analysiert wird. Der Gesamtheit aller sprachlichen Mittel gilt hier die Aufmerksamkeit. Fachsprachliche Kompetenz bezieht sich nicht allein auf die Fähigkeit, Fachvokabular zu verstehen und anzuwenden, sondern darüber hinaus auch auf die Fähigkeit, fachsprachliche Texte situationsangemessen zu formulieren und zu verstehen. Diese Fähigkeit zeigt sich in einer mündlich konstituerten Fachmundart im besonderen Maße in der adäquaten Ausgestaltung dialogischer Fachtextsorten. Der Text wird hier als wesentliches Element angemessenen sprachlichen Handelns betrachtet.

Auf die Schwierigkeit, angemessene Tonträgermitschnitte von repräsentativen Texten, die die Arbeit auf See wiedergeben, zu erstellen, wurde bereits in der Einleitung (III.) hingewiesen. Von Störfaktoren weitgehend freie Aufnahmen sind kaum denkbar, zudem wären die nonverbalen Komponenten in einer verschriftlichten Fassung kaum in ausreichender Weise zu erfassen. Aus diesem Grund fiel die Wahl auf eine Textsorte, in der die verbalen Anteile aufgrund medialer Bedingungen dominieren: das über Funk abgewickelte »Fischmarktgespräch«. Diese Textsorte bietet sich aus unterschiedlichen Gründen für eine Untersuchung an:

- die Texte sind zu verstehen als authentische Ausschnitte der sprachlichen Bewältigung zeitgemäßer, fachlich determinierter Erfordernisse;
- die Texte sind funktional in den fachlichen Ablauf der Kleinen Hochseefischerei eingebunden;
- eine Beeinflussung von Gesprächsführung und -verlauf durch die Aufnahmesituation ist unwahrscheinlich; der Gesprächspartner auf See ist gänzlich unbefangen, da er im Augenblick der Aufnahme nicht von dieser weiß, während der Gesprächspartner an Land durch zahlreiche Aufnahmen mit der Situation gut vertraut ist;
- die Texte sind überschaubar und abgeschlossen;
- der Einfluß von Störfaktoren ist relativ gering;
- die Gespräche (als konkrete Textbeispiele) sind ohne größeren technischen Aufwand mitzuschneiden.

5.1. Einführung in die Textsorte »Fischmarktgespräch«

Das Fischmarktgespräch hat sich seit den Anfängen im Jahre 1973 zu einer fest institutionalisierten Einrichtung entwickelt. Es wird zumeist dreimal wöchentlich zwischen einem Vertreter der Fischereiverwaltung in Finkenwerder (hier: Kutterfisch-Verwertung Finkenwerder Lübecker Bucht GmbH) und einem der auf See befindlichen Kutterkapitäne zum Zwecke der gegenseitigen Abstimmung und organisatorischen Abwicklung der Fischanlandungen über Radio Norddeich geführt. Der angesprochene Kapitän hat zuvor von den anderen Kuttern Informationen über die erwarteten Anladungsmengen und die Tage der Anlandungen eingeholt. Die so gebündelten Informationen werden in Finkenwerder aufgenommen und an die zuständigen Stellen am Fischmarkt Hamburg bzw. Fischmarkt Cuxhaven weitergeleitet.
Neben diesem »offiziellen« Teil sind die einzelnen Seefunkgespräche in unterschiedlichem Ausmaß mit »inoffiziellen« Informationen durchsetzt. Den Kommunikationsteilhaber an Land, er ist ehemaliger Fischer, interessiert die Witterung auf See, er möchte etwas über durchschnittliche Fangerträge und besondere Ereignisse (z.B. Netzverlust, Maschinenschaden) erfahren. Der aktive Fischer auf See ist dagegen an Nachrichten aus dem Nahbereich, der insbesondere die Familie sowie Freunde und Bekannte aus seinem Heimatort einschließt, interessiert. Der hohe Bekanntheitsgrad der Gesprächsteilhaber wie auch die hohe Anzahl vorausgegangener vergleichbarer Kommunikationsakte tragen dazu bei, daß innerhalb des fachlich bedingten komplementären Verhältnisses der Teilnehmer zueinander durchaus Züge eines symmetrischen Verhältnisses erkennbar sind.[2]
Die Anrede durch Nennung des Vornamens bzw. einer Kurzform des Vornamens (»Hinnik«, »Heini«) soll hier nur als ein Indiz für die Gleichrangigkeit dienen.
Im Mittelpunkt steht allerdings die institutionalisierte Übermittlung der Anlandungsdaten, auch wenn die stärker in den privaten Bereich zielenden Bestandteile nicht unwesentlich zum besonderen Charakter dieser Textsorte beitragen.

5.2. Textbeispiel

Der nachfolgende Text wurde am 26. Januar 1981 im Gebäude der Fischereiverwaltung auf Finkenwerder (»Konsum«) aufgenommen. Gesprächsteilnehmer sind Heinrich Loop (L) und Dietmar Froböse (F) in Finkenwerder sowie Hinrich Gensch (G) auf dem Kutter **HF 548 Käthe** der sich zur Zeit des Gesprächs in der mittleren Nordsee aufhielt.
Ausgewählt wurde ein Gespräch, das aufgrund seiner Länge nicht unbedingt repräsentativ für die Textsorte »Seefunkgespräch« ist. Dafür werden jedoch verschiedene Merkmale und mehrere Bereiche des Faches abgedeckt, die ansonsten nur anhand von zwei oder drei Gesprächen einzuholen gewesen wären. Das erste

Teilgespräch (zwischen L und G) ist als Kerneinheit in bezug auf die untersuchte Textsorte anzusehen. Der hier vorliegende Ablauf kann als exemplarisch für Fischmarktgespräche bezeichnet werden. Der Schwerpunkt der Analyse soll daher auf diesem ersten Teil liegen.
Das zweite Teilgespräch (zwischen F und G) ist formal und inhaltlich als Ergänzung zu der funktionalen Kerneinheit im ersten Teil zu betrachten. Insofern sollten Angaben über das Gespräch zwischen F und G nicht in erster Linie als typisch für die behandelte Textsorte aufgefaßt werden, sondern vielmehr zur Veranschaulichung der Komplexität der Sachbereiche und der Verquickung einzelner Ausschnitte des Faches dienen, die in der modernen Kutterfischerei sprachlich abgedeckt werden müssen.
Wir bedienen uns bei der Verschriftlichung einer durchgehenden Kleinschreibung, von der nur Eigennamen ausgeschlossen sind. Anstelle der in der Schriftsprache üblichen Satzzeichen werden hier ausschließlich Sprechpausen angezeigt. Aus Gründen der Lesbarkeit und im Hinblick auf die durchzuführende Untersuchung wird eine möglichst einfache Form der Transkription gewählt, bei der folgende Zeichen verwendet werden:

/ : kurze Sprechpause
// : längere Sprechpause
( ) : Kommentar des Transkribenten
__ : simultanes Sprechen
. . . : auf Wunsch der Fischereiverwaltung vorgenommene Auslassungen

L hallo / gut' morgen Hinnik
G morgen Heini //ja hüüt morgen is ollig mool 'n scheunen morgen hier du / sünnenschien / bald keen wind mehr (Lachen) //
L jäh /
G mal 'ne ganze ausnahme /
L denn is 't richtig / güstern is dat doch nich scheun ween seeg Hinnik Engel
G nee nee nee / gestern wüür dat eben soo an de grenze wat wü noch vor de wind tauen kunnen / ne /
L ja ja / dat seeg Hinnik Engel all / de
G jo
L de weer all hier / de Brix de kummt to'n dienstag / nich /
G jo kiek un denn hebb ick seggt hee sull sick man hee wull soowiesoo noch mool mit Hinnik Engel telefonieren /he'k seggt denn meld di man auch selbst mit an ne /
L jä / de hett ober keenen fang döörgeben /
G wa (fragend) /
L hest du sienen fang denn (fragend)
G nee / dat wull hee dorchgeben / ick hebb mit em up UKW snackt / nu too segg hee denn geb ick das mit dorch //

L tjä // (Gespräch im Hintergrund) de- / u- ungefiehr hett hee dat seggt
G jä wie geseggt / to mi hett hee goor nix seggt /
L ne na de- denn mütt ick mi den hier bi Hinnik Engel holen / dat loopt mi ober nich weg /
G ja / denn mütt 'k woll doch noch mool anroopen /
L nee / de steiht hier
G och soo (Lachen)
L soo / denn kann't wiedergohn
G de löppt di nich weg / du
L denn kann dat wiedergohn
G ja / mittweken is nix /
L mittwoch nix
G nee / donnerstag / fünf/dreiunddreißig / de Hanseoot /
L donnerstag / fünfdreiunddreißig
G sechs / mattgut
L sechs mattgut
G zweihundertachtzig schollen
L zwo acht null
G vierzig mix
L vierzig gemischt
G und zwanzig kisten dabei /
L zwanzig /
G jo / das is fäör dünnersdag alles
L denn kummt
G freitag / Agnes Engel /
L freitag
G dreizweiunddreißig
L dreizweiunddreißig (langgezogen) /
G nächsten montag /
L montag
G fünfhundertachtzehn /
L fünfhundertachtzehn
G und vierhundertundsechs /
L vier/hundertsechs / Rudi /
G jo / un to dienstag oder wat hebb ick noch nix / door werden Mantje oder Hinnik Schacht de sünd ook noch fällig / ober 't is jo ook noch ober 'n week hin / ne /
L jo / dat wart w' mittwoch jo gewohr oder dünnersdag
G jo jo // denn hebb ick noch Cuxhoben / nächsten montag / de Anita /
L montag
G dreivierundzwanzig
L NC

G jo
L drei/vierundzwanzig / Cuxhaven /
G jo / un denn hebb ick noch Esberg-fohrers /
L Esberg /
G jo / heute morgen HF fünfhundert /
L den süssuntwintigsten ersten / wat hes' seggt (fragend)
G HF fünfhundert / hüüt morgen /
L fiefhundert
G hüüt morgen
L jo jo
G denn mittwoch oder donnerstag / door mööt wü uns noch mool ober eenig warrn / wü sünd jo alle to't wochenende fällig eigentlich / ne /
L jo
G dat harr no Hamborg wohl 'n beten veel worden
L mittwoch oder donnerstag
G jo / HF / vierhunderteinundachtzig /
L vier/einundachtzig
G fünfhundertundfünfzig /
L fünfhundertfünfzig
G fünf/siebenundvierzig /
L fünfsiebenundvierzig
G un fünf/achtundvierzig /
L fünfachtundvierzig / dat büs' jo selbst
G jo / un freitag Esberg /
L freitag auch noch
G jo / dreihundertachtzig
L drei/achtzig
G viersechsundsiebzig /
L viersechsundsiebzig
G un fünfeinundzwanzig
L fünfeinundzwanzig
G jo / soo / dat is alles wat ick up'n zettel heff /
L dat is alles /
G jo //
L denn nehm ick mittwoch / de Agnes Engel
G jo is gut /
L seggs' Hans bescheed
G jo dat mook ick
L (zu F) Dittmar / du wullt noch mool mit em snacken / ne
G wa (fragend) /
L Hinnik / Dittmar will noch mool eben wat van die weten /
G ja (Übergabe des Telefonhörers von L zu F)

F Hinnik (fragend) /
G ja /
F morgen /
G moin /
F Hinnik / ick he — hab hier mal 'ne sache und zwar möcht ich daß du deine kollegen davon mal unterrichtest /
G ja
F und / a / zwar haben wir hier ein angebot bekommen / wir haben verhandelt am fischmarkt Hamburg für anlandungen in Hamburg /
G ja
F und zwar hat uns ein kunde angeboten / . . . pfennig / je pfund /
G ja
F für die scholle vier // garantiert
G . . . / jo /
F . . . pfennig
G . . . (fragend)
F für die / scholle drei
G augenblick mal Dietmar / . . . ne (fragend)
F jo / das erste war . . . für die scholle vier /
G jo jo
F das zweite ist . . . für die scholle drei /
G ja
F bei einer / täglichen anlandung von neunzig zentnern
G neunzig zentner pro tag /
F ja / neunzig zentner pro tag
G ja
F und zwar brauchen wir diese neunzig zentner nun nicht jeden tag bringen / je nach wetterlage kann er sich also 'n polster zulegen / daß er aber so im durchschnitt / neunzig zentner täglich hat /
G ja
F dann hat uns ein zweiter kunde angeboten / fünfzig tonnen / tausend zentner / der scholle eins und zwei //
G ja
F für / ä / garan- / für den garantierten festpreis von . . . pfennig
G . . . (fragend)
F abzunehmen
G ja
F . . . // ähm / Hinnik ick hab ähm
G ja in welchem zeitraum denn nu Dietmar diese tausend / tausend zentner (fragend)
F ja / m das geht jetzt los /
G ach soo

F das geht jetzt los / wenn er wenn sie voll sind denn kann er vorläufig nicht mehr nehmen / er hat das erst mal als vorläufig bezeichnet
G ja
F wir müssen mal sehen wie sich das weiterentwickelt und eventuell auch noch mit dem einen oder anderen verhandeltn / bei dieser
G ja ja
F bei dieser verhandlung da waren die beiden Engels dabei /
G ja
F und / ä äh Kutterfisch
G ja
F Arthur Steingräber / abrechnungstechnisch läuft das über Kutterfisch /
G jo jo
F äh ich / äh m wenn ich mal die letzten ä / m oder die zahlen vom letzten jahr vergleiche / dann haben wir für die scholle vier . . . pro kilo realisiert / das heißt also / dieses angebot ist wirklich nicht schlecht / damit wir dies einhalten können / unsere verpflichtungen lieferverpflichtungen
G ja
F werden wir in der nächsten woche mit einer strikteren disposition / anfangen
G ja ja
F sonst kriegen wir das ja nicht zusammen
G nee /
F äh Hinnik jetzt hab ich noch mal 'ne andere sache / ihr habt am mittwoch habt ihr hast du drei schiffe gemeldet für Esberg / ne /
G ja / mittwoch oder donnerstag jo / ja
F mittwoch beziehungsweise donnerstag / das sind eins zwei drei vier schiffe hab ich hier sogar stehen
G ja ja/
F äh / frag doch mal an ob da nicht mal einer bei diesen bedingungen / die ich eben genannt hab / nicht nach Hamburg kommen will
G ja dat kann ick moken /
F ne (zustimmend)
G ja
F ich mein' im moment ist / ist ja die rogenscholle noch nicht so / so sehr stark
G nö nö
F vielleicht kann man / äh / äh / ist ja auch wenn er vor allen dingen wenn er 'n beten kleinfallende ware hat
G ja ja / die klein aber fällt im augenblick aber nicht mehr du
F kannst du ja mal sehen Hinnik /
G ja

F ne (zustimmend) /
G falls sich da noch einer für bereit äh findet denn /
Dietmar / denn ruf ich kurz noch mal an
F dann rufst du noch mal kurz an
G ja/
F ja/
G wie geseggt dat is ja nu alles durch das schlechte wetter
gekommen /
weil wir ja alle sonntag ausgelaufen sind /
un denn sind alle zum wochenende fällig ne
F jo das 's klar
G un nu is grade gut wetter / dat mööt wi jo uutnutzen / ne
F jo das verstoh ick schon
G da will natürlich keiner 'n tag ehrer weg
F klarer fall
G weeß' jo nie wat dat mit 't wetter ward / ne
F klarer fall
G ja
F nur / wenn wir diese preise kriegen wollen dann müssen wir auch tatsäch-
lich unsere verpflichtungen einhalten / sonst ward dat nischt / ne /
G nö nö / na jo wenn dat jeden dag eener is denn is dat vollkommen
genoog ne/
F ja (Einsetzen eines Störtones)
G wenn da einer mit zwei / zweihundertfuffzig korb kommt ne/
F ja / Hinnik informier' die kollegen doch mal
G bei mir da pfeift das / nicht dat sich da noch einer meldet oder
wat / ich laß mal kurz los (die Sprechtaste am Telefonhörer)
F un denn wünsch ich gute reise ne / sieh mool too / tschüß /
G ja alles kloor Dietmar / (dabei: Beendigung der Störung)
F Hinnik
G wie gesagt / wenn da noch einer kommt zu mittwoch denn äh
F seggst noch bescheed
G ruf ich noch mal an ne
F prima Hinnik /
G all kloor /
F scheun / tschüß /
G tschüß (legt auf)

5.3. Fachmundartliche Aspekte

5.3.1. Lexikologische Aspekte

In diesem Abschnitt soll der in dem ausgewählten Fachtext vorhandene Fachwortschatz in bezug auf die im vierten Kapitel ermittelten Ergebnisse analysiert werden. Eine Überprüfung dieser Befunde erfolgt somit an einem konkreten Text.

Als markant für den Wortschatz der Fachmundart war eine hohe Anzahl von Einfachbenennungen bezeichnet worden, die in einem Zusammenhang mit einem ökonomischen Einsatz sprachlicher Mittel gesehen wurde (4.1.1.6.). Für das erste Teilgespräch und für die Äußerungen Gs im zweiten Teilgespräch kann als Bestätigung dieses Ergebnisses eine bevorzugte Verwendung eingliedriger Benennungen auch in dem Seefunkgespräch registriert werden. Zu nennen sind: »wind« (Z. 3), »fang« (Z. 16), »schollen« (pl. Z. 38), »kisten« (pl., Z. 42), »korb« (Z. 215). Als Komposita seien genannt: »sünnenschien (Z. 3) und »mattgut« (Z. 36). Auf die Nennung der nicht fachlich determinierten Benennungen für die Wochentage soll hier verzichtet werden.

Eine Typologie der in Seefunkgesprächen üblichen Kurzformen ist anhand eines einzigen Textes kaum in umfassender Form zu liefern. Dies kann nur im Ansatz geleistet werden, so daß an dieser Stelle auch auf Beispiele aus dem dritten Kapitel zurückzugreifen sein wird.

Basiselemente, die als Benennungen fungieren, sind auch in dem gewählten Beispiel zahlenmäßig stark vertreten (z.B. »wind« (Z. 3), »fang« (Z. 16)). Diese können durchaus Kurzformen komplexerer lexikalischer Einheiten sein (z.B. »Brett« für »Schierbrett«, vgl. auch 4.1.1.4.).

Als Kurzform ist die Form »mix« (Z. 40) eingeordnet worden. Es handelt sich hierbei um eine Verkürzung der Mehrwortbenennung »gemischter Fang«, der alle Rundfischarten einschließt. Die ursprüngliche Partizipform ist demnach einer weiteren Kürzung unterzogen worden.

Daneben findet sich auch die Form, in der die Bestimmungswortkomponente der Mehrwortbenennung realisiert wird: »gemischt« (Z. 41).

Nur die Bestimmungswortkomponente des Kompositums »Kistenware« wird in »kisten« (Z. 42) gesprochen. Während in den meisten Fällen Zusammensetzungen gekürzt werden, indem auf eine Differenzierung durch das Bestimmungswort verzichtet wird, fällt hier das Grundwort mit seinem recht allgemeinen und kollektiven Gehalt aus. »Ware« hätte in diesem Zusammenhang jeglichen Differenzierungscharakter gegenüber den anderen zu vermarktenden Fischsorten verloren. — Ein weiterer Typ der Kurzform findet sich in dem Initialwort »UKW« (Z. 19), das jedoch aus der Fachsprache der Funktechnik übernommen wurde.

Nicht verzeichnet in dem ausgewählten Gespräch ist die Gruppe der mit Hilfe ei-

ner Diminutivendung gebildeten Kurzformen. Aus dem Bereich der Fischsorten seien hier der »Schelli« (für »Schellfisch«) und der »Heini« (für »Dornhai«) genannt. Auch bei diesen Beispielen zeigt sich eine Differenzierung in die bereits angesprochenen Formen des Festhaltens am Grundwort oder des Festhaltens am Bestimmungswort.
In bezug auf das Seefunkgespräch ist weiterhin wichtig, daß die Mengenangaben — etwa in »sechs mattgut« (Z. 36) oder »zweihundertachtzig schollen« (Z. 38) — als Gewichtsangaben fungieren, und zwar in der Einheit »Korb« (= Zentner). Aus einem hohen Maß an Situationsvertrautheit resultiert die Verwendung sprachlicher Kurzformen, die nur Eingeweihten vertraut sind und nur von diesen in ihrem gesamten Begriffsumfang erfaßt werden können. An dieser Stelle findet sich die These nachhaltig bestätigt, daß mit »steigendem Vorwissen die Notwendigkeit expliziter Verbalisierung«[3] abnimmt. Die Übermittlung der Fangmengenangaben kann auf die ausdrückliche Nennung der zugrundeliegenden Mengeneinheit verzichten. Die Verwendung der Einheit »Korb« wird stillschweigend vorausgesetzt: »sechs mattgut« (Z. 36/37) für › sechs Korb Mattgut ‹; »zweihundertachtzig schollen« (Z. 38) für ›zweihundertundachtzig Korb Schollen‹.
Auf die explizite Nennung der Mengeneinheit muß erst in solchen Zusammenhängen zurückgegriffen werden, in denen sich Zahlenangaben auf abweichende Einheiten beziehen: ». . . pfennig / je pfund« (Z. 117), »neunzig zentner« (Z. 135), »fünfzig tonnen / tausend zentner« (Z. 137 / 138), » . . . pro kilo realisiert« (Z. 164 / 165). Es zeigt sich an diesen Textstellen, daß im Bereich der Vermarktung der angelandeten Ware durchaus von der fur den Fischer auch gegenständlich erfaßbaren Einheit »Korb« abgewichen werden kann. Bezeichnend ist in diesem Zusammenhang, daß F die abweichenden Gewichtseinheiten (Pfund, Tonne, Kilo) in das Gespräch eingibt und in einem Fall eine Umrechnung in Zentner (= Korb) anbietet, um das gegenseitige Verständnis sicherzustellen.
Der hohe Grad an gemeinsamem Vorwissen erlaubt es den Gesprachsteilnehmern zudem, die Bezeichnung für die einzelnen Kutter variabel zu gestalten. In dem gewählten Textbeispiel stehen der Fachmundart vier unterschiedliche Realisationsformen für die Bezeichnung der zu benennenden Objekte zur Verfügung; dabei können diese Formen allein auftreten oder mit anderen Grundformen kombiniert werden:

- Nennung der Kennummer des Schiffes: »fünfhundertachtzehn« (Z. 52) für **HF 518, Wittebank**; da L allein die Kennummer mitschreibt, kommt dieser in der gewählten Textsorte ein ganz besonderes Gewicht zu;
- Nennung des Schiffsnamens: »fünf/dreiunddreißig / de Hanseoot« (Z. 34) für **HF 533, Hanseat**;
- Nennung einer Kurzform des Schiffsnamens: »de Brix« (Z. 12) für **HF 324, Brix Hansen**;
- Nennung des Namens (die gebräuchliche Form, die Nennung des Vornamens, findet sich auch in dem gewählten Beispiel) des Schiffsführers: »vier/hundertsechs / Rudi« (Z. 55) für **HF 406, Bussard**, mit dem Schiffer Rudolf Lübben.

Die Wahl jeweils einer dieser Grundformen oder die Kombination von zwei oder mehr Typen kann bezüglich ihrer Motivation hier nicht weiter untersucht werden. Die Sprecher und ihr subjektives Verhältnis zum Referenzobjekt sind in diesem Zusammenhang sicherlich von besonderer Bedeutung.
Unter dem Aspekt der fachlichen und fachsprachlichen Differenzierung bietet sich für das gewählte Textbeispiel eine Betrachtung des Wortfeldes »Fang« an. Im ersten Teilgespräch finden sich hierzu folgende Benennungen: »mattgut« (Z. 36 und 37), »schollen« (Z. 38), »mix« (Z. 40) / »gemischt« (Z. 41) und »kisten« (Z. 42). Für den Zweck einer allgemeinen Orientierung der Fischmarktorganisationen mit ohnehin immer nur vorläufigem Charakter haben sich die genannten Kategorien als sinnvoll erwiesen.
Exemplarisch können an den fünf genannten Benennungen einige Strukturmerkmale fachspezifischer Lexik aufgezeigt werden. So ist die Benennung »Scholle« formgleich auch in der Gemeinsprache vorhanden. Im Hinblick auf die Bedeutung muß allerdings erwähnt werden, daß der Begriff ›Scholle‹ im Rahmen der in diesem Text gegebenen Grobkategorisierung andere Plattfischarten einschließen kann (z.B. die Limande). Insofern könnte in diesem speziellen Fall von einer Bedeutungserweiterung gesprochen werden. »Mattgut« zählt dagegen zum Exklusivwort der Fischerei; diese Benennung bezeichnet die Menge der Edelfischarten (z.B. Steinbutt, Seezunge), die besonderer Konservierungsmethoden bedürfen. Die Benennung »Mix« — auch in der Kurzform »gemischt« — steht für die gesamte Palette der Rundfischarten. Lautlich ähnliche Formen (z.B. »Gemüse«) bestehen daneben in gleicher Bedeutung, so daß hier durchaus von Synonymen gesprochen werden kann. Die Kürzung des Syntagmas »gemischter Fang« zur ökonomischeren Einwortbenennung »gemischt« ist ebenso wie »Kisten« für »Kistenware« den besonderen Merkmalen der fachlichen Umgangssprache zuzuordnen. Beide Wörter (»gemischt« und »Kisten«) existieren formgleich in der Gemeinsprache; trotzdem oder gerade deswegen ist ihre fachliche Bedeutung für Sprecher, die mit der Materie der Hochseefischerei nicht vertraut sind, nur schwer aufzuschlüsseln. Diese beiden Benennungen weisen — verglichen mit dem Inventar der Gemeinsprache — das Phänomen der Bedeutungsverengung bzw. -verschiebung auf. In beiden Fällen ist die Kürzung bemerkenswerterweise nicht beim Bestimmungswort (z.B. »Kurrlien« — »Lien«), sondern beim Grundwort eingetreten, da das Bestimmungswort für die fachlich notwendige Differenzierung erforderlich ist. Dies ist ein Merkmal, das wesentlich zur Erschwerung der Allgemeinverständlichkeit des Fachwortschatzes beiträgt.
Interessant erscheint bei der Betrachtung der Auswahl der aufgeführten Benennungen, daß diese auf formaler Ebene keine Beziehungen zueinander aufweisen — das Verhältnis zwischen den Formen »mix« und »gemischt« soll dabei unberücksichtigt bleiben, da diese denselben Begriff benennen. Der Charakter einer systematischen Differenzierung fachsprachlicher Benennungen bleibt — zumindest in dem angeführten Beispiel — verborgen.
Ein anderes Beispiel aus dem zweiten Teilgespräch zeigt dagegen, daß der Be-

griffsbereich »Fischarten« entsprechend den speziellen fachlichen Anforderungen (hier: Vermarktung des Fanges) weiter differenziert werden kann. Dies geschieht mit Hilfe einer Grundkategorie, die durch eine nachgestellte Zahl in Einheiten mit bestimmten Merkmalen unterteilt wird. Erwähnt werden die Einheiten »scholle vier« (Z. 119), »scholle drei« (Z. 123), sowie »scholle eins und zwei« (Z. 138), die alle auf die Grundkategorie »Scholle« zurückzuführen sind, die hier nach dem Gesichtspunkt der fachlichen Relevanz einer weiteren Differenzierung unterzogen wird. In diesem Fall handelt es sich um eine durch die Vermarktungsorganisationen vorgegebene Differenzierung nach der Größe bzw. nach dem Gewicht der Fische. Die durchlaufende Numerierung von I bis IV entspricht offiziell festgelegten Bestimmungen; sie ist als Ausprägung der Verwaltungssprache zu verstehen, derer sich die Fischer bedienen müssen bzw. bei denen für die Fischer zumindest die Notwendigkeit einer passiven Kompetenz besteht.
Eine weitere Differenzierungsebene, die lediglich für den Bereich der Vermarktung des Fanges relevant ist, zeigt sich in der Benennung »rogenscholle« (Z. 185). Für den Fischer ist die nach geschlechtsspezifischen Merkmalen vorgenommene Einteilung in »Milchscholle« und »Rogenscholle« bei der Verarbeitung des Fanges von untergeordneter Bedeutung. Allerdings erzielt die von Ende Januar bis Ende Februar auftretende Rogenscholle wegen ihrer minderwertigen Qualität besonders ab Mitte Februar nur noch geringe Preise. Zudem galt für dänische Fischereifahrzeuge aus Gründen der Bestandssicherung über viele Jahre ein Fangverbot für Rogenschollen bis zum 1. März eines jeden Jahres. Die Benennung »Rogenscholle« geht somit zwar ursprünglich auf eine geschlechtsspezifische Differenzierung zurück, sie impliziert im fachsprachlichen Kontext der Fangvermarktung allerdings in erster Linie eine Qualitätszuweisung.
Ähnlich ist die ebenfalls von F eingebrachte Kategorie »kleinfallende ware« (Z. 189) zu beurteilen. Auch bei dieser Partizipialkonstruktion erscheint oberflächlich die Größe der anzulandenden Fische als differenzierendes Kriterium. Hierzu muß allerdings festgestellt werden, daß der Fang entsprechend der oben angegebenen vier Größen- und Gewichtskategorien unterschiedliche Preise erzielt. Da die Reihenfolge (IV-III-II/I) den kleineren und leichteren Schollen (II und I) geringere Vermarktungschancen zuweist, zeigt es sich, daß im fachsprachlichen Zusammenhang der Vermarktung des Fanges das Hauptaugenmerk auf eine qualitätsmäßige Einstufung des Fanges (in Verbindung mit der Attraktivität am Markt) gelegt wird.
Grundsätzlich fällt an den im zweiten Teilgespräch von F zusätzlich eingegebenen Differenzierungsmustern innerhalb des Wortfeldes »Fang« im Gegensatz zu den im ersten Teilgespräch erwähnten Benennungen zweierlei auf. Zum einen handelt es sich um durchweg komplexere Formen, die hier als Determinativkomposita (z.B. »Rogenscholle«), als relativ feste Syntagmen aus einer Grundkategorie und einer nachgestellten Zahlenkategorie (z.B. »Scholle III«) oder aus einer Partizipialkonstruktion (z.B. »kleinfallende Ware«) bestehen. Nicht eine dieser Benennungen aus dem Bereich der Fangvermarktung ist eingliedrig.

Darüber hinaus findet sich »Scholle« als Grundwort für verschiedene Differenzierungsebenen. Sowohl eine größenspezifische als auch eine geschlechtsspezifische Differenzierung verzeichnet »Scholle« als Determinatum. Die Kategorie »Ware« in »kleinfallende Ware« ist zudem im Zusammenhang mit der oben näher erläuterten Benennung »Kisten« (Z. 41) im Sinne von »Kistenware« zu sehen. Neben diesen Formen, die den Fang aufgrund fachlich bedingter Erfordernisse differenzieren, findet sich eine Benennung in dem Text, die auf den ersten Blick ebenfalls der Kategorie »Fang« zuzuordnen ist: »Kutterfisch« (Z. 161). Als isoliertes Fachwort betrachtet, bietet sich eine Auflösung dieses Kompositums in das Syntagma »von einem Kutter gefangener Fisch« an. Erst das durch den zusammenhängenden Text gelieferte sprachliche Umfeld macht deutlich, daß es sich bei dem gegebenen Kontext nicht um eine Klassifizierung des Fanges handeln kann: »abrechnungstechnisch läuft das über Kutterfisch« (Z. 161). Nur der mit der Fachmundart vertraute Sprecher ist in der Lage, »Kutterfisch« als Kurzform der Bezeichnung für die Vermarktungsorganisation »Kutterfischverwertung Finkenwerder — Lübecker Bucht« (vgl. 3.1.2.) zu entschlüsseln.
Die Analyse des verwendeten Fachwortmaterials bestätigte im wesentlichen die im vierten Kapitel am isolierten Fachwortschatz registrierten fachmundartlichen Besonderheiten. Auch hier waren Einfachbenennungen dominierend, ein gemeinsames Vorwissen war in Beziehung zu einer verstärkten Verwendung von Kurzformen gesetzt worden, deren semantischer Gehalt durchaus von dem in der Gemeinsprache üblichen Inhalt differieren konnte (vgl. 4.2.3.). Ein Vergleich der ausgewählten Beispiele aus beiden Teilgesprächen wies zudem deutlich aus, daß durch eine weitere Differenzierung innerhalb des Feldes »Finkenwerder Hochseefischerei« auch fachintern eine textsorten- bzw. situationsbestimmte Auswahl, Verwendung und Frequenz sprachlicher Mittel nachzuweisen ist.

5.3.2. Syntaktische und textsortenspezifische Aspekte

Nach den lexikologischen Befunden soll hier ergänzend auf einige syntaktische Merkmale des Textes eingegangen werden, um das Merkmal »gesprochen« umfassend zu belegen.
Aus dem Bereich der syntaktischen Formen, die allgemein dem Feld der gesprochenen Sprache zugeordnet werden, sind einschlägig bekannte Typen in dem ausgewählten Text vertreten, z.B. Ellipse und Anakoluth (in den Formen Selbstkorrektur, Kontamination und Drehsatz). Darüber hinaus ist festzustellen, daß die Komplexität und Variabilität der verwendbaren syntaktischen Muster eingeschränkt sind. Besonders in dieser Hinsicht sind aber auch zwischen den einzelnen Sprechern, etwa im Vergleich G — F, nicht unwesentliche individuelle Differenzen erkennbar.

Der besondere Charakter des Seefunkgesprächs, der in einer bestimmten Art der Übermittlung von Anlandungsdaten besteht, spiegelt sich zudem deutlich in textsortenspezifischen Äußerungsformen wider. In Form einer Aufzählung werden gekürzte sprachliche Äußerungen aneinandergereiht, die als satzwertig zu betrachten sind:

G: »mittweken is nix« . . . »donnerstag / fünf/dreiundreißig / de Hanseoot« . . . »sechs mattgut« . . . »zweihundertachtzig schollen« . . . »vierzig mix« . . . »und zwanzig kisten dabei« (Z. 32-42).

Die Dosierung der jeweiligen Informationsausschnitte ist wesentlich durch den Vorgang des Mitschreibens (durch L) und die durch Wiederholung ausgedrückte Rückmeldung bestimmt. Die einzelnen Informationen sind während des Gespräches in nachstehende Liste einzutragen:

Hafen	Datum	Kutter	Mattgut	Plattfische	Rundfische	andere	gesamt
Hambg.	29.1.	533	6	280	40	20 Ki	
Hambg.	29.1.	. . .	. . .				

Die Wiederholung der gemachten Äußerungen wird dabei (von L) nicht in jedem Fall wörtlich vollzogen. Abweichungen, die zumeist aufgrund der zeitlichen Parallelität von Schreiben und Sprechen auftreten, sind durchaus möglich. Folgende Formen sind in dem ausgewählten Beispieltext zu unterscheiden:

— exakte, wörtliche Wiederholung: »dreizweiunddreißig« — »dreizweiunddreißig« (Z. 48-49);
— Auslassung einer Zusatzinformation: »donnerstag / fünf/dreiunddreißig / de Hanseoot« — »donnerstag / fünfdreiunddreißig« (Z. 34-35);
— Reduzierung auf die Ziffernfolge: »zweihundertachtzig schollen« — »zwo acht null« (Z. 38-39);
— Formale Abwandlung des Gesagten ohne inhaltliche Änderung: »vierzig mix« — »vierzig gemischt« (Z. 40-41);
— Wechsel von der nd. zur hd. Lautung: »mittweken is nix« — »mittwoch nix« (Z. 32-33);
— als Ausnahme ist dagegen der Wechsel von der hd. zur nd. Lautung innerhalb des Textteils mit offiziellem Charakter anzusehen. Dieser Wechsel ist im ausgewählten Text nur möglich, weil direkt vor der betreffenden Äußerung eine von L eingebrachte Datumsangabe — zumindest teilweise — in nd. Lautung gehalten ist und G seinen Gesprächsschritt mit einer nd. Einheit beendet: »heute morgen HF fünfhundert« — »den süssuntwintigsten ersten / wat hes' seggt« — »*HF* fünfhundert / hüüt morgen« — »fiefhundert« — »hüüt morgen« — »jo jo« (Z. 68-73).

Der auffälligste Wechsel zwischen hd. und nd. Formen, der sich insbesondere in der Hauptphase des ersten Teilgespräches zeigt, soll unter 5.3.4. näher betrachtet werden.

5.3.3. Zur Dialogform

Die Dialogform des ausgewählten Gespräches zeigt sich in textsortenspezifischen Merkmalen wie auch in solchen Merkmalen, die im Rahmen einer Gesprächsanalyse dem Bereich der gesprochenen Sprache zugeordnet werden.[4]
Bereits eine rein formale Analyse der aufeinander bezogenen Gesprächsschritte deutet die Notwendigkeit der Differenzierung des ersten Teilgesprächs an. Während im ersten Abschnitt (Z. 1-31) der Fortgang des Dialogs von beiden Partnern mehr oder weniger stark getragen wird, bestimmt G im folgenden Teil (Z. 32-98) weitgehend den Verlauf durch die von ihm geleisteten Eingaben der Anlandungsdaten, die von L in Form der Rückmeldung lediglich durch Wiederholung bestätigt werden. Erst im Anschluß an diesen »offiziellen« Teil kann sich L wieder stärker in die aktive Gestaltung des Gesprächs einbringen (Z. 99-106). Dieser Schlußteil fällt in dem ausgewählten Text vergleichsweise kurz aus, da L lediglich zum folgenden Teilgespräch zwischen G und F überleitet. Unter textsortenspezifischen Gesichtspunkten kommt dem zweiten Teilgespräch (Z. 107-228) eine nur untergeordnete Rolle zu, es soll in diesem Zusammenhang daher nicht weiter untersucht werden.
Auf die für die ausgewählte Textsorte typische Dialogstruktur im »offiziellen« Teil des Gesprächs ist bereits unter 5.3.2. hingewiesen worden. Als idealtypisch kann dabei die Nennung eines Informationsausschnitts durch G und eine dem Inhalt entsprechende Rückmeldung durch L angesehen werden. Da aufgrund der intendierten Informationsübermittlung der Rückmeldung ein wesentliches Gewicht zukommt, ist eine Dosierung der schriftlich zu fixierenden Angaben auf kleine Einheiten vorgegeben, die erst jeweils nach erfolgter Rückmeldung ergänzt werden.
Ein allgemeines Merkmal dialogischer Texte ist das Simultansprechen. Dabei bilden häufig die Gesprächsschritte der einzelnen Sprecher inhaltliche Einheiten, die von den zwischengelagerten Äußerungen des Kommunikationspartners im wesentlichen unbeeinflußt bleiben: »ja / denn mütt 'k woll doch noch mool anroopen« — . . . — »och soo« (Lachen) — . . . — »<u>de löppt di nich weg / du</u>« (Z. 26-30). G hat in diesem Falle seine Gedanken zu Ende geführt, während L in der simultan gesprochenen Phase bereits zum nächsten und offiziellen Thema überleiten wollte. Dieser muß seine Äußerung daraufhin wiederholen, um schließlich den neuen Gesprächsabschnitt aufnehmen zu können: »dat loopt mi ober nich weg« — . . . — »nee / de steiht hier — . . . — »soo / <u>denn kann't wiedergohn</u>« — . . . — »denn kann dat wiedergohn« (Z. 24-31). Im zweiten Teilgespräch treten dann häufiger simultane Sprechphasen auf, wenn G während der Ausführungen Fs durch das Rückmeldungspartikel »ja« seine Zuhörbereitschaft signalisiert (z.B. Z. 132, 156), wobei es sich aus Gründen der akustischen Aufnahme auch ergeben kann, daß eine zuvor gemachte Äußerung wiederholt wird: »<u>bei dieser</u>« — . . . — »bei dieser verhandlung da waren . . . « (Z. 155-157). Darüber hinaus kann unmittelbares Nachfragen dazu führen, daß beide Gesprächspartner gleich-

zeitig das Wort ergreifen: »für den garantierten festpreis von . . . pfennig« — ». . . (fragend) — »abzunehmen« (Z. 140-143).
Auffällig ist, daß G bei der Darlegung seiner Argumente wiederholt von F unterbrochen wird (Z. 199-215), der damit deutlich zu erkennen gibt, daß der die vorgebrachten Argumente zwar zur Kenntnis nimmt, sich aber gleichzeitig weigert, diese inhaltlich zu akzeptieren. Eine direkte Verknüpfung simultan gesprochener Einheiten mit der Sprecherintention wird an dieser Stelle deutlich.
Eine weitere Form simultanen Sprechens stellt die Gesprächsfortführung beider Partner nach einer (gefüllten) Pause dar: ». . . denn äh« — »seggst noch bescheed« — »ruf ich noch mal an ne« (Z. 222-224). Diese Art der Fortsetzung einer begonnenen Äußerung durch den Kommunikationspartner kann als besondere Form des Rückmeldeverhaltens[5] verstanden werden.
Bei den unter 3.3.3. und 3.3.4. geleisteten Beschreibungen des Textes wurde das Feld der lexikologischen Analyse verlassen. Dabei zeigte sich im Hinblick auf die Syntax und die Dialogstruktur eine Verquickung allgemeiner Merkmale mit textsortenspezifischen Formen. Ein besonderer Schwerpunkt lag auf der Analyse der durch die Textsorte bedingten Auswahl sprachlicher Mittel. Auf diese Weise war es letztendlich möglich, dem Charakter der mündlichen Realisation der Fachmundart gerecht zu werden.

5.3.4. Das Verhältnis von Hochdeutsch und Niederdeutsch

In nur untergeordneter Rolle war das Verhältnis von hd. und nd. Formen in die Analysen des vierten Kapitels eingegangen. In 4.3.1. war unter dem Stichwort »pragmatische Alternanz« auf die Existenz von Mischformen und lautlich angeglichenen Formen hingewiesen worden. Eine Austauschbarkeit dieser Formen wurde in 4.2.1. unter b) und c) konstatiert.
Der gewählte Fachtext ist nicht zuletzt durch einen Wechsel von nd. und hd. Formen zu charakterisieren. Aus diesem Grund soll im folgenden auf die Funktion der in unterschiedlichen Formen realisierten Ausschnitte eingegangen werden. Während im vierten Kapitel lediglich das Nebeneinander sprachlicher Formen und ein gewisser Grad an Austauschbarkeit festgestellt worden war, geht es darüber hinaus in diesem Teil um eine funktionale Zuordnung der nd. bzw. hd. realisierten Textabschnitte und Versatzstücke. Die Aussagekraft von Ergebnissen bleibt allerdings auf die Textsorte »Seefunkgespräch« beschränkt.
Im ersten Teilgespräch ist eine funktionale Trennung zwischen hd. und nd. Abschnitten deutlich nachvollziehbar. Dabei zeigt sich, daß der »offizielle« Teil (die Durchgabe der Anlandungsdaten) nach der hd. Sprachform verlangt. Alle anderen Teile, die von einer schriftlichen Fixierung unberührt bleiben, werden dagegen nd. gestaltet. Der erste Übergang im Verlauf des Gesprächs wird mit der parallel zur Niederschrift verlaufenden Wiederholung der zuvor von G gegebenen

Information »mittweken is nix« (Z. 32) vollzogen, als hierauf von L mit dem Gesprächsschritt »mittwoch nix« (Z. 33) reagiert wird. Von dieser Stelle an übernimmt auch G für die Durchgabe der Anlandungsdaten die hd. Sprachform. Beachtenswerterweise werden zwischen den offiziellen, für die schriftliche Fixierung vorgesehenen Daten teilweise zusätzliche Kommentare eingeflochten, die dann aufgrund ihrer (nicht »offiziellen«) Funktion innerhalb des Gespräches in nd. Form gehalten sind; z.B.: »de Hanseoot« (Z. 34), »jo / un to dienstag oder wat hebb ick noch nix . . .« (Z. 56-58). Entsprechende Übergänge zeigen sich auch an anderen Gesprächsausschnitten im Wechsel zwischen Datenübermittlung und zusätzlicher Information oder Kommentar; z.B.: »denn hebb ick noch Cuxhoben / nächsten montag / de Anita« — »montag« — »dreivierundzwanzig« (Z. 60-62).

Die einzige Abweichung von der hier beschriebenen funktionalen Trennung erfolgt in der bereits analysierten Phase Z. 66-73. An dieser Stelle werden sowohl die Tageszahl der Datumsangabe (»den süssuntwintigsten« (Z. 69)) als auch die nähere Bestimmung der Tagesangabe (»hüüt morgen« (Z. 70 und 72)) und zusätzlich in der Wiederholung der Kennzahl des Kutters (»fiefhundert« (Z. 71)) nd. realisiert. Bei der anschließenden Angabe »mittwoch oder donnerstag« (Z. 74) wird jedoch erneut die hd. Form gewählt, auch wenn der im Anschluß an eine kurze Sprechpause folgende Teil, der als Kommentar nicht schriftlich zu fixieren ist, erneut in Nd. gehalten ist: »door mööt wü uns noch mool ober eenig warrn / wü sünd jo alle to't wochenende fällig eigentlich / ne« (Z. 74-76).

Die Durchgabe und Wiederholung der anschließenden Daten wird abermals in hd. Sprachform vollzogen. Ein Wechsel erfolgt ansatzweise in dem eingeschobenen Kommentar »dat büs' jo selbst« (Z. 87) und schließlich vollständig nach Beendigung der Durchgabe der Anlandungsdaten: »dat is alles wat ick up'n zettel heff« (Z. 96).

Die funktionale Trennung zwischen hd. und nd. Gesprächsabschnitten ist somit in unmittelbarem Bezug zu dem offiziellen Charakter einerseits und der schriftlichen Fixierung andererseits zu sehen. Anders verhält es sich bei den Versatzstücken der einen Sprachform, die in die Rede der jeweils anderen integriert sind. Dabei handelt es sich im ersten Teilgespräch primär um Übernahmen hd. Einheiten ins Nd.; z.B.: »mal 'ne ganze ausnahme« (Z. 5), »grenze« (Z. 8), »dienstag« (Z. 12). Bei dem jüngeren Sprecher G ist darüber hinaus an einigen Stellen eine lautliche Angleichung an das Hd. erkennbar. Während L noch die rein nd. Form »döörgeben« (Z. 16) verwendet, hat sich bei G bereits die durch das hd. »durch« beeinflußte Form »dorchgeben« (Z. 19 und 20) durchgesetzt. Auf der gleichen Ebene ist die sprecherspezifisch unterschiedliche Lautung von »güstern« (Z. 6) und »gestern« (Z. 8) einzuordnen. In bezug auf die Bezeichnungen der Wochentage scheint es ebenfalls erhebliche Einflüsse aus dem Hd. zu geben; leider ist das erhobene Material in dieser Hinsicht quantitativ unzureichend, so daß an dieser Stelle lediglich mögliche Trends angedeutet werden können. Eine generelle, in erster Linie jedoch generationsgebundene Angleichung der Lautung an das Hd.

kann vermutet werden. So existiert zwar die nd. Form »mittweken« (Z. 32), es hat jedoch den Anschein, als ob sich mit »mittwoch« (Z. 33, 59, 74, 79, 99) auch innerhalb der nd. Rede die hd. Form etabliert hat. Ebenfalls die hd. Form liegt in »dienstag« (Z. 56) vor, während andererseits »dünnersdag« (Z. 44 und 59) in nd. Lautung realisiert wird. Es scheint innerhalb der nd. Rede ein relativ hoher Grad der Austauschbarkeit bezüglich der gewählten Lautform vorzuliegen. Nur so läßt sich auch die Mischform »den süssuntwintigsten ersten« (Z. 69) erklären. Eine auf der Finkenwerder Mundart basierende nd. Form würde hier »iersten« verlangen; offenbar hält jedoch das Nd. als Kommunikationsmittel im nicht normierten, primär privat orientierten Bereich die Möglichkeit einer durch lautliche Angleichung bedingten Varianz in Form von nd. und hd. Alternanzen offen.[6]
In diesem Zusammenhang sind aus dem zweiten Teilgespräch lediglich die Äußerungen Gs zu berücksichtigen; auf die nd. Versatzstücke in der Rede des Nicht-Mundart-Sprechers F ist in den folgenden Abschnitten 5.4.2. und 5.4.3. näher einzugehen. Generell paßt sich G in diesem Teil seinem hd. sprechenden Gesprächspartner an.[7] Auffällig sind dabei vor allem zwei Erscheinungen: Einerseits findet sich die Auflösung des vorgegebenen Adjektivs »täglich« (Z. 129) in eine Form, in der die Komponente, die den inhaltlichen Schwerpunkt auf die Fangmenge legt (»tägliche Anlandung« — ». . . Zentner pro Tag«), in der nominalen Grundform realisiert wird: »pro tag« (Z. 130).[8] Andererseits fällt die Verwendung der nd. Form »wie geseggt« (Z. 199), die bereits im ersten Teilgespräch zu finden war (Z. 23), neben dem hd. »wie gesagt« (Z. 222) ins Auge. Hier bestätigt sich die unter 4.3.1. angeführte These von einem gewissen Grad der Austauschbarkeit der Sprachformen, auch wenn Aus- und Rückwirkungen auf die Äußerung durch den situativen Kontext nicht außer acht gelassen werden sollen und hier die Frage nach den Regularien bei der Wahl zwischen hd. und nd. Sprachform nicht eingehend betrachtet werden kann.
Ausgehend von dem vorliegenden Fachtext läßt sich vermuten, daß in der mündlich konstituierten Kommunikation die Wahl zwischen der nd. und der hd. Sprachform in erster Linie von zwei Faktoren abhängig ist:

- von der Funktion des Textes bzw. der Einzeläußerung; im Zusammenhang damit muß die Frage berücksichtigt werden, ob die vermittelten Inhalte offizieller oder privater Natur sind;
- von den Kommunikationspartnern bzw. der zugrundeliegende Partnerhypothese — und zwar nicht zuletzt bezüglich der aktiven nd. Sprachkompetenz.

5.4. Aspekte gesprochener Sprache

Nachdem bisher die Merkmale des gewählten Fachtextes analysiert wurden, sollen in diesem Abschnitt einschlägige Ansätze zur Beschreibung gesprochener Sprache auf den fachmundartlichen Text bezogen werden.

Als wesentlich für die Fachmundart wurde herausgestellt, daß diese als »gesprochene Sprache« realisiert wird. Nach Schank/Schwitalla[9] ist jedoch der Faktor der Mündlichkeit allein nicht ausreichend, um den Terminus »gesprochene Sprache« hinreichend zu beschreiben. Sie nennen vier Bedingungen, die an dieser Stelle auf ihre Anwendbarkeit auf die gewählte Textsorte überprüft werden sollen:

»(1) freies ad-hoc Formulieren ohne detaillierte Vorbereitung . . .«[10] Allein die Tatsache, daß es sich bei dem Seefunkgespräch um eine institutionalisierte Form der Kommunikation handelt, deutet darauf hin, daß vor dem Gespräch Vorbereitungen von den jeweils beteiligten Sprechern/Hörern getroffen werden. Die offizielle — und wesentliche — Funktion des Gesprächs ist auf die Übermittlung von Anlandungsdaten ausgerichtet, die der Kommunikationspartner auf See zuvor von den anderen Schiffsführern in Erfahrung gebracht hat und zu denen er auch schriftliche Kurznotizen erstellt hat. Die Art der Vorbereitung bezieht sich dabei in erster Linie auf inhaltliche Gesichtspunkte. Bezüglich der konkreten sprachlichen Umsetzung sind dem Sprecher — zumindest in einigen Textabschnitten — allerdings auch enge Grenzen gesetzt. Die Übermittlung der Daten läuft nach einem strukturierten, eingespielten Muster ab. Umfangreichere Gestaltungsmöglichkeiten bleiben den Sprechern in den thematisch den privaten und persönlichen Bereich zugewandten Gesprächssequenzen. Auch wenn hier nicht von einer »detaillierten« Vorbereitung gesprochen werden kann, so ist doch davon auszugehen, daß aufgrund der Interessenslage bestimmte Themenbereiche (etwa: Wetter) zu erwarten sind und daß das Ansprechen persönlich ausgerichteter Themenfelder gegebenfalls als geplant zu beschreiben ist; eine eindeutige Festlegung ist hier nicht sinnvoll.

»(2) Sprechen in einer Face-to-Face-Situation, so daß Zeit und Ort der Produktion und Rezeption des Sprechens in eins fallen; auch Telefongespräche erfüllen die erste Bedingung.«[11]

Das Kriterium des direkten Kontaktes kann bezüglich der aktiv am Gespräch beteiligten Personen fraglos als erfüllt betrachtet werden. Aufgrund der besonderen medialen Rahmenbedingungen der Textsorte »Fischmarktgespräch«, bei dem die Texte auf unterschiedlichen Ebenen rezipiert werden, muß dagegen neben dem Aspekt der partiellen Einweg-Kommunikation im Hinblick auf die räumliche Komponente von einer breiten Streuung ausgegangen werden. Daher würde hier eine Gleichstellung mit einem herkömmlichen Telefongespräch zu kurz greifen.

»(3) Sprechen in natürlichen Situationen, in denen das Sprechen selbst nicht im Fokus der Aufmerksamkeit steht.«[12]

Es wurde bereits mehrfach auf die zentrale Funktion der Datenübermittlung für das Fischmarktgespräch hingewiesen. Das Sprechen selbst ist daher nicht im Zentrum der Aufmerksamkeit anzusiedeln. Allerdings muß einschränkend betont werden, daß das regelmäßige Zustandekommen solcher institutionalisierter Gespräche, zumindest für den Gesprächsteilhaber auf See, in psychischer Hinsicht eine nicht zu unterschätzende Rolle spielt — generell ist hier situations- und sprecherbezogen von graduellen Abstufungen auszugehen. Insofern wird dem Sprechen an sich — nicht allerdings dem Prozeß der Sprachrealisation — eine gewichtige Bedeutung zuteil. Unter diesen Bedingungen kann nur unter Einschränkungen von »natürlichen Situationen« gesprochen werden, auch wenn das Interesse nicht dem Sprechen an sich gilt.

»(4) Fehlen nicht teilnehmender Beobachter, die einen verzerrenden Einfluß auf das Handeln der Sprecher ausüben können.«[13]

Aufgrund des Öffentlichkeitsgrades des Fischmarktgespräches muß dieses Kriterium von vornherein als nicht erfüllt bezeichnet werden. So ist etwa davon auszugehen, daß die Themenbewältigung in Gesprächssequenzen inoffiziellen Charakters stark durch die Tatsache gesteuert ist, daß die aktiven Sprecher von der Existenz zahlreicher Zuhörer wissen; insofern ist auch von tabuisierten Themenkomplexen auszugehen.

Zusammenfassend ist festzustellen, daß die Forderungen 1), 2) und 4) nur in eingeschränktem Maß von dem analysierten Seefunkgespräch erfüllt werden. Gründe hierfür sind in erster Linie in den wesentlichen Merkmalen der Textsorte »Seefunkgespräch« zu suchen: Diese Gespräche sind institutionalisiert und medienvermittelt. Aufgrund der festen funktionalen Einbindung von Seefunkgesprächen in den fachlichen Ablauf der Kleinen Hochseefischerei müssen diese trotzdem als genuine Realisationsformen der Fachmundart betrachtet werden. Eine Ausgrenzung gerade solcher Texte würde dazu führen, daß wesentliche Ausschnitte der in immer stärkerem Maße von der Technik beeinflußten Kommunikation auch handwerklicher Fächer nicht unter dem Begriff der gesprochenen Fachsprache (Fachmundart) gefaßt werden könnten. Verstärkte Relevanz erhält dieser Bereich in Form des in zahlreichen Großbetrieben üblichen Funksprechverkehrs. Daher ist eine Erweiterung des Begriffs der »gesprochenen Sprache« unter dem Gesichtspunkt der Fachsprachenforschung zu fordern, damit auch halböffentliche, medienvermittelte und institutionalisierte, mit stark konventionalisierten Handlungsmustern ausgestattete Texte darunter zu fassen sind.

5.5. Ergebnisse

Ziel dieses Kapitels war es, die anhand des isolierten Wortschatzmaterials erarbeiteten Befunde an einem konkreten Fachtext zu überprüfen. Neben Merkmalen, die allgemein in der gesprochenen Sprache einschlägig sind, konnten die auf den Fachwortschatz bezogenen Ergebnisse aus Kapitel 4 bestätigt werden. So fiel auch hier bei der lexikologischen Analyse (5.3.1.) die bevorzugte Verwendung von Einfachbenennungen auf. Anhand der aus dem Wortfeld »Fang« stammenden Benennungen wurden die Ausführungen zur Erscheinungsform fachmundartlicher Kurzformen vertieft und semantische Abweichungen zwischen der Gemeinsprache und der Fachmundart erfaßt. Dabei zeigten sich zudem deutliche Unterschiede zwischen den tradierten Benennungen der Fischersprache einerseits und den durch die Sprache der Verwaltung hervorgebrachten Differenzierungsmustern andererseits.
Auch das bei der Wortschatzanalyse im vierten Kapitel registrierte Nebeneinander von hd. und nd. Sprachform erfuhr eine Bestätigung (5.3.4.). Darüber hinaus konnte am konkreten Text eine funktionale Zuordnung dieser Sprachformen vorgenommen werden. Inwieweit sich diese Differenzierung auf die in der konkreten Rede vorzunehmende Wahl von Benennungen, die als gleichwertig nebeneinander existierend ausgeworfen wurden, auswirkt, bleibt zu untersuchen. Der Aspekt einer generationsspezifischen Verwendung sprachlicher Mittel sollte in diesem Zusammenhang stärker berücksichtigt werden. Um den gesprochenen Charakter der Fachmundart deutlicher in das Blickfeld zu rücken, war zuvor in Erweiterung der durch lexikologische Analysen gestützten Überlegungen eine Beschreibung textsortenspezifischer Merkmale der Syntax (5.3.2.) und der Dialogform (5.3.3.) geliefert worden. Obwohl diese beiden Abschnitte lediglich Ergänzungscharakter hatten, konnten doch anhand der Struktur der Durchgabe der Anlandungsdaten wesentliche textsortenspezifische Merkmale berücksichtigt werden.
Eine abschließend vorgenommene Konfrontation der für das Seefunkgespräch ermittelten Befunde mit dem einschlägigen Begriff der »gesprochenen Sprache« (5.4.) ergab, daß dieser nicht die gesprochene Sprache am Arbeitsplatz vollständig zu erfassen vermag. Hieraus wurde die Forderung nach einer Erweiterung des von Schank/Schwitalla eingeführten Begriffs abgeleitet.
Als Resümee bleibt festzuhalten, daß der konkrete Text die Aussagen zum Wortmaterial bestätigen konnte, auch wenn die Merkmale aufgrund des begrenzten Umfangs des gewählten Beispieltextes nicht in ihrer Gesamtheit zu erfassen waren.

Anmerkungen

1 Es ist allerdings anzumerken, daß eine in diesem Sinne fixierte Zielsetzung nicht vorgegeben war.
2 Eine generelle Einteilung in die Kategorien »symmetrisches Verhältnis« und »asymmetrisches Verhältnis« erscheint aufgrund der weitgefaßten Begriffe sehr problematisch. Vgl.: Henne/Rehbock, Gesprächsanalyse, S. 32-33; Watzlawick erwähnt in diesem Zusammenhang »symmetrische und komplementäre Interaktion«. Vgl.: Watzlawick, Kommunikation, S. 68-71. Zur Kritik an diesen Termini vgl.: Hannappel/Melenk, Alltagssprache, S. 57-58.
3 Schank/Schoenthal, Gesprochene Sprache, S. 30.
4 Zur Definition des Begriffs »Dialog« vgl.: Schank/Schwitalla, Sprache, S. 318.
5 Vgl.: Henne/Rehbock, Gesprächsanalyse, S. 27.
6 Auf dieses Phänomen wurde unter dem Stichwort »Alternanz« bereits hingewiesen; vgl. dazu: Dahl, Interferenz.
7 Vgl. hierzu die aufschlußreichen Ergebnisse zu unterschiedlichen sprachlichen Verhalten von Dialektsprechern gegenüber Dialektsprechern bzw. Nichtdialektsprechern in: Vahle, Varianz, bes. S. 235-248.
8 Zwar ist auch für das Nd. die Form »däglich« verzeichnet (vgl. Mensing), doch muß festgestellt werden, daß nichtadjektivische Formen bevorzugt werden: jeden Dag, alle Doog, Dag för Dag, Dag bi Dag u.a.m.).
9 Vgl.: Schank/Schwitalla, Sprache.
10 Ebd., S. 314.
11 Schank/Schwitalla, Sprache, S. 314.
12 Dgl.
13 Schank/Schwitalla, Sprache, S. 314.

6. *Zusammenfassung und Ausblick*[1]

Gegenstand dieser Untersuchung war die Frage nach den sprachlichen Konsequenzen in einer technisch veränderten Welt. Als Untersuchungsgegenstand diente die Fachmundart in der Finkenwerder Hochseefischerei, die es unter diachronischen Gesichtspunkten zu betrachten galt. Ausgegangen wurde dabei einerseits von einem durch fachliche Weiterentwicklung motivierten Sprachwandel, andererseits von theoretischen Überlegungen zum Begriff der Fachmundart, der in erster Linie durch die Faktoren der mündlichen Realisation sowie der regionalen, sozialen und funktionalen Begrenztheit bestimmt ist.
Nach einer umfangreichen Darstellung der Ortsgeschichte, die aus dem Blickwinkel der Wechselbeziehungen zur Hochseefischerei betrachtet wurde (1.1.) und einer Beschreibung der Fischergemeinschaft als isolierbare und klassifizierbare soziale Gruppe (1.2.) folgte im Anschluß an die sprachtheoretischen Grundlegungen (2.) die Darstellung des Fachwortschatzes im Sachzusammenhang (3.).
Die im anschließenden Teil (4.) untersuchten Sprachmaterialien waren in Interviews mit Mitgliedern der ausgewählten Gruppe erhoben und anschließend im Hinblick auf zwei unterschiedliche Sach- und Zeitzustände differenziert worden. Die morphologische Analyse (4.1.) ergab, daß sich Auswirkungen des sachlichen Wandels auf die Zusammensetzung des Wortschatzes auf unterschiedlichen Ebenen nachweisen lassen. So konnte das Verhältnis der Wortarten zueinander als relativ konstant bezeichnet werden (es liegt bei etwa 70 : 20 : 10 für das Verhältnis Substantive : Verben : Adjektive und Partikeln), die Fluktuation zwischen dem alten und dem neuen Sprachzustand war jedoch unterschiedlich stark ausgeprägt. Es erwies sich, daß die Fluktuation von den Substantiven über die Verben hin zu den Adjektiven und Partikeln abnahm. Dieses Ergebnis ist als Indiz dafür zu werten, daß fachsprachliche Inhalte primär durch die nominalen Wortschatzanteile getragen und transportiert werden, die bei veränderter Begriffslage am ehesten einem Wandel unterliegen. Die technische Entwicklung innerhalb des Faches, aus der die Notwendigkeit zu einem höheren Grad an sprachlicher Differenzierung resultiert, bewirkt über den reinen Austausch von Benennungen hinaus, daß die quantitative Besetzung einzelner Wortbildungsmuster im Vergleich der beiden Sprachzustände unterschiedlich ausfällt. So war ein nicht unwesentlicher Anstieg von drei- und mehrgliedrigen Komposita zu verzeichnen. Dieses Ergebnis erscheint insofern bemerkenswert, als im Hinblick auf das Gesamtaufkommen von Komposita nur geringfügige Veränderungen registriert werden konnten. Eine kompensatorische Entwicklung zeigte sich in der Zunahme von Kurzformen und einem gestiegenen Anteil von Mehrwortbenennungen. Ebenfalls in diesem Zusammenhang wurde die Zunahme von expliziten Ableitungen — und dabei insbesondere von solchen auf -er — sowie von Komposita mit einer expliziten

Ableitung auf -er als Grundwort gesehen. Ökonomischer Sprachgebrauch mit einer in der konkreten Rede durch einen hohen Grad an Situationsverschränktheit und Situationsvertrautheit ermöglichten eindeutigen Referenzzuweisung steht mit dem Phänomen »Fachmundart« in direktem Bezug.
Bei der Analyse semantischer Merkmale des Wortschatzes (4.2.) fiel zunächst die rückläufige Anzahl metaphorischer Benennungen auf. Dieser Befund wurde nicht zuletzt durch eine sich vergrößernde emotionale Distanz zwischen dem Fischer und zahlreichen Ausschnitten seines Faches (z.B. Motor, technische Kommunikations- und Ortungseinrichtungen) begründet.
Durch Vergleiche mit der Ortsmundart und der überregionalen Fachsprache (4.3.) konnten anschließend sowohl der besondere fachsprachliche als auch der mundartliche Charakter der Fachmundart — und hier konkret: der Sprache in der Finkenwerder Hochseefischerei — bestätigt werden.
In Anknüpfung an die am isolierten Wortschatz ermittelten Befunde erfolgte im abschließenden Kapitel (5.) die Analyse eines der Textsorte »Seefunkgespräch« zuzuordnenden Textes. Ziel war es, den Nachweis für die Gültigkeit dieser Befunde an einem konkreten Text zu erbringen. Die festgestellte Verquickung allgemeiner Merkmale der gesprochenen Sprache mit textsortenspezifischen Elementen weist zum einen darauf hin, daß die am zusammengestellten Wortschatzmaterial ermittelten Ergebnisse auch an konkreten Texten nachvollziehbar sind und daß zum anderen nicht allein lexikalische, sondern auch syntaktische Strukturen durch die besonderen Bedingungen der Fachmundart determiniert sind. Somit konnten die Ergebnisse der im vierten Kapitel vorgenommenen Analyse bestätigt und in Einzelfällen ergänzt werden. Darüber hinaus wurde ein Ansatz zur weiteren Differenzierung der Größe »Fachmundart« geliefert.
Unter dem Gesichtspunkt des Sprachwandels kommt dem Verhältnis zwischen hd. und nd. Formen (4.3. und 5.3.4.) eine besondere Bedeutung zu. Die bereits erwähnte Fluktuation führt zu einer verstärkten Präsenz von Benennungen, die im Hd. vorgegeben sind. Die Notwendigkeit zur Anlehnung an hd. Ausgangsbenennungen erklärt sich aus der Komplexität der durch technische Weiterentwicklung sprachlich zu bewältigenden Begriffswelt. Die Austauschmechanismen zwischem dem Hd. und dem Nd. bewirken allerdings nicht allein einen Wechsel der Benennungen, sondern auch eine Veränderung im Hinblick auf einzelne Wortbildungsmuster und syntaktische Strukturen. Auch für den fachmundartlichen Bereich ist somit durchaus eine Differenzierung in Generationsdialekte angebracht. Parallel zu einem für die Mundarten feststellbaren Trend vom Regionaldialekt zum Allgemeindialekt[2] bzw. zur Standardsprache kann aufgrund der beschriebenen Tendenzen von einem Übergang von der regional, sozial und funktional begrenzten Fachmundart zu einer überregionalen Fachsprache mit regionalen Versatzstücken ausgegangen werden. Dieser Aspekt sollte künftig stärker in das Blickfeld sprachwissenschaftlicher bzw. dialektologischer Untersuchungen gerückt werden.
Die bei der Analyse der Sprache in der Finkenwerder Hochseefischerei ermittel-

ten Ergebnisse machen deutlich, daß die Untersuchung exemplarisch ausgewählter Fachdialekte einen lohnenden Objektbereich für die nd. Philologie bildet. Derzeit mangelt es zwar noch an vergleichbaren Studien aus unterschiedlichen Sachbereichen[3], doch eröffnet gerade dieser Weg bislang nur unzureichend diskutierte Möglichkeiten, den Wandel in der nd. Sprachlandschaft zu beschreiben und zu analysieren. Auf diesem Gebiet sind für die Zukunft noch aufschlußreiche Ergebnisse zu erwarten.

Anmerkungen

1 Vgl. hierzu auch die Veröffentlichung ausgewählter Ergebnisse in: Goltz, Ausgewählte Aspekte; und: Goltz, Aspekte.

2 In diesem Zusammenhang sei auf den gestiegenen Austausch der Mundartsprecher mit Sprechern anderer Mundarten und den ständigen Kontakt mit der das Nd. überdachenden hd. Standardsprache — nicht zuletzt aufgrund der Wirkung der Massenmedien — hingewiesen. Innerhalb des Nd. kann die Herausbildung eines überregionalen »Funkplatt« festgestellt werden. Vgl.: Stellmacher, Niederdeutsch, S. 47-49. Vgl. auch: Gernentz, Niederdeutsch. Dort heißt es für die Nordbezirke der DDR, »daß die lokalen Unterschiede innerhalb der Mundart weitgehend geschwunden sind« (S. 137).

3 Ein erster Schritt zur Intensivierung dieses Weges wurde mit der Veröffentlichung der bereits erwähnten umfangreichen Bibliographie getan: v. Hahn, Fachsprachen im Niederdeutschen. Unter dem Aspekt des generationsspezifischen Sprachgebrauchs gelangt Ruge in seiner umfangreichen Untersuchung zum Fachwortschatz im Bereich der Milchwirtschaft in der Wilster Marsch zu äußerst interessanten und erstmals auch vergleichbaren Ergebnissen; vgl.: Ruge, Untersuchungen.

Anhang

A. Verzeichnis der Abkürzungen und Siglen

1. Verzeichnis der allgemeinen und der sprachlich orientierten Abkürzungen

Abb.	Abbildung
Abschr.	Abschrift
aengl.	altenglisch
afr.	altfriesisch
afrz.	altfranzösisch
ahd.	althochdeutsch
aisl.	altisländisch
angls.	angelsächsisch
Anm.	Anmerkung
anord.	altnordisch
arab.	arabisch
as.	altsächsisch
Aufl.	Auflage
Ausg.	Ausgabe
Bd.	Band
bearb.	bearbeitet
Beih.	Beiheft
Beil.	Beilage
bes.	besonders
chin.	chinesisch
cm	Zentimeter
d.	der/die/das
dän.	dänisch
dgl.	desgleichen
dt.	deutsch
durchges.	durchgesehen
ebd.	ebenda
engl.	englisch
erarb.	erarbeitet
erg.	ergänzt
erw.	erweitert
f.	für
fem.	femininum
fr.	friesisch
frz.	französisch
Fs.	Festschrift
germ.	germanisch
got.	gotisch
gr.	griechisch
H.	Heft
hd.	(neu-)hochdeutsch
Hrsg./hrsg.	Herausgegeben/herausgegeben
hsl.	handschriftlich
i.A.	im Auftrag
idg.	indogermanisch
isl.	isländisch
ital.	italienisch
Jb.	Jahrbuch
Jg.	Jahrgang
Jh.	Jahrhundert
kaschub.	kaschubisch
lat.	lateinisch
lfd. Nr.	laufende Nummer
lit.	litauisch
m	Meter
masch.	maschinenschriftlich
mask.	maskulinum
mhd.	mittelhochdeutsch
Mitt.	Mitteilung(en)
mnd.	mittelniederdeutsch
mnl.	mittelniederländisch
Ms.	Manuskript
N	Nord
Nachdr.	Nachdruck
nd.	(neu-)niederdeutsch
neubearb.	neubearbeitet
neutr.	neutrum
NF	Neue Folge
nl.	niederländisch
nordfries.	nordfriesisch
norw.	norwegisch
Nr.	Nummer
O	Ost
o.J.	ohne Jahresangabe
o.O.	ohne Ortsangabe
ostfr.	ostfriesisch
Pl.	Plankammer
pl.	Plural
poln.	polnisch
refl.	reflexiv
S	Süd
S.	Seite
schwed.	schwedisch
sing.	Singular

slaw.	slawisch	vgl.	vergleiche
sm	Seemeile(n)	W	West
span.	spanisch	westgerm.	westgermanisch
T.	Teil	westslaw.	westslawisch
t	Tonnen	wiss.	wissenschaftlich
u.	und	z.B.	zum Beispiel
u.a.	unter anderem	zit. n.	zitiert nach
u.a.m.	und andere(s) mehr		
überarb.	überarbeitet		
v.	von	*. . .	erschlossene Form

2. Siglenverzeichnis

BamS: Bild am Sonntag. Hamburg.

DFi: Die Deutsche Fischwirtschaft. Amtliches Mitteilungsblatt der Abteilung Fischwirtschaft in der Hauptabteilung 4 des Reichsnährstandes. Berlin.

DJVk: Deutsches Jahrbuch für Volkskunde. Berlin (Ost). Fortgeführt als JbVk ab Bd. 16 (NF 1), 1973.

ETZ: Elektrotechnische Zeitschrift. Berlin.

FA: Finkenwerder Anzeiger. Anzeige- und Informationsblatt für Finkenwerder und Altenwerder. Hamburg.

FAZ: Frankfurter Allgemeine. Zeitung für Deutschland. Frankfurt.

Fb: Norddeutsche Fischereizeitung Der Fischerbote. Zeitschrift für die Interessen der Fischindustrie und des Fischhandels, der Hochsee-, Küsten- und Flußfischerei. Altona.

Fib: Das Fischerblatt. Mitteilungsblatt für die Kutter- und Küstenfischerei des Deutschen Fischereiverbandes, der Landesfischereiverbände Schleswig-Holstein, Niedersachsen und Weser-Ems, des Seefischervereins Finkenwerder und des Vereins der Hochseekutterfischer Bremerhaven. Kiel.

Fim: Der Fischmarkt. Zeitschrift für die gesamte Fischwirtschaft. Cuxhaven.

FiWo: Die Fischwoche. Zeitschrift für See, Küste, Binnenland. Hamburg.

HA: Hamburger Abendblatt. Hamburger Fremdenblatt. Hamburg.

HAN: Harburger Anzeigen und Nachrichten. Hamburg.

HAnz: Hamburger Anzeiger. Hamburger Freie Presse. Hamburger Allgemeine. Hamburg.

HaRu: Harburger Rundschau. (Beilage zum) Hamburger Abendblatt. Mit Nachrichten aus Harburg, Wilhelmsburg und den Landkreisen. Hamburg.

HBV: Hessische Blätter für Volkskunde. Gießen.

HCorr: Hamburgischer Correspondent. Hamburg.

HDW: Howaldtswerke-Deutsche-Werft AG. Werkzeitung. Hamburg.

Heimat: Die Heimat. Monatsschrift des Vereins zur Pflege der Natur- und Landeskunde in Schleswig-Holstein, Hamburg und Lübeck. Kiel, später Neumünster.

IF: Indogermanische Forschungen. Zeitschrift für Indogermanistik und allgemeine Sprachwissenschaft. Berlin.

JbVK: Jahrbuch für Volkskunde und Kulturgeschichte. Berlin (Ost). Vormals DJVk.

JMBA: Journal of the Marine Biological Association of the United Kingdom. London.

MDF: Deutscher Fischerei-Verein. Mitteilungen der Section für Küsten- und Hochseefischerei. Berlin.

Mopo: Hamburger Morgenpost. Unabhängige Tageszeitung. Hamburg.

Mu: Muttersprache. Zeitschrift zur Pflege und Erforschung der deutschen Sprache. Mannheim/ Zürich.

NdJb: Jahrbuch des Vereins für niederdeutsche Sprachforschung. Neumünster.

NdKbl: Korrespondenzblatt des Vereins für niederdeutsche Sprachforschung. Neumünster.

NdMh: Niederdeutsche Monatshefte. Vereint mit »Deutsche Nordmark«. Lübeck.

Nds: Niedersachsen. Monatsschrift für Kultur- und Heimatpflege in Niedersachsen.

NdW: Niederdeutsches Wort. Münster.

nrs: neuer ruf süderelbe. Rund um den Falkenberg. Rund um Finkenwerder. Hamburg. (Wöchentlich erscheinendes Anzeigenblatt).
Poetica: Poetica. Zeitschrift für Sprach- und Literaturwissenschaft. München.
Qu: Quickborn. Zeitschrift für plattdeutsche Sprache und Dichtung. Hamburg (vormals: Mitteilungen aus dem Quickborn).
RdE: Rettet die Elbe. Hrsg. v. Förderkreis »Rettet die Elbe« e.V. Hamburg.
RGBl: Reichsgesetzblatt.
StaH: Staatsarchiv Hamburg.
stern: stern. magazin. Hamburg.
swb: süderelbe-wochenblatt. Hamburg. (Wöchentlich erscheinendes Anzeigenblatt).
szene: szene hamburg. Hamburg.
taz: tageszeitung Hamburg. Hamburg.
Welt: Die Welt. Unabhängige Tageszeitung für Deutschland. Hamburg.
WiWo: Wirkendes Wort. Deutsches Sprachschaffen in Lehren und Leben. Düsseldorf.
Yacht: Die Yacht. Berlin.
ZDL: Zeitschrift für Dialektologie und Linguistik. Wiesbaden.
Zeit: Die Zeit. Wochenzeitung für Politik, Wirtschaft, Handel und Kultur. Hamburg.
ZfV: Zeitschrift des Vereins für Volkskunde. Berlin/Leipzig.
ZGL: Zeitschrift für germanistische Linguistik. Berlin/New York.
ZHG: Zeitschrift des Vereins für Hamburgische Geschichte. Hamburg.

B. Literaturverzeichnis

1. Wörterbücher

Claviez, Wolfram, Seemännisches Wörterbuch. 2. Aufl., Bielefeld 1978.

ten Doornkaat Koolman, J., Wörterbuch der ostfriesischen Sprache. Bd. 1-3. Norden 1879-1884.

Duden. Etymologie. Herkunftswörterbuch der deutschen Sprache. Bearb. v. Günther Drosdowski, Paul Grebe u.a. Mannheim/Wien/Zürich 1963.

Falk, H.S./Alf Torp, Norwegisch dänisches etymologisches Wörterbuch. Heidelberg 1910.

Goedel, Gustav, Etymologisches Wörterbuch der deutschen Seemannssprache. Kiel/Leipzig 1902.

Kluge, Friedrich, Seemannssprache. Wortgeschichtliches Handbuch deutscher Schiffsausdrücke älterer und neuerer Zeit. Halle 1911. Fotomechanischer Nachdr., Wiesbaden 1973.

—, Etymologisches Wörterbuch der deutschen Sprache. 20. Aufl., bearb. v. Walter Mitzka, Berlin 1967.

Köbler, Gerhard, Indogermanisch-neuhochdeutsches und neuhochdeutsch-indogermanisches Wörterbuch. 2. Aufl., Gießen 1982.

Lasch, Agathe/Conrad Borchling, Mittelniederdeutsches Handwörterbuch. Neumünster.

Lübben, August, Mittelniederdeutsches Handwörterbuch. Nach dem Tode des Verfassers vollendet von Christoph Walther. Darmstadt 1980. (Nachdr. d. Ausg. Norden/Leipzig 1888.)

Mensing, Otto, Schleswig-Holsteinisches Wörterbuch (Volksausg.). Bd. 1-5. Neumünster 1927-1935 Unveränderter Nachdr. Wiesbaden 1973.

Richey, Michael, Idioticon Hamburgense oder Wörter-Buch, Zur Erklärung der eigenen, in und um Hamburg gebräuchlichen Nieder-Sächsischen Mund-Art. Jetzo vielfältig vermehret, und mit Anmerckungen und Zusätzen Zweener berühmten Männer, nebst einem Vierfachen Anhange. Hamburg 1755. (Fotomechanischer Neudruck, Leipzig 1976.)

Roeding, Johann Hinrich, Allgemeines Wörterbuch der Marine in allen europaeischen Seesprachen nebst vollstaendigen Erklaerungen. Hamburg 1794-98.

Saß, Johannes, Kleines plattdeutsches Wörterbuch nebst Regeln für die plattdeutsche Rechtschreibung. 7. Aufl., Hamburg 1976.

Scharnow, Ulrich u.a., Lexikon der Seefahrt. 3. bearb. u. erg. Aufl., Berlin (Ost) 1981.
Schiller, Karl/August Lübben, Mittelniederdeutsches Wörterbuch. Bd. 1-5. Bremen 1876.
Skeat, Walter William, An etymological Dictionary of the English Language. New Edition, Oxford 1968.
Stenzel, Alfred, Deutsches Seemännisches Wörterbuch. Berlin 1904.
Timmermann, Gerhard, Deutsche Seemannsausdrücke. Hamburg 1953.
de Vries, Jan, Altnordisches Etymologisches Wörterbuch. 2. Aufl., Leiden 1962.

2. Texte mit sprachwissenschaftlichem Schwerpunkt

Ammon, Probleme: Ammon, Ulrich, Probleme der Soziolinguistik. 2. durchges. und erg. Aufl., Tübingen 1977.
Antons, Ansätze: Antons, Udo, Ansätze zu einer schichtenspezifischen Betrachtung einer ostfriesischen Mundart. Hausarbeit zum ersten Staatsexamen in Hamburg. Hamburg 1974.
Asdahl Holmberg, Handwerkerbezeichnungen: Asdahl Holmberg, Märta, Studien zu den niederdeutschen Handwerkerbezeichnungen des Mittelalters. Lund 1950.
Bausinger, Deutsch: Bausinger, Hermann, Dialekte, Sprachbarrieren, Sondersprachen. Deutsch für Deutsche Bd. 2. Frankfurt 1972.
Bentzien, Wörter: Bentzien, Ulrich, Wörter der modernen Technik in der mecklenburgischen Mundart. In: NdJb 87 (1964), S. 87-106.
Bergen, Schreiben: Bergen, Ulla, Kreatives Schreiben im Dialekt an Hand eines niederdeutschen Hörspiels als eine Möglichkeit der Erweiterung des Rezeptionsrepertoires von Schülern in der Vorstufe des Gymnasiums. Hausarbeit zur zweiten Staatsprüfung für das Lehramt an Gymnasien. Hamburg 1980.
Bichel, Problem: Bichel, Ulf, Problem und Begriff der Umgangssprache in der germanistischen Forschung. Tübingen 1973.
—, Umgangssprache: Bichel, Ulf, Umgangssprache. In: LGL, S. 379-383.
Bretz, Fachsprache: Bretz, Gerda, Die mundartliche Fachsprache der Spinnerei und Weberei in Heltau, Siebenbürgen, in ihren räumlichen, zeitlichen und sachlichen Bezügen. Marburg 1977.
Buchholz, Seemannssprache: Buchholz, W., Die deutsche Seemannssprache. In: Mu 69 (1959), S. 356-360.
Cherubim, Einleitung: Cherubim, Dieter, Einleitung. In: Dieter Cherubim (Hrsg.), Sprachwandel. Reader zur diachronischen Sprachwissenschaft. Berlin/New York 1975, S. 1-61.
Dahl, Interferenz: Dahl, Eva-Sophie, Interferenz und Alternanz — zwei Typen der Sprachschichtenmischung im Norden der Deutschen Demokratischen Republik. In: Gerhard Ising (Hrsg.): Aktuelle Probleme der sprachlichen Kommunikation. Berlin (Ost) 1974, S. 339-388.
Dalcher, Fischereiterminologie: Dalcher, Peter, Die Fischereiterminologie im Urkundenbuch von Stadt und Amt Zug 1352 bis 1526. Frauenfeld 1957.
Drozd/Seibicke, Fach- und Wissenschaftssprache: Drozd, Lubomir/Wilfried Seibicke, Deutsche Fach- und Wissenschaftssprache. Bestandsaufnahme — Theorie — Geschichte. Wiesbaden 1973.
Duden, Grammatik: Duden, Grammatik der deutschen Gegenwartssprache. Bearb. v. Paul Grebe u.a. Duden Bd. 4. 3., neu bearb. und erw. Aufl., Mannheim/Wien/Zürich 1973.
Eichhoff, Reepschlägerhandwerk: Eichhoff, Jürgen, Die Sprache des niederdeutschen Reepschlägerhandwerks. Köln 1968.
Feinäugle, Fach- und Sondersprachen: Feinäugle, Norbert (Hrsg.), Fach- und Sondersprachen. Arbeitstexte für den Unterricht. Stuttgart 1974.
Fishman, Sociology: Fishman, J.A., The Sociology of Language. In: Pier Paolo Giglioli (Hrsg.), Language and Social Context. Harmondsworth 1972, S. 45-58.
Fleischer, Wortbildung: Fleischer, Wolfgang, Wortbildung der deutschen Gegenwartssprache. 4. durchges. Aufl., Leipzig 1976.
Fluck, Arbeit: Fluck, Hans-Rüdiger, Arbeit und Gerät im Wortschatz der Fischer des Badischen Hanauerlandes. Untersuchungen zur Fachsprache am Oberrhein. München 1974.

—, Fachsprachen: Fluck, Hans-Rüdiger, Fachsprachen. Einführung und Bibliographie. München 1976.
—, Technische Fachsprachen: Fluck, Hans-Rüdiger (Hrsg.), Technische Fachsprachen. Materialien zum Verhältnis von Sprache und Technik. Frankfurt 1978.
Foerste, Micke: Foerste, William, Micke ›Gabelholz‹. In: NdJb 82 (1959), S. 196-206.
—, Bezeichnungen: Foerste, William, Niederdeutsche Bezeichnungen des Kettengliedes. In: NdW 5 (1965), S. 51-112.
Gernentz, Niederdeutsch: Gernentz, Hans-Joachim, Niederdeutsch gestern und heute. Beiträge zur Sprachsituation in den Nordbezirken der Deutschen Demokratischen Republik in Geschichte und Gegenwart. 1. (2. völlig neubearb. und erw.) Aufl., Rostock 1980.
Goltz, Ausgewählte Aspekte: Goltz, Reinhard, Ausgewählte Aspekte zum Fachwortschatz in der Finkenwerder Hochseefischerei und seiner fachlich bedingten Entwicklung (Vortragsresümee). In: NdKbl 88 (1981), S. 37-39.
—, Aspekte: Goltz, Reinhard, Ausgewählte Aspekte zum Fachwortschatz in der Finkenwerder Hochseefischerei und seiner fachlich bedingten Entwicklung. In: NdJb 104 (1981), S. 107-117.
Goossens, Dialektologie: Goossens, Jan, Deutsche Dialektologie. Berlin/New York 1977.
v. Hahn, Fachsprachen (LGL): v. Hahn, Walther, Fachsprachen. In: LGL, S. 390-399.
—, Fachsprachen im Niederdeutschen: v. Hahn, Walther, Fachsprachen im Niederdeutschen. Eine bibliographische Sammlung. Berlin 1979.
—, Einleitung: v. Hahn, Walther, Einleitung. In: Walther v. Hahn (Hrsg.), Fachsprachen. Darmstadt 1981, S. 1-14.
—, Fachsprachen (Handbuch): v. Hahn, Walther, Fachsprachen. In: Handbuch zur niederdeutschen Sprach- und Literaturwissenschaft. Hrsg. v. Gerhard Cordes und Dieter Möhn. Berlin 1983, S. 578-601.
—, Fachkommunikation: v. Hahn, Walther, Fachkommunikation. Entwicklung, linguistische Konzepte, betriebliche Beispiele. Berlin/New York 1983.
Hannappel/Melenk, Alltagssprache: Hannappel, Hans/Hartmut Melenk, Alltagssprache. Semantische Grundbegriffe und Analysebeispiele. München 1979.
Henne, Gesprächswörter: Henne, Helmut, Gesprächswörter. Für eine Erweiterung der Wortarten. In: Interdisziplinäres deutsches Wörterbuch in der Diskussion. Hrsg. v. H. Henne, W. Mentrup, D. Möhn, H. Weinrich. Düsseldorf 1978, S. 42-47.
—/Rehbock, Gesprächsanalyse: Henne, Helmut/Helmut Rehbock, Einführung in die Gesprächsanalyse. Berlin/New York 1979.
Herrmann-Winter, Produktionsweise: Herrmann-Winter, Renate, Auswirkungen der sozialistischen Produktionsweise in der Landwirtschaft auf die sprachliche Kommunikation in den Nordbezirken der DDR. In: Gerhard Ising (Hrsg.): Aktuelle Probleme der sprachlichen Kommunikation. Berlin (Ost) 1974, S. 135-190.
—, Studien: Herrmann-Winter, Renate, Studien zur gesprochenen Sprache im Norden der DDR. Soziolinguistische Untersuchungen im Kreis Greifswald. Berlin (Ost) 1979.
Hoffmann, Kommunikationsmittel: Hoffmann, Lothar, Kommunikationsmittel Fachsprache. Eine Einführung. Berlin (Ost) 1976.
Ingendahl, Prozeß: Ingendahl, Werner, Der metaphorische Prozeß. Methodologie zu seiner Erforschung und Systematisierung. Düsseldorf 1971.
Juhász, Interferenzlinguistik: Juhász, János, Interferenzlinguistik. In: LGL, S. 646-652.
Junge, Verbalflexion: Junge, Henning, Die Verbalflexion im Finkenwärder Platt. In: Über niederdeutsche Sprache und Dichtung. Herrn Professor Dr. Walther Niekerken zum 50. Geburtstag von seinen Schülern. (Masch. Exemplar), Hamburg 1950, S. 91-98.
Kettmann, Elbschiffer I u. II: Kettmann, Gerhard, Die Sprache der Elbschiffer. Bd. 1 und 2. Halle/Saale 1959 u. 1961.
Kloeke, Vokalismus: Kloeke, Gesinus, Der Vokalismus der Mundart von Finkenwärder bei Hamburg. 11. Beih. zum Jb. der Hamburgischen Wissenschaftlichen Anstalten. XXX. 1912. Mitt. aus dem Deutschen Seminar zu Hamburg I. Hamburg 1913.
Klute, Fachsprache: Klute, Wilfried (Hrsg.), Fachsprache und Gemeinsprache. Texte zum Problem der Kommunikation in der arbeitsteiligen Gesellschaft. Frankfurt/Main 1975.
Koppmann, Seebuch: Koppmann, Karl (Hrsg.), Das Seebuch. Mit einer nautischen Einleitung von Arthur Breusing. Mit Glossar von Christoph Walther. Bremen 1876.
Korlén, Synonymik: Korlén, Gustav, Zur Synonymik hansischer Handwerkerbezeichnungen. In: ZHG 41 (1951), S. 90-98.

Kronasser, Handbuch: Kronasser, Heinz, Handbuch der Semasiologie. Kurze Einführung in die Geschichte, Problematik und Terminologie der Bedeutungslehre. Heidelberg 1952.
Lasch, Beiträge: Lasch, Agathe, Beiträge zur Geschichte des Neuniederdeutschen in Hamburg. In: NdJb 44 (1918), S. 1-50.
Leistung: Leistung und Funktion des Fachwortes in den technischen Fachsprachen. VDI-Richtlinien. VDI 3772. O.O. 1981.
Löffler, Probleme: Löffler, Heinrich, Probleme der Dialektologie. Eine Einführung. 2. durchges. und erw. Aufl., Darmstadt 1980.
Martens, Zwang: Martens, Peter, Zum normativen Zwang der Standardsprache. Anpassungen von mundartlichen Ausspracheformen und Schreibweisen an die hochdeutschen Standardsysteme. In: ZDL 46 (1979), S. 7-25.
Mattheier, Pragmatik: Mattheier, Klaus J., Pragmatik und Soziologie der Dialekte. Einführung in die kommunikative Dialektologie des Deutschen. Heidelberg 1980.
Matthies, Schüler: Matthies, Regina, Plattdeutsch-sprechende Schüler auf Finkenwerder. Versuch einer Überprüfung von Ansätzen der Bilinguismusforschung für die Untersuchung des Verhältnisses Plattdeutsch-Hochdeutsch. Hausarbeit zur ersten Staatsprüfung für das Lehramt mit Schwerpunkt Grundstufe. Hamburg 1979.
Mentrup, Gemeinsprache: Mentrup, Wolfgang, Gemeinsprache und Fachsprachen. Überlegungen zur Methodik ihrer lexikographischen Erfassung. In: WiWo 27 (1977), S. 431-443.
Mitzka, Liquidenvariable: Mitzka, Walther, Die nordniedersächsische Liquidenvariable *Dölp* ›Dorf‹ /*twörf* ›zwölf‹. In: NdJb 95 (1972), S. 190-194.
—, Ausgleich: Mitzka, Walther, Sprachgeographischer Ausgleich im Deutschen. In: Sprachliche Interferenz. Fs. für Werner Betz zum 65. Geburtstag. Hrsg. v. Herbert Kolb und Hartmut Lauffer. Tübingen 1977, S. 184-195.
Möhn, Industrielandschaft: Möhn, Dieter, Die Industrielandschaft — ein neues Forschungsgebiet der Sprachwissenschaft. In: Marburger Universitätsbund. Jb. 1963, Bd. 2. Festgabe für Karl Winnacker zum 60. Geburtstag. Hrsg. v. G. Heilfurth und L.E. Schmitt, S. 303-343.
—, Fach- und Gemeinsprache: Möhn, Dieter, Fach- und Gemeinsprache. Zur Emanzipation und Isolation der Sprache. In: Wortgeographie und Gesellschaft. Fs. für L.E. Schmitt. Hrsg. v. Walther Mitzka. Berlin 1968, S. 315-348.
—, Sozialisation: Möhn, Dieter, Sprachliche Sozialisation und Kommunikation in der Industriegesellschaft. Objekte der fachsprachlichen Linguistik. In: Mu 85 (1975), S. 169-185.
—, Sprache: Möhn, Dieter, Sprache — Schlüssel zur Technik. In: Fachsprachen. Terminologie, Struktur, Normung. Hrsg. v. K.H. Bausch, W.H.U. Schewe u. H.-R. Spiegel. Berlin/Köln 1976, S. 20-32.
—, Ziele: Möhn, Dieter, Ziele und Ergebnisse der Fachsprachenforschung und Terminologiearbeit. In: Mu 87 (1977), S. 67-76.
—, Fachsprachenschichtung: Zur Fachsprachenschichtung und Normenarbeit. In: Interdisziplinäres deutsches Wörterbuch in der Diskussion. Hrsg. v. H. Henne, W. Mentrup, D. Möhn u. H. Weinrich. Düsseldorf 1978.
—, Aktualität: Möhn, Dieter, Zur Aktualität der Fachsprachenforschung. In: Fachsprachen und Gemeinsprache. Jb. 1978 des Instituts für deutsche Sprache. Düsseldorf 1979, S. 10-24.
—, Fortgang: Möhn, Dieter, Zum Fortgang der germanistischen Fachsprachenforschung in den 70er Jahren. In: ZGL 8 (1980), S. 352-369.
Moss, Zusammenhänge: Moss, Christopher, Niederdeutsch-englische Zusammenhänge. In: Handbuch zur niederdeutschen Sprach- und Literaturwissenschaft. Hrsg. v. Gerhard Cordes und Dieter Möhn. Berlin 1983, S. 660-665.
Niekerken, Feld: Niekerken, Walther, Das Feld und seine Bestellung im Niederdeutschen. Hamburg 1935.
—, Faatdook: Niekerken, Walther, Faatdook. In: Qu 41 (1950), S. 9.
Peesch, Fischerkommünen: Peesch, Reinhard, Die Fischerkommünen auf Rügen und Hiddensee. Berlin 1961.
—, Benennungen: Peesch, Reinhard, Benennungen und Benennungsmotive zu einem Gerätetyp. In: DJVk 14 (1968), S. 16-38.
Pelka, Werkstückbenennungen: Pelka, Roland, Werkstückbenennungen in der Metallverarbeitung. Beobachtungen zum Wortschatz und zur Wortbildung der technischen Sprache im Bereich der metallverarbeitenden Fertigungstechnik. Göppingen 1971.

Petöfi u.a., Fachsprachliche Texte: Fachsprachliche Texte — Umgangssprachliche Kommunikation. Hrsg. v. János Petöfi, Adalbert Podlech u. Eike v. Savigny. Kronberg 1975.
Plattdeutsch: Plattdeutsch in unserem Heer. X. In: Qu 11 (1918), S. 106-108.
v. Polenz, Geschichte: v. Polenz, Peter, Geschichte der deutschen Sprache. 9. überarb. Aufl., Berlin/New York 1978.
Ponten, Lehnwortaustausch: Ponten, Jan Peter, Deutsch-niederländischer Lehnwortaustausch. In: Wortgeographie und Gesellschaft. Fs. für L.E. Schmitt. Hrsg. v. Walther Mitzka. Berlin 1968, S. 561-606.
Porzig, Wunder: Porzig, Walter, Das Wunder der Sprache. 3. Aufl. Berlin/München 1962.
Rassow, Fischersprache: Rassow, Margarethe, Fischersprache und Brauchtum im Lande zwischen Darss und der unteren Oder. Berlin 1958.
Reich/Pagel, Himmelsbesen: Reich, Konrad/Martin Pagel, Himmelsbesen über weißen Hunden. Wörter und Redensarten, Geschichten und Anekdoten — ein Lesebuch für Halbmänner und erwachsene Leute, die sich vom Schiffsvolk und dem Seewesen deutlichere Begriffe verschaffen wollen — neu ins Gespräch gebracht und erkläret. Hamburg 1981.
Ritz, Rotkäppchen: Ritz, Hans, Die Geschichte vom Rotkäppchen: Ursprünge, Analysen, Parodien eines Märchens. Emstal 1981.
Rohkohl, Sprache: Rohkohl, Kai, Zur Sprache der Fischer in Heiligenhafen. Beschreibung von Sprachverhalten und Sprachwandel im Bereich Umgang-/Fachsprache. Wiss. Hausarbeit zur Prüfung für das Lehramt an Gymnasien. Kiel 1978.
Ruge, Untersuchungen: Ruge, Jürgen, Exemplarische Untersuchungen zum generationsspezifischen Gebrauch eines niederdeutschen Fachwortschatzes. Hausarbeit zur ersten Staatsprüfung für das Lehramt an Gymnasien. Hamburg 1983.
Saltveit, Leuwagen: Saltveit, Lauritz, Das niederdeutsche *Leuwagen*. Etymologie und Verbreitung. In: Fs. für Gerhard Cordes. Zum 65. Geburtstag. In Verbindung mit dem Verein für niederdeutsche Sprachforschung. Hrsg. v. Friedhelm Debus und Joachim Hartig. Bd. II. Sprachwissenschaft. Neumünster 1976, S. 294-307.
Saß, Zimmermann: Saß, Johannes, Die Sprache des niederdeutschen Zimmermanns — dargestellt auf Grund der Mundart von Blankenese (Holstein). Hamburg 1927.
Schank/Schoenthal, Gesprochene Sprache: Schank, Gerd/Gisela Schoenthal, Gesprochene Sprache. Eine Einführung in Forschungsansätze und Analysemethoden. Tübingen 1976.
—/Schwitalla, Sprache: Schank, Gerd/Johannes Schwitalla, Gesprochene Sprache und Gesprächsanalyse. In: LGL, S. 313-322.
Schirmer, Gerät: Schirmer, Alfred, Beseeltes Gerät. In: Mu 62 (1952), S. 158-162.
Scholz, Termini: Scholz, Fritz, Termini und Begriffsumschreibungen. In: Lothar Hoffmann (Hrsg.): Fachsprachen und Sprachstatistik. Berlin 1975, S. 135-153.
Seebuch: s. Koppmann, Seebuch.
de Smet, Seemannssprache: de Smet, Gilbert, Niederdeutsche Seemannssprache im Nomenclator latino-saxonicus. In: NdJb 83 (1960), S. 59-65.
—, Einflüsse: de Smet, Gilbert, Niederländische Einflüsse im Niederdeutschen. In: Handbuch zur niederdeutschen Sprach- und Literaturwissenschaft. Hrsg. v. Gerhard Cordes und Dieter Möhn. Berlin 1983, S. 730-761.
Spenter, Interferenzen: Spenter, Arne, Niederdeutsch-friesische Interferenzen. In: Handbuch zur niederdeutschen Sprach- und Literaturwissenschaft. Hrsg. v. Gerhard Cordes und Dieter Möhn. Berlin 1983, S. 762-782.
Stanforth, Lehnwortaustausch: Stanforth, Anthony W., Deutsch-englischer Lehnwortaustausch. In: Wortgeographie und Gesellschaft. Fs. für L.E. Schmitt. Hrsg. v. Walther Mitzka. Berlin 1968, S. 526-560.
Steger, Redekonstellation: Steger, Hugo/H. Deutrich/G. Schank/E. Schütz, Redekonstellation, Redekonstellationstypen, Textexemplar, Textsorte im Rahmen eines Sprachverhaltensmodells. In: Gesprochene Sprache. Jb. 1972 des Instituts für deutsche Sprache. Düsseldorf 1974, S. 39-97.
Stellmacher, Studien: Stellmacher, Dieter, Studien zur gesprochenen Sprache in Niedersachsen. Eine soziolinguistische Untersuchung. Marburg 1977.
—, Niederdeutsch: Stellmacher, Dieter, Niederdeutsch. Formen und Forschungen. Tübingen 1981.
Suerbaum, Metapher: Suerbaum, Ulrich, Diskussionsbeitrag in: Die Metapher (Bochumer Diskussion). In: Poetica 2 (1968), S. 100-130.

Vahle, Varianz: Vahle, Fritz, Semantisch-pragmatische Varianz — Hessisch (unter besonderer Berücksichtigung des Dialektes von Salzböden) — Einheitsdeutsch. In: Grundlagen einer dialektorientierten Sprachdidaktik. Theoretische und empirische Beiträge zu einem vernachlässigten Schulproblem. Hrsg. v. U. Ammon, U. Knoop und I. Radtke. Weinheim/Basel 1978, S. 229-251.
Warner, Angleichung: Warner, Alfred, Internationale Angleichung fachsprachlicher Wendungen der Elektrotechnik. Versuch einer Aufstellung phraseologischer Grundsätze für die Technik. Beih. der ETZ. H. 4/1966.
Watzlawick, Kommunikation: Watzlawick, Paul/Janet H. Beavin/Don D. Jackson, Menschliche Kommunikation. Formen, Störungen, Paradoxien. Bern 1969.
Weinrich, Metapher: Weinrich, Harald, Diskussionsbeitrag in: Die Metapher (Bochumer Diskussion). In: Poetica 2 (1968), S. 100-130.
Wissemann, Wortgruppenlexem: Wissemann, Heinz, Das Wortgruppenlexem und seine lexikographische Erfassung. In: IF 66 (1961), S. 225-258.

3. Texte mit soziologischem Schwerpunkt

Behrmann, Handlungstheorie: Behrmann, Günter C., Handlungstheorie oder Gesellschaftstheorie? Zur Einführung in soziologische Handlungstheorien. In: Handeln, Sprechen und Erkennen. Zur Theorie und Praxis der Pragmatik. Hrsg. v. Günter Saße und Horst Turk. Göttingen 1978, S. 9-52.
Bottomore, Schichtung: Bottomore, Thomas B., Soziale Schichtung. In: Handbuch der empirischen Sozialforschung. Hrsg. v. Réne König. Bd. 5: Soziale Schichtung und Mobilität. 2. Aufl., Stuttgart 1976, S. 1-39.
Cattarinussi, Study: Cattarinussi, Bernardo, A Sociological Study of an Italian Community of Fishermen. In: Fricke, Seafarer, S. 30-43.
Conditions: Conditions of Work in the Fishing Industry. International Labour Office. Geneva 1952.
Daheim, Berufssoziologie: Daheim, Hansjürgen, Berufssoziologie. In: Handbuch der empirischen Sozialforschung. Hrsg. v. Réne König. Bd. 8: Beruf. Industrie. Sozialer Wandel in unterentwickelten Ländern. 2. Aufl., Stuttgart 1977, S. 1-100.
Fricke, Seafarer: Fricke, Peter H., Seafarer and Community. In: Peter H. Fricke (Hrsg.): Seafarer and Community. Towards a Social Understanding of Seafaring. London 1973, S. 1-7.
Goffmann, Verhalten: Goffmann, E., Verhalten in sozialen Situationen. Strukturen und Regeln der Interaktion im öffentlichen Raum. Gütersloh 1971.
Hasslöf, Siedlung: Hasslöf, Olof, Agrare und maritime Siedlung. In: Kolloquium Balticum Ethnographicum 1966. Vorträge und Berichte der internationalen Tagung in Berlin und Stralsund. Hrsg. v. Reinhard Peesch und Wolfgang Rudolph. Berlin (Ost) 1968, S. 43-54.
Hauschild, Lage: Hauschild, Harry, Die soziale Lage der Besatzung der deutschen Hochseefischereifahrzeuge. Berlin 1913.
Homans, Theorie: Homans, George Caspar, Theorie der sozialen Gruppen. 7. Aufl., Opladen 1978.
Horbulewicz, Parameters: Horbulewicz, Jan, The Parameters of the Psychological Autonomy of Industrial Trawler Crews. In: Fricke, Seafarer, S. 67-84.
Rudolph, Seefahrerdörfer: Rudolph, Wolfgang, Seefahrerdörfer der südlichen Ostsee. Tendenzen und Perioden der Entwicklung einer regionalen Sonderkultur (16. bis 19. Jahrhundert). In: JbVK 20 (1977), S. 105-130.
—, Hafenstadt: Rudolph, Wolfgang, Die Hafenstadt. Eine maritime Kulturgeschichte. Oldenburg/München/Hamburg 1980.
—, Volkskunde: Rudolph, Wolfgang, Ein Jahrhundert maritime Volkskunde im Ostsee- und Nordseeraum. Von der Bootskunde zur Erforschung der maritimen Kultur.
In: JbVK 24 (1981), S. 168-182.
Sieber, Lebenswelt: Sieber, Friedrich, Die bergmännische Lebenswelt als Forschungsgegenstand der Volkskunde. In: DJVk 5 (1959), T. 2, S. 237-242.

4. Texte zum Fach (Hochseefischerei) und zur Region (Finkenwerder)

Ahrens, Entwicklung: Ahrens, F. Claus, Zur Entwicklung der Marschen in und um Altenwerder und die frühen Phasen der Besiedlung. In: Altenwerder. Hrsg. v. Bezirksamt Harburg in Zusammenarbeit mit der Kulturbehörde Hamburg, Denkmalschutzamt. Hamburg o.J. (1981), S. 21-27.

Albershardt, Finkenwerder: Albershardt, Adi, Als Finkenwerder noch Insel war. Ein Streifzug durch die Geschichte der Elbinsel Finkenwerder. Hamburg 1981.

Anderson, Verordnungen: Anderson, D.C., Sammlung Hamburger Verordnungen. Bd. 6: Hamburg 1781-1809. Hamburg 1805.

Bargheer, Seefischereikasse: Bargheer, August, Uebersicht über die Entwicklung und die Ergebnisse der Finkenwärder Seefischerkasse. In: MDF 12 (1896), S. 156-176.

Bargheer, Fischerhaus: Bargheer, Ernst, Das Finkenwärder »Fischerhaus«. In: NdMh 3 (1928), S. 406-413.

—, Eisfischerei: Bargheer, Ernst, Die Finkenwärder Eisfischerei. In: NdMh 4, (1929), S. 96-98.

—, Heringsfischerei: Bargheer, Ernst, Volkskundliches aus der Finkenwärder Heringsfischerei. In: Fb 21 (1929), S. 67-75.

—, Bauopfer: Bargheer, Ernst, Bauopfer an Bord. In: ZfV 44 (1934), NF 6 (1936), S. 107-108.

—, Hochseefischereigeltung: Bargheer, Ernst, Hamburg-Finkenwärders Einsatz für die deutsche Hochseefischereigeltung. In: Ehrengabe des Museums für Hamburgische Geschichte zur Feier seines hundertjährigen Bestehens. Hamburg 1939, S. 127-133.

Baubeginn: Baubeginn für das Hamburger Stahlwerk. In: FAZ, 10.12.1969.

Bertram, Hamburg: Bertram, Ferdinand, Mein Hamburg. Heimatkundliche Spaziergänge und Plaudereien. Vierter Teil: Die Elbe. Hamburg/Braunschweig 1923.

Betrifft: Betrifft: Bemerkungen der Gemeindeversammlung zu Finkenwärder zu dem Senatsantrage wegen Übersiedlung der Hochseefischer nach Cuxhaven. (Hsl. Ms. vom 24. September 1904).

Biel, Führer: Biel, C., Führer durch die Elbinsel Finkenwärder nebst Abriß der Finkenwärder Geschichte. Hamburg-Finkenwärder 1909.

Bobzin, Fangtechnik: Bobzin, Wolfgang, Fangtechnik. 3. überarb. Aufl., Berlin (Ost) 1975.

Bodemann, Denkwürdigkeiten: Bodemann, Friedrich-Wilhelm, Denkwürdigkeiten der Elbinsel Finkenwerder, sowie der benachbarten Eilande und Ortschaften. Peine 1860.

Bordhund: Bordhund geborgen. In: HA, 19.01.1968.

Bork, Gutachter: Bork, Gerhard, Gutachter: Süderelbe vor dem Untergang. Zuerst Finkenwerder und Francop. In: HAN, 10.04.1979.

—, Verkehrslärm: Bork, Gerhard: Stop dem Verkehrslärm: Neue Straße soll »Martyrium« bald beenden. In: HaRu, 14.11.1979.

—, Bürgerforum: Bork, Gerhard: Bürgerforum auf Finkenwerder. In: HaRu, 23.11.1979.

v. Brandt, Entwicklung: v. Brandt, Andres, Die Entwicklung der Fanggeräte in der Hochseefischerei. In: Im Wirkungskreis der deutschen Hochseefischerei. Hrsg. v. Strutzel/Hoppe. Hamburg 1949, S. 22-29.

—, Fangtechnik: v. Brandt, Andres, Entwicklung der Fangtechnik. In: Hat Seefischerei Zukunft? Hrsg. v. d. Industrie- und Handelskammer Bremerhaven, Bremerhaven 1966, S. 129-137.

Breckwoldt, Nachrichten: Breckwoldt, J.J., Historische Nachrichten über die Elbinsel Altenwerder. Gesammelt und bearbeitet unter Mitwirkung des Lehrers Bosenick. Hamburg 1894.

Brenning, Pionierfahrt: Brenning, Otto, Die Pionierfahrt des HF 315 »Godenwind«. In: Fb 26 (1934), S. 310-312.

Bretthofer, Entwicklung: Bretthofer, W., Entwicklung und Zukunft der deutschen See- und Küstenfischerei. In: Fb 26 (1934), S. 555-557.

—, Fischwirtschaft: Bretthofer, W., Die Fischwirtschaft an der schleswig-holsteinischen Ostküste. In: DFi 1943, S. 282-283.

Brunner, Schiffsfahrzeuge: Brunner, Karl, Die volkstümlichen deutschen Schiffsfahrzeuge. In: Fs. Eduard Hahn zum LX. Geburtstag. Dargebracht von Freunden und Schülern. Stuttgart 1917, S. 292-307.

Büchsenmann, Mann: Büchsenmann, Jens, Ein Mann sieht schwarz. In: Szene 7 (1980), Nr. 3, S. 22-29.

Bütow, Flut: Bütow, Hans, Die große Flut in Hamburg. Eine Chronik der Katastrophe vom Februar 1962. Hrsg. v. d. Freien und Hansestadt Hamburg, Schulbehörde. O.O.u.J. (Hamburg 1963).
Bützfleth: Fischer-Protest: Bützfleth: Fischer-Protest auf der Elbe gegen die Chemie-Einleitungen. In: HAN, 09.03.1982, S. 7.
Carrothers, Instrumentation: Carrothers, P.J.G., Instrumentation for the engineering study of otter trawls. Ottawa 1968.
Claviez, Werft: Claviez, Wolfram, 50 Jahre Deutsche Werft, 1918-1968. Hamburg 1968.
Cölln, Finkenwerder: Cölln, J., Aus dem alten Finkenwerder. In: Fb 1 (1909), S. 16-17.
—, Fischfrauen: Cölln, J., Die Fischfrauen der Elbinseln. In: Fb 2 (1910), S. 47-48.
Constitution: Constitution der Finkenwärder Fischer-Kasse. Hamburg im Januar 1835. Nachdr. des Originals o.O.u.J.
Damm: Damm schreibt an Minister Ertl. In: swb, 10.09.1980, S. 2.
Deecke, Fisch: Deecke, Hagen, Fisch, Grog und Gesang. In: Freizeit-Journal, Beil. zum HA, Februar 1979, S. 4.
Der Kutter: Der Kutter im Umbau. In: Fb 26 (1934), S. 287-288.
Die Elbkarte Lorichs: Die Elbkarte aus dem Jahre 1568, gezeichnet von Melchior Lorichs. Veröffentlichungen aus dem Staatsarchiv der Freien und Hansestadt Hamburg, Bd. VIII. 3. Aufl., Hbg. 1974.
Die Finkenwerder: Die Finkenwerder Kutterfischer: Angst vor der Zukunft. In: nrs, 21.12.1978.
Die Katastrophe: Die Katastrophe wird zum Alltag. Gegen die Industrialisierung der Unterelbe. Hrsg. v.d. autonomen Industriegruppe der BUU/Hamburg. Hamburg 1978.
Die Volks- und Berufszählung: Die Volks- und Berufszählung in Hamburg am 27. Mai 1970. Hrsg. v. Statistischen Landesamt Hamburg, H. 101.
Die Volkszählung 1950: Die Volkszählung in Hamburg am 13. September 1950. Statistik des hamburgischen Staates, H. 36. Hamburg 1953.
Dittmer, Hochsee- und Küstenfischerei: Dittmer, R., Die deutsche Hochsee- und Küstenfischerei im 19. Jahrhundert. Hannover/Leipzig 1902.
—/Buhl, Seefischereifahrzeuge: Dittmer, R./H.V. Buhl, Seefischereifahrzeuge und -Boote. Hannover/Leipzig 1904.
Domitzlaff, Kutter: Domitzlaff, Svante, Hamburger Kutter aufgebracht. In: HA, 27.02.1978.
Duge, Wiederauftreten: Duge, F., Das Wiederauftreten von Herings- und Sprottschwärmen in der Elbmündung. In: Fb 3 (1911), S. 65-70.
Eingabe: Eine Eingabe von Berufsfischern der Unterelbe. In: Fb 3 (1911), S. 290-292. (Reaktionen siehe: Fb 3 (1911), S. 322-325 u. S. 350.)
Elbwasser: Elbwasser macht schlank. Auswirkungen der Industrialisierung auf die Unterelbe. Hrsg. v.d. Arbeitsgruppe gegen Unterelbeindustrialisierung der AGUI/BUU. 2. Aufl., Hamburg 1978.
Ellerbrock / Hahne / Schafft, Altenwerder: Ellerbrock, Hans-Joachim / Jochen Hahne / Gerhard Schafft, Altenwerder. Ein Dorf wird zerstört. Hamburg 1977.
Entscheidungen: Entscheidungen Seeamt Hamburg. In: Fib 8/16 (1968), S. 193.
Entwicklungskonzept: Entwicklungskonzept Finkenwerder. Zwischenbericht 1975. Hrsg. v.d. Planungsgruppe Finkenwerder (Geist, Homann, Moldershardt, Vidal, Voigt, Wehrhahn).
Erweiterung: Erweiterung des Werksgeländes von MBB in Finkenwerder. Bürgerschaftsdrucksache 9/1483. Hrsg. v.d. Staatlichen Pressestelle Hamburg, 29.11.1979.
Es blühe: Es blühe die Fischerei. In: FA, 06.12.1968, S. 3.
Es rußt: Es rußt noch immer! In: swb, 12.03.1980.
Es staubt: Es staubt. In: swb, 04.06.1980.
Evers, Nachricht: Evers, D.H.C., Nachricht von der Elb-Insul Finckenwärder als Beantwortung einiger deßfalls aufgegebener Fragen, 1756-1765. Masch. Abschr. des Originals.
Fachleute: Fachleute reden von einem Skandal. Architekten und Ingenieure: Die Unterelbregion wird zerstört. In: HA, 22.04.1980. Und: ZVI-dialog (Hamburg), Zeitschrift für Ingenieure, 4 (1980), April-Ausg., S. 9.
Fast 90 Prozent: Fast 90 Prozent der Elbfische verseucht. In: HAN, 12.03.1982, S. 3.
Feier: Feier in Moorburg. In: taz, 22.01.1982, S. 20.
Fick, Schicksal: Fick, Hans, Das Schicksal der Elb- und Küstenfischerei. In: Fim, 1(1933), S. 259-261.
—, Fischerei: Fick, Hans, Fischerei mit Ewer und Kutter. In: Timmermann, Pfahlewer, S. 116-127.
Finder, Elbinsel: Finder, Ernst, Die Elbinsel Finkenwärder. Ein Beitrag zur Geschichte, Landes- und Volkskunde Niedersachsens. 1. Aufl., Hamburg 1940 und 2. Aufl., Hamburg 1951.

Finkenwerder: Finkenwerder: Der Dreck kommt bei Nacht und Nebel. Leserbrief des Gesprächskreises Finkenwerder. In: nrs, 13.03.1980, S. 14.
Finkenwerder Kutter: Finkenwerder Kutter aufgebracht. Die Schweden-Masche mit den Maschen. In: HA, 12.04.1978.
Flächennutzungsplan: Flächennutzungsplan für die Freie und Hansestadt Hamburg. Mitt. des Senats an die Bürgerschaft, Drucksache VII/2118 vom 06.06.1972.
Flächennutzungsplanänderung: Flächennutzungsplanänderung und Bebauungsplanverfahren zur Erweiterung eines in Finkenwerder ansässigen Unternehmens. Hrsg. v.d. Bürgerschaft der Freien und Hansestadt Hamburg. Drucksache 9/1483 vom 27.11.1979.
Flächennutzungsplan — Erläuterungsbericht: Flächennutzungsplan — Erläuterungsbericht. O.O. u.J. (Hamburg 1974).
Förster, Finkenwerder: Förster, Hans, Schönes Finkenwerder in Wort und Bild. Von Marschenland und Waterkant. Hamburg 1959.
Führer: Führer durch die Abteilung für Seefischerei. H. 2,3 u. 4 des Jg. 1903 der Mitt. aus dem Altonaer Museum. O.O.u.J. (Altona 1903).
50 Jahre: Fünfzig Jahre Hamburg-Finkenwerder. In: swb, 25.06.1969.
Gaukel, Seelehrlinge: Gaukel, Bruno, Neptuns Seelehrlinge. In: HA, 05.11.1957.
Gefahr: Gefahr aus dem Schlamm. In: HA, 01.02.1980.
v. Gerkan/Marg, Bauen: v. Gerkan/Marg u.a., Städtebauliches Gutachten. Hamburg — Bauen am Wasser. Hamburg 1973.
Goltz, Schiff: Goltz, Ewald, Ein Schiff kehrt heim. Das Großsegel fällt. Mit dem Besan segelt das Schiff dem Ende seiner Reise entgegen. Finkenwärder 1978.
—, Stellungnahme: Goltz, Ewald, Stellungnahme zu einem Buch, das in Finkenwerder zum Ärgernis wurde. In: nrs, 10.12.1981, S. 10.
Goltz, Fest: Goltz, Reinhard, Fest der Nationen 1981 — 75 Jahre »Finkwarder Speeldeel«, 29.8.-6.9.81. In: Qu 71 (1981), S. 371-373.
Grotewold, Hochseefischerei: Grotewold, Chr., Die deutsche Hochseefischerei in der Nordsee. Stuttgart 1908.
Groß-Hamburg-Gesetz: Groß-Hamburg-Gesetz, RGBl I 1937, S. 91.
Grünbuch: 2. Grünbuch, Hrsg. v.d. Projektgruppe '78. Hamburg 1979.
Gute Zukunftsaussichten: Gute Zukunftsaussichten für die Finkenwerder Kutterfischer. In: nrs, 06. 04.1978.
Hafen Hamburg: Hafen Hamburg, Konzept für morgen. Entwicklungsplan. Anlage zur Bürgerschaftsdrucksache B/1425. Hrsg. v.d. Freien und Hansestadt Hamburg, Behörde für Wirtschaft, Verkehr und Landwirtschaft.
Hamburg: Hamburg wird Europas Luftfahrt-Zentrum. In: HA, 12.09.1979.
Hass, Lage: Hass, G., Die Lage der deutschen Seefischerei nach dem Kriege. In: FiWo 1949, S. 2-3.
Heimatvereinigung: Heimatvereinigung Finkenwerder nimmt Stellung zur »Lepra-Station«. In: nrs, 29.05.1980, S. 7.
v. Heß, Hamburg: v. Heß, Jonas Ludwig, Hamburg topographisch, politisch und historisch beschrieben. 1. Aufl., 2.T., Hamburg 1789; und 2. Aufl., 3. T., Hamburg 1811.
Heyl, Fischkutter: Heyl, Menso, Mit dem Fischkutter HF 533 unterwegs. Sturmfahrt zur Scholle. In: HA, Journal, 26.04.1980, S. 3.
—, Fischer: Heyl, Menso, Der Fischer und das geteilte Meer. In: HA, 19.04.1980, S. 4.
—, Enten: Heyl, Menso, Von Enten und Mäusen: Reiselektüre für 60 Mark und fünfzig Pfennig. In: HA, 02.05.1980, S. 10.
—, Windstärke: Heyl, Menso, Bei Windstärke neun wird jeder Fischer zum Artist. In: HA, 06.05. 1980, S. 8.
—, Netz: Heyl, Menso, Wenn das Netz reißt, ist die Stimmung weg. In: HA, 10.05.1980, S. 9.
Hoever, Hochseefischerei: Hoever, Otto, Deutsche Hochseefischerei. Oldenburg i.O. 1936.
Hoffmann, Führerschein: Hoffmann, Jürgen, »Das ist so, als wenn man seinen Führerschein verliert«. In: HA, 22.05.1978.
Hofmann, Fischereihafen: Hofmann, Johanna, Der Fischereihafen Hamburg aus geographischer Sicht. Hamburg 1968.
Holst, Leben: Holst, Johann, Das Leben und Fischen der Altenwerder Fischer in alter und neuer Zeit. Altenwerder 1931. Nachdruck mit einem zusätzlichen Artikel von Heinz Oestmann, Hamburg 1980.

Hübbe, Beiträge: Hübbe, H.W.C., Beiträge zur Geschichte der Stadt Hamburg und ihrer Umgegend. l.H. mit 2 Karten. Hamburg 1897.
In Hamburg: In Hamburg ungeklärt — In der Nordsee verklappt. Hamburgs Abwässer zerstören Elbe und Nordsee. RdE Nr. 4. August 1980.
Janssen, Segen: Janssen, Albrecht, Segen des Meeres. Berlin 1939.
Johns, Verluste: Johns, K., Die Verluste in der Finkenwärder Seefischerei seit dem Beginn des Jahres 1882. In: MDF 12 (1896), S. 183-192.
—, Unfälle: Johns, K., Die Unfälle in der Finkenwärder Seefischerei in den Jahren 1896-1899. In: MDF 16 (1900), S. 249-255.
Juppenlatz, Pensionäre: Juppenlatz, Peter, Wird Finkenwerder eine Insel der Pensionäre? In: Welt, 29.09.1969.
Kaiser, Segler: Kaiser, Joachim, Segler im Gezeitenstrom. Die Biographie der hölzernen Ewer, mit kolorierten Federzeichnungen von Christian Hadenfeld. 2. Aufl., Norderstedt 1979.
—, Fischer-Ewer: Kaiser, Joachim, 90 Jahre auf den Flüssen: Fischer-Ewer ›Catarina‹. In: Yacht 11/1980, S. 111-119.
—, Ewer: Kaiser, Joachim, Ewer wie aus Gorch Focks Romanen. In: Yacht 12/1980, S. 27-31.
Kapitän: Kapitän Siemonsen hat das Wort. In: HA, 17.04.1968.
Kausche, Harburg: Kausche, Dietrich, Harburg und der süderelbische Raum. In: Heimatchronik der Freien und Hansestadt Hamburg. Hrsg. v. Erich v. Lehe, Dietrich Kausche und Heinz Ramm. Köln o.J. (1958).
—, Gerechtsame: Kausche, Dietrich, Gerechtsame an und auf den Wasserläufen zwischen Hamburg und Harburg im späten Mittelalter. In: ZHG 46 (1960), S. 4-103.
Keine Industrie: Keine Industrie ins Mühlenberger Loch. RdE Nr. 3. Mai 1980.
Kern, Unterelbe: Kern, Helmut, Region Unterelbe auf dem Weg in das Jahr 2000. In: Hamburg auf dem Weg in das Jahr 2000. Hrsg. v. Ernst Schmacke. Düsseldorf 1970, S. 1-39.
Klenck/Scheidt, Geestbauern: Klenck, Wilhelm/Walter Scheidt, Geestbauern im Elb-Weser-Mündungsgebiet (Börde Lamstedt). Niedersächsische Bauer I. Jena 1929.
Kohl, Standortverteilung: Kohl, Horst, Die Standortverteilung der Hochseefischerei. Berlin 1954.
Kohl, Skizzen: Kohl, Horst, Nordwestdeutsche Skizzen. 2. Bd., Bremen 1864. Faksimile-Ausg., Bremen 1978.
Kommt Hilfe: Kommt Hilfe für die Kutterfischerei. In: swb, 03.09.1980, S. 1 und 19.
Konferenz: Konferenz des Deutschen Seefischerei-Vereins über die Frage der Hebung der Segelfischerei an der Nordsee. In: MDF 24 (1908), S. 101-153.
Kreutzer, Elektrofischerei: Kreutzer, Conradin O., Elektrofischerei, Fischfang der Zukunft? In: Hat Seefischerei Zukunft? Hrsg. v.d. Industrie- und Handelskammer Bremerhaven, Bremerhaven 1966, S. 129-137.
Kunze, Seebär: Kunze, Christine, Ein Seebär mit tausend Nähten. In: HA, 27.03.1980, S. 8.
Kyle, Fishing Nets: Kyle, Harry MacDonald, Fishing Nets, with special Reference to the otter trawl. In: JMBA, Vol. 6, Nr. 4 (1903), S. 562-586.
Lahaine/Schmidt, Hamburg: Lahaine, Ludwig/Rudolf Schmidt, Hamburg. Das deutsche Tor zur Welt. 1000 Jahre hamburgische Geschichte. Hamburg 1936.
Laue/Meyer, Elbe: Laue, H./ H. Meyer, Zwischen Elbe, Seevetal und Este. Ein Heimatbuch des Kreises Harburg. Harburg 1926.
v. Lehe, Hamburg: v. Lehe, Erich, Hamburg. In: Heimatchronik der Freien und Hansestadt Hamburg. Hrsg. v. Erich v. Lehe, Dietrich Kausche und Heinz Ramm. Köln o.J. (1958).
Linde, Niederelbe: Linde, Richard, Die Niederelbe. Monographien zur Erdkunde. 1. Aufl., Leipzig 1908; 3. Aufl., Bielefeld/Leipzig/Berlin 1909; 6. (veränd.) Aufl., Leipzig 1924.
Lindemann, Seefischereien: Lindemann, Moritz, Die Seefischereien. Ihre Gebiete, Betrieb und Erträge in den Jahren 1869-1978. Gotha 1880.
—, Seefischerei: Lindemann, Moritz, Seefischerei. In: Amtliche Berichte über die Internationale Fischerei-Ausstellung zu Berlin. Berlin 1881.
Löschenkohl, Hamburg: Löschenkohl, Bernhard, Hamburg. Reihe: Die deutschen Gaue seit der Machtergreifung. Hrsg. v. Paul Meier-Benneckenstein. Berlin 1941.
Lübbert, Motor: Lübbert, Hans, Die Einführung von Motor und Schernetz in die deutsche Hochseefischerei. Berlin 1906.
—, Hochsee-Segelfischerei: Lübbert, Hans, Die deutsche Hochsee-Segelfischerei in Vergangenheit und Gegenwart. In: Heimat 22 (1912), S. 13-17, 47-50, 72-77, 83-86.

—, Fischereibetriebe: Lübbert, Hans, Die großen Fischereibetriebe der Erde. 2. Die Grundschleppnetzfischerei der Deutschen, Holländer und Briten. In: Fb 11 (1919), S. 346-357.
—, Walfänger: Lübbert, Hans, Vom Walfänger zum Fischdampfer. Hamburger Fischerei in zehn Jahrhunderten. Hamburg 1925.
—, Fangreisen: Lübbert, Hans, Fangreisen eines Fischkutters und eines Fischdampfers. In: Der Fischmarkt von Cuxhaven. Cuxhaven 1930, S. 15-28.
—/Wiese, Fischerei: Lübbert, Hans/Emil Wiese, Vom Walfänger zum Fischdampfer. Hamburger Fischerei in zehn Jahrhunderten. Neu bearb. u. erg. v. Emil Wiese. Hamburg 1949.
Lücke, Hochseefischerei: Lücke, Fritz, Die Hochseefischerei. Leipzig 1926.
Lütcke, Fischerei-Krise: Lütcke, Ernst, Fischerei-Krise. Deutscher Fisch wird bald zum Luxus. In: BamS, 26.10.1980, S. 48-49.
Luftfahrtzentrum: Luftfahrtzentrum Hamburg wird noch größer: MBB und VFW gehen jetzt zusammen. In: HA, 02.09.1980.
Marcus, Heringsfischerei: Marcus, Heringsfischerei mit dem Grundschleppnetz. In: Fb 8 (1916), S. 238-240.
Metzner, Fischer: Metzner, Karl, Die Fischer von Finkenwerder — ihre Ewer und Kutter. In: HDW 4/1976, S. 42-45.
Meyer-Waarden, Fischereitradition: Meyer-Waarden, Paul-Friedrich, Alte Fischereitradition. In: Hat Seefischerei Zukunft? Hrsg. v.d. Industrie- und Handelskammer Bremerhaven. Bremerhaven 1966, S. 99-110.
Mitzka, Fischervolkskunde: Mitzka, Walther, Deutsche Fischervolkskunde. Neumünster 1940.
—, Fischerregeln: Mitzka, Walther, Schiffer- und Fischerregeln. In: HBV 39 (1941), S. 119-145.
Mohr, Finkwarder: Mohr, Wilhelm, Finkwarder is jümmer noch scheun. In: Willkommen, 1. Auflage.
Moorburg: Moorburg — Formen des Widerstands. In: taz, 24.03.1982, S. 15.
Nach Kern: Nach Kern Seinert — Nach Altenwerder Moorburg. Die Vernichtung Süderelbes geht weiter. In: nrs, 06.12.1979, S. 1 und 14.
Niedersachsen: Niedersachsen will helfen. In: HAN, 16.03.1982, S. 3.
Ökologische Darstellung: Ökologische Darstellung Unterelbe-/Küstenregion. Erarb. i.A. der Umwelt-Ministerkonferenz Norddeutschland — Herbst 1976. Hrsg. v.d. Arbeitsgruppe Umweltschutz der Fachschaft Biologie an der Universität Hamburg. 3. Aufl., Hamburg 1978.
Oestmann, Betrachtungen: Oestmann, Heinz, Einige Betrachtungen der Altenwerder Fischerei aus heutiger Sicht. Als Nachtrag in dem Nachdr.: Holst, Leben, 1980.
Offener Brief: Offener Brief. Warum heißt das Gebiet am Finkenwerder Westerdeich »Lepra-Station«. In: nrs, 08.05.1980.
Paulsen, Hochseefischerei: Paulsen, Paul, Die Hochseefischerei von Finkenwerder und Blankenese. Pinneberg 1911.
Plinius secundus, Naturaliae historiae: Plinius secundus, C., Naturaliae historiae. Libri XXXVII. Hrsg. v. Carolus Mayhoff, Vol. I, Libri I-VI. O.O. 1881.
Pohlmann, Chronik: Pohlmann, Hermann, Chronik eines Flugzeugwerkes 1932-1945. Stuttgart 1979.
Redslob, Seemännisches: Redslob, Walter, Seemännisches. In: NdKbl 33 (1912), S. 60-62.
v. Reitzenstein, Seefischerei: v. Reitzenstein, Wilhelm, Die deutsche Seefischerei. Berlin 1909.
Rettet: RdE Nr. 1. Februar 1980.
Reuter/Schnakenbeck, Praxis: Reuter, W./W. Schnakenbeck, Praxis der Hochseefischerei. Hamburg 1939.
Richter, Altenwerder: Richter, Klaus, Altenwerder und seine geschichtliche Entwicklung. In: Altenwerder. Hrsg. v. Bezirksamt Harburg in Zusammenarbeit mit der Kulturbehörde Hamburg, Denkmalschutzamt. Hamburg o.J. (1981), S. 29-57.
Rohdenburg, Hochseefischerei: Rohdenburg, Günther, Hochseefischerei an der Unterweser. Wirtschaftliche Voraussetzungen, struktureller Wandel und technische Evolution im 19. Jahrhundert und bis zum Ersten Weltkrieg. Bremen 1975.
Rosenthal, Volkskunde: Rosenthal, Max, Volkskunde und Brauchtum der Schiffahrt und des Schiffers. Schönebeck (Elbe) 1937.
Rübcke, Elbfischerei: Rübcke, Martin, Die Finkenwerder Elbfischerei in früherer Zeit. In: Fb 2 (1910), S. 148-149.
Rüter, Minuten: Rüter, Waltraud, All'ns blot för dree Minuten. In: swb, 05.11.1980.

Scheidt, Rasse: Scheidt, Walter, Rasse. In: Die Elbinsel Finkenwärder. Hrsg. v. Walther Scheidt und Hinrich Wriede. München 1927, S. 73-117.
—, Bevölkerungsbiologie: Scheidt, Walter, Bevölkerungsbiologie der Elbinsel Finkenwerder vom dreißigjährigen Krieg bis zur Gegenwart. Niedersächsische Bauern II. Jena 1932.
Schentzow, Hamburg: Schentzow, Jürgen W., Hamburg kennen und lieben. Kreuz und quer durch die Hansestadt. Lübeck 1970.
Schluß: Schluß mit der Verseuchung der Elbe! Kein Berufsverbot für Fischer! RdE Nr. 5. März 1981.
Schmidt, Wolke: Schmidt, Erich, Wenn nachts die braune Wolke kommt. Finkenwerder sucht den Umweltsünder. In: Mopo, 12.03.1982.
Schmidt, Altenwerder: Schmidt, Otto, Altenwerder und Finkenwerder. In: Laue/Meyer, Elbe, S. 3-20.
Schnakenbeck, Hochseefischerei: Schnakenbeck, Werner, Die Hochseefischerei der Blankeneser und Finkenwärder. In: Nds 32 (1927), S. 116-120.
—, Nordseefischerei: Schnakenbeck, Werner, Die Nordseefischerei. Stuttgart 1928.
Schneider, Finkenwerder: Schneider, Egon, Die Insel Finkenwerder. Ein Beitrag zur geographischen Landeskunde Deutschlands. Rostock 1918.
Schnitt, Instandbesitzer: Schnitt, Petra, Die Instandbesitzer, In: stern 10/1982, Hamburg-T., S. 6-10.
Schulze/v. Winterfeld, Gutachten: Schulze, Hans-Detlef/Henning v. Winterfeld, Landschaftsplanerisches Gutachten Süderelbe, April 1979. Mit dem Erläuterungsbericht zum landschaftsplanerischen Gutachten Süderelbe.
60000 fordern: 60000 fordern: Rettet die Elbe jetzt! RdE Nr. 6. August 1981.
Seehase, Wäsch: Seehase, Gerhard, »Wi sind klamm in de Wäsch«. In: Zeit, 24.02.1978, S. 57.
—, Fischerei-Rechte: Seehase, Gerhard, Fischerei-Rechte, Der Fisch muß umdenken. In: Zeit, 16.06.1978, S. 54.
Seehase, Fischerei: Seehase, Heinz, Die Fischerei in Schleswig-Holstein. Ein Beitrag zur deutschen Volkskunde und zur schleswig-holsteinischen Heimatforschung. Hamburg 1935.
Sein Leben: Sein Leben bestimmt der Fischfang. In: HaRu, 02.03.1977, S. 5.
Sicks, Einführung: Sicks, H., Die Einführung von Motoren für die Elbfischerei. In: Fb 3 (1911), S. 220-221.
700 Joahrfier: 700 Joahrfier Finkwarder. In: HAnz, Illustrierte Beil., 20.6.1936 (Nr. 25).
Sieker, Mensch: Sieker, Hugo (Hrsg.), Da steht ein Mensch. Briefe von Gorch Fock an Aline Bußmann. Hamburg 1971.
Sonnenwende. In: HCorr, 24.06.1905 (Nr. 317), Abendausg.
Spillmann, Grundschleppnetze: Spillmann, J., Die Grundschleppnetze der Fischdampfer: das alte Baumnetz und das neue Scherbrettnetz. In: MDF 12 (1896), S. 151-156.
Stadtteilentwicklungsplanung: Stadtteilentwicklungsplanung Finkenwerder. Erläuterungsbericht zum Programm. Hrsg. v.d. Freien und Hansestadt Hamburg, Baubehörde — Landesplanungsamt. Januar 1981.
Stahlwerk: Stahlwerk auf der Wiese. Neuansiedlung im Hamburger Hafen. In: HA, 19.11.1968.
Stark, Wasser: Stark, Hans G., Wasser, Wind und harte Männer. Zwei Wochen mit dem Kutter HF 418 auf See. In: HA, 19.08.1966.
—, Altstadt: Stark, Hans G., In Finkenwerders Altstadt dröhnen jetzt Maschinen. In: HA, 03.08.1967.
—, Keine Spur: Stark, Hans G., Keine Spur von Kutter HF 418. In: HA, 18.01.1968, S. 1 und 3.
—, Sommer: Stark, Hans G., Im Sommer ist die Straße Finkenwerder — Cranz fertig. In: HA, 24.01.1968.
—, »Adonis«-Kapitän: Stark, Hans G., »Adonis«-Kapitän im Kreuzfeuer harter Vorwürfe. In: HA, 14.03.1968.
—, Flotte: Stark, Hans G., Neu in der Flotte. In: HA, 30.10.1969.
Statistische Berichte: Statistische Berichte der Freien und Hansestadt Hamburg. A. Bevölkerung, Erwerbstätigkeit und Gesundheitswesen. Hrsg. v. Statistischem Landesamt Hamburg:
1957/58 lfd. Nr. 7
1960 lfd. Nr. 7 (21.04.1961)
1962 lfd. Nr. 9 (22.07.1963)
1964 lfd. Nr. 13 (29.06.1965)
1966 lfd. Nr. 7 (25.04.1967)
1968 lfd. Nr. 7 (24.04.1969)
1970 lfd. Nr. 10 (11.06.1971)

ab 1972 unter dem veränderten Untertitel: A. Bevölkerung und Gesundheitswesen:
1972 lfd. Nr. 17 (18.12.1973)
1975 lfd. Nr. 10 (13.07.1976)
1976 lfd. Nr. 8 (15.07.1977)
1977 lfd. Nr. 13 (30.08.1978)

Statistisches Jb. 1953/54: Statistisches Jahrbuch 1953/54. Hamburg 1954.

Stengel, Fischfanggeräte: Stengel, Harry, Fischfanggeräte: Theorie und Entwerfen von Fanggeräten der Hochseefischerei. Berlin (Ost) 1977.

Sterner, Motor: Sterner, E., Der Motor in der niederelbischen Küstenfischerei. In: Fb 10 (1918), S. 145-147.

—, Küstenfischerei: Sterner, E., Die niederelbische Küstenfischerei:
I. Einführung und Fanggebiete. In: Fb 8 (1916), S. 69-76.
II. 1. Buttfischerei. In: Fb 8 (1916), S. 111-132.
2. Aalfischerei. In: Fb 8 (1916), S. 190-202.
3. Stintfischerei. In: Fb 8 (1916), S. 240-244.
4. Sturenfischerei. In: Fb 8 (1916), S. 311-314.
5. Maifischfang. In: Fb 10 (1918), S. 13-16.
6. Schnepel- und Neesenfischerei. In: Fb 10 (1918), S. 17-19.
7. Quappenfischerei. In: Fb 10 (1918), S. 72-75.
8. Lachsfischerei. In: Fb 10 (1918), S. 75-83.
9. Störfischerei. In: Fb 10 (1918), S. 179-184.
10. Die übrigen Fischarten im oberen Teil. In: Fb 10 (1918), S. 245-253 (Rotauge, Pliete, Aland, Brassen, Ukelei, Barsch, Hecht, Zander, Neunauge, Raap, Lachsforelle, Barbe, Schlei, Karpfen).
11. Herings- und Sprottfischerei. In: Fb 11 (1919), S. 16-22.
12. Krabbenfischerei. In: Fb 11 (1919), S. 124-134.

Szymanski, Ever: Szymanski, Hans, Der Ever der Niederelbe. Lübeck 1932.

Talg, Totalverluste: Talg, K., Die Totalverluste in der Finkenwärder und der Cranzer Segelfischerflotte seit Beginn des Jahres 1882 bis zum 25. April 1905 inkl. In: MDS 1905, S. 168-185.

Teske, Mensch: Teske, Hans, Der niederdeutsche Mensch. Vorwort zu: Der niederdeutsche Mensch. Hrsg. v.d. Landesbildstelle Hansa Hamburg. Hamburg o.J. (1935).

Thomson, Pair trawling: Thomson, David, Pair trawling and pair seining: The technology of two-boat fishing. Farnham 1978.

Timmermann, Abriß: Timmermann, Gerhard, Kurzer Abriß der deutschen Seefischerei: Ein Führer durch die Fischereiabteilung des Altonaer Museums. Hamburg 1939. Nachdr. Hamburg 1983.

—, Pfahlewer: Timmermann, Gerhard, Vom Pfahlewer zum Motorkutter. Berlin 1957.

Treutwein, Finkenwerder: Treutwein, Norbert, Nur so ist Finkenwerder noch zu retten. In: Welt, 11.04.1979.

Über Finkenwerder: Über Finkenwerder und dem Ölhafen lauern die meisten Gifte in der Luft. In: Welt, 30.09.1980.

Umweltprobleme: Umweltprobleme der Nordsee. Sondergutachten. Juni 1980. Hrsg. v. Rat von Sachverständigen für Umweltfragen. Stuttgart/Mainz 1980.

Unsere Finkenwärder: Unsere Finkenwärder. In: Fb 2 (1910), S. 1-3.

Unterbringung: Unterbringung, Behandlung oder anderweitige Verwendung des bei Unterhaltsbaggerungen im Hamburger Hafen anfallenden Mischbodens. Mitt. des Senats an die Bürgerschaft. Drucksache 9/3173 vom 24.02.1981.

Urkundenbeweis: Urkundenbeweis für die Berechtigung des Fiskus auf Elbfischerei im Kreise Harburg. Lüneburg, 1. März 1890. Hsl. Vorlage

Verfügungen: Verfügungen für das Finkenwerder Deichwesen. Hamburg 1801.

Voigt, Aufzeichnungen: Voigt, Johann Friedrich (Hrsg.), Aufzeichnungen des Senator, Licentiat der Rechte, Wilhelm Amsinck über seine Verwaltung der Landherrschaft von Bill- und Ochsenwärder 1800/1801. Hamburg 1911.

—, Beteiligung: Voigt, Johann Friedrich, Frühere Beteiligung von Finkenwärder Seefischern beim Bergen von Strandgut. In: Fb 3 (1911), S. 105-109.

Voss, Friesenkette: Voss, Günther, Und nochmals die Friesenkette. In: Fib 8/16 (1968), S. 186-188.

Warum: Warum das Atmen in Süderelbe immer gefährlicher wird. In: nrs, 26.07.1979.

Was wird: Was wird aus der Finkenwerder Kutterfischerei. In: nrs, 29.06.1978.

Wegener, Erinnerungen: Wegener, Amandus, Erinnerungen eines früheren Seefischers aus vergangenen Zeiten. In: Fb 18 (1926), S. 530-534.
Wegener, Winterreise: Wegener, G., Eines Hochseefischers Winterreise auf der Nordsee. In: Fb 3 (1911), S. 382-383.
Wi wüllt keen Schiet: Wi wüllt keen Schiet in de Nordsee. RdE Nr. 2. März 1980.
Wichmann, Alarm: Wichmann, Martin, Alarm auf der Elbinsel. Finkenwerder: Rußwolken verpesten die Luft. In: HAN, 10.03.1980, S. 1 und 3.
v. Wiese, Romantik: v. Wiese, Eberhard, Das alte Finkenwerder verliert ein Stück Romantik. In: HA, 03.11.1967.
Wiese, Schicksal: Wiese, Emil, Das Schicksal der hamburgischen Segelfischerei. In: Fb 10 (1918), S. 184-188.
—, Stiftungsfest: Wiese, Emil, 100-jähriges Stiftungsfest der Unterelbe-Versicherungskasse, Hamburg-Finkenwärder 1834-1935. O.O. 1935.
—, Strukturwandel: Wiese, Emil, Strukturwandel in der Finkenwerder Seefischerei. In: FiWo 1949, S. 3-5.
Willkommen: Willkommen in Finkenwerder. Nützliche Informationen über Ihre neue Heimat. 1. Aufl. o.O.u.J. (Hamburg 1974), 2. Aufl. o.O.u.J. (Hamburg 1977), 3. Aufl. Hamburg o.J. (1980).
Wisser, Fischsterben: Wisser, Horst, Das Fischsterben: schon zwei Jahre. In: HA, 06.02.1980.
—, Gefahr: Wisser, Horst, Gefahr, wenn der Wind aus Osten weht. In: HA, 11.03.1980, S. 3 und 4.
—, Nordsee: Wisser, Horst, Nordsee als Müllkippe? Gericht entschied: Ja! In: HA, 28.03.1980, S. 3.
Wojewski, Island: Wojewski, W. (eigentlich: Przedwojewski, Willy Friedrich Carl), Nach Island mit einem Finkenwärder Segelkutter. In: Fb 18 (1926), S. 355-359.
Wossidlo, Reise: Wossidlo, Richard, Reise Quartier in Gottesnaam. Niederdeutsches Seemannsleben in der Zeit der Segelschiffahrt. 2. (9.) Aufl., Rostock 1980.
Wriede, Sprache: Wriede, Hinrich, Finkenwärder, seine Sprache und seine Eigenart. In: Qu 2 (1909), S. 66-74.
—, Volkstum. In: Die Elbinsel Finkenwärder. Hrsg. v. Walter Scheidt und Hinrich Wriede. München 1927, S. 5-71.
Wriede, Fischer-Wittwen: Wriede, Julius Carsten, Die Fischer-Wittwen von Finkenwärder. In: MDS 1900, S. 249.
—, Elbfischerei: Wriede, Julius Carsten, Motoren für die Elbfischerei. In: Fb 3 (1911), S. 184-185.
—, Motoren: Wriede, Julius Carsten, Mitteilungen über die Einführung von Motoren in die Finkenwärder Hochseesegelfischerei. In: Fb 16 (1924), S. 198-200.

Außerdem wurde aus einem Rundfunkinterview mit dem ehemaligen Hamburger Wirtschaftssenator Helmut Kern zitiert, das am 22.05.1979 im Rahmen der Sendung »Umschau am Abend« auf NDR II gesendet wurde.

Darüber hinaus wurden die Texte zweier von der Finkenwarder Speeldeel auf Schallplatte veröffentlichter Lieder erwähnt. Die Texte stammen von Rolf Zuckowski: »Bi uns in Finkwarder« (auf »Rund um den Michel«) und »Bi Vadder an Bord« (auf »Ein Hafen voll Musik«).

Schließlich sei auch auf die zahlreichen Romane und Erzählungen der Finkenwerder Schriftsteller Hinrich Wriede, Gorch Fock (Johann Kinau), Jakob Kinau und Rudolf Kinau hingewiesen, die im Hinblick auf ihren fischereilichen Fachwortschatz durchgesehen wurden. Im Text wurde aus der Gruppe dieser fiktiven Texte aus folgenden Veröffentlichungen zitiert:

Fock, Sterne: Fock, Gorch, Sterne überm Meer. Tagebuchblätter und Gedichte. Hamburg 1918.
Kinau, Rudolf, Mattgoot. Hamburg 1954.

Handschriftliche Aufzeichnungen lagen vor von:

Heinrich Kinau (Lebenslauf), Peter Loop sen. (Tagebücher), Ernst Bargheer (Manuskripte und Notizen).

Aus folgenden Fragebögen wurde direkt zitiert:

Henri Kehde, Rudolf Lübben, Hans Mewes, Ernst Romahn.

C. Abbildungsverzeichnis

Im folgenden werden die Quellen der im laufenden Text verwendeten Abbildungen aufgeführt; bei den abgedruckten Karten wird zudem der offizielle Titel genannt.

Abb. 1: Reuerendissimo ac Illustrissimo Principi Domino Christiano Electo Episcopo Mindensi Duci Brunsuicensi et Luneburgensi etc. Nec non Amplissimis Viris Duis Consulibus & Senatoribus Celebrium in Imperio Civitatum Luneburgi Stadæet Buxtehudæ
Hanc Deliniationem Humiliter et Humilline D.D.C. Aegidius a Couwenberch Delpho Batavus A Chri M. DCXXII.
Quelle: StaH, Pl. 126-5, 162.21.[1]

Abb. 2: Viris Magnifiers Amplissimis & Consultissimis Donis Consilibus et Senatoribus florentissimae Reip Patriæ meritissimis tabulam hane Prouinciarum & Insularum Hamburgum Circumiacentium officiose dedicat. Christian Moller Hamburgense.
Quelle: StaH, Pl. 126-5, 167.02

Abb. 3: Charte von der Elbgegend zwischen Altona, Mohrburg, Kranz und Blankenese, nebst denen darin befindlichen Inseln, worunter sich der Finkenwärder in Hinsicht der Situation desselben besonders bezeichnet.
Aus der in den Jahren 1770 bis 1780 von Baxmann aufgenommenen Original-Karte copiirt und verbessert im Monat März 1803 von Jacob Kock.
Quelle: StaH, Pl. 143-12, 1980.31.

Abb. 4: Stromkarte der Elbe von Geesthacht bis Blankenese am rechten, und von Marschhacht bis zum Cranz am linken Ufer.
Theils nach neuen Aufmessungen, theils nach älteren Materialien gemeinschaftlich bearbeitet von H. Hübbe und H. Blohm 1849.
Quelle: StaH, Pl. 126-5, 184.92.

Abb. 5a: Skizze, Reinhard Goltz

Abb. 5: Bezirkskarte der Freien und Hansestadt Hamburg. Bezirk 1: Hamburg-Mitte, Blatt West. Hrsg. vom Vermessungsamt der Freien und Hansestadt Hamburg 1966, Ausgabe 1981.[2]

Abb. 6, 8, 9, 16, 17, 20-24, 28, 31, 35, 43, 55, 66-69, 71, 94 und 95: Sammlung Bargheer[3]

Abb. 7: Erwin Hacker

Abb. 10-15: Zeichnungen aus: Führer (S. 20, 21 [2x], 22 [2x], 23)

Abb. 18: Magda Bahr

Abb. 19, 36-42, 46-48, 52, 58, 59, 61, 72-78 und 86-93: Reinhard Goltz

Abb. 25-27, 29, 30, 32-34, 44, 60, 62, 64 und 65: Zeichnungen von Sabine Goltz

Abb. 45, 70 und 79-82: Hans Erich Jessen

Abb. 49-51, 53, 54, 56, 57, 63 und 83: Zeichnungen von Hans Oesmann

Abb. 84 und 85: Zeichnungen aus: Dittmer/Buhl, Seefischereifahrzeuge, S. 46 und 48

Anmerkungen

1 Die Abb. 1 bis 4 wurden freundlicherweise vom Staatsarchiv Hamburg für die Veröffentlichung freigegeben.

2 Die Abb. 5 wurde freundlicherweise vom Landesvermessungsamt Hamburg für die Veröffentlichung freigegeben.

3 Da im Nachlaß Ernst Bargheers nicht alle Original-Negative zu der umfangreichen Fotosammlung vorhanden waren, muß hier auf die Nennung eines Fotografen verzichtet werden; es darf jedoch davon ausgegangen werden, daß Bargheer selbst die hier ausgewählten Abbildungen fotografierte.

D. Statistisches Material: Angaben zu Bevölkerungszahlen und zur Anzahl der Fischereifahrzeuge

In diesem Abschnitt sollen die Bevölkerungszahlen und die Zahlen der Finkenwerder Hochseefischereifahrzeuge tabellarisch aufgelistet werden. Kleine Abweichungen innerhalb der einzelnen Angaben resultieren aus dem Unterschied zwischen ortsansässiger und ortsanwesender Bevölkerung. Bei den Fahrzeugzahlen ergeben sich Differenzen aus den drei unterschiedlichen Auswahlkriterien, nach denen das Material erstellt wurde:

— Schiffe mit dem HF-Zeichen,
— Schiffe mit dem HF-Zeichen, deren Eigner in Finkenwerder ansässig sind,
— Schiffe, die in der Finkenwerder Kasse versichert sind.

Beim Vergleich der beiden Tabellen spiegelt sich die Rolle der Hochseefischerei für den Lebensraum Finkenwerder. Während die Bedeutung dieses Berufsfeldes im ausgehenden Viertel des 19. Jahrhunderts sehr hoch anzusetzen ist — auf zwanzig Einwohner kam zu der Zeit ein Hochseefischereifahrzeug —, stehen derzeit andere Wirtschaftsbereiche im Vordergrund, so daß auf einen Kutter etwa 300 Einwohner kommen. Zwar ist generell vor einer einfachen Gleichsetzung quantitativer und qualitativer Größen zu warnen, doch erscheint die Feststellung der sich ändernden Proportionen für das Verständnis der in dieser Studie beschriebenen Entwicklung nicht unwesentlich. Insbesondere gilt dies in bezug auf Austauschmechanismen zwischen der Ebene der Fachsprache und der Ebene der örtlichen Umgangssprache.

Tabelle I: Bevölkerungszahlen Finkenwerders

Jahr	Lüneb. Fkw.	Hamb. Fkw.	gesamt	(Quelle)
1658	491	305	796	(1, 3)
1755	467	600	1067	(1, 3)
1810	472	897	1369	(1, 3)
1830	500	1353	1853	(1, 3)
1844		1741		(1)
1850	536	2069	2605	(1)
1854		2025		(1)
1860	568	2139	2707	(1)
1867	602[a]	2160[a]	2762[a]	(3)
1871	645[a]	2313[a]	2958[a]	(2)
	572[b]	2285[b]	2857[b]	(3)
1880	718	2824	3542	(2)
1890	755	3033	3788	(2)
		3027		(3)
1900	796[b]	3870[b]	4666[b]	(3)
1905	816[a]	3897[a]	4713[a]	(2)
	816[a]	3934[a]	4750[a]	(3)
		4157[b]		(2)
		4194[b]		(3)
1910	822[a]	3867[a]	4689[a]	(2)
		4019[b]		(2)
		4049[b]		(3)
1913		3943[a]		(2)
		4123[b]		(2)
1914		4051[b]		(3)
1919	835	3852	4687	(3, 4)
1925	867	4699	5566	(3)
1927		4871		(4)
1929		5025		(3)
1939			6318	(5)
1950			15293	(5)
1953			15001	(6)
1957			16417	(7)
1958			16788	(7)
1959			17385	(7)
1960			17990	(7)
1961			17061	(7)
1962			16565	(7)
1963			16793	(7)
1964			16832	(7)
1965			16673	(7)
1966			16457	(7)
1967			15826	(7)
1968			15005	(7)
1969			14542	(7)
1970			14023	(7)
1971			14539	(7)
1972			13997	(7)
1974			12901	(7)
1975			12578	(7)
1976			11471	(7)
1977			10992	(7)

Zeichenerklärung:

[a]: ortsanwesende Bevölkerung
[b]: ortsansässige Bevölkerung

Quellenangaben:

(1): Bodemann, Denkwürdigkeiten, S. 99-100.
(2): Schneider, Finkenwerder, S. 64.
(3): Scheidt, Bevölkerungsbiologie, S. 21 u. 25.
(4): Finder, Elbinsel, S. 84.
(5): Die Volkszählung 1950.
(6): Statistisches Jb. 1953/54.
(7): Statistische Berichte.

Tabelle II: Zahlen der Hochseefischereifahrzeuge Finkenwerders

Jahr	Zahl	(Ergänzungsinformation)	(Quelle)
1798	15	(sehr fragwürdig, R.G.)	(16)
1800	2 oder 3		(9)
1819	15		(9, 10)
1820	19		(5, 10)
1828	25		(12)
1849	42		(9, 10, 11)
1850	42		(11)
1854	62		(9, 15)
1860	68	(dazu 50 Elbfischer)	(1)
	65		(11)
1861	70		(2,11)
1865	72		(11)
1870	79	(HF: 74, LF: 5)	(9, 10)
	86		(11, 13)
1871	79	(HF: 74, LF: 5)	(5, 9, 15)
1875	116		(11, 13)
1880	173	(HF: 165, LF: 8)	(9)
	174	(166 Ewer, 1 nl. Bauart, 7 Kutterewer)	(2)
	176		(11, 13)
1882	175		(3)
1883	150		(10)
	168	(HF: 159, LF: 9)	(9)
	168	(HF: 160, LF: 8)	(15)
	177		(3)
1884	168		(3)
1885	172		(3)
	164	(HF: 156, LF: 8)	(9)
1886	174	(HF: 163, LF: 11)	(9)9
	174	(144 Ewer, 30 Kutter)	(5)
	176		(3)
1887	183	(HF: 171, LF: 12)	(9, 15)
	183	(145 Ewer, 38 Kutter)	(5)
	186		(13)
	178		(3)
1888	180	(HF: 168, LF: 12)	(9)
	186		(3, 11)
1889	179		(3)
1890	175		(3)
1891	175		(3, 11)
1892	163		(3, 11)
1893	159		(11)
	161	(davon 2 auswärts versichert)	(3)
1894	168	(davon 3 auswärts versichert)	(3)
1895	165		(11)
	167	(davon 2 auswärts versichert)	(3)
1896	170	(davon 3 in Altenwerder und 2 in Cranz versichert; HF: 157, LF: 8; 100 Ewer, 65 Kutter)	(4)
1897	159	(93 Ewer, 66 Kutter)	(10)
	164	(98 Ewer, 66 Kutter)	(5)
1898	157	(HF: 148, LF: 9)	(6)
	162	(96 Ewer, 66 Kutter)	(5)

Jahr	Zahl	(Ergänzungsinformation)	(Quelle)
1899	152	(88 Ewer, 64 Kutter)	(5)
1900	149		(9)
	135		(11)
1901	128	(70 Ewer, 58 Kutter)	(5)
1902	132	(70 Ewer, 62 Kutter)	(10)
1906	103		(11)
1907	114		(8)
	116		(9)
	116	(HF: 114, LF: 2)	(6)
	124	(davon 22 Altenwerder -»ALT«- und 5 Cranzer -»PC«- Fahrzeuge)	(11)
1908	114	(49 Ewer, 65 Kutter, dazu 1 Fahrzeug, das unter »Cux« — geplante Fischerumsiedlung nach Cuxhaven! — fährt)	(10)
1909	113	(dazu 2 Fahrzeuge in Cuxhaven)	(10, 11)
1910	95		(11)
1911	89		(11)
1912	82		(11)
1913	68		(9)
	72		(11)
1914	68		(11, 13)
	70	(14 Ewer, 56 Kutter)	(10)
1917	61		(7)
1918	61		(12)
1919	23		(12)
1921	42		(9)
1924	40		(9)
1925	39		(9)
	55		(11, 13)
1926	37		(9)
1927	40		(9)
1931	ca. 45	(5 Ewer, 40 Kutter)	(10)
1939	80	(aus Fkw. u. Schulau — Fischerumsiedlung! —)	(14)
	90		(12)
1942	75	(ohne Schulauer)	(13)
1949	90		(12)
	120		(14)
1964	60		(17)
1970	62		(17)
1972	55	(dazu 7 Fahrzeuge aus Altenwerder)	(17)
1977	44	(dazu 7 Fahrzeuge aus Altenwerder)	(17)
1979	43	(40 Kutter zählten ursprünglich zur Finkenwerder, 3 zur Altenwerder Flotte; hinzu kommen noch 7 Kutter Altenwerder Elbfischer)	(17)
1981	38	(35 Kutter aus Finkenwerder, 3 aus Altenwerder, außerdem 7 Altenwerder Elbfischkutter)	(17)

Die in dieser Tabelle vorgenommene Numerierung der Quellenangaben ist vom jeweiligen Veröffentlichungsjahr bestimmt. Ältere Quellen sind gegenüber neueren an der nierigeren Nummer zu erkennen.

Quellenangaben:

(1): Bodemann, Denkwürdigkeiten, S. 108.
(2): Lindemann, Seefischerei, S. 16.
(3): Johns, Verluste, S. 190.
(4): Bargheer, Seefischerkasse.
(5): Dittmer, Hochsee- und Küstenfischerei, S. 36.
(6): Konferenz, S. 113.
(7): Wiese, Schicksal, S. 184.
(8): Wriede, Motoren, S. 200.
(9): Schnakenbeck, Nordseefischerei, S. 149-151.
(10): Szymanski, Ever, S. 317-318.
(11): Wiese, Stiftungsfest, S. 4, 7, 9, 12.
(12): Finder, Elbinsel, S. 163.
(13): Lübbert/Wiese, Fischerei, S. 28 u. 35.
(14): Wiese, Strukturwandel.
(15): Kohl, Standortverteilung, S. 55.
(16): Fick, Fischerei, S. 116.
(17): mündliche Auskunft durch die Fischereiverwaltung.

E. Fachwortverzeichnis

Im folgenden Teil erscheinen die im 3. Kapitel aufgeführten Fachwörter in alphabetischer Reihenfolge. Die Seitenzahlen verweisen auf die Textstelle(n), in der (denen) das jeweilige Fachwort im Sachzusammenhang dargestellt ist. In verschiedenen Fällen werden zusätzlich sprachliche Umfelder, die für die Verwendung dieser Benennung typisch sind, aufgeführt. Hinweise auf die Bedeutung, die insbesondere bei homonymen Formen notwendig sind, finden sich nur im Bedarfsfall. Namen sind durch Einzug gekennzeichnet, da sie für die Auswertung im 4. Kapitel nicht herangezogen wurden. Doppelter Einzug kennzeichnet Gebrauchsbeispiele (jeweils in Anführung) und Verweise (→).
An dieser Stelle sei noch einmal auf die Darstellung der Verschriftlichungsprinzipien in der Einleitung, Abschnitt IV., verwiesen.